LOTHAR MERTENS

Unermüdlicher Kämpfer für Frieden und Menschenrechte

Beiträge zur Politischen Wissenschaft

Band 97

Foto: Hoover Institution Archives, Stanford

KURT R. GROSSMANN

Unermüdlicher Kämpfer
für Frieden und Menschenrechte

Leben und Wirken von Kurt R. Grossmann

Von

Lothar Mertens

Für Helga,
beste Wünsche
Ostern 1998
R.

Duncker & Humblot · Berlin

Die Deutsche Bibliothek – CIP-Einheitsaufnahme

Mertens, Lothar:
Unermüdlicher Kämpfer für Frieden und Menschenrechte : Leben und
Wirken von Kurt R. Grossmann / von Lothar Mertens. – Berlin :
Duncker und Humblot, 1997
   (Beiträge zur politischen Wissenschaft ; Bd. 97)
   Zugl.: Potsdam, Univ., Diss., 1996
   ISBN 3-428-08914-6

ISSN 0582-0421
ISBN 3-428-08914-6

Gedruckt auf alterungsbeständigem (säurefreiem) Papier
entsprechend ISO 9706 ∞

Vorwort

Die vorliegende Darstellung kann aufgrund der nur sehr lückenhaften und mosaikartigen Quellenüberlieferung nur einen skizzenhaften Überblick über Leben und Wirken des Pazifisten Kurt Richard Grossmann (1897-1972) geben. Sie versucht, mit Sympathie für den Menschen und mit Respekt vor seiner Lebensleistung, dessen persönliches Verhalten aber nicht unkritisch betrachtend, seinen Lebens- und Berufsweg in Deutschland, der Tschechoslowakei, Frankreich und den Vereinigten Staaten von Amerika nachzuzeichnen. Die Biographie will dabei möglichst viele Facetten der Persönlichkeit von Kurt R. Grossmann erfassen, auch wenn infolge fehlender Archivalien nicht alle Teile so umfangreich und detailliert präsentiert werden können, wie es wünschenswert gewesen wäre. Geschehnisse, die Kurt Grossmann selbst in seinen Publikationen ausführlich beschrieben hat, wie z.B. sein Verhältnis zu Carl von Ossietzky, werden in dieser Lebensdarstellung nicht noch einmal wiederholt. Die beiden jeweils zweimonatigen Archivaufenthalte in den USA wurden durch Reisekostenbeihilfen des German Marshall Fund (Hoover Institution, Stanford) und der Deutschen Forschungsgemeinschaft (Leo Baeck Institute, New York) ermöglicht. Beiden Institutionen sei nochmals für ihre wohlwollende Förderung herzlich gedankt.

Für ihre freundliche Hilfe und engagierte Unterstützung darf ich folgenden Archivaren und Bibliothekaren meinen besonderen Dank aussprechen: Frau Leadenham, Frau Wheeler (Hoover Institution Stanford), Herrn Feifel (Deutsches Literaturarchiv Marbach), Frau Hahn-Passera, Frau Hahner (Deutsches Exilarchiv/Deutsche Bibliothek Frankfurt/M.), Herrn Hepp (Kurt Tucholsky-Forschungsstelle, Universität Oldenburg), Frau Kurt (Schweizerische Landesbibliothek, Bern), Frau Ijzermans (Internationaal Instituut voor Sociale Geschiedenis, Amsterdam), und last but not least Dr. Frank Mecklenburg (Archiv Leo-Baeck-Intitute, New York), der mich nicht nur mit zahlreichen Hinweisen unterstützte, sondern auch jederzeit bereit war, Fragen zu klären. Interessante Hintergründe, wertvolle Hinweise und ergänzende Bestätigungen meiner archivalischen Kenntnisse erhielt ich durch vier langjährige Freunde Grossmanns, die jeder für sich neue, unbekannte Facetten beleuchten konnten und aus ihrer subjektiven Kenntnis der Person und seines Wirken in den unterschiedlichen Lebensabschnitten manchen komplexen Zusammenhang einzuordnen und differenzierter zu betrachten halfen. Für diese offene und bereitwillige Gesprächsbereitschaft habe ich Günter Nelke und Prof. Dr. Herbert A. Strauss sowie den inzwischen leider verstorbenen Zeitzeugen Dr. Robert Kempner und Henry Marx sehr herzlich zu danken. Für zahlreiche interessante und sachdienliche Diskussionen während der wochenlangen Archivarbeiten darf ich mich außerdem bei Prof. Dr. Marion Kaplan (Queens College, New York) und Prof. Dr. Norman Naimark (Stanford University) sowie bei Sabine Gries und Claudia Killmann (beide Ruhr-Universität Bochum) bedanken.

Die vorliegende Monographie ist die überarbeitete Fassung einer Dissertationsschrift, die von der Philosophischen Fakultät I der Universität Potsdam im Januar 1996 angenommen wurde. Den Gutachtern Prof. Dr. Karl E. Grözinger (Potsdam) und Prof. Joachim H. Knoll (Bochum) danke ich für ihre konstruktiven Hinweise. Dem Erstgutachter, Herrn Prof. Dr. Julius H. Schoeps, danke ich nicht nur für seine wohlwollende Bereitschaft diese Arbeit zu betreuen, sondern auch für seine vielfältige Unterstützung meiner Forschungen zu jüdischen Themen in den vergangenen Jahren.

Widmen möchte ich diese Untersuchung Prof. Dr. Dieter Voigt zum 60. Geburtstag, zumal auch seine eigene Biographie gleichfalls vom unerschütterlichen Kampf gegen ein Unrechtsregime geprägt ist. Für seine jahrelange Ermutigung und fachliche Unterstützung bin ich ihm zu Dank verpflichtet, insbesondere da meine historischen Forschungsinteressen und wissenschaftlichen Arbeitsgebiete nicht immer „marktgängig" erschienen und oftmals auch außerhalb der Schwerpunkte seines Arbeitsbereiches an der Ruhr-Universität Bochum lagen; dennoch hat er mich immer wohlwollend unterstützt.

Lothar Mertens

Inhalt

Anhang

Benutzungshinweise

Da die von Kurt Grossmann verfaßten Briefe in den einzelnen Archiven nur als Durchschläge ohne Korrekturen vorliegen und auch in den Antwortschreiben der Adressaten häufig Tippfehler handschriftlich nachverbessert wurden, werden diese Korrekturen in den Zitaten des vorliegenden Textes nicht gesondert angezeigt, sondern in der korrigierten Form übernommen. Ebenfalls wurden in allen in der Emigration maschinenschriftlich verfaßten Briefen und Grußadressen die technisch bedingten Umstellungen in der Schreibweise (z.B. ae für ä; oe für ö; ue für ü; ss statt ß) wieder auf die DUDEN übliche Schreibweise zurückgeführt. Die von Grossmann verfaßte Korrespondenz weist dabei im Schriftbild seit den fünfziger Jahren ein unsystematisches Nebeneinander auf, da er seiner Gattin Elsa von einem seiner Deutschlandaufenthalte eine Reiseschreibmaschine mit deutscher Tastatur mitbrachte und dadurch selbst im gleichen Brief eine unterschiedliche Schreibweise zu beobachten ist.

Alle übrigen ungewöhnlichen Schreibweisen oder unkorrigierten Tippfehler sind in der üblichen Weise mit "sic" gekennzeichnet worden. Um den Anmerkungsapparat knapp zu halten, ist Grossmann nicht gesondert als Adressat oder Absender vermerkt. Das heißt, Briefe von Kurt Grossmann an Robert Kempner werden beispielsweise mit dem Datum der Abfassung als "Brief an Robert Kempner am ..." zitiert.

Briefe, die Kurt Grossmann zum Adressaten haben, z.B. von Robert Kempner, werden hingegen als "Brief von Robert Kempner vom ..." zitiert. Lediglich bei einigen wenigen Schreiben, bei denen Grossmann weder Absender noch Adressat ist, werden sowohl der Name des Schreibers als auch der des Empfängers aufgeführt, z.B. "Brief von Robert Kempner an Elsa Grossmann vom ...".

Bei allen Literaturhinweisen in den Fußnoten, denen kein Verfassername vorangestellt ist, handelt es sich um von Kurt R. Grossmann verfaßte Aufsätze oder Artikel.

Abkürzungsverzeichnis

ACOA	-	American Council for Equal Compensation of Nazi Victims from Austria
ADAC	-	Allgemeiner Deutscher Automobil-Club
AJC	-	American Jewish Congress
ao.	-	außerordentlich
Bd.	-	Band
Biogr.	-	Biographie/Biographisches
CDG	-	Council for a Democratic Germany
CDU	-	Christlich-Demokratische Union
CSU	-	Christlich-Soziale Union
CSR	-	Ceskoslovenská Republika [Tschechoslowakei]
CV	-	Centralverein deutscher Staatsbürger jüdischen Glaubens e.V.
DDP	-	Deutsche Demokratische Partei
DDR	-	Deutsche Demokratische Republik
DGB	-	Deutscher Gewerkschafts-Bund
DLM	-	Deutsche Liga für Menschenrechte
DP	-	Displaced Person
dpa	-	Deutsche Presse-Agentur
EK	-	Eisernes Kreuz
EKKI	-	Exekutivkomitee der Kommunistischen Internationale
FBI	-	Federal Bureau of Investigation
geb.	-	geboren
gest.	-	gestorben
GmbH	-	Gesellschaft mit beschränkter Haftung
Hbd.	-	Halbband
Hdb.	-	Handbuch
Hg.	-	Herausgeber
hrsg.	-	herausgegeben
IJA	-	Institute of Jewish Affairs
Jg.	-	Jahrgang
Joint	-	American Joint Distribution Committee
JRSO	-	Jewish Restitution Successor Organization
Kc	-	Tschechische Kronen
KPD	-	Kommunistische Partei Deutschlands
KPÖ	-	Kommunistische Partei Österreichs

KZ	-	Konzentrationslager
MdB	-	Mitglied des Bundestages
MdL	-	Mitglied des Landtages
MdR	-	Mitglied des Reichstages
NL	-	Nachlaß
NPD	-	Nationaldemokratische Partei Deutschlands
NS	-	Nationalsozialistisch(e)
NSDAP	-	Nationalsozialistische Deutsche Arbeiterpartei
NYT	-	New York Times
ORT	-	Organization for Rehabilitation through Training
OSE	-	Worldwide Organization for Child Care, Health and Hygiene among Jews
PEN	-	Publizisten, Essayisten u. Novellisten (Schriftstellervereinigung)
RM	-	Reichsmark
SA	-	Sturm-Abteilung
SAJ	-	Sozialistische Arbeiterjugend
SAP	-	Sozialistische Arbeiterpartei
SBZ	-	Sowjetische Besatzungszone
SED	-	Sozialistische Einheitspartei Deutschlands
Slg	-	Sammlung
Sopade	-	Parteivorstand der SPD im Exil
SPD	-	Sozialdemokratische Partei Deutschlands
SS	-	Schutz-Staffel
SU	-	Sowjetunion
UdSSR	-	Union der Sozialistischen Sowjet-Republiken
Ü.d.V.	-	Übersetzung des Verfassers
UNESCO	-	United Nations Educational, Scientific and Cultural Organization
UNO	-	United Nations Organization
URO	-	United Restitution Organization
USA	-	United States of America
$	-	US-Dollar
USPD	-	Unabhängige Sozialdemokratische Partei Deutschlands
VHS	-	Volkshochschule
WJC	-	World Jewish Congress
WZO	-	World Zionist Organization
ZK	-	Zentralkomitee

Abkürzungen der benutzten Archive

BAK   Bundesarchiv Koblenz
- Nachlaß Ludwig Quidde (NL 1212; NL Quidde)
- Nachlaß Walther Schücking (NL 1051; NL Schücking)

DEA   Deutsches Exilarchiv 1933-1945, Deutsche Bibliothek Frankfurt/M.
- Nachlaß Wilhelm Sternfeld (Eb 75/177; NL Sternfeld)
- Sammlung »Europäische Föderation« (Eb 67b/2; Slg. »Europäische Föderation«)
- Sammlung »American Guild for German Cultural Freedom« (Eb 70/117; Slg. »American Guild«)

DLAM Deutsches Literaturarchiv Marbach
- Nachlaß Manfred George (Slg. George)
- Nachlaß Kurt Pinthus (Slg. Pinthus)

HIA   Hoover Institution Archives Stanford/Ca.
- Kurt R. Grossmann Collection

IfSF   Institut für Stadtgeschichte [Stadtarchiv], Frankfurt/M.
- Nachlaß Veit Valentin; Anhang Slg. Grossmann (NL Valentin)

IISG   Internationaal Instituut voor Sociale Geschiedenis, Amsterdam
- Nachlaß Albert Grzesinski (NL Grzesinski)
- Nachlaß Paul Hertz (NL Hertz)
- Sammlung Freundeskreis Ossietzky (Slg. FkOss)

IZG   Institut für Zeitgeschichte München
- Sammlung Kurt R. Grossmann

KTF   Kurt Tucholsky-Forschungsstelle an der Universität Oldenburg
- Briefwechsel Kurt Tucholsky-Kurt R. Grossmann (Kopien von den in einem Moskauer Archiv lagernden Originalen)

LBI   Leo Baeck Institute (New York), Archiv
- Kurt R. Grossmann Collection
- American Jewish Joint Distribution Committee

Außerdem konnten längere Gespräche mit den folgenden Zeitzeugen geführt werden:

Dr. Robert Kempner (gest. 15. Aug. 1993; langjähriger Freund und Kollege bei der DLM, später Anwalt in Wiedergutmachungsprozessen) am 27. Januar 1993 in Königstein/Ts.

Henry Marx (gest. 22. Juni 1994; bis dahin Chefredakteur des »Aufbau«, zuvor Journalist bei der New Yorker Staatszeitung und Herold) am 13. Oktober 1992 in New York City;

Günter Nelke (sein Stellvertreter bei der Demokratischen Flüchtlingsfürsorge in Prag) am 14. Dezember 1992 in Bonn;

Prof. Dr. Herbert A. Strauss (langjähriger Bekannter und Mitherausgeber der Festschrift für die Berliner Gemeinde) am 19. Oktober 1992 in New York City.

1. Einleitung

Kurt Richard Grossmann, dessen Leben und Wirken hier skizziert werden sollen, ist, wie es Becher prägnant formulierte, *„heute auf eigenartige Weise fern und präsent. "*[1] Er ist fern, da es bis auf einige Geburtstagsglückwünsche[2] und die zahlreichen Nachrufe[3] keine Arbeiten über ihn gibt[4] und auch die Zahl der überlieferten persönlichen Dokumente sehr gering ist.[5] Kurt Grossmann ist zugleich präsent, da sein Name jedem begegnet, der sich mit dem Pazifisten[6] Carl von Ossietzky,[7] der Geschichte der Emigration im Dritten Reich,[8] insbe-

---

1 Becher, S. 53.

2 Schaber, Will: Kurt R. Grossmann - 70 Jahre. In: Aufbau, 33. Jg., Nr. 20, 19. Mai 1967, New York, S. 6; Ders.: Emigrations-Chronist Kurt R. Grossmann. In: Ebd., 34. Jg., Nr. 43, 25. Okt. 1968, S. 11.

3 Fabian, Hans Erich: In memoriam K.R.G. In: Aufbau, 39. Jg., Nr. 10, 9. März 1973, New York, S. 4; Kempner, Robert: Ombudsman der Flüchtlinge. Persönliche Erinnerung an Kurt R. Grossmann. In: Ebd., 38. Jg., Nr. 12, 24. März 1972, S. 20; Kempner, Robert: Kurt R. Grossmann verstorben. In: Die Mahnung, 19. Jg., Nr. 6, 15. März 1972, Berlin, S. 3; Aufbau-Redaktion: Kurt R. Grossmann [Nachruf]. In: Aufbau, 39. Jg., Nr. 10, 10. März 1972, S. 28; Zum Gedenken an Kurt R. Grossmann. In: Ebd., Nr. 27, 7. Juli 1972, S. 28; Brann, Henry Walter: Kurt Grossmann und das Judentum [Leserbrief]. In: Ebd., Nr. 12, 24. März 1972, S. 13.

4 Der Aufsatz von Becher war ein erster gelungener Versuch, zumindest die Prager Jahre 1933-38 und die Arbeit der »Demokratischen Flüchtlingsfürsorge« näher zu bringen. Siehe auch: Mertens, Lothar: Ein Leben für Menschenrechte und die Wiedergutmachung. Zum 30. Todestag von Kurt Richard Grossmann. In: Tribüne, 31. Jg. (1992), H. 121, Frankfurt/M., S. 69-73; Ders.: Grossmann, Kurt. In: Neues Lexikon des Judentums. Hrsg. von Julius H. Schoeps. Gütersloh-München 1991, S. 175-176.

5 Becher ist der Meinung, es gäbe keine persönlichen Dokumente über Grossmann. Doch einige Dokumente, wie SPD-Mitgliedsbuch, Mitgliedsbuch für den »Zentralverband der Angestellten«, Schulzeugnisse und mehrere Photoalben mit Photographien (HIA, Box 3 u. 59-61), befinden sich in den von Becher nicht benutzten »Hoover Institution Archives« in Stanford/USA.

6 (Unter dem Pseudonym "Felix Burger" mit Kurt Singer): Carl von Ossietzky (Zürich 1937); Ossietzky, ein deutscher Patriot (München 1963); Carl von Ossietzky. In: Handbuch der deutschen Gegenwartsliteratur. Hrsg. von Hermann Kunisch. München 1965, S. 449-450.

7 Ossietzky, Carl von; geb. 1889 Hamburg, gest. 1938 Berlin; Redakteur, 1912-14 »Deutscher Monistenbund«, 1920-22 »Berliner Volks-Zeitung«, 1926-33 Chefredakteur »Die Welt-

sondere der in die Tschechoslowakei,[9] oder der Wiedergutmachung in der Bundesrepublik Deutschland[10] beschäftigt. Grossmann ist somit heute selber ein "unbesungener Held", um den Titel eines seiner wichtigsten Bücher[11] zu zitieren, das im Nachkriegsdeutschland eine große Breitenwirkung hatte.

Eine Annäherung an ihn wird auch deshalb erschwert, weil sich der vorhandene Nachlaß über mehrere Archive verteilt. Darüber hinaus hat Kurt Grossmann vor seiner Flucht in die Tschechoslowakei im Februar 1933 sein umfangreiches Privatarchiv fast ganz vernichtet,[12] während Dr. Robert Kempner[13] das Archiv und etwaige belastende Unterlagen in den Büroräumen der »Deutschen Liga für Menschenrechte« (DLM) am Monbijouplatz vernichtete, damit diese nicht in die Hände der neuen, braunen Machthaber fielen. Auf der Weiteremigration von Prag nach Paris im Herbst 1938 und der Weiterreise in die USA im Sommer 1939 gingen zahllose Dokumente und Briefe verloren, die durch den überlieferten Bestand nicht ersetzt werden können. Vor seiner Abreise in die USA deponierte Kurt Grossmann seine mehrere Kisten umfassende Sammlung

---

bühne«, 1931 wegen angeblichen Landesverrats u. Verrats militärischer Geheimnisse zu 18 Monaten Gefängnis verurteilt, 1933 verhaftet u. im KZ inhaftiert, infolge internationaler Proteste u. schwerer Krankheit danach bis zum Tode unter Bewachung in Klinik, 1935 Friedensnobelpreis.

8   Siehe z.B. die häufige Zitierung seiner Publikationen »Emigration« und »Jewish Refugee« in Fabian/Coulmas, Müssener oder Radkau.

9   Emigration. Geschichte der Hitler-Flüchtlinge 1933-1945. Frankfurt/M. 1969; Gerettet? Fünf Jahre Not, Flucht, Rettung. Hrsg von der Demokratischen Flüchtlingsfürsorge. Prag 1938; The Jewish Refugee (zus. mit Arieh Tartakower). New York 1944.

10   Die Ehrenschuld. Kurzgeschichte der Wiedergutmachung. Frankfurt/M.-Berlin 1967; Germany's moral debt. The German-Israel agreement. Washington/D.C. 1954; Germany and Israel: six Years Luxemburg agreement. New York 1958.

11   Die unbesungenen Helden. Menschen in Deutschlands dunklen Tagen. Berlin 1957.

12   Grossmann, Emigration, S. 26.

13   Kempner, Dr. iur. Robert; geb. 1899 Freiburg i.B., gest. 1993 Königstein/Ts.; Rechtsanwalt, Mitglied in SPD, 1928-33 Oberregierungsrat u. Justitiar in der Polizeiabt. im preuß. Innenministerium, ab 1925 freier Mitarbeiter für Polizeifragen für Berliner Zeitungen, ab 1926 Dozent an Deut. Hochschule für Politik, Rechtsberater der DLM, verlangte per Rechtsgutachten Anfang der 1930er Jahre ein NSDAP-Verbot u. die Ausweisung Hitlers, 1933 Entlassung aus Staatsdienst, 1935 nach Gestapohaft Emigration nach Italien, 1938 nach Frankreich u. 1939 in die USA, Stipendiat an amerik. Universitäten u. ab 1941 Sonderberater des US-Justizministeriums, 1944 mit Entwurf von Anklageschriften gegen Frick u. Göring beauftragt, ab 1945 als Abt.Ltr. der US-Anklagebehörde an den Nürnberger Prozessen beteiligt, 1947-49 stellv. US-Hauptankläger, ab 1951 als Rechtsanwalt in Frankfurt/M., als Nebenkläger u. Rechtsbeistand in zahlreichen NS-Prozessen u. Wiedergutmachungsklagen tätig; Biogr. Hdb., Bd. I, S. 360.

von antifaschistischem Materialien (Broschüren, Flugbätter etc.) bei dem alten Bekannten Alfred Falk.[14] Im Januar 1945 teilte dieser Grossmann mit, daß er nach der deutschen Invasion alle Kisten mit den Unterlagen kurz vor dem befürchteten Einmarsch deutscher Truppen im südfranzösischen Frejus verbrannt habe, da das gesammelte *„überaus kompromittierende Material"* eine zu große Gefahr für die Flüchtlinge dargestellt hätte.[15] So verlor Grossmann neben den in Prag zurückgelassenen Materialien ein weiteres Mal seine in mühevoller Kleinarbeit zusammengetragenen Unterlagen. Deshalb bleiben vor allem die frühen Jahre sowohl persönlich als auch beruflich eher im dunkeln.

Erschwerend kommt hinzu, daß er in seinen späten Lebensjahren das erneut sehr umfangreiche Privatarchiv selbst aufgeteilt hat. So verkaufte er einen Teil an das New Yorker »Leo Baeck Institute«[16] sowie einzelne Schriftstücke und Memoranda, die Exilzeit in der CSR betreffend, an das »Institut für Zeitgeschichte« in München. Nach seinem Tode wurde von der Familie der Restbestand an die »Hoover Institution Archives«[17] in Stanford gegeben.

Um Leben und Wirken zumindest skizzenhaft rekonstruieren zu können, wurden für die vorliegende Darstellung die Grossmann-Nachlässe in den »Hoover Institution Archives« Stanford, dem Archiv des »Leo Baeck Institute« New York und dem »Institut für Zeitgeschichte« München, sowie der Nachlaß Wilhelm Sternfeld und die Sammlung »Europäische Föderation« im »Deutschen Exil-Archiv« in der Deutschen Bibliothek Frankfurt/M., die Nachlässe von Manfred George bzw. Kurt Pinthus im Deutschen Literatur-Archiv Marbach, der Veit Valentin-Nachlaß im »Institut für Stadtgeschichte« Frankfurt/M., der Nachlaß Paul Hertz und und die Sammlung Freundeskreis Ossietzky im Internationaal Instituut voor Sociale Geschiedenis Amsterdam, eingesehen und ausgewertet.

Da die überwiegende Zahl der Publikationen von Kurt Grossmann, speziell die fast zweitausend Zeitungsartikel, für den tagespolitischen Augenblick und

---

14   Falk, Alfred; geb. 1896; Journalist, Kriegsdienstverweigerer u. führendes Mitglied der DLM, Leiter der »Republikanischen Beschwerdestelle« in Berlin, 1928-30 Redakteur der pazifist. Monatsschrift »Der Krieg«, im März 1933 via Schweiz Emigration nach Frankreich, Falk war gleichfalls in die 1. Ausbürgerungsliste aufgenommen, zog sichaber enttäuscht über die Exilpolitik im Herbst 1935 nach Südfrankreich zurück; Biogr. Hdb., Bd. I, S. 166.

15   LBI, Box 9; Brief von Alfred Falk vom 26. Jan. 1945.

16   HIA, Box 11; siehe den Brief von Max Kreutzberger vom 14. Nov. 1966. Die »Kurt Grossmann Collection« im Archiv des New Yorker Leo-Baeck-Instituts umfaßt insgesamt 77 Boxen (ca. 5 Regalmeter).

17   Die »Kurt R. Grossmann Collection« in den Hoover Institution Archives in Stanford umfaßt insgesamt 62 Boxen (ca. 7 Regalmeter).

die jeweils evidente Frage geschrieben wurden, bleiben sie im Gesamtkontext dieser Darstellung eher unberücksichtigt. Ebenso werden die beiden zentralen Komplexe seines publizistischen Schaffens, "Emigration" und "Wiedergutmachung", hier nur dann thematisiert, wenn die gewonnenen Archiverkenntnisse über die in den Monographien von Grossmann selbst dargelegten Sachverhalte hinausgehen und neue Einblicke vermitteln können. Deshalb erfolgt eine Konzentration auf die sie umgebenden inhaltlichen und personalen Interdependenzen. Darüberhinaus soll eher unbekanntes Wirken, wie die sog. Paketaktion, oder bereits wieder vergessene Leistungen, wie die Würdigung der "unbekannten Helden", stärker in den Vordergrund gerückt werden. Im Anhang ist eine chronologische Bibliographie der Veröffentlichungen von Kurt R. Grossmann zusammengestellt worden, die alle bibliographisch[18] und archivalisch[19] nachweisbaren Publikationen zu registrieren versuchte, so daß dem an einzelnen Fragen Interessierten auch für Zeitungsartikel und andere thematische Veröffentlichungen in entlegenen Publikationen ein Zugriff möglich ist.

Die im Anmerkungsapparat enthaltenen Personenangaben erheben keinerlei Anspruch auf Vollständigkeit und sollen lediglich eine erste, kurze Orientierungshilfe darstellen. Je bekannter eine Person, desto knapper die entsprechenden Angaben. Für umfassendere Auskünfte wird daher auf die einschlägigen biographischen Nachschlagewerke sowie die Biographien und die etwaigen Autobiographien oder Memoiren der betreffenden Persönlichkeiten verwiesen.

---

18   Für die benutzten Bibliographien und bibliographischen Findmittel siehe die Vorbemerkung zur Auswahlbibliographie der Publikationen von Kurt R. Grossmann am Ende dieser Monographie.

19   Die meisten Zeitungsartikel in der deutschen Presse nach 1945 wurden durch die Angaben (Ausgabenummer oder Tagesdatum) auf den überlieferten Honorarbelegen der verschiedenen Zeitungen rekonstruiert, während die im »Aufbau« erschienenen Artikel durch Recherchen im New Yorker Redaktionsarchiv ermittelt wurden.

2. Zur Person

Kurt Richard Grossmann wurde am 21. Mai 1897 als zweites Kind des jüdischen Kaufmanns Hermann Grossmann und seiner Ehefrau Rahel, geborene Freundlich, in Berlin-Charlottenburg geboren. Die Schwester Margarethe (später: Margret) war bereits zwei Jahre zuvor, im Jahre 1895, zur Welt gekommen. Beide Elternteile stammten aus Ostpreußen und waren, wie Tausende anderer auch, aus den agrarisch strukturierten Gebieten in die stürmisch wachsende Reichshauptstadt gezogen. Bedingt durch einen erheblichen Altersunterschied von fünfzehn Jahren gegenüber seiner Frau, war der Vater bei der ersehnten Geburt des Sohnes bereits 48 Jahre alt. Hermann Grossmann verstarb drei Wochen nach seinem 60. Geburtstag am 24. Februar 1909 an einer Herzattacke;[20] er wurde auf dem jüdischen Friedhof in Berlin-Weißensee bestattet.[21] Durch den frühen Tod des Vaters entstand eine überaus enge Beziehung des Heranwachsenden zur Mutter, die durch die emigrationserzwungene Ferne beim Tod der 71jährigen im August 1935 wohl noch verstärkt wurde. Die intensiven Bemühungen um die Grabpflege in den fünfziger Jahren und die großzügigen Ausgaben für die Bepflanzung der Grabstätte dokumentieren dies nachdrücklich.[22] Wie Grossmann selbst schilderte, besuchte er, der eigentlich nicht religiös war, nach seiner Bar Mitzwa[23] im Jahre 1910 fast ein Jahr lang jeden Tag die Synagoge zum Gebet. Von Bedeutung dürfte dabei auch gewesen sein, daß einer der beiden Großväter Rabbiner war (der andere war Kaufmann). Wie seine Schwester Margret in einer unveröffentlicht gebliebenen Erinnerung über seine frühere Kindheit schreibt, war bereits der kleine Kurt von einem ausgesprochenen Gerechtigkeitssinn erfüllt und trat als kleiner Junge dem Tierschutzverein bei, dessen Flugblätter er eifrig an die Berliner Droschkenkutscher verteilte, mit der Ermahnung, ihre Tiere schonend zu behandeln.[24]

---

20 HIA, Box 1; Personal History Statement, S. 1.

21 LBI, Box 4; Brief an seine Kusine Elsa Mauritz am 15. Juli 1947.

22 LBI, Box 8, 16, 18 u. 24; Briefe an die Friedhofsverwaltung im Bezirksamt Wilmersdorf am 26. Dez. 1953, 5. Jan. 1954, 13. Dez. 1955, 2. Jan. 1956, 23. Feb. 1959 u. 9. März 1965.

23 Bar Mitzwa (hebr.: Sohn des Gebotes): Bez. für die Feier, mit der ein Junge bei Vollendung des 13. Lebensjahres nach den Religionsgesetzen volljährig wird und in den Kreis der religionsmündigen Männer tritt und am religiösen Leben teilnehmen darf; Doering, S. 61.

24 HIA, Box 3; unveröff. Jugenderinnerungen verfaßt von Margret Sommer (undatiert).

2*

Nach der Volksschule besuchte Grossmann die Leibniz-Oberschule in Berlin-Charlottenburg; wie seine Zeugnisse belegen, allerdings nur mit sehr mäßigem Erfolg. Die Quarta mußte der kleine Kurt wiederholen, denn „ *der Pythagoras ging mir nicht in den Kopf* ".[25] Auch der Lehrerkommentar auf einem Zeugnis, daß er „ *fleißiger werden* " müsse,[26] dürfte die schulischen Probleme des Heranwachsenden erklären. Zwar war sein schulisches Betragen "gut", jedoch waren seine Aufmerksamkeit im Unterricht und die schulischen Leistungen nur „ *genügend, z.T. geringer* ". Dem Zeugnis der Untertertia für Ostern 1913 zufolge belegte mit seinen Leistungen lediglich den 26. Platz von 36 Schülern.[27] Da er bis Johannis 1913 sogar auf den 34. von 35. Plätzen abgesunken war und deshalb erneut die „ *Versetzung zweifelhaft* " war, verließ er im September 1913 die Oberrealschule „ *um privaten Unterricht zu erhalten* ".[28]

Nach dem Abgang von der Schule trat er im Jahre 1914 als kaufmännischer Lehrling in eine Export-Import-Firma des Kolonialwarenhandels ein.[29] Zwei Jahre später wurde der Neunzehnjährige, dem Zeitgeist entsprechend, Kriegsfreiwilliger und nahm ab dem März 1916 aktiv am ersten Weltkrieg teil. Nach zwei Jahren im Heer sowohl an der Ost- als auch an der Westfront geriet Grossmann im September 1918 in britische Kriegsgefangenschaft. Aufgrund seiner kaufmännischen Englischkenntnisse wurde er dabei als Dolmetscher in einem Kriegsgefangenenlager eingesetzt.

Nach der Rückkehr aus der einjährigen Internierung im September 1919 folgte zunächst die Wiederaufnahme der Arbeit in seiner alten Firma, dem Handelshaus Kosterlitz. Aber bereits wenige Monate später, im Frühjahr 1920, wechselte Kurt Grossmann die Branche und wurde Angestellter in der Berliner Filiale der »Darmstädter und Nationalbank«. Ehrenamtlich arbeitete er in seiner Freizeit in einer Kriegsgefangenenorganisation. Aufgrund der Kriegserlebnisse aus der britischen Kriegsgefangenschaft als überzeugter Pazifist geläutert heimgekehrt,[30] führte Grossmann die erste internationale Totenehrung der Kriegsopfer durch - ungeachtet aller nationalistischen Proteste. In seiner Heimatstadt Berlin organisierte er am Totensonntag des Jahres 1921 eine „ *Feier zu Ehren der Toten des Weltkrieges* ". Diese Gedenkveranstaltung fand ein zwiespältiges Echo. Den verbalen Angriffen von reaktionären Deutschen stand ein publizisti-

---

25   Zit. in Aufbau-Redaktion, S. 28.

26   HIA, Box 1; Zeugnis für die U III M vom 4. Juli 1913.

27   Ebd.; Zeugnis für die U III M vom 19. März 1913.

28   Ebd.; So zumindest die Begründung auf dem Abgangszeugnis vom 27. Sep. 1913.

29   Becher, S. 54 gibt zwar noch eine Studienaufnahme an der »Deutschen Hochschule für Politik« in Berlin an, jedoch keinen Nachweis für diese Behauptung.

30   Grossmann, Emigration, S. 25.

scher Widerhall von internationaler Seite gegenüber, da diese die Totenfeier als ein deutlich sichtbares Zeichen für den Versöhnungswillen von zumindest Teilen des deutschen Volkes ansah. Bei der zweiten Gedenkfeier im Jahre 1922 stellte der damalige Reichstagspräsident Paul Löbe[31] sogar den Plenarsaal des Deutschen Reichstages für die Veranstaltung zur Verfügung und hielt persönlich die Gedenkrede.[32] Grossmanns aktives Eintreten für die Ziele der »Deutschen Liga für Menschenrechte« begann ebenfalls in dieser Phase, da er 1922 Mitglied der DLM wurde. Einige Jahre später, am 11. November 1928, organisierte er zusammen mit dem Journalisten Stephan Fingal[33] in Berlin die einzige Waffenstillstandsgedenkfeier des demokratischen Deutschlands.[34]

Wie Grossmann in seinem Lebenslauf für die Erlangung der US-Staatsbürgerschaft im Jahre 1944 schrieb, waren die dramatischen Kriegserlebnisse[35] an der Ost- und an der Westfront des Ersten Weltkrieges für ihn der Anlaß gewesen, sich nach seiner Rückkehr aus der britischen Kriegsgefangenschaft für die Fragen der Humanität und der internationalen Verständigung zu interessieren und zu engagieren.[36] Folgerichtig schloß er sich daher der Meinung an, „daß Geschichtsbücher in Wirklichkeit Lehrbücher für die Zukunft sind, damit die tragischen Fehler der Vergangenheit nicht wiederholt werden."[37]

Im Mai 1923 folgte mit dem Umzug nach Danzig, wo er als Prokurist der »Internationalen Bank« tätig wurde, ein weiterer Einschnitt in seinem Leben. Denn in der westpreußischen Hafenstadt steigerte er auch seine pazifistischen Aktivitäten, die eine Folge der traumatischen Kriegserlebnisse waren. Er gründete in Danzig eine Zweigstelle der »Deutschen Liga für Menschenrechte«, die in dieser als Hochburg des Nationalismus bekannten Hafenstadt, ungeachtet aller Widerstände, beharrlich wuchs. Der konsequente Aufbau der Ortsgruppe und die rasche Ausweitung der Aktivitäten in diesem dezidiert feindlichen Umfeld, in dem sogar eine Bertha von Suttner noch im Jahre 1903 mit der Grün-

---

31 Löbe, Paul; geb. 1875 Liegnitz, gest. 1967 Bonn; Journalist, ab 1899 Schriftleiter von SPD-Zeitungen, 1919 Vizepräs. der Weimarer Nationalversammlung u. 1920-24 sowie von 1924-32 Reichstagspräsident, 1949-53 MdB.

32 HIA, Box 5; siehe die Reminiszenz in seinem Glückwunschschreiben an Paul Löbe am 22. Dez. 1955 anläßlich dessen 80. Geburtstags.

33 Fingal, Stephan; geb. 1894 Mostar; Kulturkorrespondent, vor 1933 u.a. freier Mitarbeiter von »Die Weltbühne«, »Berliner Tageblatt«, »Neue Berliner Zeitung«.

34 LBI, Box 1; siehe den Brief an Stephan Fingal am 5. Mai 1939.

35 Ein einschneidendes Kriegserlebnis schildert Grossmann in dem Art. »Der Grund aller Gründe«. In: Das Neue Tage-Buch, 5. Jg. (1937), H. 47, Paris-Amsterdam, S. 1126-1127.

36 HIA, Box 1; Lebenslauf, ergänzend zum U.S. Personal History Statement vom Mai 1944.

37 Brief an Ludwig Wronkow am 3. Feb. 1969; Wiederabgedruckt in: Wronkow, S. 118 f.

dung einer Friedensgesellschaft gescheitert war, trugen ihm u.a. erste Meriten
ein.

Während seiner Danziger Jahre half Kurt Grossmann vier deutsch-polnische
Verständigungskonferenzen zu organisieren, deren wichtigste im Jahre 1925
stattfand[38] und anläßlich der Persönlichkeiten aus beiden Staaten Grundsätze
für eine zukünftige friedfertige deutsch-polnische Zusammenarbeit[39] aufstell-
ten. Dies war eine weitere Aktivität, die im innenpolitischen Klima der Weimarer Republik keineswegs auf einhellige Zustimmung stieß, sondern im Gegenteil von den reaktionären und rechtsradikalen Kreisen auf das Heftigste bekämpft wurde. Zur deutsch-polnischen Verständigung trug auch ein von ihm
organisierter Redneraustausch bei. So sprachen polnische Politiker auf Veranstaltungen in Beuthen, Breslau und Königsberg, während deutsche Sozialdemokraten in Krakau, Lodz und Warschau auftraten.[40] In Anerkennung seiner Bemühungen durfte Grossmann im Jahre 1930 als erster deutscher Journalist das
polnische Munitionsdepot auf der Westerplatte besichtigen. Die vielfältigen Erfolge der pazifistischen Aktivitäten und Veranstaltungen in der ostpreußischen
Hafenstadt sowie die organisatorischen Talente des jungen Mannes in der
Danziger Ortsgruppe wurden auch in Berlin bekannt, so daß Grossmann im
Jahre 1926 als Nachfolger von Otto Lehmann-Rußbüldt[41] zum Generalsekretär
der »Deutschen Liga für Menschenrechte« berufen wurde. Diese Funktion übte
er bis zu seiner Flucht vor den Nationalsozialisten Ende Februar 1933 aus.[42]

Nach Aufnahme seiner Tätigkeit als Generalsekretär der DLM trat Grossmann am 6. Oktober 1926 in den gewerkschaftlichen »Zentralverband der Angestellten«, Ortsgruppe Berlin, ein. Er gehörte gemäß seiner Tätigkeit der
Fachgruppe »Anwälte, andere freie Berufe, Organisationen« an. Sein
monatlicher Mitgliedsbeitrag betrug 5 Reichsmark, ab dem April 1930 waren
es 6 RM. Den Wertmarken ist zugleich auch die Beitragsklasse zu entnehmen.
Daraus wird ersichtlich, daß Grossmann bis Mai 1927 der Beitragsklasse 4, d.h.

---

38   A Chapter in Polish-German Understanding: The German League for Human Rights. In: The
     Polish Review, Bd. 15 (1970), H. 3, New York, S. 32-47; S. 40.

39   Siehe dazu auch: Für die deutsch-polnische Verständigung. In: Die Menschenrechte, 4. Jg.,
     Nr. 6, 1. Juni 1929, Berlin, S. 10-11.

40   HIA, Box 5; siehe den Brief an den Regierenden Berliner Bürgermeister Klaus Schütz am
     2. Juli 1969, S. 2.

41   Lehmann-Rußbüldt, Otto; geb. 1873 Berlin, gest. 1964 Berlin (West); Schriftsteller, 1914
     Mitgründer des »Bundes Neues Vaterland«, aus dem im Jahre 1922 die »Deutsche Liga für
     Menschenrechte e.V.« hervorging u. deren Generalsekretär er bis 1926 war, im Herbst 1933
     nach Großbritannien emigriert, freier Mitarbeiter der Exilpresse, 1951 Rückkehr nach Berlin
     u. Ehrensold durch Berliner Senat; Biogr. Hdb., Bd. I, S. 425 f.

42   Grossmann, Emigration, S. 25 ff.

monatliches Einkommen über 200 RM angehörte, ab Juni 1927 dann der Beitragsklasse 5, d.h. Personen mit Monatsgehältern über 300 RM (bis zu 500 RM) zugerechnet wurde.[43] Angesichts der bekannten Höhe des DLM-Gehalts und in Anbetracht seiner zusätzlichen freiberuflichen Artikelhonorare hat er sich bei der gewerkschaftlichen Einkommenseinordnung viel kleiner gemacht, als er in Wahrheit war. Dies dürfte ein frühes Indiz für die bereits konstatierte Sparsamkeit sein.

Außerdem lernte er im Jahre 1924 in Danzig, wo er inzwischen zum stellvertretenden Bankdirektor aufgestiegen war,[44] bei einer von ihm organisierten Veranstaltung der »Deutschen Liga für Menschenrechte« seine spätere Ehefrau Elsa kennen, die er am 31. Januar 1925 heiratete. Elsa Meckelburger war in der ostpreußischen Hafenstadt am 8. Oktober 1897 geboren worden. Sie arbeitete in den frühen zwanziger Jahren im Danziger Büro der englischen Schiffahrtslinie Cunard als Schreibkraft und besaß daher ebenfalls Englischkenntnisse, die bei der späteren Übersiedlung in die Vereinigten Staaten von Nutzen waren.[45] Kurt Grossmann selbst bezeichnete Elsa mehrfach als seine *„Lebens- und Kampfgefährtin",*[46] und die tiefe und enge Bindung der beiden war der Hauptquell seiner unermüdlichen Aktivitäten,[47] die von seiner Frau nicht nur toleriert und respektiert, sondern vielmehr aktiv unterstützt und vorangetrieben wurden.[48] Der gemeinsame Sohn Walter wurde am 9. Oktober 1925 in Danzig geboren.[49]

Die unversöhnliche Haltung und der ideologische Haß der Nationalsozialisten gegen alle Weimarer Demokraten führte zur unnachgiebigen propagandistischen Bekämpfung der »Deutschen Liga für Menschenrechte« und ihres Generalsekretärs. Aber nicht nur im rechtsradikalen Parteienspektrum war Grossmann verhaßt und wegen seiner gemeinsamen Verständigungsbemühun-

---

43   HIA, Box 3; siehe »Zentralverband der Angestellten«, Mitgliedsbuch, Nr. 938133.

44   HIA, Box 8; siehe den Brief an Walter Gilbert am 30. Aug. 1971.

45   LBI, Box 1; siehe den Brief von Elsa Grossmann an ihre Großkusine Anna Esau am 21. Sep. 1939.

46   Siehe auch die Buchwidmung in »Die unbesungenen Helden«.

47   Kennzeichnend für die tiefe Vertrautheit sind die gegenseitigen täglichen, nummerierten Briefe bei seinen Deutschlandaufenthalten (LBI, Box 14 u. 15).

48   Ein besonderes Zeichen der innigen Verbundenheit und tiefen Zuneigung sowie des hohen Maßes an gegenseitigem Verständnis sind die täglichen Briefwechsel während der Deutschlandaufenthalte, bei denen Elsa nicht mitreiste; passim in den HIA und im LBI. Die Harmonie der Beziehung betont auch die von Elsa Grossmann am 15. Sep. 1954 verfaßte Geburtstagswunschliste, die durch ihren Ehegatten Kurt bereits ideell voll erfüllt wurde; LBI, Box 5.

49   Siehe die Angaben in der Ausbürgerungsliste 9 im »Deutschen Reichsanzeiger und Preußischen Staatsanzeiger«, Nr. 69 vom 24. März 1937.

gen mit polnischen und französischen Pazifisten angefeindet. Ebenso unbeliebt und zum Teil gefürchtet war er in großen Teilen der reaktionären Richterschaft der späten Weimarer Jahre, die besonders in politischen und extremistischen Prozessen auf dem "rechten Auge" blind war, dafür aber die Exzesse auf der linken Seite um so unnnachgiebiger verfolgte und bestrafte. Die im Jahre 1932 erschienene Streitschrift »13 Jahre "republikanische" Justiz«[50] und die jahrelange aktive, fast investigative Hauptrolle bei der Aufdeckung von Justizskandalen wie den Affären Jakob Jakubowski[51] und Walter Bullerjahn,[52] zeugen vom engagierten Kampf gegen die Jurisdikative und ihren tendenziösen Entscheidungen. Eine weitere wichtige Tätigkeit der »Deutschen Liga für Menschenrechte« war die juristische Unterstützung der Angeklagten in den am Ende der Weimarer Republik immer häufiger stattfindenden Prozessen gegen linksliberale Publizisten wegen angeblichen Landesverrats. Der wohl bekannteste Fall war der Prozeß gegen den Herausgeber der »Weltbühne«, Carl von Ossietzky.[53] Die Rechtsstelle der Liga half den Betroffenen mit Rechtsberatung und Rechtsbeistand.

Wenige Wochen nach der sog. nationalsozialistischen Machtergreifung am 30. Januar 1933 und nach der erfolgreichen Organisation[54] des antifaschistischen Protestkongresses »Das Freie Wort« am 19. Februar 1933 in der Berliner Krolloper floh Kurt Grossmann in das tschechoslowakische Exil. Sein Freund Dr. Robert Kempner,[55] der neben seiner Tätigkeit als Justitiar im preußischen Innenministerium ehrenamtlich die Rechtsstelle der »Deutschen Liga für Menschenrechte« leitete, hatte ihn über seine bevorstehende Verhaftung telefonisch informiert.[56] Die Geschäftsstelle der DLM wurde am 4. März 1933 von der Polizei besetzt und die vorhandenen Informationsbroschüren als *„landesverräterisches Material"* beschlagnahmt.[57] In den Tagen vor seiner Abreise hatte Grossmann bereits Tausende von Briefen, Notizen und Skripten verbrannt, um

---

50   Berlin 1932; Voco Vlg, 127 S.

51   Ausführlich in Grossmann, Ossietzky, S. 200 ff. Siehe auch: Toter Jakubowski steht auf. In: Telegraf, 9. Jg., Nr. 251, Do. 28. Okt. 1954, Berlin, S. 3.

52   Ausführlich in Grossmann, Ossietzky, S. 235 ff. Siehe auch: Dreyfus und Bullerjahn. In: Die Weltbühne, 26. Jg., Nr. 28, 8. Juli 1930, Berlin, S. 42-45.

53   Siehe ausführlich dazu die von Grossmann verfaßte Biographie Ossietzkys, S. 261 ff.

54   Grossmann, Ossietzky, S. 342 f; Briegleb/Uka, S. 210.

55   Siehe auch dessen persönliche Erinnerung in Kempner, Ombudsman, S. 20.

56   Robert Kempner wurde, wegen seiner schroffen Ablehnung des Nationalsozialismus, wenige Wochen später suspendiert; O.R.R. Kempner beurlaubt. In: Berliner Tageblatt, 62. Jg., Nr. 95, Sa. 25. Feb. 1933, o.S. (11).

57   Ungedruckte Manuskript: »Liga für Menschenrechte vormals Bund neues Vaterland«,New York März 1942 (Bibliothek des LBI, Microfilm E 59), S. 12.

den Nationalsozialisten bei ihrer Hatz nach politisch Andersdenkenden keine unfreiwillige Munition durch seine Unterlagen zu liefern.

Um keinerlei Verdacht zu erregen und keine unnötigen Grenzkontrollen auszulösen, floh Grossmann am 28. Februar 1933 lediglich mit einem kleinen Handkoffer und 200 RM Bargeld, dem offiziell erlaubten Ausfuhrbetrag.[58] Elsa Grossmann und der Sohn Walter folgten ihm am 5. März 1933 in die Emigration nach Prag. Wie richtig seine Entscheidung für die rasche Flucht gewesen und wie knapp mancher NS-Gegner in jenen Tagen der Verhaftung entgangen war, zeigt auch das von Grossmann immer wieder geschilderte Beispiel des Berliner Polizeipräsidenten Bernhard Weiß,[59] der nur knapp den SA-Horden entkommen konnte.[60]

Gemeinsam mit weiteren prominenten NS-Gegnern wurde Kurt Grossmann auf der ersten Ausbürgerungsliste am 25. August 1933 von den braunen Machthabern seiner Staatsbürgerschaft beraubt.[61] Die Ausbürgerung von Elsa und Walter Grossmann erfolgte auf der ersten Ausbürgerungsliste von Angehörigen der politisch Verfolgten am 24. März 1937.[62] Diese Maßnahme schloß außerdem den Verlust aller Vermögenswerte und Eigentumsrechte ein.[63]

Nach mehreren sehr arbeitssamen Jahren in der Tschechoslowakei, die vom Aufbau der »Demokratischen Flüchtlingsfürsorge« und der materiellen Unterstützung und politisch-administrativen Hilfe für mehrere tausend Emigranten aus Deutschland gekennzeichnet waren, entschloß sich Kurt Grossmann unter

---

58 Grossmann, Emigration, S. 26 f.

59 Weiß, Dr. iur. Bernhard; geb. 1880 Berlin, gest. 1951 London; Verwaltungsbeamter, 1906 nach Studium u. Promotion Amtsrichter in Berlin, 1914-16 Kriegsteilnehmer, ab Mai 1916 als erster ungetaufter Jude im höheren preuß. Verwaltungsdienst im Berliner Polizeipräsidium tätig, Mitglied in SPD, 1920-27 Leiter der Politischen bzw. der Kriminalpolizei, ab 1927 Polizei-Vizepräsident von Berlin, 1932 nach dem sog. "Preußenschlag" entlassen, W. wurde von NS-Propaganda beharrlich als "Isidor Weiß" verunglimpft, 1933 Flucht via Tschechoslowakei nach Großbritannien; Biogr. Hdb., Bd. I, S. 809. Siehe außerdem die verdienstvolle Studie von Dietz Bering.

60 Siehe dazu Grossmann, Emigration, S. 29 f. Siehe auch: Erinnerungen an Bernhard Weiss. In: Aufbau, 17. Jg., Nr. 33, 17. Aug. 1951, New York, S. 5-6; Erinnerung an einen Polizeipräsidenten. In: Stuttgarter Zeitung, 7. Jg., Nr. 191, Sa. 18. Aug. 1951, S. 5.

61 Ausbürgerungsliste 1 im »Deutschen Reichsanzeiger und Preußischen Staatsanzeiger«, Nr. 198 vom 25. Aug. 1933.

62 Ausbürgerungsliste 9 im »Deutschen Reichsanzeiger und Preußischen Staatsanzeiger«, Nr. 69 vom 24. März 1937.

63 Siehe die »Bekanntmachung«, Nr. 640 vom 23. Aug. 1933, veröffentlicht im Reichssteuerblatt, 23. Jg., Nr. 40 vom 1. Sep. 1933; auch abgedruckt als Dokument 3 in Grossmann, Emigration, S. 328.

dem Eindruck der außenpolitischen Ereignisse (Anschluß Österreichs, Sudetenkrise) im Mai 1938 dazu, seine Angehörigen von Prag nach Paris zu bringen,
wohin er ihnen im August des gleichen Jahres folgte. War der Aufenthalt in der
Tschechoslowakei ursprünglich als eine kurzzeitige Episode vor der Rückkehr
nach Deutschland gedacht gewesen, um nach dem in einigen Wochen oder
Monaten erwarteten baldigen Ende[64] des "braunen Spuks"[65] rasch rückkehren
zu können, so war Frankreich hingegen lediglich eine Zwischenetappe auf dem
Weg in die Vereinigten Staaten von Amerika. Die frühere trügerische Illusion
von einem raschen Zusammenbruch des totalitären Regimes und der baldigen
Heimkehrmöglichkeit waren durch die Expansionsgelüste Hitlers und den sich
abzeichnenden Krieg ad absurdum geführt worden. Daher bemühte sich die
Familie ab dem Sommer 1938 um die Erlangung von amerikanischen Einreisevisa. Nach dem Erhalt der Immigrationserlaubnis (US-Visa Nr. 2349) am
18. Juli 1939 erfolgte im August 1939 die Übersiedlung in die USA. Nach
einer Dampferüberfahrt trafen Kurt, Elsa und Walter Grossmann am 22.
August 1939 in New York ein.

In den ersten Jahren (1939-41) benutzte Kurt Grossmann das Pseudonym
»Kay R. Gilbert« bzw. »Kurt R. Gilbert-Grossmann«.[66] Bei maschinenschrift-
lichen Unterschriften[67] und handgetippten Briefköpfen ist zeitweilig im ersten
Halbjahr 1940 auch der Name »Grossmann-Gilbert« vorhanden.[68] Dies geschah nach eigener Aussage vor allem *„aus Sicherheitsgründen gegen
Nazis".*[69] Diese aus "Schutz vor den Nazis" vorgenommene Namensänderung
muß überraschen: zum einen weil sie erst in den Vereingten Staaten erfolgte
und zum anderen weil die Begründung auch bereits in Prag[70] oder Paris berechtigt gewesen wäre. Andererseits hätte angesichts der sich darin äußernden
Furcht vor Übergriffen der Nazis oder ihrer ausländischen Anhänger eine Emigration in die USA als riskant erscheinen müssen. Vermutlich war diese Änderung auch das Ergebnis aus den Möglichkeiten des liberalen amerikanischen
Namensrechtes und den früheren negativen Erfahrungen mit NS-Sympathi-
santen.[71] Überdies gibt die spätere Erklärung nur bedingt die ganze Motivation

---

64   Siehe auch Jasper, S. 141.

65   Dem Irrglauben, die sog. nationalsozialistische Machtergreifung werde in einigen wenigen
      Wochen infolge administrativer Inkompetenz und intellektueller Unfähigkeit zusammen-
      brechen, unterlagen nicht wenige linksliberale Intellektuelle.

66   LBI, Box 2; siehe passim die Korrespondenz aus dem Jahre 1940.

67   IZG, ED 201/1; Rundbrief-Einladungsschreiben am 6. Juni 1940.

68   Ebd.; siehe den Brief an Erwin Kraft am 28. Feb 1940.

69   HIA, Box 1; U.S. Personal History Statement vom Mai 1944.

70   Siehe ausführlich Grossmann, Emigration, S. 73 ff.

71   IZG, ED 201/3; siehe auch das wohl ungedruckt gebliebene 25seitige Manuskript »Die

der zeitweiligen Namensänderung wider. Neben dem genannten politischen Motiv dürfte bei dem assimilierten und areligiösen Kurt Grossmann[72] noch ein anderes Moment eine wichtige Rolle gespielt haben. Von dem so stark nach Integration und Akkulturation strebenden Neubürger der USA wurde sicherlich die vom kurz zuvor ausgewanderten Vetter Fred ausgesprochene Empfehlung zur raschen Namensänderung, und vor allem deren Begündung, aufmerksam registriert: *„unser Familienname ist hier ein ausgesprochen jüdischer, er steht mit Cohn oder Levy auf genau der gleichen Stufe. "*[73]

Die Liste der Referenzen,[74] die Kurt Grossmann seinem Antrag auf Erlangung der amerikanischen Staatsbürgerschaft beifügen konnte, las sich fast wie ein »Who's Who« der Funktionsträger karitativer Organisationen und prominenter Emigranten: Rabbiner Stephen S. Wise[75] und Leon Kubowitzki[76] (Präsident und Generalsekretär des WJC), Sheba Strunsky (Exekutivsekretärin des »International Relief and Rescue Commitee«), Pfarrer Paul Tillich,[77] Dr. Robert Kempner, der Nobelpreisträger Prof. Albert Einstein[78] und der Gewerkschaftsfunktionär Siegfried Aufhäuser.[79]

"Fünfte Kolonne" und die deutsche Emigration« aus dem Jahre 1940.

72 HIA, Box 7; siehe den Brief an Andreas Biss am 21. März 1970, in dem er sich *als „vollkommen areligiös"* bezeichnete. Siehe auch Brann, S. 13.

73 LBI, Box 1; Brief von Fritz Grossmann vom 18. Juli 1939.

74 HIA, Box 1; Aufgeführt im U.S. Personal History Statement vom Mai 1944.

75 Wise, Stephen S.; geb. 1874 Budapest, gest. 1949 New York; Rabbiner u. Verbandsfunktionär, Rabbinersohn, emigrierte als Kleinkind in die USA, 1897 Mitgründer der »New York Federation of American Zionists«, 1920 Mitgründer der »American Civil Liberties Union«, 1936-49 Präsident des WJC; Levitt, S. 484. Siehe auch seine Autobiographie u. die Biographie von Urofsky.

76 Kubowitzki, Leon; geb. 1896 Litauen, gest. 1966 Israel; Jurist, nach Tätigkeit für WJC in den 1950er Jahren Gesandter bzw. Botschafter Israels in der CSSR, Polen u. Argentinien, 1958-66 Vorsitzender der Gedenkstätte Yad Vashem; Oppenheimer, Sp. 399. Zur Person siehe auch Goldmann, Mein Leben, S. 357.

77 Tillich, Dr. phil. Dr. theol. Paul; geb. 1886 Starzeddel/Brandenb., gest. 1965 Chicago; ab 1912 Pastor, 1919 nach Habil. Privatdozent u. ab 1924 Prof. f. Religionswiss. in Marburg u. Dresden, 1929 als Nachfolger Max Schelers Prof. f. Philosphie in Frankfurt/M., Gründer des sog. Tillich-Kreises, im Apr. 1933 von Nazis als Hochschullehrer suspendiert, ab Nov. 1933 Prof. am Union Theological Seminary in New York, 1955-62 Prof. an der Harvard Univ., 1944 Initiator des »Council for a Democratic Germany«; Biogr. Hdb., Bd. I, S. 763 ff. Siehe auch die Biographie von Pauck/Pauck.

78 Einstein, Dr. phil. Albert; geb. 1879 Ulm, gest. 1955 Princeton; Physiker, Nobelpreisträger für Physik 1921, 1909 ao. Prof. f. Physik Univ. Zürich, ab 1914 Prof. in Berlin u. Mitglied im »Bund Neues Vaterland« (Vorläufer der DLM), in den zwanziger Jahren publizistisch engagiert für Menschenrechte u. Pazifismus, infolge rechtsradikaler Angriffe im Nov. 1932

2.1 Die Persönlichkeit

In der redaktionellen Würdigung des Verstorbenen durch den »Aufbau« heißt es prägnant: *„Er war kein bequemer Zeitgenosse. Die Weißglut, mit der er seine Sache vertrat, schloß Kompromisse aus. Für ihn gab es nur ein Entweder-Oder. In der Opposition gegen Ideen, Tendenzen und Menschen, die er für schädlich und antihumanitär hielt, war er stahlhart. ... Wo es um die Gerechtigkeit ging, kannte er keine Geduld und Nachsicht."* Doch der Einsatz für andere Menschen in Not, politisch und rassisch Verfolgte stand *„wie ein Symbol über seinem ganzen Leben."*[80] Richard van Dyck, der alte Berliner Bekannte, hatte bereits zum 60. Geburtstag treffend glossiert: *„Das Streiten für eine von ihm als Recht erkannte Sache ist sein Lebenselement; es ist ihm zur zweiten Natur geworden."*[81] Aus tiefen moralischen Überzeugungen und idealistischen Beweggründen habe Grossmann immer gegen Unrecht und Willkür angekämpft; auch wenn er oftmals gegen den Strom schwimmen mußte: Ein »Streiter für das Recht [und] Helfer der Leidenden«.[82]

Dazu indirekt beigetragen haben sicherlich auch die körperlichen Defizite: Die geringe Körpergröße von nur 1,63 m und die stark untersetzte Erscheinung (90 kg) ließen, zusammen mit der den antisemitischen Zerrbildern entsprechenden Nase, einen "Napoleon"-Komplex entstehen,[83] der gekennzeichnet war sowohl von einem ausgeprägten Minderwertigkeitskomplex als auch einem starken Geltungsbedürfnis. Einen tiefen Einblick in das leicht aufbrausende Wesen von Grossmann gewährt eine Replik von Norbert Wollheim[84]: *„Lassen Sie*

Übersiedlung in die USA, trat danach in vielfältiger Weise immer wieder als Mahner für Frieden u. gegen Atomkrieg auf; Biogr. Hdb., Bd. I, S. 245 ff. Siehe auch die Biographie von Ronald Clark.

79 Aufhäuser, Siegfried; geb. 1884 Augsburg, 1969 Berlin (West); Gewerkschaftsfunktionär, ab 1912 in SPD (1917-22 in USPD), 1920-33 Vorsitzender der »Arbeitsgemeinschaft freier Angestelltenverbände«, 1921-33 MdR, ab 1920 Mitglied des Reichswirtschaftsrates, 1933 Emigration via Frankreich in die Tschechoslowakei, 1938 nach Frankreich u. 1939 in die USA, im Apr. 1933 als Parteilinker in SPD-Parteivorstand gewählt, im Jan. 1935 aus Sopade ausgeschlossen, in USA als Redakteur beim »Aufbau« tätig, wo er 1944 wegen seines Eintretens für das CDG entlassen wurde, danach bis 1951 Redakteur der »New Yorker Staatszeitung und Herold«, 1951 Rückkehr nach Berlin (West), 1952-59 Vorsitzender des DAG-Landesverbandes Berlin, Wiedereintritt in SPD u. Jüdische Gemeinde; Biogr. Hdb., Bd. I, S. 25.

80 Aufbau-Redaktion, S. 28.

81 Dyck, S. 12.

82 Ebd.

83 Diesen Hinweis verdanke ich Prof. Herbert A. Strauss.

84 Wollheim, Norbert; geb. 1913 Berlin; Wirtschaftsprüfer, mußte 1933 als Jude Studium ab-

mich aber bitte auch sagen: Sollte Ihr jugendliches Temperament [Grossmann war damals fast 66 Jahre alt; L.M.] *Ihnen wieder einmal einen Streich spielen und Sie ein telefonisches Gespräch durch Abhängen zu beendigen wünschen (was eigentlich bei gesitteten Mitteleuropäern nicht vorkommen sollte!), so denken Sie doch bitte daran, daß im 'Knigge' keine einseitige Ausnahmeregelung über den Umgang mit Menschen zu finden ist.* "[85] Noch drastischer, und vielleicht aus der eigenen Launenhaftigkeit und den beinahe allwöchentlichen Konflikten heraus[86] noch etwas dramatischer, beurteilte Manfred George,[87] der Chefredakteur des »Aufbau«,[88] das persönliche Verhalten und vor allem die zuweilen anmaßend und autoritär-direktiv gehaltene Korrespondenz[89] seines wichtigsten freien Mitarbeiters: *„Die Art und Weise wie Du Briefe schreibst und Dich verhältst hat nicht zuletzt dazu beigetragen, daß unser schriftlicher und persönlicher Verkehr so schwierig geworden ist. Man hat immer das Gefühl, daß es geradezu lebensgefährlich ist, irgendetwas in Deiner Gegenwart zu äußern".*[90] Die letztgenannte Aussage aus dem Jahre 1960 war eigentlich nur die prägnante Kurzzusammenfassung der fast zwanzigjährigen konfliktbeladenen Kontakte zwischen George und Grossmann. Bereits im Jahre 1943 waren die beiden Kontrahenten in diversen Auseinandersetzungen heftig aneinander geraten,[91] die Grossmann durch seine (unangemessene) Forderung nach

---

brechen, danach in verschiedenen Positionen tätig, vor allem auch ehrenamtlich in jüdischen Organisationen, ab 1941 Zwangsarbeiter u. ab 1943 im KZ Auschwitz interniert, klagte 1951 auf Entschädigung wegen der Zwangsarbeit, 1951 Auswanderung in die USA u. dort als Wirtschaftsprüfer tätig; Benz, Wollheim, S. 132. Siehe ausführlich Ferencz, S. 62 ff.

85 LBI, Box 23; Brief von Norbert Wollheim vom 27. Jan. 1963.

86 LBI, Box 10; siehe auch den Brief von Manfred George vom 2. Dez. 1943.

87 George, Dr. iur. Manfred (bis 1939 Georg; urspr. Cohn, Manfred Georg); geb. 1893 Berlin, gest. 1965 New York; Journalist, ab 1917 Mitarbeit bei zionist. Zeitungen, ab 1918 Mitarbeit bei zahlreichen Berliner Zeitungen, vor allem als Theaterkritiker u. schriftstellerisch tätig, 1928-33 Feuilletonleiter der Zs. »Tempo« im Ullstein Vlg., 1933 Flucht nach Prag, auch dort als Journalist tätig, 1938 Emigration in die USA, 1939-65 Chefredakteur des »Aufbau«, den er zum führenden Organ der deutschsprachigen Emigration ausbaute; Biogr. Hdb., Bd. I, S. 217 f.

88 Zur Geschichte und Entwicklung dieser Emigrantenzeitung siehe Steinitz, S. 5 ff.

89 Siehe passim die zahlreichen Begleitschreiben zu den übersandten Artikeln, die regelmäßig die Annahme als vollkommen selbstverständlich voraussetzten. Neben der permanenten Kritik über die angeblich zu geringe Honorierung wurden auch beharrlich die noch nicht gedruckten Manuskripte als längst überfällig angemahnt. Siehe auch den Brief von Manfred George vom 2. Dez. 1943; LBI, Box 10.

90 LBI, Box 22; Brief von Manfred George vom 28. März 1960.

91 LBI, Box 10; siehe auch den Brief an Manfred George am 24. Feb. 1943 und die Antwort von Manfred George vom 15. März 1943.

Bezahlung von undifferenzierten "allgemeinen Auslagen" und der Forderung nach Honorierung auch der unpublizierten Manuskripte, d.h. der von Manfred George als für den »Aufbau« ungeeignet gehaltenen Artikel, nicht nur ausgelöst hatte,[92] sondern in der Drohung, künftig für den »Aufbau« nicht mehr schreiben zu wollen, hatte eskalieren lassen.[93] Dieses eher unverständliche Verhalten Grossmanns ist auch nicht mit etwaigen materiellen Sorgen zu erklären, da er zu diesem Zeitpunkt bereits für den WJC tätig war und allein im Jahre 1943 durch die kontinuierlichen Artikel im »Aufbau« 202,- Dollar zusätzlich verdiente. Die Einzelhonorare schwankten je nach Umfang zwischen 2-10 Dollar.[94] Ein Jahr zuvor wäre die, neben der allgemeinen Honorierung, unübliche Forderung nach Erstattung von Auslagen für Schreibmaterialien und Porti aus der ungesicherten Lage heraus noch verständlich gewesen.[95]

Ein Jahr später, im Herbst 1944, kam es erneut zu einer heftigen Debatte, die durch eine Artikelablehnung Manfred Georges ausgelöst wurde: *„Das ist ein sehr hübscher Artikel, den Sie da geschrieben haben ... Sie haben es wirklich fertiggebracht, unsere durch viele Nummern sich hinziehenden Argumente in eine ganz knappe und gute Fassung zu bringen. Mißverstehen Sie mich bitte nicht: ich will lediglich feststellen, daß im Aufbau selbst der Artikel keine neue Meinungsäußerung zum Thema darstellen würde."*[96] Doch ungeachtet der ausdrücklichen Vorwarnung mißverstand Grossmann den armen Manfred George gründlich. In seiner in Englisch[97] abgefaßten Entgegnung wies er entrüstet die Andeutung zurück, die Argumente des »Aufbau« gebraucht zu haben. Zum Schluß seiner ausfallend werdenden Darlegung griff er den »Aufbau«-Herausgeber persönlich an: *„Of course, I understand that you have forgotten this, since at that time you were a fellow-traveler of the nationalistically inclined Communist Party. I glad that at last you have given up your fellow-travelership - or am I mistaken?"*[98] Diese gehässige Anspielung auf Manfred Georges ehemalige, vor 1933 prokommunistische Haltung[99] wies dieser in seiner nun auch englischsprachigen Antwort empört zurück und verwahrte sich

---

92   LBI, Box 10; Briefe an Manfred George am 31. Mai u. 6. Juni 1943. Briefe von Manfred George vom 4. u. 27. Juni 1943.

93   Ebd.; Brief an Manfred George am 30. Juni 1943.

94   Ebd.; Briefe von Manfred George vom 9. Dez. 1943 u. vom 27. Jan. 1944.

95   Die im allgemeinen sehr geringen Honorare des »Aufbau« in dieser Zeit bestätigte Henry Marx in dem Gespräch am 13. Okt. 1992.

96   LBI, Box 10; Brief von Manfred George vom 1. Sep. 1944.

97   Der Sprachwechsel war ein deutliches Zeichen für die fortschreitende Amerikanisierung.

98   LBI, Box 10; Brief an Manfred George am 6. Sep. 1944.

99   Siehe auch den knappen Hinweis in seinem Nachruf auf Manfred George: M.G.: Kämpfer in der politischen Arena. In: Aufbau, 32. Jg., Nr. 1, 7. Jan. 1966, New York, S. 7.

gegen die seiner Meinung nach völlig ungerechtfertigte und vollkommen unbegründete Attacke. Daß zumindest rudimentär noch idealistische Sympathien für die UdSSR vorhanden waren, bewies George jedoch bereits einige Wochen später, als er in einem Artikel die Sowjetunion als jüdische Heimstatt gleichberechtigt neben Palästina und die Vereinigten Staaten stellte.[100] Zwar favorisierte Manfred George die "demokratische" Variante der USA,[101] aber die undifferenzierte Gleichsetzung mußte verblüffen. Abschließend schrieb George in seiner obigen Entgegnung, er möchte erneut wiederholen, daß er es begrüßen würde, wenn Grossmann in Zukunft davon Abstand nehmen würde, mit ihm zu korrespondieren, da er keine derartigen Briefe zu erhalten wünsche. Er hoffe, daß er sich diesmal klar genug ausgedrückt habe.[102] Diese eindeutige Drohung brachte, zumindest für eine gewisse Zeit, wieder so etwas wie einen Waffenstillstand in diesem Krieg der Schreibfedern.

Angesichts der geschilderten schwierigen Zusammenarbeit mit dem freien Mitarbeiter ist es durchaus verständlich und menschlich allzu nachvollziehbar, daß Manfred George die durch das Ausscheiden eines Redaktionsmitgliedes[103] im Herbst 1942 freiwerdende Stelle nicht mit dem heftig auf Eintritt in die Redaktion[104] drängenden Grossmann besetzen wollte.[105] Dieser unterbreitete dem Chefredakteur überdies bereits konkrete "Vorschläge" für seine künftigen Tätigkeiten und Aufgaben,[106] so daß es George vielleicht auch Angst und Bange um die eigene Position wurde.[107] Um keinen allzu großen Affront zu schaffen und da kaum sachliche Gründe gegen die Festanstellung Grossmanns sprachen, versuchte George einer konkreten Antwort (Ablehnung) permanent auszu-

---

100   Aufbau, Nr. 51, 22. Dez. 1944, S. 17. George schreibt:„Es gibt nur drei Länder, wo jeder, nicht nur das aus irgendwelchen Verdiensten avancierte jüdische Individuum so ganz sein kann: Palästina, Rußland und die USA. Drei Lösungen für das Problem des jüdischen Selbstwertgefühls: eine nationale, eine sozialistische und eine demokratische."

101   Siehe auch Maas, Weltbühne, S. 269 f.

102   LBI, Box 10; Brief von Manfred George vom 8. Sep. 1944.

103   Ebd.; Brief an Manfred George am 7. Nov. 1942.

104   LBI, Box 14; Zu dem zweiten, im Herbst 1952 erfolgten Versuch in die Redaktion des »Aufbau« einzutreten siehe die Briefe an Manfred George am 16. u. 31. Okt. 1952.

105   LBI, Box 10; Brief an Manfred George am 10. Dez. 1942.

106   Siehe ebd.; in dem Brief sind neun Funktionen aufgelistet.

107   Die Attitüde von George sich als Alleinherrscher aufzuspielen und keine "Nebengötter" zu dulden, hatte auch zur Trennung von Siegfried Aufhäuser beigetragen (Gespräch mit Henry Marx am 13. Okt. 1992). Siehe auch den Beschwerdebrief über George an Grossmann vom Einstein-Nachlaßverwalter, Prof. Otto Nathan, vom 28. Mai 1961 (LBI, Box 23).

weichen.[108] Diese Taktik war umso wichtiger, als mit einer negativen Antwort
die Drohung der Aufkündigung der Zusammenarbeit verbunden war.[109]

Sein persönliches Verhältnis zu Manfred George, einem ehemaligen Berliner Theaterkritiker, beschrieb Kurt Grossmann in einem Brief an Paul Hertz.[110]
In diesem Brief schildert er aus seiner Sicht auch die Zwiespälte und antago-
nistischen Widersprüche, die er glaubte in der »Aufbau«-Redaktion[111] entdeckt
zu haben: *„Ich habe mich gefreut, aus Ihrem Briefe zu ersehen, daß Sie meine
Artikel im Aufbau wöchentlich lesen und sie für nützlich halten. Dieser Ansicht
sind viele Leser des Aufbau, aber glauben Sie mir; es ist nicht leicht, die
Redaktion des Aufbau davon zu überzeugen. Es hat lange genug gedauert, bis
überhaupt über dieses Gebiet laufend etwas gebracht wurde. Aber noch heute
passiert es leider zu oft, daß unter Verzicht auf die Genauigkeit um der Sensation willen Sachen herausgebracht werden, die nachher nicht stimmen. Manfred Georg ist ein Mann, mit dem man an sich umgehen kann, aber seine Interessen gehen mehr ins feuilletonistische und er übersieht den Hauptwert seines
Blattes, wenn er Musik, Theater und Film so breit behandelt, aber die Lebens-
fragen der Emigration entweder von Außenseitern behandeln läßt oder nicht
genug Raum gibt, um wichtige Dinge zu sagen."*[112] Diese unverhohlene, und
inhaltlich wohl auch berechtigte grundsätzliche Kritik am »Aufbau« wird im
weiteren durch einen gezielten Angriff auf die frühere politische Einstellung
des Herausgebers zugespitzt: *„Ich übersehe nicht die objektiven Schwierigkeiten, die ein Mann wie Georg hat. Er muß jüdische Politik machen, zu der er
wenigstens für uns sichtbare Beziehungen nicht gehabt hat. Er ist, wie ich ver-
stehe, Zionist. Zugleicher Zeit aber machen ihm alle möglichen Leute Vorwürfe, daß er einer politischen Gruppe zugehört, die den Zionismus bekämpft
hat. Alles das mag ihn unsicher machen ...".* Diese Schlußpassage dokumentiert die wahre Intention der anfänglichen inhaltlichen Kritik, die weniger eine

---

108   LBI, Box 10; Brief an Manfred George am 21. Dez. 1942 und besonders am 24. Feb. 1943.

109   Ebd.; siehe Briefe an Manfred George am 10. u. 21. Dez. 1942. Siehe auch den Brief an
      Manfred George am 21. März 1943, wo Grossmann erneut eine *„unverzügliche Klärung"*
      seiner *„weiteren Mitarbeit"* beim »Aufbau« verlangte.

110   Hertz, Dr. rer.pol. Paul; geb. 1888 Worms, gest. 1961 Berlin; Politiker, 1905 in SPD, 1914
      Promotion, 1914-17 Kriegsteilnahme, 1920-33 MdR, 1933 Emigration in die Tschechoslo-
      wakei, besoldetes Mitglied der Sopade, differenzierte Haltung zu Volksfrontbestrebungen
      der KPD, erste Kontakte zu »Neu Beginnen«, 1938 Ausschluß aus Sopade u. offene Identi-
      fikation mit »Neu Beginnen«, 1938 Weiteremigration nach Frankreich, 1939 in die USA,
      Mitunterzeichner des CDG-Aufrufs, 1949 Rückkehr nach Berlin, 1951-53 Senator für
      Marshallplan u. Kreditwesen, 1955-61 Senator für Wirtschaft; Biogr. Hdb., Bd. I, S. 287 f.

111   Siehe auch Sietz, S. 42 f.

112   LBI, Box 10; Brief an Paul Hertz am 14. Feb. 1942.

divergierende Meinung in der Zeitungsgestaltung ist, als vielmehr die grund-sätzlichen persönlichen Vorbehalte gegen die früheren, linksradikalen politi-schen Positionen ihres Chefredakteurs äußert. Diese, seinen eigenen links-demokratischen Überzeugungen durchaus nicht ganz fern stehenden Ansichten werden in verletzender Weise betont. Und selbst mehr als zwanzig Jahre später, in seinem Nachruf auf Manfred George,[113] konnte sich Kurt Grossmann einen entsprechenden, eher selbstentlarvenden Seitenhieb nicht verkneifen. Derartige kritische Spitzen können zumindest die distanziert-ablehnende Haltung des »Aufbau«-Herausgebers Kurt Grossmann gegenüber erklären.

Darüberhinaus waren seine eigene Beziehungen zum Judentum vor der Emigration ebenfalls sehr unterentwickelt gewesen, so daß die diesbezügliche Kritik an George völlig fehl am Platze war. Denn auch Grossmann war vor 1933 nicht Mitglied einer religiösen Gemeinde oder einer jüdischen Organisa-tion gewesen und auch in den USA gehörte er keiner Kultusgemeinde an.[114] Daß seine eigene Rückbesinnung auf das Judentum,[115] wie sie die Tätigkeit beim »World Jewish Congress« oder die verschiedenen Publikationen auf-zeigen, keine religiöse Komponente einschloß, zeigt ein anderer Brief an Man-fred George, in dem es nach einem erbitterten Streit heißt: *„ich bedaure Dich, und wenn ich fromm wäre, wahrlich ich würde für Dich beten."*[116]

Nach der Darstellung von Kurt Grossmann in seinem unveröffentlicht ge-bliebenen Manuskript »Zwanzig Jahre 'Aufbau'« aus dem Jahre 1954 hatte die deutschsprachige Wochenzeitung Anfang der fünfziger Jahre etwa 30.000 Leser. Die Auflage des »Aufbau« stieg in der Ägide von Manfred George als Chefredakteur von 10.000 (Ende 1939) auf 30.500 Exemplare (1944) an[117] und blieb auf diesem hohen Niveau bis Anfang der sechziger Jahre.[118] Mit der Auflage stieg auch der Umfang auf bis zu 48 Seiten an. Der »Aufbau« finan-zierte sich Grossmann zufolge vor allem durch den *„fetten Annoncenteil".*[119] Der spätere Herausgeber Henry Marx,[120] damals Redakteur bei der konkurri-erenden»New Yorker Staatszeitung und Herold«, meinte in einem persönlichen

---

113 M.G.: Kämpfer in der politischen Arena. In: Aufbau, 32. Jg., Nr. 1, 7. Jan. 1966, New York, S. 7.

114 Vgl. die unten auf S. 44 geschilderte Mißachtung des Sabbats bei der Geburtstagsplanung.

115 Siehe auch Schmeichel-Falkenberg S. 79 ff. zur Einstellung Tucholskys, die der von Grossmann ähnelte.

116 LBI, Box 21; Brief an Manfred George am 22. Dez. 1961.

117 Maas, Weltbühne, S. 261 f.

118 Ebd., S. 281.

119 Siehe auch Sietz, S. 42.

120 Zum Werdegang von Henry Marx in der New Yorker Emigration siehe auch Sietz, S. 41 f.

Gespräch diesbezüglich, der »Aufbau« sei damals eine riesige „*Anzeigenplan-tage*" gewesen,[121] da in jeder Ausgabe Hunderte von Kleinanzeigen und Ge-schäftsempfehlungen auf den Zeitungsseiten mehr Raum einnahmen, als die Berichte und Artikel der Journalisten. Die beharrliche redaktionelle Kürzung seiner Artikel bezeichnete Grossmann als „*Verstümmelung*"[122] und schimpfte an anderer Stelle, „*daß diese verdammten Redakteure manches herausstrei-chen, um kostbaren Platz zu sparen, damit Annoncen verkauft werden können*".[123] Der umfangreiche Anzeigenteil trug jedoch dazu bei, daß die Emi-grantenzeitung in den vierziger und fünfziger Jahren auch kommerziell ein Erfolg wurde.[124] Ermöglicht wurde dies durch die von George erreichte Zugkräftigkeit der Zeitung und ihrer Marktführerschaft unter den deutschspra-chigen Zeitungen.[125] Daher konnten für die großen Firmenannoncen auch An-zeigenpreise verlangt werden, die zum Teil halb so hoch waren, wie die von »Life« oder »Saturday Evening Post«, den damaligen New Yorker Journalen mit einer Millionenauflage.[126]

In der Ausgabe des »Aufbau« vom 15. Juni 1951 durfte Grossmann sogar das Editorial (»Gedankenfreiheit und Präventiv-Gesetzgebung«) verfassen.[127] Wie dem Impressum zu entnehmen ist, war Manfred George gerade im Urlaub, und Richard van Dyck,[128] den Grossmann seit Mitte der zwanziger Jahre vom »8 Uhr-Abendblatt« her kannte,[129] zeichnete als stellvertretender Chefredak-teur für diese Ausgabe verantwortlich. Als Affront mußte Manfred George der Aufsatz von Grossmann über »Das Leben der deutschen jüdischen Flüchtlinge

---

121 Persönliches Gespräch mit Henry Marx in New York am 13. Okt. 1992.

122 LBI, Box 11; siehe den Brief an Manfred George am 21. Mai 1953 bezugnehmend auf seinen jüngsten Artikel im »Aufbau«.

123 LBI, Box 11; Brief an Otto Lehmann-Rußbüldt am 9. Okt. 1953.

124 Maas, Weltbühne, S. 266.

125 Sietz, S. 42.

126 DLAM, Slg. George; Manuskript "Zwanzig Jahre 'Aufbau'", undatiert [1954].

127 Aufbau, 17. Jg., Nr. 24, 15. Juni 1951, New York, S. 4.

128 Dyck, Dr. iur. Richard van; geb. 1889 Bremen, gest. 1966 Mamaroneck/New York; Journa-list, 1913 Promotion, nach Kriegsteilnahme 1919-20 Tätigkeit als Pressereferent im preuß. Staatsministerium, ab 1923 Redakteur beim 8 Uhr-Abendblatt, 1933 Emigration nach Frankreich u. Redakteur beim »Pariser Tageblatt« bzw. »Pariser Tageszeitung«, 1941 via Spanien nach Portugal u. 1942 in die USA emigriert, Mitarbeiter bei der »New Yorker Staatszeitung und Herold«, 1944-59 beim »Aufbau«, zeitweilig stellv. Chefredakteur; Biogr. Hdb., Bd. I, S. 142.

129 Siehe dazu: Richard van Dyck [Nachruf]. In: Aufbau, 32. Jg., Nr. 41, 14. Okt. 1966, New York, S. 3-4.

in den Vereinigten Staaten« in den »Frankfurter Heften«[130] im Frühjahr 1953 erscheinen. Zwar lobte der Herausgeber des »Aufbau« einleitend: *„Dein Artikel ist ausgezeichnet geschrieben, gründlich und umfassend."*[131] Doch große Verärgerung löste bei George die Tatsache aus, daß alle wichtigen Institutionen genannt worden seien,[132] *„aber die große publizistische Manifestation der Emigration, der Aufbau, unter den Tisch gefallen ist."*[133] Diese Wochenzeitung, das mit Abstand wichtigste meinungsbildende Organ der deutschen Emigration, konnte und durfte man nicht auslassen,[134] wenn ein vollständiges Bild gezeichnet werden sollte. Als langjähriger Mitarbeiter konnte Kurt Grossmann ihn auch nicht vergessen haben; es sei denn, es geschah bewußt, um dessen Editor zu ärgern.

Im Februar 1955 schrieb der »Aufbau«-Chefredakteur Manfred George an Grossmann eindringlich: *„Bitte überschütte mich nicht mit so vielen Artikeln. Du läufst Gefahr, daß sie beim besten Willen nicht unterzubringen sind und liegen bleiben."*[135] Diese hinweisende Bitte Georges wird bei einem Blick in die Bibliographie um so verständlicher, da Grossmann in den zurückliegenden Wochen seit Dezember 1954 immer mit zwei, oft sogar mit drei Artikeln in den Ausgaben des »Aufbau« vertreten war.[136] Die Ausgabe Nr. 7 vom 18. Februar 1955, zwei Tage nach dem erwähnten Schreiben Georges, ist dabei mit nur einem Artikel eine Ausnahme, die erst durch die Nr. 13 des »Aufbau« vom 1. April 1955, als gar kein Beitrag von Grossmann erschien, übertroffen wurde. Ansonsten blieb Kurt Grossmann bis zum Spätsommer 1955 wöchentlich mit ein bis zwei Artikeln präsent. Dies lag vor allem an seinen tagespolitisch wichtigen Beiträgen, wobei im Mittelpunkt der Berichte der die deutschstämmigen Leser besonders interessierende Fortgang der Entschädigungsfrage stand.[137] Bereits im Januar 1953 hatte Manfred George dem in Deutschland weilenden und ihn mit einer Flut von Manuskripten überschüttenden Grossmann geschrieben: *„Schicke mir daher bitte nur die allerwichtigsten Dinge. Am besten wäre*

---

130 Frankfurter Hefte, 8. Jg. (1953), H. 1, Frankfurt/M., S. 60-64.

131 LBI, Box 15; Brief von Manfred George vom 3. Februar 1953.

132 Ebd.; siehe das Dankschreiben des Exekutivsekretärs der »Selfhelp«, Fred Weissman, vom 2. Feb. 1953, der sich für die *„überaus freundliche"* Erwähnung bedankte.

133 Ebd.; Brief von Manfred George vom 3. Februar 1953.

134 Vgl. auch zwei Jahre zuvor: Why "Aufbau" is a Success. In: Congress Weekly, 18. Jg., Nr. 6, 5. Feb. 1951, New York, S. 10-11.

135 LBI, Box 5; Brief von Manfred George vom 16. Feb. 1955. Siehe auch dessen Brief vom 26. Feb. 1951, in dem er sich auch über zuviele Artikel beklagt hatte (LBI, Box 12).

136 Siehe die Auswahlbibliographie der Publikationen für den Zeitraum Dez. 1954-Feb. 1955.

137 LBI, Box 12; Brief von Manfred George vom 20. Apr. 1951, als Anlage ein anonymer Schmähbrief sowie die anonymen Drohbriefe vom 31. Jan. u. 31. Mai 1951 (LBI, Box 13).

3*

es überhaupt, wenn Du nicht so darauf los senden, sondern mich vorher fragen würdest. "[138] Geradezu perfektioniert hatte Kurt Grossmann überdies das Mittel des Leserbriefes, um Meinungen und Ansichten, die von Manfred George nicht in Artikeln im »Aufbau« abgedruckt worden wären, via "Letter to the Editor" in dessen Zeitung unterzubringen.

Bezeichnend für die komplexe Persönlichkeitsstruktur sind die nachfolgenden Episoden. Zum sehr ruppigen und überaus unfreundlichen, verletzenden Umgangston, den Grossmann sich bei Auseinandersetzungen zu eigen machte, sei dabei auf die Kontroverse mit Karl Marx, dem Herausgeber der »Allgemeinen Wochenzeitung der Juden in Deutschland« um ausstehende Honorare verwiesen.[139] Soweit es der vorliegende Briefwechsel erkennen läßt, war er zwar formal im Recht, doch der schroffe Ton seiner Vorwürfe und die sofortige Drohung mit der Einschaltung eines Rechtsanwalts sowie der Pfändung der geringen Summe konnten wohl kaum auf das Verständnis des prinzipiell zahlungswilligen, sich aber in einer geschäftlichen Notlage befindenden Schuldners treffen.[140] Auf einen eher unfreundlich gehaltenen Brief[141] des ihm sonst eigentlich sehr wohl gesonnenen Kurt Grossmann entgegnete der Chefredakteur der Frankfurter Ausgabe der amerikanischen »Die Neue Zeitung«, Hans Wallenberg,[142]: *„Ihre eigene Empfindlichkeit sollte Sie davor bewahren, die Empfindlichkeit anderer Menschen zu verletzen und das tun Sie".*[143] Ein beredtes Dokument dafür, wie Grossmann mit seiner manchmal unbeherrschten und wenig sensiblen Art Menschen vor den Kopf stoßen konnte und Ihnen trotzdem innerlich verbunden blieb, ist ein späterer, mehrseitiger Brief von Hans Wallenberg. Dieser bedankte sich dabei nach zweijähriger Kontaktunterbrechung für die herzlichen Glückwünsche zum 60. Geburtstag, die zusammen mit einer großen Zimmerpflanze die fortdauernde Verbundenheit Grossmanns mit dem Jubilar ausgedrückt hatten.[144] Auch das Verhältnis zu George hatte sich in den frühen sechziger Jahren entspannt und trug fast freundschaftliche

---

138   LBI, Box 15; Brief von Manfred George vom 30. Jan. 1953.

139   LBI, Box 39; Briefe an Karl Marx am 9. u. 30. Juni, 15., 27., 30. Okt. u. 7. Nov. 1953.

140   Ebd.; Briefe von Karl Marx vom 2. Juli, 12. Aug. u. 22. Okt. 1953 sowie den Brief von Lilli Marx für ihren erkrankten Gatten vom 3. Nov. 1953.

141   LBI, Box 20; Brief an Hans Wallenberg am 22. Juli 1952.

142   Wallenberg, Hans; geb. 1907 Berlin, gest. 1977 Berlin (West); Journalist, nach Philosophie- u. Jurastudium ab 1928 Zeitschriftenredakteur, Emigration 1937 in die Tschechoslowakei u. 1938 in die USA, 1942 in US-Armee, 1945 Rückkehr nach Deutschland, ab 1946 Chefredakteur der amerikanischen Besatzungstageszeitung »Die Neue Zeitung«, in den 1950er Jahren als Wirtschaftsberater (Springer Konzern) tätig; Biogr. Hdb., Bd. I, S. 790 f.

143   LBI, Box 20; Brief von Hans Wallenberg vom 29. Juli 1952.

144   LBI, Box 7; Brief von Hans Wallenberg vom 27. Nov. 1957.

Züge.[145] So bedankte Manfred George sich überaus freudig für ein Geschenk zum 70. Geburtstag im Herbst 1963. Wie er am Schluß seines Dankesbriefes betonte, nehme er den *„kameradschaftlichen Ton* [der Glückwünsche; L.M.] *als ein gutes Zeichen für unsere weitere Zukunft, die ja, namentlich im gemeinsamen Kampf gegen alles das, was heute wieder so drohend am Horizont aufsteigt, bestehen dürfte."*[146] Die Philosophie von Kurt Grossmann bei Kontroversen und Diskursen offenbart ein anderes Zitat: *„Sie sehen, daß wir in verschiedenen Dingen nicht einer Meinung sind. Aber das Wichtigste ist, daß wir diese Dinge aussprechen, sie diskutieren und geistig um sie ringen."*[147]

Einen der ganz wenigen handschriftlich verfaßten Briefe Kurt Grossmanns, die in den Archiven vorhanden sind, sandte er im November 1959 an George. Es war ein Kondolenzschreiben zum Tode von dessen Schwester und langjähriger Mitarbeiterin, Mary Graf. Es zeigt die andere, einfühlsame und beistehende Seite Grossmanns. Die mit Bedacht gewählten Worte verbinden sowohl ein gedenkendes Lob der Toten, als auch tröstende Worte für den trauernden Bruder.[148] Zu dessen 70. Geburtstag am 22. Okt. 1963 sandte er erneut einen handgeschriebenen Gruß an den »Aufbau«-Chefredakteur. Wie er betonte, gingen die freundschaftlichen Glückwünsche über die üblichen Stereotype hinaus.[149] So bemerkenswerte Sätze, wie: ungeachtet aller *„Ereignisse, bist Du Dir und Deiner Sache treu geblieben"*[150] wären eine Dekade zuvor noch undenkbar gewesen: Noch 1954 hatte Grossmann das unveröffentlicht gebliebene Manuskript»Zwanzig Jahre 'Aufbau'« schroff mit der handschriftlichen Bemerkung *„To Manfred George, the motor - and sometimes - Kratzbürste"* versehen.[151]

Kurt Grossmann verstand es außerdem meisterhaft, sich selbst einzuladen. In einem Brief an seinen Freund Robert Kempner, den damaligen stellvertretenden US-Chefankläger bei den Nürnberger Prozessen, äußerte er gegenüber dem bald aus Deutschland Heimkehrenden unaufgefordert den Wunsch: *„Da Sie mir sicherlich etwas mitbringen wollen, würde ich Sie bitten, mir den Gefallen zu erweisen, aus der PX eine Agfa-Iosett, oder einen ähnlichen*

---

145 LBI, Box 48; Vgl. den Dankesbrief von Manfred George vom 29. Okt. 1953, wo er sich für ein von Grossmann arrangiertes Geschenk zum 60. Geburtstag überschwenglich bedankte.

146 LBI, Box 25; Brief von Manfred George vom 28. Okt. 1963.

147 LBI, Box 13; Brief an Guido Senzig am 20. Aug. 1950.

148 DLAM, Slg. George; Brief an Manfred George am 13. Nov. 1959.

149 LBI, Box 26; Für das freundschaftliche, fast herzliche Verhältnis siehe auch die beiden Briefe von Manfred George vom 23. Sep. u. 29. Dez. 1965.

150 DLAM, Slg. George; Brief an Manfred George am 18. Okt. 1963.

151 Ebd.; Manuskript "Zwanzig Jahre 'Aufbau'", undatiert [1954].

Apparat zu kaufen."[152] Denn er hatte seinen Photoapparat kurz zuvor am Strand verloren.

Am Ende des Jahres 1965 wurde Kurt Grossmann 68jährig bei der Jewish Agency pensioniert. Seine Überlegungen, als Altersruhesitz die Schweiz zu wählen, wo Elsa und er schon seit Mitte der fünfziger Jahre beinahe jährlich mehrwöchige Sommerurlaube verbrachten, wurden von seiner Frau nicht geteilt. Statt die Zelte in den USA abzubrechen, wollte Elsa Grossmann viel lieber *„unser schönes Land"* (die USA) näher kennenlernen,[153] doch auch dieser Plan wurde nur sehr bedingt verwirklicht. Neben den winterlichen Aufenthalten in Florida standen in den Sommermonaten weiterhin Reisen in die Schweiz und nach Deutschland auf dem Programm. Daß Grossmann sich noch nicht völlig auf das Reisen und das Nichtstun beschränken wollte, dokumentiert ein Rundbrief vom Februar 1966, in dem er seine Dienste verschiedenen Institutionen anbot. Als seine Spezialität nannte er dabei Konsultationen, Forschung, Verfassen von Manuskripten sowie Vorträge zu allen politischen und gesellschaftlichen Fragen.[154]

Neben seinem schon in frühen Jahren ausgeprägten Gerechtigkeitssinn[155] und dem fortwährenden Eintreten für Bedrohte und Verfolgte,[156] waren die persönlichen Erfahrungen der Emigration sowie das Wissen um die nur mittelbar erlebte NS-Schreckensherrschaft bis hin zum Völkermord die Triebfedern seines großen humanitären Engagements und der unermüdlichen Arbeit für Verfolgte und Opfer totalitärer Staatsgewalt. Grossmann erklärte seinen unermüdlichen Einsatz in einem privaten Brief als Obliegenheit seines Lebensweges: *„Im Vergleich zu dem, was viele andere Menschen durchgemacht haben, hat das Schicksal es mit uns gut gemeint, und ich glaube, das ist eine Verpflichtung."*[157]

---

152   LBI, Box 3; Brief an Robert Kempner am 7. Sep. 1949.

153   LBI, Box 26; Brief von Elsa Grossmann an ihre Großnichte Helga am 27. Aug. 1965.

154   LBI, Box 31; siehe das undatierte Rundschreiben vom Februar 1966.

155   Siehe u.a.: Menschenrechte und Pressefreiheit. In: Die Menschenrechte, 3. Jg., Nr. 2, 29. Feb. 1928, Berlin, S. 3-4; Für die deutsch-polnische Verständigung. In: Ebd., 4. Jg., Nr. 6, 1. Juni 1929, S. 10-11; Norm für den Gefangenen. Der Völkerbund soll eingreifen. In: Ebd., 5. Jg., Nr. 8, 15. Okt. 1930, S. 6-7.

156   Siehe z.B.: Der Landesverratsprozeß gegen Pazifisten. In: Die Menschenrechte, 3. Jg., Nr. 3, 31. März 1928, Berlin, S. 7-8; Um die Reform des Strafvollzugs. In: Ebd., 4. Jg., Nr. 7/8, 25. Juli 1929, S. 27-29; Das Problem der Staatenlosen. In: Ebd., 6. Jg., Nr. 1, 15. Jan. 1931, S. 5-9.

157   LBI, Box 5; Brief an Adolf Kronberger am 16. Nov. 1953.

Wenn sich Grossmann jedoch über unerfreuliche Besprechungen seiner Büchern ärgerte, protestierte er bisweilen energisch, etwa als die »Emigration« in den »Nürnberger Nachrichten« negativ besprochen wurde.[158] Vor allem die Schlußwertung des Rezensenten, man könne diese Monographie wegen einiger inhaltlicher Fehler, z.B. zur Zusammensetzung der tschechoslowakischen Bevölkerung, *„kein Standardwerk"* nennen, brachte ihn in Rage.[159] Die Begründung des Kritikers für sein Verdikt zeigte hingegen, daß er die Intentionen und die Bedeutung des Buches für die Aufarbeitung der Emigrationsgeschichte nicht erkannt hatte. So begründete der Redakteur in einem Brief an den Autor sein Urteil damit, daß *„nicht einmal im Register"* Stefan und Arnold Zweig erwähnt und Bertolt Brecht kein eigenes Kapitel gewidmet sei.[160] Diese Aussage belegt anderseits deutlich, welche hohen inhaltlichen Erwartungen durch den plakativen Titel »Emigration. Geschichte der Hitler-Flüchtlinge 1933-1945« geweckt worden waren. Den Autor traf dabei die geringste Schuld, da der Verlag den Haupttitel aus Absatzgründen eigenmächtig geändert hatte und die Intentionen des Buches dadurch mißverständlich wurden. Grossmann hingegen hatte sein Manuskript unter dem weitaus präziseren Titel »Flucht. Geschichte der Hitler-Vertriebenen 1933-1945« eingereicht.[161] In einem Schreiben an die Lektorin hatte er außerdem seine Vorbehalte und Kritik an der Titeländerung deutlich zum Ausdruck gebracht: *„Emigration bedeutet eine mehr oder minder geordnete Auswanderung. Diese war aber nur in ganz wenigen Fällen möglich."*[162] Von einer geordneten und vor allem freiwilligen Auswanderung konnte nie die Rede sein, so daß die Bezeichnung »Flüchtling« wesentlich prägnanter ist. Für Grossmann erfaßte Brechts Gedicht »Über die Bezeichnung Emigranten« die mißverständliche Etikettierung:

> *„Immer fand ich den Namen falsch, den man uns gab: Emigranten.*
> *Das heißt doch Auswanderer. Aber wir*
> *Wanderten doch nicht aus, nach freiem Entschluß*
> *Wählend ein anderes Land. Wanderten wir doch auch nicht*
> *Ein in ein Land, dort zu bleiben, womöglich für immer.*

---

158   Gallasch, Walter: Fort aus dem Land! Die Geschichte der Hitler-Flüchtlinge 1933-1945. In: Nürnberger Nachrichten, 26. Jg., Nr. 67, Sa./So. 21./22. März 1970, Beilage »Wochen-Magazin«, S. 5.

159   HIA, Box 12; Brief an die Feuilleton-Redaktion der »Nürnberger Nachrichten« am 30. Apr. 1970.

160   Ebd.; Brief von Walter Gallasch, »Nürnberger Nachrichten«, vom 6. Mai 1970. In der Rezension heißt es, die beiden Zweigs seien *„anscheinend nicht bekannt"* und Brecht werde nur ein einziges Mal erwähnt.

161   HIA, Box 7; Brief an Claus Behnke, Europäische Verlagsanstalt, am 8. Jan. 1969.

162   Ebd.; Brief an Viktoria Vierheller, Europäische Verlagsanstalt, am 29. März 1969.

Sondern wir flohen. Vertriebene sind wir, Verbannte.
Und kein Heim, ein Exil soll das Land sein, das uns da aufnahm. "[163]

Die Lektorin, die sich selbst als "Historikerin" bezeichnete,[164] entgegnete mit ihrer Definition der beiden Termini: *„In der Bundesrepublik ist ein Emigrant etwas anderes als ein Flüchtling: letzteres bezeichnet eher die Flüchtlinge aus den ehemals deutschen Gebieten oder aus der DDR, aber Emigrant versteht jeder als Bezeichnung eines politischen oder rassischen Flüchtlings der Nazi-Zeit.* "[165] Zugleich konzedierte sie jedoch, daß die *„Emigration unter Hitler vollständig den Charakter einer Flucht trug"*. Diese *„erzwungene Wanderungsbewegung"*[166] sei aber unter dem Begriff »Emigration« bekannt geworden. Die Bedenken und Zweifel von Grossmann waren damit aber nicht ausgeräumt, da dieser weiter *„sehr unglücklich"* über den *„falschen Titel"* war, denn *„niemand wird diesen Titel für diese Austreibungsperiode verstehen.* "[167] Überdies habe er in dem Werk dezidiert zwischen "Flucht" und "Auswanderung" unterschieden.[168] Die Enttäuschung des Autors wurde noch dadurch gesteigert, daß der Verlag aus Kostengründen die von ihm in mühevoller Kleinarbeit zusammengestellte umfangreiche Bibliographie nicht mitaufnahm.[169]

Eine kritische Rezension der Monographie »Emigration« in der Wochenzeitung »Die Zeit«[170] veranlaßte auch Robert Kempner zu einer Replik mit der Überschrift "Kritik an einem Buch-Verriß". Statt der vom Rezensenten bemängelten "Halbheit" und *„mangelnden kompositorischen Ökonomie"* bot das Buch für Kempner *„ein anschauliches und allgemein verständliches Bild des riesigen Komplexes"* der Emigration dar, wobei der Autor die Vertreibung in *„Einzelgemälden"* beleuchte. Die Publikation war deshalb nach Kempners Auffassung *„eine Fundgrube für die Zeitgeschichte, ein Mahnmal für Politiker und ein Lehrbuch ersten Ranges für die Jugend.* "[171]

---

163   Brecht, S. 718.

164   HIA, Box 7; Brief von Viktoria Vierheller, Europäische Verlagsanstalt, vom 23. Juli 1969.

165   Ebd.; Brief von Viktoria Vierheller, Europäische Verlagsanstalt, vom 7. Apr. 1969, S. 3.

166   Ebd.

167   Ebd.; Brief an Viktoria Vierheller, Europäische Verlagsanstalt, am 11. Apr. 1969.

168   Grossmann, Emigration, S. 28 f.

169   HIA, Box 7; Brief von Viktoria Vierheller, Europäische Verlagsanstalt, vom 24. März 1969.

170   Walter, Hans-Albert: Wirre Emigrations-Geschichte. Kurt R. Grossmanns Buch über die Hitler-Flüchtlinge. In: Die Zeit, 25. Jg., Nr. 38, 18. Sep. 1970, Hamburg, S. 23.

171   HIA, Box 10; Brief von Robert Kempner an »Die Zeit«, Hamburg, vom 18. Sep. 1970 (von K. in Kopie an G. gesandt).

In den letzten Lebensjahren schrieb Kurt Grossmann immer häufiger Rezensionen, weil das Thema der Wiedergutmachung weitgehend beendet war und er krankheitsbedingt häufig längere Pausen von der aktiven Arbeit einlegen mußte, was größere Projekte ausschloß. Da er aber in der Zeit der Rekonvaleszenz lesen konnte und er weiterhin auch an Deutschland und den zeitpolitischen Fragen interessiert war, verband er pragmatisch das eine mit dem anderen. Außerdem wurde es für Grossmann am Ende der sechziger Jahre zunehmend schwieriger, seine Manuskripte unterzubringen. Zum einen, da er als fast Siebzigjähriger mehr Zeit zum Verfassen der Texte benötigte und sich nicht mehr, wie früher, sofort an die Schreibmaschine setzte; dies bedingte eine geringere Tagesaktualität. Zum anderen, und wohl entscheidend war, daß durch die rasante Technisierung und der damit verbundenen globalen Nachrichten- und Datenübermittlung sowie durch das immer enger werdende Korrespondentennetz internationaler Nachrichtenagenturen auch die Zeitungsredaktionen immer schneller und immer mehr Material erhielten; viel mehr als sie überhaupt verwerten konnten.[172] Daher benötigten sie immer seltener Beiträge von freien Journalisten. Manche Zeitungen lehnten deshalb, zumeist aus Platzgründen, den Abdruck der ihnen unverlangt zugesandten Manuskripte ab.[173] Auch die Mehrfachverwertung seiner Artikel in verschiedenen Zeitungen stieß ab den sechziger Jahren an ihre Grenzen. Denn Blätter, die überregional in ganz Deutschland erschienen, wie die Hamburger Tageszeitung »Die Welt« oder die in Köln erscheinende gewerkschaftliche Wochenzeitung »Welt der Arbeit«, waren und konnten nicht mit der Formel *„exklusiv für Ihre Stadt"* einverstanden sein und lehnten daher diese Artikel ganz ab.[174]

Seine beiden letzten Aufsätze, im Herbst 1971 wenige Monate vor seinem Tode im März 1972 veröffentlicht, weisen schließlich auf die sukzessiv gewandelte Interessenslage hin, die ungeachtet dessen die langjährigen Beschäftigungskreise Judentum[175] und Menschenrechte[176] beinhaltete. Doch nun, nach

---

172   LBI, Box 28; siehe u.a. die Manuskriptablehnungen durch die »Westfälische Rundschau«, Dortmund, vom 11. Dez. 1968, den »Mannheimer Morgen« vom 14. Jan. 1969 und den »Rheinischen Merkur«, Köln, vom 22. Jan. 1969.

173   LBI, Box 23; siehe u.a. die Ablehnungsbriefe durch die »Rheinische Post«, Düsseldorf, vom 11. Juli 1962; »Trierische Landeszeitung« vom 27. Juli 1962 und »Saarbrücker Allgemeine« vom 9. Aug. 1962.

174   Ebd.; siehe den Brief von Ernst J. Cramer, Redaktion »Die Welt«, vom 5. Juni 1962 und den Brief von Otto Wollenberg, Chefredakteur von »Welt der Arbeit«, vom 12. Juni 1962.

175   Juden und Judentum in den Vereinigten Staaten. In: Emuna, 6. Jg. (1971), H. 4, Frankfurt/M., S. 225-240.

176   Siehe: Die moralische und politische Krise in den Vereinigten Staaten. In: Die Neue Gesellschaft, 18. Jg. (1971), H. 9, Bonn, S. 638-641.

über dreißigjährigem Leben in den USA, wurden nicht mehr nur deutsche Fragen und Probleme, sondern auch die amerikanischen Verhältnisse eingehender behandelt.[177] Die fast selbstbilanzierende Lebensreminiszenz hatte auch zwei weitere Publikationen aus dem Jahre 1971 gekennzeichnet, die sich mit den Flüchtlingen in der Tschechoslowakei[178] sowie der deutsch-polnischen Verständigung seit den frühen zwanziger Jahren[179] beschäftigen. Angesichts der eigenen Kenntnis um seinen äußerst labilen Gesundheitszustand und dem individuellen Streben nach Anerkennung erscheinen die beiden letztgenannten Veröffentlichungen zum einen als Vermächtnis und zum anderen als Versuch, die eigene Rolle in den behandelten Themen zu betonen.

Am 2. März 1972 starb Kurt Richard Grossmann nach einem Herzinfarkt in St. Petersburg/Florida, wo er und Frau Elsa seit vielen Jahren den Winter verbrachten. Wie Tausende anderer amerikanischer Pensionäre auch, suchte das Ehepaar Grossmann im milden Klima Floridas Schutz vor den kalten und schneereichen Wintermonaten in New York. Grossmann starb nur zwei Monate vor dem 75. Geburtstag, der von seinen Freunden bereits generalstabsmäßig vorbereitet wurde. Höhepunkt der Feierlichkeiten sollte die Verleihung des Bundesverdienstkreuzes durch den deutschen Botschafter sein. Auf Initiative des alten Kampfgefährten Dr. Robert Kempner war Grossmann außerdem für die anstehende Verleihung der Carl-von-Ossietzky-Medaille der wiederbegründeten »Liga für Menschenrechte« vorgesehen worden.[180] Kempner, der die Nachricht vom Ableben seines langjährigen Freundes in Frankfurt/M. aus dem Radio erfahren hatte, bekundete im Kondolenzschreiben an Elsa Grossmann seine tiefe Verbundenheit mit dem Verstorbenen: *„ 46 Jahre haben wir gemeinsames erlebt, gemeinsam gekämpft, einer dem anderen zu helfen versucht, eng verbunden, mehr als brüderlich. Wir haben leidvolle und freudvolle Arbeit und Stationen miteinander erlebt, und es war ein langer Weg von Berlin über Zwischenstationen nach USA und dann später auch oft in Deutschland. "*[181] Die trotz aller Gegensätze und Unterschiede enge Geistesverwandtschaft und

---

177 Partiell hatte Grossmann sich schon seit dem Jahre 1961, dem Beginn der Korrespondententätigkeit für den »Vorwärts«, zumindest tagesaktuellen amerikanischen Themen zugewandt, die er in wöchentlichen Kolumnen der SPD-Wochenzeitung behandelte.

178 Refugees to and from Czechoslovakia. In: The Jews of Czechoslovakia. Historical Studies and Surveys, Bd. II. Hg.: The Society for the History of Czechoslovak Jews. Philadelphia-New York 1971, S. 565-581.

179 Die Geschichte der deutsch-polnischen Verständigung. In: Die Neue Gesellschaft, 18. Jg. (1971), H. 1, Bonn, S. 28-35.

180 IZG, Film 21/B, MA 1500/21; siehe auch die von Robert Kempner verfaßte undatierte Presseerklärung zum Tode von Kurt Grossmann und Kempner, Kämpfer, S. 9.

181 HIA, Box 10; Brief von Robert Kempner an Elsa Grossmann vom 5. März 1972, S. 1.

der vergleichbare emotionale Kampfeswille für die Gerechtigkeit spiegelt sich in den weiteren Zeilen der Kondolenz wider: *„Nun sind Sie allein ohne ihn und trauern mit vielen Freunden um einen hervorragenden, unersetzbaren Kämpfer, einen klugen, energiegeladenen, verdienstvollen und so bescheidenen Menschen, und ich um einen treuen, sehr treuen nie versagenden Freund, wohl den längsjährigen[!], in Wahrheit um ein Stück von mir; so empfinde ich es."*[182]

An der Gedenkfeier im New Yorker Carnegie Center nahmen mehrere Hundert Freunde und Bekannte teil. Die Traueransprachen wurden vom deutschen Generalkonsul als Stellvertreter von Bundeskanzler Willy Brandt, Rabbiner Dr. Joachim Prinz, Norbert Wollheim und Hans-Erich Fabian gehalten.[183]

2.2 Geburtstage/Ehrungen

In einem mit *„Liebe Freunde"* überschriebenen Rundbrief vom Mai 1957 bedankte sich Kurt Grossmann bei allen Adressaten für die zahlreichen Glückwünsche und Geschenke zum 60. Geburtstag, denn sie *„bewiesen mir, daß meine Arbeit für die Ideen der Verwirklichung der Menschenrechte, für eine Stärkung der demokratischen Einrichtungen, für gerechte, liberale und schnelle Wiedergutmachung zugunsten aller Opfer der Naziverfolgung nicht umsonst war."* Wie er bereits in seiner Danksagung während der Geburtstagsfeier[184] erklärt habe, *„werde ich weiterhin mit allen Kräften fortfahren, für die Verwirklichung unserer Ideale zu kämpfen."*[185] Die Festansprachen hielten der damalige New Yorker Generalkonsul und spätere Botschafter in Israel, Adolph Reifferscheidt, der greise Prof. Friedrich Wilhelm Foerster und der frühere Präsident der »New School for Social Research«, Alvin Johnson.[186]

Angesichts der Flut von Glückwünschen[187] zu seinem 65. Geburtstag im Spätfrühjahr 1962 dankte Grossmann allen Gratulanten in einem Rundbrief.

---

182 Ebd., S. 2.

183 Zum Gedenken, S. 28.

184 Siehe auch die beiden Berichte im »Aufbau«: Dyck, S. 12 und Geburtstagsfeier, S. 29.

185 DEA, Eb 75/177, NL Sternfeld; Rundbrief von Ende Mai 1957.

186 Siehe auch: Der Auszug der Intelligenz. Intellektuelle in der Emigration. Wie Alvin Johnson eine amerikanische Exil-Universität gründete. In: Rheinischer Merkur, 24. Jg., Nr. 29, 18. Juli 1969, Köln, S. 15.

187 Die Würdigung in der argentinischen »Jüdischen Wochenschau« erschien erst im Dez. 1962 mit der einleitenden Bemerkung: „Kürzlich"[!] konnte Kurt R. Grossmann seinen 65. Geburtstag begehen: Kurt Grossmann - 65 Jahre. In: Semana Israelita, 23. Jg., Nr. 1992,

Seine Freude und seinen berechtigten Stolz nicht verbergend, schrieb er, daß die große *„Anerkennung für meinen bescheidenen Versuch, zu helfen, diese Welt ein wenig besser zu gestalten, mich ermutigt hat. Ich verspreche Ihnen, daß ich nicht aufhören werde, noch zäher und entschlossener für das Menschliche zu kämpfen.“*[188]

Im Vorfeld des 70. Geburtstages von Grossmann war es zu Spannungen innerhalb des "Organisationskomitees" gekommen, die allerdings rasch überwunden worden waren, wie die Zusammensetzung des Planungsteams für den 75. Geburtstag belegt. So hatte der langjährige Freund aus Berliner Tagen, Rabbiner Joachim Prinz, nicht am Empfang zum 70. Geburtstag teilgenommen. Neben praktischen Gründen, wie Terminproblemen, die eine Teilnahme erschwerten, war er verärgert darüber, daß er zwar zum Mitglied des zwölfköpfigen Organisationskomitees[189] berufen worden war, daß ihn aber danach niemand um seine Meinung oder Hilfe gefragt habe. Besonders verstimmt hatte ihn, daß die Feier am Samstag (Sabbat) stattfand. Wie er Grossmann mitteilte, hätte er dagegen energischen Einspruch angemeldet; zumindest solange sein Name als Mitglied des Organisationskomitees auf der Einladung erschien.[190] Seine Absage hatte Prinz auch dem Leiter des Organisationskomitees, Hans-Erich Fabian,[191] mitgeteilt. Auch diesem gegenüber betonte er, daß er nicht teilnehmen könne, angesichts der Feier am Sabbat - *„war dies notwendig?“*[192] In seiner Antwort betonte Fabian, die Feier beginne um 12.30 Uhr, d.h. nach dem Gottesdienst in der Synagoge, so daß auch für den Rabbiner die Möglichkeit der Teilnahme bestünde. Wissend, daß Prinz der führende Sprecher des progressiven Judentums in den USA war,[193] fragte Hans-Erich Fabian mit leicht spöttischem Unterton nach: *„Oder sind Sie so konservativ, daß Sie nicht*

---

28. Dez. 1962, Buenos Aires, S. 5.

188   HIA, Box 2; Rundbrief mit Dankadresse an alle Freunde am 25. Mai 1962.

189   Dazu gehörten u.a. Robert Kempner, Hermann Kesten, Adolf Leschnitzer, Hans Staudinger und Norbert Wollheim.

190   HIA, Box 12; Brief von Joachim Prinz vom 27. Apr. 1967.

191   Fabian, Hans-Erich; geb. 1902 Bromberg, gest. 1974 New York; Rechtsanwalt, vor seiner Auswanderung im Mai 1949 war F. der zweite Nachkriegsvorsitzende der Jüdischen Gemeinde Berlins nach Kriegsende. Die Ankunft in den USA und seine Freude auf ein Wiedersehen teilte er Grossmann schriftlich mit; LBI, Box 16; Brief von Hans-Erich Fabian vom 12. Mai 1949.

192   HIA, Box 12; Undatierte (Apr. 1967) Antwortkarte von Joachim Prinz an Hans-Erich Fabian (Ü.d.V.).

193   Siehe auch: Pro und Contra Joachim Prinz. In: Aufbau, 37. Jg., Nr. 49, 3. Dez. 1971, New York, S. 6.

am Sabbat reisen?"[194] Eine unfreiwillige Ironie war es, daß der areligiöse und völlig assimilierte Kurt Grossmann,[195] dem eigentlich sehr an der Teilnahme von Rabbiner Prinz gelegen hatte,[196] selbst auf den Termin Samstag, 20. Mai 1967 beharrt hatte. Die Bedeutung des Sabbats - zumindest für Rabbiner - verkennend, war Grossmann nicht auf den Vorschlag von Adolf Leschnitzer[197] eingegangen, den eigentlichen Geburtstag, Sonntag, den 21. Mai, als Termin zu wählen.[198] An der Gratulationscour nahmen über 220 Freunde und Bekannte persönlich teil.[199] Weitere fast 400 Personen sandten Glückwunschschreiben und -telegramme. Emil Graf von Wedel, der den Jubilar aus der gemeinsamen Berliner Wirkenszeit für die »Deutsche Liga für Menschenrechte« kannte, gab in seinem Brief, wie viele andere, der Hoffnung Ausdruck, daß Grossmann seine *„segensreiche Tätigkeit für die Notleidenden und Verfolgten"* noch lange werde fortsetzen können.[200] Das frühere Mitglied des Abgeordnetenhauses und Stadtälteste von Berlin, Siegmund Weltlinger,[201] spannte den zeitlichen Bogen der Dankesschuld bis in die Gegenwart. Er wisse als altes Mitglied der DLM *„sehr gut, was Sie für uns alle getan haben. Und die Wirkung Ihres Buches 'Unbesungene Helden' auf das Wiedergutmachungswerk in Berlin ist aus den Annalen unseres Landes nicht mehr wegzudenken!"*[202] Eine Würdigung von Grossmanns Lebenswerk im »Rheinischen Merkur« verfaßte der alte Weggefährte Robert Kempner.[203] Besondere Freude riefen bei dem Jubilar auch die Telegramme befreundeter Politiker aus Bonn hervor. Dazu zählten die Glückwunsche des gerade (April 1967) zum Parlamentarischen Staatssekretär im Auswärtigen Amt ernannten Gerhard Jahn, als auch die des SPD-Parteivorstandes. Während Jahn den *„entscheidenden Beitrag"* zur Aussöhnung mit Deutschland nach 1945 in den Vordergrund stellte,[204] gedachte die SPD in dem von Willy Brandt, Herbert Wehner, Helmut Schmidt und Alfred Nau unterzeichneten Schreiben neben dem *„unermüdlichen Einsatz"* zur Wieder-

---

194 HIA, Box 12; Brief von Hans-Erich Fabian an Joachim Prinz vom 20. Apr. 1967 (Ü.d.V.).

195 Siehe dazu auch die Reminiszenz von Brann, S. 13.

196 HIA, Box 11; Brief an Adolf Leschnitzer am 21. Apr. 1967.

197 Siehe auch: Zum siebzigsten Geburtstag von Adolf Leschnitzer. In: Aufbau, 35. Jg., Nr. 5, 31. Jan. 1969, New York, S. 4.

198 HIA, Box 11; Brief von Adolf Leschnitzer vom 25. Apr. 1967.

199 Ebd.; Brief an Adolf Leschnitzer am 23. Mai 1967.

200 HIA, Box 14; Brief von Emil Graf von Wedel vom 19. März 1967.

201 Siehe auch: Siegmund Weltlinger - 80 Jahre. In: Aufbau, 32. Jg., Nr. 12, 25. März 1966, New York, S. 18.

202 HIA, Box 2; Brief von Siegmund Weltlinger vom 15. Mai 1967.

203 Kempner, Held, S. 9.

204 HIA, Box 2; Telegramm von Gerhard Jahn vom 20. Mai 1967.

herstellung der Demokratie vor allem der selbstlosen „*Hilfe für alle Verfolgten*" während der NS-Diktatur.[205]

Eines der ungewöhnlichsten, auf jeden Fall langlebigsten Geburtstagsgeschenke erhielt Grossmann zu seinem 70. Geburtstag von Hans Lamm,[206] dem Vorsitzenden der Jüdischen Gemeinde in München. Dieser hatte zu Ehren von Kurt und Elsa Grossmann über den »Jüdischen Nationalfonds« zwei Bäume in Israel pflanzen lassen.[207]

Im Sommer 1969 versuchte Grossmann für den anstehenden 70. Geburtstag seines langjährigen Freundes Robert Kempner eine kleine Feier zu initiieren. Dieser zog es jedoch vor, "zurückgezogen" an einem ungenannten Ort in Europa den Geburtstag ohne Feierlichkeiten zu verbringen. Allerdings wollte er den runden Geburtstag auch nicht ganz "untergehen" lassen und entgegnete daher dem Engagement Grossmanns mit der Bitte: „*Es wäre aber sehr nett, wenn Sie in den Ihnen nahestehenden Presseorganen etwas schreiben würden. Ich denke dabei an Rheinische[n] Merkur, vielleicht auch Baseler Nationalzeitung und Stuttgarter Zeitung, vielleicht auch Propst Grüber zu irgendetwas auffordern?*"[208] Wie er aufmunternd betonte, müsse man die Würdigungen, die in den Wochenblättern erscheinen sollten, schon bald fertigstellen. Das nachdrückliche Interesse an einer publizistischen Würdigung[209] betonte Kempner wenige Tage später, als er Grossmann „*einige Notizen*" zusandte, damit dieser daraus noch das eine oder andere „*herauspicken könne*".[210] Aber damit nicht genug - eine knappe Woche später übermittelte Kempner sogar einen Textentwurf für die Einleitung der Geburtstagsgratulation,[211] die er einen Monat später noch einmal wiederholte.[212] Diesem energischen Drängen des Jubilars ent-

---

205   Ebd.; Telegramm des SPD-Parteivorstandes vom 20. Mai 1967.

206   Lamm, Dr. Hans; geb. 1913 München; ab 1928 freier Journalist u. ehrenamtl. Sozialarbeit Jüd. Gemeinde München, 1938 Emigration in die USA, 1938-45 Tätigkeit in karitativen Organisationen, 1946-47 Dolmetscher bei den Nürnberger Prozessen, 1955-61 Kulturdezernent des »Zentralrates der Juden in Deutschland«; Biogr. Hdb., Bd. I, S. 410.

207   HIA, Box 2; siehe Bestätigungsurkunde des Jüdischen Nationalfonds.

208   HIA, Box 10; Brief von Robert Kempner vom 11. Aug. 1969.

209   Robert M. W. Kempner, der 70jährige Aktivist. In: Jedioth Chadashoth, Nr. 9812, 17. Okt. 1969, Tel Aviv, S. 3; Robert M. W. Kempner - Der 70jährige Aktivist. In: Die Mahnung, 16. Jg., Nr. 20, 15. Okt. 1969, Berlin, S. 3.

210   HIA, Box 10; Brief von Robert Kempner vom 15. Aug. 1969.

211   Ebd.; Brief von Robert Kempner vom 20. Aug. 1969.

212   Ebd.; Brief von Robert Kempner vom 15. Sep. 1969.

sprach Grossmann durch mehrere Artikel an den »Aufbau«, den »Rheinischen Merkur«, den »Vorwärts« und die Berliner Tageszeitung »Telegraf«.[213]

Im Hinblick auf den anstehenden 75. Geburtstag von Grossmann im Mai 1972 bildeten Robert Kempner, Rabbiner Joachim Prinz und Hans-Erich Fabian im Dezember 1971 einen "Vorbereitungsausschuß", dem die Koordinierung und Gestaltung der Feier oblag. Für den deutschen Botschafter in Israel und früheren »Vorwärts«-Chefredakteur Jesco von Puttkamer war es *„ein Vergnügen und eine Ehre zugleich, dem Komitee zum 75. Geburtstag von Kurt Grossmann beizutreten";*[214] auch wenn dies aufgrund der geographischen Entfernung nur symbolisch sein konnte. Botschafter Puttkamer bewies seine Verbundenheit mit dem Jubilar auch durch das Angebot, falls eine Festschrift geplant sei, einen Beitrag dafür schreiben zu wollen. Der frühere Leiter der Nachrichtenagentur »dpa« und SPD-MdB Fritz Sänger schrieb an Fabian, er wisse um die großen Verdienste von Grossmann und wolle gerne helfen, den *„tapferen Mann"* zu ehren, *„der in schwerer Zeit gegen die anrollende Flut des Terrorismus gestanden hat."*[215] Für Simon Wiesenthal, den Leiter des Wiener Dokumentationszentrums, war es ebenfalls selbstverständlich, nominell im Vorbereitungsausschuß mitzuwirken, denn er kannte nur *„wenige Leute, die es so verdient hätten, geehrt zu werden, wie unser Freund Grossmann."*[216] Norbert Goldenberg,[217] damaliger Präsident des »New World Club«,[218] betonte in seiner Zusage, die *„gesamte Emigration, also jeder von uns, ist diesem aufrechten Manne, diesem Vorkämpfer für Menschenrechte, zu größtem Dank verpflichtet und jede Ehrung anläßlich seines 75. Geburtstages ist nur recht und muß diese Verpflichtung widerspiegeln."*[219]

Auch der Berliner Propst Heinrich Grüber, der den Ossietzky-Preis im Jahre 1966 erhalten hatte, war gerne bereit, formell mitzuwirken. Wie er Fabian wei-

---

213   Ebd.; Brief an Robert Kempner am 13. Sep. 1969.

214   HIA, Box 2; Brief von Jesco von Puttkamer an Hans-Erich Fabian vom 22. Dez. 1971.

215   Ebd.; Brief von Fritz Sänger an Hans-Erich Fabian vom 3. Jan. 1972.

216   Ebd.; Brief von Simon Wiesenthal an Hans-Erich Fabian vom 19. Jan. 1972.

217   Goldenberg, Dr. med. Norbert; geb. 1909 Groß-Felda/Hessen, gest. 1974 New York; Arzt u. Verbandsfunktionär, 1932-34 Assistenzarzt am Israelitischen Krankenhaus Hannover, 1934 Emigration in die USA, 1934-74 Krankenhausarzt in New York, 1968-74 Präsident des »New World Club«; Biogr. Hdb., Bd. I, S. 230.

218   Der »New World Club« ging aus dem im Jahre 1924/25 gegründeten »German Jewish Club« hervor und hatte im Jahre 1944 rund 2.000 Mitglieder (Strauss, Emigrantenverbände, S. 127). Aus der unperiodisch erscheinenden Mitgliederzeitschrift »Aufbau« entstand unter der Ägide von George (seit Apr. 1939) eine florierende und interessante Wochenzeitung.

219   HIA, Box 2; Brief von Norbert Goldenberg an Hans-Erich Fabian vom 11. Jan. 1972.

ter mitteilte, würden Kempner und er sich auch um die Verleihung der Ossietzky-Medaille an Grossmann bemühen, die dieser *„ja schon längst verdient"*
habe. Grüber hoffte, daß dies gelingen werde, damit die Geburtstagsfeier benutzt werden könne, Grossmann *„den Dank abzustatten, den wir alle ihm
schulden. "*[220] Zunichte gemacht wurden alle Planungen und Aktivitäten durch
den plötzlichen Tod von Kurt Grossmann am 2. März 1972.

Frei nach dem Motto "Selbst ist der Mann", betrieb Kurt Grossmann ab dem
Sommer 1971 die eigene Kandidatur für die Verleihung der Ossietzky-Medaille der »Internationalen Liga für Menschenrechte« in Berlin im Jahre 1972.
Denn er war, ungeachtet aller seiner humanistischen Verdienste, bei den all-
jährlichen Verleihungen unberücksichtigt geblieben bzw. als bereits ausgezeichnet betrachtet worden. In einem Brief an den langjährigen Freund Robert
Kempner, der ebenso wie er selbst ein Vorschlagsrecht bei der Kandidaten-
auswahl hatte und dem die Ossietzky-Medaille im Jahre 1970 verliehen worden
war,[221] schrieb Grossmann mit Blick auf die bereits vorgeschlagenen Personen:
*„Alle die Kandidaten sind Menschen, die ich sehr respektiere und schätze.
Aber nichtsdestoweniger macht sich mein Ego bemerkbar, das sagt: Im
nächsten Jahr wirst du (ich hoffe), 75 Jahre und im Hinblick dessen, was ich
für die Liga und im Kampfe für die Menschenrechte getan habe, wäre es
eigentlich eine selbstverständliche Geste meiner Berliner Freunde, mir dieselbe
Ehrung zu erweisen, die ich für Sie für notwendig hielt. "*[222] Um dieser "Notwendigkeit" Ausdruck und Kraft zu verleihen, fragte er den Adressaten seines
Lamentos, ob dieser willens sei, *„hier mit Ihrer Vitalität und Virtuosität einzu-
greifen. "*

Robert Kempner, welcher ebenfalls der festen Überzeugung gewesen war,
daß Grossmann die Auszeichnung schon längst erhalten hätte, fand es "un-
glaublich", daß die Vorstandsmitglieder *„nicht schon längst diese Idee
hatten. "*[223] Bereits wenige Tage später schrieb er deshalb an den Präsidenten
der »Internationalen Liga für Menschenrechte« in Berlin, Herbert Komm.
Bezugnehmend auf die Liga-Anfrage nach Vorschlägen schrieb Kempner, er
sei *„von der, wie ich jetzt festgestellt habe, unzutreffenden Einbildung ausgegangen, daß Kurt Grossmann schon vor Jahren die Medaille erhalten hätte.
Wie ich jetzt bei nochmaligem Durchsehen der Korrespondenz feststelle, hat
Kurt Grossmann, der ja in erster Linie für die Ossietzky-Medaille in Frage*

---

220   Ebd.; Brief von Heinrich Grüber an Hans-Erich Fabian vom 29. Dez. 1971.

221   HIA, Box 10; Brief an Robert Kempner am 13. Nov. 1969.

222   Ebd.; Brief an Robert Kempner am 31. Juli 1971.

223   Ebd.; Brief von Robert Kempner vom 7. Aug. 1971.

kommt, die noch niemals erhalten. Ich selbst bin über diese Vorstellung, die doch wohl zutrifft, direkt erschrocken.

Ich möchte deshalb entsprechend meinem Vorschlagsrecht Kurt Grossmann für die nächste Ehrung vorschlagen, die wie ich sehe, auch etwa mit seinem 75. Geburtstag zusammenfällt. Kurt Grossmann hat nicht nur das Ossietzky-Buch geschrieben, das geradezu als Standardwerk angesehen werden muß, auch seine enge Verbundenheit mit Ossietzky, sein persönlicher, lebensgefähr-licher Kampf für ihn prädestinieren ihn für die Auszeichnung. "[224] Und einmal richtig in Fahrt geraten, schloß Rechtsanwalt Kempner sein Plädoyer so, als ob er allein bereits das letztinstanzliche Urteil über die Verleihung gefällt habe: *„Falls Sie keinen Würdigeren für die Laudatio wissen und ich selbst zum gege-benen Zeitpunkt in Europa bin, bin ich gerne bereit, die Laudatio zu halten, was mir ein Herzensbedürfnis wäre.* "[225]

Robert Kempner trat außerdem an Propst Heinrich Grüber heran und bat diesen, gleichfalls bei Herbert Komm zugunsten von Grossmann aktiv zu wer-den. Ein besonderes Anliegen Kempners war es dabei, *„auf Kurt Grossmann's Verdienste, gerade in puncto Liga für Menschenrechte, und all seine späteren großen Bemühungen, einschließlich Ossietzky-Buch und die hervorragende Tätigkeit auf dem Gebiete der Flüchtlingshilfe"* hinzuweisen.[226] Der Berliner Theologe seinerseits war ganz *„entsetzt darüber, daß ich erst jetzt erfahre, daß Grossmann diese Auszeichnung noch nicht bekommen hat; er hat sie mehr verdient als irgendeiner.* "[227] Einmal in Sachen Freundesehrung tätig, wandte sich Robert Kempner auch an Bundeskanzler Willy Brandt und machte diesen nicht nur auf den bevorstehenden 75. Geburtstag aufmerksam, sondern schlug zugleich auch eine entsprechende Auszeichnung durch die Bundesregierung vor. Brandt stimmte zu und versprach, alles weitere zu veranlassen.[228]

In seiner Entgegnung an Kempner zierte sich Grossmann gegen die avisier-ten Ehrungen und meinte: *„Ich bin kein begeisterter Anhänger von Orden und Ehrenzeichen und habe nur in dieser Weise mein Prinzip durchbrochen, weil ich weiß, daß Sie hinter der Sache standen und ich Willy Brandt natürlich nicht nein sagen konnte.* "[229] Diese Zurückweisung war temporär und nur auf die staatliche Ehrung beschränkt, doch schon im nächsten Absatz seines Schrei-

---

224 Ebd.; Brief von Robert Kempner an Herbert Komm vom 13. Aug. 1971 (in Kopie an G.).

225 Ebd.; Brief von Robert Kempner an Herbert Komm vom 13. Aug. 1971 (in Kopie an G.).

226 Ebd.; Brief von Robert Kempner an Heinrich Grüber vom 4. Nov. 1971 (in Kopie an G.).

227 Ebd.; Brief von Heinrich Grüber an Robert Kempner vom 9. Nov. 1971 (von K. an G.).

228 Ebd.; Brief von Robert Kempner vom 12. Nov. 1971.

229 Ebd.; Brief an Robert Kempner am 18. Nov. 1971. Zu seiner prinzipiell ablehnenden Hal-tung gegenüber Ordensverleihungen siehe auch den Brief an Kempner am 29. Nov. 1969.

bens bat Grossmann den in Deutschland weilenden Freund, sich noch einmal
an die »Internationale Liga für Menschenrechte« zu wenden und „*einige 'energische Worte'*" mit den Verantwortlichen zu sprechen,[230] die bezüglich der
Verleihung der Carl von Ossietzky-Medaille noch immer nicht reagiert hatten,
obgleich die Kempner-Intervention bereits drei Monate zurücklag. Seine ange-
deuteten Vorbehalte hatten sich dabei im Alter abgeschwächt. Im Jahre 1957,
anläßlich seines 60. Geburtstags, war der wohlgemeinte Vorschlag des »Aufbau«-Koeditors, Wronkow, ihn für einen bundesrepublikanischen Orden bei
Bundeskanzler Konrad Adenauer, den Ludwig Wronkow aus den 1920er Jahren kannte, vorzuschlagen,[231] noch vom Jubilar brüsk abgelehnt worden. Auch
in einem Schreiben an den New Yorker Generalkonsul Harald von Posadowsky-Wehner im Spätherbst 1971 hatte Grossmann seine Bedenken gegen eine
Ordensverleihung wiederholt und konstatierte, gewissermaßen eine Lebensbi-
lanz ziehend: „*Zunächst habe ich natürlich meine Auffassung über Ordensverleihungen nicht geändert. Das Faktum jedoch, daß diese Ehrung von der Regierung Willy Brandts beabsichtigt ist, kann und darf ich nicht übersehen,
zumal ich in dem Bundeskanzler den Repräsentanten eines 'anderen Deutschlands' sehe.*

*Was ich in meinem Leben getan habe, habe ich mit oder für Menschen ge-
tan, die mit mir an die fundamentalen Grundsätze der Wahrheit, der Gerechtigkeit und des Friedens glaubten. Es sind dies jene, die in Deutschland unerläßlich für den Frieden gearbeitet haben; jene, die in Deutschlands dunkler Nacht
die Fahne der Menschlichkeit vorantrugen und verfolgte Juden zu retten suchten (ich habe sie 'die unbesungenen Helden' genannt) und alle jene, die nie mü-
de wurden, für die unteilbare Gerechtigkeit, wie ich es selbst tat, einzutreten.*

*Wenn daher die Bundesregierung anläßlich meines 75. Geburtstages in ir-
gendeiner Form - Diplom, Zertifikat oder, wenn es nicht anders geht, einen
Orden - diese meine Lebensarbeit anerkennen will, dann bitte ich, mir zu erlau-
ben, die mir zugedachte Auszeichnung als Treuhänder all der anderen, die mit
mir für diese Ideale gekämpft haben, entgegennehmen zu dürfen. So sehr ich es
natürlich schätze, daß man daran denkt mich zu ehren, so halte ich es für wichtiger, die Ideale in den Vordergrund zu stellen, für die so viele mit mir eingetreten sind und manche ihr Leben geopfert haben.*"[232]

Sowohl die Auszeichnung mit der Ossietzky-Medaille durch die »Internationale Liga für Menschenrechte« als auch die Verleihung des Bundesver-

---

230   Ebd.; Brief an Robert Kempner am 18. Nov. 1971.

231   HIA, Box 1; Brief von Ludwig Wronkow vom 24. Mai 1957.

232   HIA, Box 3; Brief an Harald von Posadowsky-Wehner am 3. Nov. 1971. Das Zitat ist auch
       in dessem Redemanuskript bei der Gedenkstunde am 29. Juni 1972 enthalten, S. 2 f.

dienstkreuzes durch die Bundesregierung waren schließlich anläßlich des 75. Geburtstages geplant.[233] Beide Ehrungen konnte dieser "unbesungene Held" infolge seines unerwarteten Todes nicht mehr in Empfang nehmen. Die Carl von Ossietzky-Medaille wurde daher im Dezember 1972 an die Publizistin Carola Stern verliehen, die für ihren Einsatz im Rahmen von »amnesty international« ausgezeichnet wurde. Das Engagement von Frau Stern in dieser Hilfsorganisation, die politische Gefangene in aller Welt betreut, hätte sicherlich auch die Sympathie von Kurt Grossmann gefunden, da dieser sich bereits während der Weimarer Jahre mehrfach für Gefangene eingesetzt hatte.[234] Die Verleihung der Ossietzky-Medaille an Carola Stern am 10. Dezember 1972 wurde von der »Internationalen Liga für Menschenrechte« um eine Gedenkstunde für Kurt Grossmann erweitert. Der Regierende Bürgermeister Klaus Schütz gedachte dabei in einer Ansprache der Verdienste des Verstorbenen.[235]

2.3 Sparsamkeit und Sammelleidenschaft

Die später immer wieder zu erkennende Sparsamkeit, das fast an Geiz grenzende Gebaren während der letzten Lebensjahrzehnte in den USA, läßt sich auch schon in der französischen Emigration konstatieren. So ist für einen großen Teil der Briefdurchschläge kein Durchschlagpapier, sondern die unbedruckte Rückseite von unbenutzten Briefköpfen der »Secours Démocratique aux Réfugiés« verwendet worden. Neben der persönlichen Sparsamkeit läßt dies umgekehrt auf einen freigiebigen Umgang mit Büromaterial im Berufsleben schließen. Ein weiteres Indiz dafür ist auch, daß er noch in den frühen vierziger Jahren in New York für zahlreiche Briefe statt des dünneren Durchschlagpapiers ungenutzt gebliebene Pariser Briefbögen verwendete, die er in seinem Gepäck aus Europa mit in die USA geschleppt hatte.[236]

Im Briefwechsel aus Paris mit seinem Prager Stellvertreter Günter Nelke[237] behandelte Grossmann nicht nur Flüchtlingsfragen. So bat er Nelke im August

---

233 Ebd.; Brief von Robert Kempner an Elsa Grossmann vom 5. März 1972, S. 2.

234 Das Jugendgefängnis. In: Die Menschenrechte, 3. Jg., Nr. 9/10, 31. Dez. 1928, Berlin, S. 11-12; Berliner Polizeigefängnis. In: Die Weltbühne, 28. Jg., Nr. 2, 12. Jan. 1932, Berlin, S. 74-75; Norm für den Gefangenen. Der Völkerbund soll eingreifen. In: Die Menschenrechte, 5. Jg., Nr. 8, 15. Okt. 1930, Berlin, S. 6-7.

235 Carl-von-Ossietzky-Medaille für..., S. 10.

236 LBI, Box 1 ff.; siehe passim die Durchschläge der Korrespondenz.

237 Nelke, Günter; geb. 1908 Stettin; Parteifunktionär u. kaufm. Angestellter, 1930 in SPD, 1931 in SAP, floh nach illegaler Untergrundtätigkeit im Sep. 1933 nach Prag, dort bis zur

1938 einem Emigranten, der bald nach Frankreich ausreisen werde, für die Grossmann-Familie 1-2 Sätze „*Bettwäsche in guter Qualität*" mitzugeben, da diese in Paris „*teurer*" sei als in Prag.[238]

Im Spätsommer 1944 schlug Grossmann eine Anstellung in Washington/ D.C. aus, da er inzwischen seinen Wohnort Kew Gardens zu sehr mochte.[239] Dies erklärt auch, zusammen mit der geringen Miete, die fast dreißigjährige Beibehaltung der Vier-Zimmer-Wohnung[240] bis zum Tode im Jahre 1972. Als Executive Assistant beim World Jewish Congress verdiente Grossmann im Jahre 1948 jährlich 5.348 Dollar. Seine Frau Elsa, die halbtags als Sozialarbeiterin bei einer Wohlfahrtsorganisation[241] arbeitete, erhielt 2.600 $.[242] Mit diesem gemeinsamen Familieneinkommen von über 7.900 Dollar gehörten Kurt und Elsa Grossmann bereits eine Dekade nach der Übersiedlung statistisch gesehen zum oberen Drittel der amerikanischen Gesellschaft, d.h. zur oberen Mittelschicht. Denn das durchschnittliche Jahreseinkommen lag im obersten Fünftel der amerikanischen Familien bei 10.000 $ und im zweithöchsten Fünftel im Mittel bei 5.000 $ jährlich.[243]

Das Monatseinkommen von Grossmann betrug in den frühen fünfziger Jahren brutto etwa 650,- $.[244] Den damals üblichen wöchentlichen Gehaltsstreifen ist zu entnehmen, daß vom Bruttowochenlohn von 150 $ lediglich 25,90 $ für

---

Weiteremigration im März 1939 für die DFS tätig. Nelke arbeitete nach 1945 in ähnlichen Funktionen. Nachdem er, nach seiner Übersiedlung nach Paris im März 1939, im zweiten Weltkrieg als Freiwilliger in der französischen Armee gekämpft hatte u. 1941-44 der Résistance angehörte, erlebte er das Kriegsende in einem Internierungslager in Südfrankreich, er arbeitete nach dem Ende der Okkupation Frankreichs 1945/46 für das amerikanische »Rescue and Relief Committee« in Paris, bevor er ab 1947-71 in Hannover (und später in Bonn) für das Ostbüro der SPD in Flüchtlingsanlegenheiten in leitender Funktion bzw. den SPD-Parteivorstand als Referent tätig war. Heiratete 1946 Marianne Bauer, die vor Kriegsausbruch von Prag nach England gebracht worden war und die bezüglich Hilfen für Nelke mit Grossmann aus England in Briefkontakt stand; Biogr. Hdb., Bd. I, S. 523 f.; Gespräch mit Günter Nelke am 14. Dezember 1992 in Bonn; siehe auch Buschfort, S. 21.

238   IZG, ED 201/2; Brief an Günter Nelke am 10. Aug. 1938.

239   LBI, Box 10; Brief an Robert Kempner am 19. Sep. 1944.

240   HIA, Box 9; Brief von Elsa Grossmann vom 4. Nov. 1960.

241   Zur weiblichen Berufstätigkeit in Sozialorganisationen siehe auch Quack, S. 115 ff.

242   LBI, Box 16; siehe die entsprechenden Einkommensangaben im für die Schwägerin Hedwig Mekelburger ausgestellten (undatierten) Affidavit of Support vom Frühjahr 1948.

243   Changes in Average Family Income. In: New York Times, 98. Jg., Nr. 33223, So. 9. Jan. 1949, Sec. IV, S. 5.

244   LBI, Box 13; siehe die Verdienstangabe im Affidavit für Lucy Bill.

Steuern und 1,50 $ für Versicherungen einbehalten wurden.[245] Das wöchentliche Nettogehalt betrug somit 122,60 $, während das Monatseinkommen netto 500 Dollar überschritt. Die Miete für die große Vier-Zimmer-Wohnung in Kew Gardens betrug im Jahre 1953 73,- $ monatlich[246] und stieg bis zum Juli 1965 auf moderate 89 $ an.[247] Außerdem hatte Kurt Grossmann aufgrund des Entschädigungsgesetzes im Januar 1953 eine einmalige Zahlung von 12.300 DM erhalten.[248] Da sein Lebensstil von allen Interviewpartnern als bescheiden eingeschätzt wurde, überraschte diese die Höhe seines Gesamteinkommens inklusive der Publikationshonorare. Im Jahre 1961 verdiente Grossmann bei der »Jewish Agency« insgesamt 8.138 $. Aus der publizistischen Tätigkeit konnte er 4.326 $ als Einnahme verbuchen; weitere 1.100 $ resultierten aus Zinserträgen. Für dieses Gesamteinkommen von 13.564 $ mußten 1.854 $ Steuern abgeführt werden, so daß ein monatliches Nettoeinkommen von 975 US-Dollar verblieb.[249] Von der »Bundesversicherungsanstalt für Angestellte« in Berlin erhielt Kurt Grossmann seit Mitte der sechziger Jahre eine Altersrente. Die monatliche Zahlung von 456,70 DM (damals 103,90 $),[250] ließ er sich infolge der hohen Überweisungsgebühren quartalsweise nach New York schicken.

Neben seiner Sparsamkeit war ein weiterer ausgeprägter Charakterzug, der in dem umfangreichen Nachlaß immer wieder deutlich erkennbar ist, seine Sammelleidenschaft, die Neigung alles und jedes aufzubewahren. Für die Erforschung der sozialen Lebensumstände ist dies ein Vorteil, da so leicht erkennbar ist, wie hoch die Wohnungsmiete oder die Telefonrechnung war. Von seinem privaten Wien-Besuch im Januar 1959 hatte er, neben dem Programm und der Eintrittskarte für die Aufführung des »Fidelio« in der Staatsoper Wien, die Tageskarte des Restaurants »Bärenkeller« mitgebracht. Darauf war von dem sparsamen Gast zur Erinnerung unter der Speisenauswahl handschriftlich vermerkt: „1 Dollar = 26 ö. Schillinge!"[251]

Nachvollziehbar ist vielleicht die Aufbewahrung der bei der Hausverwaltung reklamierten Mängel an der Badezimmerdecke.[252] Die Verwahrung einer

---

245 LBI, Box 11; siehe den Gehaltsstreifen Nr. 6096/1953.

246 Ebd.; siehe passim die Belege über die Wohnungsmiete.

247 LBI, Box 26; Beleg über die Wohnungsmiete.

248 HIA, Box 3; siehe den Brief der URO vom 7. Jan. 1953.

249 LBI, Box 22; siehe den Brief seines Steuerberaters, Norbert Wollheim, vom 31. Dez. 1962.

250 LBI, Box 25; siehe den Brief der »Disconto Bank Berlin« vom 10. Juni 1964 und den Brief der »Chase Manhattan Bank« vom 9. März 1964.

251 LBI, Box 19; Eintrittskarte für die Staatsoper für den 10. Jan. 1959 und die Tageskarte des Restaurants »Bärenkeller« vom gleichen Tage.

252 LBI, Box 5; Briefdurchschlag vom 28. Nov. 1955.

Reparaturrechnung über viele Jahre für einen Photoapparat[253] oder die Archivierung des Schriftwechsels mit einem Herrenausstatter, um eine Anzughose nachträglich zu erwerben, da das Erstexemplar von Kleidermotten zerfressen worden war,[254] dokumentieren die große Sammelleidenschaft, so daß sich auch Telefonabrechnungen aus den fünfziger Jahren in seinen Archivalien finden lassen.[255] Ein Zeugnis für die an Pedanterie grenzende Ordnungsliebe war es auch, daß er bei undatierten Schreiben die Antwort mit einem erzieherischen *„auf Ihren undatierten Brief"* oder *„Deinen Brief ohne Datum"* einleitete.

Im Herbst 1953 beschrieb Grossmann das Fernsehen als *„die neue amerikanische Krankheit, aber der man sich nicht entziehen kann."*[256] So besaß das Ehepaar Grossmann bald auch einen Fernsehapparat.[257] Ein weiteres Hobby von Kurt Grossmann war das Briefmarkensammeln. Er war infolge seiner zahlreichen ausländischen Briefkontakte grundsätzlich an allen Ländern interessiert, konzentrierte sich aber gleichwohl auf die USA und die Bundesrepublik Deutschland.[258]

2.4 Defizite und Schwächen

Ein negatives Charakteristikum war seine aufbrausende und unbeherrschte Art. Der von ihm im Herbst 1953 verfaßte Rundbrief[259] anläßlich des bevorstehenden 60. Geburtstags von Manfred George fand keineswegs die ungeteilte Zustimmung aller Adressaten. Kurt Pinthus,[260] der in diesem Schreiben neben Richard van Dyck, Kurt Kersten[261] und Herman Muller[262] von Grossmann als

---

253   Ebd.; Rechnung vom 1. Sep. 1955.

254   Ebd.; Brief an die Firma »Gentleman's Clothes« am 12. Okt. 1955

255   LBI, Box 8; passim z.B. Telefonrechnungen vom August bis Dezember 1958.

256   LBI, Box 10; Brief an Jola Lang am 26. Okt. 1953.

257   HIA, Box 9; siehe den Brief von Elsa Grossmann vom 10. Nov. 1960.

258   HIA, Box 8; siehe den Brief an Walter Gilbert am 17. Feb. 1960, in dem er seinen Sohn bat, nach Briefmarken Ausschau zu halten und diese für ihn aufzubewahren.

259   DLAM, Slg. Pinthus; Rundbrief am 8. Okt. 1953.

260   Pinthus, Dr. phil. Kurt; geb. 1886 Erfurt, gest. 1975 Marbach; Schriftsteller, nach Literatur- u. Philosophiestudium sowie Promotion ab 1910 freier Schriftsteller, 1914-18 Kriegsteilnehmer, ab 1933 aufgrund jüd. Herkunft Publikationsverbot, 1938 Emigration in die USA, 1947-60 Lehrauftrag für Theatergeschichte an der Columbia Univ., 1967 Rückkehr in die Bundesrepublik; Biogr. Hdb., Bd. II, S. 906.

261   Kersten, Dr. phil. Kurt; geb. 1891 Wehlheiden/Hessen, gest. 1962 New York; Schriftsteller,

Mitinitiator genannt wurde, war ganz und gar nicht mit dieser Sammelaktion und der ungefragten Nennung seines Namens einverstanden. Deshalb schrieb Pinthus eine Woche später an Grossmann und teilte ihm dies in höflichem Ton mit. Obgleich er George noch zusätzlich ein persönliches Präsent überreichen wollte, beteiligte er sich mit den gewünschten zwei Dollar auch an dem Gemeinschaftsgeschenk für George, da er *„ein Feind jedes Unfriedens"* sei.[263] Bezeichnend für die zuweilen sehr ruppige und zugleich mimosenhafte Art sowie den schnell beleidigend werdenden Zynismus von Grossmann war sein Antwortschreiben. Obwohl Kurt Pinthus nur erklärt hatte, er sei mit der Sammlung *„nicht einverstanden"*, und *„noch weniger"* mit der ungefragten Erwähnung seines Namens als Mitinitiator, repetierte Grossmann mit beißendem Sarkasmus in der nun in Englisch abgefaßten Erwiderung. Darin wird anzüglich vermerkt, etwa 25 von 30 angeschriebenen Freunden Manfred Georges wollten zusammen ein Geschenk überreichen, egal ob Pinthus dies gefalle oder nicht. Grossmann schreibt ebenso pathetisch wie verletzend weiter: *„Since it is a free country I will continue to make presents myself, to ask people to share with me if I feel I should do it."*[264] Zum Schluß, teilt er dem so Gescholtenen gnädig mit, daß man eine Reiseschreibmaschine erworben habe und um des *„Friedens willen"* auch Pinthus' Namen auf der Gratulantenliste enthalten sei. Doch ungeachtet dieses unbeherrschten Aufbrausens und schroffen Umgangstones lud er Pinthus[265] bereits fünf Wochen später mit einer freundlichen Einladung zu sich nach Kew Gardens ein, als er anläßlich des New York-Besuchs von Jakob Altmaier[266] eine private Party gab.[267]

1910-14 Geschichts- u. Philologiestudium sowie Promotion, 1915-18 Kriegsteilnahme, 1919-33 freier Schriftsteller, enge Verbindung zur linken Arbeiterbewegung, mehrere Reisen in die UdSSR, 1933 Emigration in die Tschechoslowakei u. 1937 nach Frankreich, 1939 nach gescheitertem Fluchtversuch in der Internierung Deportation nach Martinique, 1946 Übersiedlung in die USA; Biogr. Hdb., Bd. II, S. 615.

262 Muller, Dr. iur. Herman (urspr. Müller, Hermann); geb. 1893 Müllheim/Baden, gest. 1968 New York; Rechtsanwalt u. Verbandsfunktionär, 1914-18 Kriegsteilnahme, danach Studium u. 1921 Promotion, 1925-28 stellv. Polizeipräsident in Heidelberg, 1933-39 Mitglied d. Oberrates der Israeliten Badens, 1935-39 stellv. Vors. Jüd. Gemeinde Heidelberg, Nov. 1938 im KZ Dachau inhaftiert, 1939 Emigration nach Großbritannien u. 1940 in die USA, 1943-63 Vizepräsident der »American Federation of Jews from Central Europe«, 1948-63 Direktor der URO in New York; Biogr. Hdb., Bd. I, S. 517.

263 DLAM, Slg. Pinthus; Brief von Kurt Pinthus vom 17. Okt. 1953.

264 DLAM, Slg. Pinthus; Brief an Kurt Pinthus am 20. Okt. 1953.

265 Ebd.; siehe auch die sehr herzlichen Schreiben zu dessen 70. sowie 75. Geburtstag; Brief an Kurt Pinthus am 7. Mai 1956 u. am 19. Apr. 1961.

266 Altmaier, Jakob; geb. 1889 Flörsheim, gest. 1963 Bonn; Journalist u. Politiker, ab 1913 in SPD u. journalist. Tätigkeit, 1914-17 Kriegsteilnahme, 1918-33 Journalist u.a. für »Vor-

Neben seinem bereits geschilderten manchmal schroffen Wesen, daß an den Lebensspruch "rauhe Schale, weicher Kern" erinnert, war eine seiner größten Schwächen, die auch immer Anlaß zu (berechtigter) Kritik bot, seine Oberflächigkeit und Ungenauigkeit mit wiedergegebenen Zitaten und Zahlenangaben. Zum Teil war dies der Alltagshektik geschuldet, zum anderen permanenter Überarbeitung und der Vielzahl parallel verfolgter Aktivitäten. Beispielhaft dafür, wie gedankenlos pauschal und dabei überaus großzügig Grossmann die Gesamtzahl seiner Publikationen angab, belegen beispielhaft seine diesbezüglichen Hinweise aus den dreißiger und den sechziger Jahren. Während er im Juni 1937 noch von "ca. 2.000 Artikeln" sprach,[268] sollten es zwei Jahre später, im September 1939, bereits "ca. 2.500 Artikel" gewesen sein.[269] Dazu hätte es jeden zweiten Tag eines Artikels aus seiner Feder bedurft. Unter Berücksichtigung des kurzen Zeitraumes und der nur beschränkt zugänglichen Publikationsorgane der Emigrationspresse erscheint diese Zahl viel zu hoch. Auch wenn durch die Kriegsereignisse manche Publikation nicht mehr zur Auswertung zur Verfügung steht, können anhand der im »Handbuch der deutschen Exilpresse 1933-1945«[270] aufgelisteten Publikationen lediglich 34 Artikel für diesen Zeitraum bestätigt werden,[271] wobei Mehrfachveröffentlichungen bereits mehrfach gezählt wurden.

Wie großzügig und aufbauschend Grossmann die Schätzung seiner Publikationen betrieb, belegt außerdem der Schriftwechsel mit Wilhelm Sternfeld, dem Herausgeber der Bio-Bibliographie »Deutsche Exil-Literatur 1933-1945«[272] Mitte der sechziger Jahre. So gab er im Februar 1965 die Artikelzahl mit *„nahezu 7.000"* an.[273] Ein knappes Jahr später, im Januar 1966, bat Gross-

---

wärts« sowie 1921-23 Berliner Korrespondent des »Manchester Guardian«, 1933 Emigration nach Frankreich, danach via London nach Jugoslawien u. Griechenland u. 1941 nach Ägypten, wo A. als außenpolitischer Korrespondent für Exilpresse u. internationale Presse tätig war, 1946-48 Auslandskorrespondent für »Telegraf« u. »Neuer Vorwärts«, 1949-63 MdB, A. gilt als Initiator des Deutsch-Israelischen Vertrages von 1952; Biogr. Hdb., Bd. I, S. 13.

267   DLAM, Slg. Pinthus; Brief an Kurt Pinthus am 1. Dez. 1953.

268   DEA, Eb 70/117, Slg. »American Guild«; in der Beantwortung eines Fragebogens des »American Guild for German Cultural Freedom« am 17. Juni 1937.

269   Ebd., Brief an Hubertus Prinz zu Löwenstein am 21. Sep. 1939.

270   Zusammengestellt von Lieselotte Maas. München-Wien 1978.

271   Siehe die Bibliographie der Veröffentlichungen von Kurt R. Grossmann im Anhang.

272   Deutsche Exil-Literatur 1933-1945. Eine Bio-Bibliographie. Hrsg. von Wilhelm Sternfeld/ Eva Tiedemann. Heidelberg-Darmstadt 1962.

273   DEA, Eb 75/177, NL Sternfeld; Brief an Wilhelm Sternfeld am 22. Feb. 1965.

mann Sternfeld in der bevorstehenden zweiten Auflage[274] der Bibliographie unter verfaßte Artikel „*die Ziffer 8.000"* einzusetzen.[275] Wie er allerdings innerhalb von elf Monaten rund tausend Artikel geschrieben (und publiziert) haben wollte, blieb sein Geheimnis.[276] Indes bestätigt diese Episode nachdrücklich das vielfältige Mißtrauen bezüglich der Verwendung von Zahlenangaben, das Kurt Grossmann immer wieder entgegengebracht wurde, da er in dem zweifelhaften Ruf stand, zu oberflächlich zu arbeiten.[277]

2.5 Verhältnis zum Sohn Walter

Das Faktum, daß Walter das anfängliche, 1939-40 verwendete väterliche Pseudonym »Gilbert« als Familienname beibehalten hatte[278] und nicht wieder den angestammten Namen annahm, hat Grossmann über viele Jahre sehr geschmerzt, ja tief gekränkt. Noch im Herbst 1971, in seiner Absage der Teilnahme an der überraschenden Hochzeit des ältesten Enkels, heißt es, man würde sich bei diesem Ereignis als „*Fremde"* fühlen, denn: „*Unser Enkelsohn trägt nicht unseren Namen".*[279] In einem Schreiben an seine Schwester Margret beklagte sich Grossmann noch deutlicher über die unerwartete Heirat als zuvor gegenüber seinem Sohn Walter. So sah er nicht ein, daß Elsa und er aufgrund „*sexueller Indisziplin 3,5tausend Meilen zurücklegen"* sollten, um bei dieser altersmäßig gesehen „*höchst überflüssigen"* Hochzeitsfeier zugegen zu sein.[280] Sicherlich spielten auch gesundheitliche und finanzielle Gründe eine wichtige Rolle bei der Entscheidung für das Fernbleiben von der Hochzeit des Enkelkindes. Kurt und Elsa Grossmann verbrachten den Sommer im schweizerischen Ascona, und ihre Rückkehr war erst einen Monat nach dem überraschenden

---

274 Die Neuauflage verzögerte sich um vier Jahre: Deutsche Exil-Literatur 1933-1945. Eine Bio-Bibliographie. Hrsg. von Wilhelm Sternfeld/Eva Tiedemann. Heidelberg 1970, 2. verb. u. stark erw. Aufl.

275 DEA, Eb 75/177, NL Sternfeld; Brief an Wilhelm Sternfeld am 26. Jan. 1966.

276 In der Bibliographie konnten für diesen Zeitraum lediglich 85 Titel nachgewiesen werden.

277 Siehe die Auseinandersetzung mit Greta Beigel (Kap. 8.1) beim WJC und die entsprechenden Hinweise von Prof. Dr. Herbert Strauss im Gespräch.

278 LBI, Box 45; Bereits in einem Brief an die Verwaltung der Brooklyn Technical High School am 24. März 1942 hatte Kurt Grossmann darauf hingewiesen, daß der rechtsgültige Familienname »Grossmann« sei. Jedoch habe sich Walter so sehr an den Namen »Gilbert« „*gewöhnt"*, daß er ihn beibehalten wolle.

279 HIA, Box 8; Brief an Walter Gilbert am 30. Aug. 1971.

280 HIA, Box 13; Brief an Margret Sommer am 31. Aug. 1971, S. 1.

Hochzeitstermin geplant. Die Hochzeit des mit 17 Jahren noch minderjährigen Enkels war nicht geplant, wurde aber durch die Schwangerschaft der Freundin veranlaßt. Walter Gilbert und seine Frau benachrichtigten die Großeltern zwar sofort, nachdem sie selbst von dem unerwarteten Ereignis erfahren hatten,[281] doch traf dieses Schreiben erst vier Tage vor dem Hochzeitstermin in der Schweiz ein.[282]

Der Sohn Walter wurde am 19. Juli 1944, nachdem er die Ausbildung an einer Technischen High School erfolgreich absolviert hatte,[283] zum amerikanischen Heer eingezogen.[284] Seine Ausbildungszeit verbrachte er in einem Militärstützpunkt in Florida. Da er die dortige Hitze nicht vertrug und deshalb nicht für Übersee-Einsätze geeignet war, wurde er bereits nach fünf Monaten ehrenhaft entlassen.[285] Die damals noch überaus enge Bindung an das Elternhaus und die große Unselbständigkeit des jungen Mannes dokumentieren die täglichen Briefe an die Eltern.[286] Ab dem Januar 1945 studierte Walter an einem Technischen College Maschinenbau und war nach Meinung seines Vaters vom Juli 1947 *„ein Prachtkerl"*,[287] obgleich er ihn gelegentlich als ein bißchen *„zu selbstbewußt"* charakterisierte.[288] Den Stolz über den Fleiß des Sohnes und die Merkwürdigkeiten der amerikanischen Gesellschaft hatte Grossmann bereits im Jahre 1940 in einem Brief an Günter Nelke zusammengefaßt. Walter *„ arbeitet für die Schule mit solcher Intensität, daß wir ihn manchmal von der Arbeit wegjagen müssen. Er ist bereits Präsident, wenn auch zunächst nur von einem Mathematik-Klub. Aber hier ist alles 'Präsident', manche sitzen auch in den Gefängnissen, wenn sich ihre Gesellschaften als Luftgeschäfte erwiesen haben. "*[289]

Seit Anfang der fünfziger Jahre jedoch war die Beziehung der Eltern zu ihrem einzigen Sohn nachhaltig gestört. Charakteristisch für das gespannte Verhältnis zu Walter und die immer seltener werdenden Kontakte seit den fünfziger Jahren dürfte eine kurze Erwähnung in einem Brief an Freunde sein. Als

---

281   HIA, Box 8; Brief von Walter Gilbert vom 24. Aug. 1971.

282   Ebd.; Brief an Walter Gilbert am 30. Aug. 1971; Die Hochzeit fand am 3. Sep. 1971 statt.

283   LBI, Box 10; siehe die Briefe an Robert Kempner am 28. Juni u. 17. Juli 1944; Brief von Paul Hertz vom 11. Juli 1944. Siehe auch den Brief an Paul Hertz am 14. Feb. 1942.

284   LBI, Box 16; Durch den Armeedienst wurde Walter Gilbert, vor seinen Eltern, im November 1944 amerikanischer Staatsbürger; siehe den Brief an Robert Kempner am 3. Jan. 1945.

285   LBI, Box 12; Brief an Marianne Bauer am 27. Dez. 1944.

286   HIA/LBI; siehe passim die weit über einhundert Briefe in beiden Archiven.

287   LBI, Box 2; Brief an Kurt Horn am 12. Juli 1947.

288   Ebd.; Undatierter [1. Nov. 1942] Brief an Günter Nelke.

289   Ebd.; Brief an Günter Nelke am 10. März 1940.

einzig erfreuliches Ergebnis des Besuchs der damals in Buffalo lebenden Familie wurde darin konstatiert: *„immerhin sahen wir die Kinder einmal nach sieben Monaten wieder. "*[290] Eine lange Jahre gärende und stetig anwachsende Verschlechterung der familiären Kontakte war hierbei zu beobachten, deren Grund, sozusagen der berühmte letzte Tropfen, der das Faß zum Überlaufen brachte, die Nichtrückzahlung eines vereinbarten Kredites war. Für den Erwerb eines Hauses in East Meadows auf Long Island hatten Walter und Lee (eigentlich Elisabeth) Gilbert von Kurt und Elsa Grossmann einen zinslosen Kredit von 740 US-Dollar erhalten. Die Kredithöhe und die Rückzahlungsfristen wurden in einer mit "Agreement" überschriebenen formlosen Vereinbarung schriftlich festgelegt und von allen vier in der elterlichen Wohnung in Kew Gardens im April 1953 unterschrieben.[291] Nach Punkt c) dieser Vereinbarung sollte die ratenweise Rückzahlung der Summe spätestens bis zum 31. Dezember 1955 abgeschlossen sein. Wie aus dem intensiven Briefwechsel zwischen Grossmann und seinem Sohn Walter hervorgeht, verkaufte dieser das Haus jedoch schon im Juli 1955 wieder, um mit seiner Familie nach Clarence/New Jersey überzusiedeln. Auf Bitten von Walter hatte Kurt Grossmann, der gar nicht erfreut war über die sprunghafte Mobilität seines Sohnes, sogar die Immobilienannonce in der »New York Times« aufgegeben.[292] Obgleich Walter Gilbert durch den Hausverkauf wieder liquide geworden war, dachte er offensichtlich nicht daran, seine noch ausstehenden finanziellen Verpflichtungen gegenüber den Eltern zu erfüllen. Diese erinnerten ihn ein halbes Jahr später, im August und im September 1956, an die Außenstände von 500 Dollar.[293] Erst danach übersandte Walter einen Scheck zusammen mit einem barschen "Dankesbrief", der die jahrelange Entfremdung überdeutlich werden läßt. Bereits die provokant-beleidigende Begründung für das Hinhalten der Eltern, *„It also did not occur to me that you might be in such dire need of the money since you seem to be getting around all right"*, war eine unschöne Brüskierung. Der abweisende Ton der Diktion schlug im weiteren sogar in Haß um: *„However I should have realized that you have never trusted me. I hope that for your and my family's sake we will never again have to call for your help. "*[294] Kurt Grossmann bezeichnete in seiner ausführlichen Antwort das Schreiben folgerichtig als *„a rather nasty letter. "*[295] Überdies wird aus der Erwiderung von Kurt Grossmann deutlich, daß es hier nicht nur um die prinzipielle Frage der Rückzahlung ging, sondern

---

290 LBI, Box 5; Brief an Elisabeth Grayson am 16. Jan. 1955.

291 HIA, Box 8; Agreement vom 12. Apr. 1953.

292 Ebd.; siehe Brief von Walter Gilbert vom 14. Juli 1955.

293 Ebd.; Briefe an Walter Gilbert am 29. Aug. u. 2. Sep. 1956.

294 Ebd.; Brief von Walter Gilbert vom 4. Sep. 1956.

295 Ebd.; Brief an Walter Gilbert am 10. Sep. 1956, S. 1.

daß die Eltern nach dem Kredit vom April 1953 Walter noch mehrmals mit kleineren Beträgen unter die Arme gegriffen hatten („*and all the other amounts later*"). Grossmann betonte erneut, wie wohl zuvor mündlich bei den früheren Finanzhilfen, daß es sich dabei nur um Kredite, nicht aber um Geschenke handeln könne: „*The reason should be clear to you: We don't get younger and knowing your situation and attitude we feel that we have to rely on our own ability not to become a burden to anybody. You know in your heart, Walter, that you would not be able to help your parents, which so many other children do with love and devotion.*"[296] Dies war eine überaus deutliche, fast vernichtende Kritik an dem jahrelangen ebenso sprunghaften wie erfolglosen Bemühen des nun 31jährigen Sohnes, eine gesicherte berufliche Existenz aufzubauen. Neben der grundsätzlichen tiefen Enttäuschung über die Erfolglosigkeit des früher so verhätschelten Sohnes[297] ist zu bedenken, daß Kurt und Elsa Grossmann bereits 59 Jahre alt waren und ihre Gedanken nun auch um den eigenen gesicherten Lebensabend kreisten. Daneben entsprachen die 500 Dollar dem monatlichen Nettoeinkommen von Grossmann.[298] Ein Hinweis, daß der Sohn Walter und seine Frau Lee beharrlich über ihre Verhältnisse lebten und in finanziellen Dingen zuweilen etwas leichtsinnig handelten, ist auch einem Brief von Elsa Grossmann an ihre in Kaiserslautern lebende Schwester Meta zu entnehmen.[299] Elsa Grossmann teilte ihrem Mann Kurt im Herbst 1957 in einem Brief nach Deutschland mit, daß sie eine längere telefonische Unterhaltung mit Walter hatte, und daß diese Aussprache die „*Luft gereinigt*" habe.[300] Walter hatte sich dabei über einen harschen Brief seines Vaters massiv beklagt und mußte sich dann von seiner Mutter sagen lassen, daß dieses Schreiben noch viel schroffer ausgefallen wäre, wenn sie es verfaßt hätte. Die unablässigen beruflichen und familialen Schwierigkeiten seines Sohnes enttäuschten Grossmann insbesondere, da er Walter, nach Meinung von Zeitzeugen, bereits in der Kindheit zu sehr verwöhnt und abgöttisch geliebt habe.[301] Einer der täglichen Briefe an ihren in Deutschland weilenden Ehemann beendete Elsa Grossmann im Herbst 1960 mit dem resignierenden Stoßseufzer: „*What did we do wrong with him!*"[302]

---

296   Ebd.

297   Dieser Punkt wurde für die Prager Jahre von Günter Nelke in Bonn am 14. Dezember 1992 im Gespräch bestätigt.

298   LBI, Box 11; siehe den Gehaltsstreifen Nr. 6096/1953.

299   LBI, Box 8; Brief von Elsa Grossmann an ihre Schwester Meta am 8. Juli 1958.

300   LBI, Box 7; Brief von Elsa Grossmann vom 27. Okt. 1957.

301   Die passimen Hinweise der Korrespondenz wurden von Günter Nelke bestätigt..

302   HIA, Box 9; Brief von Elsa Grossmann vom 27. Nov. 1960.

In den späten fünfziger Jahren scheint sich dann insgesamt das Verhältnis zwischen Walter und seinen Eltern wieder etwas verbessert zu haben.[303] Dies drückte sich auch in den Geschenken für die nun fünf Enkelkinder aus.[304] Vielleicht hatten sich die Eltern nunmehr auch mit den beharrlichen Geldproblemen des Sohnes abgefunden. So liehen sie ihm im Frühjahr 1966 500 $ für seine gerade aktuelle Geschäftsidee[305] und auch zwei Jahre später, im Sommer 1968, halfen sie Walter bei einem erneuten Hauskauf finanziell aus. Ihr bereitwilliges Darlehen von 1.500 $ erstaunt umso mehr, als er ihnen zu diesem Zeitpunkt noch immer 1.900 $ aus früheren Hilfsaktionen schuldete.[306]

In einem Brief vom November 1965 bedankte sich Walter bei seinem Vater für dessen Hilfe in seiner eigenen Wiedergutmachungsangelegenheit.[307] Infolge der Schäden in der Ausbildung (er mußte die Schule in Berlin, Prag und Paris abbrechen) war Walter nach § 116 des Bundesentschädigungsgesetzes anspruchsberechtigt.[308] Auf seinen vom Vater ausgefüllten[309] Antrag vom Januar 1957 hin hatte er zunächst nur eine kleine, vorläufige Zahlung zugesprochen bekommen. Nachdem das Schlußgesetz der Wiedergutmachung in Kraft war, sandte er seinem Sohn einen schon von ihm vorbereiteten weiteren Antrag, den dieser nur noch zu unterschreiben brauchte.[310] Wohl auch infolge des Bekanntheitsgrades seines Vaters dauerte die Bearbeitung nur wenige Wochen und Walter Gilbert erhielt bereits einen Monat später, im Oktober 1965, eine Restzahlung von umgerechnet 1.249 $; diese Summe war, wie er erfreut seinem Vater mitteilte, deutlich höher als die erste Abschlagszahlung.[311]

---

303 HIA, Box 8; siehe den Dankesbrief an Walter und Elisabeth Gilbert am 28. Mai 1957 nach der Feier seines 60. Geburtstages.

304 LBI, Box 25; siehe auch den Brief von Walter Gilbert vom 27. Juni 1964.

305 HIA, Box 8; Brief an Walter Gilbert am 14. Apr. 1966.

306 Ebd.; Brief an Walter Gilbert am 6. Mai 1986.

307 Ebd.; Brief von Walter Gilbert vom 25. Nov. 1965.

308 Siehe ausführlich dazu Schwarz, S. 46, der die vom Gesetz vorgesehene Höchstsumme von 10.000 DM als *„höchst unzulänglich"* einstuft.

309 HIA, Box 8; Brief an Walter Gilbert am 16. Dez. 1956.

310 Ebd.; Brief an Walter Gilbert am 20. Sep. 1965.

311 Ebd.; Brief von Walter Gilbert vom 25. Nov. 1965.

3. Deutsche Liga für Menschenrechte

Die »Deutsche Liga für Menschenrechte« wurde am 16. Oktober 1914 unter dem Namen »Bund Neues Vaterland« gegründet,[1] als Protest und als Gegengewicht zum mächtigen »Alldeutschen Verband«,[2] einer nationalistischen Vereinigung, welche die expansionistische Großmachtpolitik des Wilhelminischen Kaiserreiches unterstützte. Zum Vorstand und Beirat der Organisation gehörten u.a. Georg Graf Arco, Albert Einstein, Hellmut von Gerlach,[3] Emil Julius Gumbel, Harry Graf Kessler, Heinrich Mann, Carl von Ossietzky, Kurt Tucholsky, Veit Valentin und Arnold Zweig.[4] Auch in der Weimarer Republik blieb die Liga ein Korrektiv zu den politischen Extremen von Rechts und Links[5] und eine Mahnerin für die Wahrung der Menschenrechte.[6]

Bei seiner Bestellung zum Generalsekretär der »Deutschen Liga für Menschenrechte« (DLM) am 10. Juni 1926 übernahm Kurt Grossmann nicht nur von Otto Lehmann-Rußbüldt die verwaltungstechnische Leitung der Organisation. Zusätzlich gehörte die Redaktion für die Zweimonatsschrift »Die Menschenrechte«, die bis dahin von Jürgen Kuczynski[7] editiert worden war, zu seinem Aufgabenkreis. Ein offenbar allzu sorgloser Umgang mit Spendengeldern bei verschiedenen mißglückten Veranstaltungen hatte dem Ansehen der DLM in der breiten Öffentlichkeit geschadet. In der spöttischen Berichterstattung der

---

1 Fritsch, S. 749 f. Siehe auch Benz, Pazifismus, S. 30 f. u. S. 135 ff.

2 Zu den Zielen und dem Wirken der Organisation siehe die Untersuchung von Chickering.

3 Zum Wirken Gerlachs siehe die Untersuchung von Gilbert. Siehe außerdem: Fatalist Gerlach. In: Die neue Weltbühne, 32. Jg., Nr. 14, 2. Apr. 1936, Prag-Zürich-Paris, S. 441-442; Der letzte deutsche Demokrat. In: Ebd., 31. Jg., Nr. 32, 8. Aug. 1935, S. 1000-1003.

4 Siehe das ungedruckte Manuskript: »Liga für Menschenrechte vormals Bund neues Vaterland«, New York März 1942 (Bibliothek des LBI, Microfilm E 59), S. 1.

5 Siehe auch die Überblicksdarstellung von Knütter, S. 39 ff.

6 Siehe auch das ungedruckte Manuskript: »Liga für Menschenrechte vormals Bund neues Vaterland«, New York März 1942 (Bibliothek des LBI, Microfilm E 59), S. 5 ff.

7 Kuczynski, Dr. phil. Jürgen; geb. 1904 Elberfeld; Prof. f. Wirtschaftsgeschichte, 1925 in KPD, 1930-32 Wirtschaftsredakteur der »Roten Fahne«, 1933-35 Leiter der Abt. Information der KPD-Reichsleitung, 1936-45 Emigration nach Großbritannien, seit 1946 in SED, 1947-50 Präsident der Gesellschaft für Deutsch-Sowjetische Freundschaft, 1955-68 Dir. des Instituts für Geschichte der Wirtschaftswiss. an der Akademie der Wiss.; Buch, S. 176.

Berliner Boulevardpresse wurde von *„Pazifistischen Sektabenden"*[8] und von Feiern berichtet, die *„stets in Orgien ausarteten"*.[9] Noch schwerer aber wog der Vorwurf, aufgrund der massiven Geldspenden von pazifistischen Organisationen aus Frankreich und der Tschechoslowakei, vom Ausland gekauft worden zu sein.

Die Liga war daher in einer tiefen Krise,[10] z.T. wie Otto Lehmann-Rußbüldt selbstkritisch konzedierte, aufgrund der Person ihres Generalsekretärs,[11] z.T. auch infolge politischer Spannungen und Richtungsstreitigkeiten, die u.a. zum Ausscheiden von Jürgen Kuczynski führten. Dieser hatte zuvor, im Juli 1926, zusammen mit anderen Mitgliedern zwar den alten Vorstand gestürzt, aber eine eigene Kandidatur abgelehnt.[12] Insgesamt gesehen kam es zu einer Um- und Neustrukturierung innerhalb der Liga,[13] wobei ein wichtiger Aktivposten die Rechtsstelle wurde, die von 1926-33 Dr. Robert Kempner leitete. Aus dieser engen Zusammenarbeit entstand auch die spätere Freundschaft zwischen Kempner und Grossmann, die sich besonders nach der Emigration in die USA vertiefte. Auch die persönliche Bekanntschaft von Grossmann zu dem Berliner Journalisten und späteren »Aufbau«-Herausgeber Manfred Georg (in den USA amerikanisiert in "George") rührte spätestens vom Frühjahr 1928 her, als Georg einer Berliner DLM-Versammlung als Redner beiwohnte.[14] Einen engen persönlichen Kontakt unterhielt Grossmann auch zu Kurt Tucholsky,[15] der wie er freier Mitarbeiter der radikaldemokratischen Wochenzeitung »Das Andere Deutschland« war.[16]

---

8   Pazifistische Sektabende. In: Berliner Nachrichten, 8. Jg., Nr. 44, 1926, S. 2.

9   Vom Auslande gekauft. Die Geldquellen der "Deutschen Liga für Menschenrechte". In: Der Tag, Nr. 244, Di. 12. Okt. 1926, Berlin, o.S. (10).

10 Gilbert, S. 125.

11 Zur Absetzung Lehmann-Rußbüldts siehe auch Hiller, S. 162.

12 Kuczynski, S. 106.

13 Fritsch, S. 754.

14 Siehe Manfred Georg: Der Krantz-Prozeß und seine Lehren. In: Die Menschenrechte, 3. Jg., Nr. 3, 31. März 1928, Berlin, S. 1-5.

15 Siehe Bemmann, S. 372 f. Zu Tucholskys Einstellung zum Judentum siehe Schmeichel-Falkenberg, S. 79 ff.

16 U.a.: Das unerfüllte Londoner Abkommen. In: Das Andere Deutschland, 9. Jg., Nr. 2, 12. Jan. 1929, Hagen/Westf.-Berlin, o.S. (5); Deutsch-Französisches Manifest zur Rheinlandräumung. In: Ebd., 10. Jg., Nr. 28, 12. Juli 1930, o.S. (2); Ein Aufruf für Carl von Ossietzky. In: Ebd., 11. Jg., Nr. 20, 14. Mai 1932, o.S. (7); Das Reichswehrministerium macht Geschichte. In: Ebd., Nr. 21, 21. Mai 1932, o.S. (2).

Als seine Hauptarbeitsgebiete während der Tätigkeit als Generalsekretär der »Deutschen Liga für Menschenrechte« nannte Grossmann nach dem zweiten Weltkrieg in der Retrospektive: 1. die französisch-deutsche und die deutsch-polnische Verständigung,[17] 2. die Propaganda für einen Eintritt Deutschlands in den Völkerbund,[18] 3. den Kampf gegen die geheime Wiederaufrüstung in Deutschland[19] und 4. die Bekämpfung des politischen Terrors und der anti-republikanischen Kräfte innerhalb der staatlichen Bürokratie.[20] Um die genannten Ziele zu erreichen, publizierte und verteilte die Liga zahlreiche Pamphlete, Aufrufe und Memoranden, plante und unterstützte Expertisen und Gutachten zu bestimmten Fragen und politischen Streitfällen, die dann an die verschiedenen Landesregierungen und die politischen Parteien weitergeleitet wurden. Darüberhinaus wurden Tagungen und Diskussionsabende zu tagespolitischen Fragen organisiert. Außerdem wurde in allen Fällen, in denen die Menschenrechte betroffen oder eingeschränkt waren,[21] Rechtsbeihilfe gewährt. Auch eine Humanisierung des Strafvollzugs wurde aktiv eingefordert.[22] Um die deutsch-französische Verständigung zu forcieren, wurde ein Schüleraustausch initiiert.[23] Reisten 1926, im ersten Jahr des Austausches, lediglich 42 Schülerinnen und Schüler nach Frankreich, so waren es 1929 bereits 350 Kinder im Alter von 15-17 Jahren, die im Nachbarland Kultur und Sprache

---

17 U.a.: Danzig, die Brücke für die deutsch-polnische Verständigung. In: Das Andere Deutschland, 9. Jg., Nr. 16, 20. Apr. 1929, Hagen/Westf.-Berlin, o.S. (5); Deutsch-polnische Verständigungsaktion. In: Ebd., Nr. 18, 4. Mai 1929, o.S. (8); Für die deutsch-polnische Verständigung. In: Die Menschenrechte, 4. Jg., Nr. 6, 1. Juni 1929, Berlin, S. 10-11; Deutsch-polnische Kundgebung zu den Grenzzwischenfällen. In: Das Andere Deutschland, 10. Jg., Nr. 28, 12. Juli 1930, Hagen/Westf.-Berlin, o.S. (1). Siehe auch Schumann, S. 1224.

18 Siehe u.a.: Norm für den Gefangenen. Der Völkerbund soll eingreifen. In: Die Menschenrechte, 5. Jg., Nr. 8, 15. Okt. 1930, Berlin, S. 6-7.

19 Siehe u.a.: Der Landesverratsprozeß gegen Pazifisten. In: Die Menschenrechte, 3. Jg., Nr. 3, 31. März 1928, Berlin, S. 7-8.

20 Siehe u.a.: 13 Jahre "republikanische" Justiz. Berlin 1932; Der erste Rückzug des Reichsgerichts im Falle Roettcher. In: Die Menschenrechte, 3. Jg., Nr. 1, 31. Jan. 1928, Berlin, S. 6.

21 Menschenrechte und Pressefreiheit. In: Die Menschenrechte, 3. Jg., Nr. 2, 29. Feb. 1928, Berlin, S. 3-4; Dreyfus und Bullerjahn. In: Die Weltbühne, 26. Jg., Nr. 28, 8. Juli 1930, Berlin, S. 42-45.

22 Das Jugendgefängnis. In: Die Menschenrechte, 3. Jg., Nr. 9/10, 31. Dez. 1928, Berlin, S. 11-12; Um die Reform des Strafvollzugs. In: Ebd., 4. Jg., Nr. 7/8, 25. Juli 1929, S. 27-29; Deutscher Strafvollzug. In: Die Weltbühne, 25. Jg., Nr. 19, 7. Mai 1929, Berlin, S. 697-698; Die theoretischen Grundsätze für den modernen Strafvollzug. In: Das Andere Deutschland, 10. Jg., Nr. 7, 15. Feb. 1930, Hagen/Westf.-Berlin, o.S. (8); Der Völkerbundsrat für internationale Strafvollzugsreform. In: Die Justiz, 5. Jg. (1930), H. 9, Berlin, S. 593-594.

23 Fritsch, S. 752.

kennenlernten.[24] Schließlich wurde noch versucht, die Kontakte und Zusammenarbeit zu den Organisationen mit ähnlich humanitärer Zielsetzung in den deutschen Nachbarstaaten zu verbessern.[25] Das von Kurt Grossmann geleitete Zentralbüro der DLM am Berliner Monbijouplatz war außerdem für die Zweigstellen im deutschen Reich zuständig.[26] Doch auch innenpolitisch wurde die Liga aktiv, deren Mitglieder vornehmlich zur bürgerlichen Mitte gehörten.[27] Für den 1. Mai 1929 hatte der Berliner Polizeipräsident die traditionelle Maiparade verboten, da er Ausschreitungen befürchtete. Die KPD hatte mit ungesetzlichem Verhalten im Vorfeld diese restriktive Maßnahme ausgelöst. Die ungeachtet des Polizeiverbots durchgeführte Demonstration führte zu gewaltsamen Zusammenstößen mit den staatlichen Ordnungskräften, die dreißig Tote forderten.[28] Die KPD bildete sofort eine "unabhängige" Untersuchungskommission, deren das staatliche Eingreifen scharf verurteilende Ergebnis bereits im voraus feststand.[29] Die von der »Deutsche Liga für Menschenrechte« auf Initiative von Kurt Grossmann einberufene Untersuchungskommission kam in ihrem abwägenden Urteil zu einem gegenüber den KPD-Gutachtern vollkommen differierenden Ergebnis.[30] Der Liga-Bericht wurde daher in den darauffolgenden parlamentarischen Debatten im Preußischen Landtag von den demokratischen Parteien als Informationsquelle benutzt.

Die DLM war in den späten Jahren der Weimarer Republik, neben den Linksparteien, eine jener Organisationen, die in besonderem Maße zur Zielscheibe rechtsradikaler Haßtiraden und Bedrohungen wurde.[31] Einer der zahlreichen Gründe, warum Grossmann den Nationalsozialisten so verhaßt war, dürfte auch in seinem energischen Eintreten im Fall Emil Julius Gumbel[32] und den damit verbundenen antifaschistischen Angriffen zu finden sein. An prominenter Stelle, in der »Weltbühne« vom 13. September 1932, trat er für den Pa-

---

24   Völkerversöhnung und deutsch-französischer Schüleraustausch. In: Die Friedenswarte, 30. Jg. (1930), H. 2, Berlin, S. 42-44; S. 42.

25   Norm für den Gefangenen. Der Völkerbund soll eingreifen. In: Die Menschenrechte, 5. Jg., Nr. 8, 15. Okt. 1930, Berlin, S. 6-7; Das Problem der Staatenlosen. In: Ebd., 6. Jg., Nr. 1, 15. Jan. 1931, S. 5-9.

26   Becher, S. 54.

27   Kuczynski, S. 116.

28   Ausführlich dazu Kurz, S. 297 ff. Siehe auch Müller, Lohnkampf, S. 93 ff.

29   Siehe ausführlich dazu Deak, S. 168 f.

30   Siehe: Die Ergebnisse der Maiuntersuchung. In: Die Menschenrechte, 4. Jg., Nr. 9/10, 1. Okt. 1929, Berlin, S. 1-8. Vgl. auch die rechtskonservative Studie von Striefler, S. 207.

31   Nach Scheer, S. 592 stärkten diese Angriffe der Rechtsextremisten das Selbstbewußtsein der Pazifisten sowie ihr Sendungsbewußtsein auf dem richtigen Wege zu sein.

32   Siehe den dokumentarischen Anhang in Gumbel, Verschwörer, S. 281 ff.

zifisten Gumbel ein.[33] Er kritisierte nicht nur scharf die Angriffe der Nationalsozialisten gegen Gumbel,[34] sondern schützte diesen auch durch zahlreiche Zitate von Persönlichkeiten des wissenschaftlichen Lebens, die in einer Ehrenerklärung von 86 Professoren für Gumbel enthalten waren.[35] Die propagandistischen Schmähungen und gewalttätigen Anfeindungen der Nationalsozialisten waren die unmittelbare Folge der strikten pazifistischen Grundhaltung[36] der DLM, der Anerkennung der deutschen Kriegsschuld sowie ihres engagierten Kampfes gegen die illegale Aufrüstung durch die Reichswehr.[37] So war der wichtigste Artikel aus der Feder Grossmanns im Frühjahr 1927 betitelt: »Statt Amnestie - Landesverratsverfahren«.[38] Hierin setzte er sich für die Begnadigung von Personen ein, die teilweise unter obskuren Umständen, wegen Landesverrats zu langjährigen Haftstrafen verurteilt worden waren. Wie er im Rahmen einer DLM-Umfrage unter Rechtsgelehrten im Sommer 1927 betonte, kam es zu einem Anstieg der Landesverratsprozesse.[39] Einer der Adressaten war der renommierte Kieler Rechtsprofessor Walther Schücking,[40] der mit der Liga *„in loser Verbindung"* stand und die DLM in internationalen Rechtsfragen beriet.[41]

---

33   Gumbel, Dr. Emil Julius; geb. 1891 München, gest. 1966 New York; Prof. für Mathematik
      u. Statistik, Mitglied der DLM, Habilitation 1923 in Heidelberg, dort 1923-30 Privatdozent
      u. 1930-32 außerord. Prof., wegen pazifistischer Haltung in seinen Veröffentlichungen,
      mehrfach von der Univ. Heidelberg gemaßregelt, nicht als Ordinarius berufen, 1932 entlassen, seit 1932 Gastprof. in Frankreich, emigrierte 1940 in die USA, 1940-44 an der New
      York for Social Research tätig, danach an amerik. Univ.; Biogr. Hdb., Bd. II, S. 434 f. Zur
      Persönlichkeit u. seinem Wirken siehe auch die Biographie von Christian Jansen.

34   BAK, NL 1051, Nr. 99, NL Schücking; siehe den Brief an Walther Schücking am 4. Juli
      1932, indem Grossmann Schücking erneut um dessen Unterstützung im Fall Gumbel bat.

35   Akademiker zum Fall Gumbel. In: Die Weltbühne, 28. Jg., Nr. 37, 13. Sep. 1932, Berlin,
      S. 388 ff.

36   Zum Pazifismus in der Weimarer Republik siehe auch Wette, S. 284 f. u. S. 292 ff.

37   Röder, Exilgruppen, S. 77.

38   In: Die Menschenrechte, 2. Jg., Nr. 6, 15. März 1927, Berlin, S. 1-4.

39   Siehe auch seine kritische Darstellung: Die Pflicht zum "Landesverrat". In: Die Menschenrechte, 2. Jg., Nr. 12, 31. Aug. 1927, Berlin, S. 1-3.

40   Schücking, Walther; geb 1875 Münster, gest. 1935 Den Haag; Prof. für Intern. Recht in
      Marburg u. Kiel, 1919 deut. Hauptbevollbemächtigter bei den Versailler Friedensverhandlungen, 1920-28 MdR, seit 1930 Richter am Intern. Gerichtshof in Den Haag.

41   Siehe BAK, NL 1051, Nr. 99, NL Schücking; undatierter hektographierter Rundbrief der
      DLM vom Aug. 1927. Siehe auch den Brief Schückings an einen Strafgefangenen in der
      Strafanstalt Waldheim vom 10. Okt. 1930.

5*

Ein weiterer im Frühsommer 1927 erschienener Beitrag »Acht Jahre politische Justiz« behandelte die Rolle des Rechtswesen der jungen Republik und verwies zugleich auf eine Denkschrift der DLM mit dem Titel »Das Zuchthaus - die politische Waffe (Acht Jahre politische Justiz)«. Hervorgegangen war diese justizkritische Darstellung aus einer im Dezember 1926 von der »Deutschen Liga für Menschenrechte« veranstalteten Tagung mit dem Leitmotto »Vertrauenskrise der Justiz«. Diese Broschüre enthielt ein Schriftenverzeichnis, das 45 Publikationen auflistete, die sich mit der politischen Justiz befaßten. Neben einer Anzahl von Dokumenten über umstrittene Justizfälle und ihre zweifelhaften Gerichtsurteile enthielt die Denkschrift eine eingehende Betrachtung des Rechtswesens. Am Schluß folgte ein Kapitel mit praktischen Maßnahmen für eine Justizreform. Hierzu zählten u.a. die öffentliche Durchführung von Disziplinarverfahren gegen Richter, die Forderung, die Staatsverfassung zum vorgeschriebenen Prüfungsfach bei Staatsprüfungen zu machen und Lernkurse für Richter zur gründlichen Einarbeitung in die Grundlagen und Gedanken der Weimarer Verfassung anzubieten. Die Hauptforderung war allerdings eine Amnestie für die politischen Gefangene, die versuchte sollte, *„das wieder gut zu machen, was 8 Jahre politische Justiz in der Republik schlecht gemacht haben."*[42] In der Beilage der SPD-Parteizeitung »Vorwärts« vom 1. Januar 1933 schließlich kritisierte Grossmann, daß in Preußen 18 zum Tode Verurteilte ungebührlich lange darauf warten müßten, bis die Regierung den Gnadengesuchen entspreche.[43] Sein persönliches Engagement in Verfassungsfragen charakterisierte ein Artikel in »Alarm. Kampfblatt gegen alle Feinde der Republik« vom Dezember 1932: *„Für das Recht eintreten, bedeutet Menschenwerte und Menschenrechte schützen."*[44]

Bereits in einem erst im Januar 1932 publizierten Artikel hatte Grossmann sich, angesichts der damals geltenden Demonstrationsverbote, kritisch über die Restriktion der Versammlungsfreiheit geäußert. Seiner Meinung nach, waren die politischen Freiheiten bereits soweit eingeschränkt, *„daß wir uns nicht im Jahre 1931 befinden, sondern, politisch gesehen, das Jahr 1850 schreiben."*[45] Einschränkungen der Versammlungsfreiheit dürften daher nur auf die Republikfeinde, aber nicht auf jene Gruppen, welche die Demokratie stützen wür-

---

42   In: Die Menschenrechte, 2. Jg., Nr. 9, 31. Mai 1927, Berlin, S. 1-4; hier: S. 3.

43   Man spricht schon wieder von Hinrichtungen. In: Volk und Zeit, Beilage zum »Vorwärts«, 15. Jg., Nr. 1, 1. Jan. 1933, Berlin, o.S. (3).

44   Für das Recht. In: Alarm, 4. Jg., Nr. 49, 22. Dez. 1932, Berlin, o.S. (4).

45   Das Vereins- und Versammlungsrecht in der Vergangenheit und Gegenwart. Die unerträgliche Gleichstellung von Republikanern und von Republikfeinden. In: Alarm, 4. Jg., Nr. 3, 21. Jan. 1932, Berlin, o.S. (2).

den,[46] angewendet werden. Das fehlende Problembewußtsein der politisch Herrschenden faßte er als demokratisches Dilemma auf. Wenn die Einschränkung der politischen Freiheiten bedeute, *„daß das deutsche Volk für diese Freiheiten nicht reif sei, so kann man diesen Vorwurf nur erheben, wenn man den Regierenden sagt, daß sie nichts dazu getan haben, das Volk reif zu machen."*[47]

Aus seiner linksdemokratischen Einstellung heraus, hatte Grossmann bereits im Jahre 1928 den herrschenden politischen Geist der Weimarer Jahre als einen zumindest ideologischen Faschismus definiert: *„Gewiß Preußen ist noch nicht faschistisch, Berlin ist noch republikanisch, aber der Sturm auf die republikanischen Stellungen"*[48] habe bereits schwere Verluste bedingt. Kurt Grossmann konzedierte, daß insbesondere im Vergleich zum Italien Mussolinis *„etwas anderes unter Faschismus zu verstehen ist als das, was in Deutschland gegenwärtig herrscht. Unsere Demokraten, auch die mit dem Vorzeichen 'sozial', werden etwas verschämt sagen: Ach, so kann man doch das nicht nennen. Und dennoch, es gibt in Deutschland einen Faschismus!"*[49] Warum er bereits im Jahre 1928, d.h. zwei Jahre vor dem dramatischen Anwachsen der NSDAP von einer rechtsradikalen Splitterpartei zur rechten Massenbewegung in den Reichstagswahlen von 1930 (von 2,6 % auf 18,3 % der Wählerstimmen),[50] zu diesem Verdikt kam, lag im gesellschaftlichen und geistigen Klima der Zeit begründet: *„Wir haben zwar in Deutschland nicht den klassischen italienischen Faschismus, aber einen ideologischen, der heute mehr denn je Europa bedroht. Denn die Methoden, mit denen unsere Gegner arbeiten, sind brutale und blutige, und was ist die Kampfmethode des Faschismus in seinem Mutterlande Italien?"*[51]

Alle diese, der nationalsozialistischen Propaganda diametral gegenüberstehenden Positionen und Sichtweisen bedingten die besondere Gefährdung der DLM-Funktionsträger nach der NS-Machtübernahme im Januar 1933. Dies galt insbesondere für Grossmann, da er außerdem noch freiberuflich für zahlreiche demokratische Zeitungen wie das »8 Uhr- Abendblatt«, das »Berliner Tage-

---

46   Siehe auch: Das Ausnahmegesetz gegen die Pazifisten. In: Die Friedenswarte, 31. Jg. (1931), H. 9, Schweidnitz, S. 257-259.

47   Das Vereins- und Versammlungsrecht in der Vergangenheit und Gegenwart. Die unerträgliche Gleichstellung von Republikanern und von Republikfeinden. In: Alarm, 4. Jg., Nr. 3, 21. Jan. 1932, Berlin, o.S. (2).

48   Der deutsche Faschismus. In: Das Blaubuch, Jg. 1928, H. 1, Wien, S. 27-30; S. 30.

49   Ebd., S. 27.

50   Siehe ausführlich dazu die Analyse von Falter, S. 29 ff. u. S. 83 ff.

51   Der deutsche Faschismus. In: Das Blaubuch, Jg. 1928, H. 1, Wien, S. 27-30; S. 27.

blatt«, die »Welt am Montag«, den »Alarm«, das »Hamburger Echo« und die
»Vossische Zeitung« schrieb. Außerdem gehörte er zu den regelmäßigen Ko-
lumnisten der sozialdemokratischen Parteizeitungen, wie der »Berliner Volkszeitung«, dem »Dortmunder Generalanzeiger«,[52] der »Leipziger Volkszeitung«
und dem »Vorwärts«. Seine Aufsätze erschienen regelmäßig in »Die Menschenrechte«, sowie in den Zeitschriften »Das Tagebuch«[53] und »Die Weltbühne«.[54] Beispielsweise beschäftigten sich die im November 1932 verfaßten
47 Zeitungsartikel fast ausschließlich mit dem Bullerjahn-Prozeß.[55] Davon erschienen 23 in der »Leipziger Volkszeitung« und 13 im »Hamburger Echo«.[56]
Für den Fall Walter Bullerjahn hatte sich Grossmann jahrelang engagiert und
auch Kurt Tucholsky dafür interessiert,[57] so daß der Wiederaufnahmeprozeß[58]
für ihn eine persönliche Genugtuung war. Der im Mai 1929 in der »Weltbühne«[59] erschienene Artikel »Deutscher Strafvollzug« verdeutlicht eindrucksvoll die sehr linksliberalen, fast radikalreformerischen Grundvorstellungen[60]
Grossmanns. Die unnachgiebige Tendenz[61] der Stellungnahme des jungen, damals 32jährigen Hitzkopfes verrät schon der erste Satz: *„Der Strafvollzug ist
heute noch eine Barbarei und der Republik unwürdig."*[62] Die im weiteren an-

---

52   LBI, Box 20; siehe dazu auch den Brief von H. Wunderlich, Chefredaktion der Westfäli-
      schen Rundschau in Dortmund, vom 23. Mai 1952, der betonte, daß Grossmanns publizisti-
      sches Wirken in Dortmund noch nicht vergessen sei.

53   Ein Kriegsverbrecher. In: Das Tagebuch, 10. Jg. (1929), H. 2, Berlin, S. 76; Zwangsarbeiter.
      In: Ebd., H. 35, S. 1452-1453; Unter dem Banner Pilsudskis. In: Ebd., 12. Jg. (1931), H. 45,
      S. 1755-1757.

54   Deutscher Strafvollzug. In: Die Weltbühne, 25. Jg., Nr. 19, 7. Mai 1929, Berlin, S. 697- 698;
      "Der letzte deutsche Kriegsgefangene". In: Ebd., Nr. 42, 18. Okt. 1932, S. 593-594.

55   Zu den Hintergründen des Prozesses gegen Walter Bullerjahn siehe ausführlich Grossmann,
      Ossietzky, S. 235 ff.

56   HIA, Box 2; passim.

57   KTF; siehe aus dem in Oldenburg lagernden Briefwechsel Tucholsky-Grossmann insbeson-
      dere die Briefe von Kurt Tucholsky vom 17. Okt. u. 2. Dez. 1928 sowie die Briefe an Kurt
      Tucholsky am 24. Okt. u. 30. Nov. 1928.

58   Wiederaufnahmeprozeß Bullerjahn am 3. November. Acht Jahre Kampf eines Unschuldigen.
      In: Alarm, 4. Jg., Nr. 42, 3. Nov. 1932, Berlin, o.S. (2).

59   Zur gesellschaftlichen Bedeutung und zum intellektuellen Einfluß der Weltbühne in der
      Weimarer Republik siehe auch Radkau, Weltbühne, S. 57 ff.

60   Diese Sichtweise wurde auch von Robert Kempner und Prof. Strauss bestätigt. Grossmann
      selbst, bezeichnete sich im Rückblick in einem Brief an den Regierenden Berliner Bürger-
      meister Klaus Schütz am 2. Juli 1969, S. 2, als auf dem *„linken Flügel"* stehend.

61   Zur Kompromißlosigkeit der Weimarer Linksintellektuellen siehe Sontheimer, S. 304 ff.

62   Deutscher Strafvollzug. In: Die Weltbühne, 25. Jg., Nr. 19, 7. Mai 1929, Berlin, S. 697- 698;
      hier S. 697.

gesprochenen unzureichenden Möglichkeiten der Häftlinge, die in den Vollzugsanordnungen theoretisch vorgesehenen humaneren Maßnahmen des Strafvollzugs in der Praxis zu erreichen, begründeten diese grundsätzliche Kritik am Gefängniswesen der Weimarer Republik, in dem der Anstaltsdirektor weiterhin ein potentieller Despot bliebe. Die abschließend aufgestellten Forderungen für eine Reformierung des Strafvollzugs waren sowohl von den Notwendigkeiten der Zeit geprägt, wie die Verbesserung der hygienischen Haftbedingungen, als auch sehr modern, wie das Verlangen nach einer ungestörten *„Besuchserlaubnis der Frauen"*, um die *„sexuelle Frage"* während der Haftdauer zu mildern. Seine antiautoritären, pazifistisch-sozialistischen Überzeugungen faßte Grossmann in dem Urteil zusammen: *„Die Strafe soll bessern, sie soll aber keine Vergeltung und sie kann keine Abschreckung sein. Heute ist sie ein auf Vergeltung und Abschreckung aufgebautes Werkzeug zum Schutze der gegenwärtigen Gesellschaftsordnung."*[63]

Die Begründung, warum eine Haftstrafe keine Abschreckung für die zuvor von ihm selbst angeführte hohe Zahl von Ersttätern sein könne, blieb er schuldig. Ebenso fehlte eine plausible Erklärung, warum Strafen für die zuvor aufgezählten Massendelikte, die im Affekt oder im Alkoholrausch begangen wurden, die *„gegenwärtige Gesellschaftsordnung"* der Weimarer Republik bewahrten. Dies ist ein Zeichen für die allgemeine Misere der Linksintelligenz, die dem angesichts der Staats- und Wirtschaftskrise aufkommenden Nationalsozialismus hilflos gegenüberstand und schon für den konstatierten Kulturverfall keine gesellschaftlichen Lösungsmöglichkeiten hatte.[64] Umgekehrt erinnert dieses Vokabular an die systemverändernden Versuche linker Revolutionäre.[65] In seiner Studie »Antidemokratisches Denken in der Weimarer Republik« hat der Münchener Politologe Kurt Sontheimer die Ziele dieser radikalen, nichtkommunistischen Intelligenz pointiert charakterisiert: *„Diese Männer wollten nicht Interpreten einer bestimmten Regierungs- oder Parteiauffassung sein, sondern unabhängige Schriftsteller, Träger einer eigenen Idee. ... Von ihren Ideen der Humanität, der sozialen Gerechtigkeit, der Brüderlichkeit, des Pazifismus her vermochten die Linksintellektuellen jedoch die politische Wirklichkeit der Weimarer Republik in zunehmendem Maße nur noch als Degeneration und Abfall zu begreifen."*[66]

Durch seine nebenberufliche journalistische Tätigkeit errang Kurt Grossmann nicht nur große öffentliche Beachtung, sondern er verdiente sich und

---

63 Ebd., S. 698.

64 Siehe ausführlich Trommler, S. 34 ff.

65 Siehe dazu Bahne, S. 12 ff.; Perels, S. 73 ff.

66 Sontheimer, S. 304.

seiner Familie ein beachtliches finanzielles Zubrot hinzu, daß in manchen
Monaten sogar das Festgehalt von 550 Reichsmark als Generalsekretär der
»Deutschen Liga für Menschenrechte« überstieg. Aus den bruchstückhaft ge-
retteten Unterlagen läßt sich erkennen: Im Februar 1930 konnte er beispielsweise für 37 Artikel[67] insgesamt 690,20 RM verbuchen. Im April 1931 waren
es 31 Artikel, die sich zu 425,95 RM summierten und für die 47 Artikel, die im
November 1932 erschienen, erhielt Grossmann zusammen 575 RM.[68] Daher
konnte sich die Familie eine Wohnung im vornehmen Stadtviertel Wilmersdorf, direkt am Kurfürstendamm, leisten.[69] Dieses umfangreiche publizistische
Wirken entsprach den Zielen und Intentionen der DLM nicht nur inhaltlich,
sondern auch propagandistisch-medienwirksam. Die Satzung der »Deutschen
Liga für Menschenrechte« bestimmte die wichtigsten Aufgabenziele u.a. so:

> *„§ 1 Die Deutsche Liga für Menschenrechte (vormals Bund Neues Vaterland)*
> *E.V. ist eine Vereinigung von Männern und Frauen, die sich zusammen-*
> *schließen, um ohne Verpflichtung auf ein bestimmtes Parteiprogramm an*
> *der Erringung und Wahrung der Menschenrechte zu arbeiten.*
>
> *§ 2 Der Verwirklichung dieses Zieles dienen folgende Mittel:*
> *1.   Herstellung und Verbreitung aufklärender Flugschriften;*
> *2.   Veranlassung wissenschaftlicher Untersuchungen und gutachterlicher*
> *   Aeußerungen erfahrener Praktiker und deren Verwertung durch Eingaben*
> *   an Staatsleitung, Parteien und Fachorganisationen;*
> *3.   Veranstaltung von Diskussionsabenden zum Zwecke der Klärung und Ver-*
> *   tiefung wichtiger Fragen;*
> *4.   Veranstaltung von öffentlichen Vorträgen und Kundgebungen;*
> *5.   Rechtsberatung und nach Möglichkeit Rechtsschutz bei politischen*
> *   Rechtsstreitigkeiten;*
> *6.   Pflege der Beziehungen zu verwandten Organisationen des In- und Aus-*
> *   landes, mit dem Ziele der Völkerverständigung. "[70]*

Ein deutliches Zeichen für die wachsende politische Bedeutung der massen-
wirksamen Arbeit der DLM unter Kurt Grossmanns Regie war die steigende
Zahl von Teilnehmern an den verschiedenen Veranstaltungen: kamen im Jahre
1926 durchschnittlich 130 Personen zu einer Veranstaltung, so waren es im

---

67   Es handelt sich nicht um 37 verschiedene Manuskripte, da infolge der regionalen Begren-
     zung der Zeitungen der gleiche Artikel in Berlin, Leipzig oder Dortmund abgedruckt und
     honoriert wurde.

68   HIA, Box 3; passim.

69   Siehe Grossmann, Emigration, S. 26.

70   Abdruck der Satzung in: Die Menschenrechte, 4. Jg., Nr. 1, 16. Jan. 1929, Berlin, Beilage:
     Tätigkeit und Erfolg der Rechtsstelle der Deutschen Liga für Menschenrechte, S. 2.

Jahre 1932 mit 480 Menschen fast viermal soviele. Ein anderer Indikator für den Umfang der politisch-humanitären Arbeit der »Deutschen Liga für Menschenrechte« ist die Besucherstatistik der Rechtsstelle, die unter Leitung von Dr. Kempner stand. Gemäß dem Geschäftsbericht für das Jahr 1930 besuchten insgesamt 2.484 Personen die Beratungsstelle, d.h. im Tagesdurchschnitt wurden zwölf Besucher mit Fragen und Bitten vorstellig.[71] Die Zahl der Gerichtsverfahren, in denen die Hilfe der DLM beantragt wurde, stieg von 765 Fällen (1926) auf 4.043 Verfahren im Jahre 1930 an.[72] Nach eingehender Prüfung der vorgebrachten Vorwürfe und der legaljuristischen Aussichten auf einen Prozeßerfolg in den zumeist politischen Verfahren übernahm die Rechtsstelle unentgeltlich die anwaltliche Vertretung des Bittstellers (siehe auch § 2 der Satzung der DLM). Um die Mandanten möglichst umfassend beraten und in allen Teilen der Weimarer Republik vertreten zu können, arbeitete die Rechtsstelle mit rund 150 Anwälten im ganzen Reich zusammen. Dem Geschäftsbericht für das Jahr 1927 ist zu entnehmen, daß die DLM in 127 Prozessen Erfolge erzielen und dabei ihren Mandanten insgesamt 195 Jahre Haft ersparen konnte.[73]

Die Kassenberichte der »Deutschen Liga für Menschenrechte« für die Jahre 1928 und 1929 weisen auf der Einnahmenseite bei den Mitgliedsbeiträgen eine Zunahme um ein Drittel aus, während sich das Spendenaufkommen fast halbierte. Auf der Ausgabenseite zeigen sich Kontinuitäten bei den Positionen Miete/Heizung/Licht und Gehälter. Auffallend hoch im Kassenbericht ist die Position "Unkosten", die nicht näher spezifiziert wurde. Im Jahre 1929 fehlte eine gesonderte Ausweisung der Ausgaben für die "Propaganda", die nun wohl unter den "Unkosten" subsumiert wurde.[74] Der Überschuß aus dem Jahre 1928 wurde im darauffolgenden Jahr fast vollständig verbraucht. Verursacht wurde die finanzielle Schieflage des Jahres 1929 vor allem durch das dramatisch gesunkene Spendenaufkommen. Die Zahl der Mitglieder hingegen hatte sich von 206 (1928) auf 387 (1929) fast verdoppelt, doch deren Mindestbeiträge von drei Reichsmark vierteljährlich konnten den geringeren Spendeneingang nicht

---

71 Geschäftsbericht der Deutschen Liga für Menschenrechte e.V. für die Zeit vom 1. Januar 1930 bis 31. Dezember 1930. In: Die Menschenrechte, 6. Jg., Nr. 1, 15. Jan. 1931, Berlin, S. 20-35; hier S. 28.

72 Allein in den Jahren 1924-27 waren über 10.000 Anzeigen wegen Hoch- und Landesverrats erstattet worden.

73 Geschäftsbericht der Deutschen Liga für Menschenrechte e.V. für die Zeit vom 1. Januar 1930 bis 31. Dezember 1930. In: Die Menschenrechte, 6. Jg., Nr. 1, 15. Jan. 1931, Berlin, S. 20-35; hier S. 28 f.

74 Kassenbericht für die Zeit vom 1. Januar 1928 bis 31. Dezember 1928. In: Die Menschenrechte, 4. Jg., Nr. 1, 16. Jan. 1929, Berlin, S. 9; Kassenbericht für die Zeit vom 1. Januar 1929 bis 31. Dezember 1929. In: Ebd., 5. Jg., Nr. 1/2, Februar 1930, Berlin, S. 13.

ausgleichen. Überdies zeigt sich bei einer genauen Betrachtung der durch-schnittlichen Pro-Kopf-Mitgliedsbeiträge, daß sich hier die wirtschaftliche Rezession nachdrücklich bemerkbar machte. Hatten die Mitglieder der »Deut-schen Liga für Menschenrechte« 1928 im Jahresschnitt 47,96 RM entrichtet, waren es 1929 mit nur noch 33,45 RM fast ein Drittel weniger.

DLM-Geschäftsberichte 1928 und 1929

Einnahmen durch	1928	1929
Mitgliedsbeiträge	9.880,50	12.946,90
Spenden	25.895,06	13.670,56
Versammlungen	26,56	nicht angegeben
Gesamt	35.802,12	26.617,46
Ausgaben für		
Miete/Heinzung/Licht	1.727,56	1.555,40
Gehälter	16.054,51	16.774,73
Propaganda	2.043,90	nicht angegeben
Unkosten	9.317,28	14.374,41
Gesamt	29.143,25	32.704,54
Saldo	+6.658,87	-6.087,08

Im Jahre 1930 konnte die DLM ihr Spendenaufkommen wieder steigern, doch bereits im folgenden Jahr kam es zu einem erneuten dramatischen Ein-bruch. Daß die Halbierung des Spendenaufkommens keine existenzbedrohende Wirkung für die Liga zeitigte, war vor allem dem unermüdlichen Engagement ihres Generalsekretärs zu verdanken, denn der sprunghaft angestiegenen Zahl von Veranstaltungen und vor allem den dabei erzielten Erlösen war der Ein-nahmerekord von mehr als 42.000,- RM zu verdanken. Durch die Vielzahl von Veranstaltungen stiegen folgerichtig auch die Aufwendungen für die "Propa-ganda". Auch die weiter zunehmenden Ausgaben für Gehälter und Büroräume konnten so aufgefangen werden, so daß in den Jahren 1930 und 1931 wieder ein kleiner Überschuß erwirtschaftet wurde.[75] Die Mitgliedsbeiträge hatten sich

---

75   Geschäftsbericht der Deutschen Liga für Menschenrechte e.V. für die Zeit vom 1. Januar 1930 bis 31. Dezember 1930. In: Die Menschenrechte, 6. Jg., Nr. 1, 15. Jan. 1931, Berlin, S. 20-35; Geschäftsbericht 1931. In: Die Menschenrechte, 7. Jg., Nr. 2, 1. März 1932, Berlin, S. 28-47.

gegenüber dem Jahre 1925, d.h. vor Grossmanns Amtsantritt, bis zum Jahre 1932 von 7.000 RM auf nahezu 40.000 RM fast versechsfacht.[76] Die Zahl der Mitglieder stieg weiter rasch an und verdoppelte sich fast von 510 (1930) auf 950 Personen im Jahre 1931.[77] Der durchschnittliche Mitgliedsbeitrag sank jedoch kontinuierlich: von 34,31 RM (1930) auf lediglich 23,93 RM (1931). Gegenüber dem Jahre 1928 hatte sich damit der Pro-Kopf-Beitrag sogar halbiert. Zwar lag der Durchschnittsbeitrag damit noch immer fast doppelt so hoch wie der Mindestbeitrag, zugleich war er aber ein deutlicher Indikator, daß die neugewonnenen Mitglieder nicht zu den finanzstärksten Bürgern des Reiches gehörten bzw. den Opfern der Wirtschaftskrise zuzurechnen waren.

DLM-Geschäftsberichte 1930 und 1931

Einnahmen durch	1930	1931
Mitgliedsbeiträge	17.499,18	22.732,42
Spenden	20.406,80	8.391,36
Versammlungen	1.650,45	10.997,05
Gesamt	39.556,43	42.120,83
Ausgaben für		
Miete/Heinzung/Licht	2.923,12	2.746,69
Gehälter	17.535,59	17.923,23
Propaganda/Unkosten	17.395,99	19.371,35
Gesamt	37.854,70	40.041,27
Saldo	+1.701,73	+2.079,56

Die dramatische volkswirtschaftliche Lage der Weimarer Republik verschonte auch die »Deutschen Liga für Menschenrechte« nicht. In der letzten Nummer der Mitgliederzeitschrift »Die Menschenrechte«, die vor dem Ausbruch des Dritten Reiches, im August 1932 erschien, wurde ein dringlicher Appell an alle Mitglieder gerichtet, nicht nur die Beitragsrückstände endlich auszugleichen, sondern auch ein "Kampfopfer 1932" zu entrichten. Am Schluß des Aufrufs "An unsere Mitgliedschaft!" hieß es: *„ 'Die Menschenrechte' werden, sobald genügend Mittel vorhanden sind, wieder laufend erscheinen. "*[78] Dazu kam es nicht mehr, da Adolf Hitler bereits ante portas stand. Zufällig fand die

---

76   HIA, Box 9; Angaben im Brief an Kurt Hiller am 11. Apr. 1970, S. 2.

77   Vgl. Hecker, S. 27, der die Zahl der DLM-Mitglieder fälschlich mit *„ max. 2.000 "* angibt.

78   Die Menschenrechte, 7. Jg., Nr. 5, Berlin, o.S.

letzte Mitgliederversammlung, wie es Ruth Greuner pointiert formulierte, am *„Abend des verhängnisvollen Tages, an dem Hindenburg die sterblichen Über-reste der Weimarer Republik Hitler zur Einäscherung übergab"*,[79] in der Ge-schäftsstelle am Monbijouplatz statt. Die Nachricht der Ernennung Hitlers zum Reichskanzler hatte sich seit den Mittagsstunden des 30. Januar 1933 wie ein Lauffeuer herumgesprochen und beherrschte auch die Diskussionen der ver-sammelten Vorstandsmitglieder.[80]

Der Journalist Alfred Falk schrieb im Oktober 1938 aus seinem südfranzö-sischen Exil an Grossmann und meinte rückblickend auf die Weimarer Jahre, daß dieser die »Deutsche Liga für Menschenrechte« *„in Berlin aus dem gröb-sten Dreck herausgearbeitet und in den 5 Jahren zu einer sehr respektablen Höhe hinaufgeführt"* habe.[81] Über den Leiter der Rechtsstelle, Dr. Robert Kempner, urteilte Falk, dessen *„ruhige, seriöse Art"* habe ihn in Berlin vorteil-haft von den vielen anderen in der Reichshauptstadt wirkenden Intellektuellen unterschieden.[82]

Die nähere Bekanntschaft von Kurt Grossmann mit Albert Einstein rührte von der aktiven Mitarbeit des Nobelpreisträgers bei der DLM,[83] da dieser be-reits im Vorläufer der Liga, dem »Bund Neues Vaterland« Mitglied gewesen war.[84] Selbst als Albert Einstein im Jahre 1928 nach einem Kreislaufzusam-menbruch für längere Zeit ans heimische Bett gefesselt war, nahm er regen An-teil an der Arbeit der DLM und korrespondierte regelmäßig mit dem General-sekretär. Auf den losen Zetteln an Grossmann fragte er nach dem Stand der Ar-beit in den verschiedenen Fragen und gab auch auch schon mal Ratschläge für die weitere Vorgehensweise.[85] Darüber hinaus hatte die Liga im November 1928 eine Schallplatte[86] herausgebracht, auf der Einstein "Mein Glaubens-

---

79 Greuner, Wandlungen, S. 219.

80 Siehe Greuner, Gegenspieler, S. 267.

81 LBI, Box 1; Brief von Alfred Falk vom 14. Okt. 1938; bei der Zeitspanne "5 Jahre" handelt es sich um einen Irrtum Falks, der sich offensichtlich nicht mehr an den genauen Beginn der Tätigkeit Grossmanns erinnerte.

82 Ebd.; Brief von Alfred Falk vom 14. Okt. 1938.

83 Grossmann, Ossietzky, S. 343.

84 Clark, S. 265.

85 Ebd., S. 351.

86 Siehe auch die Notiz über die Veröffentlichung der „ersten und einzigen Schallplatte" Ein-steins Anfang Februar 1933, in der jedoch kein Hinweis auf eine Veröffentlichung im Jahre 1928 enthalten ist: Die erste Albert Einstein-Schallplatte. In: Alarm, 5. Jg., Nr. 5, 2. Feb. 1933, Berlin, o.S. (3).

bekenntnis",[87] einen kurzen selbstverfaßten philosophischen Text sprach.[88] Grossmann verehrte den weltberühmten Gelehrten Albert Einstein[89] fast abgöttisch und seine Briefe an den Nobelpreisträger waren von einer außerordentlichen, an keinen anderen Adressaten[90] zu findenden Ehrerbietung, die devote Züge aufwies. Die verschiedenen überlieferten Schreiben an den *„sehr verehrten Herrn Professor"* belegen dies nachdrücklich. Diese hohe Wertschätzung beruhte nicht auf den wissenschaftlichen Leistungen des genialen Physikers, die für den Journalisten und Organisator Grossmann außerhalb seines eigenen Spektrums und Tätigkeitsfeldes lagen. Die Ehrerbietung erfolgte vielmehr für den vielfältigen pazifistischen und humanitären Einsatz des Gelehrten,[91] der ihm, ebenso wie das kämpferische Engagement seines Freundes und Kollegen Carl von Ossietzky,[92] ein nachzueiferndes Vorbild für die eigene Tätigkeit war.[93]

---

87 Albert Einsteins Glaubensbekenntnis. Eine Schallplatte aus dem Jahre 1928. In: Aufbau, 27. Jg., Nr. 12, 24. März 1961, New York, S. 20; Albert Einsteins Glaubensbekenntnis aus dem Jahre 1928 wiederaufgefunden. In: Allgemeine Wochenzeitung der Juden in Deutschland, 15. Jg., Nr. 49, 3. März 1961, Bonn, S. 20.

88 LBI, Box 19; siehe Brief an Otto Nathan am 15. Okt. 1960; siehe auch den Textabdruck in: Alarm, 5. Jg., Nr. 5, 2. Feb. 1933, Berlin, o.S. (3).

89 Siehe auch die Formulierungen der Nennungen Einsteins in Grossmann, Emigration, S. 39, S. 301 u. S. 303.

90 Vgl. dazu passim die Korrespondenz mit anderen berühmten Persönlichkeiten, wie Willy Brandt, Nahum Goldmann oder Stephen Wise.

91 Albert Einstein: Fünfzig Jahre Kampf für Frieden und Freiheit. In: Deutsche Rundschau, 87. Jg. (1961), H. 8, Baden-Baden, S. 737-743; Der Pazifist. Nachklänge zu Einsteins Tod. In: Aufbau, 21. Jg., Nr. 17, 29. Apr. 1955, New York, S. 36; Albert Einstein als Pazifist und Menschenrechtler. In: Telegraf, 9. Jg., Sonderausgabe Juli 1955, Berlin, S. 6.

92 Die fortwährende Beschäftigung mit Ossietzky, die sichzwei Monographien und einem Dutzend Aufsätzen und Artikeln manifestiert, sind ein deutlicher Beweis für dessen Vorbildfunktion. Siehe u.a.: Carl von Ossietzky receives the Peace Nobel Prize. In: Der Friede. Idee und Verwirklichung - The Search for Peace. Festgabe für Adolf Leschnitzer. Hrsg. von Erich Fromm und Hans Herzfeld in Zusammenarbeit mit Kurt R. Grossmann. Heidelberg 1961, S. 177-198; Ein Mensch allein. Zum 25. Todestag von Carl von Ossietzky. In: Blätter für deutsche und internationale Politik, 8. Jg. (1963), H. 5, Köln, S. 369-376; Gibt es eine Ossietzky-Renaissance? Gedanken zum 75. Geburtstag von Carl von Ossietzky am 3. Oktober. In: Die Feder, 12. Jg. (1964), H. 10, Stuttgart, S. 6.

93 Zu seinem Engagement für den Inhaftierten siehe auch die an den Reichspräsidenten gerichtete Petition: »Für Carl von Ossietzky!«, die Grossmann im Namen der »Deutschen Liga für Menschenrechte« initiierte; abgedruckt in: Alarm, 4. Jg., Nr. 21, 26. Mai 1932, Berlin, o.S. (6). Zum Echo dieses Aufrufs siehe: Täglich 1000 Unterschriften für Carl von Ossietzky! Und trotzdem schweigen die maßgebenden Stellen. In: Alarm, 4. Jg., Nr. 27, 2. Juni 1932, Berlin, o.S. (5).

Die von Kurt Grossmann verfaßte Biographie »Ossietzky, ein deutscher Patriot«[94] fand die volle Zustimmung von Rosalinda von Ossietzky-Palm. Die Tochter des Friedensnobelpreisträgers von 1935 brachte keinerlei Kritik an, ganz im Gegenteil, daß *„das Buch über C.v.O.* [Carl von Ossietzky; L.M.] *so inhaltsreich werden konnte hat mich erfreut und erstaunt, da die Schwierig- keiten genügend groß waren, außerdem ist es wunderbar geschrieben."*[95] Sie war daher stolz und freute sich mit dem Autor über die gelungene Biogra- phie,[96] die mit dem »Albert-Schweitzer-Preis« ausgezeichnet wurde. Die Ver- leihung würdigte Altbundespräsident Theodor Heuss in seinem privaten Glück- wunschschreiben: *„Ich sehe darin die Anerkennung Ihrer so verdienstlichen Mühen, das Leid des Bösen zu lindern."*[97] Von der im Jahre 1963 veröffent- lichten Biographie verkaufte der Kindler-Verlag bis Ende 1965 über 4.100 Exemplare, die dem Verfasser ein Autorenhonorar von 6.900 DM einbrach- ten.[98] Von der im Jahre 1966 in 4.000 Exemplaren aufgelegten Sonderausgabe konnte der Kindler-Verlag bis Ende 1972 nur noch 1.894 Exemplare verkau- fen.[99] Da der Verlag keine Möglichkeit mehr sah, die noch im Lager befindli- chen Exemplare auf dem deutschen Buchmarkt zu verkaufen, faßte er den Ent- schluß, die restliche Auflagenhälfte an ein Großantiquariat zu verramschen.[100] Ungeachtet der eigenen Absatzprobleme veräußerte der Kindler Verlag jedoch im Frühjahr 1972 an den Frankfurter Suhrkamp-Verlag die Rechte für eine Taschenbuchausgabe, die dann im Frühjahr 1973 in einer Auflage von 10.000 Exemplaren erschien.[101] Die Witwe Elsa Grossmann erhielt als Erbin der Au- torenrechte ihres verstorbenen Mannes die Hälfte der Lizenzgebühren in Höhe von 2.500 DM, die der Suhrkamp Verlag dafür entrichtete.[102]

Im Gegensatz zu seiner Haltung bei späteren politischen Aktivitäten in der amerikanischen Emigrationsszene (siehe unten die Einschätzung des »Council for a Democratic Germany«) trat Grossmann nach eigener Aussage im Februar

---

94   1. Aufl. München 1963; Sonderausgabe 1966; Taschenbuchausgabe Frankfurt/M. 1973.

95   HIA, Box 12; Brief von Rosalinda von Ossietzky-Palm vom 16. Dez. 1963, S. 1.

96   Ebd., S. 2.

97   HIA, Box 9; Brief von Theodor Heuss vom 11. Jan. 1963.

98   HIA, Box 10; siehe die Honorarabrechnungen des Kindler Verlags vom 15. Jan. 1964, 15. Apr. 1964, 15. Juli 1964, 15. Okt. 1964, 3. Feb. 1965, 30. Aug. 1965 u. 18. Jan. 1966.

99   Ebd.; siehe die Honorarabrechnung des Kindler Verlags an Elsa Grossmann vom 31. Dez. 1972. Als Honorar waren 6 % vom Ladenpreis von 14,80 DM vereinbart, so daß der Autor 1.680 DM als Vergütung erhielt.

100   HIA, Box 10; Brief des Kindler Verlags an Elsa Grossmann vom 30. Nov. 1972.

101   Ebd.; siehe den Brief des Kindler Verlags an Robert Kempner, den Rechtsbeistand von Elsa Grossmann, vom 5. Okt. 1972.

102   Ebd.; Honorarabrechnung des Kindler Verlags an Elsa Grossmann vom 30. Juni 1972.

1933 für ein Volksfront-Bündnis ein.[103] Die Zusammenarbeit mit Willi Münzenberg, dem Medienzaren[104] der KPD-Parteipresse, bei der Kongreßorganisation der linksliberalen Protestveranstaltung »Das Freie Wort«[105] war ein sichtbares Zeichen für seine Akzeptanz eines Volksfront-Bündnisses am Ende der
Weimarer Republik. Diese Haltung war wohl unter dem tagespolitischen Eindruck der frühen dreißiger Jahre und der NS-Machtergreifung entstanden. So
hatte er noch im Jahre 1929 im Periodikum der prosowjetischen »Gesellschaft
der Freunde des Neuen Rußland in Deutschland« eindeutig gegen die Verletzung der Menschenrechte in der Sowjetunion Stellung bezogen und betont,
daß Lenin in seinen Schriften nicht nur die Demokratie negiere, sondern auch
die Menschenrechte.[106] Der Leninismus und die Menschenrechte waren deshalb für Grossmann diametrale Gegensätze.

Am 19. Februar 1933 fand in der Berliner Krolloper der Kongreß »Das
Freie Wort« statt. Diese Veranstaltung mit etwa 900 Teilnehmern[107] war der
letzte organisierte Protest gegen die Unterdrückung der Meinungs- und Versammlungsfreiheit sowie die letzte große linksdemokratische Manifestation
gegen den aufkommenden Staatsterror des Dritten Reiches.[108] Die Mehrzahl
der Redner kam aus dem Umkreis der »Deutschen Liga für Menschenrechte«,
die in den frühen dreißiger Jahren durch eine Vielzahl von Protestkundgebungen, Petitionen und Untersuchungskommissionen die parlamentarische Demokratie Weimars unterstützt hatte.[109] Die Veranstaltung wurde zu einem Fanal
der demokratisch gesinnten Kräfte. Grossmann, Organisator der Veranstaltung,
kennzeichnete den Kongreß in seiner Ossietzky-Biographie als „Letzte Regungen der Freiheit".[110] Diese plastische Formulierung war insofern berechtigt,
als der Kongreß bereits nach zwei Stunden von der Berliner Polizei aufgrund
der wenige Tage zuvor, am 4. Februar 1933 erlassenen Notverordnung des
Reichspräsidenten »Zum Schutze des deutschen Volkes«, aufgelöst wurde.
Durch diese Notverordnung wurden drakonische Eingriffe in die Presse- und
Versammlungsfreiheit möglich, insbesondere zahlreiche Publikationsverbote
für linksliberale und sozialdemokratische Zeitungen, die den NSDAP-Propa-

---

103   Grossmann, Ossietzky, S. 343.

104   In Grossmann, Ossietzky, S. 102 u. S. 204 spricht er selbst vom „roten Hugenberg", in Anlehnung an den nationalkonservativen Medienmagnaten Alfred Hugenberg.

105   Briegleb/Uka, S. 231 f.; Fritsch, S. 756.

106   Lenin und die Menschenrechte. In: Das Neue Rußland, 6. Jg. (1929), Berlin, S. 53.

107   Grossmann, Ossietzky, S. 345.

108   Briegleb/Uka, S. 203.

109   Briegleb/Uka, S. 231. Siehe auch Scheer, S. 593 f.

110   Grossmann, Ossietzky, S. 337.

gandaleiter Joseph Goebbels jubeln und von einer *„Wohltat für die Volksseele"* schwadronieren ließen.[111]

Bezeichnend ist, daß der letzte im Jahre 1933 in Deutschland veröffentlichte Artikel von Kurt Grossmann, den Fall Anna Siemsen[112] behandelte. Der Wissenschaftlerin war, verbunden mit einer politisch motivierten Maßregelung, von der nationalsozialistischen Landesregierung in Thüringen die Lehrerlaubnis an der Universität Jena entzogen worden.[113] Als der Beitrag im März 1933 erschien, befand sich dessen Verfasser bereits im Prager Exil. Angesichts der öffentlichen Drohungen ihm nach der NS-Machtergreifung eine Sonderbehandlung angedeihen zu lassen, war dies auch verständlich. So hatte Goebbels bereits im Jahre 1932 erklärt: *„Was mir an dem dicken Grossmann von der sogenannten Menschenrechts-Liga besonders mißfällt, ist, daß er weit geschickter ist als alle unsere System-Juden. Wir werden ihm deshalb nach der Befreiung Deutschlands vom System eine **besondere Erziehungs-Behandlung** angedeihen lassen müssen"* (Hervorhebung; L.M.).[114]

3.1 Ausbürgerung

Zusammen mit Kurt Grossmann wurden auf der ersten im »Reichsanzeiger« veröffentlichten Ausbürgerungsliste vom 25. August 1933 zahlreiche weitere prominente Persönlichkeiten ausgebürgert.[115] Die kurze Aufstellung des anlaufenden Ausbürgerungsverfahrens zeigt, wie groß dieser *„Exodus der Kultur"* (Möller) war, der vielmehr einer *„geistigen Selbstenthauptung"* (Pross) des Wissenschafts- und Geisteslebens in Deutschland gleichkam.[116]

---

111   Siehe Goebbels, S. 263.

112   Siemsen, Dr. phil. Anna; geb. 1882 Mark/Westf., gest. 1951 Hamburg; Lehrerin, 1923-33 Hon.Prof. f. Pädagogik an der Univ. Jena, 1928 MdR, 1933 Emigration in die Schweiz, 1946 Prof. f. Literaturgeschichte in Hamburg; Lexikon der Frau, Sp. 1278.

113   Der Fall Anna Siemsen. In: Die Frau im Staat, 15. Jg. (1933), H. 3, Frankfurt/M., S. 7-8.

114   Zit. in Meinecke, S. 13.

115   Die folgenden biographischen Angaben beschränken sich im wesentlichen auf die wichtigsten Stationen und Funktionen vor 1933 und erheben daher keinen Anspruch auf Vollständigkeit. Sie sollen lediglich einen kurzen Überblick über die politischen und gesellschaftlichen Tätigkeiten der ersten Ausgebürgerten geben. Die Nennung von Kriegsteilnahme und Auszeichnungen soll dabei lediglich als Korrelat zur in der Weimarer Republik weit verbreiteten Behauptung der geringen jüdischen Kriegsteilnahme dienen.

116   Aus der Vielzahl von Monographien und Aufsätzen zur Emigration nach 1933 seien hier zur weiterführenden Lektüre nur exemplarisch die Arbeiten von Horst Möller, Patrik von zur

Die erste Liste der Ausgebürgerten liest sich fast wie ein »Who's Who« wichtiger Politiker aus den dem Nationalsozialismus ablehnend gegenüberstehenden Parteien SPD und KPD sowie einflußreicher linksliberaler Publizisten und Pazifisten der Weimarer Jahre, für die im "neuen Deutschland" der braunen Machthaber kein Platz mehr war. Die meisten der Genannten kamen ihrer Verhaftung durch die Flucht ins Ausland zuvor, wie der Rechtsanwalt und bekannte Strafprozeßverteidiger Alfred Apfel,[117] der Journalist und Politiker Georg Bernhard,[118] der SPD-Politiker und Journalist Rudolf Breitscheid,[119] die Schriftsteller Lion Feuchtwanger[120] und Alfred Kerr,[121] der Pädagogik-Professor und Pazifist Friedrich Wilhelm Foerster,[122] der Politiker und lang-

---

Mühlen, Fritz Neumark und Helge Pross genannt. Besonders zu beachten ist außerdem das Jahrbuch »Exilforschung«, Bd. 1-11 (München 1983-1993).

117 Apfel, Dr.iur. Alfred; geb. 1882 Düren, gest. 1940 Marseille; jüd. Verbandsfunktionär u. Rechtsanwalt, verteidigte u.a. Max Hölz, George Grosz, Berthold Friedrich Wolf u. Carl von Ossietzky in ihren Strafprozessen. Bis 1922 Präsident des Verbandes der jüdischen Jugendvereine Deutschlands u. Hauptvorstandsmitglied des CV, 1926 Vorsitzender der zionistischen Vereinigung Berlin, 1933 Flucht nach Frankreich; Biogr. Hdb., Bd. I, S. 17.

118 Bernhard, Georg; geb. 1875 Berlin, gest. 1944 New York; 1914-30 Chefredakteur der »Vossischen Zeitung«, ab 1916 Dozent u. seit 1928 Honorarprof. an der Berliner Handelshochschule, Hauptvorstandsmitglied des CV, Vorstandsmitglied der DDP, 1928-30 MdR, im Feb. 1933 Flucht nach Paris, 1941 Migration in die USA; Biogr. Hdb., Bd. I, S. 58.

119 Breitscheid, Dr.phil. Rudolf; geb. 1874 Köln, gest. 1944 KZ Buchenwald; seit 1912 in SPD, Redakteur für verschiedene Zeitungen, Nov. 1918-Jan. 1919 preuß. Innenminister, 1920-33 MdR außenpolitischer Sprecher der SPD, Frühjahr 1933 Flucht in die Schweiz, im Mai 1933 nach Frankreich, wurde im Dez. 1941 von Vichy-Frankreich an die Gestapo ausgeliefert u. kam bei einem alliierten Bombenangriff auf das KZ Buchenwald um; Biogr. Hdb., Bd. I, S. 92.

120 Feuchtwanger, Dr. phil. Lion; geb. 1884 München, gest. 1958 Los Angeles; Schriftsteller, 1907 Promotion danach als Theaterkritiker tätig, attackierte den Nationalsozialismus bereits 1925 in seiner Erzählung "Erfolg", seine Werke wurden bei den Bücherverbrennungen im Mai 1933 vernichtet, kehrte 1933 von einer Vortragsreise nach Frankreich nicht mehr nach Deutschland zurück u. emigrierte, nach zweimaliger Internierung, im Okt. 1940 in die USA, Unterstützer der Volksfront, obgleich kein Kommunist 1936/37 Moskaureise, die er in der Reportage »Moskau 1937« literarisch verarbeitete, nach den Schauprozessen zu heftigen Kontroversen in der Emigrantenszene führte, in den USA weiter politisch aktiv in der Emigrantenszene u. 1944 Mitunterzeichner des CDG-Aufrufs; Biogr. Hdb., Bd. II, S. 294.

121 Kerr, Alfred; geb. 1867 Breslau, gest. 1948 Hamburg; Schriftsteller u. 1909-1919 Theaterkritiker in Berlin, gründete mit Paul Cassirer 1910 die Zeitschrift »Pan«, emigrierte im Feb. 1933 nach Paris, seine Bücher wurden bei den Bücherverbrennungen im Mai 1933 vernichtet; Biogr. Hdb., Bd. II, S. 614 f.

122 Foerster, Friedrich Wilhelm; geb. 1869 Berlin, gest. 1966 Kilchberg b. Zürich; Prof. f. Pädagogik, Pazifist, wurde wegen Protestes gegen die Behandlung der SPD zu einer dreimonatigen Festungshaft verurteilt, da nach der Haftstrafe eine wiss. Laufbahn in Deutsch-

jährige Vorsitzende der »Deutschen Liga für Menschenrechte«[123] Hellmut von Gerlach,[124] die Radikalpolitikerin Ruth Fischer,[125] der frühere preußische Innenminister Albert Grzesinski,[126] der Wissenschaftler und Pazifist Emil Julius Gumbel, der SPD-Politiker Wilhelm Hansmann,[127] der Mitgründer und frühere Generalsekretär der »Deutschen Liga für Menschenrechte«, Otto Lehmann-Rußbüldt, der Literat und Präsident der Preußischen Akademie der Künste, Thomas Mann,[128] die kommunistischen Parteifunktionäre und Politiker Fritz

---

land aussichtslos schien, habilitierte er sich 1899 in Zürich, 1914-20 o. Prof. in München, lebte aufgrund rechtsradikaler Bedrohungen seit 1922 in der Schweiz u. seit 1926 in Paris, war als Herausgeber der Zeitung »Die Zeit« häufig in Berlin, flüchtete im Frühjahr 1933 nach einer Warnung durch die Polizei[!], bevor die Redaktionsräume von Nazis gestürmt wurden, nach mehreren Stationen 1940 Übersiedlung in die USA, wo der verarmte Wissenschaftler in den fünfziger Jahren von einem Freundeskreis um Grossmann materiell unterstützt wurde, kehrte 1963 in die Schweiz zurück; Biogr. Hdb., Bd. II, S. 307 f.

123 Siehe auch: Der letzte deutsche Demokrat. In: Die neue Weltbühne, 31. Jg., Nr. 32, 8. Aug. 1935, Prag-Zürich-Paris, S. 1000-1003; Fatalist Gerlach. In: Ebd., 32. Jg., Nr. 14, 2. Apr. 1936, S. 441-442.

124 Gerlach, Hellmut von; geb. 1866 in Schlesien, gest. 1935 Paris; Studium der Rechtswissenschaft, danach Journalist u. Chefredakteur verschiedener Blätter, bis 1922 in DDP, 1903-07 MdR, ab 1926 Vorsitzender der »Deutschen Liga für Menschenrechte«, ab 1932 Stellvertreter des inhaftierten Carl von Ossietzky bei der »Weltbühne«, im März 1933 Flucht nach Paris; Biogr. Hdb., Bd. I, S. 218 f.

125 Fischer, Ruth [ausgebürgert als Gohlke (sic!), Elfriede, gen. Ruth Fischer]; geb. 1895 Leipzig, gest. 1961 Paris; Politikerin u. Schwester von Gerhart Eisler war im Nov. 1919 Mitgründerin der KPÖ, seit Ende 1919 in Berlin, durch Scheinehe mit Arthur Golke, einem Mitglied der Berliner Bezirksleitung der KPD, seit 1923 deut. Staatsbürgerin, 1924-28 MdR, 1924-25 Mitglied des Politbüros der KPD, 1924 als Kandidat ins EKKI gewählt, 1926 nach personellen Querelen aus der KPD ausgeschlossen, bis 1933 Sozialpflegerin in Berlin-Wedding, nach Machtergreifung Flucht nach Frankreich, dort im linksradikalen Umfeld politisch tätig, als Trotzkistin während der Moskauer Schauprozesse in Abwesenheit verurteilt, emigrierte 1941 in die USA; Biogr. Hdb., Bd. I, S. 178 f.

126 Grzesinski, Albert; geb. 1879 Treptow, gest. 1947 New York; Gürtlerlehre u. tätig als Metalldrücker, seit 1898 in SPD, 1921-33 MdL in Preußen, Mai 1925-Okt. 1926 Polizeipräsident in Berlin, 1926-30 preuß. Innenminister, anschließend bis Juli 1932 wieder Polizeipräsident, im März 1933 Emigration in die Schweiz u. 1937 in die USA, die Ausbürgerung erfolgte wegen angeblicher Begünstigung der ostjüdischen Immigration; Biogr. Hdb., Bd. I, S. 252.

127 Hansmann, Wilhelm; geb. 1886 in Westfalen, gest. 1963 Dortmund; ab 1919 Landrat in Hörde, 1928-33 MdL in Preußen, Vorsitzender der SPD-Stadtratsfraktion in Dortmund, flüchtete März 1933 ins Saargebiet u. 1935 nach Frankreich, 1946-54 Oberstadtdirektor in Dortmund; Biogr. Hdb., Bd. I, S. 270.

128 Mann, Thomas; geb. 1875 Lübeck, gest. 1955 Zürich; Schriftsteller, veröffentlichte 1901 »Buddenbrooks«, 1922 engagierte Unterstützung der Weimarer Republik in Berliner An-

Heckert,[129] Willi Münzenberg,[130] Heinz-Werner Neumann[131] und Wilhelm Pieck,[132] der Journalist und Pazifist Berthold Jacob,[133] die SPD-Politiker und Reichstagsabgeordneten Philipp Scheidemann[134] und Friedrich Stampfer,[135]

---

sprache »Von deutscher Republik«, erhielt 1929 den Nobelpreis für Literatur, wurde im Feb. 1933 zum Rücktritt gezwungen, emigrierte im gleichen Monat in die Schweiz u. 1938 in die USA, seine Schriften wurden bei den Bücherverbrennungen im Mai 1933 ein Raub der Flammen; Biogr. Hdb., Bd. II, S. 772 ff.

129 Heckert, Fritz [Friedrich]; geb. 1884 Chemnitz, gest. 1936 Moskau; Maurer, 1902 in SPD, seit 1916 im Spartakus u. seit 1917 in USPD, danach KPD, 1924-33 MdR, 1920-36 führend im ZK der KPD, seit 1927 in deren Politbüro, seit Jan. 1933 in Moskau, ab 1935 Mitglied des EKKI; Biogr. Hdb., Bd. I, S. 276 f.

130 Münzenberg, Willi; geb. 1889 Erfurt, gest. 1940 Frankreich; Parteifunktionär, seit 1919 in KPD, seit 1924 im ZK, 1924-33 MdR u. Begründer eines Medienkonzerns, der im Dienste der KPD meinungsbildend in der Weimarer Republik wirkte, im Feb. 1933 nach Frankreich geflüchtet, sein Tod 1940 blieb mysteriös; Biogr. Hdb., Bd. I, S. 514 ff.

131 Neumann, Heinz-Werner; geb. 1902 Berlin, gest. nach 1937 in UdSSR; Parteifunktionär, seit 1919 in KPD, ab 1922 Redakteur bzw. ab 1929 Chefredakteur der »Roten Fahne«, 1929-32 im ZK der KPD u. Politbüro-Kandidat, 1930-32 MdR, im Sommer 1932 von Funktionen entbunden, emigrierte 1933 in die Schweiz, dort verhaftet u. nach Deutschland ausgeliefert, im Mai 1935 in die UdSSR ausgewiesen, gilt seit seiner Verhaftung in Moskau im Apr. 1937 als verschollen; Biogr. Hdb., Bd. I, S. 529 f.

132 Pieck, Wilhelm; geb. 1876 Guben, gest. 1960 Berlin (Ost); Parteifunktionär, Tischlerlehre, 1895-1916 in SPD, dann USPD u. ab 1919 in KPD, ab 1926 im Politbüro, 1921-28 u. 1932-33 MdL in Preußen, ab 1928 MdR, 1930-33 Mitglied des preuß. Staatsrates, im Frühjahr 1933 Flucht, ab 1935 in Moskau, Sommer 1945 Rückkehr in die SBZ, ab 1946-54 zusammen mit Otto Grotewohl SED-Vorsitzender, ab Okt. 1949 Staatspräsident der DDR; Biogr. Hdb., Bd. I, S. 558 ff.

133 Jacob, Berthold [eigentlich, Salomon, Berthold Jacob]; geb. 1898 Berlin, gest. 1944 Berlin; Publizist u. Pazifist, 1917-1918 Kriegsfreiwilliger (mit EK II dekoriert), danach Hinwendung zum radikalen Pazifismus, Mitglied der DLM, Mitarbeiter zahlreicher Tageszeitungen u. 1925-28 der »Weltbühne«, im Dez. 1929 im sog. Feme-Prozeß neben von Ossietzky verurteilt, siedelte bereits im Juli 1932 nach Straßburg über, dort ab 1933 als Vorsitzender der DLM-Sektion u. publizistisch gegen das NS-Regime tätig, im Frühjahr 1935 von der Gestapo aus Basel entführt u. nach internationalen Protesten zurückgebracht, im Aug. 1941 illegal nach Lissabon, dort erneut von der Gestapo verhaftet u. nach Deutschland überführt; der "Fall Jacob" spielte als Motiv in Lion Feuchtwangers Roman "Exil" eine wichtige Rolle, außerdem wies er einerseits auf den ungeschützten Status der Flüchtlinge hin, dokumentierte aber andererseits, daß diplomatische Unnachgiebigkeit gegenüber dem Dritten Reich auch politische Erfolge zeitigte; Biogr. Hdb., Bd. I, S. 322 ff.

134 Scheidemann, Philipp; geb. 1865 Kassel, gest. 1939 Kopenhagen; Politiker, seit 1883 in SPD, 1903-18 MdR, Okt. 1918 Staatssekretär im Übergangskabinett Max von Badens, proklamierte am 9. Nov. 1918 die Deutsche Republik, seither für die radikale Rechte die Symbolfigur der sog. "Novemberverbrecher", für die KPD hingegen als Symbol des sozial-

der Publizist Leopold Schwarzschild,[136] der Vorsitzende des »Deutschen Frei-
denker-Verbandes« Max Sievers,[137] die Schriftsteller Ernst Toller[138] und Kurt
Tucholsky,[139] der stellvertretende Polizeipräsident von Berlin und Opfer zahl-
loser nationalsozialistischer Haßtiraden,[140] Bernhard Weiß,[141] der Politiker

---

demokratischens "Klassenverrats", da er Liebknecht u. der Proklamierung einer Sozialistischen Republik zuvor kam, 1920-25 Oberbürgermeister von Kassel, 1920-33 MdR, Flucht
im Frühjahr 1933; Biogr. Hdb., Bd. I, S. 642.

135   Stampfer, Friedrich; geb. 1874 Brünn, gest. 1957 Kronberg/Ts.; Journalist, 1903-16 Hg. der
täglich erscheinenden sog. »Stampfer-Korrespondenz«, ab 1920 Chefredakteur der SPD-
Parteizeitung »Vorwärts«, ab 1925 im SPD-Parteivorstand, 1920-33 MdR, emigrierte im
Juni 1933 in der Tschechoslowakei, Mitglied des geschäftsführenden Vorstandes (Sopade-
Büro), lebte ab 1940 in den USA, 1948 Rückkehr nach Deutschland, 1948-55 Dozent an der
Akademie der Arbeit in Frankfurt/M.; Biogr. Hdb., Bd. I, S. 720 f.

136   Schwarzschild, Leopold; geb. 1891 Frankfurt/M., gest. 1949 Santa Margherita; Publizist,
1914 Kriegsteilnehmer, Mithg. der Zeitschrift »Das Tage-Buch« sowie der Zeitungen »Der
Montag Morgen« u. »Magazin der Wirtschaft«, engagiert in der DLM tätig u. einer der
führenden Vertreter der linksliberalen Publizistik der Weimarer Zeit, März 1933 Flucht nach
Wien, im Sommer 1933 nach Paris, dort Hg. von »Neues Tage-Buch«, einem der ein-
flußreichsten Exilorgane, 1940 Emigration in die USA; Biogr. Hdb., Bd. I, S. 680 f.

137   Sievers, Max; geb. 1887 Berlin, gest. 1944 Brandenburg; Verbandsfunktionär u. Journalist,
Mitglied der SPD vor 1919, 1920/21 in KPD, dann wieder in SPD, ab 1922 Sekretär des
»Vereins für Freidenkertum u. Feuerbestattung« (später: »Deutscher Freidenker-Verband«),
ab 1930 hauptamtl. Vorsitzender des Verbandes mit 600.000 Mitgliedern, April 1933 Flucht
nach Belgien, Mai 1940 Internierung u. Abschiebung nach Frankreich, dort von Gestapo
verhaftet u. vom Volksgerichtshof im Nov. 1943 zum Tode verurteilt; Biogr. Hdb., Bd. I,
S. 698.

138   Toller, Ernst; geb. 1893 Samotschin/Posen, gest. 1939 New York; Schriftsteller, 1914-17
Kriegsteilnehmer, März 1919 Vorsitzender des bayerischen Flügels der USPD, bereits 1918
Beteiligung an Rätebewegung in Bayern u. Kommandeur der »Roten Armee« in Bayern, zu
5 Jahren Festungshaft verurteilt, 1920-24 Festungshaft, nach Entlassung umfangreiche
Vortragstätigkeit, verfaßte zahlreiche Dramen, kehrte im Jan. 1933 von einer Reise in die
Schweiz nicht nach Deutschland zurück, emigrierte 1936 in die USA, weitere umfangreiche
Vortragsreisen u. Beteiligungen an publizistischem Kampf gegen das Dritte Reich, im Mai
1939 Selbstmord; Biogr. Hdb., Bd. II, S. 1169.

139   Tucholsky, Dr.iur. Kurt [in der Ausbürgerungsliste fälschlich: Tucholski]; geb. 1890 Berlin,
gest. 1935 Göteborg; 1915-18 Kriegsteilnehmer, Schriftsteller, 1920-22 Mitglied der USPD,
schrieb für die »Weltbühne« u. die »Vossische Zeitung«, linksintellektueller Kritiker der
Weimarer Republik, lebte seit 1929 in Schweden, seine Werke fielen den Bücherverbrennungen im Mai 1933 zum Opfer; Biogr. Hdb., Bd. II, S. 1177.

140   Zu den massiven Verleumdungen u. abstoßenden Beschimpfungen des Polizeivizepräsi-
denten als "Isidor" durch den NS-Reichspropagandaleiter Joseph Goebbels siehe ausführlich
die Untersuchung von Dietz Bering.

und Ministerialbeamte Robert Weismann[142] sowie schließlich der Politiker und Parteifunktionär Otto Wels.[143] Insgesamt 14 der 33 Personen auf der ersten Ausbürgerungsliste waren Mitglied der »Deutschen Liga für Menschenrechte« gewesen.[144]

Für die Nationalsozialisten war Kurt Grossmann auch sechs Jahre nach seiner Flucht aus Deutschland immer noch ein nennenswerter Gegner. So wurde er, neben zwanzig anderen Oppositionellen, in einem Geheimen Lagebericht des Sicherheitsdienstes (SD) der SS vom Frühjahr 1939 erwähnt. Der Bericht kommt bei einer Analyse der Emigrationspresse zu dem Ergebnis, die Liste der Mitarbeiter der »Pariser Tageszeitung«[145] und der Wochenzeitung »Die Zukunft«[146] beweise, *„daß hier alle Feinde Deutschlands zu Wort kommen".*[147]

---

141 Weiß, Dr.iur. Bernhard; geb. 1880 Berlin, gest. 1951 London; Frontsoldat (mit EK I dekoriert), ab 1916 im Polizeidienst, erster nicht getaufter Jude im höheren Verwaltungsdienst Preußens, 1920-24 Leiter der Politischen Polizei in Berlin u. 1927-32 Polizeivizepräsident, nach dem sog. "Preußenschlag" entlassen, nach NS-Machtergreifung sofort via Prag Flucht nach Großbritannien; Biogr. Hdb., Bd. I, S. 809.

142 Weismann, Robert; geb. 1869 Frankfurt/M., gest. 1942 New York; Ministerialbeamter, Mitglied des Zentrums, ab 1908 Staatsanwalt in Berlin, nach dem Kapp-Putsch 1920 preuß. Staats-Kommissar für öffentliche Ordnung, 1932 Staatssekretär im preuß. Staatsministerium, flüchtete 1933 nach Frankreich u. 1941 in die USA, er protestierte bei Adolf Hitler(!) gegen seine Ausbürgerung mit Hinweis auf seine angeblichen *„nationalen Verdienste"* bei der Bekämpfung des Kommunismus; Biogr. Hdb., Bd. I, S. 809.

143 Wels, Otto; geb. 1873 Berlin, gest. 1939 Paris; Politiker u. Parteifunktionär, seit 1895 in SPD, 1912-18 u. 1920-33 MdR, ab 1931 Parteivorsitzender u. einer der führenden Politiker der Sozialdemokratie, hielt im März 1933 eine historische Rede, in der er im Namen der SPD das Ermächtigungsgesetz ablehnte, emigrierte im Mai 1933 in die Tschechoslowakei, Mitglied des Exilvorstandes der SPD; Biogr. Hdb., Bd. I, S. 811 f.

144 Siehe das ungedruckte Manuskript: »Liga für Menschenrechte vormals Bund neues Vaterland«, New York März 1942 (Bibliothek des LBI, Microfilm E 59), S. 12.

145 Zu den wichtigsten der zwölf Grossmann-Artikel, die zwischen 1936-39 erschienen, gehörten: Organisiert die Flüchtlingsfürsorge! In: Pariser Tageszeitung, 1. Jg., Nr. 14, Do. 25. Juni 1936, Paris, S. 1; Die Saat des Hasses. Eine Blütenlese aus Schülbüchern des Dritten Reiches. In: Ebd., Nr. 29, Fr. 10. Juli 1936, S. 1; Der Strafvollzug im Dritten Reich. In: Ebd., Nr. 79, Sa. 29. Aug. 1936, S. 4; "Wir kehren heim". Unter dieser Parole der Zukunft erleben die Emigranten von Mschec die Gegenwart. In: Ebd., Nr. 376, Mi. 23. Juni 1937, S. 6; Die strategische Bedeutung der Tschechoslowakei. In: Ebd., 3. Jg., Nr. 774, Sa. 27. Aug. 1938, S. 1; Die Flüchtlinge in Prag. In: Ebd., 4. Jg., Nr. 945, Do. 16. März 1939, S. 2; England hilft deutschen Flüchtlingen. In: Ebd., Nr. 1057, Mi. 26. Juli 1939, S. 3.

146 Aus der Feder Kurt Grossmanns stammten in dieser von Willi Münzenberg herausgegebenen Wochenschrift insgesamt drei Beiträge: Tom Mooney - ein Opfer Papens? In: Die Zukunft, 2. Jg. (1939), Nr. 3, 20. Jan. 1939, Strasbourg-Paris, S. 11; Die deutsche Propaganda gegen Polen. In: Ebd., Nr. 11, 17. März 1939, S. 9; Der kochende Kessel ohne Ventil. In: Ebd.,

Die permanenten Versuche der NSDAP-Auslandsabteilung, innerhalb der Emigrantenszene mit Spitzeln Fuß zu fassen sowie diese dadurch zu infiltrieren und
zu zersetzen,[148] war u.a. auch Thema der Korrespondenz Kurt Grossmanns im
Sommer 1939.[149]

3.2 Ablehnung der Rückberufung

Die in den westlichen Besatzungszonen neubegründete »Liga für Menschenrechte« wollte Kurt Grossmann im Sommer 1946 wieder zum Generalsekretär berufen, doch dieser lehnte eine Rückkehr nach Deutschland ab.[150] In
einem Brief an den Vorsitzenden der Wuppertaler Gruppe der DLM, Heinrich
Dietz, der ihn zur Rückkehr nach Deutschland und zur Übernahme seiner alten
Funktion aufgefordert hatte, lehnte Grossmann im September 1946 dieses An-
sinnen ab.[151] Die im Februar 1946 in Wuppertal-Elberfeld wiedergegründete
Liga hatte in Paragraph 6 ihrer Satzung festgelegt, daß zur Leitung wieder Kurt
Grossmann berufen werden sollte, *„sofern er damit einverstanden ist und noch
unter den Lebenden weilt."*[152]

Wie der im Anhang (Anlage Nr. 2) vollständig wiedergegebene Brief[153]
zeigt, hatte sich Grossmann seine Ablehnung nicht einfach gemacht.[154] Die detaillierte Begründung weist zugleich auf die großen inneren Konflikte hin, die

---

Nr. 12, 24. März 1939, S. 9.

147   Zit. in: 1. Vierteljahreslagebericht 1939 des Sicherheitshauptamtes, Bd. 1. In: Meldungen
      aus dem Reich 1938-1945, Bd. 2, S. 241.

148   Siehe ausführlich dazu Grossmann, Emigration, S. 276 ff.

149   LBI, Box 1; siehe u.a. Brief von Franz Feuchtwanger vom 9. Mai 1939. Brief an Konrad
      Reisner am 6. Juni 1939.

150   Kurt Grossmann lehnt Rückberufung nach Deutschland ab. In: Aufbau, 12. Jg., Nr. 38,
      20. Sep. 1946, New York, S. 18; K. Grossmann verzichtet auf Posten in der "Liga". In: New
      Yorker Staatszeitung und Herold, 112. Jg., Do. 12. Sep. 1946, S. 10.

151   IfSF, NL Valentin, Box 62, Mappe III; Brief an Heinrich Dietz am 9. Sep. 1946.

152   DEA, NL Sternfeld, Eb 75/177; § 6 der Satzung der »Deutschen Liga für Menschenrechte«
      vom 27. Feb. 1946.

153   Siehe auch den Abdruck in seinem Beitrag: Die Brücke über den Abgrund. In: Ich lebe nicht
      in der Bundesrepublik. Hrsg. von Hermann Kesten. München 1964, S. 63-68. Einen
      Durchschlag dieses Briefes sandte Grossmann auch an Paul Hertz; IISG, NL Hertz, S 17.

154   IfSF, NL Valentin, Box 62, Mappe III; siehe auch die bedauernde Erwiderung in dem Brief
      von Heinrich Dietz vom 29. Nov. 1946.

bei seiner Entscheidung eine wichtige Rolle spielten. Besonders hervorzuheben sind dabei die Bewunderung für die amerikanische Demokratie und deren Toleranz gegenüber der kulturellen Vergangenheit der Neubürger, sowie deren Grundrechte auf freie Meinungsäußerung und der Schutz der persönlichen Freiheit. Der persönliche Stellenwert dieser humanitären Ziele wird auch durch seine scharfe Kritik an der Begrenzung der satzungsmäßigen Mitgliedschaft auf *„deutsche Männer und deutsche Frauen"*[155] bei der Neugründung der DLM sichtbar. Um diese noch zu verstärken, folgt der Hinweis, daß in der früheren »Deutschen Liga für Menschenrechte« jeder in Deutschland Lebende ungeachtet von Nationalität oder Rasse, Mitglied werden konnte, wenn er sich zu den Verbandsprinzipien bekannte.

Die wohl tiefgreifendste persönliche Wandlung in den ersten New Yorker Jahren vollzog sich im Hinblick auf sein Verhältnis zum Judentum.[156] Kurt Tucholskys berühmter Ausspruch: *„Ich bin im Jahre 1911 aus dem Judentum ausgetreten, und ich weiß, daß man das gar nicht kann"*,[157] galt sicherlich auch für die nun sichtbar werdende Überzeugung Kurt Grossmanns. Der nach eigener Darstellung nicht religiöse Grossmann stellte im Spätsommer 1946 in dem Brief an Heinrich Dietz seine Zugehörigkeit zum Judentum nachdrücklich heraus und bemerkte mit Blick auf die ermordeten *„Millionen meiner Glaubens- und Rassegenossen"*, die *„menschliche Würde als Jude"* verbiete es ihm *„selbst eine deutsche fortschrittliche, demokratische Organisation zu leiten"*,[158] auch wenn er mit deren Zielen und Aufgaben sympathisiere. Die ausdrückliche Bekennung zum Judentum, die - wie er selbstkritisch erkannte - vor 1933 gefehlt hatte,[159] wird hier bewußt als Distanz aufgebaut. Inwieweit dazu die Tätigkeit beim »World Jewish Congress« beigetragen hat, ist nicht festzustellen; sie dürfte jedoch sicherlich als Katalysator bei diesem Wandlungsprozeß gewirkt haben.

Bis zum Ende der Weimarer Republik nahm Grossmann lediglich in einem als »Offener Brief an den Stahlhelmführer Duesterberg« betitelten Artikel im Spätsommer 1932 zu seiner jüdischen Herkunft Stellung. Nachdem der 2. Vor-

---

155 DEA, NL Sternfeld, Eb 75/177; siehe § 2 der Satzung der »Deutschen Liga für Menschenrechte« vom 27. Feb. 1946.

156 Siehe auch Vietor-Engländer, S. 67 ff. zur Wandlung der Einstellung bei Alfred Kerr vor und im Exil.

157 Tucholsky, Gesammelte Werke; Brief von Kurt Tucholsky an Arnold Zweig vom 15. Dez. 1935, S. 333-339; S. 333.

158 IfSF, NL Valentin, Box 62, Mappe III; Brief an Heinrich Dietz am 9. Sep. 1946.

159 Siehe seine Ausführungen in: Offener Brief an den Stahlhelmführer Duesterberg. In: Alarm, 4. Jg., Nr. 35, 15. Sep. 1932, Berlin, o.S. (2).

sitzende des Stahlhelms und rechtsnationale Kandidat für die Reichspräsidentenwahl von 1932, Theodor Duesterberg, [160] nach der „Enthüllung" seiner jüdischen Abstammung durch die Berliner NSDAP-Zeitung »Angriff« von seinem Posten zurückgetreten war, schrieb Kurt Grossmann in diesem Artikel u.a.: Duesterbergs frühere Aussage: *„Die Republik sei aus Verrat und Meuterei geboren",*[161] sei eine schlimme verbale Entgleisung, denn die Weimarer Verfassung *„atmet den Geist der Menschenrechte, der Ihnen aus ihrer zufälligen Abstammung keinen Vorwurf macht"*(Hervorhebung; L.M.). Im Gegensatz dazu, hätte die von Duesterberg mitvertretene engstirnige nationalistische Rassenlehre ihm nun an der eigenen Person aufgezeigt, wie falsch diese Weltanschauung sei. Zur Frage der Abstammung heißt es weiter: *„Sie sind Jude so gut wie ich es bin und wie es in Deutschland 600.000 andere sind."*[162]

Die Veränderung gegenüber der früheren Haltung zum Judentum und die späte Akzeptanz der eigenen jüdischen Herkunft spiegelt auch die Aussage des langjährigen Berliner und New Yorker Weggefährten Siegfried Aufhäuser aus den späten fünfziger Jahren wider: *„ wenn wir auch auf verschiedenen Gebieten aktiv waren, so mündete doch unsere demokratisch-sozialistische und politische Wirksamkeit unter gleichen Voraussetzungen in einer stärkeren Bekenntnisbereitschaft zum Judentum, als wir sie beide im Vorkriegsdeutschland aufzubringen geneigt waren."*[163] Diese Bekenntnisbereitschaft drückte sich bei dem aktiven Gewerkschafter Aufhäuser in der erfolgreichen Kandidatur[164] zur Repräsentantenwahl der West-Berliner Jüdischen Gemeinde im Frühjahr 1958 aus.[165] Grossmann hatte bereits zuvor in seiner Geburtstagsgratulation an Siegfried Aufhäuser diese Bekenntnisbereitschaft als gesellschaftliche Notwendigkeit betont, denn es war auch für ihn nun *„wichtig, mit der Minderheit sich zu dem zu bekennen, was man ist. Daß es früher nicht so geschehen ist, hat sich ja*

---

160 Duesterberg, Theodor; geb. 1875 Darmstadt, gest. 1950 Hameln; erhielt 1903 das Offiziers-Patent, 1915 Abt.-Ltr. im Preuß. Kriegsministerium, aus Protest gegen den Versailler Vertrag aus dem Heer ausgeschieden, war er seit 1924 2. Vorsitzender des »Stahlhelm. Bund der Frontsoldaten«, seine Politik war schroff gegen die Weimarer Republik gerichtet (z.B. Beteiligung an »Harzburger Front« 1931), 1932 Kandidatur bei Reichspräsidentenwahl; Biogr. Wörterb., 1. Bd., Sp. 574.

161 Zit. in: Offener Brief an den Stahlhelmführer Duesterberg. In: Alarm, 4. Jg., Nr. 35, 15. Sep. 1932, Berlin, o.S. (2).

162 Ebd.

163 LBI, Box 8; Brief von Siegfried Aufhäuser vom 10. Mai 1958.

164 LBI, Box 8; siehe die Gratulation an Siegfried Aufhäuser am 27. Mai 1958.

165 Ebd.; siehe auch das Flugblatt: "'Warum ich kandidiere' von Siegfried Aufhäuser" für die Wahl am 27. Apr. 1958.

als ein Fehler herausgestellt."[166] Diese Selbsterkenntnis war wohl eine Ursache des späten Bekenntnisses zur eigenen jüdischen Identität, ohne das eine
engere religiöse Bindung be- oder entstand.

Ungeachtet seiner Ablehnung zur Rückkehr nach Deutschland und zum
Wiederaufbau der »Deutschen Liga für Menschenrechte« meinte Grossmann in
einem Rundbrief an Mitglieder der wiedergegründeten DLM im Oktober 1947:
*„Ich habe keine organisatorische Funktion, aber ich bin für jede Mitteilung
über die damit verbundenen Probleme dankbar. Auch für Zeitungsausschnitte,
die über diese Arbeit oder verwandte Ideen berichten, bin ich immer verbunden.*"[167] Das beharrliche Interesse an der Entwicklung der neu entstandenen
Regionalgruppen der DLM in den einzelnen Besatzungszonen dokumentiert
auch die umfangreiche, mehrere Ordner umfassende Korrespondenz aus den
Jahren 1946-1948.[168]

Von den früheren Vorstandmitgliedern der »Deutschen Liga für Menschenrechte«, Hans Lange und Otto Lehmann-Rußbüldt, wurde Grossmann im Laufe
des Jahres 1947 auch in die Diskussion einbezogen, wie der Vereinsname vor
Mißbrauch geschützt werden könne und ob es möglich sei, die Liga wieder neu
erstehen zu lassen.[169] Auf Veranlassung von Lehmann-Rußbüldt wurde dabei
die im Januar 1935 erfolgte Löschung der Liga im Vereinsregister des Amtsge-
richts Berlin juristisch geklärt. Diese Liquidation galt dabei als formaljuristisch
korrekt, ungeachtet der Verfolgungen gegen die »Deutsche Liga für Menschenrechte« und ihre Mitglieder, denn als Lange im November 1933 die Löschung
beantragt hatte, waren aufgrund des braunen Terrors die meisten Vereinsmit-
glieder bereits in der Emigration oder schon verhaftet. Der zuständige Amts-
gerichtsrat sah als möglichen Weg zur Wiederherstellung nur eine baldige Neugründung unter dem alten Namen,[170] wie es auch im Sommer 1947 in Berlin
geschah.[171] Da es aber Lehmann-Rußbüldt gelang, in dieser Angelegenheit
noch weiteres Beweismaterial vorzulegen, wurde schließlich im Mai 1948 dem
Antrag auf Löschung des Liquidationsbeschlusses entsprochen und die frühere

---

166 Ebd.; Brief an Siegfried Aufhäuser am 30. Apr. 1958.

167 IfSF, NL Valentin, Box 61, Mappe I; Rundbrief vom 4. Okt. 1947.

168 Ebd.; passim Mappe II u. Mappe III.

169 LBI, Box 3; siehe die Briefe von Hans Lange vom 18. u. 24. März, 13. u. 25. Mai sowie vom
     6. Juli 1947. Siehe auch die Kopien der Briefe von Otto Lehmann-Rußbüldt vom 23. u.
     25. Apr. sowie vom 2. Nov. 1947.

170 Ebd.; siehe die Kopie des Briefes vom Amtsgericht Berlin an Otto Lehmann-Rußbüldt vom
     26. März 1947.

171 LBI, Box 4; siehe den Brief von Ernst Oehlschläger vom 8. Apr. 1947.

Rechtsfähigkeit der »Deutschen Liga für Menschenrechte« wiedererlangt.[172] Im Gegensatz zum hoffnungsvollen Lehmann-Rußbüldt[173] war Kurt Grossmann ganz und gar nicht optimistisch bezüglich ihrer Zukunft: *„Machen wir uns nichts vor: aus der Liga in Deutschland kann nicht viel werden.“*[174] Seinen Pessimismus[175] begründete er damit, daß die wenigen verbliebenen alten und infolge von Haft meist kranken aufbauwilligen Mitglieder[176] nicht die Kraft und die entsprechende Gesinnung hätten, um *„auf einem so schwierigen Terrain eine solche Bewegung im alten Ligasinne aufzubauen.“*[177] Grossmann hatte daher auch bereits im Juli 1947 gegen die initiierte Neugründung energisch protestiert, denn *„die neue Liga für Menschenrechte in Berlin hat natürlich nichts mit unserer alten Liga zu tun.“*[178]

Zwei unabhängig voneinander geschriebene Briefe vom Herbst 1948 zeichnen dabei ein fast gleiches, desillusioniertes und negatives Bild von der politischen Situation im Nachkriegsdeutschland. Das frühere Vorstandsmitglied der DLM, Graf von Wedel, dessen Tätigkeit beim Länderrat auslief und der bei mehreren Bewerbungen um ein politisches Amt minder belasteten NSDAP-Parteimitgliedern unterlegen war,[179] schrieb verbittert: *„Meine Tätigkeit geht hier zur Ende. Ich weiß noch nicht, was aus mir wird. Wenn ich Nazi gewesen wäre, hätte ich wahrscheinlich schon längst einen Posten. Die Geldreform hat sich so ausgewirkt, daß die Nazis ihr Geld wieder bekommen haben, da sie die Waren gehortet hatten. Schließlich wird die Wiedergutmachung noch auf unsere Kosten gehen.“*[180] Auch ein anderes am Neuaufbau beteiligtes Alt-Mitglied warnte angesichts der allgemeinen Politikverdrossenheit vor dem Wiederaufkommen der rechten Gewalttäter, die sich in Geheimbünden

---

172   LBI, Box 3; siehe die Kopie der Mitteilung an Otto Lehmann-Rußbüldt vom 25. Mai 1948.

173   Ebd.; Brief von Otto Lehmann-Rußbüldt vom 2. Nov. 1948. Zur Korrespondenz mit Lehmann-Rußbüldt über die Entwicklung der DLM und die Paketaktion für Antimilitaristen und Pazifisten siehe passim auch: IfSF, NL Valentin, Box 62, Mappe III.

174   Ebd.; Brief an Otto Lehmann-Rußbüldt am 26. Nov. 1948.

175   LBI, Box 16; Zu den Gründungsschwierigkeiten siehe auch die Korrespondenz mit einem anderen Liga-Mitglied: Briefe von Erwin Berger vom 7. Apr. u. 14. Juni 1949 sowie die Antworten an Erwin Berger am 6. Juni u. 2. Aug. 1949.

176   LBI, Box 4; siehe auch den Brief an Hans Weinberg am 6. Jan. 1949.

177   LBI, Box 3; Brief an Otto Lehmann-Rußbüldt am 26. Nov. 1948.

178   LBI, Box 4; Brief an Ernst Oehlschläger am 7. Juli 1947.

179   LBI, Box 3; siehe den Brief von Otto Lehmann-Rußbüldt vom 2. Sep. 1948, wo über die gescheiterten Kandidaturen Wedels gegen CDU-Kandidaten sowohl als Oberbürgermeister von Kassel wie auch als Landrat in Hersfeld berichtet wird.

180   LBI, Box 4; Brief von Graf von Wedel vom 31. Aug. 1948.

zusammengeschlossen hätten.[181] Robert Kempner beschwor gar einen Monat vor der Gründung der Bundesrepublik Deutschland die rechte Gefahr wieder herauf und meinte lakonisch, die Deutschen benötigten dringend einen „Wachhund".[182]

3.3 Paketaktion

Bezüglich der Ablehnung von Kurt Grossmann, sich als Generalsekretär der DLM wiederberufen zu lassen, entgegnete ihm Veit Valentin,[183] daß er dessen Entscheidung „vollkommen begreife und in seiner mannhaften offenen Haltung respektieren muß, wenn ich auch das Ergebnis beklage. Wir haben heute zu betonen, daß es eine alte anständige deutsche Friedensbewegung gegeben hat, daß sie sich nicht durchsetzen konnte wie viels[sic] Edle in Deutschland (vgl 1848, den alten Liberalismus usw), und daß die Erinnerung an solche Erfahrung vielleicht doch heute nützlich sein kann."[184]

In seiner Erwiderung wenige Tage später schlug Grossmann vor, daß diese Gedanken von Valentin in einem Leserbrief an die »New York Times« und andere große amerikanische Zeitungen bekannt gemacht werden und in einen allgemeinen Aufruf münden sollten.[185] Grossmann war ebenfalls der Meinung, daß es die „anständige deutsche Friedensbewegung" gegeben habe und überdies „der Ansicht, daß man mehr tun muß, nämlich diesen Freunden, die das Unmögliche möglich machen wollen, zu helfen. In den letzten Tagen ist wieder hier eine Anzahl von Notrufen von diesen deutschen Pazifisten gekommen, und ich halte es für meine Pflicht zu versuchen ihnen zu helfen."[186] Grossmann hatte auch schon eine Idee entwickelt, wie diese Hilfe aussehen sollte. Da alle Emigranten schon für viele zurückgelassene Freunde in Deutschland Sorge zu

---

181   Ebd.; Brief von Hans Weinberg vom 23. Nov. 1948.

182   LBI, Box 3; Brief von Robert Kempner vom 6. Sep. 1949.

183   Valentin, Dr. phil. Veit; geb. 1885 Frankfurt/M., gest. 1947 Washington/D.C.; nach Geschichtsstudium 1910 Habilitation, ab 1916 ao. Prof., bereits 1917 aus politischen Gründen entlassen, 1920-33 Archivar im Reichsarchiv Potsdam, 1933 entlassen u. Emigration nach Großbritannien, 1934-38 Lehrtätigkeit an Univ. London, 1940 Weiteremigration in die USA, Rockefeller-Stipendiat; Biogr. Hdb., Bd. II, S. 1187 f.

184   IfSF, NL Valentin, Box 61, Mappe I; Brief von Veit Valentin vom 14. Sep. 1946. Die betreffenden, im Frankfurter Institut für Stadtgeschichte [Stadtarchiv] lagernden Materialien stammen aus dem Besitz von Kurt Grossmann; siehe: Nicht nur Frieden..., S. 19.

185   Ebd.; Brief an Veit Valentin am 19. Sep. 1946.

186   Ebd.

tragen hätten,[187] wollte er mit Zustimmung Veit Valentins einen Aufruf an die wichtigsten Zeitungen schicken,[188] in dem dessen Gedanken hervorgehoben und betont würde, *„daß eine neue deutsche Friedensbewegung existiert und daß sie mehr wie jede andere Gruppe auf die Sympathie von uns angewiesen ist.“* Da auch alle Hilfsorganisationen schon überlastet wären, sei es *„notwendig, Individuen zu finden, die bereit sind, mit deutschen Pazifisten zu korrespondieren und auch ihnen monatlich 1 oder 2 Pakete auf dem Wege einer Patenschaft zu schicken.“*[189] Die darauf aufbauende Paketaktion ging damit originär auf die Initiative Grossmanns zurück, der bei der Initiierung die öffentliche Resonanz der Valentin-Erklärung nutzte.

Grossmann war davon überzeugt, daß ein derartiger offener Brief, unterzeichnet von Valentin, ein *„gutes Resultat haben“* werde und hoffte auf dessen Bereitschaft, einen solchen Aufruf zu unterschreiben. Grossmann wollte gerne alle dafür notwendigen *„technischen Vorbereitungen“* übernehmen. Valentin seinerseits war grundsätzlich zu einer Unterstützung bereit und *„einen Brief in dem gedachten Sinne zu unterschreiben.“*[190] Wenige Tage nach Erhalt dieser prinzipiellen Zustimmung trafen sich Kurt und Elsa Grossmann mit New Yorker Freunden - u.a. Emil Julius Gumbel, Marie Juchacz,[191] Kurt Glaser,[192]

---

187 LBI, Box 16; Bezüglich der zahlreichen Paketwünsche aus dem weiteren Verwandtenkreis schrieb Elsa Grossmann im Sommer 1948 ihrem in Deutschland weilenden Mann, man habe schon einiges *„am Halse hängen“*, aber könne andererseits nur hoffen, daß man immer in der Lage sei zu helfen; Brief von Elsa Grossmann vom 8. Juli 1948.

188 Namentlich nannte er »New York Times«; »Herald Tribune« New York; »Philadelphia Inquirer«; »Washington Post«; »Chicago Sun« und »St. Louis Post«.

189 HIA, Box 14; Brief an Veit Valentin am 19. Sep. 1946.

190 IfSF, NL Valentin, Box 61, Mappe I; Brief von Veit Valentin vom 27. Sep. 1946.

191 Juchacz, Marie; geb. 1879 Landsberg a.d.Warthe, gest. 1956 Bonn; Sozialpolitikerin, 1908 in SPD, ab 1913 hauptamtl. Frauensekretärin im SPD-Bezirk Obere Rheinprovinz in Köln, 1919 Gründerin der »Arbeiterwohlfahrt«, 1920-33 MdR u. bis 1933 im SPD-Parteivorstand, 1933 Emigration ins Saargebiet, 1935 nach Frankreich, 1941 in die USA, politische Arbeit im Exil u. Unterstützung des CDG, 1949 Rückkehr nach Deutschland u. erneute Tätigkeit in der »Arbeiterwohlfahrt«; Biogr. Hdb., Bd. I, S. 337.

192 Glaser, Dr. med. Kurt; geb. 1892 Zittau; nach Medizinstudium im Ersten Weltkrieg Sanitätsoffizier, ab 1923 Dermatologe in Chemnitz, 1918 in SPD u. »Bund Neues Vaterland«, 1930-33 Stadtverordneter in Chemnitz, 1933 nach Schutzhaft Emigration nach Paris, 1934-39 als Arzt in Paris, Vorstandsmitglied der SPD-Landesgruppe Frankreich u. Landesorganisation der DLM, 1941 Weiteremigration in die USA, Mitarbeit in zahlreichen politischen Emigrantenzirkeln, u.a. im CDG, 1948 auf Initiative des SPD-Parteivorstandes Rückkehr nach Deutschland, bis 1956 im schleswig-holsteinischen Gesundheitsministerium tätig, 1956-68 Präsident des Gesundheitsamtes in Hamburg; Biogr. Hdb., Bd. I, S. 224.

Hilde Walter[193] und Milly Zirker[194] - in den Räumen der »Internationalen Liga für Menschenrechte«, um einen Textentwurf zu besprechen, der dann am nächsten Tag zur Begutachtung an Veit Valentin nach Washington/D.C. gesandt wurde.[195] Dieser war mit dem vorgeschlagenen Text im großen und ganzen einverstanden, die vorgeschlagenen kleinen Korrekturen waren marginal. Allerdings bestand er auf einem Wortwechsel, der seiner Meinung nach "essentiell" war. Statt "Pazifisten" sollte es im Text "Antimilitaristen" heißen. Veit Valentin begründete seine Forderung mit dem minimalen Einfluß, den die Pazifisten in Europa und den USA vor dem zweiten Weltkrieg gehabt hätten.[196] Überdies würden in den Vereinigten Staaten als "Pazifisten" die Kriegsdienstverweigerer bezeichnet; eine vernachlässigenswerte Bevölkerungsminderheit. Valentin schlug außerdem vor, hinsichtlich des kommenden Friedens[197] einen Vorbehalt zu machen, da dieser weder definitiv, noch vernünftig erscheine und sprach damit den sich deutlich abzeichnenden kalten Krieg an.[198] Grossmann war mit den Monita und der Änderung in "Antimilitaristen" einverstanden[199] und überarbeitete den Entwurf den Vorschlägen und Wünschen Veit Valentins gemäß.[200] Das fertiggestellte und mit der Unterschrift Valentins versehene Memorandum wurde danach an mehrere überregionale amerikanische Zeitungen verschickt. Der Text erschien am Sonntag, dem 3. November 1946 unter der redaktionellen Kopfzeile "German Peace Movement" in der »New York Times«. In Deutsch war der Aufruf bereits zwei Tage zuvor in der »New Yorker Staatszeitung und Herold« unter der Überschrift "Ein Aufruf zur Wiederbelebung der deutschen Friedensbewegung"[201] passagenweise zitiert worden; ein gekürzter

---

193   Walter, Hilde; geb. 1895 Berlin, gest. 1976 Berlin (West); Journalistin, bis 1918 Sozialarbeiterin, dann Studium der Literatur- u. Kunstgeschichte, danach u.a. für »Berliner Tageblatt« u. »Die Weltbühne« journalistisch tätig, 1933 Emigration nach Frankreich, engagiert in der Nobelpreiskampagne für Ossietzky, 1941 in die USA emigriert, 1952 Rückkehr in die Bundesrepublik; Biogr. Hdb., Bd. I, S. 792 f.

194   Zirker, Milly; geb. 1888 Köln; Journalistin, Redakteurin beim »8 Uhr-Abendblatt«, 1933 Emigration nach Frankreich u. Mitarbeit bei Exilzeitungen; Biogr. Hdb., Bd. I, S. 850.

195   IfSF, NL Valentin, Box 61, Mappe I; Brief an Veit Valentin am 1. Okt. 1946.

196   Ebd.; Brief von Veit Valentin vom 7. Okt. 1946, S. 1.

197   Zu erinnern ist daran, daß es nach 1949 und der Gründung der beiden Staaten Bundesrepublik Deutschland und DDR formell nur einen "Waffenstillstand" gab. Ein völkerrechtlich verbindlicher Friedensvertrag kam erst durch die sog. "Zwei plus Vier- Verhandlungen" im September 1990 zwischen der Bundesrepublik und DDR einerseits sowie den vier alliierten Mächten andererseits zustande.

198   IfSF, NL Valentin, Box 61, Mappe I; Brief an Veit Valentin am 11. Okt. 1946, S. 2.

199   Ebd.; Brief an Veit Valentin am 11. Okt. 1946.

200   Ebd.

201   In: New Yorker Staatszeitung und Herold, Fr. 1. Nov. 1946.

Auszug des Aufrufes erschien außerdem Anfang Januar 1947 in der Halb-monatsschrift »The Nation«.[202]

Wie Valentin eine Woche nach der Erstveröffentlichung voller Stolz an Grossmann schrieb, habe der Abdruck des Briefes *„ein nicht unerhebliches Echo gefunden.* "[203] Die Frage bezüglich des Echos in den anderen Zeitungen mußte Grossmann negativ beantworten, da außer den beiden New Yorker Zei-tungen keine weitere den Brief abgedruckt hatte. Valentin äußerte noch den Wunsch, bei der Versendung von Paketen die in Berlin verbliebene Tochter von Otto Lehmann-Rußbüldt mitzuberücksichtigen, der es nicht gut gehe und deren Vater von London aus nicht viel für Sie tun könne.[204] Diese Bitte um Berücksichtigung von Ingeborg Lehmann beim anstehenden Paketversand wurde *„natürlich erfüllt".*[205]

Da Veit Valentin bereits wenige Wochen später, im Januar 1947, über-raschend im Alter von 61 Jahren starb,[206] konnte er die weitere Entwicklung der durch diesen Aufruf entstandenen Hilfsaktion für "Antimilitaristen", die noch in Deutschland lebten, nicht mehr verfolgen. Einer ungedruckt gebliebe-nen Zuschrift von Grossmann an den Herausgeber der »New York Times« ist zu entnehmen, daß bis zum Tode von Valentin bereits in über 200 Fällen Pakete an deutsche "Antimilitaristen" verschickt worden seien; so daß das im Aufruf manifestierte Vermächtnis Veit Valentins erfüllt werden könne.[207] Einer separaten Aufstellung der »Help for German Antimilitarists for Food-packages and Letters« mit Stichtag 12. Januar 1947 (dem Todestag Valentins) ist zu entnehmen, daß insgesamt 283 Antimilitaristen als würdig verzeichnet waren. Davon wurden bereits 130 Personen durch elf karitative Organisatio-nen[208] und weitere 71 Pazifisten durch Privatpersonen unterstützt. In 29 Fällen konnte bis zum Stichtag zumindest ein Paket verschickt werden und für weitere

---

202 A German Peace Movement. In: The Nation, Bd. 164, H. 1, 4. Jan. 1947, New York, S. 28.

203 IfSF, NL Valentin, Box 61, Mappe I; Brief von Veit Valentin vom 8. Nov. 1946. Siehe auch die dort enthaltenen zahlreichen Leserzuschriften.

204 Ebd.

205 HIA, Box 14; Brief an Veit Valentin am 17. Nov. 1946.

206 Siehe auch die Nachrufe: Dr. Veit Valentin, German Historian. In: New York Times, 13. Jan. 1947; Veit Valentin, 61 Jahre alt, gestorben. In: New Yorker Staatszeitung und Herold, 13. Jan. 1947.

207 IfSF, NL Valentin, Box 61, Mappe I; Brief an den Editor der New York Times am 17. Jan. 1947.

208 Dazu gehörten u.a.: American Civil Liberties Union, International Relief and Rescue Com-mittee, International Women's League for Peace and Freedom, Quäker New York, Jewish Labor Committee und Unitarian Service Committee.

53 Antimilitaristen wurde noch ein Sponsor gesucht,[209] der die individuelle Betreuung übernehmen wollte.[210] Die Versendung von Lebensmittelpaketen an politisch unbelastete Deutsche[211] stieß bei den Empfängern,[212] die in euphorischen Briefen den Erhalt und den Inhalt dieser Pakete bestätigten,[213] natürlich auf helle Freude. Denn außerdem war es Kurt Grossmann noch gelungen, 2.000 Care-Pakete zur Unterstützung deutscher Pazifisten zu erhalten.[214] Einem Rundbrief von Elsa Grossmann aus der Paketversandstelle des »International Relief and Rescue Committee« von Dezember 1946 ist zu entnehmen, was in der Regel in einem Paket, für das der amerikanische Spender zehn US-Dollar bezahlen mußte, alles enthalten war: 400 g Butter, 400 g Margarine, 500 g Speiseöl, 250 g Schokolade, 1 kg Kakao, 1 kg Kaffee, 250 g Tee, 1 kg Zucker, 750 g Makkaroni, 1 kg Corn Flakes, 250 g Trockenmilch oder Marmalade, 250 g Käse, 600 g Seife und 40 Zigaretten.[215]

Diese von Kurt Grossmann initiierte Paketaktion wurde auch von Emil Julius Gumbel engagiert unterstützt, der neben weiteren potentiellen Empfängern auch zusätzliche Spender besorgte.[216] Insgesamt wurden im Laufe der Jahre über 11.000 Pakete an deutsche Antimilitaristen versandt.[217] Auch die späteren Korrespondenzpartner von Kurt Grossmann, Dr. Wolfgang Schmidt in Bonn und Rechtsanwalt Guido Senzig in Offenbach wurden durch die Paketaktion bis zum November 1949 unterstützt.[218]

---

209   IfSF, NL Valentin, Box 62, Mappe IVa; Übersicht der »Help for German Antimilitarists for Foodpackages and Letters« vom 12. Jan. 1947.

210   Für die Korrespondenz mit den verschiedenen Hilfsorganisationen in den Jahren 1946-1948 siehe IfSF, NL Valentin, Box 63, Mappe VI, passim.

211   LBI, Box 3; siehe auch den Brief von Emil Julius Gumbel vom 5. Aug. 1947.

212   Ebd.; siehe u.a. die von den Empfängern an Grossmann weitergeleiteten Briefe von Alois Degenhardt an die »Liga für Menschenrechte« in Wuppertal vom 20. Jan. 1947 und von Wilhelm Dörper an das »International Rescue & Relief Committee« vom 21. Apr. 1947.

213   Ebd.; Brief von Otto Debes an die »Victory Gift Parcel Co.« vom 28. Apr. 1947. Der Paketinhalt bestand in diesem Fall aus: 1 Glas Nudeln mit Tomaten, 2 Dosen Suppen, 5 Bouillon Würfel, 1 Kindernahrung, 2 Dosen Fleischkonserven, 1 Paket Korinthen, 100 g Tee.

214   HIA, Box 5; Brief an Walther Karsch am 6. März 1948. Siehe auch: Der Glaube an das andere Deutschland. Nach zwanzig Jahren. Der langsame Weg zurück. In: Fränkische Presse, 21. Jg., Nr. 110, Do. 13. Mai 1965, Bayreuth, S. 13.

215   IfSF, NL Valentin, Box 62, Mappe IVa; »Special Notification« vom Dezember 1946.

216   Ebd., Box 62, Mappe IV; passim.

217   Dokumente der Zeitgeschichte. In: Aufbau, 33. Jg., Nr. 41, 13. Okt. 1967, New York, S. 6.

218   IfSF, NL Valentin, Box 62, Mappe IV; siehe den Brief mit den Bestellungen von Elsa Grossmann an einen "Werner" vom 30. Nov. 1949.

3.4 Meinungsumschwung und lose Kontakte

Zu einigen der verschiedenen Gruppen in Westdeutschland und Berlin, die die »Deutsche Liga für Menschenrechte« in der Bundesrepublik nach 1945 wiederbeleben wollten, hatte Grossmann sporadischen Kontakt. So bemühte sich der Offenbacher Rechtsanwalt Dr. Guido Senzig gemeinsam mit dem früheren Vorstandsmitglied Graf von Wedel im Frühjahr 1951, einen deutschen Zweig der »Liga für Menschenrechte« wieder zu einer effektiven Organisation aufzubauen und ihr die frühere Geltung zu verschaffen,[219] obgleich in mehreren Regionen Konkurrenzversuche entstanden, die alle auf dem ehemaligen guten Namen[220] eine pazifistische Organisation gründen wollten. Angesichts seiner nach dem Ausscheiden beim »World Jewish Congress« andauernden Arbeitslosigkeit und der seit Monaten erfolglosen Stellensuche kam es bei Grossmann zu einem pragmatischen Überdenken der früheren ablehnenden Haltung gegenüber diesen Revitalisierungsversuchen. Vermutlich aus rein finanziell-materiellen Erwägungen führte dieser Umorientierungsprozeß zu dem ungewöhnlichen Vorschlag an Senzig, beim US-Hochkommissariat eine (Rück-)Berufung[221] seiner Person vorzuschlagen, *„um eine wirklich gut arbeitende Liga zu organisieren.“*[222] Auf eine Rückfrage des sehr daran interessierten Senzig[223] konkretisierte Kurt Grossmann sein Angebot - nach weiteren drei Monaten vergeblicher Stellungssuche - im August 1951: *„Wenn Sie glauben, daß ich für die Reorganisation der Liga für Menschenrechte etwas tun kann (und ich habe diese Überzeugung), und diese Reorganisation nicht nur im Interesse der Deutschen, sondern auch im Interesse der Amerikaner liegt, dann würde ich an Ihrer Stelle zu dem Mann* [dem zuständigen Beamten im US-Hochkommissariat; L.M.] *gehen, mit ihm sprechen und ihm sagen, daß ich als früherer Generalsekretär der Liga als Ratgeber (consultant) für ein paar Monate nach Deutschland berufen werden sollte, um endlich die Arbeit der Liga für Menschenrechte auf die Beine zu bringen.“*[224] Da die kleinen Gruppen nicht nur ohne jegliche Macht und Einfluß, sondern auch ohne Geld existierten,[225] sollte die Angelegenheit als Vortragsreise organisiert werden, deren Ko-

---

219   LBI, Box 13; Brief von Guido Senzig vom 21. Feb. 1951.

220   LBI, Box 12; Zum Neuaufbau und den dabei aktiven "Konjunkturrittern" siehe auch die Briefe von Alfred Falk vom 15. Juli u. 20. Aug. 1947 sowie seine Antwort an Alfred Falk am 12. Aug. 1947.

221   Im Jahre 1946 hatte eine Rückberufung noch abgelehnt; siehe Aufbau Nr. 38, S. 18.

222   LBI, Box 13; Brief an Guido Senzig am 7. Mai 1951.

223   Ebd.; Brief von Guido Senzig vom 10. Aug. 1951.

224   Ebd.; Brief an Guido Senzig am 25. Aug. 1951.

225   Ebd.; siehe Postkarte von Guido Senzig vom 20. Juni 1951.

sten der amerikanische Hochkommissar bzw. von ihm angesprochene amerikanische Hilfsorganisationen tragen sollten.[226]

Damit war gegenüber dem Sommer 1946 und dem Rückberufungsschreiben von Heinrich Dietz ein deutlicher Gesinnungswandel eingetreten. Der vitale Mittfünfziger sah hier nun offensichtlich ein neues Aufgabenfeld, auch wenn er seine Tätigkeit in Deutschland vorerst zeitlich limitieren wollte. Daß die plötzliche Bereitschaft, wieder in der alten Heimat zu arbeiten, weniger mit der offerierten Aufgabe als vielmehr mit der ebenso verzweifelten wie erfolglosen Arbeitssuche in New York zu tun hatte, belegt die Korrespondenz mit Nahum Goldmann[227] und John Slawson,[228] dem Vizepräsidenten des »American Jewish Committee«. Auch diesen Briefwechseln ist zu entnehmen, daß Grossmann bereit war, eine Tätigkeit in Europa zu übernehmen.[229] Dabei hoffte er insbesondere auf die Unterstützung Nahum Goldmanns bei seiner Bewerbung bei der »Jewish Trust Corporation«, die in *„Hamburg, British Zone of Germany"* tätig war.[230] Offensichtlich war die emotionale Furcht, als über Fünfzigjähriger in den Vereinigten Staaten keine Arbeit mehr zu finden und zum "alten Eisen" zu gehören, größer als seine früheren prinzipiellen Bedenken[231] gegenüber einer Rückkehr nach Deutschland, die er im April 1950 noch kategorisch abgelehnt hatte.[232] Vermutlich in angstvoller Erinnerung an seine nur eine Dekade zurückliegenden beruflichen Integrationsschwierigkeiten in der

---

226 Ebd.; Brief an Guido Senzig am 25. Aug. 1951.

227 Goldmann, Dr. iur. Dr. phil. Nahum; geb. 1894 Litauen, gest. 1982 Bad Reichenhall; Verbandsfunktionär, Promotion 1920 Heidelberg, danach Gründer u. Hrsg. der »Freie Zionistische Blätter« u. Eschkol Vlg., 1926 Mitglied des Aktionskomitees der WZO, 1931 aktiv auf 17. Zionistenkongreß, 1932-36 auf Initiative von Stephen Wise mit den Gründungsvorbereitungen des WJC beauftragt, 1933 Emigration in die Schweiz, 1934-40 Vertreter der Jewish Agency u. der WZO beim Völkerbund, 1940 Emigration in die USA, ab 1950 Präsident der Claims-Conference, ab 1951 Präsident des WJC u. 1956-68 Präsident der WZO; Biogr. Hdb., Bd. I, S. 232. Siehe außerdem die beiden Autobiographien von Nahum Goldmann.

228 LBI, Box 12; Brief an John Slawson am 12. März 1951. Hierin bedankt er sich für das vorangegangene Gespräch und die angebotene Hilfe bei der Stellensuche, ob in Europa oder in New York.

229 LBI, Box 11; Bereits in seinem Brief an Nahum Goldmann am 20. Okt. 1949 hatte er sich bereit erklärt, *„für einige Zeit nach Deutschland"* zu gehen.

230 LBI, Box 12; Brief an Nahum Goldmann am 3. Feb. 1951. Ungeachtet der seit fast zwei Jahren gegründeten Bundesrepublik Deutschland lokalisierte er die Hansestadt nicht etwa in der "Federal Republic of Germany" oder in "West Germany".

231 Siehe auch: Die Brücke über den Abgrund. In: Ich lebe nicht in der Bundesrepublik. Hrsg. von Hermann Kesten. München 1964, S. 63-68.

232 HIA, Box 10; Brief an Walter Jacob am 4. Apr. 1950.

"Neuen Welt", versuchte er nun, jede noch so kleine Möglichkeit zu ergreifen, um wieder eine Berufstätigkeit ausüben zu können.

Über die in den fünfziger Jahren aufkommenden parteipolitischen Zwistigkeiten und finanziellen Probleme, zumindest innerhalb der Berliner Sektion, wurde Grossmann von Otto Lehmann-Rußbüldt bei ihrer periodischen Korrespondenz kontinuierlich informiert,[233] da dieser unerschütterlich versuchte die Liga zu revitalisieren.[234] Anläßlich ihrer Amerikareise im Sommer 1950 hatte auch Jeanette Wolff[235] mit Grossmann über seine mögliche Hilfe beim Wiederaufbau der DLM in Berlin gesprochen.[236] Die Berliner Sektion der »Internationalen Liga für Menschenrechte« ernannte Kurt Grossmann im Sommer 1967 zum Ehrenmitglied. Wie der Präsident der Organisation, Ministerialrat a.D. Curt Radlauer, dem so Gewürdigten schrieb, ehrte dies *„die Liga nicht weniger als Sie."*[237] Denn man war stolz einen so *„bekannten und wertvollen"* Namen als Ehrenmitglied führen zu können. Bereits im Mai 1964 war Grossmann auf der Generalversammlung der konkurrierenden »Deutschen Liga für Menschenrechte e.V.« in München auch zu deren Ehrenmitglied ernannt worden.[238]

Persönliche und briefliche Kontakte zu dem später als Ostspion[239] enttarnten zeitweiligen Generalsekretär der »Deutschen Liga für Menschenrechte«, Wolfram von Hanstein, hatte Grossmann in den Jahren 1958/1959,[240] wobei er meist aus seinen früheren Erfahrungen heraus die Mitteilungen des indirekten Nachfolgers kommentierte.

---

233   LBI, Box 5 u. 51; siehe u.a. die Briefe von Otto Lehmann-Rußbüldt vom 25. Jan., 24. März, 18. Aug. u. 20. Dez. 1955 sowie die Korrespondenz passim in Box 42.

234   LBI, Box 11; siehe auch den Brief von Otto Lehmann-Rußbüldt vom 18. Sep. 1953.

235   Wolff, Jeanette; geb. 1888 Bocholt, gest. 1976 Berlin; seit 1905 in SPD, 1919 Stadtverordnete in Bocholt, seit 1920 im Vorstand des CV in Berlin, 1933-35 in Schutzhaft, 1941-45 im KZ, nach 1945 Stadtverordnete in Berlin, 1952-62 MdB; Herzig, S. 486.

236   LBI, Box 12; siehe auch den Brief an Jeanette Wolff am 5. Juli 1950.

237   LBI, Box 27; Brief von Curt Radlauer vom 6. Aug. 1967.

238   LBI, Box 24; Sitzungsprotokoll über die Generalversammlung vom 3. Mai 1964.

239   Ein peinlicher Spionage-Fall. Der Generalsekretär der Deutschen Liga für Menschenrechte verurteilt. In: Aufbau, 26. Jg., Nr. 28, 8. Juli 1960, New York, S. 7-8.

240   LBI, Box 19; siehe die Briefe an Wolfram von Hanstein am 14. Nov. 1958 u. 7. Jan. 1959 sowie die Briefe von Wolfram von Hanstein vom 16. Dez. 1958 u. 31. Jan. 1959.

4. Die Prager Jahre

Die tschechoslowakische Hauptstadt hatte traditionell seit dem Mittelalter einen sehr hohen deutschsprachigen Bevölkerungsanteil mit eigenen deutschsprachigen Schulen und Theatern,[1] der durch den permanenten Flüchtlingsstrom aus dem Dritten Reich stark anstieg. Die Atmosphäre im "goldenen Prag" der dreißiger Jahre beschreibt Kurt Grossmann rückblickend in seinem Aufsatz »Wiedersehen mit der Tschechoslowakei nach dreißig Jahren«.[2] Besonders die für die tagesaktuellen Diskussionen und politischen Debatten innerhalb der Emigrantenszene wichtigen Kaffeehäuser[3] vermißte er bei seinem Prag-Besuch im August 1968.[4] Ungeachtet des politischen "Prager Frühlings", nur wenige Wochen vor Einmarsch der Truppen der Warschauer Paktstaaten, fehlte Grossmann offenkundig der Esprit der dreißiger Jahre. Auch der Wenzelsplatz, der einstmals ein Marktplatz der Meinungen und ein Verkaufsforum für die vielsprachige, internationale Zeitungspresse gewesen war, hatte für ihn im Vergleich zu früher deutlich an Charme verloren.[5]

In den Prager Emigrationsjahren schrieb Grossmann für die deutschsprachige Zeitschrift »Aufruf. Streitschrift für Menschenrechte«, die vom Prager Anwalt Dr. Friedrich Bill[6] herausgegeben wurde. Bill, der Vizepräsident der Tschechischen Liga für Menschenrechte war und zum Mitgründer und Förderer der »Demokratischen Flüchtlingsfürsorge« wurde, hatte Kurt Grossmann in den ersten Wochen nach seiner Ankunft in Prag beherbergt[7] und bot ihm zu-

---

1   Hyrslová, S. 31.

2   In: Tribüne, 7. Jg. (1968), H. 26, Frankfurt/M., S. 2782-2794 (Grossmann, Wiedersehen).

3   Siehe dazu auch Kühn, Widerstand, S. 132; Röder, Drehscheibe, S. 23. Siehe außerdem seine Schilderung in Grossmanns Aufsatz »Michael Wurmbrand - The Man«, S. 29 f.

4   Interview mit ihm in der deutschsprachigen Prager »Volkszeitung« am 4. Aug. 1968.

5   Grossmann, Wiedersehen, S. 2786 f.

6   Bill, Dr. Friedrich; geb. 1894, gest. 1976, Rechtsanwalt, Vizepräsident der tschechoslowakischen Liga für Menschenrechte, seit 1930 Hg. der Monatsschrift »Aufruf«, die ab 1933 als Wochenzeitung auch den reichsdeutschen Emigranten Publikationsmöglichkeiten bot, Mitgründer u. Förderer der »Demokratischen Flüchtlingsfürsorge«, emigrierte 1939 nach Ecuador, wo er als Farmer u. Hotelier tätig war, in den 50er Jahren Rückkehr nach Österreich; Biogr. Hdb., Bd. I, S. 64.

7   Grossmann, Emigration, S. 25.

gleich im »Aufruf« ein Forum für seinen Kampf gegen das nationalsozialistische Regime[8] und für den Aufbau der Flüchtlingshilfe.[9] Mit Friedrich Bill
und seiner Gattin, die im Jahre 1939 nach Ecuador emigrierten, verband das
Ehepaar Grossmann eine jahrzehntelange Freundschaft.[10] Ein deutliches Zeichen späterer Dankbarkeit gegenüber Friedrich Bill war, daß Grossmann Anfang der fünfziger Jahre nicht nur ein Affidavit für die Immigration von Lucy
Bill in die USA zur Verfügung stellte,[11] sondern auch die Tochter des Freundes
fast ein Jahr lang in seiner Wohnung in Kew Gardens beherbergte.[12] Grossmann ehrte später Bill in einer »Aufbau«-Kolumne als *„Helfer in der Not".*[13]

Ein auf Initiative von Friedrich Bill in den Prager Tageszeitungen veröf-
fentlichter Aufruf forderte die Bevölkerung auf, allen Opfern des braunen Terrors, die in der Tschechoslowakei Zuflucht suchen würden, zu helfen. Um diese
Hilfe zu koordinieren wurde gleichzeitig zur Gründung von Hilfskomitees auf-
gerufen, an deren Spitze sich die Tschechische Liga für Menschenrechte stellte.[14] Am 5. März 1933 wurde auf einer Sitzung von mehreren tschechoslowakischen humanitären Organisationen die Gründung einer Hilfsstelle für Flüchtlinge aus Deutschland beschlossen, die am 30. März 1933 ihre Arbeit aufnahm:
*„Zweck des Vereins ist es, Personen, die ihren Aufenthaltsort aus Gründen der
Überzeugung, der Volks- oder Rassenzugehörigkeit oder anderen Ursachen
nicht ehrenrühriger Art verlassen mußten, materiell wie moralisch zu unterstützen und ihre Rechte zu schützen."*[15] Im Typoskript »Grossmann-Comitée«
seiner nicht mehr abgeschlossenen Darstellung über »Die Czechoslovakei als
Asylland der Flüchtlinge aus Nazi-Deutschland« schreibt Wilhelm Sternfeld
über die Gründung der »Demokratischen Flüchtlingsfürsorge« (DSF) u.a.: Am
5. März 1933 wurde *„die Bildung einer Hilfsstelle für deutsche Flüchtlinge beschlossen, die ohne Rücksicht auf politische und religiöse Zugehörigkeit allen
gleichermassen helfen sollte. Dies war der Beginn der 'Demokratischen Flücht-*

---

8   Für Ossietzky und Mühsam! In: Aufruf, 4. Jg., Nr. 16, 15. Mai 1934, Prag, S. 448-449; Miss
     Margaret Bothamley reist nach Deutschland. In: Ebd., Nr. 17, 1. Juni 1934, S. 477-478.

9   Die Lösung des Emigrantenproblems. In: Aufruf, 3. Jg., Nr. 12/13, 15. Juli 1933, Prag,
     S. 26-28; Flüchtlingsfürsorge vor dem Zusammenbruch. In: Ebd., 4. Jg., Nr. 10, 15. Feb.
     1934, S. 280-281.

10   Siehe den Briefwechsel passim (LBI, Box 7, 8 u. 13).

11   LBI, Box 13; Undatiertes (1950) Affidavit für Lucy Bill.

12   Ebd.; siehe den Brief von Elsa Grossmann an Walter Gilbert am 31. Mai 1951

13   Helfer in der Not. Friedrich Bill - 60 Jahre. In: Aufbau, 20. Jg., Nr. 2, 8. Jan. 1954, New
     York, S. 7; Friedrich Bill - 75 Jahre. In: Ebd., 35. Jg., Nr. 6, 7. Feb. 1969, S. 2.

14   Beck/Vesely, S. 60 f.

15   Statuten der DSF, zit. in Beck/Vesely, S. 63.

lingsfürsorge',,.[16] Vom ersten Tage ihres Bestehens an war Kurt Grossmann der Sekretär der Hilfsstelle und damit faktisch der geschäftsführende Leiter, da die Mitglieder der Gründerorganisationen lediglich im Vorstand der neuen Hilfsstelle präsidierten. Den rastlosen Aktivitäten[17] Grossmanns war es zu verdanken, daß diese karitative Vereinigung sechs Jahre hindurch erfolgreich wirken konnte; obgleich sie nicht - wie mehrere der später gegründeten Organisationen - eine politische Partei oder eine vermögende Institution als Förderer hinter sich wußte.[18] Die Tschechische Liga für Menschenrechte stellte außerdem in ihrem Haus am Prager Wenzelsplatz der »Demokratischen Flüchtlingsfürsorge« einen Raum zur Verfügung,[19] der zur ersten Anlaufstation für viele Flüchtlinge wurde, so daß im Mai 1933 bereits 264 Flüchtlinge betreut werden konnten.[20] Die »Demokratische Flüchtlingsfürsorge« arbeitete eng mit internationalen Hilfskomitees zusammen[21] und erbat von diesen auch materielle Hilfe für ihre schwierige Aufgabe.[22]

Als ihre Hauptaufgaben sah die »Demokratische Flüchtlingsfürsorge« 1. die Beratung und Legalisierung der Flüchtlinge, 2. deren finanzielle Unterstützung, 3. eine konstruktive Lebenshilfe und 4. die kulturelle Arbeit mit und für die Verfolgten.[23] Allein in den ersten drei Jahren ihrer Existenz wurden in den täglichen Sprechstunden nach eigenen Aussagen der »Demokratischen Flüchtlingsfürsorge« etwa 20.000mal[24] Bedrohten mit Rat und Tat geholfen und in ca. 3.500 Fällen die Legalisierung der Flüchtlinge durchgeführt,[25] wobei die gute Zusammenarbeit mit der Prager Polizei und den übrigen zuständigen Behörden und das dabei ständig wachsende Vertrauensverhältnis die Arbeit erleichterten.[26] Mit Hilfe des zweisprachigen Evidenzbogens wurden die Flücht-

---

16 DEA, Eb 75/177, NL Sternfeld, Akte »Demokratische Flüchtlingsfürsorge«; Msk. »Grossmann-Comitée« (unpubliziert u. undatiert), Bl. 1.

17 Vgl. auch Jacoby, S. 26 f.

18 Siehe auch Grossmann, Emigration, S. 42 ff.

19 "Helft den Flüchtlingen!" In: Aufruf, 3. Jg., Nr. 7, 1. Mai 1933, Prag, S. 21.

20 Becher, S. 57.

21 Albrechtovà, Asyl, S. 84.

22 Siehe auch: Offener Brief. In: Die neue Weltbühne, III.[30.] Jg., Nr. 36, 6. Sep. 1934, Prag-Zürich, S. 1137-1140.

23 Siehe die programmatischen Aussagen in: Menschen auf der Flucht, S. 10.

24 Diese Zahl erscheint allerdings stark überhöht zu sein, da nach Schneider, Exil, S. 18 die Gesamtzahl aller Flüchtlinge in der CSR, inklusive der nur durchreisenden Personen, zwischen 8.000-10.000 Flüchtlinge betrug.

25 Menschen auf der Flucht, S. 10. Siehe auch Becher, S. 58 f.

26 Siehe ausführlich dazu Grossmann, Emigration, S. 32 f.

linge durch die verschiedenen Hilfskomitees legalisiert.[27] Deren halbamtlichen Charakter betonte dabei der Punkt 2 auf dem Evidenzbogen: *„Jeder in Prag eintreffende Flüchtling muß sich unter Vorlage seiner Dokumente innerhalb der ersten 24 Stunden polizeilich anmelden und die Anmeldung seinem Unterstützungskomitee vorlegen."*[28] Durch diese Bestätigung wurde eine "vorläufige Aufenthaltsgenehmigung" erlangt. Diese Bescheinigung war um so wichtiger, als das Problem der Staatenlosigkeit[29] die Flüchtlinge spätestens beim Ablauf der Gültigkeitsdauer ihrer Reisepässe bedrohte.[30]

Die »Demokratische Flüchtlingsfürsorge« unterstützte dabei, gestreng ihrer überparteilichen Ausrichtung und humanitären Verpflichtung,[31] sowohl politisch als auch gesellschaftlich antagonistische Gruppen und Personen wie beispielsweise Trotzkisten, Stahlhelm-Anhänger, Mitglieder der Strasser-Gruppe oder aktive Pazifisten. Neben der materiellen Unterstützung wurde zugleich der emotionale Zusammenhalt der Flüchtlinge gestärkt.[32] In der Anfangszeit der Jahre 1933/34, als es noch kein jüdisches, sozialdemokratisches oder kommunistisches Hilfskomitee in der Tschechoslowakei gab, unterstützte die »Demokratische Flüchtlingsfürsorge« alle Emigranten, die bei ihr vorsprachen. Nachdem diese politisch oder religiös gebundenen Hilfsorganisationen ihre Tätigkeit aufgenommen hatten, wurden die Hilfesuchenden an die für sie zuständigen Organisationen weitervermittelt,[33] so daß in der Betreuung der »Demokratischen Flüchtlingsfürsorge« vor allem parteilose Personen oder Mitglieder politischer Splittergruppen, wie z.B. der SAP,[34] verblieben, die von den übrigen Komitees wegen fehlender Mitgliedschaften oder verlorener Bindungen abgelehnt wurden und daher umso nötiger auf eine Unterstützung durch das »Gross-

---

27   Die Exilsituation in der Tschechoslowakei. In: Manfred Durzak (Hg.): Die deutsche Exilliteratur 1933-1945. Stuttgart 1973, S. 65-72.; S. 65 f. (Grossmann, Exilsituation).

28   Becher, S. 59.

29   Siehe auch: Hilfe den Staatenlosen! In: Die Aktion, 1. Jg., Nr. 13, 27. Juli 1933, Paris, S. 1-2; Menschen zwischen den Grenzen. Das Problem der Staatenlosen. In: Neuer Vorwärts, Nr. 129, 1. Dez. 1935, Beilage, Karlsbad, o.S. (4).

30   Tucholsky, Briefe, S. 138; siehe den Brief von Kurt Tucholsky vom 9. Okt. 1933, in dem er auf dieses Problem hinwies und zugleich Kurt Grossmann mitteilte, daß dessen Paß von den Schweizer Behörden trotz der deutschen Ausbürgerung noch anerkannt werde.

31   Albrechtovà, Asyl, S. 86.

32   Holl, Pazifismus, S. 213.

33   Siehe auch Schneider, Exil, S. 31 f.

34   Zur Geschichte und Bedeutung der von früheren SPD-Reichstagsabgeordneten im Oktober 1931 gegründeten Sozialistischen Arbeiterpartei (SAP) siehe Fabian, SAP, S. 568 f.

mann-Comitée« (Sternfeld) angewiesen waren.[35] Diese Abgrenzung gegenüber den Hilfskomitees der Parteien, wie z.B. dem Salda-Komitee (KPD)[36] und der Sozialdemokratischen Flüchtlingsfürsorge, oder religiösen Organisationen, wie der Hicem (jüdische Wohlfahrtspflege),[37] erklärt die relativ geringe Zahl der Betreuungsfälle. Insgesamt waren in der Tschechoslowakei rund 1.400-1.600 Emigranten amtlich registriert.[38] Zur besseren Koordinierung ihrer karitativen Tätigkeit hatten sich die Hilfsorganisationen im »Comité National Tschécho-Slovaque pour les Réfugiés provenant d'Allemagne« zusammengeschlossen, zu dessen ehrenamtlichen Exekutivsekretär Kurt Grossmann gewählt wurde. Das Comitè traf sich mindestens einmal im Monat, um alle anstehenden Probleme und Streitfälle zu behandeln.[39]

Dem Tätigkeitsbericht der »Demokratischen Flüchtlingsfürsorge« für die Zeit vom 1. März bis 30. November 1933 ist zu entnehmen, daß in diesem Zeitraum durchschnittlich 141 Flüchtlinge betreut wurden, die pro Tag eine Unterstützung von 8 Kc (tschechoslowakische Kronen) erhielten. Waren es am 1. April 1933 lediglich 42 Flüchtlinge, die um Hilfe nachsuchten, so stieg diese Zahl innerhalb von sechs Wochen bis zum 16. Mai auf den Jahreshöchststand von 264 Personen an.[40] Die dramatische Situation anschwellender Flüchtlingsziffern ließ Grossmann im Frühjahr 1934 einen Zusammenbruch der Flüchtlingsfürsorge befürchten.[41] Zu diesem Zeitpunkt betreute die »Demokratische Flüchtlingsfürsorge« 120 Personen und hatte 285.000 Kc durch Spenden eingeworben und für die Arbeit aufgewendet, allein 35.000 Mittag- und Abendessen waren an die Flüchtlinge innerhalb eines Jahres ausgegeben worden, was einer durchschnittlichen Betreuungszahl von 96 Personen entsprach.

Die drängendsten Probleme der Flüchtlinge waren Unterkunft und Verpflegung. Infolge der hohen Arbeitslosigkeit in der CSR erhielten die Emigranten keine Arbeitserlaubnis und waren so ganz auf die Unterstützungen der Hilfsorganisationen angewiesen. Als kostengünstiger gegenüber der Einzelunterbringung in Gasthöfen und Hotels erwies sich dabei die Unterbringung in soge-

---

35   DEA, Eb 75/177, NL Sternfeld, Akte »Demokratische Flüchtlingsfürsorge«; Msk. »Grossmann-Comitée« (unpubliziert u. undatiert), Bl. 2 f.

36   Ausführlich dazu Albrechtovà, Solidarität, S. 350 ff.

37   Ebd., S. 351.

38   Siehe die Übersicht in Grossmann, Emigration, S. 41.

39   Grossmann, Emigration, S. 42.

40   IZG, ED 201/3; »Tätigkeitsbericht der Demokratischen Flüchtlingsfürsorge, Prag vom 1. März bis 30. November 1933«, S. 7.

41   Flüchtlingsfürsorge vor dem Zusammenbruch. In: Aufruf, 4. Jg., Nr. 10, 15. Feb. 1934, Prag, S. 280-281.

nannten "Kollektiven",[42] d.h. die Gemeinschaftsunterbringung mehrerer Personen in einer großen Wohnung, wie sie ein Prager Bürger zur Verfügung stellte.[43] Nachdem diese ersten Erfahrungen mit der eigenständigen Verpflegung und Versorgung der Flüchtlinge sehr positiv waren, wurde am Prager Stadtrand, in Strasnice, ein kleines Hotel angemietet, in dem dreißig Personen leben konnten.[44] Seit dem Jahre 1934 bestand außerdem in Msec,[45] vor den Toren der tschechischen Hauptstadt, ein weiteres Flüchtlingskollektiv, wo über 70 Emigranten[46] für mehrere Jahre eine sichere Bleibe fanden.[47] Die gesundheitliche Betreuung der Flüchtlinge in Prag wurde durch mehrere Ärzte, die selbst Emigranten waren, gewährleistet. Die medizinische Versorgung war für die Emigranten kostenlos und wurde durch die Flüchtlingsorganisationen in Zusammenarbeit mit der Vereinigung dieser Ärzte organisiert.[48] Der Prager Optiker Moritz Deutsch versorgte die Flüchtlinge gebührenfrei mit Brillen; dessen selbstloser Einsatz wurde von Kurt Grossmann noch Jahrzehnte später in seinen Artikeln im »Aufbau« gebührend erwähnt.[49]

Konnten die Flüchtlinge von der »Demokratischen Flüchtlingsfürsorge« im Jahre 1933 durchschnittlich noch mit 480 Kc monatlich unterstützt werden, so sank diese Summe - als Folge der stark anschwellenden Flüchtlingsströme und der abnehmenden Spendeneingänge - im Mai 1934 auf 200 Kc. Im November 1937 schließlich betrug die monatliche Unterstützung der Emigranten durch die »Demokratische Flüchtlingsfürsorge« lediglich noch 125 Kc.[50] Nach der Darstellung von Wilhelm Sternfeld, der sich auf persönliche Auskünfte von Gross-

---

42   Siehe auch Kühn, Widerstand, S. 134 f.; Lacina, S. 231.

43   DEA, Eb 75/177, NL Sternfeld, Akte »Demokratische Flüchtlingsfürsorge«; Msk. »Grossmann-Comitée« (unpubliziert u. undatiert), Bl. 3.

44   Dreißig Emigranten helfen sich selbst. In: Die neue Weltbühne, II.[29.] Jg., Nr. 51, 21. Dez. 1933, Prag-Zürich, S. 1596-1598. Albrechtovà, Solidarität, S. 351.

45   Msec. In: Aufruf, 4. Jg., Nr. 15, 1. Mai 1934, Prag, S. 420. Albrechtovà, Solidarität, S. 351.

46   Flüchtlings-Kollektiv Mschec. Ein vorbildliches Hilfswerk in der Tschechoslowakei. In: Pariser Tageblatt, 2. Jg., Nr. 188, Mo. 18. Juni 1934, Paris, S. 2.

47   "Wir kehren heim". Unter dieser Parole der Zukunft erleben die Emigranten von Mschec die Gegenwart. In: Pariser Tageszeitung, 2. Jg., Nr. 376, Mi. 23. Juni 1937, Paris, S. 6.

48   DEA, Eb 75/177, NL Sternfeld; Brief an Wilhelm Sternfeld am 21. Juni 1944; Grossmann, Exilsituation, S. 67.

49   Moritz Deutsch - 60 Jahre alt. In: Aufbau, 8. Jg., Nr. 38, 18. Sep. 1942, New York, S. 8; "Optiker Deutsch" [Nachruf]. In: Ebd., 28. Jg., Nr. 6, 9. Feb. 1962, S. 15.

50   IZG, ED 201/3; siehe den undatierten »Report about the work of the Democratic Committee for Refugees« vom Okt. 1938.

mann beruft, wurden zwischen 1933-37 rund 1.600 Flüchtlinge unterstützt.[51] Die Zahl der längerfristig Betreuten lag im Durchschnitt bei 120-140 Menschen.[52] Insgesamt wurden allein in diesen fünf Jahren 950.000 Kc für die Betreuung der Flüchtlinge aufgewandt. Dies ist um so bemerkenswerter, wenn man berücksichtigt, daß diese Ausgaben ausschließlich aus Einnahmen wie den Spenden tschechischer Bürger und Institutionen oder den Solidaritätsgelder internationaler Hilfsorganisationen finanziert wurden.[53]

Im Frühjahr 1937 wurde auch die finanzielle Situation Grossmanns immer prekärer. Wie er Ludwig Quidde mitteilte, erhielt er von der »Demokratischen Flüchtlingsfürsorge« nur noch 700 Kc im Monat.[54] Außerdem war die mehrjährige pekuniäre Unterstützung[55] durch die Französische Liga für Menschenrechte *„leider weggefallen"*. Überdies war mit der *„Schriftstellerei"* auch *„immer weniger zu verdienen"*, da die meisten Exilzeitungen in geringen Auflagen erschienen und deshalb nur kleine oder gar keine Honorare zahlen konnten. Infolge der desolaten Finanzlage der »Demokratischen Flüchtlingsfürsorge« befürchtete er, *„daß diese ganze Fürsorgegeschichte sich nicht mehr allzu lange halten kann."*[56]

Bei der Spendenwerbung für die »Demokratische Flüchtlingsfürsorge« kam Grossmann auch seine große Bekanntheit zur Hilfe. So meldete sich aus seinem Brüsseler Exil Max Sievers,[57] der frühere Vorsitzende des »Deutschen Freidenker Verbandes«, der nun Sekretär der »Internationalen Freidenker Union« war und bot eine finanzielle Unterstützung durch seine Organisation an.[58] Aufgrund eines Spendenaufrufs von Grossmann in einem Artikel in »Die neue

---

51 DEA, Eb 75/177, NL Sternfeld, Akte »Demokratische Flüchtlingsfürsorge«; Msk. »Grossmann-Comitée« (unpubliziert u. undatiert), Bl. 6.

52 Günter Nelke bestätigte diese Ziffer in dem Gespräch am 14. Dezember 1992 in Bonn.

53 DEA, Eb 75/177, NL Sternfeld, Akte »Demokratische Flüchtlingsfürsorge«; Msk. »Grossmann-Comitée« (unpubliziert u. undatiert), Bl. 6.

54 Dies war mehr als das Fünffache des Unterstützungssatzes von 125 Kc, den gemeine Flüchtlinge von der DSF erhielten.

55 HIA; siehe passim die Korrespondenz mit Hellmut von Gerlach. IISG, Slg. FkOss., Nr. 3; Brief von Hellmut von Gerlach vom 8. Jan. 1935.

56 BAK, N 1212, Nr. 31, NL Quidde; Brief an Ludwig Quidde am 19. Apr. 1937.

57 Sievers, Max; geb. 1887 Berlin, gest. 1944 Brandenburg; Verbandsfunktionär u. Journalist, ab 1921 in SPD, ab 1922 Sekretär des »Vereins für Freidenkertum und Feuerbestattung«, der 1930 ca. 600.000 Mitglieder hatte, Flucht im Apr. 1933, lebte ab Aug. 1933 in Brüssel, tätig als Sekretär der Internationalen Freidenkervereinigung, im Juni 1943 von der Gestapo verhaftet u. nach Prozeß vor dem Volksgerichtshof im Jan. 1944 hingerichtet; Biogr. Hdb., Bd. I, S. 698.

58 IZG, ED 201/5; Brief von Max Sievers vom 2. Jan. 1934.

Weltbühne«[59] hatte Sievers von den Nöten der Emigranten erfahren, denen speziell warme Wolldecken fehlten. Die Bitte Grossmanns um eine Spende für den Kauf von 15-20 Decken, d.h. von 800 Kc (100 RM),[60] beantwortete Max Sievers einige Tage später durch die Überweisung des doppelten Betrags.[61] Außerdem schickte er kostenlos monatlich noch zehn Exemplare der Zeitschrift »Der Freidenker«, *„ denn Lektüre ist ja wohl immer willkommen. "*[62]

Grossmanns Hoffnung einer raschen Rückkehr nach Deutschland *„ wurde angesichts der braunen Massenpsychose immer geringer ".*[63] Die in dieser Reminiszenz an Inge Aicher-Scholl konzedierte schwindende Hoffnung auf ein Ende der NS-Herrschaft dokumentieren auch seine Publikationen in der Emigration. Vom Beginn der praktischen Arbeit bei der »Demokratischen Flüchtlingsfürsorge« für die Emigranten und heimatlosen Bürger,[64] der Initiierung von Selbsthilfe-Projekten,[65] der politischen Forderung nach einer Bündelung aller Emigranten,[66] bis hin zu Berichten über die gesellschaftlichen Bedingungen im Reich[67] reichte das Spektrum der Artikel in den ersten Prager Jahren. Bereits Mitte der dreißiger Jahre warnte Grossmann eindringlich, aber ungehört

---

59   Dreißig Emigranten helfen sich selbst. In: Die neue Weltbühne, II.[29.] Jg., Nr. 51, 21. Dez. 1933, Prag-Zürich, S. 1596-1598.

60   IZG, ED 201/5; Brief an Max Sievers am 5. Jan. 1934.

61   Ebd.; Brief von Max Sievers vom 9. Jan. 1934.

62   Ebd.; Brief von Max Sievers vom 2. Jan. 1934.

63   LBI, Box 7; Brief an Inge Aicher-Scholl am 20. Aug. 1957.

64   Die Lösung des Emigrantenproblems. In: Aufruf, 3. Jg., Nr. 12/13, 15. Juli 1933, Prag, S. 26-28; "Das Problem der Staatenlosen...". In: Freie Presse, 1. Jg., Nr. 8, 2. Sep. 1933, Amsterdam, S. 2; Hilfe den Heimatlosen! In: Die neue Weltbühne, II.[29.] Jg., Nr. 36, 7. Sep. 1933, Prag-Zürich, S. 1131.

65   Dreißig Emigranten helfen sich selbst. In: Die neue Weltbühne, II.[29.] Jg., Nr. 51, 21. Dez. 1933, Prag-Zürich, S. 1596-1598; Msec. In: Aufruf, 4. Jg., Nr. 15, 1. Mai 1934, Prag, S. 420; Flüchtlings-Kollektiv Mschec. Ein vorbildliches Hilfswerk in der Tschechoslowakei. In: Pariser Tageblatt, 2. Jg., Nr. 188, Mo. 18. Juni 1934, Paris, S. 2.

66   Emigranten, vereinigt Euch. In: Die neue Weltbühne, 31. Jg., Nr. 25, 20. Juni 1935, Prag-Zürich-Paris, S. 793-794.

67   Siehe u.a.: Miss Margaret Bothamley reist nach Deutschland. In: Aufruf, 4. Jg., Nr. 17, 1. Juni 1934, Prag, S. 477-478; Deutschlands Hassgesang. Trotz Friedensschalmeien weiter Jugendverhetzung. In: Pariser Tageblatt, 3. Jg., Nr. 390, So. 6. Jan. 1935, Paris, S. 1-2; Die Schande der Schutzhaft. Potemkinsche Dörfer für Gutgläubige. In: Neuer Vorwärts, Nr. 93, 24. März 1935, Karlsbad, o.S. [4]; Der Jugendstrafvollzug im Dritten Reich. In: Ebd., Nr. 206, 23. Mai 1937, Beilage, o.S. [2]; Deutscher Strafvollzug. In: Die neue Weltbühne, 31. Jg., Nr. 25, 20. Juni 1935, Prag-Zürich-Paris, S. 787-790; Hunger im Zuchthaus. In: Ebd., Nr. 31, 1. Aug. 1935, S. 983; Die Saat des Hasses. Eine Blütenlese aus Schulbüchern des Dritten Reiches. In: Pariser Tageszeitung, 1. Jg., Nr. 29, Fr. 10. Juli 1936, Paris, S. 1.

vor dem Willen Hitlers zu einem Krieg.[68] In der außenpolitischen Entwicklung sowie der militärischen Aufrüstung Deutschlands sah er dabei die in Zitaten aus »Mein Kampf« gemachten Menetekel bestätigt, die für ihn in der Folge unweigerlich zu einem Krieg führen mußten.[69] Kennzeichnend für seine damalige politische Bedeutung in der Flüchtlingsszene war es, daß Kurt Grossmann am 20. Juni 1936 auf einer internationalen Konferenz deutscher Emigranten das Hauptreferat hielt.[70] Ein weiteres Kennzeichen für seine große Bekanntheit und seine politische Bedeutung in der linksliberalen Szene der Weimarer Republik war die weitgedehnte freie Autorenschaft Mitte der dreißiger Jahre. Neben der »Die neue Weltbühne« und dem SPD-Parteiorgan »Neuer Vorwärts«, trat er außerdem als Autor im »Pariser Tageblatt/Pariser Tageszeitung«[71] sowie der wohl wichtigsten Exilzeitschrift, »Neues Tage-Buch«, hervor. Aber auch in Willi Münzenbergs »Zukunft«, die, nach dem Ausschluß ihres Herausgebers aus der KPD, zum Sprachrohr einer Einheitsfront ohne Kommunisten werden sollte,[72] war Kurt Grossmann mehrfach vertreten.

Der von Kurt Grossmann in seiner Ossietzky-Biographie dokumentierte Ausspruch Carl von Ossietzkys, der braune Spuk sei in 14 Tagen vorbei, oder aber er würde sich 14 Jahre halten,[73] bestätigte sich im Verlauf der dreißiger Jahre immer mehr. Weil die ursprüngliche Hoffnung vieler Emigranten auf einen raschen Zusammenbruch des Dritten Reiches nicht in Erfüllung ging[74] und die damit verbundene Annahme der bloßen Kurzfristigkeit der eigenen Emigration aus Deutschland sich als illusionäre Wunschvorstellung der Flüchtlinge erwies, bemühte sich die »Demokratische Flüchtlingsfürsorge« seit 1934 verstärkt um die Weiteremigration aus der Tschechoslowakei in andere Staaten. Ab dem Jahre 1937 wurde dann nachdrücklich die Weiteremigration, insbesondere duch die Ansiedlung der Flüchtlinge in überseeischen Staaten betrieben.[75] Durch Spanischsprachkurse und das spezielle Training manueller Fertigkeiten sollten die Auswanderungswilligen auf die lokalen Bedingungen vorbereitet

---

68 Hitler-Deutschlands Wille zum Krieg. In: Aktion, 3. Jg. (1935/36), Nr. 62, 20. Jan. 1936, Porto Alegre, S. 1-2. Siehe auch: Die braune Propaganda - eine Kriegswaffe. In: Neuer Vorwärts, Nr. 222, 12. Sep. 1937, Beilage, Karlsbad, o.S. [1-3]; Die deutsche Propaganda gegen Polen. In: Die Zukunft, 2. Jg., Nr. 11, 17. März 1939, Strasbourg-Paris, S. 9.

69 Hitler-Deutschlands Wille zum Krieg. In: Aktion, 3. Jg. (1935/36), Nr. 62, 20. Jan. 1936, Porto Alegre, S. 1-2.

70 Gross, Volksfrontpolitik, S. 537.

71 Siehe auch Jasper, S. 155.

72 Ebd., S. 140.

73 Grossmann, Ossietzky, S. 339.

74 Siehe auch Benz, Verfassungspläne, S. 30 f.

75 Albrechtovà, Asyl, S. 84.

werden. Die Vorbereitungskurse waren deshalb wichtig, weil nur noch einige
südamerikanische Staaten zur Aufnahme einzelner deutscher Flüchtlinge bereit
waren; sofern diese in der heimischen Wirtschaft aufgrund ihrer manuellen Fertigkeiten als Handwerker[76] rasch integrierbar und diese voranbringen konnten.[77] Aufgrund bürokratischer Hindernisse und des fehlenden Startkapitals[78]
der auswanderungswilligen Siedler konnten die angestrebten landwirtschaft-
lichen Kolonien in Lateinamerika nicht verwirklicht werden. Wie Patrik von
zur Mühlen in seiner verdienstvollen Studie »Fluchtziel Lateinamerika« konstatiert, wäre es *„von Interesse zu wissen, wieviele Emigranten mit Hilfe der
Demokratischen Flüchtlingsfürsorge tatsächlich nach Lateinamerika gelangten
und dort mit ihrer Hilfe eine neue Existenz aufbauen konnten."*[79] Die von
Grossmann Wilhelm Sternfeld zur Verfügung gestellten persönlichen Unterlagen geben auch darüber Auskunft: Im Jahre 1937 konnten sieben Personen
nach Kolumbien, 13 nach Bolivien, zwei nach Argentinien und je eine Person
nach Paraguay und Australien auswandern.[80] Im November 1938 erbat Grossmann Spenden, um 9 Personen nach Bolivien, einer Person nach Mexiko und
einer fünfköpfigen Familie nach Paraguay die Emigration zu ermöglichen.[81]
Insgesamt konnten bis zum Oktober 1938 26 Flüchtlinge[82] nach Bolivien und
zehn nach Skandinavien weiteremigrieren.[83]

---

76   Siehe Mühlen, Lateinamerika, S. 74 f., wonach Bolivien z.B. nur Handwerker und landwirt-
     schaftliche Siedler, aber keine Händler und Gewerbetreibenden ins Land lassen wollte.

77   Vergleichbar sind die beruflichen Integrationsschwierigkeiten sowjetischer Juden in Israel.
     Während die Volkswirtschaft vornehmlich Handwerker und Wissenschaftler in ingenieur-
     und naturwiss. Disziplinen benötigt, sind die sowjetischen Einwanderer vornehmlich Kün-
     stler oder Intelligenzija aus geisteswiss. Fächern. Bei den Ingenieuren unter den Neubürgern,
     ist die Spezialisierung häufig nicht verwendbar, wie etwa bei Konstrukteuren für An-
     lagenbau unter Permafrostbedingungen, für die im mediterranen Klima Israels kein Bedarf
     besteht; siehe ausführlich dazu Mertens, Alija, S. 148 ff.

78   Siehe Mühlen, Lateinamerika, S. 16 zur Funktion des "Vorzeigegeldes" bei der Einreise.

79   Ebd., S. 39.

80   DEA, Eb 75/177, NL Sternfeld, Akte »Demokratische Flüchtlingsfürsorge«; Msk. »Gross-
     mann-Comitée« (unpubliziert u. undatiert), Bl. 7.

81   IZG, ED 201/2; siehe die englischsprachigen »Informations« der DFS vom 18. Nov. 1938.

82   LBI, Box 11; In einem anderen Bericht vom Herbst 1938 wird sogar die Zahl von
     40 Personen genannt.

83   IZG, ED 201/3; siehe den undatierten »Report about the work of the Democratic Committee
     for Refugees« vom Okt. 1938. BAK, N 1212, Nr. 31, NL Quidde; »Expose über die Demo-
     kratische Flüchtlingsfürsorge«, undatiert (Okt. 1938).

Waren im April 1936 insgesamt 973 Flüchtlinge aus Deutschland in der Tschechoslowakei offiziell registriert,[84] stieg diese Zahl nach dem »Münchener Abkommen«[85] bis Oktober 1938 sprunghaft auf über 5.000 Personen an.[86] In Anbetracht der sich beharrlich verschärfenden weltpolitischen Lage und der immer deutlicher werdenden Drohungen des Nationalsozialismus gegen den tschechoslowakischen Staat (wegen des Sudetenlandes) bemühte sich die »Demokratische Flüchtlingsfürsorge« verstärkt darum, die Flüchtlinge aus Prag in (vermeintlich) sichere Drittländer zu bringen. Um die Vermittlung erfolgreicher gestalten zu können, wurden in Paris, London (Otto Wollenberg)[87] und Oslo (Walter Fischer[88]) Verbindungsbüros eingerichtet, die neben der Beschaffung von Einreisevisa auch für die Spendenwerbung vor Ort zuständig waren. Zwischen dem 1. Januar 1938 und dem 28. Februar 1939 konnten weitere 128 Personen in (scheinbar) sichere Staaten transferiert werden.[89] Unter anderem: 34 Personen nach Bolivien, 23 nach Norwegen, 19 nach Frankreich, 17 nach Großbritannien, zwölf nach Schweden,[90] sieben nach Paraguay, sechs in die USA, drei nach Argentinien und zwei nach Belgien.[91] Den Ausbruch des zweiten Weltkrieges in seiner europaweiten Dimension und vor allem die Tatsache, daß Frankreich, Belgien, Norwegen und Dänemark zum deutschen Okkupationsgebiet wurden, konnten die unermüdlichen Helfer um Kurt Grossmann und Günter Nelke nicht voraussehen.

In den letzten vierzehn Monaten ihrer Tätigkeit wandte die »Demokratische Flüchtlingsfürsorge« rund 450.000 Kc für diese Emigrationen auf, d.h. mehr

---

84 Refugees to and from Czechoslovakia. In: The Jews of Czechoslovakia. Historical Studies and Surveys, Bd. II. Hg.: The Society for the History of Czechoslovak Jews. Philadelphia-New York 1971, S. 565-581; hier S. 569.

85 Die Konferenz, auf der das Münchener Abkommen unterzeichnet wurde, fand am 29./30. Sep. 1938 statt.

86 Refugees to and from Czechoslovakia..., S. 571.

87 LBI, Box 12; Wollenberg hatte von sich aus eine weitere Mitarbeit angeboten und Grossmann um seine Wünsche gebeten (Spendensammlung, Propaganda); siehe Brief von Otto Wollenberg vom 22. Jan. 1939.

88 Fischer, Walter; geb. 1905 Wilkau/Sachsen; Journalist, 1922 in SPD, 1931 in SAP, 1926-33 Mitarbeiter beim »Volksblatt« Zwickau, 1936 Emigration in die Tschechoslowakei u. 1938 nach Norwegen, dort u.a. für DSF tätig in Flüchtlingsfragen, 1940 Emigration nach Großbritannien, 1946 Rückkehr nach Deutschland u. Chefredakteur »Fränkische Presse« in Bayreuth; Biogr. Hdb., Bd. I, S. 179.

89 IZG, ED 201/2; siehe auch die undatierte Aufstellung om Feb. 1939.

90 Zur deutschen Emigration nach Schweden siehe die Untersuchung von Helmut Müssener.

91 DEA, Eb 75/177, NL Sternfeld, Akte »Demokratische Flüchtlingsfürsorge«; Msk. »Grossmann-Comitée« (unpubliziert u. undatiert), Bl. 8.

als die Hälfte der Summe, die in den vorangegangenen fünf Jahren bis 1937 insgesamt ausgegeben werden konnte. Ermöglicht wurde diese gewaltige Kraftanstrengung nur durch die großzügigen Spenden[92] aus der Tschechoslowakei[93] und die internationalen Solidaritätsgaben[94] sowie die Erschließung immer neuer Geldquellen. Erstaunlich und überaus umfangreich ist daher die Liste der Organisationen und Institutionen, bei denen Kurt Grossmann um Spenden für die Flüchtlingsarbeit und die Transportkosten der Emigranten in Drittländer nachsuchte; ohne Rücksicht auf territoriale oder religiöse Grenzen. So wandte er sich u.a an die amerikanischen Quäker,[95] die Tschechische Lehrerorganisation, das »Jewish Labour Committee« in den USA, das »American Committee for Christian German Refugees«,[96] die britische »Labour Party«,[97] den »Save Children-Fund«[98] und den Hochkommissar für Neuseeland.[99] Dieses unentwegte Bitten und Betteln war dringend notwendig, da beispielsweise bei den Schiffspassagen die Preise den Gesetzen des freien Marktes von Angebot und Nachfrage unterlagen. So kostete im August 1938 ein Platz nach Südamerika auf einem italienischen Schiff 80 US-Dollar,[100] doch bereits wenige Monate später, im Januar 1939, waren es 100 $ je Passage.[101] Ausgelöst wurde diese rapide Preissteigerung durch die anwachsenden Flüchtlingsströme. So wurden für Bolivien allein aus der Tschechoslowakei monatlich 1.000 neue Einreiseanträge gestellt.[102]

Um über die Spenden hinaus noch weitere Mittel zu erhalten und so möglichst allen Emigranten helfen zu können, versuchte Grossmann ab Anfang

---

92   Vgl. Heumos, Emigration, S. 27, der darauf hinweist, daß tschechiche Arbeitslose die Emigranten *„als privilegierte Gruppe"* wahrnahmen.

93   So unterstützte das tschechoslowakische Außenministerium zwischen 1933-1938 die Arbeit der Demokratischen Flüchtlingsfürsorge mit ca. 600.000 Kč; siehe Grossmann, Exilsituation, S. 45. Siehe Albrechtovà, Solidarität, S. 348, welche die *„traditionelle Verbundenheit"* und die *„historischen Vorbedingungen"* als Ursache dieser Hilfsbereitschaft nennt.

94   DEA, Eb 75/177, NL Sternfeld, Akte »Demokratische Flüchtlingsfürsorge«; Msk. »Grossmann-Comitée« (unpubliziert u. undatiert), Bl. 9.

95   IZG, ED 201/2; siehe den Brief an Günter Nelke am 21. Aug. 1938.

96   Ebd.; Brief an Mr. Ritchie am 1. Feb. 1939.

97   Ebd.; siehe seinen Reisebericht vom 5. Dez. 1938 zur Konferenz des »International Christian Committee« am 29. Nov. 1938 in London, S. 1.

98   Ebd., S. 2.

99   Ebd., S. 3.

100 Ebd.; Brief an Günter Nelke am 27. Aug. 1938, S. 1. Dies war die preiswerteste Passage, da auf britischen Schiffen die Reise bereits 100 $ kostete.

101 Ebd.; Brief an Günter Nelke am 7. Jan. 1939, S. 2.

102 Ebd.; Brief von Günter Nelke vom 6. Jan. 1939, S. 2.

1939 von den unterstützten Emigranten vor ihrer Abreise eine Rückzahlungs-
verpflichtung zu erhalten,[103] um aus diesem Rückfluß der Unterstützungen
weitere Ausreisen finanzieren zu können.[104] Die großen Erfolge bei der Mittel-
einwerbung stellten eine fortwirkende Leistung von Grossmann dar, die selbst
seine zeitgenössischen Kritiker anerkannten.[105] Wilhelm Sternfeld konstatiert
in einem Brief an Kurt Grossmann, dieser habe sich *„Nicht nur als Leiter des
Demokratischen Flüchtlings Comités, sondern auch als der sorgsame und ge-
wissenhafte Registrator der Emigration in der CSR"* ein *„großes, bleibendes
Verdienst"* erworben.[106]

Maßgeblich unterstützt wurde Kurt Grossmann durch Günter Nelke, der als
Buchhalter und Assistent Grossmanns tätig war. Der enge und herzliche Kontakt zu Nelke riß auch nach dem zweiten Weltkrieg nicht ab. Nelke, der mit
seiner Frau Marianne (geb. Bauer) und zwei Kindern in Bonn lebt, bat Grossmann im Januar 1957 um eine Eidesstattliche Erklärung für seinen Wiedergut-
machungsantrag.[107] Diesem Nachweis ist zu entnehmen, daß Nelke, der von
Beruf kaufmännischer Angestellter war, im Januar 1934[108] aus Stettin nach
Prag kam, da er aufgrund seiner politischen Tätigkeit für die SAP sowie seiner
jüdischen Herkunft doppelt diskriminiert worden war. Vom August 1934 bis
zum Februar 1938 übernahm er dann in einer Halbtagstätigkeit die Buchhaltung der »Demokratischen Flüchtlingsfürsorge«. Danach war er ganztags tätig
und übernahm kurzzeitig, nach Grossmanns Übersiedlung nach Paris, auch die
Leitung der Hilfsorganisation bis zum März 1939. Für seine Tätigkeit erhielt er
nach dieser Erklärung 400 tschechische Kronen.[109]

Die Beschaffung von notwendigen finanziellen Mitteln geschah manchmal
auf ungewöhnliche Art und Weise. Für die Auswanderung einer pazifistisch
eingestellten Lehrerin, die von der »Demokratischen Flüchtlingsfürsorge« in
Prag betreut wurde, wandte sich Grossmann beispielsweise im Herbst 1938

---

103   LBI, Box 2; siehe auch den undatierten Rundbrief der »Demokratischen Flüchtlingsfür-
      sorge«: "An unsere Schützlinge in den Überseeländern", in denen frühere, ausgewanderte
      Flüchtlinge von Grossmann um Spenden und Rückzahlung ihrer Aufwendungen auf das
      Konto der »Selfhelp for German Emigres Inc.« in New York gebeten werden.

104   IZG, ED 201/2; siehe die Briefe an Günter Nelke am 7. u. 9. Jan. 1939.

105   So schrieb Max Barth, Flüchtling, o.S. (2) im Mai 1938 in seiner Kritik an der Prager Ab-
      reise: Grossmann sei, *„ was die Beschaffung von Geldmitteln betrifft, eine Kanone".*

106   DEA, Eb 75/177, NL Sternfeld; Brief von Wilhelm Sternfeld vom 1. Aug. 1944. Siehe auch
      Albrechtovà, Solidarität, S. 351.

107   LBI, Box 7; Brief von Günter Nelke vom 13. Jan. 1957.

108   Foitzik, S. 305 nennt als Termin den September 1933.

109   LBI, Box 7; siehe die Eidesstattliche Erklärung für Günter Nelke am 19. Jan. 1957.

schriftlich an den im Genfer Exil lebenden Prof. Ludwig Quidde[110] und schilderte diesem detailliert die Hintergründe des Falles, die bis dahin unternommenen Schritte sowie die noch zu klärenden Details. Außerdem bat er um einen finanziellen Zuschuß für die bedrohte Frau.[111] Der bekannte Pazifist Quidde gewährte die Hilfe prompt.[112] Kurt Grossmann hat sich zwischen 1936-39 mehrfach erfolgreich an ihn gewandt und um dessen Mithilfe bei der Unterstützung überzeugter Pazifisten gebeten.[113] Wie Quidde bereits im Herbst 1936 konstatierte, wurde von den *„verschiedensten Seiten"* Grossmanns Talent gerühmt, *„immer wieder Mittel"* für die Flüchtlinge aufzubringen.[114]

Doch ungeachtet der zahllosen Erfolge und aller Hilfs- und Rettungsversuche waren aufgrund fehlender Visa und mangelnder Transfermöglichkeiten am 15. März 1939, beim Einmarsch der deutschen Truppen in die Rest-Tschechoslowakei,[115] noch 81 Personen in Prag verblieben, von denen 38 über geheime Pfade in den folgenden Tagen außer Landes gebracht werden konnten. Während von den übrigen 43 sechs von der Gestapo[116] verhaftet wurden, ist bei den anderen 37 Personen das Schicksal ungewiß;[117] entweder konnten auch sie auf illegalem Wege in Nachbarstaaten fliehen, oder sie kamen durch den Naziterror um.[118]

Zusätzlich zu seiner Tätigkeit für die »Demokratische Flüchtlingsfürsorge« in Prag repräsentierte Grossmann außerdem eine von vier Sektionen (Röder spricht von "Zentralen") der »Deutschen Liga für Menschenrechte«, die sich im

---

110   Quidde, Dr. phil. Ludwig; geb. 1858 Bremen, gest. 1941 Genf; Historiker u. Politiker, 1881 Promotion, 1889-95 Hrsg. »Deutsche Zeitschrift für Geschichtswissenschaft«, seine Schrift »Caligula. Eine Studie über römischen Cäsarenwahnsinn« spielte auf Kaiser Wilhelm II. an u. regte deshalb großes politisches Aufsehen, 1896 wegen Majestätsbeleidigung zu 3 Monaten Gefängnis verurteilt, ab 1893 in DVP, 1894-1919 Gründer u. Vors. der »Münchner Friedensgesellschaft«, 1907 Präs. des Weltfriedenskongresss München, 1914-29 Vors. »Deutsche Friedensgesellschaft«, 1927 Friedensnobelpreis, 1933 Emigration in die Schweiz, Initiator von Hilfsmaßnahmen für deut. Emigranten; Biogr. Hdb., Bd. I, S. 579. Zu seinem politischen Wirken siehe auch Benz, Pazifismus, S. 15 f.

111   LBI, Box 10; Briefe an Ludwig Quidde am 12. Sep. u. 9. Nov. 1938.

112   Ebd.; Postkarten von Ludwig Quidde vom 21. Okt. u. 5. Nov. 1938.

113   Siehe passim: BAK, N 1212, Nr. 31 u. Nr. 36, NL Quidde.

114   BAK, N 1212, Nr. 31, NL Quidde; Brief von Ludwig Quidde vom 2. Nov. 1936.

115   Zum Münchener Abkommen und der weiteren Vorgeschichte des zweiten Weltkrieges siehe ausführlich Hofer, Entfesselung, S. 9 ff. u. S. 45 ff.

116   Zum Eingreifen der Gestapo siehe Delarue, S. 175 f.

117   DEA, Eb 75/177, NL Sternfeld, Akte »Die Tragödie der Emigration in der Tschechoslowakei«, Bl. 15.

118   Siehe dazu auch Krausnick, S. 19 ff.

Frühjahr 1933 in der Emigration gebildet hatten.[119] Neben dem Prager Büro unter Leitung des früheren Generalsekretärs hatten sich noch drei weitere Anlaufstellen in Straßburg (unter Leitung von Berthold Jacob), in Paris (Hellmut von Gerlach und Emil Julius Gumbel) und in London (Otto Lehmann-Rußbüldt, Rudolf Olden und Ernst Toller[120]) gebildet.[121] Die Prager Sektion der »Deutschen Liga für Menschenrechte« hatte unter Leitung von Grossmann aufgrund eines *„bei Beginn der Hitlerherrschaft angelegten Archives*[!] *und des ihr von den verschiedensten Seiten übergegebenen Materials"*[122] bis Februar 1934 fünf Denkschriften erarbeitet, die sie Hilfsorganisationen weltweit zum Preis von 4 Kc anbot: »Die Lage der Juden in Deutschland«; »Die deutsche Aufrüstung«; »Die Jugend im Dritten Reich«; »Soldatische Wirtschaft«; »Auslandspropaganda des deutschen Nationalsozialismus«.

Ungeachtet der vielfältigen politisch-humanitären Aufgaben fand Grossmann immer wieder Zeit, sich auch publizistisch zu betätigen. So entstanden bis zum Frühsommer 1933 auch die beiden Broschüren »Deutschland am Hakenkreuz« und »Der gelbe Fleck«.[123] In den Emigrationsjahren schrieb er u.a. für »Das Neue Tage-Buch« (Paris-Amsterdam), hrsg. von Leopold Schwarzschild, »Die Neue Weltbühne« (Prag-Zürich-Paris), hrsg. von Hermann Budzislawski und »Die Zukunft« (Strasbourg-Paris), hrsg. von Willi Münzenberg.[124] Außer in diesen wichtigen Zeitschriften der Exil-Literatur[125] war Grossmann auch noch mit zahlreichen Artikeln in den Tageszeitungen des deutschen Exils wie »Deutsche Freiheit«,[126] »Neuer Vorwärts«, »Pariser Tageblatt« (ab 1936 »Pariser Tageszeitung«) vertreten.[127]

---

119 Röder, Exilgruppen, S. 77.

120 LBI, Box 12; siehe auch den Brief an Ernst Toller am 8. Feb. 1939, in dem die prekäre finanzielle Lage der DSF geschildert wird.

121 Röder, Exilgruppen, S. 77.

122 LBI, Coll. »American Jewish Joint Distribution Committee, Case Grossmann«, Ar 7/96.3417; Kurt Grossmann, Deutsche Liga für Menschenrechte, Sektion Prag, undatierter Rundbrief [Ende Feb. 1934].

123 Ebd.; Brief der Sekretärin von Rabbiner Wise vom 1. Aug. 1933, mit dem sie den Eingang der von Grossmann mit seinem Brief am 13. Juli 1933 zugesandten Broschüren bestätigt.

124 Siehe ausführlich in Maas, Handbuch.

125 Siehe Betz, S. 87.

126 Dieses Organ der Saar-SPD wurde von seinem Berliner Bekannten Paul Hertz mitbetreut.

127 Zur Emigrationspresse in Frankreich siehe auch Fabian/Coulmas, S. 57 ff.

4.1 Die Initiativen für eine Haftentlassung Carl von Ossietzkys

Nachdem Carl von Ossietzky im März 1933 von den Nationalsozialisten inhaftiert worden war, setzen ungeachtet der eigenen unsicheren Exilsituation in
der deutschen politischen Emigration rasch konzertierte Aktionen für ihn ein.
Ossietzky war, neben Hellmut von Gerlach,[128] die bestimmende Leitfigur des
deutschen Pazifismus vor 1933 gewesen.[129] Die Hauptlast der jahrelangen
Ossietzky-Kampagne[130] trug fraglos Hilde Walter,[131] wobei Kurt Grossmann
besonders in den Jahren 1934/35 beratend mithalf.[132] So bemühte sich das
Tschechoslowakische Rote Kreuz auf Grossmanns Initiative hin, über seine
deutsche Schwesterorganisation etwas über den Gesundheitszustand des im KZ
Esterwegen inhaftierten Carl von Ossietzky in Erfahrung zu bringen.[133] Außerdem konnte Kurt Grossmann für eine Unterstützerliste der Ossietzky-Kampagne über 60 Persönlichkeiten aus der tschechoslowakischen Politik gewinnen,
darunter viele Senats- und Parlamentsmitglieder.[134]

Im Dezember 1934 wandte sich Kurt Grossmann an den ein Jahr zuvor mit
dem Friedensnobelpreis ausgezeichneten britischen Pazifisten Sir Norman
Angell[135] und bat diesen, von seinem nun, nach der Ehrung, gegebenen persönlichen Vorschlagsrecht Gebrauch zu machen und seinerseits Ossietzky vorzuschlagen, um so dessen Freilassung zu erreichen.[136] Wie Angell in seiner
Antwort mitteilte, wollte er sich gerne für die Freilassung Ossietzkys einsetzen,
für den Nobelpreis hatte er jedoch bereits eine andere Persönlichkeit vorgeschlagen.[137] In einem weiteren Schreiben im Januar 1935 teilte Angell mit,
daß einer seiner Freunde, der demnächst von Hitler persönlich empfangen wür-

---

128   Zur Person und Wirkung siehe die Biographien von Gilbert sowie Greuner, Wandlungen.

129   Siehe ausführlich die Ossietzky-Biographien von Elke Suhr und Kurt Grossmann.

130   Ausführlich dargestellt in Trapp/Bergmann/Herre.

131   IISG, Slg. FkOss.; siehe passim den in 23 Mappen enthaltenen Briefwechsel Hilde Walters.

132   Zur Korrespondenz Walter Grossmann-Hilde Walter zwischen Dez. 1934 bis Nov. 1936
      siehe passim im IISG, Slg. FkOss., Nr. 6, 13, 15-24 u. 28.

133   IISG, Slg. FkOss., Nr. 3; siehe die undatierte deutsche Übersetzung des Antwortschreibens
      des Tschechoslowakischen Roten Kreuzes an Kurt Grossmann (Mitte 1934), die er als
      Durchschlag an Hellmut von Gerlach nach Paris sandte.

134   IISG, Slg. FkOss., Nr. 19; Brief an Hilde Walter am 3. Feb. 1936.

135   Angell, Sir Norman; geb. 1874 Holbeach (Lincolnshire), gest. 1967 Croydon; englischer
      Publizist u. Politiker mit pazifistischer Einstellung, publizierte mehrere sozialpolitische
      Werke, Friedensnobelpreisträger 1933.

136   IISG, Slg. FkOss., Nr. 3; Brief an Norman Angell am 14. Dez. 1934.

137   Ebd.; siehe die undatierte (Dez. 1934) Übersetzung des Antwortschreibens von Norman
      Angell an Kurt Grossmann, die er als Durchschlag an Hellmut von Gerlach sandte.

de, eine Petition zugunsten Carl von Ossietzkys überreichen werde.[138] Zwar wollte der Freundeskreis den inhaftierten Pazifisten selbst für den Friedens-nobelpreis vorschlagen, jedoch wußte niemand von ihnen, wie das genaue Pro-cedere war, da nur einem kleinen, sehr eingeschränkten Personenkreis das Vorschlagsrecht eingeräumt wurde und wird. Kurt Grossmann beschaffte daher die formalen Bestimmungen[139] für den von einem Parlamentsausschuß des norwegischen Storting vergebenen Preises.

Die diversen Rivalitäten und persönlichen Animositäten zwischen Gross-mann in Prag und den in Paris im Exil lebenden deutschen Pazifisten traten be-sonders nach dem Tode des zuvor auf Ausgleich bedachten Hellmut von Gerlachs deutlich hervor.[140] So bat Konrad Reisner Anfang Dezember 1935 Grossmann, seine Aktivitäten für Ossietzky von der Tschechoslowakei auch auf andere osteuropäische Staaten auszudehnen. Dabei äußerte er lediglich dezent die Meinung, die von Grossmann angestrebte, dem Vorbild der soge-nannten „Münzenberg-Ausschüsse"[141] nacheifernde Massenwirkung für die Initiative sei im Falle der Ossietzky-Unterstützung „völlig verfehlt".[142] Hilde Walter hingegen wurde in ihrem Brief vom gleichen Tage wesentlich deut-licher. Es traf den überempfindsamen Grossmann schwer, daß sie gleichfalls eine andere Auffassung zur Öffentlichkeitsarbeit vertrat und dabei harsch resümierte: „Also vermeiden Sie diese lächerliche Reklametrommel-Methode, die die gesamte Sache zu einer Emigranten-Vereinsmeierei herabzieht".[143] Überaus deutlich war auch ihr abschließender Hinweis, Fehler seien am besten zu vermeiden, „wenn immer nur jeder auf dem Boden agiert, den er wirklich beherrscht und kennt." Eine bezeichnende Überreaktion von Kurt Grossmann war es, daß er entgegnete, keiner in Prag mache „den Fall Ossietzky zu einer Privatruhmesangelegenheit", wobei er sich gegen einen Vorwurf verteidigte, der in dieser Form gar nicht gegen ihn geäußert worden war.[144]

Wie gespannt das Verhältnis Grossmann-Walter war, ist indirekt aus Hilde Walters Korrespondenz mit Otto Lehmann-Rußbüldt in London zu entnehmen.

---

138 Ebd.; siehe die Kopie des Briefs von Norman Angell vom 22. Jan. 1935.

139 IISG, Slg. FkOss., Nr. 6; siehe den Brief von Hilde Walter vom 4. Jan. 1935 sowie den Brief von Hilde Walter an Ernst Toller vom 7. Jan. 1935.

140 IISG, Slg. FkOss., Nr. 16; siehe auch Grossmanns Hinweis dazu im Brief an Konrad Reisner/Hilde Walter am 15. Dez. 1935.

141 Zu den von Willi Münzenberg initiierten Untersuchungskommissionen siehe Gross, Münzenberg, S. 262 ff.; Palmier, S. 47 ff.

142 IISG, Slg. FkOss., Nr. 15; Brief von Konrad Reisner vom 5. Dez. 1935.

143 Ebd.; Brief von Hilde Walter vom 5. 1935, S. 4.

144 IISG, Slg. FkOss., Nr. 16; Brief an Konrad Reisner/Hilde Walter am 15. Dez. 1935, S. 3.

So wird der ihm mitgeteilte Fortgang der Pariser Freilassungsbemühungen mit der deutlichen Aufforderung abgeschlossen: *„Bitte, über all das nichts nach Prag schreiben. "*[145] Über Kurt Grossmanns oben aufgeführte Bemühungen um eine Unterstützung durch den britischen Friedensnobelpreisträger urteilt Hilde Walter: *„Der Grossmann tötet mich mit Norman Angel*[!].*"* Die im vorangegangenen bereits zitierte deutliche Kritik Walters an Grossmann wird auch in ihrem Brief an Lehmann-Rußbüldt erwähnt: *„Sehr höflich verklausuliert habe ich ihm ferner gesagt, er solle sich um die Tschechoslowakei kümmern".*[146]

Über ein von Kurt Grossmann verfaßtes 47seitiges Memorandum »Rettet Carl von Ossietzky!«,[147] welches neben biographischen Details u.a. zahllose Belege aus den Arbeiten Carl von Ossietzkys enthielt und daher für die weiteren Petitionen des Freundeskreises extensiv als „Steinbruch" genutzt wurde, bemerkte Hilde Walter: *„ich bewundere restlos, welche Riesenarbeit da drinsteckt."*[148] Dieses Urteil bekräftigte sie zwei Wochen später und konstatierte, daß aufgrund dieser *„Materialzusammenstellung"* für die geplante Ossietzky-Kampagne *„eine ungeheure Menge von 'Belegen' greifbar"* sei.[149] Diese Beurteilung änderte sich allerdings sehr schnell, als Grossmann das Memorandum auch als hektographiertes Manuskript publizierte. Zwar geschah dies formal durch die »Deutsche Liga für Menschenrechte, Ortsgruppe Prag«, jedoch ohne Mitwirkung der Pariser Freunde, die eine solche Veröffentlichung als falschen Schritt strikt abgelehnt hatten.

Um Carl von Ossietzky nach jahrelanger Inhaftierung endlich zur Freiheit zu verhelfen, brachte Grossmann im Februar 1936 in die Diskussion den Vorschlag ein, man solle auch die Möglichkeit erwägen, ob Ossietzky nicht, wie im Falle von Georgi Dimitroff,[150] eine ausländische Staatsbürgerschaft verschafft werden könne.[151] Hilde Walter wies diese Überlegung vehement zurück, da

---

145 Ebd.; Brief von Hilde Walter an Otto Lehmann-Rußbüldt vom 15. Dez. 1935, S. 2.

146 Ebd.

147 IISG, Slg. FkOss., Nr. 8; hektographiertes Memorandum: Rettet Carl von Ossietzky! Hrsg. von der Deutschen Liga für Menschenrechte, Ortsgruppe Prag. Prag 1934; 47 S.

148 IISG, Slg. FkOss., Nr. 6; Brief von Hilde Walter vom 22. Dez. 1934, S. 2.

149 Ebd.; Brief von Hilde Walter vom 7. Jan. 1935.

150 Dimitroff, Georgi, geb. 1882, gest. 1949 Moskau; bulgarischer Politiker, Mitbegründer der KP Bulgariens, 1933 der Brandstiftung des Reichstagsgebäudes bezichtigt, wurde aber im Prozeß freigesprochen. Die sowjetische Regierung hatte ihm u. den zwei mitangeklagten bulgarischen Kommunisten im Februar 1934 formell die sowjetische Staatsbürgerschaft verliehen, so daß die drei nach ihrer Freilassung in die UdSSR ausreisen konnten, da ihnen, bei einer Abschiebung nach Bulgarien, eine erneute Inhaftierung drohte; Kalbe, S. 304 f.

151 IISG, Slg. FkOss., Nr. 19; Brief an Hilde Walter am 29. Feb. 1936, S. 2.

dies „*ungefähr das Allerfalscheste ist, was im Falle O. angeregt werden kann.*"[152] Sie begründete ihr Urteil damit, „*daß der Sinn der Sache der* **deutsche** *Patriot ist.*"[153] In seiner Entgegnung distanzierte sich Grossmann deutlich von Walters Beurteilung: „*Zu der Einbürgerungsfrage ist es so, daß wir nicht an* **patriotischen Blähungen** *leiden.*"[154] Wenn die Chance bestehen würde, „*dem Europäer Oss. die englische Staatsbürgerschaft zu verschaffen,*" würde er, Grossmann, für diese Möglichkeit plädieren. Allerdings würde nicht „*diese Ideologie, Ossietzky ist ein deutscher Pazifist,*" diesen Schritt verhindern, sondern die Tatsache, daß keine ausländische Regierung aus außenpolitischen Erwägungen dazu bereit sei. Fast verachtend konstatierte Grossmann: „*Deutscher Pazifismus? Der ist doch an sich tot und begraben.*" Ohnehin würde man Ossietzky doch deswegen für den Friedensnobelpreis vorschlagen, weil er „*einer der vornehmsten Typen des modernen Internationalismus zu sein scheint.*"

Erhebliche Differenzen[155] zwischen Grossmann und Hilde Walter sowie eine grundsätzliche Diskussion, ob die Biographie überhaupt erscheinen solle, oder dies der Sache nur schade, gab es auch im Vorfeld des 1937 in der Schweiz veröffentlichten Ossietzky-Buches.[156] Auch der Friedensnobelpreisträger von 1927, Ludwig Quidde, vertrat bezüglich der Vorgehensweise im Fall Ossietzky eine vorsichtigere und abwartendere Haltung, doch wie ihm Kurt Grossmann entgegnete, „*was haben wir bisher durch Stillschweigen erreicht. Erinnern Sie sich bitte eines Ausspruches, den ein SA-Mann gegenüber Ossietzky getan hat: 'Dir möchte ich in die Fresse hauen, aber von Dir wird gesprochen!' Im fünften Jahr Hitlers glaube ich, daß Schweigen mehr als eine Dummheit wäre.*"[157] In Sinne setzte sich Grossmann auch weiter publizistisch für den inhaftierten Freund ein.[158]

---

152 IISG, Slg. FkOss., Nr. 20; Brief von Hilde Walter vom 4. März 1936, S. 3.

153 Ebd.; (Hervorhebung im Original).

154 Ebd.; Brief an Hilde Walter am 10. März 1936 (Hervorhebung; L.M.).

155 IISG, Slg. FkOss., Nr. 28; siehe die Korrespondenz vom Okt.-Dez. 1936 mit den diversen Anschuldigungen und Vorwürfen, sowie den erbitterten Diskussionen über Nichtigkeiten wie etwa dem genauen Beruf von Ossietzkys Vater.

156 Burger, Felix/Singer, Kurt: Carl von Ossietzky. Zürich 1937; Europa Vlg, 143 S. [»Felix Burger« war ein Pseudonym von Kurt Grossmann].

157 BAK, N 1212, Nr. 31, NL Quidde; Brief an Ludwig Quidde am 31. Juli 1937.

158 Ossietzky 1932. In: Die neue Weltbühne, 32. Jg., Nr. 49, 3. Dez. 1936, Prag-Zürich-Paris, S. 1558-1559; Ein Kamerad berichtet von Ossietzky. In: Pariser Tageszeitung, 1. Jg., Nr. 189, Do. 17. Dez. 1936, S. 4; Carl von Ossietzky 50 Jahre. In: Neuer Vorwärts, Nr. 226, 10. Okt. 1937, Karlsbad, o.S. [3].

4.2 Kritik an der Flucht aus Prag

Die dramatischen außenpolitischen Ereignisse des Frühjahres 1938 mit dem sog. „Anschluß" Österreichs und der sich daran anschließenden Sudetenkrise veranlaßten Kurt Grossmann im Mai 1938 dazu, seine Frau und den gemeinsamen Sohn von Prag nach Paris zu bringen, da ihm die Sicherheit seiner Familie in der Tschechoslowakei nicht mehr gewährleistet schien. Nach einer kurzen mehrwöchigen Rückkehr nach Prag folgte er ihnen im August 1938 in die französische Hauptstadt. Dieser mehrtägige Paris-Aufenthalt wurde insbesondere in der Prager Emigration als "Flucht" angeprangert. Auch ein Schreiben von Hans Wistuba[159] an den zum Vertrauensmann der deutschen Flüchtlinge gewählten Fritz Lamm[160] im Juni 1938 beschäftigt sich mit dieser Angelegenheit. Lamm wird darin nachdrücklich aufgefordert, das dem Brief beigefügte Gedächtnisprotokoll über die "Flucht" Grossmanns aus Prag bei der nächsten Sitzung den Emigranten zur Einsicht vorzulegen.[161] Dem Fluchtvorwurf entgegen steht ein Dankesschreiben von Siegfried Neumann, dem Vorsitzenden der »Demokratischen Flüchtlingsfürsorge«, der Grossmann ausdrücklich „für Ihr aufopferungsvolles und erfolgreiches, über fünf Jahre währendes Wirken" dankte.[162]

In einem undatierten und mit der Überschrift „In eigener Sache!" versehenen Rundschreiben wehrte sich Grossmann im Sommer 1938 gegen die erhobenen Vorwürfe[163] und erklärte: „Meine Reise diente:

1. Der Übersiedlung meiner Familie nach dem Westen, die aus denselben Gründen erfolgte, wie die Übersiedlungen vieler Funktionäre politischer Parteien und Körperschaften und ihrer Familien. Meine Pflichten gegenüber meiner Familie kann mir niemand abnehmen.
2. Persönlich habe ich die Absicht, das Werk der Demokratischen Flüchtlingsfürsorge zu Ende zu führen und bin im Westen erfolgreich bemüht gewesen, die Förderung unserer Arbeit zu erreichen.

---

159 Wistuba, Hans; geb. 1901 Berlin; Journalist, ab 1924 in KPD, Mitarbeiter von »Die Rote Fahne«, 1933 Emigration in die UdSSR, im Juli 1934 nach Prag u. Loslösung von KPD, dort von DSF unterstützt, 1939 Emigration nach Großbritannien; Biogr. Hdb., Bd. I, S. 827.

160 Lamm, Fritz; geb. 1911 Stettin; Gewerkschaftsfunktionär, Buchhändler, 1929 in SPD, nach 1933 in sog. Schutzhaft u. 1934/35 wegen Vorbereitung zum Hochverrat 2 Jahre im Gefängnis, 1936 Flucht via Schweiz u. Österreich in die Tschechoslowakei, 1938 Emigration nach Frankreich, 1942 nach Internierung Emigration nach Kuba, 1948 Rückkehr nach Deutschland, 1948-74 Verlagsangestellter in Stuttgart u. Ortsvors. der IG Druck und Papier; Biogr. Hdb., Bd. I, S. 410.

161 DEA, Eb 75/177, NL Sternfeld; Brief von Hans Wistuba an Fritz Lamm vom 18. Juni 1938.

162 LBI, Box 9; Brief von Siegfried Neumann vom 7. Juli 1938.

163 In dem Interview bestätigte Günter Nelke die Unhaltbarkeit der Anschuldigungen.

3. Während meiner Abwesenheit gingen die Arbeiten der Fürsorge in geregelter Weise weiter. Keinem Flüchtling ist durch meine Abreise Schaden entstanden.

4. Wenn ich auch aus der bekannten Emigrationspsychose Angriffe zu verstehen mag, so sind ihre Maßlosigkeit und Unwahrhaftigkeit nichts destoweniger zu mißbilligen, da sie, wie meine avisierte Rückkehr beweist von falschen Voraussetzungen ausgingen. In der politischen Situation hat sich in der Zwischenzeit kaum etwas geändert!

5. Ich selbst hätte gewünscht durch geeignete Maßnahmen jede Mißdeutung vermieden zu haben.

6. Ich appelliere an die Loyalität jener Zeitungen und Persönlichkeiten, die sich mit dieser Angelegenheit beschäftigt haben, das Maß ihrer Kritik auf das allein sachlich Wahre zu beschränken. Dabei dürfte auch nicht jene Leistung zu übersehen sein, an der ich Anteil habe und die sich in folgenden Zahlen manifestiert: Gesammelter Betrag einschließlich Naturalien Kc 1.600.000.- unterstützte Emigrantenfälle über 1500. Zur Auswanderung verholfen 1937/38 70 Fälle. Beratungen erteilt in ca. 20.000 Fällen. Unser Komitée unterstützt noch 30 Fälle.

Ich bitte um loyale Kenntnisnahme und Weiterverbreitung.

K u r t   G r o s s m a n n
Sekretär der Demokratischen Flüchtlingsfürsorge "[164]

In seinem Buch über die »Emigration« im Jahre 1969 konzedierte Grossmann selber, *„ in einer bestimmten Situation sei es notwendig, 'Mut zur Feigheit' zu zeigen. "*[165] Eine deutliche, wenn auch unterschwellige Kritik an der Übersiedlung von Prag nach Paris ist auch in einem Brief von Jola Lang[166] aus dem unbesetzten Südfrankreich an den nun bereits in den USA lebenden Kurt Grossmann im Juli 1940 zu erkennen: *„ Überflüssig zu sagen, daß wir alle nur das gerettet haben, war wir auf dem Leibe tragen, Wer ursprünglich mehr mithatte, mußte das, um selbst genügend rasch vorwärts zu kommen, unterwegs wegwerfen. Sie sehen, Sie hatten es auch* [in; L.M.] *dieser Beziehung noch gut*

---

164 DEA, Eb 75/177, NL Sternfeld, Akte »Demokratische Flüchtlingsfürsorge«; undatiert [Ende Juni/Juli] 1938.

165 Grossmann, Emigration, S. 126. Siehe auch Lacina, S. 274 f.

166 Lang, Joseph (gen. Jola); geb. 1902 Erkelenz, gest. 1973 Frankfurt/M.; Buchhändler u. Parteifunktionär, Mitglied in KPD u. 1929 ausgeschlossen, 1933 Mitglied in der illegalen SAPD, 1934 Emigration in die Tschechoslowakei, 1938 nach Frankreich u. 1940 in die USA, 1950 Rückkehr in die Bundesrepublik, zeitweise Mitglied des SPD-Unterbezirksvorstandes Frankfurt/M., 1952-67 Leiter der Buchhandlung des gewerkschaftlichen Bund-Verlags in Frankfurt/M.; Biogr. Hdb., Bd. I, S. 417.

getroffen, trotz der in Prag stehengebliebenen Kisten [siehe unten S. 140;
L.M.]. *Was Ihnen überhaupt so alles an Leiden erspart geblieben ist, da Sie
noch rechtzeitig wegkamen, das läßt sich kaum ermessen. Tun Sie nun doch das
Ihre, damit uns wenigstens das Allerschlimmste erspart bleibt.* "[167] Lang und
seiner Frau gelang mit Unterstützung von Grossmann bereits im Dezember
1940 die Emigration in die Vereinigten Staaten, da dieser sofort nach Erhalt
des Hilferufs aktiv wurde.[168]

Da Kurt Grossmann seine Arbeit in Prag formell beendete und nachdem er
mit seiner Familie nach Frankreich übergesiedelt war, von Paris aus weiter
aktiv wurde und vielen Flüchtlingen bei der Weiteremigration behilflich war,
kann wohl nur bedingt von "Flucht" gesprochen werden. Ob ein Verbandsfunktionär, vergleichbar mit dem Kapitän eines sinkenden Schiffes, auf der Kom-
mandobrücke verbleiben soll, wenn er andererseits vom rettenden Ufer (hier:
Paris) auch anderen besser helfen kann, ist wohl eine Frage der individuellen
Beurteilung. Außerdem muß die verständliche Sorge um die eigene Familie berücksichtigt werden. In den täglichen Briefen nach Prag übermittelte er Günter
Nelke Vorschläge und Hinweise, die sein getreuer Assistent entsprechend um-
setzte.[169] Wie Peter Becher zurecht betont, war Grossmann *„genau in jener
Zeit, in der die Arbeit in Prag besonders auf die Unterstützung durch das Ausland angewiesen war"*, in Paris tätig,[170] so daß sich die Wirkung seiner Tätigkeit vervielfachte und *„für die Fortsetzung der Hilfsarbeit von außerordent-
licher Bedeutung"* war.[171] Günter Nelke schrieb bezüglich der Frage der
Visabeschaffung für die Prager Flüchtlinge von Paris aus im Januar 1940 resümierend an Grossmann: *„D.h., daß Ihre Methode sich doch als die richtige
herausgestellt hatte."*[172]

---

167   LBI, Box 2; Brief von Jola Lang vom 30. Juli 1940.

168   Ebd.; siehe den Brief an Fritz Sternberg am 9. Sep. 1940.

169   Siehe passim die Korrespondenz zwischen Grossmann und Nelke (HIA, Box 11; IZG,
      ED 201/2; LBI, Box 9). Siehe außerdem Grossmann, Emigration, S. 126 f.

170   HIA, Box 41; siehe auch den Brief an Emil Julius Gumbel am 3. Sep. 1938 wo er auf seine
      Mitarbeit im Ausschuß des Selbsthilfefonds gemeinsam mit Paul Hertz verweist.

171   Becher, S. 56.

172   LBI, Box 2; Brief von Günter Nelke vom 29. Jan. 1940.

5. Pariser Zeit

In einem Rundbrief vom 13. Oktober 1938 teilte der Vorsitzende der »Demokratischen Flüchtlingsfürsorge« in Prag, Siegfried Neumann, allen Freunden und Unterstützern der Organisation mit,[1] daß man den langjährigen Sekretär der Organisation, Kurt Grossmann, mit dem Aufbau einer neuen Agentur in Paris beauftragt habe. Alle weitere Korrespondenz und Spenden sollten ab sofort an die im Briefkopf genannte Pariser Adresse erfolgen. Als Grund für diese Verlegung wurde die veränderte politische Situation genannt,[2] die nicht nur eine Restriktion der Tätigkeit in Prag erzwungen habe, sondern auch weil es nicht länger möglich sei, Zugfahrkarten oder Schiffspassagen in Prag zu lösen.[3] Da aber ungeachtet der politischen Gefahren die Hilfsleistungen für die Flüchtlinge in der tschechoslowakischen Hauptstadt fortgeführt werden sollten, bat man die Leser des Rundbriefes um die Fortsetzung ihrer finanziellen Unterstützung der »Demokratischen Flüchtlingsfürsorge«. Als Hauptaufgabe wurde die rasche Evakuierung aller Flüchtlinge aus der Rest-Tschechoslowakei und deren Unterbringung in anderen Staaten genannt.[4] Die in seinem Buch »Emigration. Geschichte der Hitler-Flüchtlinge 1933-1945« ausführlich geschilderten Fluchtmöglichkeiten aus der Rest-Tschechoslowakei in das benachbarte Polen[5] unterstützte Grossmann nach Kräften. Wie die Korrespondenz mit dem Vertreter eines im oberschlesischen Kattowitz arbeitenden Hilfskomitees im Juni/Juli 1939 zeigt,[6] konnte so zumindest für mehrere Dutzend in Polen eintreffende Flüchtlinge die finanzielle Unterstützung aufrechterhalten werden.

---

1   LBI, Box 1; siehe den englischsprachigen Aufruf des »Democratic Comittee for Refugees« vom 13. Okt. 1938.

2   Durch die sog. Münchner Konferenz vom 29. Sep. 1938 wurde die Tschechoslowakei zur Abtretung der sudetendeutschen Gebiete an das Deutsche Reich gezwungen (in der Zeit vom 1. bis 10. Okt. 1938). Diese Gebietsverluste führten zu einer massiven inneren Schwächung des tschechoslowakischen Staates, da zu den deutschen Emigranten nun die von Flüchtlinge aus dem Sudetengebiet hinzukamen; siehe dazu Heumos, Aspekte, S. 182 ff.

3   Siehe auch Grossmann, Emigration, S. 129 f.

4   LBI, Box 1; Aufruf des »Democratic Comittee for Refugees« vom 13. Okt. 1938.

5   Grossmann, Emigration, S. 139 ff.

6   LBI, Box 1; siehe besonders die Briefe von Johann Forall vom 21. u. 24. Juni 1939 sowie vom 13. Juli 1939.

Darüber hinaus konnte die »Demokratische Flüchtlingsfürsorge«, nach dem Erhalt der benötigten Visa, deren Weiterreise nach Großbritannien gewährleisten.

Auf dem angestrebten Weg in die Vereinigten Staaten[7] war Grossmanns Aufenthalt in Paris nur eine Zwischenstation, deren zeitliche Dauer unfreiwillig durch die mehrmonatige Wartezeit auf die überaus schleppende Bearbeitung der amerikanischen Einreisevisa[8] bestimmt wurde, wie die verschiedenen Briefe an Verwandte und Freunde aufzeigen. Karl Holls Hinweis[9] auf die Ablehnung der Person Grossmanns durch die Pariser Dependance der »Deutschen Liga für Menschenrechte« ist sicherlich zu beachten, da über den Aufenthalt in der französischen Hauptstadt nur noch wenige Archivalien existieren. Die Problematik der Distanz zu Teilen der deutschen Emigration ist jedoch zugleich vor dem Hintergrund der persönlichen Eifersüchteleien und Richtungsstreitigkeiten innerhalb der verschiedenen Emigrationsgruppen sowie der vier Sektionen der DLM zu sehen.

5.1 Dissonanzen mit den Pariser „Freunden"

Die lakonische Feststellung Karl Holls von einer Ablehnung Grossmanns durch die Emigration ist nur das simplifizierte Endergebnis einer wesentlich differenzierteren Episode. Wie der Briefwechsel Grossmanns mit Emil Julius Gumbel und anderen belegt, wurde Kurt Grossmann direkt nach seiner Ankunft in Paris aufgefordert,[10] ja gedrängt, aktiv in dem politischen Zirkel mitzuarbeiten, u.a. indem ihm das Amt des Kassierers in der Pariser Sektion angeboten wurde.[11] Grossmanns wohlbekanntes Streben nach Anerkennung und Bestätigung erhielt indes durch die mißglückte Kandidatur für die Vorstandswahlen der Pariser Sektion der »Deutschen Liga für Menschenrechte« einen empfindlichen Dämpfer. Erst daran anschließend, verbunden mit den gleichzeitigen Reisevorbereitungen für die bevorstehende Übersiedlung in die Vereinigten

---

7   Siehe auch Barth, Flüchtling, o.S. (2), wonach Grossmann zuvor vergeblich versucht hatte, die tschechoslowakische Staatsbürgerschaft zu erlangen.

8   Zu den Hintergründen der amerikanischen Abwehrpolitik bei der Immigration aus Europa siehe Krohn, Nobody, S. 127 ff.

9   Holl, Pazifismus, S. 215.

10   HIA, Box 41; siehe den Brief an Milly Zirker/Kurt Glaser/Konrad Reissner am 20. Nov. 1938, wonach Kurt Glaser ihm dieses Angebot am 22. Sep. 1938 Grossmann unterbreitete.

11   Ebd.; siehe u.a. die Einladung vom 7. Okt. 1938 zur Besprechung des Vorstands im Café Dupont am 10. Okt. 1938 teilzunehmen.

Staaten, kam es zu einer Distanzierung von Teilen der Emigration, wie sie auch Karl Holl konstatiert. Hierbei sind zugleich die tiefgreifenden und langjährigen persönlichen Animositäten und Eifersüchteleien zu berücksichtigen, die beispielsweise im Fall von Hilde Walter in den ersten Jahren der Ossietzky-Kampagne 1934/35 gründen. Sicherlich ist ein großer Teil der Zerwürfnisse auf die schwierige Persönlichkeit Kurt Grossmanns zurückzuführen. Es muß aber auch berücksichtigt werden, daß die Opponenten zwar gerne sein beispielloses Organisationstalent nutzen wollten, ohne ihm jedoch die gewünschte Teilhabe an den Entscheidungsprozessen zuzugestehen, um nicht die eigene Bedeutung zu schmälern. Grossmanns „Flucht" aus Prag spielte dabei anfangs gar keine Rolle und war erst später in diesem Machtgeplänkel der deutschen Emigration ein willkommener, letztlich jedoch nur nachgeschobener Grund für die Ablehnung seiner Person.

Von Konrad Reissner wurde Grossmann Anfang Oktober 1938 zur Generalversammlung der Pariser Sektion der »Deutschen Liga für Menschenrechte« eingeladen und zugleich gebeten, in der Sitzung einen kurzen Überblick über die Tätigkeit der Prager Ortsgruppe zu geben, „wie Sie es vorgeschlagen hatten."[12] Wenige Tage später wurde Grossmann außerdem noch zu einer Besprechung des Vorstandes am Vortag der Generalversammlung gebeten.[13] Die tiefe Zerstrittenheit der Emigration und den breiten Raum, den dabei die persönlichen Animositäten einnahmen, zeigte sich bei den Vorstandswahlen der Pariser Sektion der »Deutschen Liga für Menschenrechte« im Oktober 1938. Wenige Tage vor der Versammlung hatte Kurt Grossmann, nach einer persönlichen Unterredung, in einem Schreiben[14] an Emil Julius Gumbel für den Fall seiner Wahl bereits im vorhinein seinen Verzicht formuliert,[15] ohne sich allerdings grundsätzlich einer Kandidatur zu verweigern. Aufgrund vorangegangener Absprachen ging Grossmann offensichtlich davon aus, daß Gumbel ihn auf der Generalversammlung für den Vorstand vorschlagen und diese Kandidatur auch befürworten werde, was dann jedoch nicht der Fall war, da dieser jemand anderes unterstützte. Kurt Grossmann hatte seinerseits bewußt auf eine persönliche Teilnahme an der Sitzung verzichtet, im Vertrauen darauf, daß Gumbel „ein objektiver Treuhänder unserer Vereinbarung sein"[16] werde, die

---

12   Ebd.; Brief von Konrad Reissner vom 4. Oktober 1938.

13   Ebd.; siehe die Einladung vom 7. Okt. 1938 zu der Besprechung des Vorstands im Café Dupont am 10. Okt. 1938.

14   Ebd.; Brief an Emil Julius Gumbel am 28. Okt. 1938.

15   Ebd.; siehe die Anlage zum Brief an Emil Julius Gumbel am 28. Okt. 1938. Vgl. auch den Brief von Emil Julius Gumbel vom 2. Nov. 1938, wonach der „erstaunliche Brief" ihm erst „in der Generalversammlung gegeben wurde".

16   Ebd.; Brief an Emil Julius Gumbel am 31. Okt. 1938.

er so zusammenfaßte: *„Es erfolgt meine Wahl in den Vorstand mit Ihrer und der Unterstützung der andern Freunde. Damit wird demonstriert, daß keine wie immer geartete Diskriminierung beabsichtigt war noch beabsichtigt ist."*[17] Nach der Wahl sollte dann die beigefügte vorbereitete Erklärung *„der Versammlung zur Kenntnis"* gegeben werden.

Warum es überhaupt zu derartigen Absprachen gekommen war, läßt sich aus der Korrespondenz nur bruchstückhaft entnehmen. Der Darstellung Grossmanns zufolge war dies sein *„Beitrag zu einer versöhnlichen Beilegung des Konfliktes"* mit dem Pariser Sektionsvorstand der DLM.[18] Aus dieser Formulierung läßt sich schließen, daß er, nach der Übersiedlung von Prag nach Paris und den damit verbundenen Vorwürfen, seine Kandidatur für den Vorstand hauptsächlich als eine Art Ehrenerklärung durch die DLM betrachtet hatte, ohne mittelbare Absicht einer konkreten Mitarbeit nach dieser Vorstandswahl. Das Desinteresse wurde nur bedingt durch die Arbeitsbelastung für die Flüchtlingsarbeit in der »Secours Démocratique aux Réfugiés« verursacht, auch wenn dies in der vorbereiteten Erklärung als Grund angeführt wurde,[19] es war vor allem die Konsequenz der persönlichen Spannungen zu den übrigen Mitgliedern wie Konrad Reissner, Milly Zirker und Hilde Walter, wie aus dem Schreiben an Emil Julius Gumbel ersichtlich wird. Grossmanns beabsichtigter Verzicht war deshalb *„keine Billigung des unkameradschaftlichen, illoyalen Verhaltens, sondern lediglich der Wille, jeden Zank und Streit zu vermeiden."*[20] Seine Enttäuschung über das Scheitern dieser Kandidatur sowie die anscheinend unzureichende Unterstützung durch Gumbel faßte Grossmann in einer Klage zusammen: *„Ich weiß sehr wohl, daß es in der Politik keinen Dank gibt, ich weiß sehr wohl, daß die Emigration ein Sumpf ist; aber die Frage wird zu entscheiden sein, ob diese Praktiken in der Deutschen Liga für Menschenrechte Fuß fassen sollen."*[21]

Doch ganz so eindimensional war die Wirklichkeit nicht, denn für Emil Julius Gumbel ging Grossmann bei seiner Darstellung zunächst *„von falschen Voraussetzungen aus"* und war *„völlig falsch orientiert."*[22] Er, Gumbel, habe

---

17   Ebd.; Brief an Emil Julius Gumbel am 28. Okt. 1938.

18   Ebd.; Brief an Emil Julius Gumbel am 31. Okt. 1938.

19   Ebd.; siehe die Erklärung (Anlage zum Brief an Emil Julius Gumbel am 28. Okt. 1938): Die Arbeit der Flüchtlingsfürsorge habe *„in den letzten Tagen derart an Umfang zugenommen, daß ich vorderhand keine neue Funktion übernehmen kann. Das bedeutet natürlich nicht, daß ich mich an der Deutschen Liga für Menschenrechte desinteressiere. Ich stehe derselben und einzelnen Mitgliedern gern zur Verfügung."*

20   Ebd.; Brief an Emil Julius Gumbel am 28. Okt. 1938.

21   Ebd.; Brief an Emil Julius Gumbel am 31. Okt. 1938.

22   Ebd.; Brief von Emil Julius Gumbel vom 2. Nov.1938.

„keineswegs zugesagt," für Grossmanns Wahl einzutreten. Zugleich habe er jedoch während der Versammlung anderen, die gegen Kurt Grossmann sprechen wollten, das Wort verweigert: *„Ich bin also de facto für Sie eingetreten."* Das anklagende Lamento Grossmanns wies Gumbel energisch zurück: *„Sie verstoßen gegen die Grundsätze jeder Demokratie, wenn Sie sich darüber beschweren, daß Sie bei einer Wahl, in der keinerlei Druck oder Beeinflußung ausgeübt wurde, mit 12 gegen 11 Stimmen unterlegen sind."*[23] Eigentlich war dieses knappe Ergebnis für den Prager Neuankömmling ein gutes Resultat, auch wenn die Kandidatur letztlich erfolglos blieb. Karl Holls kritische Bewertung,[24] daß Grossmanns Bemühungen,[25] in Paris Fuß zu fassen, gescheitert seien,[26] kann angesichts dieser Hintergründe relativiert werden, da bei einer analytischen Beurteilung auch die inhaltlichen Differenzen zwischen der Prager und der Pariser DLM-Sektion aus der Phase der Bemühungen um die Freilassung Carl von Ossietzkys sicherlich noch eine Rolle spielten. Damit war Grossmanns Pariser Wirkungskreis auf die »Secours Démocratique aux Réfugiés« beschränkt. Aufgrund der außenpolitischen Situation verringerte sich gleichzeitig die politische Bedeutung der deutschen Emigranten. Der Schlußsatz der vorbereiteten Erklärung vom Oktober 1938 weist auf die realistische Einschätzung der schwindenden Einflußmöglichkeiten des politischen Exils durch Kurt Grossmann hin: *„Ich bitte alle Freunde, mit aller Intensität mitzuarbeiten, um die geringe Position, die die Emigration noch besitzt, zu behaupten."*[27]

Für eine umfassende Beurteilung der Pariser Monate ist neben den eher sekundären Kontakten zur örtlichen DLM-Sektion insbesondere die in Frankreich fortgeführte Tätigkeit für die »Demokratische Flüchtlingsfürsorge« zu berücksichtigen und zu würdigen. Insbesondere Kurt Grossmanns Rolle bei der »Secours Démocratique aux Réfugiés« war für die Prager Arbeit der humanitären Hilfsorganisation noch zentraler und ungleich wichtiger als zuvor in der Tschechoslowakei, wie seine Koordination der verschiedenen Hilfsleistungen und die regelmäßigen Kontakte und Anweisungen nach Prag, Oslo und London

---

23   Ebd.

24   Holl, Rezension, S. 227.

25   Wie weit diese Versuche wirklich gingen, läßt sich aus dem noch vorhandenenen Schrifttum nicht mehr rekonstruieren. Andererseits lassen jedoch die vorhandenen Briefwechsel erkennen, daß beim Ehepaar Grossmann eine innere Distanz zur Emigrantenszene, die ja z.T. bereits seit 1933 in Paris lebte, deutlich vorhanden war. Kurt und Elsa Grossmann hatten überdies sofort nach der Ankunft in Paris die amerikanischen Visa beantragt, d.h. sie hatten gar nicht die Absicht sich in Frankreich einzuleben.

26   Siehe auch Elsa Grossmanns Urteil, daß in Paris *„noch mehr Stunk und Hader"* herrschten als in Prag; LBI, Box 2; Brief von Elsa Grossmann an "Genosse Pfaff" am 15. Okt. 1938.

27   HIA, Box 41; Erklärung (Anlage zum Brief an Emil Julius Gumbel am 28. Okt. 1938).

dokumentieren, die zugleich sein unbestrittenes Organisationstalent unterstrichen.[28] In einer Phase, in der es von Prag fast unmöglich geworden war, Einreisevisa und Schiffspassagen zu erlangen, konnte Kurt Grossmann, aufbauend auf die selbstlose Unterstützung des zurückgebliebenen Günter Nelke, noch für Dutzende von Emigranten die Auswanderung bzw. die Flucht organisieren und diese materiell unterstützen.

Bei einer objektiven, vorurteilsfreien Beurteilung seiner sicherlich schwierigen und ambivalenten Persönlichkeit ist überdies zu beachten, daß einige der wenig schmeichelhaften Darstellungen in Autobiographien[29] und Reminiszenzen[30] zum Teil auch durch die schillernde Persönlichkeit ihrer Verfasser[31] und deren differierender Wahrnehmung und Sichtweise subjektiv verfärbt wurden,[32] da diese nicht oder nur partiell über die Hintergründe und Details der entsprechenden Vorgänge und Aktionen informiert waren. Schließlich bleiben umgekehrt Hunderte von gegenteiligen Würdigungen und Lobeshymnen in Leserbriefen und persönlichen Zuschriften unberücksichtigt, die gleichfalls nur partiell und rudimentär das komplexe Wirken Kurt Grossmanns erfassen.

Ungeachtet seiner umfangreichen Tätigkeit als Generalsekretär beim Aufbau der »Secours Démocratique aux Réfugiés« in Paris fand Grossmann noch Zeit, um sich in politische Alltagsfragen einzumischen und auch kleinere Privatfehden im Emigrantenkreis zu führen. Ein Beispiel dafür ist die Auseinandersetzung mit Wieland Herzfelde[33] im Dezember 1938,[34] als er sich über die

---

28   Holl, Rezension, S. 227.

29   Siehe Hiller, S. 163 u. insbesondere S. 408 mit dem herabwürdigenden Hinweis auf die körperliche Statur: *„der kleine Großmann (Kurt)"*.

30   Der von Paetel, S. 156 ff. beschriebene Funktionär *„Herr Hugo"* ist Kurt Grossmann. Dieses sicherlich *„wenig schmeichelhafte Porträt"* (Holl, Rezension, S. 227) zeichnet sich allerdings durch eine ambivalente Darstellung der Persönlichkeit bzw. der Anteilnahme aus, da Paetel (S. 157) selbst die Hilfsbereitschaft Grossmanns (*„von sich aus"*) konzediert.

31   Dies gilt insbesondere für Kurt Hiller, der auch andere Zeitgenossen wie etwa Otto Lehmann-Rußbüldt in seinen Erinnerungen unflätig herabwürdigte. Hiller rechnete Grossmann zwar zu den *„anständigeren"* seiner Gegner, zugleich jedoch charakterisierte er den Generalsekretär der DLM als *„hinlänglich unbedeutender kleiner Sozialdemokrat"* (S. 162).

      Ein Beispiel für die verschiedenen Kontroversen ist Hillers unbelegte Behauptung vom Herbst 1930, die DLM erhalte Unterstützungszahlungen aus dem Ausland, die Grossmann energisch zurückgewiesen hatte; "Erklärung der deutschen Liga für Menschenrechte", in: Das Andere Deutschland, 10. Jg., Nr. 43, 25. Okt. 1930, Hagen/W.-Berlin, o.S. (8).

32   Siehe auch die ambivalente Schilderung seiner Beurteilung in Barth, Flüchtling, o.S. (2).

33   Herzfelde, Wieland (urspr. Herzfeld, Wieland); geb. 1896 Schweiz; nach Entlassung aus Militärdienst im 1. Weltkrieg 1917-33 Mitgründer u. Direktor des Malik Vlg., der neue Sowjetliteratur u. revolutionäre Schriftsteller verlegte, seit 1918 in KPD, 1933 Flucht in

von diesem verbreiteten „*Meinungen*" über ihn, Grossmann, beschwerte. Denn auch Herzfelde, der selbst von Prag nach Frankreich geflüchtet war, hatte Grossmanns Übersiedlung nach Paris in Emigrantenkreisen mehrfach mündlich kritisiert und diese Äußerungen waren Grossmann zu Ohren gekommen: „*Was meine Reise nach Paris anbetrifft, so erfolgte diese auch im wohlverstandenen Interesse unserer Schützlinge. Unsere Fürsorge arbeitet und nach Urteil unserer Betreuten gut! Wenn Sie schon Kritik üben, warum nicht an Ihrer Partei? Wieland Herzfelde, Graf, Koenen und andere Parteigrößen sind fort, aber die große Masse Eurer Genossen sitzt, zum großen Teile noch nicht einmal im Besitz eines Passes in Prag.*

Wir haben aber den größten Teil unserer Leute seit Monaten in andere Länder gebracht."[35] Seine Erwiderung eröffnete Herzfelde mit der Feststellung, daß ihm, wie Grossmann bereits richtig konstatiert habe, die Einheit im Kampf gegen Hitler viel wichtiger sei als persönliche Differenzen. Nur deshalb würde er, auch unter Berücksichtigung „*unsres bisherigen, bei allen sachlichen Meinungsunterschieden, guten Verhältnisses*", den „*unfreundlichen Brief*" Kurt Grossmanns überhaupt beantworten. Die Titulierung als "Parteigröße" bezeichnete er als einen "Witz". Zur Gefährdung der Masse der kommunistischen Flüchtlinge in der Tschechoslowakei konstatierte Herzfelde nur wenig überzeugend: „*Denn wir, wie die meisten andern, denen geholfen wurde, haben unter vollem Namen gegen Hitler gearbeitet, waren daher unmittelbarer gefährdet als jene Vielen, die es anonym taten.*"[36] Bezüglich der von Grossmann kritisierten „*Meinungen*", dem Ausgangspunkt der Kontroverse, behauptete Wieland Herzfelde, die Demokratische Flüchtlingsfürsorge in Prag sei infolge des Fortganges von Grossmann „*arbeitsunfähig geworden. Und diese Klage hörte ich oft. Ihr frühzeitiges Verlassen von Prag wurde gerade von den Ihnen am nächsten Stehenden am schärfsten verurteilt. Diese allgemeine Mißbilligung in Prag dürfte Ihnen übrigens genauer bekannt sein als mir. Geheimnis ist sie jedenfalls keines, und ich sehe nicht ein, warum Sie gerade von mir in dieser Hinsicht Schweigen verlangen könnten. Dessen ungeachtet habe ich meine Meinungen darüber nicht verbreitet, wie Sir mir vorwerfen, einfach, weil*

Tschechoslowakei, Fortführung der verlegerischen Tätigkeit, 1938 Weiteremigration nach Großbritannien u. 1939 in die USA, 1949 Rückkehr in die DDR u. Professur für Soziologie der neueren Literatur an der Univ. Leipzig, SED-Eintritt, Mitglied in der »Deutschen Akademie der Künste«, zeitweise Vizepräsident; Biogr. Hdb., Bd. II, S. 501; Buch, S. 119.

34   LBI, Box 1; siehe außerdem den Brief an Wieland Herzfelde am 23. Dez. 1938.

35   Ebd.; Brief an Wieland Herzfelde am 13. Dez. 1938. Siehe dazu auch Grossmann, Emigration, S. 132, wo aufgrund der Berichte von Günter Nelke die rettende Abreise vieler Emigranten aus Prag dargestellt wird.

36   Ebd.; Brief von Wieland Herzfelde vom 22. Dez. 1938.

Ihre Tätigkeit der meinen zu fern liegt."[37] Wenn die Organisation ohne seine Übersicht und Leitungsgeschick angeblich nicht mehr handlungsfähig war, bedeutete die Kritik indirekt ein hohes Lob für Grossmanns jahrelange engagierte Arbeit.

Ein weiterer Streitpunkt zwischen Herzfelde und Grossmann war die Frage der Behandlung des Flüchtlingsproblems der dreißiger Jahre durch die Sowjetunion.[38] Bezüglich der politischen Behandlung der Emigration und der unzureichenden Aufnahme von Flüchtlingen meinte Kurt Grossmann ketzerisch: *„Ich habe mich entsprechend meinen Grundsätzen für Ihren Bruder* [John Heartfield;[39] L.M.] *und andere Ihrer Genossen eingesetzt, obwohl diese Kommunisten sind und obwohl Ihre Bruderpartei ein 180 Millionenvolk regiert, aber nicht ein Kind nach Rußland hereingelassen hat.*"[40] Diese Aussage war augenscheinlich übertrieben, da tausende deutscher Kommunisten in der Sowjetunion im Exil lebten;[41] die bekanntesten von ihnen im legendären Hotel Lux.[42] Berechtigt war die Kritik von Grossmann allerdings insofern, als die UdSSR seit dem Mai 1936 rigoros ihre Grenzen für alle Flüchtlinge geschlossen hatte und so auch als potentielles Zufluchtsland für die aus der Tschechoslowakei weiterfliehenden Emigranten nicht in Betracht kam.[43]

Die prompte Erwiderung Wieland Herzfeldes war nicht weniger scharf formuliert, obgleich er einige Kritikpunkte konzedierte, Grossmanns Kritik an der Asylverweigerung als glaubhaft anerkannte und andere nicht weg zu diskutierende Mißstände mit "technischen Schwierigkeiten" zu erklären versuchte: *„Sie behaupten, 'die S.U.* [Sowjetunion; L.M.] *habe nicht ein Kind hereingelassen'. Nun Sie wissen so gut wie ich, daß in der S.U. 10.000de, wenn nicht Hundert-*

---

37   Ebd.

38   Siehe dazu auch Abosch, S. 27 ff. sowie Kopelew, S. 159 ff.

39   Heartfield, John (urspr. Herzfeld, Helmut); geb. 1891 Berlin, gest. 1968 Berlin (Ost); nach Besuch mehrerer Kunstschulen u. Entlassung aus Militärdienst im 1. Weltkrieg Mitgründer des Malik Vlg., in KPD seit 1918, bei erster Dada-Ausstellung beteiligt, 1921-23 zuständig für die Bühnenausstattung der Theater von Max Reinhardt, danach freier Künstler, 1931 Ausstellung in UdSSR, 1933 Flucht in die Tschechoslowakei, verstärkte Arbeit mit Photomontagen, 1938 Emigration nach Großbritannien, 1950 Rückkehr in die DDR, erstellte Bühnenausstattungen für Bert Brechts »Berliner Ensemble«, nachdem Photomontagen offiziell unerwünscht waren, nach zwei Herzinfarkten nur noch bedingt arbeitsfähig; Biogr. Hdb., Bd. II, S. 470 f.; Buch, S. 372.

40   LBI, Box 1; Brief an Wieland Herzfelde am 13. Dez. 1938.

41   Siehe außerdem die autobiographische Darstellung von Wolfgang Leonhard.

42   Siehe ausführlich die Darstellung von Ruth von Mayenburg.

43   Siehe auch das von Kurt Grossmann verfaßte »Memorandum zur Lage der Flüchtlinge in der Tschechoslowakei« vom Dezember 1938 mit zahlreichen Zitaten aus den Dokumenten.

tausende Flüchtlinge leben. Und das Asyl dort gestattet ihnen, ihrem Beruf nachzugehen, sich auszubilden usw., und der Staat gibt die finanziellen Mittel dazu her. Unter diesen Umständen befinden sich übrigens nicht wenig Sozialdemokraten aus Deutschland und Österreich. Besonders zahlreich sind auch spanische Flüchtlinge, Kinder vor Allem. Sie aber behaupten, sogar die 'Genossen wurden im Stich gelassen'. Sie werden erwidern: Flüchtlingen aus Deutschland, Österreich, Spanien, China wurde geholfen - aber nicht solchen aus der C.S.R. Ich kann es nicht prüfen, glaube aber, es ist - zumindest tendenziell - so. ...

Sie wissen sehr gut, lieber Grossmann, daß Ihre Tätigkeit eine politische ist und nicht etwa eine charitative wie die der Quäker oder der Heilsarmee. Sie wissen genau so gut wie ich, daß jeder Flüchtling, der in eines der demokratischen Länder hereingelassen wird, den Faschisten in jenen Ländern ein Dorn im Auge ist. Wollen Sie ernsthaft, daß diese Dornen aus dem Weg geräumt werden, indem man sie nach dem Osten befördert? ...

Ich erwähnte bereits, das ist meine Meinung. Sie mögen eine andre haben. Sicher gibt es noch andre, etwa arbeitstechnische Gründe für das Verhalten der S.U. Gerade weil die S.U. niemand einläßt, ohne Verantwortung für seine Existenz zu übernehmen, liegt dort das Emigrationsproblem ganz anders als überall sonst. "[44] Ohne hier näher auf diese inhaltliche Kontroverse eingehen zu wollen, bleibt zu konstatieren, daß Wieland Herzfelde die Flüchtlinge vor allem als politisches Druckmittel ("Dornen") verstand, während Kurt Grossmann hingegen die Menschen in ihrer individuellen Notlage sah.

Wieland Herzfeldes Bruder Hellmut, bekannter unter seinem Künstlernamen John Heartfield, hatte für zwei der in Prag verlegten Bücher von Kurt Grossmann die Umschläge entworfen: für das unter dem Pseudonym "Felix Burger" im Jahre 1934 erschienene Buch »Juden in brauner Hölle«[45] ebenso, wie für die ein Jahr später veröffentlichte Schrift »Der Antichrist in Deutschland«.[46] In beiden Fällen hatte er die Kunst der Photomontage angewandt, für die berühmt war. Wahrscheinlich rührte aus dieser Verbindung die nähere Prager Bekanntschaft mit dessen Bruder Wieland.

44　LBI, Box 1; Brief von Wieland Herzfelde vom 22. Dez. 1938. Dieses Zitat ist in voller Länge, ohne die hier ausgelassenen Passagen, auch in Grossmann, Emigration, S. 106 abgedruckt. Die Buchfassung enthält aber gegenüber dem Original einige geringfügige stilistische Veränderungen.

45　Siehe das Impressum auf Seite 2: "Umschlagbild von John Heartfield".

46　LBI, Box 24; Brief an Ilse Wolff, Wiener Library, am 22. Feb. 1965; es handelt sich um eine Christusgestalt, die an ein Hakenkreuz gebunden ist.

In einem Brief vom Oktober 1938 antwortete Elsa Grossmann desillusioniert auf die politisch-gesellschaftliche Situation in der französischen Hauptstadt: *„Die Emigration in Paris? Noch mehr Stunk und Hader als in Prag. "*[47] Diese Klage über die Zerstrittenheit innerhalb der Emigration wird von der Aussage des Historikers George Hallgarten[48] unterstrichen, der rückblickend bilanzierte: *„Emigranten tun recht selten was füreinander, schneiden sich dagegen oft gegenseitig die Gurgel durch. "*[49] In Anbetracht dieser Aussage wog die aufopferungsvolle Unterstützungsarbeit von Grossmann doppelt schwer, der durch seine Tätigkeit bei der »Demokratischen Flüchtlingsfürsorge« Hunderten von Flüchtlingen materielle Hilfe und individuelle Hinweise geben und eine neue Perspektive aufzeigen konnte. Kennzeichnend dafür ist auch der sehr rege Schriftwechsel mit einstmals betreuten Personen, zu denen Grossmann auch in den vierziger und fünfziger Jahren noch Kontakt hatte und an deren weiterem Lebensschicksal oder Integrationserfolgen er Anteil nahm, egal ob diese nun in Europa, Nord- oder Südamerika lebten.[50]

Angesichts der heutigen langen Zustellungszeiten im internationalen Postverkehr ist es erstaunlich und verwunderlich zugleich, wie kurz die Laufzeiten von Briefen quer durch Europa in den Jahren 1938/39 waren. Diese hohe Effektivität im internationalen Postverkehr der dreißiger Jahre hat wesentlich mit zur Effizienz der Rettungsbemühungen der verschiedenen Hilfskomitees beigetragen. Lediglich zwei bis vier Tage waren die Briefe unterwegs. Durch die mit Datumsangabe versehenen Bezüge der Antwortschreiben lassen sich exemplarisch die folgenden Laufzeiten der Briefe an oder von Kurt Grossmann in Paris bzw. Prag rekonstruieren:

---

47   LBI, Box 2; Brief von Elsa Grossmann an "Genosse Pfaff" am 15. Okt. 1938.

48   Hallgarten, George Wolfgang; geb. 1901 München, 1975 Washington/D.C.; Professor für Geschichte, 1925 Promotion, 1926-33 Habilitand, konnte Habilitation nicht abschließen u. floh 1933 nach Frankreich, 1937 Weiteremigration in die USA, dort an verschiedenen Hochschulen tätig, nach 1949 Gastprofessuren in der Bundesrepublik; Biogr. Hdb., Bd. II, S. 452 f. Siehe auch die biographische Skizze von Radkau, Hallgarten.

49   Zit. in Radkau, Historiker, S. 96.

50   Siehe passim (HIA u. LBI) die zahlreichen Schreiben ehemalig von der DSF betreuter Flüchtlinge an Kurt Grossmann.

1 Tag:	Brüssel - Paris[51]
2 Tage:	Paris - London[52]
	Manchester - Paris[53]
	Stockholm - Paris[54]
	Paris - London[55]
3 Tage:	Paris - Prag[56]
	Bergen - Paris[57]
4 Tage:	Prag - Paris[58]
	Paris - London[59]

Bis zu seiner Abreise in die USA stand Grossmann auch mit der Londoner Zweigstelle[60] der »Demokratischen Flüchtlingsfürsorge« unter Otto Wollenberg in ständigem brieflichen Kontakt[61] und kümmerte sich dabei neben den üblichen Leitungshinweisen intensiv um die Weiterreise der sich temporär in Großbritannien befindlichen bzw. der aus Prag ins britische Königreich strebenden Flüchtlinge.

Rolf Bader, der Nachfolger von Günter Nelke als Leiter des Prager Büros, schickte gleichfalls seine Berichte und Abrechnungen über die in der tschechoslowakischen Hauptstadt verwendeten Beträge an Grossmann nach Paris.[62] Allerdings wurde das Geschäftsgebaren im Frühjahr 1939 in Prag immer undurchsichtiger, da eine ordentliche Buchhaltung wie unter Nelke völlig fehlte. Die rasch auftauchenden Vorwürfe der Zweckentfremdung von Spendengeldern beschäftigten daher auch Otto Wollenberg und Grossmann in ihren Briefwechseln,[63] da die fragliche Summe von 50.000 tschechischen Kronen bei

---

51   LBI, Box 1; Brief von Hermann Graul vom 9. Mai 1939.

52   Ebd.; Brief vom Intergovernmental Committee vom 12. Okt. 1938.

53   Ebd.; Brief an B. Hesford am 15. Nov. 1938.

54   Ebd.; Brief an Walter Friedrich am 22. Nov. 1938.

55   Ebd.; Postkarte von Bertha Bracey (Quäker) vom 9. Dez. 1938.

56   Ebd.; Brief an Paul Hertz am 25. Juli 1938.

57   Ebd.; Brief an Walter Fischer am 23. Jan. 1939.

58   Ebd.; Brief von Paul Hertz vom 22. Juli 1938.

59   Ebd.; Brief von Kate Karau (Quäker) vom 1. Juni 1939.

60   Für die Zentralfunktion des Pariser Büros siehe auch die Abrechnungen über die Verwendung der Gelder und die Spendeneinnahmen.

61   LBI, Box 11; siehe u.a. Briefe von Otto Wollenberg vom 18., 20. u. 25. Juli 1939, 2. u. 21. Aug. 1939 sowie die Briefe an Otto Wollenberg am 4., 11., 20., 21. u. 26. Juli 1939.

62   Ebd.; Briefe von Rolf Bader vom 2. u. 9. Juni 1939; letzterer enthält eine Abrechnung der Ausgaben. Siehe auch den Brief an Rolf Bader am 2. Juni 1939.

63   Ebd.; siehe die Briefe von Otto Wollenberg vom 18. Juli u. 2. Aug. 1939 sowie die Briefe an

einer Durchschnittsunterstützung der Flüchtlinge mit 120-140 Kronen keine Kleinigkeit war.[64] Insgesamt war das Budget der »Demokratischen Flüchtlingsfürsorge« im Frühjahr 1939 infolge geringeren Spendenaufkommens bei gleichzeitig ansteigenden Flüchtlingsziffern eher prekär. In einem Schreiben an Ernst Toller im Februar 1939 zeichnete Grossmann daher ein sehr düsteres Bild bezüglich der finanziellen Lage der »Demokratischen Flüchtlingsfürsorge« und ihrer Hilfsmöglichkeiten.[65] Die immer zerfahrener werdende politische Lage und die undurchsichtige Situation in Prag ließen auch untereinander Spannungen entstehen. So entgegnete Grossmann auf versteckte Zweifel Wollenbergs: *„Bitte suchen Sie nicht hinter jeder Sache etwas, was nicht vorhanden ist. Ich bin kein KP-Funktionär!"*[66]

Robert Kempner schrieb im Sommer 1938 aus Nizza, kurz bevor er mit seiner Frau in die USA emigrierte, in einer Erwiderung auf eine Postkarte Kurt Grossmanns: *„Wir haben uns in den letzten vier Jahren über nichts so gefreut, wie über ihre Karte. Ist sie doch ein Zeichen dafür, daß über Trennungszeiten hinweg alte Freundschaft erhalten bleibt."*[67] In Anbetracht der allzu überschwenglichen Antwort Kempners erinnerte Grossmann diesen in seiner Entgegnung bezüglich der Frist von vier Jahren daran, daß er zuvor schon zweimal geschrieben hatte,[68] was dieser wohl unter dem Eindruck der ständigen Veränderungen der zurückliegenden Jahre vollkommen vergessen hatte. Die letzte persönliche Begegnung in Prag, vor dem Wiedersehen in den USA, spielt noch an anderer Stelle eine Rolle (siehe S. 169 ff. und die Diskussion um das CDG).

Seit Sommer 1938 sind die Bemühungen Grossmanns um die Einwanderung in die USA deutlich erkennbar.[69] So bittet er etwa Nelke um detaillierte Auskünfte, um gegebenenfalls die Schiffspassage nach New York in Prag buchen zu lassen. Er hat dabei bereits genaue Vorstellungen, so will er nicht irgendeinen *„Seelenverkäufer"*, sondern möglichst *„ein holländisches Schiff"* in der Touristenklasse.[70] Die überzogene Kritik aus Emigrantenkreisen an der

---

Otto Wollenberg am 4., 20. u. 21. Juli 1939.

64   Siehe den Jahresbericht der Demokratischen Flüchtlingsfürsorge für die Zeit vom 1. Januar 1938 bis 31. Dezember 1938, S. 2.

65   LBI, Box 12; Brief an Ernst Toller am 12. Februar 1939.

66   LBI, Box 10; Brief an Otto Wollenberg am 26. Juli 1939.

67   Ebd.; Brief von Robert Kempner vom 13. Sep. 1938.

68   Ebd.; Brief an Robert Kempner am 19. Sep. 1938.

69   IZG, ED 201/2; siehe auch den Brief an Mr. Ritchie, »American Committee for Christian German Refugees«, vom 1. Feb. 1939.

70   Ebd.; Brief an Günter Nelke am 4. Feb. 1939.

als "Flucht"[71] bezeichneten Übersiedlung der Familie von Prag nach Paris wäre hier sicherlich wesentlich angebrachter gewesen. Während Kurt Grossmann nämlich im sicheren Frankreich seine Übersiedlung in die Vereinigten Staaten von Amerika plante, war für seinen treuen Prager Statthalter Günter Nelke die Ausreise aus der kurz vor ihrer Liquidation stehenden Tschechoslowakei noch keineswegs gesichert, wie auch die Rückfrage Grossmanns belegt: *„Hast Du Deinen Paß schon?"*[72]

5.2 Hilfsversuche aus den USA

Die Verbindung zu Otto Wollenberg in London bestand auch im Jahre 1940,[73] nach dem Kriegsausbruch in Europa, weiter fort, wobei sich Grossmann in den USA auf den verschiedenen Ebenen sowohl um finanzielle Hilfen[74] als auch um Immigrationsvisa bemühte.[75] Den direkten Kontakten zum US-Außenministerium im Juli 1940, die darauf abzielten, die deutschen Flüchtlinge aus Großbritannien und Frankreich in die Vereinigten Staaten zu bringen, blieb jedoch der Erfolg versagt. Die Antworten des für europäische Fragen zuständigen Abteilungsleiters waren zwar verständnisvoll und einfühlsam, jedoch politisch negativ, denn dieser sah keine Möglichkeiten zur Lockerung der Emigrationsgesetze oder einer besonderen Ausnahmeregelung.[76] Ebenfalls erfolglos wandte sich Grossmann im Sommer 1940 an den Schriftsteller Thomas Mann mit der Bitte um Unterstützung der Flüchtlinge in irgendeiner Form;[77] der bekannte Literat blieb jedoch eine Antwort schuldig. Sogar in den Vereinigten Staaten kümmerte sich Grossmann bis zum Kriegseintritt der USA in-

---

71 Siehe auch Grossmann, Emigration, S. 126.

72 IZG, ED 201/2; Brief an Günter Nelke am 4. Feb. 1939.

73 LBI, Box 11; Briefe an Otto Wollenberg am 19. Aug. u. 21. Okt. 1940 und die Briefe von Otto Wollenberg vom 2. Jan., 30. Aug., 18. Sep. u. 12. Dez. 1940. Der letzte vorhandene Brief von Wollenberg an Grossmann datiert vom 8. Apr. 1941.

74 LBI, Box 2; siehe den undatierten Rundbrief der »Demokratischen Flüchtlingsfürsorge«: "An unsere Schützlinge in den Überseeländern", in denen frühere, ausgewanderte Flüchtlinge von Grossmann um Spenden und Rückzahlung ihrer Aufwendungen auf das Konto der »Selfhelp for German Emigres Inc.« in New York gebeten werden.

75 LBI, Box 11; siehe die Korrespondenz mit Robert Pell, dem stellv. Abteilungsleiter für Europäische Angelegenheiten im US-Außenministerium vom August 1940. Siehe außerdem die Briefwechsel mit den verschiedenen karitativen Hilforganisationen.

76 LBI, Box 2; siehe Brief von Robert Pell vom 13. Juli 1940.

77 LBI, Box 11; Brief an Thomas Mann am 10. Juli 1940.

tensiv um die Belange der in Europa verbliebenen Flüchtlinge. So wandte er sich im Herbst 1940 an das »Jewish Labor Committee«, um acht in Frankreich lebenden deutschen Emigranten die Einreise in die USA zu ermöglichen.[78] Die zahlreichen Hilferufe an Kurt Grossmann rissen auch nach der Übersiedlung nicht ab. So wandte sich die Schauspielerin Elly Schliesser[79] zugunsten des schwer herzkranken früheren Weltbühne-Journalisten Julius Axelrad im März 1940 an Grossmann. Der Grund für das Hilfeersuchen war, daß Axelrad, der in einem französischen Internierungslager einsaß, seine Abschiebung nach Deutschland befürchten mußte.[80] Bezüglich der Emigrationsbestrebungen des alten Berliner Freundes Alfred Falk, der aus Vichy-Frankreich in die USA einreisen wollte, bemühten sich Grossmann und Robert Kempner über ein Jahr lang sehr engagiert auf verschiedenen Ebenen - letztlich aber vergeblich.[81] Auch den Schriftsteller Kurt Pinthus, der in Washington/D.C. lebte und den er schon aus seiner Berliner Zeit kannte, bat Grossmann um Mithilfe bei den Einreisebemühungen für Alfred Falk. Da Pinthus in der amerikanischen Hauptstadt vorwiegend in der Library of Congress arbeitete,[82] bat Grossmann ihn um die

---

78   HIA, Box 10; Brief an das Jewish Labor Committee vom 28. Sep. 1940.

79   Schliesser, Elli; geb. 1911 Berlin, gest. 1947 Dresden; Schauspielerin, Mitglied in kommunist. Theatergruppe, 1933 Flucht in die Tschechoslowakei, 1937 nach Frankreich, dort 1940 von der Gestapo verhaftet, anschließend in KZ Auschwitz u. Ravensbrück interniert, 1947 Selbstmord; Biogr. Hdb., Bd. II, S. 1036. Im Gegensatz zur dort in der Kurzvita genannten *„vermutlichen"* Fortführung der Schauspielaktivitäten in Frankreich steht die Aussage des Briefes von Frau Schliesser, daß Sie z.Z. eine Tätigkeit in einem chemischen Versuchslabor suchte, *„ich trauere um jede Minute, die ich in meinem Leben vorher ohne Chemie verbracht habe."* LBI, Box 2; Brief von Elly Schliesser vom 14. März 1940.

80   LBI, Box 2; Brief von Elly Schliesser vom 14. März 1940.

81   LBI, Box 10; siehe u.a. Brief von Robert Kempner vom 8. Nov. 1941; Brief an Robert Kempner am 10. Nov. 1941; Brief von Robert Kempner vom 7. Juli 1942; Brief an Robert Kempner am 4. Aug. 1942; Brief von Robert Kempner vom 26. Okt. 1942; Brief an Robert Kempner am 30. Okt. 1942; Briefe an Alfred Falk am 8. u. am 29. Nov. 1941; Brief von Ingrid Warburg (Emergency Rescue Committee) vom 25. Nov. 1941; Brief an Robert Pell (US Department of State, European Affairs) am 30. Nov. 1941; Brief an Robert Kempner am 6. Dez. 1941; Brief von Alfred Falk vom 24. Dez. 1941; Brief von Alfred Falk vom 6. Jan. 1942; Brief an Hedwig Wachenheim (Jewish Labor Committee) am 16. Jan. 1942; Brief an Paul Hagen am 25. Jan. 1942; Brief von Emil Gumbel vom 30. Jan. 1942; Brief von Alfred Falk vom 12. März 1942; Brief an Hans Namuth am 11. Apr. 1942; Brief von Robert Kempner vom 13. Apr. 1942; Brief an Robert Kempner am 14. Juni 1942; Briefe von Robert Kempner vom 15. u. 24. Juni 1942; Brief an Robert Kempner am 26. Juni 1942; Brief an Alfred Falk am 12. Aug. 1942; Brief von Robert Kempner vom 26. Okt. 1942; Brief an Robert Kempner am 30. Okt. 1942. Siehe auch den Brief an Emil Gumbel vom 31. Jan. 1942 mit dem beigefügten Entwurf eines Rundschreibens zugunsten Alfred Falks.

82   DLAM, Slg. Pinthus; siehe auch den Brief an Kurt Pinthus am 28. März 1942.

Anfertigung von Fotokopien aus dem dort vorhandenen DLM-Organ »Die Menschenrechte«, um die Tätigkeit Alfred Falks in der »Republikanischen Beschwerdestelle« bei der amerikanischen Einwanderungsbehörde belegen zu können.[83] Pinthus seinerseits hatte ein halbes Jahr zuvor, im Herbst 1941,[84] Grossmann um seine Mithilfe bei der Formularbeschaffung für die aus Cuba angestrebte Einreise von Pinthus' einziger Schwester gebeten.[85] Insgesamt hielt Grossmann aber, wie es der Fall von Hans Glaserfeld negativ aufzeigte,[86] alle entsprechenden Aktivitäten für "aussichtslos". Die Ursache der Zwecklosigkeit seiner Bemühungen und die der anderen Emigranten, die noch vor Kriegsausbruch in den dreißiger Jahre immigriert waren, erkannte er im mangelnden Einfühlungsvermögen der US-Behörden[87]: *„Es ist einfach kein Verständnis für unsere Lage* [der Flüchtlinge aus Deutschland; L.M.] *da, und das betrübt mich."*[88]

Besonders dramatisch war der Hilferuf von Robert Weil[89] aus Tel Aviv im Mai 1940. Der ehemalige Leiter einer gewerkschaftlichen Fürsorgestelle für Flüchtlinge in Prag war sofort nach dem deutschen Einmarsch in die Tschechoslowakei verhaftet und schwer mißhandelt worden. Danach gelang es ihm, nach monatelanger Odyssee quer durch Europa, in Tel Aviv Asyl zu erhalten. Sein brieflicher Hilferuf, der mit einem dreifachen SOS-Ausruf endete, faßte die Verzweifelung und Not plastisch in Fragen: *„ich rufe Sie an. Ich bitte Sie!"* und schließlich *„Können Sie? Wollen Sie? Haben Sie die Möglichkeit?"* Die vollkommene Desillusionierung Robert Weils drückte sich in der Klage aus: *„So vielen habe ich geholfen, wird mann* [sic] *auf* [auch; L.M.] *mich nicht vergessen?"*[90] Da Grossmann ihm trotz seiner Bemühungen in dem Antwortschreiben vom Juli 1940 auch nicht viel neue Hoffnung machen und lediglich darauf verweisen konnte, daß mehrere Gewerkschafter bereits in dem Fall tätig geworden seien,[91] erhält die im »Biographischen Handbuch der deutschspra-

---

83   Ebd.; Brief an Kurt Pinthus am 18. März 1942.

84   Ebd.; Brief von Kurt Pinthus vom 21. Sep. 1941.

85   Ebd.; siehe auch Brief von Elsa Grossmann an Kurt Pinthus am 22. Sep. 1941 über die erfolgreiche Erlangung der Formulare.

86   Ebd.; siehe auch den Brief von Elsa Grossmann an Kurt Pinthus am 11. Sep. 1941, in dem von den Bemühungen berichtet wird, das Fahrgeld für Glaserfeld zusammenzukommen.

87   Siehe auch Krohn, Nobody, S. 136.

88   DLAM, Slg. Pinthus; Brief an Kurt Pinthus am 18. März 1942.

89   Weil, Robert; gest. 1941 Palästina; nach 1933 Ltr. einer gewerkschaftlichen Fürsorgestelle in Prag, 1939 als Ltr. einer größeren Emigrantengruppe illegal nach Palästina gereist; Biogr. Hdb., Bd. I, S. 804.

90   LBI, Box 2; Brief von Robert Weil vom 21. Mai 1940.

91   Ebd.; Brief an Robert Weil am 4. Juli 1940.

chigen Emigration« enthaltene Mitteilung über Robert Weil „*1941 Freitod, angeblich wegen der Lebensbedingungen in Palästina"*[92] eine völlig neue Bedeutung. Denn wohl weniger die Lebensbedingungen (Klima, Umwelt, Wohnung etc.) als solche, als vielmehr die fehlenden Möglichkeiten, in Tel Aviv beruflich und gesellschaftlich Fuß zu fassen und ein menschenwürdiges Dasein zu führen, lösten in wachsender Verbitterung und steigender Verzweifelung den Freitod Robert Weils aus.

---

92   Biogr. Hdb., Bd. I, S. 804.

6. Immigration in die USA

Die für das Einreisevisum in die USA erforderlichen Affidavits[1] (schriftliche und beeidigte Erklärung) erhielt Grossmann außer von seinem Vetter Fred (ursprünglich Fritz) Grossmann von zwei prominenten US-Amerikanern: Roger Baldwin, der Vorsitzende der »American Civil Liberties Union«, und Rabbiner Wise, damals sowohl Präsident des »American Jewish Congress« als auch des »World Jewish Congress«, bürgten persönlich für Grossmann. Beide wiesen in den Begleitschreiben auf ihre persönliche Bekanntschaft mit dem Antragsteller hin. Während Baldwin Grossmann aus dem Berlin der späten zwanziger Jahre kannte, war Stephen Wise durch die warmherzigen Empfehlungen von Professor Albert Einstein mit ihm in Prag bekannt geworden.[2] Vor dem Hintergrund seiner eigenen Tätigkeit ausgehend, betonte Baldwin die Leistungen des früheren Generalsekretärs im Kampf gegen die Nationalsozialisten und sein Eintreten für die Menschenrechte.[3] Die persönliche Kenntnis von Grossmanns Tätigkeit bei der »Demokratischen Flüchtlingsfürsorge« und die Erinnerung an die hohen Lobpreisungen von Albert Einstein[4] waren hingegen für Stephen Wise der Grund, daß in seiner Bedeutung und Konsequenz für den Unterzeichner nicht zu unterschätzende Affidavit auszufertigen. In dem Schlußsatz seines Schreibens an den US-Generalkonsul in Paris betonte Wise, er fühle, daß die Übersiedlung von Grossmann in die USA nicht nur für ihn persönlich gut sei, sondern auch für all die Dinge, für welche die Vereinigten Staaten ständen.[5] Grossmanns Eintreten für Humanität und Menschenrechte und die deutsch-jüdische Aussöhnung in den folgenden fast 35 Jahren bestätigten die Gefühle von Rabbiner Wise nachdrücklich.

---

1   Zu den Schwierigkeiten der in die USA Emigrationswilligen bei der Erlangung von Affidavits siehe auch Elfe, S. 215 f.

2   LBI, American Jewish Joint Distribution Committee, Box 6; siehe auch den Brief von Albert Einstein an Stephen Wise vom 2. Mai 1933. Siehe auch Wise, S. 253 ff.

3   LBI, Box 11; Kopie des Briefes von Roger Baldwin an den US-Generalkonsul Thompson in Paris vom 3. Feb. 1939.

4   HIA, Box 5; siehe auch den Brief von Albert Einstein an den amerikanischen Generalkonsul in Paris vom 2. Aug. 1938, indem er die baldige Ausfertigung eines Immigrationsvisums nachdrücklich befürwortete.

5   LBI, Box 11; Kopie des Briefes von Stephen Wise an den US-Generalkonsul Thompson in Paris, undatiert (Frühjahr 1939).

Das erforderliche *„hohe Maß an moralischer Verantwortlichkeit"* (so der Begleittext) bei der Ausfertigung eines Affidavits hatte der Aussteller durch genaue Angaben seiner finanziellen Möglichkeiten zu belegen. Neben dem Jahreseinkommen mußten detaillierte Aufstellungen und Nachweise über Ersparnisse, Versicherungen, Grundbesitz oder andere Vermögenswerte vorgelegt werden.[6] Durch ein Affidavit erklärte sich der Unterzeichnende nicht nur bereit, dafür Sorge zu tragen, daß der Begünstigte kein öffentlicher Sozialfall werden würde, sondern auch, falls der Begünstigte seinen Auskommen nicht selbst finanzieren könne, für dessen Lebensunterhalt zu sorgen. Die Bereitschaft zur Ausfertigung eines Affidavits war daher nicht nur ein Freibrief für eine Einreise in die USA, sondern zugleich die Rückversicherung der US-Behörden vor dem Import von Sozialfällen, die dann zu Lasten des Ausstellers gingen. Eine derartige Erklärung war nach der Depression der dreißiger Jahre in den Vereinigten Staaten somit kein bloßes Lippenbekenntnis, sondern auch ein gewisses finanzielles Risiko. Ungeachtet dessen war es ein Zeichen von großer Hilfsbereitschaft, das aber viele Bürger aufgrund ihrer eigenen materiellen Bedürftigkeit als Folge von Arbeitslosigkeit oder zu geringem Einkommen nicht übernehmen konnten oder (aufgrund der Nichtanerkennung ihrer Erklärung durch die Behörden) nicht übernehmen durften.[7] Wurde allerdings die Verweigerung eines Affidavitgesuchs durch Verwandte nicht nur in sehr herablassendem Ton, sondern auch noch auf dem Briefpapier eines Luxushotels, wohin der Bittbrief postalisch nachgesandt wurde, wie im Fall von Kurt Grossmann von einer Kusine abgelehnt,[8] kann dies im wahrsten Sinne des Wortes nur als Hochnäsigkeit bezeichnet werden. Wenn im Nachsatz von *„diesen harten Zeiten"* gesprochen wird, in denen Millionen von Amerikanern keine Arbeit finden könnten und diese Lage durch den Zustrom der Flüchtlinge noch verschlimmert werde, dann ist dies nicht nur eine Borniertheit, sondern auch eine totale Verkennung der Situation der Expatriierten in den europäischen Zufluchtsländern am Vorabend des zweiten Weltkrieges, die keine Wirtschaftsflüchtlinge waren.

Daß man mit den schon seit vielen Jahren in den Vereinigten Staaten lebenden entfernten Verwandten nicht rechnen könne, hatte auch der Vetter Fred Grossmann enttäuscht feststellen müssen.[9] Kurt Grossmann beklagte sich noch sieben Jahre später über ausgebliebene Unterstützung durch die amerikanischen

---

6   LBI, Box 1; siehe auch den Brief von Anna Esau an Elsa Grossmann vom 1. Sep. 1939.

7   Ebd.; siehe auch den Brief von Anna Esau an Elsa Grossmann vom 1. Sep. 1939.

8   Ebd.; Brief von einer "Kusine Elsa" an Kurt Grossmann vom 21. Juni 1938. Der Text wurde auf dem Briefpapier des Hotels »Great Northern« in Chicago verfaßt, wohin ihr von New York aus der Bittbrief von Kurt Grossmann nachgesandt worden war.

9   Ebd.; Brief von Fred Grossmann vom 13. Jan. 1939.

Verwandten. So schimpfte er im August 1946, daß diese Kusinen und Vettern (mit Ausnahme von Fred, der ja selbst erst kurz zuvor immigriert war), die schon vor 1933 in den Vereinigten Staaten gelebt hatten, *„nicht den kleinen Finger bewegt"* hätten,[10] weder einen schriftlichen Willkommensgruß noch ein anderes Zeichen *„menschlicher Anteilnahme"* gezeigt hätten. Rabbiner Stephen Wise hingegen nahm die aus der Ausfertigung eines Affidavits resultierenden Verpflichtungen sehr ernst und unterstützte den damals fast mittellosen Grossmann im Februar 1940 mit einem Scheck über 150 Dollar.[11]

Eine nochmalige Versicherung der schon im Herbst 1938 ausgefertigten Affidavits durch Roger Baldwin und Rabbiner Wise[12] erfolgte auf Drängen von Grossmann und war eine Folge der schleppenden Bearbeitung der Visaanträge durch das US-Generalkonsulat in Paris.[13] Bereits im Oktober 1938 hatte Elsa Grossmann sich bei Prager Bekannten darüber beklagt und betont, die Weiterreise würde sich noch um Monate verzögern, da die Immigrationsquoten zu gering seien und nach dem sog. "Anschluß" Österreichs die Zahl der Bewerber gewaltig angestiegen sei.[14] Im Dezember 1938 teilte Elsa Grossmann dem Vetter ihres Mannes, Fred Grossmann, mit, daß die eigenen beantragten US-Visa noch immer nicht eingetroffen seien.[15] Der Vetter, ein Kaufmann aus der Kleiderstoffbranche,[16] war drei Monate zuvor, im September 1938, in die Vereinigten Staaten ausgewandert.[17] Im Gegensatz zu seinem Vetter Kurt, der Deutschland im Februar 1933 mit einem kleinen Handkoffer verlassen mußte,[18] gelang es Fred, einen Teil seines Besitzes in zehn Überseekisten via Rotterdam mit in die Neue Welt zu nehmen.[19] Wie Elsa Grossmann unter dem noch frischen Eindruck der Ereignisse der Pogromnacht[20] weiter schrieb, sei der Vetter sicherlich froh, in den *„letzten Wochen"* nicht mehr in Deutschland gewesen zu sein, denn: *„Jetzt wollen sie nun alle heraus, soweit sie Juden*

---

10   LBI, Box 13; Brief an A.R. Arkin am 8. Aug. 1946 (Ü.d.V.).

11   LBI, Box 2; Brief von Stephen Wise vom 5. Feb. 1940.

12   LBI, Box 10; siehe auch den Brief an Stephen Wise am 6. Juni 1939.

13   Ebd.; Kopie des Briefes von Roger Baldwin an den US-Konsul in Paris vom 3. Feb. 1939.

14   LBI, Box 2; Brief von Elsa Grossmann an "Genosse Pfaff" am 15. Okt. 1938.

15   LBI, Box 1; Brief von Elsa Grossmann an Fred Grossmann am 1. Dez. 1938.

16   Ebd.; siehe den Brief von Fred Grossmann vom 18. Juli 1939.

17   Ebd.; Brief von Fred Grossmann vom 21. Apr. 1939.

18   Grossmann, Emigration, S. 25.

19   LBI, Box 1; siehe die Kopie der Speditionsfirma vom 11. Nov. 1938.

20   Siehe dazu auch Mertens, Reichspogromnacht, S. 385 f.

sind."[21] Fred Grossmann sprach voller Abscheu über die *„Ereignisse im Saulande"*, daß für ihn nun nur noch das *„Land der Barbaren"* war.[22]

Vor der Übersiedlung in die Vereinigten Staaten versuchte Kurt Grossmann von Paris aus, alle in Prag bei einem Spediteur in Verwahrung befindlichen Umzugskisten in die USA zu expedieren.[23] Für die in den Kisten lagernden Bücher und eine Nähmaschine sah der tschechische Spediteur angesichts der nach der deutschen Okkupation im März 1939 bestehenden Ausfuhrbeschränkungen keine Versandmöglichkeit, bzw. im Falle der Nähmaschine nur nach Entrichtung einer Zollgebühr in Höhe von 40 % des Neuwertes.[24] Kurt Grossmann beschloß daher, alle Drucksachen und die Nähmaschine bei Freunden in Prag zu belassen und lediglich die Wäsche und andere frei exportierbare Dinge nach Übersee verschiffen zu lassen.[25] Als der Spediteur Ende Juli 1939 mitteilte, daß keiner der in Prag verbliebenen Bekannten die Bücherkisten mit den z.T. politisch brisanten Broschüren habe übernehmen wollen und er daher, wegen seiner bevorstehenden Lagerauflösung, nun einen Auftrag zur Vernichtung erteilen müsse,[26] antwortete Kurt Grossmann in einem Aufschrei des Entsetzens,[27] daß er niemals seine Einwilligung zur Vernichtung von Büchern von Goethe, Lessing, Uhland und Schiller geben würde.[28]

In einem Brief Anfang Mai 1939 schlug Fred Grossmann dem Vetter vor, für ihn und seine Familie in der Nähe der eigenen Wohnung ein möbliertes Zimmer zu besorgen, da man selbst *„räumlich zu beengt"* sei. Sich aufhalten und die Mahlzeiten einnehmen könnten sie dann aber selbstverständlich bei ihm und seinen Angehörigen.[29] Aber so rasch wie Fred Grossmann glaubte, erfolgte auch bei seinem in der Öffentlichkeit bekannten Vetter die Visaerteilung nicht. So konnte Kurt Grossmann ihm vier Wochen später lediglich die "Bearbeitung" seines Antrages berichten, ohne aber etwas genaueres über die Bearbeitungsdauer sagen zu können.[30] Erst einen weiteren Monat später, Mitte Juli 1939, konnte er die erfolgte Erteilung der amerikanischen Visa mit-

---

21 LBI, Box 1; Brief von Elsa Grossmann an Fred Grossmann am 1. Dez. 1938.

22 Ebd.; Brief von Fred Grossmann vom 13. Jan. 1939.

23 LBI, Box 10; Brief an Pavel Schlenker am 12. Juni 1939.

24 Ebd.; Brief von Pavel Schlenker vom 20. Juni 1939.

25 Ebd.; Brief an Pavel Schlenker am 11. Juli 1939.

26 Ebd.; Brief von Pavel Schlenker vom 28. Juli 1939.

27 Die barbarische Aktion der reichsweiten Bücherverbrennung durch die Nazis im Mai 1933 dürfte hier die emotionale Empfindlichkeit vor der Vernichtung noch gesteigert haben.

28 LBI, Box 10; Brief an Pavel Schlenker am 4. Aug. 1939.

29 LBI, Box 1; Brief von Fritz Grossmann vom 4. Mai 1939.

30 Ebd.; Brief an Fred Grossmann am 7. Juni 1939.

teilen.[31] Nach einer elftägigen Überfahrt[32] mit einem preiswerten und langsamen Dampfer der Holland-Amerika-Linie von Boulogne kamen Kurt und Elsa Grossmann mit ihrem Sohn Walter schließlich am 22. August 1939 in New York an.[33]

Daß die Pariser Erfahrungen von Kurt Grossmann bei der Erlangung der Einwanderungsvisa kein Einzelfall waren, sondern die offizielle amerikanische Immigrationspolitik der dreißiger Jahre widerspiegelten,[34] verdeutlicht die Untersuchung von Claus-Dieter Krohn, der zu dem Urteil kommt, daß die US-Konsulate alles andere als immigrationsfreundlich gewesen seien. Für ihn war die Haltung der Konsulatsbeamten *„geprägt von Unverständnis, über die europäischen Vorgänge, isolationistischer Fremdenfeindlichkeit, bürokratischem Leistungsehrgeiz in der Strenge gesetzlicher Auslegungen und zum Teil offenem Antisemitismus. "*[35]

6.1 Hilfe für die Familie der Schwester

Um seine zwei Jahre ältere Schwester Margret und ihre Familie kümmerte sich Grossmann nicht nur aus der Emigration. Nach dem Kriegsende unterstützte er die Verwandten durch die regelmäßige Sendung von Lebensmittelpaketen. Über das Stockholmer Büro des »World Jewish Congress« sandte er zahlreiche Care-Pakete; allein im August 1946 drei Stück. Wie einem Informationszettel vom März 1947 zu entnehmen ist, enthielten die 10 kg-Pakete: 500 g Butter, 500 g Margarine, 500 g Öl, 250 g Schokolade, je 1 kg Zucker, Makkaroni, Cornflakes, Kakao und Kaffee, 250 g Tee, 500 g Milchpulver oder Orangenmarmalade, 250 g Käse, 600 g Seife und 40 Stck. Zigaretten.

Seine Schwester Margret war mit dem Erfinder Robert Sommer[36] verheiratet. Infolge der jüdischen Herkunft seiner Frau wurde Sommer seit Ende der

---

31   Ebd.; Brief an Fred Grossmann am 18. Juli 1939.

32   LBI, Box 10; siehe auch die Mitteilungen in den Briefen an Roger Baldwin und an Stephen Wise am 13. Juli 1939 sowie an Robert Kempner am 16. Juli 1939.

33   HIA, Box 1; Personal History Statement, S. 2.

34   Siehe auch ausführlich Wyman, Walls, S. 54 ff.

35   Krohn, Claus-Dieter: "Nobody has a right to come into the United States". Die amerikanischen Behörden und das Flüchtlingsproblem nach 1933. In: Gedanken an Deutschland im Exil und andere Themen. Hrsg. von Thomas Koebner et al. (Exilforschung, Bd. 3). München 1985, S. 127-142; hier S. 136.

36   Erfinder des Sommer-Gleitschutzverfahrens für Autoreifen. Zur Person siehe: Robert Som-

dreißiger Jahre in seinen geschäftlichen Angelegenheiten als Generalvertreter mehrerer italienischer Firmen massiv behindert. Auch die enge Zusammenarbeit des Luftfahrtpioniers mit dem Reichsluftfahrtministerium wurde dadurch beeinträchtigt. Mit einem Jahreseinkommen von 35.000 Reichsmark gehörte er ungeachtet dessen zu den Wohlhabenden Berlins. Einer Denunziation konnte er sich nur durch das entschiedene Eintreten seines alten Bekannten Generaloberst Ernst Udet[37] erwehren. Ab Ende 1944 mußte die Familie mit ihren beiden Kindern allerdings im Untergrund leben.[38] Auch seiner Schwägerin, Hedwig Meckelburger, verhalf Grossmann schließlich zur Immigration in die Vereinigten Staaten, da die Schwester seiner Frau im Frühjahr 1948 noch immer in einem dänischen Flüchtlingslager lebte.[39]

Elsa Grossmann war in ihrer Korrespondenz mit dem Vetter Fred im Spätherbst 1938 über das Verhalten der Familie ihrer Schwägerin sichtlich empört, denn die hatte *„sich wieder einen neuen Wagen bestellt"*, da der Motorsport[40] die große Leidenschaft von Vater und Sohn Sommer waren. Elsa Grossmann hätte es lieber gesehen, wenn sie das Geld anderweitig angelegt hätten, damit sie für alle Notfälle vorbereitet wären, wenn sie vielleicht *„eines Tages auch herausmüssen"*.[41] Fred Grossmann konnte diese Ansicht nur bestätigen, und meinte, die Anlage eines Devisenkontos wäre sicherlich besser als der *„Ausbau des Wagenparks"*.[42] Daß der Vorwurf, zuviel Geld in Automobile zu stecken und unzureichend Vorsorge zu treffen, nicht ganz unberechtigt war, bestätigt indirekt ein Brief an Fred Grossmann, den Robert Sommer seiner Schwägerin Elsa im Januar 1939 bei seinem Besuch in Paris diktierte. Resignierend meinte

---

mer - 70 Jahre. In: Aufbau, 23. Jg., Nr. 3, 18. Jan. 1957, New York, S. 16; Robert Sommer [Nachruf]. In: Ebd., 24. Jg., Nr. 2, 10. Jan. 1958, S. 24; Pionier der Luftschiffahrt. Erinnerung an Robert Sommer. Ein Frankfurter starb in den Vereinigten Staaten. In: Frankfurter Neue Presse, 14. Jg., Nr. 111, Fr. 15. Mai 1959, S. 6.

37   Udet, Ernst; geb. 1896 Frankfurt/M., gest. 1941 (Freitod); Jagdflieger im 1. Weltkrieg, 1935 in das Reichsluftministerium berufen, seit 1938 Generalluftzeugmeister; beging nach dem Versagen der Luftwaffe im Nov. 1941 Selbstmord, der vom NS-Regime als Unfall bei einem Testflug dargestellt wurde. Udets Karriere im Dritten Reich bildete die Vorlage für Carl Zuckmayers Drama »Des Teufels General«; Wistrich, S. 362 f.

38   LBI, Box 7; siehe die Aktennotizen vom 30. Dez. 1956 zum Entschädigungsantrag von Robert Sommer und den anderen Familienangehörigen. Genaueres über die Lebensumstände der Familie Sommer in den letzten Kriegsmonaten ist nicht bekannt.

39   LBI, Box 16; siehe den undatierten Affidavit of Support vom Frühjahr 1948.

40   Vater und Sohn nahmen regelmäßig an Rallyefahrten teil und besaßen bereits mehrere Fahrzeuge; LBI, Box 11.

41   LBI, Box 1; Brief von Elsa Grossmann an Fred Grossmann am 1. Dez. 1938.

42   Ebd.; Brief von Fred Grossmann vom 13. Jan. 1939.

der Erfinder Robert Sommer[43]: *„Wie die Zustände jetzt sind - und wir erwarten täglich neue Verschlimmerungen, ist das Leben fast nicht mehr zu ertragen. Wen dazu noch das Unglück trifft, in ein KZ zu kommen, der ist natürlich am allermeisten zu bedauern, und die Geschichte wird ja früher oder später einmal all die sadistischen Scheusslichkeiten an das Tageslicht bringen, denen die Insassen der KZ's in den letzten Wochen ausgeliefert waren. Das, was wir von Leuten, die dort waren, gehört haben, läßt sich einfach nicht beschreiben. Es ist nur so, daß jeder unter allen Umständen, sei es, wie es will, lieber als Bettler nach Schanghai will wie noch einmal zurück, ins KZ. "*[44] Der Hinweis auf Shanghai ist nicht zufällig, denn nach dem Jahre 1938 galten für nahezu alle Staaten der Erde restriktive Einreisebestimmungen und Quotierungen mit mehrjährigen Wartezeiten, so daß für auswanderungswillige Juden faktisch nur die südchinesische Hafenstadt offenstand und immer mehr zum Ausweichplatz bei der Emigration wurde.[45]

Mit dem ehemaligen, bereits in die USA emigrierten Lehrer seines Neffen Robert Sommer jun. korrespondierte Grossmann im Frühjahr 1939 von Paris aus.[46] Angesichts der schwierigen juristischen und politischen Verhältnisse, in denen der junge Mann in Deutschland nach der Klassifizierung durch die Nürnberger Gesetze[47] als sog. "Halbjude" leben mußte, wollte der Onkel mit Hilfe des am Schicksal seines früheren Schülers interessierten Lehrers für den Neffen ein Universitätsstipendium an der Johns Hopkins-Universität in Baltimore erlangen, um ihn so auf legalem Wege aus Deutschland herauszubringen zu können. Die Verhältnisse in Deutschland waren seit der Pogromnacht selbst für dessen "arischen" Vater, der hochrangige Kontakte im Reichsluftfahrtministerium hatte, sehr schwierig geworden.[48] Als besonderes Problem kam hinzu, daß Robert sein Abitur erst im September 1939 machen konnte. Da aber vorher sein Reisepaß ablief und er danach wahrscheinlich seinen Militärdienst in der Wehrmacht ableisten mußte, war eine legale Ausreise nach dem Sommer 1939 unmöglich.[49] Die entscheidende Hürde war allerdings, daß für die amerikanische Visaerteilung neben der Immatrikulationsbescheinigung, die durch den

---

43 Zum Leben des Erfinders, Fliegerpioniers und Olympiateilnehmers im Fechten 1928 siehe: Robert Sommer - 70 Jahre. In: Aufbau, 23. Jg., Nr. 3, 18. Jan. 1957, New York, S. 16; Robert Sommer [Nachruf]. In: Aufbau, 24. Jg., Nr. 2, 10. Jan. 1958, New York, S. 24.

44 LBI, Box 1; Brief von Robert Sommer (sen.) und Kurt Grossmann an Fred Grossmann am 27. Jan. 1939.

45 Siehe ausführlich Ahlers, S. 115 f.

46 LBI, Box 11; Brief an Edwin Heinrich am 12. Apr. 1939.

47 Siehe dazu Gries, S. 382; Walk, passim.

48 LBI, Box 1; siehe den Brief an Fred Grossmann am 12. Apr. 1939.

49 LBI, Box 11; Brief an Edwin Heinrich am 12. Apr. 1939.

Lehrer noch zu beschaffen gewesen wäre, eine Sicherstellung von 1.000 US-Dollar zur Bestreitung des Lebensunterhaltes nachgewiesen werden mußte. Aufgrund der restriktiven deutschen Devisenbestimmungen konnten die Eltern diese Summe jedoch nicht einfach in die USA transferieren. Der Onkel, Kurt Grossmann, der schon die ebenfalls notwendige Rückreisekostenkaution von 150 US-Dollar aufzubringen bereit war,[50] besaß diese hohe Summe nicht bzw. benötigte jeden Cent für die bevorstehende Ausreise der eigenen Familie in die Vereinigten Staaten. Zwar versuchte der ehemalige Lehrer, diesen Betrag über ein Scholarship in den USA zu gewährleisten, aber da dort niemand den jungen Mann kannte und er sich auch nicht persönlich vorstellen konnte, fand sich keine Institution, die bereit gewesen wäre, die benötigte Sicherungssumme zu bewilligen.[51] Robert Sommer jun. konnte daher, zusammen mit seiner Schwester und den Eltern, erst im März 1947 in die Vereinigten Staaten übersiedeln.

Kennzeichnend für die schizophrene Ambivalenz des Alltagsleben im nationalsozialistischen Deutschland am Ende der dreißiger Jahre ist ein Brief von Robert Sommer jun. aus Wien an Kurt Grossmann in Paris im Frühsommer 1939. Einerseits bemühte sich der Neffe, als Folge der immer offener zutage tretenden Ausgrenzung der Juden aus dem öffentlichen und gesellschaftlichen Leben Deutschlands, um das erwähnte Universitätsstipendium in den USA, andererseits nahmen sein Vater und er mit zwei Sportwagen im gerade "angeschlossenen" Österreich an der »Ostmärkischen Voralpenfahrt« teil.[52] Bei der Beurteilung und Einordnung dieser bizarr anmutenden existenziellen Zwiespältigkeit muß berücksichtigt werden, daß es sich bei Kurt Grossmanns Schwester Margret um eine mit einem einflußreichen Unternehmer in sog. privilegierter Mischehe lebende Jüdin handelte und auch deren gemeinsame Kinder (als "Halbjuden" im NS-Verständnis) noch nicht der ganzen Brutalität der antisemitischen Ausgrenzungs- und Staatsaktionen ausgesetzt waren.

Ihre Teilnahme an der berühmten Rallye Monte Carlo im Januar 1939 hatten Vater und Sohn Sommer auf der Rückreise zu einem Abstecher nach Paris genutzt, um - wie bereits oben erwähnt - Kurt und Elsa Grossmann zu besuchen.[53] Die Durchführung dieses kurzen Zwischenstopps war sehr schwierig gewesen, da einer der Beifahrer der stellvertretende Gauleiter des ADAC in Berlin war, der nichts von diesem Besuch bei den "Reichsfeinden" wissen

---

50   Ebd.

51   LBI, Box 11; undatierter Brief von Edwin Heinrich vom Sommer 1939.

52   Ebd.; Brief von Robert Sommer (jun.) vom 30. Juni 1939.

53   LBI, Box 1; siehe den Brief von Robert Sommer (sen.) und Kurt Grossmann an Fred Grossmann am 27. Jan. 1939.

durfte. Hauptmotiv für diese private und sehr teure Rallyeteilnahme war, neben der bekannten Motorsportbegeisterung, die Chance, die Regelungen des Grenzübertritts bei derartigen internationalen Motorsportveranstaltungen zu erkunden. Robert Sommer senior dachte nämlich daran, Frau und Tochter scheinbar zum Urlaub ins benachbarte Ausland reisen zu lassen, während der Sohn und er gleichzeitig von einer internationalen Sportwagenrallye nicht mehr nach Deutschland zurückkehren würden. Da die legale Ausfuhr von Wertgegenständen und die Mitnahme von anderem persönlichen Besitz bei einer legalen Emigration streng reglementiert war,[54] hätte dieser überaus unkonventionelle Fluchtplan zumindest die Mitnahme von zwei teuren Sportwagen (Stoewer-Sport und Lancia) ermöglicht. Der Ausbruch des zweiten Weltkrieges im September 1939 vereitelte allerdings die Durchführung dieser originellen Überlegungen, da nun statt Autos Panzer durch Europa rollten.

Die Familie der Schwester hatte bereits unmittelbar nach Kriegsende den Entschluß zur Emigration gefaßt,[55] doch mußte sie bis zum Frühjahr 1947 warten, bevor ihr die Immigration in die USA genehmigt wurde.[56] Kurt Grossmann war der vierköpfigen Familie Sommer bei der Übersiedlung von Berlin nach New York im März 1947 sehr behilflich. So hatte er auch eines der für die Immigration benötigten Affidavits ausgestellt, ein weiteres kam vom Vetter Fred Grossmann.[57]

Nach dem Ende des Dritten Reiches erreichten Kurt Grossmann zahlreiche Briefe von Freunden und Bekannten aus Deutschland, die in den ersten Nachkriegsjahren in beliebiger Form auf die frühere Bekanntschaft bauend, sich Hilfe und Unterstützung versprachen: sei es bei der eigenen Emigration in die USA,[58] der Erlangung von Care-Paketen[59] oder irgendeinem anderen persönlichen Problem.

---

54   Für die mannigfaltigen Ausfuhrbeschränkungen und -verbote siehe passim Walk.

55   HIA, Box 8; siehe den Brief an Walter Gilbert am 8. Aug. 1945.

56   LBI, Box 11; siehe auch das »Statement« von Kurt Grossmann an das britische »Administration of Enemy Property Department« am 18. Mai 1953.

57   LBI, Box 13; Brief an A.R. Arkin am 8. Aug. 1946.

58   LBI, Box 3; siehe die Korrespondenz mit Erich Ballhausen (Berlin) von März-Juli 1947.

59   Ebd.; siehe die Korrespondenz mit Frau Hansi Becker (München) von Aug.-Dez. 1948.

7. Neubeginn in den Vereinigten Staaten

Die mehrjährigen ökonomischen und beruflichen Integrationsschwierigkeiten von Grossmann nach der Ankunft in den Vereinigten Staaten im August 1939, die erst durch die Aufnahme der Tätigkeit beim »World Jewish Congress« (WJC) im April 1943 überwunden wurden, lassen sich aus dem Nachlaß lediglich vereinzelt nachweisen und können meist nur zwischen den Zeilen herausgelesen werden. Besonders in der Korrespondenz[1] mit den alten Berliner Weggefährten Robert Kempner und Paul Hertz Anfang der vierziger Jahre finden sich einige Belege für die großen beruflichen Integrationsprobleme, die mit einer unbefriedigenden materiellen Situation einhergingen. Obgleich Kurt Grossmann die Fluchtstationen Prag und Paris durchlaufen hatte, waren diese Probleme für ihn offensichtlich unvorstellbar und trafen ihn daher mental völlig unvorbereitet. Wieso er die illusionäre Vorstellung hegte, in den Vereinigten Staaten mit offenen Armen[2] empfangen zu werden und glaubte, sich sogleich in New York beruflich und ökonomisch voll etablieren zu können, kann aus den (diesbezüglich wenigen) überlieferten Archivalien nicht ergründet werden. Eine vage Vermutung, die nur eine unzureichende Erklärung geben kann, ist, daß der intensive Schriftverkehr mit den Repräsentanten amerikanischer Hilfsorganisationen[3] Ende der dreißiger Jahre und auch das überaus wohlwollende Empfehlungsschreiben[4] von Rabbiner Stephen Wise bei Grossmann - unter Verkennung der oberflächlichen Freundlichkeit in der amerikanischen Mentalität - selbsttrügerische, unerfüllbare Hoffnungen geweckt haben, daß man ihn, besonders ihn, in den USA geradezu erwarte und entsprechend willkommen heißen werde. Grossmann glaubte bei einer dieser Institutionen sofort eine Anstellung zu finden. Sein Vetter Fred, der ihm das Übergangsquartier in der Nähe der eigenen Wohnung auf Long Island besorgt hatte, pries - aufgrund dieser bekannten Intentionen - die verkehrstechnisch günstige Lage und meinte,

---

1   Kempner lebte in Philadelphia und Hertz an der Westküste in Los Angeles.

2   Eine derartige euphorische und grenzenlos optimistische Erwartungshaltung im Bezug auf die USA war in den vergangenen zwei Jahrzehnten auch unter den sowjetischen Juden zu beobachten; siehe Mertens, Alija, S. 143 ff.

3   So kannte er z.B. Mr. Ritchie, den Generalsekretär des »American Committee for Christian German Refugees«, von dessen Prag-Besuch im Jahre 1938 persönlich.

4   LBI, Box 12; siehe auch die Kopie des Briefes von Stephen Wise an US-Generalkonsul Thompson in Paris, vom 10. Feb. 1939.

die U-Bahnverbindungen nach Manhattan zu den "Organisationen" sei *„sehr bequem, schnell und billig".*[5] Doch diese überspannten Erwartungen erfüllten sich nicht. So hatte sich Grossmann nach seiner Übersiedlung im Spätsommer 1939 von der »American Guild for German Cultural Freedom«,[6] eine beruf‐ liche Starthilfe[7] erhofft, da er deren Repräsentanten Prinz Hubertus zu Löwen‐ stein[8] persönlich aus Paris[9] kannte und vorgeblich von diesem dem New Yor‐ ker Büro empfohlen worden war.[10] Dieser Kontakt war jedoch nicht so ergiebig, wie Grossmann es erwartet hatte. In einem Brief an Löwenstein im Dezember 1939 beklagte er sich daher, daß alle von diesem gemachten Ver‐ sprechungen und Zusagen nicht eingehalten worden seien. Weder die finanziel‐ le Förderung eines geplanten Buches (mit dem Arbeitstitel:»Menschen zwi‐ schen den Grenzen«), noch die Informierung des New Yorker Büros über seine Ankunft oder die Vermittlung von Interviews mit Pressevertretern seien zustan‐ e gekommen. Resümierend und verbittert klagte Grossmann, er mache Löwen‐ stein zwar keine Vorwürfe - obgleich der Brief eine einzige Philippika war -, sondern er wolle ihm nur *„als einer, der die letzten vierzehn Jahre Beratungs‐ und Hilfstätigkeit ausübte, sagen, daß es ein schlimmer Fehler ist, mehr zu versprechen oder in Aussicht zu stellen, als man zu erfüllen in der Lage ist."*[11]

Bereits im Herbst 1939 schrieb Grossmann daher enttäuscht an Wollenberg: *„Man muß hier große Geduld haben",*[12] doch gerade diese Tugend hatte ihn nie ausgezeichnet. Über mangelnde Hilfsbereitschaft politischer Freunde sin‐ nierend, klagte Grossmann, sie *„sehen einen sicherlich lieber aus dem Zimmer gehen als hineinkommen."*[13] Bezüglich der materiellen und speziell der berufli‐ chen Integrationsprobleme der Emigranten in den USA war Paul Hertz wesent‐

---

5   LBI, Box 1; Brief von Fred Grossmann vom 4. Mai 1939. Daß auch er diese Vorzüge später
     schätzte, zeigt die dreißigjährige Wohndauer Grossmanns in Kew Gardens auf Long Island.

6   Zur ausgedehnten Tätigkeit und enormen Wirksamkeit dieser Institution siehe Amann,
     S. 181 ff., Deutsche Intellektuelle passim und Zühlsdorff, S. 10 ff.

7   Siehe dazu auch: Deutsche Intellektuelle, S. 242 ff.

8   Löwenstein-Wertheim-Freudenberg, Dr.iur. Hubertus Prinz zu; geb. 1906 Österreich;
     1930-33 Journalist, 1930 in Zentrumspartei, 1933 Flucht nach Österreich, 1935 Emigration
     in die USA, 1937-46 Gastprofessuren an amerik. Universitäten, 1936 Mitgründer u. General‐
     sekretär des »American Guild for German Cultural Freedom«, 1944 Mitarbeit im CDG,
     1946 Rückkehr nach Deutschland, 1952 in FDP, 1953-57 MdB; Biogr. Hdb., Bd. I, S. 457.

9   DEA, Eb 70/117, Slg. »American Guild«; siehe auch den Brief an Prinz Hubertus zu
     Löwenstein am 11. Juli 1939.

10   Ebd.; Brief an die Büroleiterin der Organisation am 4. Sep. 1939.

11   Ebd.; Brief an Prinz Hubertus zu Löwenstein am 2. Dez. 1939.

12   LBI, Box 11; Brief an Otto Wollenberg am 2. Okt. 1939.

13   LBI, Box 10; Brief an Paul Hertz am 13. Juni 1942.

lich realistischer, ja fast fatalistisch der Auffassung: *„Man hat eben nicht auf uns gewartet und schätzt unsere Fähigkeiten anders ein als wir."*[14] Im August 1940 beglückwünschte Robert Kempner die Familie Grossmann zum einjährigen Aufenthalt in den Vereinigten Staaten.[15] Doch Kurt Grossmann war nach eigenem Eingeständnis in *„schlechter Stimmung"*, da die berufliche Integration für sein Empfinden zu schleppend verlief.[16] Obgleich er selbst immer noch nicht etabliert war, fand sich Grossmann im Februar 1942 auf Bitte von Hertz sofort zur Unterstützung für die via Casablanca in die USA kommende Familie des SPD-Funktionärs Robert Keller[17] bereit.[18] Bereits im Herbst 1940 hatte er sich engagiert für das Einreisevisum des Gründers von »Die Aktion«, den Photographen und Publizisten Franz Pfemfert,[19] eingesetzt.[20] Ebenso half er im September 1941 bei den Einreisebemühungen für den Rechtsanwalt Dr. Sidney Mendel und seine Gattin mit.[21] Dabei scheint er die intensiven Bemühungen von Robert Kempner unterstützt zu haben, der sich nachhaltig für Mendel einsetzte.[22]

Der langjährige Bekannte aus der Berliner Zeit, Paul Hertz, schrieb im Februar 1942 aus Los Angeles: *„wir lesen jede Woche mit Interesse Ihre Artikel*

---

14 Ebd.; Brief von Paul Hertz vom 30. Juni 1942.

15 Ebd.; Brief von Robert Kempner vom 20. Aug. 1940.

16 Ebd.; Brief an Robert Kempner am 20. Okt. 1940.

17 Keller, Robert; geb. 1901 Trebbin, gest. 1972 Frankfurt/M.; Journalist, 1920 in SPD, bis 1928 SPD-Funktionär in Kiel, 1929-33 Stadtverordneter in Eisleben, 1933Emigration in die Tschechoslowakei, 1938 nach Frankreich, 1942 in die USA, Mitglied im CDG, 1947 Rückkehr in die SBZ, 1947-49 Chefredakteur der SED-Zeitung »Vorwärts« in Berlin, ab 1949 stellv. Chefredakteur von »Neues Deutschland«, Mitte der 1950er Jahre Übersiedlung in die Bundesrepublik; Biogr. Hdb., Bd. I, S. 359. Zur Korrespondenz Hertz-Keller siehe passim im IISG, NL Hertz, S 17.

18 DEA, Eb 73/21, Akte »Robert Keller«; siehe den Brief an das »Emergency Rescue Committee« am 7. Feb. 1942 sowie an die Gattin von Rabbiner Wise vom gleichen Tage bezüglich der Unterbringung der Flüchtlinge.

19 Pfemfert, Franz; geb. 1879 Lötzen/Ostpr., gest. 1954 Mexico City; Publizist, Photograph, 1911-32 Gründer u. Hrsg. der Zeitschrift »Die Aktion«, die antimilitaristische u. antiklerikale Tendenzen vertrat, 1918-21 in KPD (Ausschluß), vertrat ab 1927 trotzkistische Positionen, 1933 Emigration in die Tschechoslowakei, 1936 nach Frankreich, 1940 in die USA, verdiente seinen Lebensunterhalt im Exil als Photograph; Biogr. Hdb., Bd. I, S. 556.

20 DEA, Eb 73/21, Akte »Franz Pfemfert«; Brief an »Emergency Rescue Committee« am 3. Okt. 1940.

21 Ebd., Akte »Sidney Mendel«; Brief an »Emergency Rescue Committee« am 21. Sep. 1941.

22 Siehe ebd. die Korrespondenz von Robert Kempner mit dem »Emergency Rescue Committee« vom 25. Sep., 4., 13. u. 31. Okt., 3. Nov., 26. u. 30. Dez. 1940 sowie vom 3. Jan., 9. Juni u. 8. Sep. 1941.

im 'Aufbau' und freuen uns, daß Sie auf einem nützlichen Gebiet so aktiv sind und etwas leisten. Wir hoffen, daß sich auch Ihre materielle Situation gebessert hat und Sie keine solchen Sorgen mehr haben. "[23] Dies ist wieder ein Hinweis auf die großen Integrationsschwierigkeiten Grossmanns und dessen Selbstzweifel über die unbefriedigenden materiellen Lebensbedingungen zu Beginn der vierziger Jahre. Denn der berufliche Neuanfang in den Vereinigten Staaten war von mehreren Enttäuschungen geprägt, die auch in dem mehrseitigen »Personal History Statement« betitelten Fragebogen für die Erlangung der amerikanischen Staatsbürgerschaft dokumentiert sind.[24] Die verzweifelten Bemühungen Grossmanns, eine interessante und gut honorierte Arbeit zu finden, schlugen bisweilen bizarre Kapriolen jenseits seiner früheren Tätigkeiten und Fähigkeiten. So versuchte er im Frühjahr 1940, ein Exposé für einen von ihm geplanten Film zum Thema »Die Cavalcade der Menschen auf der Flucht« in Hollywood zu lancieren.[25] Aber nicht nur das amateurhaft in Deutsch verfaßte Filmexposé, sondern vor allem die Thematik fand in der ganz auf Unterhaltung ausgerichteten Filmindustrie keinerlei Interesse.[26] Die unerfüllten beruflichen Erwartungen und Hoffnungen waren sowohl von den materiell unbefriedigenden Tätigkeiten als auch den (gegenüber dem eigenen überzogenen Anspruch) unzureichenden individuell-intellektuellen Anforderungen des amerikanischen Alltags gekennzeichnet. Noch fünfzehn Jahre später schrieb Grossmann in einem Fragebogen des »Committee for the Study of Recent Immigration Europe« auf die Frage nach der größten Schwierigkeit bei der Integration in den "American Way of Life": *„the predominant emphasis on money and on money making".* Als größten Unterschied zu seinem Privatleben vor der Immigration zählte für ihn - neben dem Verlust seiner Bibliothek - das gesamte kulturelle und wissenschaftliche Leben, an dem er zuvor in Europa partizipiert habe.[27]

Dem »Personal History Statement«, den Grossmann für den Antrag auf Erlangung der US-Staatsbürgerschaft im Jahre 1944 ausfüllen mußte, sind weitere bisher unbekannte Details zu entnehmen. Die dort enthaltene Übersicht der Wohnsitze in den zurückliegenden zehn Jahren weist, neben der Prager und der Pariser Adresse, insgesamt vier amerikanische Angaben auf. Die erste Anschrift war das vom Vetter Fred Grossmann vermittelte möblierte Zimmer in Brooklyn, das nur übergangsweise wenige Monate genutzt wurde. Es läßt sich

---

23   LBI, Box 10; Brief von Paul Hertz vom 2. Feb. 1942.

24   HIA, Box 1; Personal History Statement.

25   LBI, Box 11; siehe auch den Brief an den damals in Los Angeles lebenden Paul Hertz am 16. Mai 1940.

26   Ebd.; Brief von der Filmproduktionsfirma »Warner Bros. Inc.« vom 3. Juni 1940.

27   LBI, Box 12; Undatierter Fragebogen (1954) des »Committee for the Study of Recent Immigration from Europe«.

anhand der zweiten und dritten Adresse konstatieren, daß die Familie Grossmann in den Jahren 1940 bis 1944 in Manhattan an der Upper West Side zwischen 98. und 102. Straße lebte,[28] d.h. nicht im typisch deutsch-jüdisch gepräg-
ten Stadtteil Washington Heights (oberhalb der 178. Straße).[29] Die vierte Anschrift, die auch bei Antragstellung im Jahre 1944 noch galt, war die Wohnung
in Kew Gardens, die Grossmann bis zu seinem Tode im Jahre 1972 bewohnte.

Im »Personal History Statement« trug Kurt Grossmann unter Religionszu-
gehörigkeit *„I am Jewish!"* ein, die anschließende Frage nach der zugehörigen
Kirchengemeinde ließ er infolge seine areligiösen Einstellung zum jüdischen
Kultus jedoch offen.[30] Als Hobbies gab er an, gerne "gute Bücher" zu lesen
und Artikel zu schreiben.[31]

Da Kurt Grossmann bei der ersten, nirgendwo näher beschriebenen geschäftlichen Verbindung als freiberuflicher Forscher, die nur durch ein Werbe-
blatt überliefert ist, *„sehr viel Geld verloren"* hatte,[32] beteiligte er sich im Juni
1940 als Partner an dem Photogeschäft eines ungenannten alten Jugendfreun-
des und wurde "Manager"[33]: *„Ich verdiene zwar noch nichts, aber die Sache ist
weit aussichtsreicher als alles, was ich bisher gemacht habe."*[34] Da er aber
kein Fixgehalt erhielt, sondern lediglich auf Provisionsbasis arbeitete, und die
konjunkturelle Lage instabil war - besonders nach dem Kriegsausbruch in
Europa -, verließ Grossmann die Firma aus *„finanziellen Gründen"* bereits ein
halbes Jahr später. Nachdem auch der Photobereich keine satuierende materielle Grundlage bieten konnte, war er im Spätherbst 1940 wesentlich depressi-
ver als noch einige Monate zuvor und äußerte erste Suizidgedanken. Den Rat-

---

28 Im Sommer 1942 lautete die Anschrift: 165 West 98th Street; DEA, Eb 67b/2, Slg. »Euro-
    päische Föderation«; siehe den Brief an die »Catholic Association for International Peace«
    am 27. Juli 1942.

29 Siehe ausführlich dazu Lowenstein. Nach Bennet, S. B6 betrug der Anteil der in Washington
    Heights lebenden Personen, die sich als deutschstämmige Bevölkerung ansah, im Jahre 1960
    immer noch rund 16 % aller Bewohner, so war diese Zahl infolge von Überalterung und dem
    Wegzug Gutsituierter bis zur Volkszählung von 1990 unter sechs Prozent (3.133 Personen)
    gesunken.

30 HIA, Box 1; Personal History Statement.

31 Die von dabei angegebene Zahl von mehr als 3.000 publizierten Artikel erscheint viel zu
    hoch gegriffen und ist auch im Vergleich zu der am Lebensende behaupteten Zahl von über
    5.000 Artikeln zu großzügig bemessen.

32 LBI, Box 10; Nach eigener Aussage besassen Kurt und Elsa Grossmann bei der Einreise in
    die USA 700 $; siehe den Brief an James Mac Donald am 23. März 1939.

33 Ebd.; siehe den Brief an Paul Hertz am 13. Juni 1940, wo er sich selbst mit einem gewissem
    Stolz so bezeichnet.

34 LBI, Box 11; Brief an Robert Kempner am 11. Juni 1940.

schlag Robert Kempners, sich brieflich direkt an einflußreiche, ihm persönlich aber unbekannte Persönlichkeiten mit der Bitte um Hilfe zu wenden, lehnte er ganz entschieden ab, denn *„lieber verabschiede ich mich von der Gesellschaft (Menschentum G.m.b.H.), als daß ich das tun würde."*[35] Die entsprechende Empfindsamkeit war allerdings nur partiell und bezog sich ausdrücklich nur auf die eigene Rolle als Bittsteller: *„Das soll nicht heißen, daß ich Hilfe ablehne, aber ich kann nicht an Hertha Kraus* [36; L.M.] *schreiben etc. Wenn jemand für mich bei jemanden Einflußreichen interveniert ist das eine ganz andere Sache."*[37] Seine exaltierte Haltung begründete Grossmann damit, *„daß ich doch einen Rekord* [38; L.M.] *habe,"* der diese Einstellung rechtfertige und ein derartiges Bittstellertum verbiete, dies *„müßte etwas zählen".*[39] In seiner Antwort nahm Robert Kempner dem sich im Selbstmitleid gefallenden Freund diesen Trugschluß und meinte in seiner typischen zupackenden Art, von etwas *„müssen Sie sich aber wirklich freimachen, weil das einfach ein Denkfehler ist und Sie sich damit furchtbar schaden können. Ich meine die Sache mit dem Rekord. Ihr gesamter früherer Rekord gilt für Amerikaner nicht einen Cent; ebenso wie der meine, und aller anderen Leute. Unser Dienstalter zählt hier eben einfach vom August bezw.[!] September 1939 ab, alles andere ist verjährt."*[40] Ungeachtet dessen bot Kempner seine Hilfe und Unterstützung an: *„Daß ich einer der ersten bin, die* [der; sic] *Ihnen gerne hilft, werden Sie ja wohl allmählich gemerkt haben."* Grossmann solle daher seine Wünsche und Nöte Kempner gegenüber *„ganz offen und unbefangen"* äußern. Die Selbstbemitleidung und das grüblerische Bemühen früherer Verdienste wurden hervorgerufen durch die permanenten Mißerfolge bei der Suche nach einer angemessenen Berufsposition. In den zurückliegenden Wochen seit Mitte November 1940,[41] hatte Kurt Grossmann sich zehn Tage lang vergeblich als Handelsvertreter für Leuchtreklame versucht und dabei fast 300 potentielle Kunden

---

35   Ebd.; Brief an Robert Kempner am 8. Dez. 1940.

36   Kraus, Dr. Hertha; geb. 1897 Prag, gest. 1968 Haverford/PA, Quäker; Promotion Frankfurt/M. 1919, 1920-23 Leiterin der Quäker-Kinderernährungsstelle in Berlin, 1923-33 Dir. Wohlfahrtsstelle Köln, 1933 Emigration in die USA, 1934-63 Prof. für Sozialarbeit am Bryn Mawr College, 1939-43 Beratung u. Leitung von Flüchtlingsprogrammen der Quäker-Hilfsorganisation; Who's Who of American Women, S. 719; Dr. Hertha Kraus [obituary]. In: New York Times, 117. Jg., Nr. 40293, So. 19. Mai 1968, S. 86.

37   LBI, Box 11; Brief an Robert Kempner am 8. Dez. 1940.

38   Gemeint ist "record", die amerikanische Bezeichnung für Leistungen und Verdienste.

39   LBI, Box 11; Brief an Robert Kempner am 8. Dez. 1940.

40   Ebd.; Brief von Robert Kempner vom 10. Dez. 1940.

41   LBI, Box 2; siehe die Einladung zum Vorstellungsgespräch im Brief der Leuchtreklamefirma »Cold Lite Sales« vom 12. Nov. 1940.

aufgesucht, bei denen er aber rein gar nichts verkaufen konnte, da das angebotene Produkt zum einen wohl zu teuer war und zum anderen herkömmliche Lichtreklamen mit den aufkommenden neuen Neonreklamen auf dem Werbesektor konkurrieren mußten.[42]

Bei der Beurteilung der Mentalität der jüdischen Emigranten[43] in den Vereinigten Staaten und ihrem Bestreben, sich in die neue Gesellschaft zu integrieren und mit ihr zu identifizieren,[44] ist insbesondere die Loyalitätssammlung unter den Lesern des »Aufbau« zu beachten.[45] Dem Ziel des Spendenaufrufs folgend, konnte durch die Kriegsspende von 16.000 Flüchtlingen, welche die Gesamtsumme von 48.500 Dollar erbrachte,[46] ein Kriegsflugzeug gekauft werden, daß bezeichnenderweise auf den Namen »Loyalty« getauft wurde.[47] Als aktive Unterstützung für die US-Army sind auch die Sammlung deutscher Landkarten und Stadtpläne[48] oder die freiwilligen Blutspenden durch 6.000 Flüchtlinge[49] zu verstehen. Im Hinblick auf die Situation anderer "Enemy Aliens", wie etwa den 110.000 japanischstämmigen Amerikanern, die nach Pearl Harbor ab Frühjahr 1942 interniert wurden,[50] war diese Kriegsspende in gewisser Hinsicht auch existenzsichernd.

Seinem Briefwechsel mit dem »Aufbau«-Herausgeber ist - neben den zahlreichen Aktivitäten in der Flüchtlingsszene - zu entnehmen, daß die materielle Lage von Grossmann und seiner Familie mehr als ein Jahr nach der Ankunft in New York immer noch nicht saturiert war. Zwar fand er im Dezember 1940 im Verkaufsbüro des American Lloyd eine Arbeit, *„aber um allen Schlußfolgerun-*

---

42 Ebd.; siehe den Schriftwechsel mit »Cold Lite Sales«, insbesondere den Brief an den Manager am 28. Nov. 1940 und dessen Antwort vom 5. Dez. 1940.

43 Im Dezember 1940 war Grossmann dem »New World Club«, dem New Yorker Verein der jüdischen Emigranten, beigetreten: LBI, Box 2; siehe die Beitrittserklärung im Brief an Manfred George am 25. Dez. 1940.

44 Maas, Weltbühne, S. 276.

45 Amerikas Feinde sind unsere Feinde! In: Aufbau, 8. Jg., Nr. 15, 10. Apr. 1942, New York, S. 1 u. 3.

46 Siehe die Angaben in seinem ungedruckten Manuskript: »Material concerning the problem of Enemy Aliens«, New York 1942 (Bibliothek des LBI, Microfilm S 215), S. 5.

47 "Die Immigration überreicht ihre Spende. 'Our Boys' werden bei der Übergabe des Flugzeugs dabei sein". In: Aufbau, 8. Jg., Nr. 45, 6. Nov. 1942, New York, S. 3. Siehe auch Loewy, S. 147.

48 Maas, Weltbühne, S. 276.

49 Siehe die Angabe in dem ungedruckten Manuskript: »Material concerning the problem of Enemy Aliens«, New York 1942 (Bibliothek des LBI, Microfilm S 215), S. 5.

50 Guggisberg, S. 226.

gen vorzubeugen: es handelt sich leider um keinen job, sondern man gibt mir eine Chance auf Kommission zu arbeiten. "[51] Diese, sich an den "Manager"-Job und das Intermezzo als Leuchtreklamen-Vertreter anschließende Beschäftigung als Buchungsagent vom Dezember 1940 bis zum August 1941 kündigte er, da ihm der wöchentliche Lohn von 30-35 Dollar[52] zu gering erschien und er sein Einkommen (noch) nicht durch journalistische Nebeneinnahmen nachhaltig steigern konnte.[53] Zwar war seine nächste Tätigkeit (August 1941 bis Juni 1942)[54] vordergründig mit 50-60 Dollar wöchentlich wesentlich lukrativer, doch auch dies war kein Festgehalt, da Kurt Grossmann nun bei einem anderen Reisebüro ebenfalls auf Kommissionsbasis arbeitete. Die Provisionen sanken allerdings bald rapide ab, da nach dem japanischen Überfall auf Pearl Harbor im Dezember 1941 das allgemeine touristische Reisegeschäft fast völlig zum Erliegen kam.[55] Daher versuchte er im Sommer 1942, neben zahlreichen anderen erfolglosen Bemühungen, eine Anstellung im »Office of War Information« zu erhalten.[56] Durch seine Arbeit als Verkäufer im Reisebüro des »American Lloyd« bzw. von »Tausig Travel Service« war Grossmann bereits vor der Aufnahme seiner Tätigkeit beim »World Jewish Congress« indirekt an den Immigrationsbemühungen beteiligt, da er im Auftrag von Hilfsorganisationen die notwendigen Visa[57] und Schiffspassagen[58] für Immigranten buchte und über die damit zusammenhängenden wichtigen Fragen der Emigrationsvorbereitungen mehrere Artikel für den »Aufbau« im Februar/März 1941 schrieb.[59] Zwi-

---

51 LBI, Box 2; Brief an Manfred George am 23. Dez. 1940.

52 Siehe auch: Ich suche einen Job. Reportage aus dem täglichen Leben. In: Aufbau, 9. Jg., Nr. 22, 28. Mai 1943, New York, S. 1, 14. Darin gibt Grossmann das Wochengehalt von Nachtportiers und Empfangsangestellten in Hotels ebenfalls mit 30-35 $ an.

53 HIA, Box 1; Personal History Statement, S. 9.

54 LBI, Box 10; siehe die Bekanntgabe über das Ende dieser Beschäftigung im Brief an Paul Hertz am 29. Juli 1940.

55 HIA, Box 1; Personal History Statement, S. 9; Begründung der Kündigung. Siehe auch LBI, Box 2; Brief an Walter Bluger am 22. Juli 1942.

56 LBI, Box 10; Brief an Robert Kempner am 10. Aug. 1942. Siehe auch das unterstützende Empfehlungsschreiben von Kempner vom 24. Sep. 1942, der in einem Brief vom 26. Okt. 1942 ausdrücklich seine weitere Hilfe anbietet.

57 DEA, Eb 73/21, »Klaus Dohrn«; Brief vom »Emergency Rescue Committee« vom 25. Feb. 1942.

58 DEA, Eb 73/21, »Ladislas Vajna«; Brief vom »Emergency Rescue Committee« vom 30. Juni 1942.

59 Der Kampf um den Schiffsplatz. In: Aufbau, 7. Jg., Nr. 8, 21. Feb. 1941, New York, S. 7; Zur Fahrkarten-Frage. In: Ebd., Nr. 10, 7. März 1941, S. 8; Die Verantwortung Aller. Passagegelder. Die Frage des Schiffsplatzes. In: Ebd., Nr. 11, 14. März 1941, S. 6; Um den Schiffsverkehr Lissabon-New York. In: Ebd., Nr. 12, 21. März 1941, S. 7.

schen 1940 und 1944 arbeitete Elsa Grossmann beim »International Rescue and relief Committee« und half dadurch die leere Familienkasse aufzubessern.[60]

Außerdem versuchte Kurt Grossmann im Sommer 1942, neben der weiterhin so verzweifelten wie erfolglosen Jobsuche, ein politisch-wissenschaftliches Projekt zu initiieren, wobei er an die Gründung einer »Forschungsagentur über die Ausschreitungen in Europa«[61] dachte. Deren Aufgabe sollte es sein, alles für die Fragestellung verfügbare Material zu sammeln und unter historischen sowie juristischen Aspekten auszuwerten. Die wichtigsten Resultate dieser Arbeit sollten in zwangloser Form in einem »Bulletin« veröffentlicht werden. Als Arbeitsziel nannte Grossmann: die Staaten der Welt gegen den Nazi-Terror zu sensibilisieren; zu beweisen, daß die Verbrechen der NS-Herrscher wohl überlegt und organisiert gewesen seien und schließlich den Boden für eine Bestrafung der Verbrecher vorzubereiten.[62] Hervorhebenswert an diesem ersten Entwurf sind dabei vor allem zwei Punkte: Neben der akribischen Auflistung der Entwicklung seit der "Machtgreifung" im Januar 1933 sollte auch die Entstehungsgeschichte der NSDAP mit den politischen Morden und Straftaten zwischen 1918-1933 aufgearbeitet werden. Damit wollte er an seinen früheren publizistischen Kampf gegen den braunen Terror anknüpfen, der in den Weimarer Jahren verloren gegangen war. Außerdem sollten alle Konzentrationslager, ihre Entstehung, die Lagerleiter und die dort verübten Verbrechen erfaßt werden.[63] Die frühzeitige Brandmarkung der Konzentrationslager, schon in deren Entstehungsphase,[64] ist ein weiteres Merkmal von Kurt Grossmanns langjährigem Eintreten gegen den Nationalsozialismus.

Wer die geplante Agentur aufbauen und leiten sollte, wurde in der Konzeption nicht expressis verbis erwähnt. Doch sollte es, den Intentionen des Verfassers folgend, offenkundig eine Persönlichkeit sein, die sich schon ausgiebig mit diesen Problemen beschäftigt hatte und sei es nur neben einer hauptamtlichen Tätigkeit als Generalsekretär der »Deutschen Liga für Menschenrechte« oder

---

60   LBI, Box 2; siehe die Briefe an Marianne Bauer (die Verlobte u. spätere Ehefrau von Günter Nelke) am 23. Feb. u. 1. Aug. 1942 sowie (LBI, Box 13) den Brief von Elsa Grossmann an Siegfried Klaczko am 27. Nov. 1944. Zur weitgehend unbekannten u. unberücksichtigten Rolle der Ehefrauen in der Emigration siehe Backhaus-Lautenschläger.

61   LBI, Box 10; "Research service on atrocities in Europe" lautete in der englischen Übersetzung der Agenturtitel in der Exposé-Überschrift.

62   Ebd.; Exposé, S. 2.

63   Ebd.; S. 3.

64   Siehe u.a.: Juden in brauner Hölle. Augenzeugen berichten aus SA-Kasernen und Konzentrationslagern [unter dem Pseudonym »Felix Burger« publiziert]. Prag 1934; Konzentrationslager und Erziehungszweck. Eine besondere Lagerordnung aus Dachau. In: Neuer Vorwärts, Nr. 116, 1. Sep. 1935, Beilage, Karlsbad, o.S. [4].

der »Demokratischen Flüchtlingsfürsorge«. Die Aufzählung seiner in der Weimarer Republik und den ersten Prager Jahren veröffentlichten Broschüren und
Artikel sollte dabei seine entsprechende Qualifikation publizistisch dokumentieren. Besonders hob Grossmann zwei Aufsätze aus der »Neuen Weltbühne«
hervor, die im Jahre 1937 erschienen waren und den NS-Terror behandelten.[65]

Ein Exposé über die geplante Aufgabe und die politische Zielsetzung der
Agentur sandte er an zahlreiche Persönlichkeiten des öffentlichen und politi-
schen Lebens, wie beispielsweise den amerikanischen Vizepräsidenten Henry
Wallace,[66] den New Yorker Bürgermeister La Guardia,[67] sowie Roger Baldwin
(American Civil Liberties Union),[68] Prof. Butler (Carnegie Foundation),[69]
Alvin Johnson (New School for Social Research)[70] sowie die British Informa-
tion Services[71] und die Czechoslovak Information Services.[72]

Die einzige, zumindest im Nachlaß auffindbare Antwort kam von Robert
Kempner, der das Exposé „sehr interessant" fand und auch „sehr gespannt"
auf die Reaktion der angeschriebenen Persönlichkeiten war. Bezüglich eventuell benötigter Referenzen bot Kempner sich bereitwillig an, als „bekannte
Persönlichkeit, die Ihre Arbeit genau kennt".[73] Von den übrigen angeschriebenen Personen ist im Archiv des Leo-Baeck-Instituts keine Antwort vorhanden.
Auch von Paul Hagen nicht, den Kurt Grossmann, einen Monat später, im Oktober 1942, detailliert über seine Idee unterrichtet hatte.[74] Auf seine unbefriedigende materielle Lage und die noch immer fehlende Berufsperspektive anspie-
lend, schrieb Grossmann an Günter Nelke: „Wie Du weißt lebe ich immer in
der Hoffnung und mein Optimismus ist noch nicht verbraucht."[75] Ungeachtet
seiner eigenen schwierigen finanziellen Lage schickte Kurt Grossmann im
Sommer und Spätherbst 1942 zweimal je 20 US-Dollar an den in einem Inter-

---

65 Vier Jahre Terror. In: Die neue Weltbühne, 33. Jg., Nr. 11, 11. März 1937, Prag-Zürich-
    Paris, S. 337-341; Der kalte Terror. In: Ebd., Nr. 23, 3. Juni 1937, S. 720-723.

66 LBI, Box 10; Brief an Henry Wallace am 27. Aug. 1942.

67 Ebd.; Brief an Fiorello La Guardia am 27. Aug. 1942.

68 Ebd.; Brief an Roger Baldwin am 26. Aug. 1942.

69 Ebd.; Brief an Nicholas Butler am 29. Aug. 1942.

70 Ebd.; Brief an Alvin Johnson am 28. Aug. 1942.

71 Ebd.; Brief an die British Information Services am 7. Sep. 1942.

72 Ebd.; Brief an die Czechoslovak Information Services am 16. Sep. 1942.

73 Ebd.; Brief von Robert Kempner vom 3. Sep. 1942. Obgleich der Durchschlag fehlt, ist der
    Antwort zu entnehmen, daß Grossmanns Brief vom Vortag, dem 2. Sep. 1942 datierte.

74 Ebd.; Brief an Paul Hagen am 3. Okt. 1942.

75 LBI, Box 2; Undatierter [1. Nov. 1942] Brief an Günter Nelke.

nierungslager im unbesetzten Südfrankreich lebenden früheren Assistenten.[76] Nelke, der als Kriegsfreiwilliger[77] in der französischen Armee schwer verwundet worden war, wurde nach seiner Genesung in Südfrankreich interniert und war da Verwalter für das Werkzeugmagazin zuständig.[78] Grossmann unterstützte ihn auch im Herbst 1945, als dieser wieder in Paris lebte.[79] Die kontinuierliche Übersendung von Lebensmittelpaketen war sehr hilfreich,[80] denn, wie Günter Nelke dankend schrieb, waren viele Dinge darin, die selbst auf dem Schwarzmarkt nicht oder nur zu unbezahlbaren Preisen zu erhalten waren.[81]

Vom Juli 1942 bis zum April 1943 war Grossmann faktisch arbeitslos,[82] betätigte sich aber als "freischaffender Journalist" - wenn auch ohne großen Erfolg.[83] Ein symptomatischer Beleg für die erfolglosen publizistischen Versuche war auch das fast einjährige glücklose Unterfangen, ein geplantes Buchmanuskript mit dem Arbeitstitel »Through Murder to World Power«[84] bei einem amerikanischen Verlag unterzubringen.[85] Doch nach den amerikanischen Erfolgen auf dem pazifischen Kriegsschauplatz (Midway, Guadalcanal) im Sommer 1942 bestand auf dem Buchmarkt für eine Dokumentation über den politischen Aufstieg Hitlers keinerlei Bedarf.

Der von Grossmann erstellte Manuskriptteil für das erst im Jahre 1944 vom »Institute of Jewish Affairs« veröffentlichte Buch »The Jewish Refugee« (Mitverfasser war Prof. Arieh Tartakower) war bereits seit dem Spätsommer 1942

---

76   Ebd.; Undatierter [1. Nov. 1942] Brief an Günter Nelke. Siehe auch den Brief an Fritz Lamm am 12. Sep. 1942, wo Grossmann bedauerte, nicht mehr für Nelke tun zu können.

77   Ebd.; Brief von Günter Nelke vom 2. März 1940.

78   Ebd.; siehe die Briefe von Günter Nelke vom 17. u. 29. Sep. 1942.

79   LBI, Box 12; Brief an Günter Nelke am 2. Dez. 1945.

80   Ebd.; siehe den Brief von Günter Nelke vom 14. Apr. 1945, wo er sich für das dritte Paket bedankt.

81   Ebd.; Brief von Günter Nelke vom 30. Sep. 1945.

82   Ich suche einen Job. Reportage aus dem täglichen Leben. In: Aufbau, 9. Jg., Nr. 22, 28. Mai 1943, New York, S. 1, 14; (Wiederabgedruckt in: Aufbau. Reconstruction. Dokumente einer Kultur im Exil. Hrsg. von Will Schaber. New-York-Köln 1972, S. 125-129).

83   Zum geringen Erfolg siehe passim die Anfragen an die diversen Redaktionen.

84   LBI, Box 10; siehe das neunseitige deutschsprachige Expose »Durch Mord zur Weltmacht. Ein dokumentarisches Buch über Hitlers Weg durch Mord zur Staats- und Weltmacht«.

85   Ebd.; siehe die ablehnenden Bescheide von: Farrar & Rinehart vom 13. Juli 1942; Simon and Schuster vom 30. Juli 1942; Viking Press vom 3. Aug. 1942; W.W. Norton vom 10. Aug. 1942; Vanguard Press vom 12. Aug. 1942; Story and the Story Press vom 17. Aug. 1942; Atlantic Monthly vom 24. Aug. 1942; L.B. Fisher Publishing Group vom 16. Nov. 1942; Oxford University Press/New York vom 2. März 1943; Ziff-Davis Publishing Co. vom 30. Apr. 1943; Julian Messner Inc. vom 30. Sep. 1943.

fertiggestellt.[86] Die immer wieder verschobene Drucklegung führte zu einem ausdauernden Briefwechsel mit dem Direktor des »Institute of Jewish Affairs« in New York.[87] Dabei ist zu berücksichtigen, daß der sich damals mit Gelegenheitsjobs nur mühsam über Wasser haltende Grossmann, von der Publikation der umfangreichen Studie eine bessere Berufsperspektive versprach und deshalb so nachdrücklich auf deren Veröffentlichung drang. Seine unbefriedigende berufliche Situation ließ Grossmann im Oktober 1942 eine Stellenannonce in der »New York Times« aufgeben, in der er sich wie folgt charakterisierte: *„Früherer vertrauenswürdiger Bankangestellter und dann Generalsekretär von Europäischen Organisationen. Erfahren in der Organisierung von Propaganda und Verwaltungsarbeit. Erstklassige Referenzen."*[88]

Der Beginn der Tätigkeit beim »World Jewish Congress« (WJC) im April 1943 wurde schließlich zum Wendepunkt und sicherte mit wöchentlich 50 Dollar auch wieder ein festes Familieneinkommen. Überdies stieg das Gehalt durch Beförderungen rasch an. Das Nettojahresgehalt[89] stieg von 2.447 $ (1944), über 3.116 $ (1945), 3.837 $ (1946), auf 4.201 $ (1947) stetig an.[90] Die Unzufriedenheit mit den offenkundig unerwarteten beruflichen Integrationsschwierigkeiten und die geringe finanzielle Attraktivität der verschiedenen Jobs wird leichter nachvollziehbar, wenn man die Einkünfte der früheren Tätigkeiten berücksichtigt. Nach eigenen Angaben verdiente Grossmann als Generalsekretär der »Deutschen Liga für Menschenrechte« monatlich 550 Reichsmark[91] (zum Vergleich: das Durchschnittseinkommen eines Facharbeiters lag 1930/31 bei 340-380 RM und das eines Bürovorstehers [Inspektor] im Staatsdienst bei 530 RM).[92] Auch bei der »Demokratischen Flüchtlingsfürsorge« in Prag war das Gehalt von Grossmann mit 1.500 tschechischen Kronen[93] überaus großzügig bemessen. Sein Vertreter Günter Nelke beispielsweise erhielt als Buchhalter der Organisation lediglich 800 Kronen[94] und die betreuten Flüchtlinge mußten gar mit einem Zehntel dieses Betrages auskommen, da ihnen von der Demokra-

---

86   Ebd.; Brief an Konrad Reisner am 11. Aug. 1942.

87   Ebd.; siehe passim die umfangreiche Korrespondenz.

88   New York Times, 92. Jg., Nr. 30955, So. 25. Okt. 1942, S. RE26 (Ü.d.V.).

89   Auf 52 Wochen umgerechnet wirkt dieser Einkommensanstieg wesentlich moderater: 47,06 $ (1944), 59,92 $ (1945), 73,79 $ (1946) und 80,79 $ (1947).

90   HIA, Box 3 u. 6; siehe die verschiedenen Abrechnungen des American Jewish Committee.

91   HIA, Box 1; Personal History Statement, S. 9.

92   Siehe die Lohntabellen in Petzina/Abelshauser/Faust, S. 98-101.

93   HIA, Box 1; Personal History Statement, S. 8.

94   LBI, Box 7; Brief von Günter Nelke vom 13. Januar 1957 und die Eidesstattliche Erklärung von Grossmann am 19. Jan. 1957 für das Wiedergutmachungsverfahren von Nelke.

tischen Flüchtlingsfürsorge im Jahre 1938 monatlich nur noch 120-140 Kronen als Notunterstützung gezahlt werden konnten.[95] Der Erhalt der Stelle beim »World Jewish Congress« und die aufgestaute Arbeitswut von Kurt Grossmann führten zu einer permanenten Überarbeitung,[96] die bereits ein Jahr später, im Frühjahr 1944, in zwei Herzattacken mündete[97] und sich auch im Frühjahr 1945 durch eine längere, schwere Erkrankung erneut zeigte.

Seine letzte Anhörung im Naturalisierungsverfahren fand nach Ende des zweiten Weltkrieges, im Sommer 1945, statt.[98] Wenige Tage nach dem Erhalt der US-Staatsbürgerschaft im August 1945 erhielt Grossmann eine kurze Nachricht von Rabbiner Stephen Wise,[99] der sich über die endlich abgeschlossene Einbürgerung sehr erfreut zeigte und nicht nur Kurt Grossmann, sondern auch den USA dazu gratulierte, einen weiteren engagierten Staatsbürger erhalten zu erhaben.[100] Bereits im Frühjahr 1939 hatte Rabbiner Wise in einem Schreiben an den amerikanischen Generalkonsul in Paris betont, daß die Immigration von Kurt Grossmann in die USA nicht nur gut für ihn sei, sondern auch für alles, wofür die Vereinigten Staaten stehen würden.[101] Bezüglich seiner Naturalisierung konnte Grossmann seinem Freund Robert Kempner wenig später noch eine Bürokratenposse berichten. Da es in dem an New York grenzenden US-Bundesstaat Connecticut einen Kurt *Robert* Grossmann mit einem erheblichem Vorstrafenregister gab, mußte Kurt *Richard* Grossmann bezüglich seiner Naturalisierung kurz vor der Einbürgerungszeremonie erneut persönlich vorsprechen. Selbst die in den Akten der Immigrationsbehörde enthaltenen eigentlich signifikanten Unterschiede zum "Doppelgänger" in der Größe 1,63 m (Doppelgänger: 1,68 m), dem Körpergewicht 90,7 kg (68 kg), grauer statt blauer Augen und das höhere Alter mit 48 gegenüber 42 Jahren, konnten die Pflicht zum per-

---

95 Jahresbericht der Demokratischen Flüchtlingsfürsorge für die Zeit vom 1. Januar 1938 bis 31. Dezember 1938, S. 2.

96 LBI, Box 10; siehe die Klage im Brief an Robert Kempner am 31. Jan. 1944.

97 Ebd.; Memo an Nehemiah Robinson am 7. März 1944; Brief von Elsa Grossmann an Robert Kempner am 22. März 1944.

98 LBI, Box 9; Aufforderung zum Erscheinen vor der Naturalisierungskommission am 21. Aug. 1945. Siehe auch den diesbezüglichen Briefwechsel mit Rabbi Stephen Wise und Robert Kempner im Juli u. August 1945.

99 LBI, Box 12; Memo von Stephen Wise vom 6. Sep. 1945.

100 Ebd.; siehe auch die frühere Stellungnahme an den amerikanischen Generalkonsul in Paris vom 10. Feb. 1939. Außerdem die mit einem Willkommensgruß verbundene private Einladung von Wise an das Ehepaar Grossmann vom 31. Aug. 1939.

101 Ebd.; Kopie des Briefes von Stephen Wise an US-Generalkonsul Thompson in Paris, vom 10. Feb. 1939.

sönlichen Erscheinen nicht verhindern.[102] Kurt Grossmann wurde daher erst am 21. August 1945 US-Staatsbürger, während seine Frau Elsa bereits am 12. Juni 1945 den Eid auf die amerikanische Verfassung ablegen durfte.

7.1 Erste politische Aktivitäten in den USA

Unmittelbar nach dem Kriegsausbruch in Europa im September 1939, unternahm Kurt Grossmann in New York den Versuch, ein »Komitee für einen gerechten Frieden, ein demokratisches Deutschland und ein föderiertes Europa« zu gründen.[103] Dies mißlang jedoch völlig: vor allem aus dem politischen Desinteresse an theoretischen Konzeptionen nach dem Kriegsausbruch in Europa[104] und der zum Teil deutlichen Ablehnung jeglicher Stellungnahmen in dieser Zeit durch die angesprochenen Persönlichkeiten in der deutschen Emigrantenszene. Wie Grossmann in seinem Rundbrief einleitend konstatierte, habe die in den USA lebende deutsche Opposition *„weit grössere Wirkungsmöglichkeiten als in allen andern Ländern. Es scheint mit notwendig, den Versuch zu machen, diese Wirkungsmöglichkeiten auszunutzen. Wir können den Ereignissen, wie sie gegenwärtig in Europa abrollen nicht tatenlos zuschauen. Ich glaube, daß es unsere Pflicht ist, zu überlegen, was wir in diesem Augenblick zu tun vermögen. "*[105] Er wollte daher den Versuch *„unternehmen, alle Kräfte zu mobilisieren, um Europa vor dem Untergang zu retten."* Als *„unser Kriegsziel"* wollte er eine politische Neuordnung Europas erreichen. Grossmann sah die Emigranten, ohne näher zwischen den verschiedenen politischen Gruppen zu differenzieren, *„als die Repräsentanten eines anderen Deutschlands verpflichtet"* an diesem Ziel mitzuwirken und *„ein europäisches Forum zu bilden."* Fast pathetisch resümierte er, dem deutschen Volk müsse mitgeteilt werden, daß es bei dem gerade ausgebrochenen Weltkrieg *„nicht um Sieg oder Niederlage des deutschen Volkes geht, sondern um Leben und Tod Deutschlands und Europas. Wer das Leben will, muß die Vereinigten Staaten von Europa wollen."*[106]

Die von Grossmann seit dem Spätsommer 1939 vertretene Ansicht, daß der wohl einzige Ausweg aus der europäischen Staatenkrise der zwanziger und

---

102   LBI, Box 16; Undatierter Brief an Robert Kempner im Spätsommer 1945.

103   IZG, ED 201/1; siehe auch seinen Rundbrief, den er am 2. bzw. 6. Nov. 1939 verschickte.

104   Zu den Diskussionen siehe auch Voigt, Föderation, S. 104 ff.

105   IISG, NL Hertz, S 17; Rundbrief am 2. Nov. 1939.

106   Ebd.

dreißiger Jahre die Schaffung von »Vereinigten Staaten von Europa« sei, wurde in den Emigrantenkreisen geteilt.[107] Die Bildung einer »Europäischen Föderation«, wie die theoretischen Konzeptionen später betitelt wurden, erschien vielen Emigranten im amerikanischen Exil als ein realistischer Ausweg aus den politischen und nationalen Problemen der zurückliegenden 20 Jahre seit dem ersten Weltkrieg; ungeachtet des gerade ausgebrochenen zweiten. Als unumstößliches Postulat wurden daher drei Basisprinzipien festgelegt:

- Die Europäische Föderation müsse Europa den Frieden zurückgeben und ihn für alle Zukunft garantieren;
- die unveräußerlichen Menschenrechte schützen und verwirklichen helfen;
- die ökonomische Kooperation aller ihrer Mitglieder herbeiführen.

Um die Prinzipien verwirklichen zu können, sollten sieben Grundsätze gelten:

1. Die Mitgliedsstaaten übertragen ihre militärische Souveränität an die Europäische Föderation;
2. Die Mitglieder übertragen entsprechend den Möglichkeiten allmählich ihre Münz- und Zollsouveränität auf die Föderation;
3. Die Mitgliedsstaaten übertragen die Fragen ihrer Minderheiten der Föderation;
4. Die Mitglieder übertragen ihre juristische Souveränität in allen Fragen, die die Föderation direkt oder indirekt betreffen auf diese;
5. Die Mitgliedsstaaten sind verpflichtet, in ihrer Verfassung die einleitenden Grundsätze der Föderationsverfassung als unangreifbares Postulat aufzunehmen;
6. Jeder europäische Staat, welcher die fundamentalen Prinzipien der Föderation anerkennt, ist berechtigt, zu ihr zu gehören. Diejenigen Staaten, welche nicht dazu gehören wollen, geniessen weder den militärischen Schutz, noch können sie an den wirtschaftlichen Vorteilen der Föderation teilhaben;
7. Die Mitgliedsstaaten sind berechtigt, ökonomische und kulturelle Verträge zu schließen, falls diese nicht gegen die Prinzipien der Föderation verstoßen.[108]

Die Ausarbeitung dieser Konzeption einer »Europäischen Föderation« war die Gemeinschaftsarbeit einer Emigrantengruppe, der neben Grossmann u.a. auch Veit Valentin, Erwin Kraft und später Paul Tillich angehörten.[109] Tillich hatte zunächst die Aufforderung Grossmanns, an einem Politischen Komitee

---

107 DEA, Eb 67b/2, Slg. »Europäische Föderation«, Brief von Alice Rosenberg vom 28. Nov. 1939.

108 Ebd.; undatiert, die englische Fassung datiert vom 20. März 1941 und vermerkt, daß der Text im Herbst von einer Gruppe "Anti-Nazi Deutsch-Amerikaner" beschlossen worden sei.

109 Ebd.; Brief an die »Catholic Association for International Peace« am 27. Juli 1942.

mitzuarbeiten, strikt abgelehnt, da er zum einem schon in drei anderen Emigrantenvereinigungen Mitglied war und er sich zum anderen entschlossen hatte, *"keine politische Aktion zu unterstützen, weil ich die Lage nicht für reif halte und glaube, daß Sachen, die von Emigranten angefangen werden, leicht mehr schaden als nützen können."*[110] Spätestens[111] seit dem Sommer 1942 gehörte jedoch auch Tillich zu den aktiven Mitstreitern und nahm schließlich im Jahre 1944 bei dem Versuch des »Council for a Democratic Germany«[112] eine Führungsrolle wahr. Die gleichfalls zu einer Mitarbeit aufgeforderten Siegfried Aufhäuser und Hans Simons[113] lehnten zwar eine Mitarbeit nicht rundweg ab, wollten jedoch Abstand wahren und vielleicht später, wenn die entsprechenden Pläne sich konkretisiert hätten, gegebenenfalls mitarbeiten.[114] Der ebenfalls angesprochene Wilhelm Sollmann[115] wiederum lehnte eine Teilnahme ab, solange er nicht die Namen sämtlicher übriger Mitglieder der Gruppe kennen würde, denn schließlich sei schon eine ganze Reihe von derartigen Gründungen sehr bald *"kompromittierend zusammengebrochen".*[116] In seiner Antwort zeigte Kurt Grossmann Verständnis für diesen Standpunkt, betonte aber zugleich, *"im Augenblick"* gehe es noch nicht um eine Gründung, sondern nur um die *"Bereitschaft, die Frage zu prüfen: Was können wir als deutsche Oppositionelle tun, um die Parole der Vereinigten Staaten von Europa am wirksamsten an das deutsche Volk heranzubringen."*[117] Manfred George wiederum fühlte

---

110   IZG, ED 201/1; Brief von Paul Tillich vom 14. Nov. 1939.

111   DEA, Eb 67b/2, Slg. »Europäische Föderation«; am 8. u. 20. Feb. 1940 hatte Tillich an Sitzungen von Sub-Committees teilgenommen; siehe ebd. die Protokolle der Sitzungen.

112   Siehe dazu den von Langkau-Alex/Ruprecht hrsg. Sammelband mit dem umfangreichen Dokumentenanhang.

113   Simons, Dr. iur. Hans; geb. 1893 Velbert, gest. 1972 Yonkers/N.Y.; im 1. Weltkrieg Offizier, 1922 Regierungsrat im Reichsinnenministerium, 1925-29 Prof. u. Direktor der »Deutschen Hochschule für Politik« in Berlin, 1930-32 Oberpräsident für Niederschlesien, Mitglied in SPD, 1933 Emigration in die USA, ab 1935 Prof. an der New School for Social Research in New York u. 1950-60 ihr Präsident; Biogr. Hdb., Bd. I, S. 703.

114   DEA, Eb 67b/2, Slg. »Europäische Föderation«; siehe die Postkarte von Siegfried Aufhäuser vom 9. Nov. 1939 und den Brief von Hans Simons vom 5. Dez. 1939.

115   Sollmann, F. Wilhelm (später William F.); geb. 1881 Oberlind/Thür., gest. 1951 USA; 1903 in SPD, ab 1908 Journalist, 1920-33 Chefredakteur »Rheinische Zeitung« in Köln, 1919-33 MdR, 1923 Innenminister im Kabinett Stresemann, 1933 nach „Schutzhaft" Flucht ins Saarland, Weiteremigration 1935 nach Luxemburg, 1936 nach Großbritannien u. 1937 in die USA, 1937-50 Collegedozent für Politik, nach Einbürgerung Rückzug aus Exilpolitik; Biogr. Hdb., Bd. I, S. 709; Kühn, Aufbau, S. 52 ff.

116   DEA, Eb 67b/2, Slg. »Europäische Föderation«; Brief von F. W. Sollmann vom 10. Nov. 1939.

117   Ebd.; Brief an F. W. Sollmann am 16. Nov. 1939.

sich aufgrund seiner herausgehobenen beruflichen Position *„etwas behindert"*, um sich offiziell zu beteiligen, bat aber Grossmann zugleich darum, ihn ständig auf dem laufenden zu halten, da die zu behandelnden Fragen ihn persönlich "brennend" interessierten.[118] Der ebenfalls angeschriebene Paul Hertz antwortete nicht.[119] Warum er nicht auf diese Initiative reagierte, läßt sich in dessen Korrespondenz an anderer Stelle erschließen. Wie Hertz an Georg Frey[120] nach Rio de Janeiro schrieb, war er weiterhin gegenüber allen Aktionen sehr kritisch und überdies *„frei von Illusionen. Ich hasse Geschaftlhuberei, und der größte Teil der Emigrantenpolitik gehört in diese Kategorie."*[121] Albert Einstein schließlich kleidete seine Absage in eine fast demütige Form und schrieb: *„Ich muß die Schaffung der politischen Formen der Zukunft vertrauensvoll Ihnen und Ihren Freunden überlassen, da es mir auf dem Gebiete der Menschen-Beeinflussung - soll ich sagen Gott sei Dank? - an jeglicher Erfahrung fehlt."*[122]

Bereits im Februar 1940 hatte Kurt Grossmann an einen französischen Freund in Paris geschrieben, daß man in den deutschen Emigrantenkreisen in New York dabei sei, politische Aktivitäten und Visionen zu entwickeln. Aus diesem Grund hätten sich zwei Gesprächskreise, die von Erwin Kraft bzw. ihm selbst bisher organisiert worden seien, nun zusammengeschlossen, um *„roh ausgedrückt, für einen gerechten Frieden, ein demokratisches Deutschland und ein föderatives Europa zu kämpfen."*[123] Für Grossmann stellte die Schaffung der Vereinigten Staaten von Europa dabei den Ausweg aus der akuten Krise dar.[124] Zu dem von ihm organisierten losen Zirkel[125] gehörten u.a. die ehemaligen Reichstagsmitglieder Frau Toni Sender[126] und Gerhart Seger[127] sowie die

---

118 Ebd.; Brief von Manfred George vom 24. Nov. 1939.

119 IISG, NL Hertz, S 17; Rundbrief am 2. Nov. 1939.

120 Frey, Georg; geb. 1875 Königshütte, gest. 1946 Rio de Janeiro; Fabrikant, Metallwarenfabrik in Breslau, ab 1890 in SPD, 1914-18 Kriegsteilnehmer, 1919-33 Mitglied des SPD-Parteivorstands, März 1939 Emigration nach Rio de Janeiro; Biogr. Hdb., Bd. I, S. 195.

121 IISG, NL Hertz, S 17; Brief von Paul Hertz an Georg Frey vom 14. Juni 1942.

122 IZG, ED 201/1; Brief von Albert Einstein vom 6. Dez. 1939.

123 DEA, Eb 67b/2, Slg.»Europäische Föderation«; Brief an Charles Spiecker am 20. Feb. 1940.

124 IZG, ED 201/1; siehe auch den zustimmenden Brief von Arthur Rosenberg vom 28. Nov. 1939.

125 DEA, Eb 67b/2, Slg.»Europäische Föderation«; Brief an Erwin Kraft am 29. Dez. 1939. Siehe auch das Einladungsschreiben an Paul Tillich am 15. Dez. 1939 (IZG, ED 201/1).

126 Sender, Toni; geb. 1888 Biebrich, gest. 1964 New York; Journalistin u. Politikerin, ab 1903 kaufm. Angestellte in Frankfurt/M., 1908 in SPD, ab 1917 in USPD, 1919-24 Stadtverordnete in Frankfurt/M., 1920-23 MdR, ab 1927 Redakteurin von Gewerkschaftszeitungen,1933

Wissenschaftler Prof. Max Horkheimer,[128] Dr. Friedrich Pollock[129] und Prof. Arthur Rosenberg;[130] außerdem noch der österreichische Graf Ferdinand Czernin. Wie den Postkarten von Kraft mit den entsprechenden Einladungen zu entnehmen ist, hatten sich rasch mehrere Untergruppen gebildet, um die Vielzahl der anstehenden Fragen auszudiskutieren. Kurt Grossmann nahm dabei an den Sitzungen des »Sub-Committee on German Problems« und des »Sub-Committee on Federation« teil.[131] Nachdem Erwin Kraft ihn dabei auf den Einladungen mehrmals als "Dr. Grossmann" angeschrieben hatte,[132] schrieb Kurt Grossmann ihm am Schluß einer Antwort: *„At last - I am not a 'doctor'. "*[133] Dieser scheinbar höfliche Hinweis war allerdings das Produkt von Elsa Gross-

---

Emigration in die Tschechoslowakei u. nach Belgien, 1935 in die USA; Biogr. Hdb., Bd. I, S. 689. Siehe außerdem die Biographie von Anette Hild-Berg.

127 Seger, Gerhart; geb. 1896 Leipzig, gest. 1967 New York; Journalist, SPD-Mitglied, Redakteur verschiedener Zeitungen, 1923-28 Generalsekretär der »Deutschen Friedensgesellschaft«, 1928-33 Chefredakteur des »Volksblatt für Anhalt« in Dessau, 1930-33 MdR, forderte 1932 die Ausweisung Hitlers als unerwünschter Ausländer u. Hochverräter, 1933 Inhaftierung im KZ Oranienburg, der Erlebnisbericht von S. über das KZ erschien 1934/35 in 6 Sprachen, Dez. 1933 Flucht in die Tschechoslowakei, 1934 Emigration in die USA, 1936-49 Chefredakteur der »Neue Volkszeitung« in New York; Biogr. Hdb., Bd. I, S. 685.

128 Horkheimer, Dr. phil. Max; geb. 1895 Stuttgart, gest. 1973 Nürnberg; Soziologe u. Philosoph, 1917-18 Kriegsteilnehmer, 1924 Mitgründer des Instituts für Sozialforschung in Frankfurt/M., 1930 Professor für Sozialphilosophie, 1933 Emigration in die Schweiz u. 1934 in die USA, 1949 Rückkehr nach Deutschland, 1949-63 Prof. in Frankfurt/M.; Biogr. Hdb., Bd. II, S. 539 f.

     Zu den persönlichen Kontakten mit Horkheimer in den fünfziger und sechziger Jahren siehe passim die Korrespondenz (LBI, Box 24). Siehe auch den Brief an Nahum Goldmann am 3. Juni 1952, in dem ein Gespräch mit Horkheimer, dem damaligen Rektor der Frankfurter Universität, vermerkt ist (LBI, Box 20).

129 Pollock, Dr. rer.pol. Friedrich; geb. 1894 Freiburgi.B., gest. 1970 Schweiz; Kriegsteilnehmer, Mitgründer des Instituts für Sozialforschung an der Universität Frankfurt/M., 1931 Privatdozent, 1933 Emigration in die Schweiz, 1934 in die USA, 1950 Rückkehr, ab 1951 Prof. für Politische Ökonomie in Frankfurt/M.; Biogr. Hdb., Bd. II, S. 918.

130 Rosenberg, Dr. phil. Arthur; geb. 1889 Berlin, gest. 1943 New York; 1914 Habilitation für Alte Geschichte, ab 1915 Kriegsdienst u.a. im Kriegspresseamt, 1918 in USPD, 1920 in KPD, 1921-24 Stadtverordneter in Berlin, 1924-28 MdR, 1927 Parteiaustritt, Mitglied in DLM, ab 1930 ao. Prof. für Alte Geschichte in Berlin, 1933 Entlassung u. Emigration in die Schweiz, 1934 nach Großbritannien, 1938 in die USA, Prof. am Brooklyn College New York; Biogr. Hdb., Bd. I, S. 612.

131 DEA, Eb 67b/2, Slg. »Europäische Föderation«; siehe die Postkarten von Erwin Kraft vom 5., 11. u. 16. Apr. 1940.

132 Ebd.; siehe die Briefe von Erwin Kraft vom 24. Jan., 2. u. 5. Feb. 1940.

133 Ebd.; Brief an Erwin Kraft am 6. Feb. 1940.

manns diplomatischer maschinenschriftlicher Reinschrift. Denn ihr Mann hatte auf dem Kraft-Brief einen wesentlich derberen und deutlicheren Verweis vorformuliert: *„ neither I am a 'Doctor' nor I am handsome. "*[134]

Idealtypisch für die divergierenden Meinungen im amerikanischen Exil ist ein Brief des Juristen Bernhard Kamnitzer,[135] der eine Einladung zur Teilnahme an einer Komiteesitzung im Juni 1940 ablehnte.[136] Er begründete seinen Verzicht damit, daß er eine weitere Verbreitung der bisher in den Emigrantenzirkeln erarbeiteten Entwürfe für eine »Europäischen Föderation« zum *„jetzigen Zeitpunkt und in der jetzigen Form als taktisch unrichtig und sogar schädlich ansehe. "*[137] Deshalb verzichtete er folgerichtig auch auf eine weitere Mitarbeit, nachdem Kurt Grossmann ihn und mehrere andere Emigranten zu einer Besprechung in seine Privatwohnung eingeladen hatte, da das von den Juristen durchgearbeitete »Europäische Föderations-Programm« an eine *„ größere Anzahl von Persönlichkeiten"* verschickt werden sollte.[138] Doch im Laufe der Zeit ebbten die Aktivitäten ab; vor allem nach dem Kriegseintritt der USA.

Auch der Versuch, prominente Unterschriften für den von ihm verfaßten Aufruf »Das andere Deutschland spricht«[139] (Anlage 1) zu erhalten, scheiterte kläglich. Unter anderem waren Thomas Mann und Veit Valentin, neben zahlreichen anderen Emigranten, von Grossmann mit der Bitte um Unterstützung angesprochen worden.[140] Stellvertretend für die geringe Bereitschaft zur Unterzeichnung ist die ablehnende Stellungnahme des Theologen Paul Tillich. Dieser, der im Jahre 1944 mit dem »Council for a Democratic Germany«

---

134 Ebd.; siehe den handschriftlichen Vermerk auf dem Brief von Erwin Kraft vom 5. Feb. 1940. Die Verwendung der Vokabel "handsome" (hübsch, gutaussehend, stattlich) war wohl ein Ausdruck von Selbstzynismus, da Kurt Grossmann eher klein (1,63 m) und ziemlich untersetzt (90 kg) war.

135 Kamnitzer, Bernhard; geb. 1890 Dirschau/Westpr., gest. 1959 New York, Mitglied in SPD, 1921 Landgerichtsrat in Danzig, 1924-28 Mitglied im Danziger Volkstag, 1929-30 Finanzsenator, ab 1930 Rechtsanwalt, 1938 Emigration in die USA; Biogr. Hdb. I, S. 346.

Grossmann und Kamnitzer kannten sich aus der gemeinsamen Arbeit in der Danziger Ortsgruppe der DLM 1923-26; siehe: A Chapter in Polish-German Understanding: The German League for Human Rights. In: The Polish Review, Bd. 15 (1970), H. 3, New York, S. 32-47; S. 40.

136 DEA, Eb 67b/2, Slg. »Europäische Föderation«; Einladungsschreiben an Bernhard Kamnitzer am 6. Juni 1940.

137 IZG, ED 201/1; Brief von Bernhard Kamnitzer vom 8. Juni 1940.

138 DEA, Eb 67b/2, Slg. »Europäische Föderation«; siehe das Einladungsschreiben an Bernhard Kamnitzer am 6. Juni 1940.

139 LBI, Box 11; Manuskript des Aufrufs »Das andere Deutschland spricht«.

140 Ebd.; siehe passim die Korrespondenz im Mai 1940.

(CDG) selbst eine erfolglose Initiative[141] startete (siehe unten), verweigerte seine Unterstützung mit dem Hinweis auf einen weiteren späteren Council-Initiator, den Juristen und Ökonomieprofessor Friedrich Bärwald.[142] Wie Tillich schrieb, habe Bärwald vielleicht doch recht, wenn er die Auffassung vertrete, *„daß Erklärungen wie diese im Augenblick den ungeheuren Ereignissen gegenüber innerlich unmöglich sind. Welchen Völkern sollen wir heute zurufen, daß sie wachsam sein sollen? Es scheint mir doch, als ob augenblicklich das Wort verstummen soll vor der Größe des Geschehens.“*[143]

Nach diesem Fehlschlag meldete sich Grossman in der Emigrantenszene nur noch einmal politisch zu Wort, als er mit einem Leserbrief[144] im »Aufbau« die sogenannte »Bergstraesser-Affäre«[145] publizistisch ins Rollen brachte, die mehrere Jahre in der deutschen Emigrantenszene Amerikas für erbitterte Kontroversen sorgte. Wie Krohn in seiner Analyse der Affäre herausarbeitet,[146] wurde durch den Fall Arnold Bergstraesser deutlich, daß nicht nur im politisch linken Spektrum die "alten Frontlinien" der Weimarer Zeit und der Volksfrontphase weiterbestanden,[147] sondern auch im Lager der wissenschaftlichen Emigranten alte Konflikte und Animositäten aufbrachen.[148] Grossmanns Rolle bei der Auslösung dieser Affäre war die der Vorhut, die alle feindlichen Angriffe auf sich ziehen sollte, während die anderen Beteiligten im Hintergrund verharrten. Da nahezu alle Diskussionen und Absprachen sowohl im Vorfeld der Veröffentlichung als auch danach in persönlichen Begegnungen in New York und bei telefonischen Kontakten erfolgten, ist die schriftliche Quellenlage sehr

---

141   Zum Einfluß von Tillich in den USA siehe ausführlich Kerber, S. 130 ff.

142   Bärwald, Dr. iur. Friedrich; geb. 1900 Frankfurt/M.; Hochschullehrer, 1923 Promotion, 1928 Regierungsrat in Westfalen, Mitglied in Zentrumspartei, 1933 aus Staatsdienst entlassen, 1934 Emigration in die USA, 1935-70 Prof. für Ökonomie an Fordham Univ. in New York, aktiv im CDG, 1970 Rückkehr in die Bundesrepublik; Biogr. Hdb., Bd. II, S. 47 f.

143   LBI, Box 11; Brief von Paul Tillich vom 20. Mai 1940.

144   Wer ist Arnold Bergstraesser? In: Aufbau, 8. Jg., Nr. 4, 23. Jan. 1942, New York, S. 5.

145   Bergstraesser, Dr. phil. Arnold; geb. 1896 Darmstadt, gest. 1964 Freiburg i.B.; Prof. für Politikwissenschaft, Kriegsteilnehmer, 1923 Promotion u. 1928 Habilitation, 1932 ao. Prof. für Politikwissenschaft in Heidelberg, 1935 aus Staatsdienst entlassen, 1937 Emigration in die USA, 1937-44 Collegedozent, 1944-50 Prof. Univ. Chicago, 1954 Rückkehr in die Bundesrepublik, Prof. u. Institutsdir. Univ. Freiburg i.B.; Biogr. Hdb., Bd. II, S. 92.

146   Krohn, Claus-Dieter: Der Fall Bergstraesser in Amerika. In: Das jüdische Exil und andere Themen. Hrsg. von Thomas Koebner et al. (Exilforschung, Bd. 4). München 1986, S. 254-275.

147   Antwort an Friedrich [Leserbrief]. In: Aufbau, 8. Jg., Nr. 27, 3. Juli 1942, New York, S. 15-16.

148   Krohn, Bergstraesser, S. 254 ff.

begrenzt.[149] Die häufig vertretene These, daß Grossmann im Auftrag oder zumindest mit Unterstützung von Emil Julius Gumbel diesen Fall publik machte, läßt sich aus den überlieferten Archivalien weder bestätigen, noch ganz ausschließen. Bei den häufigen persönlichen Kontakten mit dem ebenfalls in New York lebenden Gumbel wird Bergstraesser sicherlich häufiger ein Gesprächsthema gewesen sein. Neben dem von ihm wegen seines pazifistischen Engagements[150] bewunderten Mathematik-Professors Gumbel stand jedoch im Hintergrund auch Robert Kempner, dessen tatsächliche Bedeutung und Rolle auch Krohn deutlich herausstellt.[151] Der seit 1941 als Sonderberater für das amerikanische Justizministerium tätige Rechtsanwalt hatte hier, wie auch später während seiner Nürnberger Zeit,[152] den alten Freund und Kollegen quasi als Stellvertreter genutzt, um bestimmte ihm wichtige politische Intentionen und Aktionen zu lancieren bzw. zu initiieren. Wie aus dem Nachlaß ersichtlich wird, war es vor allem Kempner, der in einem Brief an Grossmann diesen über die Hintergründe des politischen Wirkens von Bergstraesser informiert hatte. Diese Instrumentalisierungen durch Kempner geschahen sicherlich immer mit Billigung seines "Sprachrohrs": Zum einen weil Grossmann sich inhaltlich mit den Aussagen und Zielen Kempners identifizierte, zum anderen, weil er allzeit bereit war, für eine gerechte Sache einzutreten und dabei nie einem Disput aus dem Wege ging. Robert Kempner schrieb im Sommer 1954 an Grossmann ihre besondere Vertrautheit betonend: *„Ich habe **immer** gewußt, daß **Sie** einer der **besten** Freunde sind, dem ich je auf dem Welt begegnet bin!"*[153]

Nach der mißlungenen Gründung eines »Komitees für einen gerechten Frieden, ein demokratisches Deutschland und ein föderiertes Europa«[154] blieb Grossmann zwar weiterhin ein interessierter Beobachter der politischen Diskussion, jedoch begann er sich mehr und mehr als Amerikaner zu fühlen. Darüberhinaus ließen die ökonomischen und beruflichen Probleme beim Neuanfang in den Vereinigten Staaten in den Jahren 1940-42 wenig Zeit und Muße für derartige politische Aktivitäten. Nicht nur die Beantragung der amerikanischen Staatsbürgerschaft, die schließlich - nach jahrelangem Procedere und der üblichen Fünfjahresfrist - im Sommer 1945 bewilligt wurde, ist ein Indiz für diese

---

149 LBI, Box 42; siehe auch den Brief von Emil Julius Gumbel vom 6. Jan. 1942.

150 Siehe auch: Akademiker zum Fall Gumbel. In: Die Weltbühne, 28. Jg., Nr. 37, 13. Sep. 1932, Berlin, S. 388-391.

151 Krohn, Bergstraesser, S. 271.

152 Siehe die vertraulichen Mitteilungen im Vorfeld der Haftentlassung von Weizsäckers oder die heimliche Zusendung von Kopien gerade entdeckter Dokumente zur sog. "Endlösung".

153 LBI, Box 39; Brief von Robert Kempner vom 23. Aug. 1954; (Hervorhebungen im Original).

154 IZG, ED 201/1; siehe auch den bereits erstellten »Aktionsplan«.

Amerikanisierung.[155] Spätestens mit der Aufnahme der Tätigkeit beim »World Jewish Congress« im Frühjahr 1943 wird offenkundig, daß er sich selbst nicht mehr als Deutscher sah und eine Rückkehr nach Deutschland daher immer unwahrscheinlicher wurde.[156] Schon im Januar 1942 hatte er die Vereinigten Staaten[157] als *„Dieses Land der Toleranz"* gepriesen.[158] Besonders anschaulich wird dieser Wandlungsprozeß auch in den veränderten Themen seiner Veröffentlichungen. Seinem politisch linksdemokratischen Standpunkt entsprechend behandelte Grossmann im Winter 1942/43 die Frage eines Friedens mit Deutschland auch als Frage des materiellen Besitzes; besonders der Großgrundbesitz der Junker und die damit verbundene politisch-ökonomische Machtkonzentration galt es seiner Ansicht nach wirksam zu verringern.[159] Sehr kritisch setzte er sich auch mit dem in der sowjetischen Kriegsgefangenschaft entstandenen »Nationalkomitee Freies Deutschland« im Dezember 1943 auseinander.[160] Weiter zu berücksichtigen sind die kulturelle jedoch nicht religiöse Rückbesinnung auf die jüdische Herkunft, die u.a. deutlich wird in dem bereits im Sommer 1942 abgeschlossenen Manuskript,[161] daß später - erweitert um die Ausführungen von Professor Arieh Tartakower - als »The Jewish Refugee« publiziert wurde.[162] Die persönliche Hinwendung zur "Neuen Welt" kommt auch zum Ausdruck in zwei Artikeln, die im Dezember 1942 bzw. Dezember 1943 in der Wochenschrift »The Nation« erschienen. Im ersten Beitrag »Refugees: Burden or Asset?«[163] belegt Grossmann informativ unter Verwendung von statistischem Material an verschiedenen Beispielen den materiellen Gewinn und den immateriellen Zuwachs, der für das Aufnahmeland USA durch die Partizipation der Flüchtlinge am gesellschaftlichen und wirtschaft-

---

155 Ein deutliches Zeichen dafür ist, daß die Korrespondenz mit langjährigen deutschen Freunden oder dem »Aufbau«-Chefredakteur Manfred George von Grossmann zunehmend in Englisch geführt wurde, auch wenn diese ihm in Deutsch schrieben; siehe passim.

156 Eine Veränderung dieser Haltung erfolgte erst am Ende des Jahres 1951, als er - im Zuge seiner Entlassung beim WJC - zu einer *„zeitweiligen"* Rückkehr nach Deutschland im Rahmen einer wie auch immer gearteten Tätigkeit bereit war. Siehe dazu den Briefwechsel mit Nahum Goldmann vom Sommer 1951; LBI, passim.

157 Zur Amerikabewunderung durch die Emigranten siehe auch Feilchenfeldt, S. 78 ff.

158 Wer ist Arnold Bergstraesser? In: Aufbau, 8. Jg. (1942), Nr. 4, 23. Jan. 1942, New York, S. 5.

159 Peace and the German problem. In: New Europe, Feb. 1943, New York, S. 9-12.

160 German Political Emigration's True Task. In: New Europe, Dez. 1943, New York, S. 21-22.

161 Siehe passim zu den Klagen über die zweijährigen Verzögerungen bei der Drucklegung; besonders aber die Korrespondenz mit Nehemiah Robinson innerhalb des WJC ab 1943.

162 The Jewish Refugee (zus. mit Arieh Tartakower). New York 1944.

163 The Nation, Bd. 155, H. 26, 26. Dez. 1942, New York, S. 708-710 (Grossmann, Burden).

lichen Leben entstand. Aber auch die Stärkung der Verteidigungsfähigkeit[164] durch den Zuzug von über 40.000 wehrfähigen Männern[165] sowie eine steigende ökonomische Autarkie durch den Wegfall von Importwaren, wie etwa Handschuhen, die nun von den Flüchtlingen im Lande gefertigt wurden, dokumentierte die Studie.[166] Den Kapitalzustrom von mehreren Milliarden US-Dollar und die Schaffung von 9.000 neuen Arbeitsplätzen, von denen zwei Drittel von Einheimischen eingenommen wurden, waren weitere Beispiele für den wirtschaftlichen Nutzen[167] der Immigration von 152.800 Juden in die Vereinigten Staaten bis zum Sommer 1941.[168] Ein Jahr später akzentuierte Grossmann die politische Bedeutung der Emigranten,[169] als er die Flüchtlinge nun als »Unrecognized Allies« beschrieb.[170] Neben der kulturellen Bereicherung des amerikanischen Lebens wurde wieder der militärische Beitrag der Flüchtlinge[171] hervorgehoben und nun vor allem ihr engagierter Einsatz im schriftstellerischen Bereich und in der alliierten Kriegspropaganda herausgestellt.[172]

Unter Berücksichtigung dieser kurz skizzierten Entwicklung wird verständlich, daß Kurt Grossmann nicht (mehr) zu den Gründungsmitgliedern[173] des »Council for a Democratic Germany« im Mai 1944 gehörte.[174] Unter dem Vorsitz des Theologen Paul Tillich[175] hatten u.a. der frühere preußische Innen-

---

164 Bereits in: Enemy Aliens im Dienste der U.S.A. In: Aufbau, 8. Jg., Nr. 44, 30. Okt. 1942, New York, S. 1, hatte er den Vorteil für die USA durch den Zustrom von Hitler-Flüchtlinge an so scheinbaren Banalitäten wie Kriegsfreiwilligen und Blutspendern herausgestellt.

165 Siehe auch: Flüchtlinge - wichtiges Kampfpotential. In: Aufbau, 7. Jg., Nr. 15, 11. Apr. 1941, New York, S. 4.

166 Grossmann, Burden, S. 709 f.

167 Siehe Grossmann/Jacob, S. 169 wo gleichfalls dieser Gewinn durch die deutsche Immigration betont wird.

168 Grossmann, Burden, S. 710.

169 Zur mißtrauischen Beobachtung der politischen Emigration durch die amerikanischen Regierungsstellen siehe Peterson, Mißtrauen, S. 45 ff.

170 The Nation, Bd. 157, H. 24, 11. Dez. 1943, New York, S. 691-692 (Grossmann, Allies).

171 Siehe dazu auch ausführlich Krauss, S. 70 ff.

172 Grossmann, Allies, S. 691 f.

173 Zum CDG und den ideologischen Problemen bei der Konzeption eines Nachkriegsdeutschlands siehe auch den aufschlußreichen Artikel von Manfred George: Do Refugees want to return? In: Aufbau, 11. Jg., Nr. 32, 10. Nov. 1944, New York, S. 8-10; George vertrat daran die Auffassung, die wenigsten Juden wollten und sollten nach Deutschland zurückkehren.

174 Council for Democratic Germany. Formed by Refugee Leaders Here. In: New York Times, 93. Jg., Nr. 31511, Mi. 3. Mai 1944, S. 10; siehe auch im Biogr. Hdb., Bd. I, den Art. »Tillich, Paul«, S. 764 f. Siehe außerdem Sammelband von Langkau-Alex/Ruprecht.

175 Siehe ausführlich Bahr, S. 31 ff.

minister Albert Grzesinski,[176] der ehemalige Magdeburger Polizeipräsident
Horst Baerensprung,[177] die Gewerkschaftsfunktionäre Siegfried Aufhäuser und
Marie Juchacz sowie die Reichstagsabgeordneten Paul Hertz und Georg Diet-
rich,[178] die Wissenschaftler Julius Lips,[179] Hans von Hentig[180] und Veit
Valentin den Aufruf[181] unterstützt. Prominente Unterzeichner aus dem Künst-
ler- und Intellektuellenmilieu waren Heinrich Mann,[182] Bertolt Brecht,[183] Lion

---

176   Grzesinski, Albert; geb. 1879 Treptow, gest. 1947 New York; Politiker, 1898 in SPD, ab
        1903 SPD-Funktionär, 1919-24 Stadtverordneter in Kassel, 1921-33 MdL in Preußen,
        1925-26 Polizeipräsident in Berlin, 1926-30 preuß. Innenminister, 1933 Emigration in die
        Schweiz u. nach Frankreich, 1937 in die USA; Biogr. Hdb., Bd. I, S. 252.

177   Baerensprung, Dr. iur. Horst; geb. 1893 Torgau, gest. 1952 Braunschweig; Rechtsanwalt, ab
        1911 nach Familientradition Berufsoffizier, 1914-18 Kriegsteilnahme, danach Sozialist,
        1918 im Soldatenrat Halberstadt, Mitglied in SPD, Jurastudium, ab 1922 Rechtsanwalt in
        Magdeburg, 1928-29 Landrat in Nordhausen, 1930-32 Polizeipräsident Magdeburg, 1933
        nach „Schutzhaft" Flucht nach Polen, 1934 Emigration nach China, dort als Polizeiberater
        tätig, 1939 in die USA, 1939-45 Dozent an der Harvard Univ., 1946 Rückkehr nach
        Deutschland, 1947-51 Polizeipräsident in Braunschweig; Biogr. Hdb., Bd. I, S. 32.

178   Dietrich, Georg; geb. 1888 Groß-Zimmern/Hessen; Parteifunktionär, Buchdrucker, 1919 in
        USPD u. Stadtverordneter Karlsruhe, danach in SPD, 1922 Bezirkssekretär in Thüringen,
        1924-33 MdR, 1933 Wahl in SPD-Parteivorstand u. Flucht in die Schweiz, als Parteilinker
        von Sopade-Arbeit ausgeschlossen, 1940 in die USA; Biogr. Hdb., Bd. I, S. 131.

179   Lips, Dr. phil. Dr. iur. Julius; geb. 1895 Saarbrücken, gest. 1950 Leipzig; Prof. für Ethnolo-
        gie, 1914-16 Kriegsteilnahme, Promotionen 1919 sowie 1921, 1926 Privatdozent, 1929 ao.
        Prof. für Ethnologie in Köln, 1930-33 o. Prof., 1933 aus Protest gegen NS-Politik Rücktritt,
        1934 Emigration in die USA, nach Gastprofessuren 1937-39 Prof. an Howard Univ. in
        Washington/D.C., 1948 Rückkehr in SBZ, o. Prof. in Leipzig; Biogr. Hdb., Bd. II, S. 735 f.

180   Hentig, Dr. iur. Hans von; geb. 1887 Berlin, gest. 1974 Bad Tölz; Kriminologe u. Rechts-
        professor, Kriegsteilnahme, einer der führenden Denker des deut. Nationalbolschewismus,
        dessen Programm »Das deutsche Manifest« er 1921 verfaßte, 1925 wegen Hochverrats
        gesucht, kurzzeitige Flucht in die UdSSR, 1929 Habilitation, 1931 o. Prof. Univ. Kiel u.
        1934 Univ. Bonn, 1936 aus politischen Gründen entlassen, Emigration in die USA, als
        Instrukteur an staatl. Institutionen als tätig, 1951 Rückkehr in die Bundesrepublik, 1951-55
        Prof. Univ. Bonn; Biogr. Hdb., Bd. II, S. 492 f.

181   Der Text des Aufrufs ist wiederabgedruckt in Voigt, Friedenssicherung, S. 199 ff.

182   Mann, Heinrich; geb. 1871 Lübeck, gest. 1950 Santa Monica; Schriftsteller, verfaßte
        mehrere sozialkritische Novellen zum wilh. Kaiserreich (1905 »Professor Unrat«; 1918 »Der
        Untertan«), seit 1926 Mitglied u. ab 1931 Präsident der Preuß. Akademie der Künste, 1933
        Emigration nach Frankreich, 1940 in die USA, 1949 zum Präsidenten der Ost-Berliner
        Akademie der Künste berufen, die beabsichtigte Übersiedlung in die DDR wurde durch den
        plötzlichen Tod verhindert; Biogr. Hdb., Bd. II, S. 770.

183   Brecht, Bert(olt); geb. 1898 Augsburg, gest. 1956 Berlin (Ost); Schriftsteller, 1917 nach
        Notabitur Kriegsteilnehmer, 1919-20 Theaterkritiker, ab 1924 als Dramaturg in Berlin, 1933
        Emigration in die Schweiz u. Dänemark, 1939 nach Schweden, 1940 nach Finnland, 1941 in

Feuchtwanger und Hermann Budzislawski.[184] Einzige Kommunisten, neben den dem Volksfront-Gedanken nahestehenden SPD-Mitgliedern Hertz und Dietrich waren nur Brecht, von Hentig und Paul Hagen.[185] Dies zeigt einerseits, wie wenig konsensfähig der Volksfrontgedanke[186] unter einem großen Teil der Emigranten[187] in den Vereinigten Staaten noch war und dokumentiert andererseits die entstandenen, eher persönlich-individuellen Ressentiments von Kurt Grossmann gegen einzelne Unterzeichner, mit denen er noch zwei Jahre zuvor eifrig korrespondiert hatte.[188] Kennzeichnend für den eigentlich eher undistanzierten Umgang ist auch eine kurze Nachricht von Robert Kempner,[189] der im Frühjahr 1944 bezüglich seiner Teilnahme an einem New Yorker Vortrag von Paul Hagen, dem der führenden Vertreter der Emigrantenvereinigung »Neu Beginnen«,[190] in der Vorfreude auf das Wiedertreffen mit den alten Freunden meinte: *„Nehme an, daß es eine richtige Ligaversammlung wird!"*[191]

Robert Kempner war daher auch verwundert und überrascht, den Namen seines Freundes nicht unter den Unterzeichnern des von Paul Tillich initiierten Aufrufs des »Council for Democratic Germany«[192] für eine Demokratie in Deutschland gefunden zu haben.[193] Nach der scherzhaften Erwiderung *„da ich*

---

die USA, 1947 Emigration in die Schweiz, 1948 Rückkehr in die SBZ, 1949 Mitgründer des »Berliner Ensembles«; Biogr. Hdb., Bd. II, S. 148 f.

184   Budzislawski, Dr. rer.pol. Hermann; geb. 1901 Berlin, gest. 1978 Berlin (Ost); Journalist u. Hochschullehrer, 1926-33 Zeitschriftenredakteur, 1929 in SPD,1933 Flucht in die Schweiz, 1934-39 Chefredakteur »Die Neue Weltbühne«, 1934 Emigration in die Tschechoslowakei, 1938 nach Frankreich, 1940 in die USA, 1948 Rückkehr in die SBZ, 1948-67 Prof. für Zeitungswiss. Univ. Leipzig, Mitglied in SED, ab 1958 Mitglied der DDR-Volkskammer; Biogr. Hdb., Bd. I, S. 102.

185   Hagen, Paul (urspr. Frank, Dr. phil. Karl); geb. 1893 Wien, gest. 1969 New York, Kriegsteilnehmer, 1918 Promotion, 1919 in KPÖ, 1920 Übersiedlung nach Berlin u. KPD-Eintritt, Redakteur »Die Rote Fahne«, 1924 bei illegaler Arbeit verhaftet u. nach Österreich abgeschoben, Rückkehr nach Deutschland u. in oppositionellen Zirkeln aktiv, 1933 nach Österreich, Emigration in die Tschechoslowakei, aktiv beim Aufbau von »Neu Beginnen«, 1938 nach Frankreich, 1939 in die USA, ab 1945 Psychoanalytiker; Biogr. Hdb., Bd. I, S. 187 f.

186   Siehe Gross, Volksfrontpolitik, S. 537 ff. für die Diskussionen in den dreißiger Jahren.

187   Vgl. auch Ruprecht, S. 290 f.

188   LBI, Box 10; Brief an Paul Hagen am 3. Okt. 1942.

189   Zu Kempners Kontakten zu »Neu Beginnen« siehe auch Radkau, Emigration, S. 178 f.

190   Zum Wirken der Gruppe in der Emigration siehe Vorholt, S. 207 ff.

191   LBI, Box 10; Brief von Robert Kempner vom 17. März 1944.

192   Siehe auch Krohn, Council, S. 17 ff.

193   LBI, Box 10; Brief von Robert Kempner vom 22. Mai 1944.

Ihre Unterschrift nicht sah, habe ich auch nicht unterschrieben",[194] begründete Grossmann in einer längeren Replik seine ablehnende Haltung.[195] Der politischen Linie der vergangenen siebzehn Jahre treu bleibend, könne er erstens einen derartigen Aufruf nicht gemeinsam mit *„deutschen Kommunisten"* unterzeichnen.[196] Zweitens würde er niemals einen Aufruf unterstützen, der keinerlei Schamgefühl gegenüber den Geschehnissen der zurückliegenden zehn Jahre (seit 1933) ausdrücke.[197] Für ihn war es im Mai 1944 unmöglich, zwischen dem deutschen Volk und den Nationalsozialisten zu differenzieren.[198] Er erinnerte Kempner dann an dessen eigene Worte bei dem ersten Zusammentreffen nach beider Flucht in Prag im Jahre 1933. Dort habe er, Kempner, die Hitlerregierung als die homogenste aller Regierungen in der deutschen Geschichte bezeichnet, da sie (im Gegensatz zu den meisten Regierungen Weimars) von einem breiten politischen Grundkonsens getragen würde.[199] Überdies, klagte Grossmann, seien die wichtigen Fragen wie Bestrafung und Vergeltung (im Sinne von Erstattung) nur sehr vage in dem Aufruf angedeutet worden. Und überhaupt, warum solle man der amerikanischen Öffentlichkeit vorgaukeln, es gäbe starke deutsche demokratische Kräfte?[200] Unter Berücksichtigung der auch in der amerikanischen Öffentlichkeit[201] bekanntgewordenen schrecklichen Verbrechen in den NS-Konzentrationslagern, die in Wirklichkeit wie z.B. Auschwitz, Treblinka und Majdanek riesige Vernichtungslager geworden waren, bekam hier Paul Tillichs frühere Aussage vom Wort, daß vor der Größe des Geschehens verstummen solle,[202] ein wesentlich stärkeres Gewicht und eine tiefere Bedeutung als noch im Frühjahr 1940.

Auch in Grossmanns die Unterzeichnung ablehnenden Schreiben an Tillich heißt es, er *„bedaure, daß die Erklärung von deutschen Kommunisten mit-*

---

194   Ebd.; Brief an Robert Kempner am 25. Mai 1944 (Ü.d.V.).

195   IZG, ED 201/1; siehe auch seine ablehnende Erklärung in dem dreiseitigen Brief an Paul Tillich am 3. Mai 1944.

196   Vgl. auch Krohn, Council, S. 35, der vermutet, Grossmann habe die Deklaration nicht richtig gelesen bzw. ihre Intention nicht wahrnehmen wollen. Diese Auffassung wird deutlich durch den Briefwechsel mit Kempner widerlegt.

197   Zur Verurteilung der Verbrechen durch ihn selbst, siehe auch Grossmanns Entwurf für »Das andere Deutschland spricht« vom Frühjahr 1940 im Anhang, Anlage 1.

198   Siehe auch die vergleichbare skeptisch-distanzierte Einschätzung durch Willy Brandt im skandinavischen Exil; Brandt, Draussen, S. 138 f. u. S. 144.

199   Zu den Wählern der NSDAP siehe die aufschlußreiche Studie von Falter; bes. S. 45 ff. u. S. 194 ff.

200   LBI, Box 10; Brief an Robert Kempner am 25. Mai 1944.

201   Siehe ausführlich die Darstellung von Wyman, Volk, S. 95 ff.

202   Siehe den oben bereits zitierten Brief von Paul Tillich vom 20. Mai 1940; LBI, Box 11.

unterzeichnet worden ist, die politisch um kein Deut besser sind als früher". Außerdem dürfe man sich *„um der Zukunft Europas willen"*[203] nicht mit den Kommunisten verbünden. Unter Berücksichtigung der langjährigen persönlichen Bekanntschaft mit den meisten hier als "deutsche Kommunisten" gebrandmarkten Unterzeichnern[204] ist hier ein weiterer, distanzierender Schritt weg vom Deutschtum (und seinen exponierten Exil-Vertretern) zu erkennen. Bereits im Frühjahr 1934 hatte sich Grossmann im Prager Exil mit der Zerstrittenheit der deutschen Sozialdemokratie publizistisch auseinandergesetzt und dabei eine "Sammlung" aller Kräfte für den Kampf gegen die Diktatur gefordert, wobei er jedoch die Unterzeichnung von Volksfrontaufrufen ablehnte und stattdessen eine Aktionseinheit der Sozialdemokraten forderte.[205]

Mit der Ablehnung einhergehend, erfolgte eine Solidarisierung mit den heftigen Angriffen amerikanischer[206] und deutscher Juden[207] sowie anderer politischer Exilgruppen[208] gegen das »Council for a Democratic Germany«.[209] Von jüdischer Seite wurde insbesondere der Zeitpunkt des Aufrufes als falsch kritisiert, da am Vorabend der bevorstehenden Invasionslandung alliierter Truppen,[210] die dabei zu erwartenden hohen Kriegsverluste und die öffentliche Meinung[211] den Zielen des Aufrufes zuwiderliefen.[212] Manfred George kam

---

203   IZG, ED 201/1; Brief an Paul Tillich am 3. Mai 1944, S. 2.

204   Siehe passim die Korrespondenz mit Paul Hagen sowie den dem Volksfrontgedanken nahestehenden SPD-Mitgliedern wie Paul Hertz und Hermann Budzislawski. Daß seine Haltung in der Berliner und frühen Prager Zeit weit weniger puritanisch gewesen war, belegt neben der Tatsache, daß für zwei seiner in der Tschechoslowakei verlegten Bücher der überzeugte Kommunist John Heartfield die Umschläge erstellt hatte, auch die enge Zusammenarbeit mit Willi Münzenberg bei der Organisation des Kongresses »Das Freie Wort« im Februar 1933. Dies konzediert er rückblickend auch in Grossmann, Ossietzky, S. 343.

205   Signal zur Sammlung. In: Deutsche Freiheit, 2. Jg., Nr. 8, 25. Feb. 1938, Paris, S. 6.

206   Die »American Federation of Jews from Central Europe« sprach sich im Juni 1944 auf einer Vorstandssitzung nachdrücklich gegen die Beteiligung deutscher Juden am CDG aus: Beteiligung von Juden an freideutschen Bewegungen unerwünscht. In: Aufbau, 10. Jg., Nr. 25, 23. Juni 1944, New York, S. 6.

207   Siehe u.a. die beiden unsignierten Artikel: Council for a Democratic Germany. In: Aufbau, 10. Jg., Nr. 18, 5. Mai 1944, New York, S. 7; Das amerikanische Echo. In: Ebd.

208   Council for Democratic Germany, S. 10; Biogr. Hdb., Bd. I, Art. »Tillich, Paul«, S. 765.

209   Siehe dazu auch Peterson, Umfeld, S. 58 ff.

210   Die Landung der alliierten Truppen in der Normandie erfolgte am 6. Juni 1944. Bereits am 10. Juli 1943 (Sizilien) und 3. Sep. 1943 (ital. Festland) hatten amerikanische Truppen in Italien erfolgreich weitere neue Brückenköpfe gebildet.

211   Zur kritischen Beobachtung des CDG durch verschiedene US-Behörden und FBI siehe auch Peterson, Mißtrauen, S. 51.

212   Das amerikanische Echo. In: Aufbau, 10. Jg., Nr. 18, 5. Mai 1944, New York, S. 7.

eine Woche später, am 12. Mai 1944, nach der Lektüre schweizerischer Zeitungen zu dem Urteil, daß die Lage in Deutschland noch nicht *„so gereift"* sei, als daß die alliierten Truppen mit einer Hilfe *„von innen heraus"* rechnen könnten.[213] (Daß zumindest eine partielle "Reifung" im Verborgenen erfolgt war, bewies dann der Attentatsversuch einiger deutscher Offiziere am 20. Juli 1944).

Im Gegensatz zu seinen früheren Aussagen war nun für Grossmann, durch das jahrelange Fortbestehen der nationalsozialistischen Herrschaft[214] ohne einen erkennbaren Widerstand in der Mehrheit der Bevölkerung, eine Differenzierung zwischen den braunen Machthabern und der lethargischen Masse des Volkes kaum noch möglich.[215] Vertreter eines "Anderen Deutschlands", zu denen er sich vier Jahre zuvor noch selbst gezählt hatte, schien es für ihn nun nicht mehr zu geben. Viele unerbittliche Hitler-Gegner, waren - wie Kempner und er - innerlich zu amerikanischen Staatsbürgern geworden;[216] auch wenn die formelle Naturalisierung noch nicht abgeschlossen war. Im Unterschied zur Entwurfsphase für »Das Andere Deutschland spricht« vom Frühjahr 1940 wollten diese Emigranten deswegen auch nicht mehr die Repräsentanten *„des Anderen Deutschlands"* sein, sondern waren zu engagierten Vertretern von Humanismus, Pazifismus und Menschenrechten geworden; universellen Gedankengütern, für die sie auch von den Vereinigten Staaten aus eintreten konnten.

Obgleich er in seinen Artikeln weniger harsch Stellung bezog als in diesem privaten Schreiben an Kempner,[217] bestand für Grossmann eine politische Kollektivverantwortung des gesamten deutschen Volkes[218] für die Untaten des NS-Regimes, da die Verbrechen[219] unter öffentlicher Tolerierung und in allgemeiner Akzeptanz erfolgt seien bzw. noch geschehen würden. [220] Wie Gross-

---

213 George, Tatsachenbericht, S. 2.

214 Offensichtlich war auch Grossmann, wie viele seiner Zeitgenossen, im Frühjahr 1933 bei der NS-Machtübernahme von einer kurzfristigen, sich selbst auflösenden Übergangserscheinung ausgegangen.

215 Grossmann/Jacob, S. 185. Siehe auch Stöver, S. 115 ff. u. S. 307 ff. und die lokale Studie von Koshar, S. 179 ff.

216 Siehe auch Strauss, Emigrantenverbände, S. 127 ff. und Strauss, Akkulturation, S. 237 ff. zur Akkulturation der deutsch-jüdischen Emigranten.

217 LBI, Box 10; Brief an Robert Kempner am 25. Mai 1944.

218 IZG, ED 201/1; siehe auch den Brief an Paul Tillich am 3. Mai 1944, S. 2 f.

219 Das die Zustände in den Konzentrationslagern durch Berichte von ehemaligen Insassen über Folterungen und sadistische Behandlungen in Deutschland bereits Ende der dreißiger Jahre durchaus bekannt waren, belegt auch ein Brief des Schwagers Robert Sommer (sen.) vom 27. Jan. 1939; LBI, Box 1. Siehe auch den Sammelband von Jörg Wollenberg.

220 Grossmann/Jacob, S. 185.

mann sich die Antworten auf diese im Aufruf des »Council for a Democratic Germany« unbeantwortet gebliebenen Fragen ansatzweise vorstellte, war bereits zwei Monate später, im Juli 1944, am Schluß des Aufsatzes »The German Exiles and the 'German Problem'«[221] nachzulesen. Die Verfasser (Koautor war der Rundfunkjournalist Hans Jacob[222]) traten darin im Juli 1944 u.a. für eine totale Entwaffnung Deutschlands als Garantie gegen einen erneuten Krieg sowie für eine völlige moralische Regeneration des deutschen Volkes ein.[223] Beachtenswert ist dabei, daß prominente Emigranten, namentlich der frühere Reichskanzler Heinrich Brüning[224] und der ehemalige Reichsverkehrsminister Gottfried Treviranus,[225] nicht als politische Verbündete in einem gemeinsamen Kampf gegen das Nazi-Regime gesehen wurden,[226] sondern als *„frustrierte Elemente"* eines Deutschlands, das selbst die Welt erobern wollte,[227] gebrandmarkt und entschieden abgelehnt wurden.[228] Jeder, der bereit sei mit diesen

---

221 Journal of Central European Affairs, Bd. 4 (1944/45), H. 2, Boulder/Col., S. 165-185.

222 Jacob, Hans; geb. 1896 Berlin, gest. 1961 Paris; Schriftsteller u. Übersetzer, Kriegsteilnehmer, freier Schriftsteller, ab 1926 Übersetzer im Auswärtigen Amt, Teilnehmer an zahlreichen internationalen Konferenzen, 1933 als Übersetzer auf der Genfer Abrüstungskonferenz Disput mit SS-Führer Reinhard Heydrich, aufgrund einer Warnung über die bevorstehende Verhaftung einen Tag nach der Rückkehr Flucht nach Frankreich, 1933-34 Mitarbeit beim »Pariser Tageblatt«, 1940 Emigration in die USA, Radiokommentator, 1948-56 Chefübersetzer im UNESCO-Sekretariat in Paris; Biogr. Hdb., Bd. II, S. 555 f.

223 Siehe auch Schneider, Steel, S. 72 zu ähnlichen Konzeptionen bei anderen politisch denkenden Emigranten.

224 Brüning, Dr. Heinrich; geb. 1885 Münster, gest. 1970 Norwich/USA; Politiker u. Verbandsfunktionär, 1915-18 Kriegsteilnehmer, Mitglied in Zentrumspartei, 1920-30 Geschäftsführer des »Deutschen Gewerkschaftsbundes«, 1924-32 MdR, 1930-32 Reichskanzler, 1934 Emigration in die Niederlande u. andere Staaten, 1939 in die USA, Gastdozenturen u. 1939 Professur an Harvard Univ., keinerlei Zusammenarbeit mit Exilpolitik, jedoch heftige Kritik am NS, 1951-55 Prof. Univ. Köln, danach Rückkehr in die USA, da ihm die Integration ins politische Leben des Bundesrepublik mißlang; Biogr. Hdb., Bd. I, S. 99 f.

225 Treviranus, Gottfried; geb. 1891 Schieder/Lippe, gest. 1971 Italien; Politiker u. Verbandsfunktionär, 1909 nach Abitur zur Marine, 1914-18 Kriegsteilnahme als Offizier, Mitglied in DNVP, ab 1924 MdR, 1930 Gründer der »Konservativen Volkspartei«, 1930-32 Reichsminister in den Kabinetten Brüning für die besetzten Gebiete bzw. für Verkehr, Emigration 1934 nach Großbritannien, 1940 nach Kanada, 1943 in die USA, war in der freien Wirtschaft tätig, 1947 Rückkehr nach Westdeutschland; Biogr. Hdb., Bd. I, S. 768.

226 Siehe dazu ausführlich auch Radkau, Emigration, S. 184 ff.

227 Besonders Treviranus, der noch Mitte der dreißiger Jahre Kontakte zur Reichswehr unterhalten und in den frühen zwanziger Jahre dem oberschlesischen Freikorps nahegestanden hatte (Radkau, Emigration, S. 191 f.), war Grossmann sehr suspekt.

228 Grossmann/Jacob, S. 173.

Personen zusammenzuarbeiten,[229] müsse darauf vorbereitet sein, die Prinzipien "Demokratisierung" und "Entwaffnung" von Deutschland aufzugeben. Denn diese Politiker seien lediglich Vertreter der Prinzipien "Ordnung" und "Eigentum", aber keiner von ihnen sei ein „*Champion*" für die so dringend notwendige „*moralische Revolution*" zur Erziehung des deutschen Volkes.[230] Diese strikte Abgrenzung stand konträr zu der noch im Aufruf »Das Andere Deutschland spricht« im Frühjahr 1940 vertretenen Haltung, sich mit allen zu vereinigen, die bereit seien gegen Hitler zu kämpfen.[231]

Warum Grossmann so entschieden für eine völlige Entwaffnung Deutschlands eintrat, erklärt schließlich ein Leserbrief an die »New York Times« im Sommer 1946.[232] Hierin betont er, in deutlicher Abgrenzung zum Plädoyer des amerikanischen Chefanklägers im Nürnberger Prozeß, Robert Jackson,[233] daß die Aufrüstung in Deutschland eben nicht erst mit der Machtergreifung Hitlers begonnen habe. Grossmann verwies auf die zahlreichen militärischen Verletzungen des Versailler Vertrages seit den frühen zwanziger Jahren[234] und die diesbezüglichen geheimen Maßnahmen durch General von Seeckt.[235] Unter Berücksichtigung aller dieser illegalen militärischen Aktivitäten zur Umgehung der Versailler Vertragsauflagen kam Grossmann folgerichtig zu dem Schluß, daß Adolf Hitler lediglich fortgeführt und ausgebaut habe, was die „*German military class*" im geheimen längst begonnen hatte.[236] Aus diesen Weimarer Erfahrungen, gegen die er fast eine Dekade lang vergeblich gekämpft hatte, trat er nun umso nachdrücklicher für die Entwaffnung Deutschlands ein.

Noch im Sommer 1950 sprach er sich in einem internen WJC-Memo strikt gegen eine etwaige Wiederbewaffnung von "Westdeutschland" aus. Angesichts der in "Ostdeutschland" durch die Kasernierte Volkspolizei bereits vorhande-

---

229 Zur Bedeutung von Brüning und Treviranus in der Emigration siehe Radkau, Emigration, S. 184 ff.

230 Grossmann/Jacob, S. 173.

231 LBI, Box 11; Entwurf für »Das andere Deutschland spricht«; Anhang, Anlage 1.

232 Arming the Weimar Republic. Systematic Preparation for War, it is stated, predated the Nazi Regime. In: New York Times, 95. Jg., Nr. 32336, Di. 6. Aug. 1946, S. 24 (Grossmann, Arming).

233 Excerpts of Jackson's War Guilt Summary. In: New York Times, 95. Jg., Nr. 32326, Sa. 27. Juli 1946, S. 5.

234 Siehe auch Gumbel, Fememord, S. 72 ff.; Gumbel, Verschwörer, S. 178 ff.

235 Seeckt, Hans von; geb. 1866 Schleswig, gest. 1936 Berlin; Berufsoffizier, 1920-26 Chef der Heeresleitung der Reichswehr, 1930-32 MdR (DVP).

236 Grossmann, Arming, S. 24.

nen 70.000 Mann unter Waffen[237] war Grossmann der Auffassung, daß stattdessen die französischen, belgischen, niederländischen und britischen Kontingente in der Bundesrepublik entsprechend verstärkt werden müßten. Eine Wiederbewaffnung der Westdeutschen hingegen erschien ihm, wie *„den Teufel durch den Beelzebub"*[238] austreiben zu wollen. Auch eine, dem DDR-Vorgehen[239] folgende, mögliche Vergrößerung der Polizei lehnte er in seinem Memo an den Politischen Direktor des WJC, Rabbi Robert Marcus, entschieden ab. Im Rückblick auf die Weimarer Republik sah Grossmann in etwaigen "Polizeitruppen für besondere Aufgaben" sowohl den Kern für eine zukünftige Armee als auch eine potentielle und unberechenbare Bedrohung für die Demokratie.[240] Unter dem Eindruck der Ereignisse in Korea sah Grossmann seine Überzeugung bestätigt, *„daß die Wiederbewaffnung von Deutschland ein großer Fehler, wenn nicht ein großes Unglück wäre."*[241] Wenige Monate später schrieb er, daß die Mehrheit der Deutschen gar keine Aufrüstung wolle, *„natürlich nicht weil sie plötzlich Pazifisten geworden sind, sondern aus der 'ohne mich' Stimmung, die weder gut europäisch noch atlantisch ist oder klingt."*[242] Er erkannte zwar richtig die Stimmung in der bundesdeutschen Bevölkerung angesichts der einsetzenden Diskussionen um eine Wiederbewaffnung,[243] jedoch verweigerte er dieser Mehrheit einen so radikalen Umdenkungsprozeß, wie er ihn selbst durch die aktive Teilnahme an den Ereignissen des ersten Weltkrieges vollzogen hatte. Hier soll keinesfalls die Mehrheit der Nachkriegsdeutschen zu Pazifisten deklariert werden - denn dann wäre u.a. die Diskussion um die Gründung der Bundeswehr schärfer geführt worden -, jedoch bleibt zu beachten, daß Grossmann die Schrecken des zweiten Weltkrieges, speziell für die Zivilbevölkerung, nicht genügend kannte, um deren ablehnende Haltung zu verstehen. Die angesprochene "ohne mich"-Stimmung[244] wird noch verständlicher und leichter nachvollziehbar, wenn man den (geringen) Wiederaufbauzustand mancher deutscher Großstadt berücksichtigt, wo alltäglich viele Gebäuderuinen die Bevölkerung an die zurückliegenden Kriegsereignisse erinnerten. Ohne Grossmanns Kritik marginalisieren zu wollen, müssen diese Hintergründe in die Beurteilung miteinbezogen werden,

---

237 Fischer, Wiederbewaffnung, S. 27 f.

238 LBI, Box 16; Memo an Robert Marcus am 24. Aug. 1950.

239 Siehe Kabel, S. 28 ff.

240 LBI, Box 16; Memo an Robert Marcus am 24. Aug. 1950.

241 LBI, Box 13; Brief an Paul Eickhoff am 20. Aug. 1950.

242 Ebd.; Brief an Erwin Schulz am 10. Apr. 1951.

243 Siehe auch Meyer, S. 32 f. u. S. 43.

244 Holl, Pazifismus, S. 223 spricht von einem einheitlichen Ziel, dessen jedoch heterogene Motive u.a. im traditionellen Antimilitarismus und dem christlichen Pazifismus gründeten.

um die Stimmung in der westdeutschen Bevölkerung des Nachkriegsdeutschlands einordnen zu können.

In einem Zeitungsartikel über »Die deutsche Armee und die Juden«[245] vom
Sommer 1955 nahm Grossmann unter dem Eindruck der Gründung der Bundeswehr pointiert Stellung zu dem bis in die Gegenwart umstrittenen Thema[246]
der Wehrpflicht für junge Juden in der Bundesrepublik.[247] Für ihn war, Sokra-
tes folgend, Gesetz nun mal Gesetz und daher könnten jugendliche Juden, *„die
die deutsche Staatsbürgerschaft haben, keine Ausnahmebehandlung verlangen,
und sie sind in dieser Situation allen anderen Menschen in Deutschland gleich-
gestellt.“*[248] Ausgehend von seinen eigenen negativen Erfahrungen im ersten
Weltkrieg (Nichtbeförderung als Jude), fragte sich Grossmann allerdings auch,
ob der immer noch vorhandene Antisemitismus in Deutschland dies wieder ermöglichen würde. Er trat dafür ein, *„daß für jeden - ob Juden oder Nicht-
juden - in der zukünftigen deutschen Armee Garantien für die Wahrung seiner
Menschenrechte geschaffen“* würden;[249] eine Forderung, die die Bundeswehr
durch die Konzeption des "Staatsbürgers in Uniform" berücksichtigte.[250]

Die Haltung des »Zentralrates der Juden in Deutschland« verurteilte Grossmann indirekt, als er davon sprach, daß gerade *„diejenigen, die an einer Reha-
bilitierung des Verhältnisses zwischen Juden und Deutschen interessiert“* seien
und die nicht die Auffassung teilten, daß es keine Juden mehr in Deutschland
geben könne, den Mut haben müßten, dem Problem der allgemeinen Wehrpflicht *„ins Auge zu sehen und es rechtzeitig zu diskutieren.“*[251] Das Pro und
Contra dieser heiklen Frage, die selten emotionslos diskutiert wurde, soll hier
nicht wiederholt werden. Bei den Gedanken zur Wiederaufrüstung und der damit verbundenen Schaffung der Bundeswehr, beschlich Grossmann das ungute
"Gefühl", die neu zu schaffende Armee werde für den demokratischen Staat
Bundesrepublik Deutschland zu einem "Danaergeschenk". Er kam zu der geo-
politischen Erkenntnis, *„der Westen hat Deutschland bereits alles gegeben,
während Rußland Deutschland noch sehr viel geben kann, um sich damit die*

---

245   Originalmanuskript in LBI, Box 5; veröffentlicht in: Süddeutsche Zeitung, 11. Jg., Nr. 177,
      Do. 28. Juli 1955, München, S. 5. Siehe auch den ablehnenden Brief der Redaktion »Die
      Gegenwart« vom 22. Juli 1955.

246   Bruer, S. 12 f.; Wolffsohn, Angst, S. 130 ff.

247   Siehe auch Jesse, S. 551 f.

248   LBI, Box 5; Msk. "Die deutsche Armee und die Juden", S. 3. Siehe dazu auch Bruer, S. 12.

249   Ebd.; Die deutsche Armee und die Juden, S. 4.

250   Siehe auch die entsprechende Korrespondenz von Grossmann mit Heinz Putzrath, vom
      Auslandsreferat beim SPD-Parteivorstand, im Sommer 1955; LBI, Box 5 passim.

251   LBI, Box 5; Die deutsche Armee und die Juden, S. 4.

Neutralität zu erkaufen."[252] Diese Aussage war unter Berücksichtigung der tagespolitischen Aktualität sicherlich opportun, aber kaum mehrheitsfähig. Ob eine raschere Wiedervereinigung um den Preis einer diplomatischen Neutralität, wie im Falle Österreichs, überhaupt verhandelbar gewesen wäre, ist bereits bei der Diskussion der sog. Stalin-Note vom März 1952 in großen Teilen der damaligen Politik als auch der späteren wissenschaftlichen Forschung sehr umstritten gewesen.[253] Denn nicht nur die undurchschaubare Haltung der sowjetischen Machthaber, sondern auch die auf eine Westanbindung[254] zielenden Intentionen der maßgeblichen westdeutschen Politiker[255] lassen starke Zweifel an der Plausibilität dieser Chance erwachsen. Bundeskanzler Konrad Adenauer gelang es trotz der neugegründeten Bundeswehr während seines Moskau-Besuches im September 1955, die Rückführung der letzten deutschen Kriegsgefangenen zu erreichen.[256]

7.2 Interesse und Einmischung in die US-Innenpolitik

Im amerikanischen Wahlkampf 1952 votierte Grossmann für den demokratischen Präsidentschaftskandidaten Adlai Stevenson, den Gouverneur des Bundesstaates Illinois. Darüberhinaus unterstützten er und seine Frau auch dessen Wahlkampffonds durch zwei kleinere Geldspenden.[257] Die Begeisterung[258] bei Grossmann ging so weit, daß er dem Chefredakteur des »Aufbau«, George, eine Pro-Stevenson-Aktion vorschlug und dieses Schreiben „*Mit besten Steven-*

---

252 Ebd.; Brief an Rudolf Küstermeier am 13. Mai 1955.

253 Der Innsbrucker Historiker Rolf Steininger (S. 30 ff.) bezeichnete die Ablehnung der sowjetische Offerte als "Eine vertane Chance". Vgl. auch Baring, S. 512 ff..

254 Durch das »European Recovery Program«, nach seinem Initiator, dem US-Außenminister George C. Marshall, als Marshall-Plan bekanntgeworden, waren die westlichen Besatzungszonen Deutschlands bereits seit dem Jahre 1948 ökonomisch in Richtung Westalliierte ausgerichtet; siehe Hogan, S. 29 ff.; Schwabe, S. 225 ff.; Schwartz, Integration, S. 171 ff.

255 Oppositionsführer Kurt Schumacher titulierte Bundeskanzler Adenauer in einer Parlamentssitzung im Nov. 1949 unmißverständlich als „*Kanzler der Alliierten*"; zit. in Benz, Ideal, S. 208 f. Zur Westintegration siehe auch Baring, S. 10 ff.; Schwartz, Germany, S. 49 ff.

256 Dem Gesetz vom 23. Juli 1955 folgend, meldeten sich innerhalb einer Woche 152.166 Freiwillige, die ab Okt. 1955 ihren Wehrdienst aufnahmen; Herbstrith, S. 98.

257 LBI, Box 20; siehe den Dankesbrief von der Wahlkampfzentrale Stevensons vom 17. Okt. 1952 und die Einzahlungsbelege vom 31. Okt. 1952.

258 Siehe auch die zu optimistische Analyse: Der Pendel schwingt zu Stevenson. Eine Betrachtung zu den bevorstehenden amerikanischen Präsidentschaftswahlen. In: Allgemeine Wochenzeitung der Juden in Deutschland, 7. Jg., Nr. 30, 31. Okt. 1952, Düsseldorf, S. 5.

son-Gruessen" signierte.[259] Dieser unterlag jedoch dem republikanischen Bewerber, dem populären amerikanischen Oberbefehlshaber im zweiten Weltkrieg, General Dwight (Ike) Eisenhower, oder wie es Grossmann in einem Brief an den in Europa weilenden Robert Kempner kurz und bündig formulierte: *„Die Wahlen sind vorbei, mein Kandidat verlor!"*[260]

Den wohl stärksten persönlich-mentalen Schock nach dem zweiten Weltkrieg erlitt Grossmann im November 1963 anläßlich des Attentats auf US-Präsident John F. Kennedy in Dallas. Die große individuelle Betroffenheit[261] läßt sich noch mehrere Wochen später in den Briefen an enge Freunde feststellen. Außerdem war er Tage später noch nicht in der Lage, journalistisch zu arbeiten und beruflich etwas zu schreiben.[262] Auf einen Brief seines Hamburger Freundes Erich Lüth[263] und dessen Frage nach dem persönlichen Befinden antwortete Grossmann einen Monat nach dem Mord: *„In der Tat haben wir hier furchtbare Tage erlebt. Heute ist die offizielle Trauerzeit von dreißig Tagen zu Ende, aber die Riesenbeteiligung bei der Schlußtrauerfeier am Lincoln Denkmal in Washington beweist, wie nachhaltig dieser Verlust eines so jungen, vorwärtstreibenden, brillanten Mannes empfunden wird. Es ist nach wie vor schwer, zu glauben, daß Kennedy nicht mehr unter uns ist."* Einer langjährigen Freundin der Familie schrieb Grossmann wenige Tage nach dem Attentat: wir haben *„furchtbare Tage durchlebt und kommen erst wieder langsam zu uns. Die Tragödie, die sich hier in USA abgespielt hat, ist einfach zuviel für uns, die wir so viele furchtbare dunkle Tage in unserm Menschenalter durchlebt haben."*[264] Bereits einen Tag nach dem Attentat von Dallas, am 22. Nov. 1963, hatte Grossmann seine ganze Bestürzung zum Ausdruck gebracht und konstatiert: *„Noch können wir nicht fassen, daß dieser junge fortschrittliche, mutige und so warme Präsident nicht mehr lebt. Brutale Gewalt eines Wahnwitzigen hat das Land und die Welt in Ungemach gestürzt."*[265] Und gegenüber seinem alten Parteifreund Erich Ollenhauer meinte er schließlich reflektierend: *„Wir haben gewiss in der Zeit unserer Gastrolle auf dieser Erde genug Furchtbares erlebt, daß ich gewünscht hätte, dies wäre uns erspart geblieben."*[266]

---

259   LBI, Box 20; Brief an Manfred George am 31. Okt. 1952.

260   Ebd.; Brief an Robert Kempner am 10. Nov. 1952.

261   Siehe auch: Das Leben geht weiter mit Lyndon B. Johnson. In: Vorwärts, Nr. 48, 27. Nov. 1963, Bonn, S. 3.

262   LBI, Box 25; Brief an Hans Hermann Köper, Redaktion Twen, am 23. Nov. 1963.

263   Ebd.; Brief von Erich Lüth vom 12. Dez. 1963.

264   Ebd.; Brief an Lucy Bill am 23. Nov. 1963.

265   Ebd.; Brief an Hans Hermann Köper am 23. Nov. 1963.

266   Ebd.; Brief an Erich Ollenhauer am 10. Dez. 1963.

Den Vietnamkrieg und insbesondere die amerikanische Invasion ins neutrale Kambodscha kritisierte Grossmann scharf. In einem Brief an Henry Kissinger, den Sicherheitsberater des US-Präsidenten, protestierte er nachdrücklich gegen diese Politik. An das persönliche Ehrgefühl des deutschstämmigen Juden Kissinger appellierend schrieb er: *„Moreover I imagine you cannot as a son of a Jewish family have forgotten the tragic lessons of the holocaust, the eternal laws of morality which must govern a people if it wants to survive".*[267]

7.3 Erneut verdächtigt - die McCarthy-Ära

Eines der dunkelsten Kapitel der amerikanischen Zeitgeschichte, die McCarthy-Ära, bleibt auch in den von Kurt Grossmann hinterlassenen Archivalien fast völlig im Verborgenen. Nur vereinzelt lassen sich Hinweise auf die Bedrohungen und Schwierigkeiten der Familie Grossmann in diesen Jahren finden. Die wenigen bruchstückhaften Informationen ergeben mosaikhaft ein verschwommenes Bild der inquisitorischen staatlichen Überprüfungen, die seit Beginn der fünfziger Jahre von dem Senatsausschuß zur Untersuchung "unamerikanischer Umtriebe" unter Vorsitz des republikanischen Senators Joseph McCarthy[268] durchgeführt wurden. Das Ziel der Ermittlungen war originär die Enttarnung kommunistischer Agenten, denen unter dem Eindruck des Kalten Krieges eine bedrohliche Unterwanderung von staatlicher Verwaltung und öffentlichem Leben der Vereinigten Staaten unterstellt wurde.[269] Tatsächlich kam es aber zu einer tausendfachen Diffamierung politisch Andersdenkender im ganzen Land, zu denen insbesondere die Emigranten gehörten.[270] Die dadurch ausgelöste Verdächtigungs- und Verfolgungswelle mündete in einer wahren Hexenjagd gegen unbescholtene Bürger.[271] In bezug auf Kurt Grossmann werden die

---

267 HIA, Box 10; Brief an Henry Kissinger am 6. Mai 1970, S. 1 f.

268 McCarthy, Joseph Raymond; geb. 1909, gest. 1957; Jurist, Republikaner, 1947-54 Senator, leitete als Vorsitzender von 1950-54 den Senatsausschuß zur Untersuchung "unamerikanischer Umtriebe", die von ihm dabei ausgelöste Verdächtigungs- u. Verfolgungswelle ebbte erst ab, als er vom Ausschußvorsitz abgelöst u. vom Senat gerügt worden war.

269 Siehe ausführlich dazu Fariello, passim.

270 Siehe Krohn, Emigranten, S. 109 ff., der die Einflüsse der Emigration auf die amerikanische Kultur behandelt.

271 In den vergangenen Jahren haben mehrere Hollywood-Spielfilme in fast dokumentarischer Weise begonnen, diese Problematik zu thematisieren, wobei der Neid sowie der berufliche und gesellschaftliche Konkurrenzkampf als Motive für eine Zusammenarbeit mit der Bun-

peinlichen Befragungen mit ihren ungerechtfertigten Vorwürfen bei einer
Sicherheitsüberprüfung seines Sohnes Walter bei einer Stellenbewerbung im
öffentlichen Dienst[272] besonders deutlich. In seiner Erklärung schrieb
Grossmann in ungewohnt devoter Art, *"that I am in full agreement with the
policy in this time of crisis the U.S.A. and her allies must protect themselves
against any possible infiltration by communist agents"*. Zugleich aber wies er
energisch den in den Überprüfungsunterlagen erhobenen Vorwurf zurück: *"It
is reported that subject's father was a Communist and a member of numerous
Communist organizations in Europe between 1926 and 1939: the subject's
father was a member of the German League for Human Rights."* Grossmann
betonte in seiner Stellungnahme, daß er nicht bloßes Mitglied, sondern der
Generalsekretär der »Deutschen Liga für Menschenrechte« war. Außerdem
wäre die DLM eine pazifistische, aber keine kommunistische Organisation gewesen. Überdies sei er persönlich nie Mitglied in einer kommunistischen Grup-
pierung gewesen.[273] Wie wichtig diese dezidierte Stellungnahme war, zeigt
eine Passage aus einem Schreiben an Robert Kempner vom Februar 1955. Darin wird kurz auf den *"gestrigen Termin"* von Sohn Walter Bezug genommen.
Die zuvor durch den Untersuchungsbericht erfolgte Unterstellung, daß Grossmann der Kommunistischen Partei oder einer ihrer Nebenorganisationen ange-
hört habe, sei dabei gar nicht mehr angesprochen worden. Stattdessen sei er mit
dem Inhalt eines seiner Artikel aus dem Jahre 1931 konfrontiert worden,[274] der
"in der Sache Pilsudski-Brest Litowsk geschrieben [war], *während in dem
Bericht der FBI gesagt war, daß er Rußland und Polen behandle und der*
[kommunistischen; L.M.] *Parteilinie folge."*[275] Dieser kurze Auszug ist der
aussagekräftigste der wenigen auffindbaren Belegstellen für die politischen
Überprüfungen der Familie Grossmann in der McCarthy-Ära. Ungeachtet der
wenigen inhaltlichen Angaben weist diese Passage aus einem Brief an Robert
Kempner die enorme gesellschaftliche Brisanz und politische Sprengkraft der
Verdächtigungen und Verfolgungen gegen etwaige Kommunisten auf. Die
amerikanische Bundespolizei FBI hatte sogar Veröffentlichungen aus der Weimarer Zeit in ihre Ermittlungen einbezogen, wenn auch falsch interpretiert.

---

despolizei FBI und die entsprechenden Denunziationen von Kollegen angeführt wurden. Mit
der jahrzehntelang totgeschwiegenen Epoche setzt sich besonders eindrucksvoll der Spiel-
film »Guilty by Suspect« (USA 1990; dt. »Schuldig bei Verdacht« Sommer 1991) von Irwin
Winkler auseinander, in dem Robert de Niro die Hauptrolle spielt.

272   LBI, Box 5; siehe den Brief von Rudolf Küstermeier vom 9. März 1955, der zur erfolgreichen Bewerbung Walters gratuliert.

273   HIA, Box 1; Undatierte Stellungnahme.

274   Unter dem Banner Pilsudskis. In: Das Tagebuch, 12. Jg. (1931), H. 45, Berlin, S. 1755-1757.

275   LBI, Box 5; Brief an Robert Kempner am 12. Februar 1955.

Derartige, über zwanzig Jahre alte "Beweise" sollten eine kommunistische Sympathisantenschaft belegen. Lediglich in dem Briefwechsel mit dem Hamburger Journalisten Rudolf Küstermeier,[276] der damals als Redakteur für »Die WELT« arbeitete und Anfang der fünfziger Jahre als Korrespondent für »dpa« in Israel tätig gewesen war,[277] sind weitere Andeutungen zu entnehmen. So fügte Küstermeier seinem Brief vom Dezember 1954 die „erbetene eidesstattliche Versicherung" bei und hoffte, daß diese Kurt Grossmann behilflich sein könne.[278] Wenige Monate später, im März 1955, fragte er nach dem Befinden Grossmanns und äußerte sein Bedauern über „die Prozeduren, deren Opfer Du geworden bist".[279]

Unter dem Eindruck der wachsenden Repressionen der McCarthy-Ära insgesamt und offensichtlich bevor die Untersuchungen sich gegen den Sohn Walter und ihn selbst richteten, hatte Grossmann im Herbst 1953 einen Brief an den amerikanischen Präsidenten Harry Truman[280] geschrieben und sich selbst als einen von Millionen stiller Bewunderer Trumans bezeichnet. Wie Grossmann weiter schrieb, ohne McCarthy namentlich zu erwähnen, gebe es in den Vereinigten Staaten in der Tat einige Personen, welche die Geschichte umschreiben wollten, doch versuchten diese, beim Kampf gegen eine Tyrannei eine andere zu errichten.[281] In einem knappen, handschriftlichen Schreiben erwiderte US-Präsident Truman, diese Unterstützung der amerikanischen Verfassung sei ihm „hoch willkommen".[282]

Kennzeichnend für die politische Sensibilität[283] Grossmanns gegenüber demagogischen Extremisten war es, daß er bereits im Jahre 1971 in seinem Aufsatz »Juden und Judentum in den Vereinigten Staaten«[284] vor dem radika-

---

276 Zum Engagement Küstermeiers für den deutsch-israelischen Dialog siehe auch Vogel, S. 31 f.

277 Ein deutscher Journalist in Israel. Interview mit Rudi Kuestermeier. In: Aufbau, 17. Jg., Nr. 9, 2. März 1951, New York, S. 5.

278 LBI, Box 5; Brief von Rudolf Küstermeier vom 6. Dez. 1954.

279 Ebd.; Brief von Rudolf Küstermeier vom 9. März 1955.

280 Truman, Harry S.; geb. 1884, gest. 1972; Demokrat, ab 1935 Senator, 1945 Vizepräsident unter Roosevelt, nach dessen Tod ab April 1945-1953 der 33. Präsident der USA, versuchte außenpolitisch durch die sog. Truman-Doktrin die sowjetische Expansion zu stoppen.

281 LBI, Box 5; Brief an Harry Truman am 17. Nov. 1953.

282 Ebd.; Brief von Harry Truman vom 30. Nov. 1953.

283 Siehe auch den Artikel: Kein Witz mehr. In: Vorwärts, Nr. 15, 13. Apr. 1967, Bonn, S. 10, in dem er über die Präsidentschaftsambitionen des ehemaligen Filmschauspielers Ronald Reagan berichtete.

284 In: Emuna, 6. Jg. (1971), H. 4, Frankfurt/M., S. 225-240.

len Rabbiner Kahane warnte, der in den achtziger Jahren als demagogischer Agitator der rechtsradikalen Kach-Partei in Israel wirkte[285] und im Herbst 1990 bei einem New York-Aufenthalt ermordet wurde.[286]

---

285   Siehe ausführlich die Studie von Mergui/Simonnot.
286   Mc Quiston, S. A1, B13.

8. Die Identifikationskrise des WJC

In den ersten Nachkriegsjahren - und insbesondere nach der Gründung des Staates Israel im Herbst 1948 - war der »World Jewish Congress« (WJC) einem rapide sinkenden Spendenaufkommen[1] und einem politischen Werte- und Identitätsverlust unterworfen. Die geringere Spendenbereitschaft war nach den Kriegsjahren und den damit verbundenen finanziellen sowie vielfältigen individuellen Belastungen durchaus verständlich. Der politische Bedeutungs- verlust hingegen war systemimmanent und durch das langjährige Selbstver- ständnis verursacht. Der langjährige Präsident Nahum Goldmann hatte für den WJC Mitte der dreißiger Jahre zwei Hauptaufgaben formuliert: erstens die Einheitlichkeit des jüdischen Volkes in einer gemeinsamen Verteidigung seiner elementaren Rechte zu verwirklichen und zweitens die Zusammenarbeit des zerstreuten Volkes in allen gemeinsamen Fragen zu gewährleisten.[2] Konnten die in diesem Anspruch formulierten Aufgabenziele nun nicht viel effektiver vom neuen Jüdischen Staat übernommen und erfüllt werden? Der zugunsten des Staates Israel immer stärker austrocknende Spendenstrom schien diese Sichtweise zu bestätigen.

Bereits in einer Sitzung der Ableitungsleiter des WJC im Oktober 1947 war beschlossen worden, zwanzig Personen zu entlassen,[3] da die finanzielle Situa- tion bis aufs äußerste angespannt war. Schon in einem Memo an Arieh Tarta- kower im Juli 1946 hatte sich Kurt Grossmann heftig darüber beklagt, daß Spenden in andere Haushaltstitel umgeleitet würden und nicht für den eigent- lichen Verwendungszweck zur Verfügung ständen.[4] Das wöchentliche Budget des WJC im Herbst 1947 betrug 7.000 Dollar[5] und um dieses zu decken waren schon früher nicht nur Spenden einfach umgewidmet worden, sondern auch schwedische Lieferantenrechnungen nicht bezahlt worden, wie etwa für 1.700 Lebensmittelpakete, die von den amerikanischen Absendern im voraus bezahlt worden waren und durch Vermittlung des WJC dann von Schweden aus an die

---

1   LBI, Box 9; siehe auch den Brief an Robert Marcus am 7. Nov. 1949.

2   Goldmann, Mein Leben, S. 233.

3   LBI, Box 9; siehe das als "streng vertraulich" gekennzeichnete Protokoll Nr. 161 der Sitzung des Office Committee vom 17. Okt. 1947, S. 2.

4   Ebd.; Memo an Arieh Tartakower am 22. Juli 1946.

5   Ebd.; Protokoll Nr. 161 der Sitzung des Office Committee vom 17. Okt. 1947, S. 2.

Empfänger in Europa geliefert werden sollten.[6] Auch den Generalsekretär des WJC, Leon Kubowitzki, hatte Kurt Grossmann in einem Schreiben im Juli 1946 bereits auf diese Problematik hingewiesen, da die offenen Rechnungen eine Auslieferung weiterer Paketsendungen verhinderten.[7] Ein Jahr später, im August 1947, war es dann umgekehrt: in einem Memo kritisierte Kubowitzki Grossmann und dessen Arbeit in der Rettungs- und Rehabilitierungsabteilung des WJC. Nach Ansicht des Generalsekretärs war seine Arbeit immer weniger erfolgreich und man müsse wohl bald den Paketsendungsdienst einstellen.[8] Daß die Probleme aber weniger individuell als vielmehr strukturell bedingt waren, belegt das Protokoll einer zwei Wochen später erfolgten Sitzung des Office Committee, in dem Kubowitzki ausdrücklich Grossmann dafür dankte, daß dieser Möglichkeiten finden wolle, um durch zusätzliche Spenden[9] die Aktivitäten der Rettungsabteilung fortsetzen zu können.[10] Die Abteilung verschiffte zwischen Mai 1945 und Mai 1948 Kleidung, Medikamente und Nahrungsmittel für über 5,7 Mio. US-Dollar nach Europa, wobei Deutschland und Polen die Schwerpunkte bildeten.[11]

Auf Wunsch des Politischen Direktors des WJC, Rabbi Robert Marcus,[12] stellte Kurt Grossmann im November 1949 detaillierte Überlegungen an, wie die Aufgaben (und damit die Kosten) der Organisation eingeschränkt werden könnten.[13] In einem weiteren Brief an Nahum Goldmann im Herbst 1949 hatte Grossmann darüberhinaus dessen stärkere Partizipation bei der Reorganisation des WJC eindringlich gefordert.[14] Aufgrund der Finanzprobleme der Organisation, infolge sinkender Spenden lief die geplante Umstrukturierung auf eine Verkleinerung bzw. Auflösung bestehender Abteilungen hinaus.[15] Vor allem für die von Kurt Grossmann geleitete Rettungs- und Rehablitierungsabteilung

---

6   Ebd.; Memo an Arieh Tartakower am 22. Juli 1946.

7   Ebd.; Brief an Leon Kubowitzki am 24. Juli 1946.

8   Ebd.; Memo von Leon Kubowitzki vom 7. Aug. 1947.

9   Ebd.; siehe auch die bereits in den Memos an Arieh Tartakower am 22. u. 23. Juli 1946 genannten Vorschläge zur zusätzlichen Spendeneinwerbung.

10   Ebd.; Protokoll Nr. 156 der Sitzung des Office Committee vom 19. Aug. 1947, S. 4.

11   Unity in Dispersion, S. 301.

12   Siehe auch Congress Digest, Vol. 6, Nr. 2, 23. Jan. 1951, New York, S. 1 f.

13   LBI, Box 9; Brief an Robert Marcus am 7. Nov. 1949. Der Wunsch wurde in einem persönlichen Gespräch von Marcus mit Grossmann am 2. Nov. 1949 geäußert.

14   LBI, Box 29; Brief an Nahum Goldmann am 18. Nov. und die Antwort vom 21. Nov. 1949.

15   LBI, Box 16; In einem vierseitigen Memorandum hatte Grossmann beispielsweise einen detaillierten Vorschlag zur Finanzierung des »Institute of Jewish Affairs«, der Forschungsabteilung des WJC, erstellt; siehe den Brief an Shad Polier am 15. Okt. 1950.

sahen die amerikanischen Mitglieder des WJC-Direktoriums, die nicht mit der Situation in Europa vertraut waren, keine Notwendigkeit mehr, so daß er um seine Position fürchten mußte. Wie aus den diversen Briefwechseln zu ersehen ist, war Grossmann aufgrund seines manchmal zur Rechthaberei und Schroffheit neigenden Auftretens sowie der die eigene Leistung und Bedeutung nie verhehlenden Selbstdarstellung nicht unbedingt "Everybody's Darling".[16] Zu beachten ist in diesem Zusammenhang auch, daß Grossmann - nach langjährigen Leitungsfunktionen unter den objektiv schwierigen Bedingungen des Exils - sicherlich kein einfacher und pflegeleichter Untergebener sein konnte und wohl auch nicht sein wollte; hier sei diesbezüglich auch noch einmal auf die permanenten "sachbezogenen" Konflikte mit Manfred George hingewiesen.

In dem Schreiben an Rabbi Marcus, das die Leitlinien einer möglichen zukünftigen Arbeit des WJC als Hilfs- und Unterstützungsorganisation trotz der Existenz des Staates Israel aufzeichnete, charakterisierte Grossmann die Entscheidungen der Budgetkommission, den finanziellen Problemen von Zeit zu Zeit allein mit personellen Einsparungen zu begegnen, als eine „fehlende Antwort" auf die grundsätzlichen Ursachen der Haushaltsprobleme.[17] Er regte stattdessen verstärkte Spendensammlungen und neue Wege der Finanzbeschaffung an, da seiner Meinung nach vor allem die karitativen und sozialen Aktivitäten des »World Jewish Congress« dessen weitere Existenzberechtigung darstellten. Der junge jüdische Staat war mit den zahlreichen innenpolitischen Problemen und Schwierigkeiten so überlastet, daß er sich (noch) nicht um die Juden in der weltweiten Diaspora kümmern und deren globalen Interessen vertreten konnte. Der dabei deutlich werdende, bereits jahrelange gärende Binnenkonflikt im »World Jewish Congress« resultierte aus mehreren Divergenzen: zum einen aus dem Selbstverständnis der Organisation die, dem Goldmann-Diktum aus den dreißiger Jahren folgend, alle Juden überall auf der Welt vertreten wollte. Die Gründung des Staates Israel löste daher eine strukturelle Identitätskrise aus, die dadurch verschärft wurde, daß die Differenzen und Animositäten zwischen amerikanischen und den aus Europa (vor allem Deutschland) geflüchteten Juden innerhalb der Organisation über die zukünftigen Aufgaben und Ziele stark divergierten und zum Teil unvereinbar waren. Während in den Diskussionen[18] die amerikanischen Wortführer, die seit Generationen in

---

16   LBI; siehe passim die verschiedenen Schriftwechsel der Jahre 1944-1949.

17   LBI, Box 9; Ebd. Siehe auch seinen Brief an Nahum Goldmann am 18. Nov. 1949.

18   Vieles der hier nur kurz charakterisierten Problematik ist nur mündlich auf den periodischen Meetings der Vorstandsebene und den wöchentlichen Besprechungen der Abteilungsleiter diskutiert und ausgefochten worden, ohne schriftlich festgehalten zu werden. Die verschiedenen Briefe und Kurzberichte der Versammlungen lassen nur umrißhaft die Dimensionen der Konflikte erkennen.

den USA lebten und erfolgreich im Wirtschaftsleben integriert waren, den
»World Jewish Congress« wohl eher als einen karitativen Wohlfahrtsverein
ehrenamtlich organisieren und leiten wollten, drängten die "deutschen" (und
europäischen) Debattanten mehr auf eine aktive politische und soziale Wort-
führerrolle in den globalen Konfikten. Statt der von den amerikanischen Repräsentanten[19] betriebenen kontinuierlichen Verkleinerung oder Auflösung von
Abteilungen des WJC und seiner Zurückführung auf den (überspitzt ausgedrückt) Status eines "Honoratiorenclubs", der sich nach Feierabend trifft, wollten die deutschstämmigen Mitarbeiter auch aufgrund ihrer noch präsenten persönlichen Erfahrungen von Vertreibung und Völkermord eine schlagkräftige
Organisation, deren Stärken im Sozialbereich und weltweiter politischer sowie
materieller Unterstützung liegen sollten.[20]

Welche vielfältigen politischen Aufgaben noch für den WJC bestanden,
verdeutlichen die Privatinitiativen des stellvertretenden US-Anklägers in den
Nürnberger Prozessen.[21] Im März 1948 sandte Robert Kempner mehrere
Dokumentenbände über die Judenvernichtung an Grossmann, die direkt aus
dem Vervielfältigungsraum des Nürnberger Gerichtshofes kamen und die noch
kein anderer Außenstehender erhalten hatte. Wie Kempner selbst betonte, sei es
eine *„gute Idee"*, diese Unterlagen sofort als Quellen für Publikationen zu
nutzen.[22] In den Veröffentlichungen von Grossmann ist allerdings eine direkte
Verwertung dieser Dokumente nicht nachweisbar. Vermutlich war die Shoa in
ihrer Dimension für ihn zu unfaßbar und zu barbarisch,[23] so daß er sich zu-

---

19   LBI, Box 11; siehe auch den Brief an Nahum Goldmann am 12. Juli 1951, wo namentlich
      gegen Shad Polier entsprechende Vorwürfe erhoben wurden.

20   Siehe passim die Korrespondenz; besonders im LBI, Box 9. Außerdem noch Grossmanns
      Kritik und Vorschläge in den Briefen an Robert Marcus am 7. Nov. 1949 und an Nahum
      Goldmann am 18. Nov. 1949.

21   Zum Wirken Kempners in Nürnberg siehe auch Stiefel/Mecklenburg, S. 182 f.

22   LBI, Box 16; Brief von Robert Kempner vom 18. März 1948. Bereits mit einem Schreiben
      vom 3. Aug. 1946 hatte Kempner Grossmann Dokumente zur Veröffentlichung zugesandt.

23   Siehe auch Kempner, Ankläger, S. 311 der die fehlende Behandlung der sog. Endlösung
      während der Nürnberger Prozesse damit begründet, daß es damals noch nicht einmal den Be-
      griff gegeben habe, sondern lediglich eine Vielzahl von bruchstückhaften Informationen.
      Diese ließen aber noch keinen Gesamtüberblick über das wahre Ausmaß der Verbrechen und
      vor allem ihrer systematischen Planung und staatlichen Steuerung zu. Zwar war die
      systematische Vernichtung von Millionen europäischer Juden auf einer Besprechung hoher
      Ministerialbeamter und SS-Offiziere von mehreren Partei- und Regierungsstellen auf der
      sog. Wannsee-Konferenz im Januar 1942 beschlossen und die weitere Durchführung aller
      Maßnahmen festgelegt im Detail festgelegt worden. Das entsprechende Protokoll der
      Wannsee-Konferenz fanden die alliierten Ankläger erst im Frühjahr 1947; siehe dazu auch
      Mertens, Endlösung, S. 135 f.; Mertens/Jasper, S. 473.

nächst[24] nicht publizistisch damit befaßte und sich statt dessen bei Rückblicken nur mit den verpaßten Rettungschancen für die Juden beschäftigte.[25] Seinem Willen zur Verständigung und dem starken Humanitätsstreben folgend standen deshalb in seinen Publikationen eher tagesaktuelle Probleme, wie etwa die Versorgung und Integration der heimatlosen KZ-Opfer, der sog. "Displaced Persons",[26] im Vordergrund.[27] Auch seine Tätigkeit beim World Jewish Congress war zukunftsorientiert, helfend und neuaufbauend, ausgerichtet.[28] Die Nürnberger Prozesse selbst standen nicht im Zentrum seiner journalistischen Arbeit, obgleich er über seinen alten Berliner Freund Kempner erstklassige Zugangsmöglichkeiten zu Informationen und der Prozeßentwicklung gehabt hätte.[29] Bereits im Spätherbst 1947 hatte ihm Robert Kempner ein Exemplar seiner Anklageschrift gegen mehrere deutsche Diplomaten nach New York gesandt. Wie er besonders betonte, würden zum ersten Mal in der Rechtsgeschichte hochrangige Diplomaten angeklagt und so die diplomatische Aggression mit der militärischen Aggression synchronisiert.[30] Nach der Lage der wichtigsten Reichsministerien an der Berliner Magistrale wurde dieses Gerichtsverfahren als "Wilhelmstraßen-Prozeß" bezeichnet. Schon einige Wochen zuvor, im September 1947, hatte der stellvertretende US-Ankläger bei den Nürnberger Prozessen seinem Freund Kurt Grossmann auch eine Abschrift des berüchtigten

---

24 Erst einige Jahre später, in den 1950er Jahren behandelte er auch die Shoa journalistisch: Die Vernichtung des deutschen Judentums. In: Das freie Wort, 2. Jg., Nr. 41, 12. Okt. 1951, Düsseldorf, S. 6; Die Vernichtung des europäischen Judentums. In: Ebd., Nr. 42, 19. Okt. 1951, S. 6; Eine grauenvolle Bilanz. Dokumente über die Vernichtung der Juden durch die Machthaber des Dritten Reiches. In: Süddeutsche Zeitung, 15. Jg., Nr. 65, Di. 17. März 1959, München, S. 7.

25 Das Internationale Rote Kreuz und die Juden. Unterlassungssünden der Vergangenheit und Forderungen für die Zukunft. In: Aufbau, 14. Jg., Nr. 24, 11. Juni 1948, New York, S. 5.

26 Zur Problematik der Displaced Persons siehe: Wolfgang Jacobmeyer: Vom Zwangsarbeiter zum Heimatlosen Ausländer. Die Displaced Persons in Westdeutschland 1945-1951. Göttingen 1985.

27 Siehe z.B.: Report on the Displaced Persons. In: Congress Weekly, 15. Jg., Nr. 6, 13. Feb. 1948, New York, S. 5-7.

28 Coordination of Relief Work. In: Congress Weekly, 13. Jg., Nr. 12, 22. März 1946, New York, S. 14; For Care of Refugees. One Permanent Agency, It Is Felt, Should Be Established [Leserbrief]. In: New York Times, 101. Jg., Nr. 34274, Mo. 26. Nov. 1951, S. 24.

29 Erst 20 Jahre später wurden die Nürnberger Prozesse von ihm publizistisch bearbeitet: Historiker, Richter, Ankläger antworten. Die Lehren des Prozesses von Nürnberg. In: Aufbau, 32. Jg., Nr. 40, 7. Okt. 1966, New York, S. 13-14; The Problem of Forgetting. Thoughts on the Nazi crimes trials. In: Patterns of Prejudice, 2. Jg. (1968), H. 6, London, S. 10-16.

30 LBI, Box 16; Brief von Robert Kempner vom 3. Nov. 1947. Siehe auch Kempner, Ankläger, S. 317 ff. zum sog. Wilhelmstraßen-Prozeß gegen NS-Diplomaten.

"Wannsee-Protokolls" vom Januar 1942 zugesandt, welches die US-Militärbe-
hörden gerade in den Bergen von Gestapo-Akten gefunden hatten.[31] Ganz im
Sinne des Absenders gab Grossmann die erhaltenen Informationen an den
WJC-Generalsekretär Leon Kubowitzki weiter, der sofort seinerseits entsprechende politische Aktivitäten einleitete.[32] Kempner versuchte, durch den gezielten Versand von Dokumenten und Anklageschriften seine eigene Medien-
arbeit und Informationspolitik zu betreiben, da seiner Meinung nach die Öffentlichkeitsarbeit während der Nürnberger Prozesse entschieden zu schwach
war.[33] Durch diese gezielte Publizierung von Dokumenten und den darauffolgenden Stellungnahmen wichtiger Organisationen, wie etwa des »World Jewish
Congress« (WJC), wollte Kempner nicht nur die amerikanische Öffentlichkeit
stärker für die im fernen Deutschland stattfindenden Prozesse interessieren,
sondern er versuchte dadurch außerdem der erlahmenden Beachtung des Nürnberger Tribunals durch die Politiker in Washington/D.C. entgegenzuwirken
und so den damit verbundenen finanziellen Budgetkürzungen für die amerikanische Anklagebehörde in Nürnberg vorzubeugen.[34] Deutlich wird dieses An-
sinnen durch eine Mitteilung an Kurt Grossmann vom 1. Dezember 1947, in
der Kempner schreibt, daß die Frage, ob weitere unmittelbar an der sog. "Endlösung" beteiligte Personen aus der NSDAP-Parteikanzlei und verschiedenen
Reichsministerien angeklagt würden, ausschließlich davon abhänge, *„ob
weiteres Personal zur Verfügung gestellt werden kann, d.h. es brauchte einfach
einigen research analysts nicht gekündigt zu werden"*, die sonst wegen der
Budgetkürzungen ihre Stellen verlieren würden.[35] Für eine weitere Anklage ins
Auge gefaßt hatte Kempner dabei Reichsamtsleiter Dr. Leibbrandt vom Reichs-
ministerium für die besetzten Ostgebiete sowie SS-Oberführer Klopfer von der
Parteikanzlei der NSDAP, die ebenso wie der bereits angeklagte Staatssekretär
Stuckart[36] aus dem Reichsinnenministerium an der Wannsee-Konferenz teilge-
nommen hatten.

---

31   Ebd.; Brief von Robert Kempner vom 14. Sep. 1947. Siehe dazu auch Kempner, Ankläger,
      S. 312 ff. Die dortige Angabe datiert den Fundtermin auf März 1947. Diese aus der Erinne-
      rung erfolgte Datierung erscheint in Hinsicht auf diesen Brief eher zu früh terminiert.

32   Ebd.; Memo an Leon Kubowitzki am 26. Sep. 1947; Memo von Leon Kubowitzki an
      Dr. Jacoby und Kurt Grossmann vom 1. Okt. 1947.

33   Kempner, Ankläger, S. 387.

34   Ebd.; S. 334 f. u. S. 346.

35   LBI, Box 16; Brief von Robert Kempner vom 1. Dez. 1947.

36   Stuckart, Wilhelm; geb. 1902 Wiesbaden, gest. 1953 Hannover; Jura-Studium, dann im
      Freikorps Epp, ab 1922 in NSDAP, mußte wegen rechtsradikaler Haltung 1932 als Richter
      zurücktreten, wurde 1933 Bürgermeister in Stettin, ab 1935 Staatssekretär im Reichsinnen-
      ministerium, sowohl an der Abfassung der sog. Nürnberger Rassegesetze aktiv beteiligt, als

Die Bedeutung der anstehenden Sparmaßnahmen plastisch darstellend, schrieb Kempner weiter, er nehme an, der Standpunkt des »World Jewish Congress« sei es, daß es für die *„gesamte Pazifizierung Mitteleuropas"* wichtiger sei, daß alle an der Judenvernichtung beteiligten Schuldigen *„der Gerechtigkeit zugeführt"* würden, als daß aus finanziellen Erwägungen *„wichtige Leute"* bei den Prozessen ausgelassen würden.[37] Wie er mahnend betonte, seien die von deutschen Gerichten verhängten niedrigen Strafen gegen *„Synogogenbrandstifter und Judenmörder"* ein warnendes Beispiel. Unmittelbar nach Erhalt dieser Zeilen verfaßte Grossmann ein eindringliches Memo an hochrangige WJC-Funktionäre. In englischer Übersetzung zitierte er aus dem *„Brief meiner Quelle in Nürnberg"*, wie er den anonym bleibenden stellvertretenden US-Ankläger bezeichnete.[38] Doch auch die Aktivierung des »World Jewish Congress« verhinderte die Budgetkürzungen nicht mehr. Zwar hatte Kempner seine Anklageschrift gegen Klopfer und Leibbrandt bereits fertiggestellt, doch konnte er sie nicht mehr verwenden,[39] da die geplanten Verfahren aus Kostengründen nicht mehr durchgeführt wurden und die Anklagen an deutsche Gerichte überwiesen wurden. Wie richtig Kempners Skepsis gegenüber den deutschen Behörden war, beweist der Fortgang der Verfahren. Während Leibbrandt 1949 aus der alliierten Internierung entlassen wurde,[40] ohne weiter gerichtlich belangt zu werden, wurde das Verfahren gegen den SS-Oberführer Klopfer, nach jahrelangen Ermittlungen der Staatsanwaltschaft Ulm, schließlich im Jahre 1962 eingestellt.[41]

Im Herbst 1950 schrieb Robert Kempner aus Nürnberg an Grossmann und bat diesen um rasche Hilfe. Die bevorstehende Veröffentlichung der Memoiren[42] des früheren Staatssekretärs im Auswärtigen Amt und nachmaligen deutschen Botschafters beim Vatikan, Ernst von Weizsäcker, veranlaßte Kempner

---

auch (zusammen mit Hans Globke) Verfasser des Kommentars zur NS-Rassegesetzgebung, nahm im Januar 1942 an der Wannsee-Konferenz als Vertreter des Reichsinnenministeriums teil; aufgrund dokumentarischer Schwierigkeiten seiner Beteiligung an NS-Verbrechen, die vor allem durch die fehlenden Finanzmittel bei den Recherchen hervorgerufen wurden, wurde er 1949 zu lediglich 4 Jahren Gefängnis verurteilt, die durch seine Inhaftierung seit Kriegsende als verbüßt galten u. zu seiner Freilassung führten; Wistrich, S. 349 f.

37 LBI, Box 16; Brief von Robert Kempner vom 1. Dez. 1947.

38 Ebd.; Memo an verschiedene WJC-Mitarbeiter am 9. Dez. 1947. In dem Memo an Leon Kubowitzki am 26. Sep. 1947 hatte er Kempner als *„Mann in sehr hoher Position in Nürnberg"* umschrieben.

39 Kempner, Kreuzverhör, S. 295.

40 Hofer, Nationalsozialismus, S. 392.

41 Kempner, Kreuzverhör, S. 295.

42 Weizsäcker, Ernst von: Erinnerungen. München 1950.

zu der Feststellung: „*I have serious doubts whether writing memoirs by war criminals who should be tactful and silent establishes the Gute Fuehrung".*[43] Der Anklagte, dessen ursprüngliche Haftstrafe bereits von sieben auf fünf Jahre reduziert worden war,[44] sollte bald begnadigt und vorzeitig entlassen werden.[45] Insbesondere da manche deutsche Zeitungen diese Begnadigung als Indiz für frühere alliierte Fehler werteten, war der stellvertretende Chefankläger so aufgebracht über diese vorzeitige Haftentlassung.[46] Für Robert Kempner war es wichtig, daß „*ihre Leute"* (d.h. der WJC) „*in dieser Sache sofort an Mc Cloy schreiben solange er noch dort ist.* "[47] Doch auch dies nutzte nichts mehr, da von Weizsäcker vom amerikanischen Hochkommissar John Mc Cloy wegen "guter Führung" statt im Dezember bereits im Oktober 1950 aus der Haft entlassen wurde.[48] Bereits im Februar 1950 hatte Robert Kempner Grossmann in einem Brief bezüglich der Mobilisierung der amerikanischen Öffentlichkeit mitgeteilt: „*Für Mr. Marcus* [den Politischen Direktor des WJC; L.M.] *und Ihre eigne Information: Mc Cloy hat eine außerordentlich große Anzahl scharfer Briefe über die Kriegsverbrecherangelegenheiten in unserm Sinne erhalten.* "[49]

8.1 Das Ende der Tätigkeit beim WJC

Daß eine derartig unverhüllte und schonungslose Kritik an der Organisation, wie sie Grossmann geäußert hatte (siehe S. 185 f.), nicht auf ungeteilte Zustimmung stieß und wie die Historie zeigt, der Überbringer schlechter Nachrichten allzu rasch selbst zum Opfer werden kann, zeigte sich ein Jahr später, als die Budgetkommission des »World Jewish Congress« unter dem Vorsitz von Shad Polier nun die Stelle von Kurt Grossmann als entbehrlich ansah und

---

43   LBI, Box 13; Brief von Robert Kempner vom 10. Sep. 1950.

44   Sentences of 3 Nazis cut. Von Weizsaecker's 7 Years Reduced to 5 - Two Freed. In: New York Times, 99. Jg., Nr. 33613, Fr. 3. Feb. 1950, S. 4.

45   Imprisoned Nazis to be Freed soon. Weizsaecker's Release Set for December Under New Behavior Benefits. In: New York Times, 99. Jg., Nr. 33814, Mi. 23. Aug. 1950, S. 33.

46   LBI, Box 47; Briefe von Robert Kempner vom 10. Jan. u. 10. Feb. 1950. Siehe auch Kempner, Ankläger, S. 321 zu seiner Kritik an dem „*sehr milden Urteil"* im Rückblick seiner Lebenserinnerungen.

47   LBI, Box 13; Brief von Robert Kempner vom 10. Sep. 1950.

48   Release is Ordered for von Weizsaecker. In: New York Times, 100. Jg., Nr. 33867, So. 15. Okt. 1950, S. 12.

49   IfSF, NL Valentin, Box 63, Mappe VI; Brief von Robert Kempner vom 22. Feb. 1950.

ihn "freisetzte".[50] Diese Kündigung löste einen monatelangen, von Woche zu Woche unfreundlicher und geschäftsmäßiger werdenden Briefwechsel aus.[51] Shad Polier war sowohl der Schwiegersohn[52] von Rabbiner Wise, der nicht nur für das Affidavit der Grossmanns gebürgt hatte, sondern Kurt Grossmann auch im Frühjahr 1943 beim WJC eingestellt hatte, als auch, da im Hauptberuf Anwalt, der Rechtsvertreter des WJC im Rechtsstreit um Grossmanns Entlassung.[53] Auch in Grossmanns publizistischer Tätigkeit schlug sich diese Auseinandersetzung nieder: die Bedeutung und Aufgabe des von ihm in eigener Sache mehrmals geforderten Schiedsgerichtsverfahrens behandelte er kurze Zeit später in einem informativen »Aufbau«-Artikel.[54]

Daß ungeachtet der gesamten Fragwürdigkeit der kontinuierlichen personellen Verringerung, wie sie Grossmann ja nachdrücklich aufgezeigt hatte,[55] gerade er ein Opfer der Einsparungen wurde, wirft auch ein bezeichnendes Licht auf seine persönliche Stellung und den fehlenden Rückhalt innerhalb des WJC, obgleich er vor dem Hintergrund der personellen Stellenkürzungen und der allgemeinen Einsparungsbemühungen plötzlich sogar mit seinem monatlichen Einkommen zufrieden war.[56] Sicherlich hatte er mit seiner Kritik an der Budgetkommission sich nicht nur Freunde im Direktorium der Organisation geschaffen. Außerdem war Greta Beigel,[57] die in den Gremien diskutierte mögliche Alternative für eine Freisetzung,[58] als Vertrauensperson der Gewerkschaft in einer arbeitsrechtlich wesentlich stärkeren Verteidigungsposition.[59] An drei weiteren Punkten läßt sich jedoch deutlich erkennen, warum es gerade Kurt Grossmann traf:

---

50   LBI, Box 9; Brief von Shad Polier vom 28. Nov. 1950.

51   Ebd.; Briefe an Shad Polier am 5. u. 22. Jan., 6. Feb. u. 13. März 1951; Briefe von Shad Polier vom 7. Feb., 9. u. 26. März, 12. Apr. 1951.

52   Goldmann, Leben USA, S. 66.

53   LBI, Box 9; siehe auch die Korrespondenz von Grossmanns Anwalt mit der Kanzlei von Polier vom 13. Juli, 20. u. 27. Aug. 1951.

54   VI. American Arbitration Association. New Yorks soziale Institutionen. In: Aufbau, 17. Jg., Nr. 37, 14. Sep. 1951, New York, S. 4.

55   LBI, Box 11; siehe auch den Brief an Nahum Goldmann am 23. Dez. 1950.

56   LBI, Box 39; Memo an das Assistants Committee am 25. Apr. 1950.

57   Beigel, Dr. phil. Greta; geb. 1903 Wien; Journalistin; siehe die Angaben bei der Biographie ihres Mannes, Hugo Beigel, im Biogr. Hdb., Bd. II, S. 71.

58   LBI, Box 9; siehe den Brief von Shad Polier an Greta Beigel vom 2. März 1951 und den Brief von Joachim Prinz an Shad Polier vom 9. Apr. 1951.

59   Ebd.; siehe das Abkommen über die Arbeitsbedingungen und die Entlohnung für die Jahre 1949/50 vom 21. Feb. 1950, daß von Beigel mitunterzeichnet worden war.

1. In einer undatierten[60] Stellungnahme unternahm er auf sieben Seiten das peinliche und vollkommen stillose Unterfangen, die eigenen Aufgaben und Fähigkeiten mit denen von Frau Beigel zu vergleichen. Der perfide Versuch, die überaus kompetente und darüberhinaus auch noch promovierte Kontrahentin derart frontal anzugreifen und sie gegenüber seiner "Lichtgestalt" als minderbemittelt darzustellen zu wollen, schlug allerdings völlig fehl. Bereits die kurze, allzu knappe Darstellung von Greta Beigels Tätigkeiten in jeweils nur einem Satz demaskierte die infamen Absichten vollkommen; besonders im Vergleich zur ausgeschmückten Präsentation der eigenen Fähigkeiten und Verdienste, die sich in zahlreichen Sätzen oftmals über mehrere Absätze erstreckte. Diese allzu durchsichtige Nivellierung und Marginalisierung von Frau Beigels Tätigkeiten wurden von dieser in einer sehr umfangreichen und dezidierten Stellungnahme energisch zurückgewiesen.[61] Neben einer subjektiven Zurechtrückung der eigenen Fähigkeiten deckte Greta Beigel darüberhinaus die beruflichen Unzulänglichkeiten des unkollegialen Kontrahenten für alle Außenstehenden schonungslos auf und verwies auf ihre weitaus bessere Beherrschung der englischen (sie hatte ein Anglistik-Studium absolviert) und der französischen Sprache. Seine ungenügenden Sprachkenntnisse würden bei den von ihm verfaßten Texten eine permanente Korrektur und inhaltliche Durchsicht unabdingbar machen.[62] Dies wiederum würde, wie Beigel hervorhob, eine vom Standpunkt der Arbeitsökonomik unnötige und zusätzliche Belastung bedeuten, da die korrigierten und überarbeiteten Texte erneut getippt werden müßten. Die fehlenden Kenntnisse von Steno und Jiddisch listete sie als zusätzliche Unterschiede zu Lasten des Konkurrenten auf.[63] Außerdem sei im Büro *„allgemein bekannt"*, daß die von Grossmann in seinen Berichten referierten Daten immer nochmals überprüft werden müßten.[64] Idealtypisch für die Ungenauigkeiten von Grossmann waren einige Jahre später auch die Fehler in einem Bericht

---

60   Ebd.; undatiert, im Jan./Feb. 1951 verfaßt.

61   Ebd.; Stellungnahme von Greta Beigel vom 8. März 1951.

62   Ebd.; siehe auch den Brief des Associate Editors des »Congress Weekly« vom 10. Dez. 1954, in dem dieser eine *„beträchtliche Zahl"* von Fehlern in Grammatik und Sprache konstatierte, die eine überarbeitete Fassung des angebotenen Manuskriptes notwendig machen würde. Siehe dazu auch den Brief des Editor des »South Atlantic Quarterly« vom 11. Okt. 1954, der ebenfalls viele notwendige Korrekturen beklagte. Und dies war über drei Jahre nach den Beigel-Vorwürfen, die Grossmann wortreich zu negieren versuchte.

63   LBI, Box 9; Stellungnahme von Greta Beigel vom 8. März 1951.

64   Für die manchmal oberflächliche Arbeitsweise von Grossmann siehe auch den Herzfelde-Brief vom 22. Dez. 1938 (LBI, Box 1), der fehlerhaft in seiner Monographie »Emigration. Geschichte der Hitlerflüchtlinge 1933-1945« widergegeben ist. Professor Strauß bestätigte in dem Gespräch, daß Grossmann wegen dieser Oberflächlichkeiten noch viele Jahre später ein negativer Ruf angehangen habe.

über die Rentenanpassung,[65] in dem er das Jahr 1953 statt 1955 und das Jahr 1953 statt des Jahres 1966 nannte, so daß eine Berichtigung im »Aufbau« nötig war.[66] Die mangelnde Sorgfalt zeigte sich auch in einen Reisebericht[67] im Frühjahr 1966.[68] Abschließend wies Frau Beigel noch auf einen wichtigen Tatbestand hin, den zahllose Chefredakteure und Lektoren, die mit Grossmann im Laufe seiner langjährigen journalistischen Tätigkeit einmal zu tun hatten, aus leidvoller Erfahrung nur vollauf bestätigen konnten:[69] den ausufernden und zum fabulieren neigenden Schreibstil von Grossmann, die oftmals mangelnde Konzentration auf das Wesentliche und schließlich, als schlimmstes Übel, die völlig fehlende Fähigkeit und einsichtige Bereitschaft, die verfaßten Manuskripte zu kürzen; selbst vorab wenn ein deutlich geringerer Umfang vereinbart worden war.[70]

In seiner nun sogar zwölf Seiten umfassenden Erwiderung auf die Stellungnahme von Beigel konnte Grossmann kaum einen der angesprochenen Kritikpunkte überzeugend widerlegen.[71] Er konzedierte lediglich, daß er zwar kein Steno könne, aber schon für Hunderte von Sitzungen und Besprechungen die nötigen Protokolle und Reporte angefertigt habe. Ebensowenig überzeugend konnte er die fehlenden Sprachkenntnisse und ihre Anwendungsfähigkeiten wegdiskutieren. Stattdessen betonte er nun, daß sein Fall nicht nur allein unter "technischen Aspekten" bewertet werden könne, sondern daß außerdem Faktoren wie Alter, Möglichkeiten eine vergleichbare Position zu finden und die langjährige hingebungsvolle Tätigkeit der zu entlassenen Person mit zu berück-

---

65 Rentenerhöhungen und die vier Kategorien. In: Aufbau, 32. Jg., Nr. 25, (Die Wiedergutmachung, Nr. 228), 24. Juni 1966, New York, S. 27.

66 Berichtigung. In: Aufbau, 32. Jg., Nr. 26, 1. Juli 1966, New York, S. 30.

67 Die deutsche Kleinstadt - heute. In: Aufbau, 32. Jg., Nr. 8, 25. Feb. 1966, New York, S. 30.

68 LBI, Box 63; siehe den Brief von Stefan Schnell vom 17. März 1966, der darauf hinwies, daß es bei der Ortsangabe statt »Eschenburg« korrekt »Eschwege« heißen müsse.

69 LBI, Box 5; siehe u.a. die Briefe von: Stuttgarter Zeitung vom 17. Okt. 1953; The Annuals vom 8. Dez. 1953; Welt der Arbeit vom 1. Juli 1955; Aufbau vom 17. Aug. 1955; Süddeutsche Zeitung vom 25. Aug. u. 18. Okt. 1955; Die andere Zeitung (Hamburg) vom 2. Sep. 1955; Westfälische Rundschau vom 7. Okt. 1955; Frankfurter Hefte vom 13. Jan. 1954; DLAM, Slg. George; Brief von Karl Gerold an Kurt Grossmann vom 27. Juni 1954.

70 LBI, Box 13; siehe dazu auch die Klage in dem Brief von Alfred Wiener vom 26. Apr. 1951. Das ihm am 4. Nov. 1950 zugesandte Manuskript war doppelt so lang wie vorgegeben (Brief von Alfred Wiener vom 28. Aug. 1950). Siehe (LBI, Box 17) die Korrespondenz mit Hans Wallenberg im Aug./Sep. 1951, der mehrfach das Überschreiten des vereinbarten Seitenlimits beklagte.

71 LBI, Box 9; undatierter Widerspruch vom März 1951.

13*

sichtigen und entsprechend zu gewichten seien.[72] Wie Kurt Grossmann abschließend schrieb, war er davon überzeugt, daß die Budgetkommission mit seiner Freisetzung einen schweren Fehler begangen hätte und dies zu korrigieren wäre nicht nur in seinem Interesse, sondern auch im Interesse des »World Jewish Congress« und für alles wofür dieser eintrete.[73]

2. Die von Kurt Grossmann geforderte Berücksichtigung des Alters und der Möglichkeit eine adäquate neue Stellung zu finden, ist sehr erstaunlich und ein deutliches Zeichen für die sich anbahnende Existenzangst[74] und seine wachsende Sorge um die weitere berufliche Zukunft.[75] Besonders evident werden diese Befürchtungen bei einem Vergleich mit der Position, die er noch ein Jahr zuvor, im November 1949, eingenommen hatte. In einem Schreiben an Rabbiner Robert Marcus[76] hatte er bezüglich der Einsparungsmaßnahmen auf die vergleichbare Situation im Dezember 1946 verwiesen, als die bevorstehende Auflösung der WJC-Abteilung für Überseehilfen in den Leitungsgremien diskutiert wurde. Wie Grossmann dünkelhaft hervorhob, habe er damals gegenüber dem WJC-Generalsekretär Kubowitzki betont, daß er die Auflösung der Abteilung als das Ende seiner Tätigkeit für die Organisation betrachte, bevor ihm dann eine andere, verantwortungsvolle Aufgabe in der Rehabilitationsabteilung im November 1947 angetragen wurde.[77] Die ideellen Motive seines Schaffens und die edelmütige Gesinnung demonstrierend, hatte er betont: *„No position for the sake of a position could, would, and will satisfy me."*[78] Dieser falsche Pathos war nun ein Jahr später und der wohl nicht für möglich gehaltenen Entlassung, der beruflichen Existenzangst gewichen, so daß nun die Faktoren Alter und die Chancen eine vergleichbare Tätigkeit zu finden, in den Vordergrund der Argumentation traten und dies obgleich er, wie ihm Rabbiner Marcus in einer Unterredung vorgehalten hatte, doch schon seit längerer Zeit wisse, daß seine Freisetzung aus Umstrukturierungsgründen bevorstehe.[79]

---

72   Ebd., S. 1.

73   Ebd., S. 12. Siehe dazu auch den Brief an Nahum Goldmann vom 18. Nov. 1949.

74   Ebd.; siehe die Briefe an Nahum Goldmann am 12. Juli, 11. Aug., 26. Sep., 5. Okt. u. 20. Okt. 1951. Außerdem den Brief von Nahum Goldmann vom 18. Juli 1951.

75   Ebd.; Briefe an Nahum Goldmann am 17. Jan. u. 5. Juni 1951; Brief an Arieh Tartakower am 1. Aug. 1951. Siehe den Brief von Arieh Tartakower am 16. Aug. 1951 und das Schreiben der »American Financial and Development Corporation for Israel« vom 27. Aug. 1951.

76   Ebd.; Brief an Robert Marcus am 7. Nov. 1949, S. 2.

77   Ebd.; so auch in der undatierten Stellungnahme im Januar/Februar 1951, S. 3.

78   Ebd.; Brief an Robert Marcus am 7. Nov. 1949, S. 2.

79   Ebd.; Erwähnung im Brief an Robert Marcus am 30. Dez. 1950. Siehe diesbezüglich auch den Brief an Nahum Goldmann am 16. März 1950.

3. Auffallend ist auch das eklatante Ungleichgewicht in der Korrespondenz, die so indirekt einen deutlichen Hinweis auf die (Nicht)Unterstützung gibt. Während Grossmann insgesamt 32mal an Nahum Goldmann bezüglich seiner Entlassung schrieb, liegen von Goldmann nur neun Antwortschreiben vor. Besonders dramatisch wird diese Unausgewogenheit von ihm selbst im Dezember 1950 angesprochen, als er die Daten von sechs unbeantworteten Briefen auflistet und mit der Frage an Nahum Goldmann verknüpft: *„I really counted on you. Are you going to let me down?"*[80]

Auch von seinem früheren Mitautor, Prof. Arieh Tartakower, erhielt er auf seine zehn Briefe mit lediglich zwei Antworten nur ein geringes Echo.[81] Ausgeglichener war die Bilanz bei der Korrespondenz mit Joachim Prinz. Den zehn Briefen an Rabbiner Prinz stehen immerhin acht Schreiben von diesem gegenüber.[82] Wie aus der umfangreichen Korrespondenz zu ersehen ist, trug Joachim Prinz, wenn auch unfreiwillig und beschämt, zur persönlichen Betroffenheit und tiefen Verletzung von Grossmann entscheidend bei, denn in seiner Funktion als Mitglied des WJC-Exekutivkomitees hatte er die aus finanziellen Gründen erfolgte Entlassungsentscheidung mitgetragen, obgleich beide seit über zwanzig Jahren befreundet waren.[83] Prinz verstand Grossmanns Verbitterung und wollte - wohl auch um sein schlechtes Gewissen zu beruhigen - alles tun, damit Kurt Grossmann bald wieder eine adäquate Stellung finden würde.[84]

Die fortdauernde Verstimmung gegenüber den Verantwortlichen des »American Jewish Committee«, die Grossmann als Urheber seiner Entlassung durch den WJC ansah, wurde im Mai 1957 ersichtlich. Eine Einladung zur Teilnahme an einem Essen anläßlich der Einweihung der vom »American Jewish Committee« gestifteten »Nahum-Goldmann-Bibliothek« lehnte er aus *„persönlichen Gründen"* ab.[85] Die Einladung war von Israel Goldstein unterzeichnet worden,[86] der bereits bei seiner Freisetzung dem Exekutivkomitee angehörte.

Als nicht immer ganz glücklich ist auch das Geschäftsgebaren von Kurt Grossmann zu bezeichnen. Beispielsweise im Spätsommer 1951, als er Nahum Goldmann mehrfach um seine Entscheidungsgewalt und Durchsetzung bei der

---

80   Ebd.; Brief an Nahum Goldmann am 17. Dez. 1950.

81   Ebd.; siehe Korrespondenz mit dem damals in Israel lebenden Arieh Tartakower passim.

82   Siehe die betreffende Korrespondenz im LBI, Box 9.

83   LBI, Box 9; Brief an Joachim Prinz am 12. Juli 1951.

84   Ebd.; Brief von Joachim Prinz vom 10. Juli 1951. Siehe auch den Brief von Robert Kempner vom 3. Juni 1951.

85   LBI, Box 7; Undatierter Brief an Israel Goldstein im Mai 1957.

86   Ebd.; Brief von Israel Goldstein vom 2. Mai 1957.

Honorarauszahlung für die von ihm verfaßte Broschüre »The Jewish DP Problem« anging und dafür vom WJC ein Honorar von 255,- Dollar erwartete.[87] Wenige Monate zuvor hatte er gegenüber seinem Kollegen Nehemiah Robinson[88] seine Forderungen noch deutlich geringer angesetzt und lediglich 125 Dollar beansprucht.[89] Durch die Entlassung war sein Finanzbedarf gestiegen, so daß er wohl die Forderung an den früheren Arbeitgeber einfach verdoppelte. Elsa Grossmann war im Herbst 1950 als Reisevermittlerin für das »Cosmopolitan Travel Bureau« tätig, um die Familienkasse aufzubessern. Sie wandte sich dabei in einem Rundbrief an die zahlreichen Freunde der Familie, um diese für die Serviceleistungen des Touristikunternehmens zu interessieren.[90]

8.2 Erneute Arbeitslosigkeit - der Wechsel vom »World Jewish Congress« zur »Jewish Agency«

Bereits im Dezember 1949, einen Monat nachdem Kurt Grossmann sich an Nahum Goldmann wegen seiner durch die Umstrukturierung drohenden Entlassung gewandt hatte,[91] ließ dieser ihn wissen, daß er einen seiner Mitarbeiter mit der Suche nach einer adäquaten Position[92] beauftragt habe: *„Es wäre für den Congress sehr wichtig, wenn ein Mann wie Sie in dieser Organisation auf einem wichtigen Posten tätig wäre."*[93] Da innerhalb der folgenden zwei Jahre, ungeachtet ihres Briefwechsels,[94] nichts geschah, drängte Grossmann immer energischer auf eine Intervention Goldmanns, so daß dieser, statt vager Andeutungen, an Weihnachten 1951 schließlich schrieb: *„Wegen einer Arbeit für Sie bitte ich Sie sich noch etwas zu gedulden. Ich hoffe, daß sich im Zusammenhang mit den deutschen Dingen bald etwas ergeben wird."*[95] Die "deutschen

---

87   LBI, Box 9; siehe die immer eindringlicher werdenden Briefe an Nahum Goldmann am 11. Aug., 26. Sep. u. 5. Okt. 1951.

88   Siehe auch den Nekrolog: Abschied von Nehemiah Robinson. In: Aufbau, 30. Jg., Nr. 4, (Die Wiedergutmachung, Nr. 167), 24. Jan. 1964, New York, S. 16.

89   LBI, Box 9; Brief an Nehemiah Robinson am 9. Juli 1951.

90   DLAM, Slg. Pinthus; Rundbrief im November 1950.

91   LBI, Box 29; Brief an Nahum Goldmann am 18. Nov. 1949.

92   LBI, Box 13; siehe auch den Brief von Leon Kubowitzki vom 16. März 1951.

93   LBI, Box 29; Brief von Nahum Goldmann vom 27. Dez. 1949.

94   Ebd.; Briefe an Nahum Goldmann am 31. März u. 30. Okt. 1950, 14. Mai u. 21. Okt. 1951; Briefe von Nahum Goldmann vom 4. Apr. u. 26. Dez. 1950, 2. Mai u. 25. Okt. 1951.

95   Ebd.; Brief von Nahum Goldmann vom 24. Dez. 1951.

Dinge" waren die bevorstehenden Verhandlungen der »Jewish Agency«[96] unter Goldmann mit der Bundesrepublik Deutschland, für deren Öffentlichkeitsarbeit Grossmann schließlich zuständig werden sollte. Doch deren Realisierung verzögerte sich noch weiter und Kurt Grossmann mußte sich in Geduld üben, einer Gabe, die ihm nicht in die Wiege gelegt worden war. Daher begann er sich verstärkt nach anderen Berufsmöglichkeiten umzusehen, wohl auch weil er an der Verbindlichkeit der Andeutungen und losen Versprechungen zweifelte.[97]

Robert Kempner hingegen, den er im Herbst 1950 von der Entlassung informiert hatte, antwortete bereits wenige Tage später mit ersten Vorschlägen für eine neue Tätigkeit.[98] Außerdem verwendete er sich bei seinem früheren Nürnberger Kollegen Benjamin Ferencz,[99] doch in der »Jewish Restitution Successor Organization« (JRSO) war keine entsprechende Position frei.[100]

Im März 1951 wandte sich Kurt Grossmann, bezüglich einer Bewerbung bei der UNESCO in Paris,[101] auch an Professor Albert Einstein in Princeton, mit der Bitte um eine Empfehlung an deren Generaldirektor, da er der Ansicht war, daß das Wort des Nobelpreisträgers bei der UNESCO *„respektiert"* werde. Sich selbst sah er für eine hochrangige Tätigkeit bei der UN-Hilfsorganisation als hinreichend qualifiziert an, da die UNESCO eine Reihe von Aktivitäten ausüben würde, *„in denen wir Ligaleute* [Deutsche Liga für Menschenrechte; L.M.] *die Pioniere waren, wie zum Beispiel Schüleraustausch, 'Mass communication',*.[102] In seiner bereits am nächsten Tag verfaßten Antwort schrieb der berühmte Physiker und Pazifist:

„Lieber Herr Grossmann: Ich hatte angefangen, einen Brief an die UNESCO zu schreiben, habe aber bald gefühlt, daß ich das nicht kann. Denn ich weiß erstens nicht, was Ihr Tätigkeitsfeld dort sein würde und habe zweitens kein Urteil über Ihre besonderen persönlichen Eignungen. Es kann also nur eine Empfehlung vom Standpunkt der allgemeinen Charactereigenschaften in Frage kommen, die man doch nicht gut senden kann, ohne dazu

---

96 Der komplette Titel lautet »Jewish Agency for Palestine« bzw. in den sechziger Jahren »Jewish Agency for Israel«.

97 Siehe auch die 30 Briefe an Nahum Goldmann aus dem Jahr 1950 (LBI, Box 9).

98 LBI, Box 12; Brief von Robert Kempner vom 27. Okt. 1950. Siehe auch das undatierte Schreiben (Jan. 1951), in dem Kempner versprach *„alles mögliche"* zu tun.

99 Zur Person siehe auch Kempner, Ankläger, S. 279.

100 LBI, Box 12; siehe dazu die Kopie des Briefes von Robert Kempner an Benjamin Ferencz vom 2. Jan. 1951 und die Kopien der Briefe von Benjamin Ferencz an Robert Kempner vom 12. u. 17. Jan. 1951.

101 Ebd.; siehe den Brief an den UNESCO-Generaldirektor am 16. Apr. 1951.

102 LBI, Box 12; Brief an Albert Einstein am 4. März 1951.

aufgefordert zu sein. Ich schlage Ihnen daher vor, mich bei Ihrer Bewerbung in dieser Beziehung als Referenz anzugeben.
Freundlich grüßt Sie Ihr Albert Einstein"[103]

Die UNESCO nahm die Bewerbung zwar zur Kenntnis, aber zu einer Anstellung kam es nicht - ungeachtet der guten Referenzangabe. Im Frühjahr 1951 bewarb sich Grossmann u.a. noch als Berater beim UN-Hochkommissariat für Flüchtlingsfragen in Genf. Das anfängliche Interesse des Geschäftsführenden Direktors an seiner Verpflichtung sank jedoch schnell. Zum einen wegen des zu speziellen Tätigkeitsprofils und zum anderen wegen der hohen Kosten, die bei einem Umzug von New York nach Genf zulasten des UN-Hochkommissariats entstanden wären.[104]

Parallel zu seiner Stellungssuche versuchte Grossmann außerdem im März 1951 bei der »Ford Foundation« ein Forschungsvorhaben über "Das zwanzigste Jahrhundert - das Jahrhundert der Entwurzelten" einzuwerben.[105] Der wenige Tage zuvor in der »New York Times« erschienene Bericht über die philanthrophische Institution, indem das Stiftungsvermögen mit einer halben Milliarde US-Dollar angegeben wurde,[106] war augenscheinlich der Auslöser dieses Antrags. Die geplante Untersuchung stieß jedoch nicht auf Interesse, da es außerhalb der Förderungsgebiete lag.[107] Ab dem Spätsommer 1951 versuchte Grossmann dann, mit Hilfe der karitativen »Resettlement Campaign for Exiled Professionals«[108] einen Sponsor für eine Untersuchung über das Flüchtlingsproblem in der Nachkriegszeit zu finden.[109] Frühere Pläne für eine größere Untersuchung über die deutsche Friedensbewegung[110] waren im Jahre 1947 bereits im Vorfeld gescheitert, da das amerikanische Kriegsministerium für ein

---

103   Ebd.; Brief von Albert Einstein vom 5. März 1951.

104   HIA, Box 14; siehe u.a. die Briefe von John Alexander vom 22. Jan., 5. April u. 24. Mai 1951 sowie die Briefe an John Alexander am 27. März u. 16. Mai 1951.

105   LBI, Box 12; Brief an die Ford Foundation am 28. März 1951.

106   Ford Peace-Welfare Fund Has Assets Near Half Billion. In: New York Times, 100. Jg., Nr. 34026, Fr. 23. März 1951, S. 1 u. S. 22.

107   LBI, Box 12; Brief von der Ford Foundation vom 5. Apr. 1951.

108   LBI, Box 20; Korrespondenz mit dem National Director der Organisation: Briefe an William Bernard am 7. Sep. 1951, 10. u. 29. Okt. 1951 u. 29. Jan. 1952 sowie die Briefe von William Bernard vom 14. Sep. 1951, 25. Okt. 1951, 29. Nov. 1951 u. 30. Jan. 1952.

109   Ebd.; Projektentwurf »The Post-War Refugee Problem«. Die benötigten Mittel für sich und eine Schreibkraft sowie einen Druckkostenzuschusses von 6.000 $, hatte er auf insgesamt 14.400 $ veranschlagt.

110   Grossmann hatte, ermuntert durch Kempner, eine Feldstudie mit mehrmonatigem Deutschlandaufenthalt geplant; (LBI, Box 20; Brief von Robert Kempner vom 9. Sep. 1947).

derartiges Projekt angesichts des sog. kalten Krieges keine finanziellen Mittel zur Verfügung stellen konnte und wollte.[111] Aber nicht nur in New York und um Forschungsgelder bemühte sich Kurt Grossmann. Im Mai 1951 bewarb er sich darüber hinaus für den stellvertretenden Chefredakteursposten bei einer deutschsprachigen Zeitung, die in Wien von der US-Regierung herausgegeben wurde.[112] Die immer verzweifelter werdende Arbeitssuche führte einen Monat später, im Juni 1951, zu zwölf gleichzeitigen Bewerbungen bei verschiedenen New Yorker Firmen[113] sowie fünf Gesuchen bei örtlichen Informationsagenturen.[114]

Ab dem Frühjahr 1952[115] wurde Kurt Grossmann im Bereich Öffentlichkeitsarbeit für die »Jewish Agency« und zwischen 1957-1965 zusätzlich auch noch für die »Claims Conference«[116] tätig. Im Rahmen seiner Tätigkeit unternahm er elf mehrmonatige Deutschland-Reisen und versuchte dabei aktiv auf den Fortgang der Wiedergutmachungsfrage in der politischen Öffentlichkeit der Bundesrepublik Deutschland Einfluß zunehmen.[117] Treffend charakterisierte Robert Kempner die Aufgabe seines alten Freundes bei der Entschädigungsdebatte des NS-Unrechts: *„Grossmann war die Unruhe im oft bürokratisch arbeitenden Wiedergutmachungswerk."*[118] Um im bildhaften Vergleich zu bleiben, war Grossmann zugleich ein Uhrwerk, das von seinem langjährigen Freund Robert Kempner mitunter aufgezogen wurde, um die Öffentlichkeit in wichtigen Fragen erneut wach zu "klingeln" (siehe die Aufforderungen Kempners zu publizistischen Aktionen, z.B. während seiner Nürnberger Jahre in den späten 1940er Jahren oder den Leserbrief gegen Irving 1971).

Wie breitenwirksam und weltweit verbreitet manche Artikel von Kurt Grossmann waren, zeigt eine interne Mitteilung der Informationsabteilung des »World Jewish Congress« an den Autor aus der zu ersehen ist, daß ein Artikel

---

111 LBI, Box 20; Brief des War Department, Civil Affairs Division vom 7. Nov. 1947.

112 LBI, Box 12; Brief an Walter Roberts, Department of State, German-Austrian Section am 5. Mai 1951.

113 Ebd.; siehe die zwölf Briefe am 5. Juni 1951.

114 Ebd.; siehe die fünf Briefe am 4. Juni 1951.

115 LBI, Box 11; siehe den Brief an Nahum Goldmann am 8. Feb. 1952, wo er sich für die„ *in aller Kürze"* telefonisch zugesagte Tätigkeit bedankt und seine Aufgaben vorab skizziert.

116 Der komplette Titel lautet: »Claims Conference on Jewish Material Claims Against Germany«.

117 Siehe auch: Payment to Israel by Bonn assured. Jewish Agency Told Socialists Have Agreed on Ratification at Earliest Opportunity. In: New York Times, 102. Jg., Nr. 34714, So. 8. Feb. 1953, S. 9.

118 Kempner, Held, S. 9.

von ihm über die jüdischen Verluste im Publikationsorgan »Congress Week-ly«[119] im Oktober 1953 innerhalb weniger Wochen in fünf verschiedenen jüdischen Zeitungen rund um den Globus nachgedruckt wurde: im »Bolletino« Rom, der »Shema« Kalkutta, der »Jedioth Chadashoth« Tel Aviv, dem »Jewish Echo« Glasgow und dem »Jewish Herald« Johannesburg.[120] Einige Jahre später, im Frühjahr 1959, veröffentlichte er eine aktualisierte Fassung auch in zwei deutschen Zeitungen.[121] Inwieweit andere Artikel ähnlich häufig nachgedruckt wurden, läßt sich nicht mehr feststellen, ist aber in themenspezifischen Einzelfällen denkbar. In dem Taschenbuch »Die Ehrenschuld. Kurzgeschichte der Wiedergutmachung«, im Jahre 1967 in einer Auflage von 30.000 Exemplaren im Ullstein Verlag erschienen,[122] hat Kurt Grossmann umfassend die Geschichte der Entschädigungsfrage und die Diskussionen in der Öffentlichkeit beschrieben. Anschaulich sind dabei alle Akteure in den verschiedenen Entwicklungsstufen der Verhandlungen und ihre Bedeutung für den Gesamtprozeß dargestellt worden.

8.3 Abschied im Zorn - die ungewollte Pensionierung

Der berufliche Abschied von der »Jewish Agency« Ende März 1966 kam plötzlich und aus der Sicht des Betroffenen, wie es den Anschein hat, auch überraschend.[123] Zwar hatte Grossmann das offizielle Rentenalter von 68 Jahren erreicht,[124] wollte aber ungeachtet dessen gerne weiterarbeiten.[125] Obwohl die genauen Hintergründe der Trennung nicht nachvollziehbar sind, wird in den Schilderungen Kurt Grossmanns, die gewiß sehr subjektiv und emotional sind, Nahum Goldmann in dieser Angelegenheit eine (negative) Schlüsselrolle zuge-

---

119 What were the Jewish Losses? In Congress Weekly, 20. Jg., Nr. 26, 12. Okt. 1953, New York, S. 9-11.

120 LBI, Box 5; Mitteilung des WJC-Information Departments vom 11. Dez. 1953.

121 Wie hoch sind die jüdischen Verluste? In: Rheinischer Merkur, 14. Jg., Nr. 10, 6. März 1959, Köln, S. 3; Einge grauenvolle Bilanz. In: Süddeutsche Zeitung, 15. Jg., Nr. 65, 17. März 1959, München, S. 7.

122 LBI, Box 30; siehe den Verlagsvertrag vom 15. März 1966.

123 HIA, Box 3 passim; siehe auch das unveröff. Msk. »Story of my Retirement«.

124 LBI, Box 11; Presseerklärung der »Jewish Agency« u. der »Claims Conference« vom 31. März 1966.

125 Vgl.: Aus New York. In: Semana Israelita, 27. Jg., Nr. 2179, 5. Aug. 1966, Buenos Aires, S. 4. Diesem Bericht zufolge, der auf Grossmanns Mitteilung an die südamerikanische Redaktion beruhte, war er von sich aus *„aus Altersgründen"* zurückgetreten.

dacht. Dabei ist allerdings zu berücksichtigen, daß Goldmann in seiner persönlichen Eitelkeit bestrebt war, keine "Nebengötter" zu dulden und - unbestritten aller persönlichen Leistungen - auch die Rolle seiner Mitarbeiter marginalisierte und negierte; so wird Kurt Grossmann in Goldmanns Autobiographie »Mein Leben« nicht einmal erwähnt! Er selbst hatte seine Rolle rückblickend als *„ beitragende Rolle im Public Relationfelde"* bezeichnet,[126] wobei die Breitenwirkung dieser Öffentlichkeitsarbeit nicht zu unterschätzen ist. Goldmann selbst konzedierte, *„ wie wertvoll Ihre Arbeit in der Periode der Verhandlungen mit der Bundesrepublik gewesen ist. "*[127] Daß ein derartiger Ausschließlichkeitsanspruch zu einem "Bauernopfer" führte,[128] erscheint plausibel. Da Grossmann es sich und anderen zeitlebens nicht leicht gemacht hatte und obendrein seine unbequeme Art noch mit einer Prise Altersstarrheit würzte, fiel es dem Vorstand der »Jewish Agency« sicher nicht schwer, sich von dem langjährigen Mitarbeiter zu trennen, wobei das hohe Lebensalter und die schon erreichte Pensionsgrenze als "objektive Gründe" vorgeschoben werden konnten.

In einem Brief an Nahum Goldmann beschwerte sich Grossmann im Mai 1967 darüber, daß er nach dem Motto "Der Mohr hat seine Schuldigkeit getan" behandelt worden sei und ihm nun auch noch ein Teil seiner Abfindung vorenthalten würde.[129] Dieser Punkt ist wie der ganze Entwicklungsprozeß seines Ausscheidens aus der »Jewish Agency« infolge unzureichender Aktenlage nur sehr bedingt nachvollziehbar und je nach Standpunkt auch strittig. Ausgangspunkt der Kontroverse um die Abfindungssumme waren die unterschiedlichen Abfindungsmodalitäten seiner beiden Arbeitgeber, denn neben der amerikanischen Sektion der »Jewish Agency« hatte auch die »Claims Conference« zwischen September 1957 und Dezember 1965 rund ein Drittel seiner Personalkosten getragen. Während die »Jewish Agency« von dieser 2:1-Aufteilung ausging, war Grossmann der Ansicht, es sei 1:2 zulasten der »Claims Conference« gewesen.[130] Die amerikanische Sektion der »Jewish Agency« gewährte lediglich ein Monatsgehalt für jedes Tätigkeitsjahr, bei der »Claims Conference« hingegen waren es zwei Monatsgehälter.[131] Daraus entstand eine deutliche Diskrepanz zwischen der von Grossmann geforderten Abfindungssumme von über 19.100 $ und dem ihm vom Direktor der »Jewish Agency«, Isadore Hamlin,[132]

---

126 HIA, Box 11; Brief an Michael Mansfeld am 16. Feb. 1968.

127 HIA, Box 9; Brief von Nahum Goldmann vom 23. Aug. 1969.

128 HIA, Box 3; siehe das unveröff. Msk. »Story of my Retirement«.

129 HIA, Box 9; Brief an Nahum Goldmann am 29. Mai 1967, S. 2.

130 HIA, Box 10; Brief an Itziak[!] Hamlin am 7. Jan. 1966, S. 1.

131 Ebd.; Brief von Isadore Hamlin vom 28. Jan. 1966, S. 1.

132 Die differierende, d.h. beharrlich israelisierende Schreibweise des Vornamens "Isadore" als "Itziak" dürfte die Sympathie Hamlins für Grossmann sicherlich nicht gesteigert haben.

genannten Betrag von 12.200 $.[133] Hamlin wollte sich zwar nachdrücklich da-
für einsetzen, daß die mit Grossmann in einer Unterredung ausgehandelte
Summe von 15.600 $ zur Auszahlung käme, konnte jedoch nichts definitives
versprechen.[134] Obgleich Grossmann erneut insistierte und nun, nach einer
weiteren Berechnung, auf 18.100 $ kam und eine rasche Bearbeitung verlangte,
da er sonst einen Zinsverlust erleiden würde,[135] dauerte es drei Wochen bis zur
Rückkehr Hamlins von einer Dienstreise nach Israel, ehe die endgültige Abfindungssumme von 13.604 US-Dollar festgelegt wurde.[136] Diese aus seiner
Sicht vollkommen enttäuschende Regelung[137] akzeptierte Grossmann jedoch
wenige Tage später, im Februar 1966, als er schließlich den Abfindungsvertrag
unterzeichnete.[138]

Das Gehalt von Kurt Grossmann betrug von 1952-1956 monatlich 1.024 $
und zwischen 1957-1965 monatlich 703 $.[139] Dabei handelte es sich wohl um
eine aus Altersgründen erfolgte entsprechende Stundenreduzierung, die auch
das Gehalt um ein Drittel absinken ließ. Neben diesem monatlichen Fixgehalt
hatte Grossmann in den fünfziger Jahren noch ein nicht unbeträchtliches
Nebeneinkommen aus seinen Zeitschriften- und Zeitungsartikeln.

In seinem Begleitschreiben hatte Hamlin außerdem mitgeteilt, daß die
»Jewish Agency« vorläufig auch die Kosten der von Grossmann aus Deutschland bezogenen Periodika trage werde, sofern diese nicht den Betrag von 150 $
jährlich überschritten.[140] Auf diesen Passus vertrauend, übersandte Grossmann
im Sommer 1966 eine Rechnung über 48,80 DM (= 12,20 $) zur Begleichung
an Hamlin.[141] Es handelte sich um ein Abonnement der renommierten »Vierteljahrshefte für Zeitgeschichte«, die er über den Pressevertrieb des Frankfurter
Bund-Verlages bezog. Zwar wurde die Rechnung von der »Jewish Agency«
beglichen, jedoch teilte Hamlin, der sich offensichtlich nicht mehr an seine
Zusagen gebunden fühlte, kurz darauf dem Bund-Verlag lakonisch mit, daß
Kurt Grossmann "nicht länger" für seine Organisation tätig sei und deshalb
"nicht autorisiert" sei, irgendwelche Materialien beim Bund-Verlag zu be-

---

133   HIA, Box 10; siehe Brief an Itziak[!] Hamlin am 4. Jan. 1966, S. 3.

134   Ebd.; Brief von Isadore Hamlin vom 4. Jan. 1966; siehe auch den Brief an Itziak[!] Hamlin
       am 7. Jan. 1966, S. 1.

135   Ebd.; Brief an Itziak[!] Hamlin am 7. Jan. 1966, S. 2.

136   Ebd.; Brief von Isadore Hamlin vom 28. Jan. 1966, S. 1.

137   HIA, Box 9; siehe den Brief an Nahum Goldmann am 29. Mai 1967.

138   HIA, Box 10; »General Release« Document vom 4. Feb. 1966.

139   Ebd.; Nach den Angaben im Brief an Itziak[!] Hamlin am 7. Jan. 1966.

140   Ebd.; Brief von Isadore Hamlin vom 28. Jan. 1966, S. 2, Punkt 8 des Auflösungsvertrags.

141   Ebd.; Brief an I.[!] Hamlin am 13. Juni 1966.

stellen.[142] Grossmanns alter Freund[143] Jola Lang, der dort als Geschäftsführer tätig war, informierte Robert Kempner über diesen Briefeingang. Kempner, der bis zu seinem Tode im Jahre 1993 eine Anwaltskanzlei in Frankfurt/M. unterhielt, sandte Grossmann[144] eine Kopie des Briefes zu und kommentierte diesen mit der Bemerkung: *„Ist das nicht wirklich geschäftsschädigend?"* Handschriftlich fügte er auf der Kopie mit kriminalistischem Spürsinn hinzu: *„Der Name des Adressaten ist in den Formbrief eingetippt. Also auch an andere"*.[145]

Alle diese Umstände haben wohl zur Verärgerung und Kränkung von Kurt Grossmann beigetragen. Obgleich er selbst Nahum Goldmann als denjenigen enttarnte,[146] der seine Pensionierung betrieben hatte, richtete sich sein ganzer Zorn[147] gegen Isadore Hamlin, den er als Hauptwidersacher ansah; insbesondere nach dieser "Rundbriefaffäre" vom November 1966.[148] Der Grund für die fast selbstverleugnende Nachsicht gegenüber Goldmann lag in der übergroßen Bewunderung, die er für diesen empfand und die selbst tiefe Kränkungen überstrahlte. So bezeichnete er die Arbeitsjahre 1943 bis 1965 *„als die erregendsten und herausforderndsten seines Lebens"*.[149]

---

142 Ebd.; Brief von Isadore Hamlin an den Bund-Verlag vom 10. Nov. 1966.

143 Jola Lang versorgte Grossmann mit allen wichtigen historisch-politischen Neuerscheinungen des deutschen Buchmarktes. Die Rechnungen wurden aus dem Guthaben eines Postscheckkontos beglichen, daß Lang für Kurt Grossmann verwaltete und auf das alle Honorare von seinen Vorträgen und Veröffentlichungen in Deutschland flossen.

144 HIA, Box 10; siehe das Dankesschreiben an Robert Kempner am 21. Nov. 1966.

145 Ebd.; undatierte Begleitnotiz von Robert Kempner vom Nov. 1966.

146 HIA, Box 3; siehe den unveröff. Bericht »The story of my retirement«, S. 8.

147 HIA, Box 9; siehe auch die Briefe an Nahum Goldmann am 30. Dez. 1965, S. 2 u. am 29. Mai 1967, S. 1; Brief an Rose Halprin am 2. Nov. 1966.

148 HIA, Box 10; Brief an Isadore Hamlin am 26. Apr. 1968.

149 HIA, Box 9; Brief an Nahum Goldmann am 17. Aug. 1969.

9. Aufenthalte in der Bundesrepublik Deutschland

Von seinem ersten Besuch in der alten Heimat im Sommer 1948 kehrte Kurt Grossmann ziemlich desillusioniert zurück.[1] Nach seiner Rückkehr in die USA schrieb er über seinen mehrwöchigen Aufenthalt in den Westzonen: *„Ich habe Deutschland jetzt besucht und bin außerordentlich enttäuscht zurückgekehrt. Grundsätzlich hat sich dort nichts geändert."*[2] Damit brachte er indirekt deutlich zum Ausdruck, daß die demokratischen Tendenzen der entstehenden Bundesrepublik ihm nicht weit genug gingen und er wohl lieber eine Verwirklichung linksliberaler Tendenzen der Weimarer Jahre vorgefunden hätte, die aber nicht mehrheitsfähig waren.[3] Bereits sein alter Freund Robert Kempner hatte ihn einige Monate zuvor, im Februar 1948, auf eine unveränderte Mentalität[4] im Nachkriegsdeutschland hingewiesen. Ein ihm von Grossmann zur Veröffentlichung in einer deutschen Zeitschrift zugesandtes Manuskript kommentierte der Jurist in seiner trockenen Berliner Art: *„ Unfortunately to print anti-Nazi stuff in Germany of today is even less in season than it was in the 1920's."*[5] Diese sarkastische Sicht der restaurativen Tendenzen in den drei Westzonen wurde sicherlich auch durch Kempners Prozeßtätigkeit in Nürnberg und dem alltäglichen Kampf mit der wiedererstehenden deutschen Bürokratie beeinflußt.[6]

Vielleicht war Kurt Grossmann auch durch einen aus seiner Sicht unerfreulichen Briefwechsel aus dem Vorjahr etwas voreingenommen. Im Januar 1947 hatte er sich an das Polizeipräsidium in Berlin gewandt. Bezug nehmend auf

---

1 Siehe auch den sehr skeptischen Artikel: "Nationalistic and Reactionary Germany Might Try it a Third Time". Ex-Refugee Returns to Find Intensified Racial Bias. In: South African Jewish Times, Fr. 12. Nov. 1948, Johannesburg, S. 5. Angesichts des Ost-West-Konflikts sieht er die reaktionären sowie nationalistischen Kräfte gestärkt und schätzt die Chancen für eine Demokratisierung zweiflerisch als eher gering ein.

2 LBI, Box 12; Brief an Martha Hoppe-Freund am 7. Sep. 1948.

3 Zur mangelnden Distanz in der jungen Bundesrepublik gegenüber den Wertvorstellungen des Dritten Reiches und insbesondere zur Ablehnung von Emigranten siehe auch Mitscherlich/Mitscherlich, S. 66 ff.

4 Siehe auch Vogel, S. 30.

5 LBI, Box 16; Brief von Robert Kempner vom 28. Feb. 1948.

6 Siehe auch Kempner, Ankläger, S. 400 ff.

die Anfang 1933 von der Polizei durchgeführten Hausdurchsuchungen im Büro der »Deutschen Liga für Menschenrechte«, in seiner Privatwohnung und in der Unterkunft seiner Seketärin wollte er etwas über den Verbleib der damals beschlagnahmten Gegenstände wissen und bat zugleich um die Zusendung der noch auffindbaren Sachen. Seinen Brief schloß er mit einem deutlich erhobenen Zeigefinger: *„Ich glaube, daß die Erfüllung meiner Bitte Ihnen möglich ist. Es wäre nur ein kleiner Akt der notwendigen Wiedergutmachung, die Deutschland zu leisten hat.“*[7] Einen Monat später, im Februar 1947, teilte die Präsidialabteilung des Berliner Polizeipräsidiums in knappen Worten mit, daß die Räume der DLM von den Nationalsozialisten beschlagnahmt und alle Bücher und Broschüren abtransportiert worden seien. Über den weiteren Verbleib der Materialien sei nichts bekannt.[8] Erbost über die mangelhafte und ausweichende Antwort, die in ihrer lakonischen Auskunft weder verbrannte noch durch Bombenangriffe zerstörte Akten als Grund anführte, betonte Kurt Grossmann in seiner Replik, die Beschlagnahmung seines Privateigentums sei von der Polizei und nicht erst durch die Nationalsozialisten erfolgt; er behalte sich daher alle Rechtsansprüche vor.[9] Die Berliner Polizei ließ sich jedoch auch davon nicht beeindrucken, da sie offenkundig andere Fragen für wichtiger hielt als die ihr lästige Suche nach dem verschollenen Eigentum eines im fernen Amerika lebenden Emigranten.

Im Mittelpunkt seiner beruflichen Tätigkeit in den nächsten zwei Jahrzehnten stand die hier bereits für seine Privatsphäre angesprochene Wiedergutmachung. Wiedergutmachung bezeichnet im völkerrechtlichen Sinne einen Schadensersatz für den Geschädigten. Im Staatsrecht der Bundesrepublik Deutschland und in der öffentlichen Meinung wird damit die bundesdeutsche Restitution an die Opfer des nationalsozialistischen Unrechts in den fünfziger und sechziger Jahren bezeichnet.[10] Die Bundesrepublik Deutschland bekannte sich im Jahre 1951 unter Bundeskanzler Konrad Adenauer zur deutschen Schuld an den NS-Verbrechen, ohne jedoch eine "Kollektivschuld" des deutschen Volkes anzuerkennen. Durch das Luxemburger Abkommen[11] vom 10. September 1952

---

7   HIA, Box 5; Brief an den Polizeipräsidenten von Berlin am 27. Jan. 1947.

8   Ebd.; Brief der Präsidialabteilung des Polizeipräsidiums Berlin vom 27. Feb. 1947.

9   Ebd.; Brief an den Polizeipräsidenten von Berlin am 8. Apr. 1947.

10   Siehe dazu den Sammelband: Wiedergutmachung in der Bundesrepublik Deutschland. Hrsg. von Ludolf Herbst/Constantin Goschler. München 1989.

11   Germany and Israel: six Years Luxemburg agreement. New York 1958; Starkes Echo in New York. Nach der Unterzeichnung der Luxemburger Abkommen. In: Allgemeine Wochenzeitung der Juden in Deutschland, 7. Jg., Nr. 25, 26. Sep. 1952, Düsseldorf, S. 7; Bonn und Nahost-Konflikt. Die Bedeutung des Luxemburger Abkommens. In: Aufbau, 22. Jg., Nr. 46, 16. Nov. 1956, New York, S. 3; Deutschland und Israel. Sechs Jahre nach

verpflichtete sich die Bundesrepublik Deutschland, an den Staat Israel drei Milliarden DM zu zahlen. An die »Conference on Jewish Material Claims against Germany« (Claims Conference), einen Zusammenschluß von 30 jüdischen Organisationen, die Ansprüche gegen Deutschland geltend machten,[12] wurden weitere 450 Millionen DM gezahlt. Die Entschädigung der Opfer der nationalsozialistischen Verfolgung wurde durch das Bundesentschädigungsgesetz[13] vom 29. Juni 1956 (sowie späteren Ergänzungen)[14] staatsrechtlich gere-

---

Unterzeichnung des Luxemburger Vertrages. In: Ebd., 24. Jg., Nr. 30, 25. Juli 1958, S. 36; Five Years after Luxemburg. In: Congress Weekly, 24. Jg., Nr. 25, 21. Okt. 1957, New York, S. 8-11.

12   Wiedergutmachungsabkommmen von der Claims Conference in New York ratifiziert. In: Allgemeine Wochenzeitung der Juden in Deutschland, 7. Jg., Nr. 26, 3. Okt. 1952, Düsseldorf, S. 1; Die "Claims Conference" verteilt neun Millionen Dollar. Aus den deutschen Wiedergutmachungszahlungen. In: Aufbau, 20. Jg., Nr. 13, 26. März 1954, New York, S. 3; Ueber 45 Millionen Dollar für 1955 bei Claims Conference beantragt. In: Ebd., 21. Jg., Nr. 2, 14. Jan. 1955, S. 9; Claims Conference drängt auf Erfüllung der Entschädigungs-Gesetzgebung. In: Ebd., Nr. 6, 11. Feb. 1955, S. 19; Wie verteilt die Claims Conference ihre Gelder? In: Ebd., Nr. 9, 4. März 1955, S. 5; Jüdische Nachfolgeorganisationen erhalten 75 Millionen DM. Abkommen auf Grund des "Dritten Masse-Gesetzes". In: Ebd., 22. Jg., Nr. 22, 1. Juni 1956, S. 1; Tagung der Claims Conference in New York. Eine imponierende Leistung - vor neuen Aufgaben. In: Ebd., 23. Jg., Nr. 3, 18. Jan. 1957, S. 17; Appell an Bundeskanzler Adenauer. Beschleunigung von Entschädigungszahlungen - Mehr als zehn Millionen Dollar Claims Conference Budget. In: Ebd., Nr. 4, 25. Jan. 1957, S. 20; I.G. Farben-Sklavenarbeiter können ihre Ansprüche anmelden. Der Inhalt des Abkommens mit der Claims Conference. In: Ebd., Nr. 25, 21. Juni 1957, S. 20; Fünf Jahre nachher. Ein Bericht der "Conference on Jewish Material Claims Against Germany". In: Ebd., 26. Jg., Nr. 4, 22. Jan. 1960, S. 29; Forderungen der Claims-Conference für das Wiedergutmachungs-Schlussgesetz. In: Ebd., 28. Jg., Nr. 14, 6. Apr. 1962, S. 19.

13   Sturm auf das Bundes-Entschädigungsgesetz. Begegnung des deutschen Kanzlers mit Dr. Goldmann. In: Aufbau, 20. Jg., Nr. 45, 5. Nov. 1954, New York, S. 16; BEG verkündet. In: Ebd., 22. Jg., Nr. 28, 13. Juli 1956, S. 10; Was das "Dritte Massegesetz" bringt. Der Schluss-Stein im Bau der Wiedergutmachung. In: Ebd., Nr. 36, 7. Sep. 1956, S. 21; Wichtige Aenderungen des Dritten Masse-Gesetzes? Zwei Durchführungsverordnungen für das BEG fertiggestellt. In: Ebd., Nr. 44, 2. Nov. 1956, S. 6; Vom Willen zur "grosszügigen Wiedergutmachung" durchdrungen. Regierungsdirektor Hess über das Entschädigungs-Gesetz. In: Ebd., Nr. 50, 14. Dez. 1956, S. 10, 20; Wie das Bundes-Entschädigungsgesetz durchgeführt wird VI. In: Ebd., 23. Jg., Nr. 1, 4. Jan. 1957, S. 18.

14   Die Endphase des Entschädigungswerkes. Rückblick, Tatsachen und Folgen. In: Gewerkschaftliche Monatshefte, 15. Jg. (1964), H. 9, Köln, S. 537-543; Akute Probleme. Bundes-Rückerstattungs-Gesetz und Verlängerung der Anmeldefrist unter BEG. In: Aufbau, 23. Jg., Nr. 20, 17. Mai 1957, New York, S. 23; Eine "verabscheuungswürdige Misshandlung" ohne Sühne. Im juristischen Gestrüpp des BEG. In: Ebd., Nr. 38, 20. Sep. 1957, S. 29-30; Drittes Massegesetz einstimmig vom Bundestag angenommen. In: Ebd., Nr. 15, 12. Apr. 1957, S. 10; Der Deutsche Bundestag und die Wiedergutmachung. In: Ebd., 27. Jg., Nr. 47, 24.

gelt. Für jüdische Verfolgte, die ohne Erben verstorben waren oder Rück-
erstattungsansprüche nicht mehr geltend machen konnten, wurden durch die
Claims Conference entsprechende Anträge gestellt. Die vermögensrechtliche
Restitution erfolgte auf zwei Arten: Erstens durch Rückerstattung feststellbarer
Vermögenswerte an die Opfer (festgelegt im Bundesrückerstattungsgesetz vom
19. Juli 1957)[15] und zweitens durch Entschädigungsleistungen wie Renten,[16]
Krankenversorgung und Abfindungen, die für Schäden an Leben, Körper, Ge-
sundheit, Freiheit, Eigentum, Vermögen geleistet wurden.[17] Auch die Schäden
im beruflichen und wirtschaftlichen Fortkommen der Verfolgten fanden Berücksichtigung,[18] auch wenn diese materiellen Restitutionen nicht die tatsächli-
chen finanziellen und vor allem ideellen Schäden ausgleichen konnten. Die
DDR lehnte bis zum Sturz des SED-Regimes im Herbst 1989 jegliche Zahlung
von Wiedergutmachung ab,[19] da im sozialistischen Staat der Faschismus vorgeblich "mit der Wurzel ausgerottet" und damit bereits die Verpflichtung
"erfüllt" sei.[20]

Nov. 1961, S. 29-30; Schlussgesetze gehen zum Bundestag. In: Ebd., 29. Jg., Nr. 46, 15.
Nov. 1963, S. 17-18; Ungerechtigkeiten oder Unebenheiten? Um die Durchführung des
BEG-Schlussgesetzes. In: Ebd., 32. Jg., Nr. 42, 21. Okt. 1966, S. 25.

15   Die Durchführung des Bundes-Rückerstattungsgesetzes. In: Aufbau, 28. Jg., Nr. 21, 25. Mai
     1962, New York, S. 33-34.

16   Berlin, Höchstrenten. In: Aufbau, 23. Jg., Nr. 4, 25. Jan. 1957, New York, S. 20; Claims
     Conference interveniert wegen Verfolgtenrenten. In: Ebd., 24. Jg., Nr. 13, 28. März 1958,
     S. 5; $ 1.76 Monatsrente für zwei Naziopfer! Irrwege der Entschädigungsjurisprudenz. In:
     Ebd., 31. Jg., Nr. 15, 9. Apr. 1965, S. 33; Erhöhung der laufenden Entschädigungsrenten. In:
     Ebd., 32. Jg., Nr. 6, 11. Feb. 1966, S. 25; Gefährdete Krankenkassenbeitrags-Zuschüsse. In:
     Ebd., 35. Jg., Nr. 52, 26. Dez. 1969, S. 23.

17   Ist Neurose ein entschädigungsfähiger Gesundheitsschaden? Ein Gutachten von prinzipieller
     Bedeutung. In: Aufbau, 23. Jg., Nr. 8, 22. Feb. 1957, New York, S. 20; Tragische Ent-
     schädigungs-Fälle. In: Ebd., 24. Jg., Nr. 12, 21. März 1958, S. 20; Tragische Entschädi-
     gungsfälle II. Ein Vollinvalide wartet. In: Ebd., Nr. 14, 4. Apr. 1958, S. 15-16; Tragische
     Entschädigungsfälle III. Seit 11 Jahren nervenkrank. In: Ebd., Nr. 20, 16. Mai 1958, S. 19.

18   Siehe auch die entsprechende Erstattung an seinen Sohn Walter Gilbert.

19   Ostdeutschland gegen Wiedergutmachung. In: Aufbau, 19. Jg., Nr. 1, 2. Jan. 1953, New
     York, S. 23; Grenzen der Wiedergutmachung in Ostdeutschland. In: Ebd., 33. Jg., Nr. 2, 13.
     Jan. 1967, S. 29; Grenzen der Wiedergutmachung in Ostdeutschland II. In: Ebd., Nr. 4,
     27. Jan. 1967, S. 26.

20   Im Jahre 1988 wurde zwar in Gesprächen von Erich Honecker mit jüdischen Repräsentanten
     eine Zahlung von 100 Millionen US-Dollar in Aussicht gestellt, diese jedoch nie geleistet.
     Allerdings war die avisierte Summe ausdrücklich als "symbolisch" zu verstehende Wie-
     dergutmachungsgeste deklariert worden, womit ein Festhalten an der früheren Haltung
     dokumentiert wurde. Unter der Übergangsregierung Modrow wurde dann im Frühjahr 1990
     lediglich eine Unterstützungszahlung von sechs Millionen Mark für die israelische Hilfs-

Einblicke in Grossmanns Lobbyistentätigkeit für die Wiedergutmachung während seiner Deutschlandreisen gewährt auch ein Brief an Nahum Goldmann vom Juni 1952.[21] Darin berichtet er ausführlich über seine Unterredungen mit Prof. Franz Böhm und Dr. Schäfer (FDP), dem Vizepräsidenten des Deutschen Bundestages, sowie einem Redakteur des »Rheinischen Merkurs« und einem Korrespondenten der »Neuen Zürcher Zeitung«.[22] Die Deutschlandreise im Mai/Juni 1952 hatte Kurt Grossmann selbst vorgeschlagen, da *„die Verhandlungen über die Wiedergutmachung nicht im Konferenzraum allein gewonnen werden können, sondern daß es dringend notwendig ist, auch einen Teil der öffentlichen Meinung Deutschland's*[sic] *hinter sich zubringen."*[23] Für diese Öffentlichkeitsarbeit war Grossmann nicht nur prädestiniert, sondern er konnte auch seine zahlreichen Gesprächspartner und Kontakte dazu nutzen. So war es auch ein Verdienst Grossmanns, daß das »Bundesentschädigungsgesetz« verabschiedet wurde.[24] Denn er hatte in zäher Kleinarbeit und vielen Einzelgesprächen mit Bundestagsabgeordneten aus CDU und SPD[25] die politischen Entscheidungsträger durch seine Argumentation beeindruckt und zugleich durch Pressemitteilungen und Zeitungsartikel die öffentliche Meinung positiv beeinflußt.[26]

Kritik an seiner Öffentlichkeitsarbeit wurde nur sehr selten und eher punktuell geäußert, wie etwa im April 1953 von Felix Shinnar,[27] dem Leiter der Israel-Mission in Köln.[28] Als kleine devote Schmeicheleien an den sich gerne im Rampenlicht sonnenden Vorgesetzten Nahum Goldmann waren hingegen

---

organisation »Amcha«", die psycho-soziale Hilfe für Holocaust-Überlebende leistet, vorgenommen; Mertens, Gemeinden, S. 292 f.

21   LBI, Box 15; siehe außerdem die Briefe an Nahum Goldmann am 7. Mai u. 16. Juni 1952.

22   LBI, Box 20; Brief an Nahum Goldmann am 3. Juni 1956.

23   LBI, Box 15; Brief an Nahum Goldmann am 7. Apr. 1952.

24   Aufbau-Redaktion, S. 28.

25   Siehe passim die vertraulichen Reiseberichte an Goldmann, in denen die Gesprächsteilnehmer und ihre Bedenken, Hinweise und Anregungen deatilliert festgehalten sind.

26   Siehe u.a.: Die moralische Pflicht zur Wiedergutmachung. In: Süddeutsche Zeitung, 8. Jg., Nr. 120, Sa./So. 24./25. Mai 1952, München, S. 7; Laßt Euch Euren Sieg nicht nehmen. In: Frankfurter Rundschau, 9. Jg., Nr. 21, Mo. 26. Jan. 1953, S. 2; Deutschlands feierliche Verpflichtung. In: Telegraf, 8. Jg., Nr. 23, Mi. 28. Jan. 1953, Berlin, S. 3.

27   Zu Shinnar und seiner Tätigkeit siehe Goldmann, Mein Leben, S. 393 u. S. 397 f.; Grossmann, Ehrenschuld, S. 32 u. S. 43. Außerdem: Beziehungen - wenn auch keine diplomatischen. Israel-Deutschland. Brückenbauer Felix E. Shinnar kehrt heim. In: Aufbau, 28. Jg., Nr. 41, 12. Okt. 1962, New York, S. 25.

28   LBI, Box 11; siehe den Brief von Felix Shinnar vom 17. Apr. 1953.

Mitteilungen zu sehen, wie häufig Goldmann oder der »World Jewish Congress« in diesem oder jenem neuerschienenen Buch genannt worden sei.[29]

In einem Brief teilte Nahum Goldmann seinem Mitarbeiter im Februar 1953 mit, daß er angesichts der unmittelbar bevorstehenden Ratifizierung des Wiedergutmachungsabkommens[30] keine neuen Initiativen mehr in den Massenmedien unternehmen solle und nur noch, wenn dies nötig sei, auf entsprechende kritische Presseberichte reagieren sollte.[31] Da eine Woche später in Zürich eine Tagung des World Jewish Congress stattfinden sollte (die später kurzfristig abgesagt wurde), bat Nahum Goldmann ihn daher, aus Deutschland in die Schweiz zu kommen, um bei der anfallenden Presse- und Informationsarbeit mitzuhelfen, bevor Grossmann wieder in die USA zurückkehren würde. Dieser nutzte sogleich diese Gelegenheit, um mehreren deutschen Tageszeitungen (privat und auf eigene Rechnung) Berichte über die bevorstehende Zürcher Konferenz anzubieten.[32]

Auf seiner Deutschlandreise im Frühjahr 1953 sprach er u.a. im Münchener Presseclub über »Deutschland und die Juden - Nach der Ratifizierung des Deutschland-Israel-Vertrages« und in der Hochschule für Politik über das "Das zwanzigste Jahrhundert - Jahrhundert der Entwurzelten".[33] Während dieses Deutschland-Aufenthaltes von Januar bis März 1953 begleitete ihn seine Ehefrau Elsa, die dabei nach eigener Aussage als Telephonistin und Schreibkraft tätig war. Grossmann konnte durch diese Entlastung noch mehr Kontakte pflegen[34] und außerdem zahlreiche Zeitungsartikel schreiben.[35]

---

29 LBI, Box 18; Brief an Nahum Goldmann am 16. Dez. 1963.

30 Siehe dazu: Wann wird das deutsch-israelische Abkommen ratifiziert? In: Aufbau, 19. Jg., Nr. 5, 30. Jan. 1953, New York, S. 3; Langsam aber doch. Der Weg zum deutsch-israelischen Vertrags-Abschluss. In: Ebd., 19. Jg., Nr. 10, 6. März 1953, S. 10; Ratifiziert! Das Deutsch-israelische Abkommen vom Bundestag in Bonn angenommen. In: Ebd., 19. Jg., Nr. 13, 27. März 1953, S. 1-2; Wiedergutmachungs-Zwischenbilanz. In: Allgemeine Wochenzeitung der Juden in Deutschland, 7. Jg., Nr. 45, 13. Feb. 1953, Bonn, S. 5.

31 LBI, Box 10; Brief von Nahum Goldmann vom 26. Feb. 1953.

32 Ebd.; siehe die Briefe an die Stuttgarter Zeitung, den Telegraf (Berlin) und die Westfälische Rundschau (Dortmund) vom 27. Feb. 1953.

33 LBI, Box 15; Brief an Robert Heizler, Chefredakteur von »Der Abend«, am 7. März 1953.

34 Ebd.; Brief von Elsa Grossmann an Lucy Bill am 5. Feb. 1953.

35 Bei der Plazierung seiner Berichte kam es Grossmann auch zugute, daß einige frühere Mitstreiter aus Prager Zeiten nun wichtige Positionen in der Medienlandschaft innehatten. So war Walter Fischer Chefredakteur der »Fränkischen Presse« in Bayreuth, Hans Wallenberg Chefredakteur von »Die Neue Zeitung« und Otto Wollenberg Chefredakteur der Gewerkschaftszeitung »Welt der Arbeit« in Köln. Den Chefredakteur der »Westdeutschen Allgemeinen Zeitung« in Essen, Erich Brost, kannte Grossmann aus seiner Danziger Zeit; LBI,

Die Erfahrungen und Erkenntnisse seiner gerade beendeten Deutschlandreise bot er im Mai 1953 in einem gleichlautenden Brief insgesamt sieben amerikanischen Zeitschriften an.[36] Neben den Berichten für Nahum Goldmann und
die Jewish Agency[37] verfaßte er auch mehrere deutschsprachige Zeitungsartikel über die Reiseergebnisse. Bezogen auf einen einige Monate zurückliegenden Bericht von Kurt Grossmann in der Süddeutschen Zeitung[38] schrieb ihm
Alfred Wiener aus London und meinte, es läge *„sehr im Interesse der jüdischen wie der deutschen Sache, wenn Sie Ihre guten Beziehungen zur deutschen Presse aufrechterhalten. Sie wissen, daß gerade die Stimme von Auslän-
dern, insbesondere früherer deutscher Juden, beachtet werden. "*[39]

Angesichts des Ergebnisses der Bundestagswahlen im September 1953[40]
zeigte sich Grossmann in einem Brief an seinen langjährigen Freund Jola Lang
sehr überrascht: *„Keine 'große Koalition', aber Adenauer sitzt fester im Sattel
als je. Ich bedaure, daß die Sozialdemokraten nicht besser abgeschnitten
haben. Im Interesse eines besseren Demokratisierungsprozesses ist es nicht gut,
daß die SPD in den wichtigsten Formungsjahren der deutschen Republik
außerhalb der Regierung stehen muß, aber ihre außenpolitische Linie war
nicht realistisch. "*[41] Mit der unrealistischen außenpolitischen Haltung meinte
Grossmann die Einstellung der SPD zur »Europäischen Verteidigungsgemeinschaft« (EVG) und ihre schwankende Haltung zur Westintegration.[42] Bezug
nehmend auf die Vorwahlanalyse von Grossmann im »Aufbau«[43] schrieb ihm
Otto Lehmann-Rußbüldt, daß er von vornherein keinen Sieg der Sozialdemokratie erwartet habe. Daß die SPD-Niederlage jedoch so hoch war, wurde
seiner Meinung nach von zwei Dingen entscheidend beeinflußt: dem sogenann-

---

Box 25; Geburtstagsglückwünsche an Erich Brost am 2. Dez. 1963.

36   LBI, Box 11; siehe die Briefe an das »New York Times Magazine« am 8. Mai 1953; den
      »American Zionist«, die »Antioch Review«, die »Atlantic Monthly«, das »Chicago Jewish
      Forum« und die »South Atlantic Quarterly« alle am 12. Mai 1953 sowie an »Harper's
      Magazine« am 18. Mai 1953.

37   HIA, Box 3; passim.

38   Die Wiener Bücherei. In: Süddeutsche Zeitung, 8. Jg., Nr. 184, Sa. 9. Aug. 1952, München,
      S. 7.

39   LBI, Box 11; Brief von Alfred Wiener vom 27. Apr. 1953.

40   Die CDU erreichte 1953 49,9 % (1949: 34,6 %) und die SPD erreichte 1953 31,0 % (1949:
      32,6 %); Ritter/Niehuss, S. 74.

41   LBI, Box 11; Brief an Jola Lang am 15. Sep. 1953. Zu innerparteilichen Diskussionen in der
      SPD nach der Wahlniederlage 1953 siehe auch Miller, S. 34 ff.

42   Siehe ausführlich Groh/Brandt, S. 249 ff. u. S. 258 ff.

43   Welche Chancen haben die Sozialdemokraten? In: Aufbau 19. Jg., Nr. 36, 4. Sep. 1953, New
      York, S. 2.

ten Wirtschaftswunder durch Ludwig Erhardt und der klaren politischen Westanbindung durch Adenauer.[44] Die schwankende Haltung der Sozialdemokraten[45] und die latente Angst in der Bevölkerung vor einem "Anrücken der
Russen" hätten, nach Lehmann-Rußbüldt, das Eintreten in die europäischen
Verteidigungsgemeinschaft als sinnvoll erscheinen lassen.[46]

Bei seinem Deutschland-Aufenthalt im Januar und Februar 1956 hatte Kurt
Grossmann zahllose Pressetermine und gab mehrere Dutzend Interviews. Neben den Berichten und Meldungen in der anglo-amerikanischen Presse[47] erschienen auch Artikel in über dreißig deutschen Tageszeitungen,[48] wobei aufgrund längerer Aufenthalte die Städte Bonn,[49] Berlin,[50] Frankfurt/M.,[51]
Hamburg[52] und München[53] regionale Schwerpunkte bildeten. Gegen die damalige Bundeshauptstadt hegte er jedoch eine gewisse Abneigung, denn *„Bonn
ist die Stadt des Politisierens, Intrigierens und des Strebens nach der höheren
Besoldungsgruppe.*"[54]

Während seines sechswöchigen Deutschland-Aufenthaltes im Spätherbst
1958 hatte Grossmann für seine Frau Elsa auf einer Liste von zwei Seiten alle
anfallenden "Sekretariatsarbeiten" festgehalten: Welche Korrekturfahnen zu
erwarten seien, an wen sie die verschiedenen Manuskripte schicken und was
noch alles getippt werden sollte.[55]

44　　Benz, Ideal, S. 207 ff.; Graml, S. 341 ff.

45　　Groh/Brandt, S. 249 ff. u. S. 258 ff.; Miller, S. 34 ff.

46　　LBI, Box 11; Brief von Otto Lehmann-Rußbüldt vom 18. Sep. 1953. Siehe auch Graml,
　　　S. 207 ff.

47　　U.a.: New York Times, Herald Tribune, Christian Science Monitor und Manchester
　　　Guardian.

48　　U.a.: Bremer Nachrichten; Der Mittag (Düsseldorf); Hanauer Anzeiger; Industrie Kurier
　　　(Düsseldorf); Nordseezeitung (Bremerhaven); Stuttgarter Zeitung; Welt der Arbeit (Köln);
　　　Weser Kurier (Bremen).

49　　Das Parlament; Vorwärts; Die Welt.

50　　Berliner Morgenpost; Der Abend; Der Kurier; Der Tag; Der Tagesspiegel; Telegraf.

51　　Frankfurter Allgemeine Zeitung; Frankfurter Neue Presse; Die Tat

52　　Hamburger Abendblatt; Hamburger Anzeiger; Hamburger Echo; Hamburger Morgenpost.

53　　Abendzeitung; Münchner Merkur; Süddeutsche Zeitung.

54　　HIA, Box 14; Brief an Gerard Wilk am 24. Sep. 1970.

55　　LBI, Box 19; undatierte zweiseitige Übersicht.

9.1 Vortragsreisen durch die Bundesrepublik Deutschland

In den Jahren 1957 und 1959 unternahm Kurt Grossmann auf Einladung des Presse- und Informationsamtes der Bundesregierung[56] zwei sogenannte "Informationsreisen" durch die Bundesrepublik Deutschland.[57] Die jeweils zweiwöchigen Aufenthalte verband er mit zahlreichen Abendvorträgen an Volkshochschulen und an der Frankfurter Universität, wo er auf Einladung von Prof. Max Horkheimer sprach.[58] Auch von seinem Freund, dem Berliner Innensenator Joachim Lipschitz, wurde Grossmann als Redner für einen Vortrag vor den Nachwuchskräften der Berliner Verwaltung anläßlich eines Deutschlandaufenthaltes im April 1959 verpflichtet. Das vom Innensenator gewünschte Vortragsthema war »Die deutsch-amerikanische Verständigung«.[59] Persönlicher Höhepunkt der Reise im Frühjahr 1959 war für Kurt Grossmann der Empfang durch Bundespräsident Theodor Heuss zu einem längeren Gespräch,[60] da Heuss für ihn ein Repräsentant des "anderen Deutschland" war.[61]

Einer der regelmäßigen Gesprächspartner Grossmanns auf seinen Deutschlandreisen war, neben Martin Hirsch, Oberstaatsanwalt Schüle von der Zentralstelle der Landesjustizverwaltungen zur Aufklärung von NS-Verbrechen in Ludwigsburg.[62] Schüle bedankte sich zum Jahreswechsel 1960/61 bei Grossmann für dessen Unterstützung bei Nachforschungen und hoffte, daß man auch in Zukunft die Verbindung *„früchtebringend aufrechterhalten"* könne.[63]

Eine weitere, sechswöchige Vortragsreise unternahm Grossmann im Herbst 1960. Bei diesem Aufenthalt, dessen Kosten gemeinsam vom Presse- und Informationsamt der Bundesregierung (Reisekosten) und vom »Deutschen Gewerkschaftsbund« (DGB) (Aufenthaltskosten) getragen wurden, referierte er im Oktober/November 1960 in 24 Orten, u.a. in Andernach, Ansbach, Aschaffen-

---

56 Den Leiter des Presse- und Informationsamtes, Staatssekretär Felix von Eckardt, kannte Grossmann von dessen Tätigkeit in den USA; siehe: Felix von Eckardt kehrt nach Bonn zurück. In: Aufbau, 22. Jg., Nr. 21, 25. Mai 1956, New York, S. 3.

57 LBI, Box 19; Briefe von Staatssekretär Felix von Eckardt vom 11. Nov. u. 11. Dez. 1958.

58 Ebd.; Brief von Max Horkheimer vom 29. Okt. 1958.

59 LBI, Box 18; Brief von Joachim Lipschitz vom 20. Apr. 1959.

60 LBI, Box 47; Einladungsschreiben des Bundespräsidialamtes vom 27. Mai 1959.

61 Siehe auch: Theodor Heuss ist Bonns bester Botschafter. Echo auf den Besuch des Bundespräsidenten in den Vereinigten Staaten. In: Süddeutsche Zeitung, 14. Jg., Nr. 157, Mi. 2. Juli 1958, München, S. 6.

62 Kein Naziverbrecher darf sich verstecken. Oberstaatsanwalt Schüle - auch ein Vollstrecker der Wiedergutmachung. In: Aufbau, 25. Jg., Nr. 30, 24. Juli 1959, New York, S. 28-29.

63 LBI, Box 23; Brief von Oberstaatsanwalt Schüle vom 19. Dez. 1960.

burg, Bamberg, Berlin, Bochum, Bonn, Dortmund, Herten, Kamen, Kempten, Lünen, Mainz, Mülheim/R., Nürnberg, Oberursel, Offenbach, Rothenburg o.T., Unna, Warendorf, Weißenburg und Würzburg.[64] Die Vorträge wurden von »Arbeit und Leben«, der Arbeitsgemeinschaft für politische Bildung des DGB, organisiert.[65] Die Resonanz innerhalb der DGB-Landesbezirke auf die ausgeschriebenen 24 Vorträge war so groß gewesen, daß der Geschäftsführer von »Arbeit und Leben« bedauernd konstatierte, man habe soviele Anfragen erhalten, daß man statt der vierwöchigen eine viermonatige Vortragsreise mit Grossmann hätte durchführen können, wenn der Referent für diese Zeit zur Verfügung gestanden hätte.[66] Für Grossmann vereinigten sich bei den Vortragsreisen mehrere Vorteile. Zum einen konnte er für seine Anliegen Wiedergutmachung und deutsch-jüdische Aussöhnung werben. Zum anderen waren sie Balsam für sein Geltungsbedürfnis und befriedigten seine Leidenschaft nach Diskurs und persönlichem Gespräch. Außerdem waren die Vorträge eine willkommene zusätzliche Einnahmequelle. Anläßlich seines Vortrages in der Volkshochschule Ulm im November 1957 zum Thema "Deutschland - von außen gesehen" fügte Kurt Grossmann dem Schreiben an die Leiterin der VHS Ulm, Inge Aicher-Scholl, eine kleine Notiz für die Einführung bei. Die darin knapp formulierten Gedanken können als sein deutschlandpolitisches Credo angesehen werden: *„K.R.G., der als politischer Flüchtling Deutschland verließ, hat nie den Kontakt zu Deutschland und seinen politischen Problemen verloren. In den Jahren der Herrschaft der Gewalt hat er nie die Hoffnung verloren, daß eines Tages das andere Deutschland über das verzerrte und beschämende siegen werde. Diese Hoffnung wurde angesichts der braunen Massenpsychose immer geringer. Nach der Niederlage und bis zur Gegenwart fragt Kurt Grossmann sich, wie seine Freunde, ob sich die Hoffnung erfüllt hat. Müssen wir Deutschland als ein amerikanisches Wirtschaftswunder ansehen oder als ein sich von seiner Vergangenheit lösendes Gebilde mit schöpferischer Kraft und erfüllt von den Ideen Goethes, Kants über Friedrich Meinecke bis zu Ernst Wiechert, u.a.?"[67]*

Die in den vorangehenden Ausführungen konzedierte schwindende Hoffnung Grossmanns auf ein Ende der NS-Herrschaft dokumentierten auch seine Publikationen in der tschechoslowakischen Emigration.[68] Die Hoffnung der

---

64   LBI, Box 46; Das Presseecho auf die Vorträge war durchweg sehr positiv. Siehe die Exzerpte aus den Berichten der verschiedenen Tageszeitungen.

65   LBI, Box 19; Brief des Geschäftsführers mit den Vortragsterminen vom 14. Okt. 1960.

66   LBI, Box 46; siehe den Brief des Geschäftsführers vom 1. Dez. 1960.

67   LBI, Box 7; Brief an Inge Aicher-Scholl am 20. Aug. 1957; Hervorhebung im Original. Zur Konzeption und Idealisierung des "anderen Deutschland" siehe Koebner, S. 217 ff.

68   Tätigkeitsbericht der Demokratischen Flüchtlingsfürsorge, vom 1. März bis 30. November 1933. Prag 1933; "Wir kehren heim". Unter dieser Parole der Zukunft erleben die Emigran-

Emigranten auf eine rasche Rückkehr nach Deutschland wurde spätestens nach der Übersiedlung in die USA von Grossmann für sich persönlich ad acta gelegt. Deutschland und die Probleme wurden nun wesentlich akademischer betrachtet und analysiert,[69] die Neubürger wurden hingegen zu wichtigen Helfern der Alliierten erhoben.[70] Umgekehrt begann nun aus der Distanz das politische Interesse an der Entwicklung eines demokratischen Nachkriegsdeutschlands[71] zu steigen, dessen Bewohnern und ihrem individuellen Verhalten sein besonderes Interesse in den fünfziger Jahren galt.[72]

Erneut von »Arbeit und Leben« organisiert und veranstaltet waren die Vorträge, die Grossmann während seines Deutschlandaufenthaltes[73] im November/Dezember 1962 u.a. in Aschaffenburg, Bad Gandersheim, Bad Pyrmont, Bad Wildungen, Bremen, Eschwege, Frankfurt/M., Goslar, Hameln und

---

ten von Mschec die Gegenwart. In: Pariser Tageszeitung, 2. Jg., Nr. 376, Mi. 23. Juni 1937, S. 6.

69   Peace and the German problem. In: New Europe, Feb. 1943, New York, S. 9-12; Judicial Evasions of the Peace Treaty 1918-1932. In: South Atlantic Quarterly, Bd. 43 (1944), H. 1, Durham/N.C., S. 81-97; The German Exiles and the "German Problem" (zus. mit Hans Jacob). In: Journal of Central European Affairs, Bd. 4 (1944/45), H. 2, Boulder/Col., S. 165-185.

70   Siehe ausführlich: Refugees: Burden or Asset? In: The Nation, Bd. 155, H. 26, 26. Dez. 1942, New York, S. 708-710; Unrecognized Allies. In: Ebd., Bd. 157, H. 24, 11. Dez. 1943, New York, S. 691-692; Flüchtlinge - wichtiges Kampfpotential. In: Aufbau, 7. Jg., Nr. 15, 11. Apr. 1941, New York, S. 4.

71   Eine einfache deutsche Frau gibt Zeugnis für ihr Volk. In: Sonntagsblatt New Yorker Staatszeitung und Herold, 99. Jg., Nr. 3, So. 19. Jan. 1947, S. 5; Emigranten in Deutschland [Leserbrief]. In: Aufbau, 14. Jg., Nr. 34, 20. Aug. 1948, New York, S. 19; Begegnung in Deutschland [Leserbrief]. In: Ebd., Nr. 37, 10. Sep. 1948, S. 23; Germany Revisited. In: Congress Weekly, 15. Jg., Nr. 24, 17. Sep. 1948, New York, S. 6-8; What about German "Democracy"? In: Ebd., 16. Jg., Nr. 25, 10. Okt. 1949, S. 7-10.

72   Jüdische Studiengruppe berichtet. "Antisemitismus für viele Jahre nicht zu befürchten". In: Frankfurter Rundschau, 10. Jg., Nr. 169, Sa./So. 24./25. Juli 1954, S. 6; Antimilitarismus in Deutschland. In: Aufbau, 22. Jg., Nr. 39, 28. Sep. 1956, New York, S. 1, 4; Wallfahrt deutscher Jugend nach Bergen Belsen. In: Ebd., 23. Jg., Nr. 13, 29. März 1957, S. 1, 7; Um das "Ansehen des neuen Deutschland". Ein Urteil des Bundesverfassungsgerichts im Streit Lueths gegen Harlan. In: Ebd., 24. Jg., Nr. 7, 14. Feb. 1958, S. 5-6; Anti-Jewish Trends in Germany. In: Congress Weekly, 25. Jg., Nr. 12, 21. Juli 1958, New York, S. 5-7; Light and Shadows in Germany. In: Congress Bi-Weekly, 26. Jg., Nr. 15, 19. Okt. 1959, S. 7-9.

73   Siehe die beiden Berichte über diese Reise vom Herbst 1962: Die "häßlichen Amerikaner" und wir. Das deutsch-amerikanische Verhältnis muß ehrlicher werden. In: Vorwärts, Nr. 2, 9. Jan. 1963, Bonn, S. 4; Amerika hat eigene Sorgen. Randnotizen einer Vortragsreise durch die Bundesrepublik. In: Telegraf, 18. Jg., Nr. 48, Di. 26. Feb. 1963, Berlin, S. 10.

Kassel hielt.[74] Eines der Vortragsthemen war »Das politische Verhältnis zwischen Deutschland und den USA«;[75] das Vortragshonorar betrug 100,- DM zuzüglich der Tagesspesen. Den Erster Klasse-Flug nach Deutschland einschließlich der gewünschten Reisestationen Köln-Frankfurt/M.-München-Hamburg-Berlin-Frankfurt/M. und Zürich (für einige Urlaubstage) trug erneut das Bundespresseamt, das darüber hinaus für zwei Wochen ein Tagesgeld von 60,- DM gewährte.[76] Außerdem sprach Grossmann am 20. Dezember 1962 im Jüdischen Gemeindehaus in Berlin auf Einladung der Leo-Baeck-Traditionsloge des B'nai B'rith[77] über das von der Loge gewünschte Thema »Wahrer und falscher Patriotismus«.[78] In einem Brief an Norbert Wollheim Ende Dezember 1962 berichtete er über die Eindrücke seiner gerade beendeten Vortragsreise und den dabei gewonnenen Erfahrungen. Die Auftritte vor jüdischen Gruppen in Berlin und Bremen bezeichnete er als *„sehr erfreulich".* In Frankfurt/M. hingegen sei er *„auf eine Gruppe 'klassenbewußter jordims'* [[79]; L.M.], *die nicht sehr erfreulich waren",* gestoßen.[80] Den Presseberichten über seine Auftritte und Vorträge habe er entnehmen können, *„daß ich den richtigen Ton gefunden habe, 'meinen lieben Daitschen'*[sic] *einige Wahrheiten zu sagen."*[81] Auch vor den Mitgliedern des »New World Club«, dem institutionellen Eigentümer der Wochenzeitung »Aufbau«, referierte Grossmann regelmäßig über seine Reisen. Vor einem Vortrag im Frühjahr 1953 schrieb ihm Manfred George bezugnehmend auf den Einladungstext: *„Zum 'Sonderberichterstatter' hatten wir Dich ernannt, weil es schön klingt und eine Ehrung ist, die niemand etwas kostet."*[82]

---

74 LBI, Box 22; Brief des Bundesgeschäftsführers, Roland Petri, vom 15. Nov. 1962.

75 Siehe die Vortragsberichte in der Westdeutschen Allgemeinen Zeitung u. den Ruhr-Nachrichten vom 6. Dez., der Westfalenpost u. der Siegener Zeitung vom 10. Dez., der Goslarschen Zeitung vom 14. Dez., der Braunschweiger Presse vom 15. Dez., den Pyrmonter Nachrichten vom 17. Dez., der Hannoverschen Presse vom 20. Dez. 1962,.

76 LBI, Box 22; siehe den Brief des Pressereferenten des Ständigen Beobachters der Bundesrepublik Deutschland bei den Vereinten Nationen, Dr. Edgar Gerwin, vom 25. Okt. 1962.

77 Zur Entstehung und den karitativen Tätigkeiten dieser jüdischen Organisation, die als Männerbund entstand, siehe die Monographie von Edward Grusd.

78 LBI, Box 22; Brief des Logenpräsidenten Wilhelm Gryzb vom 16. Nov. 1962.

79 Jiddisch für "Verarmte"; diese einzige nachweisbare Verwendung eines jiddischen Ausdrucks läßt zum einen auf eine gewisse Distanz zum Ostjudentum und zum anderen auf eine hier bewußt negative Begriffsverwendung schließen.

80 Siehe auch die - auf eine vorherige Anfrage von Grossmanns - schroffe Ablehnung eines weiteren Vortragsabends im Frühjahr 1964 durch den Geschäftsführer der Jüdischen Gemeinde Frankfurt/M. vom 22. Apr. 1964.

81 LBI, Box 22; Brief an Norbert Wollheim am 25. Dez. 1962.

82 LBI, Box 5; Brief von Manfred George vom 10. Apr. 1953.

In einem Bericht an Nahum Goldmann beklagte sich Grossmann im Sommer 1964: *„Während meiner wiederholten Tätigkeit in Deutschland, das Interesse der Öffentlichkeit für die Wiedergutmachungsfrage zu erwecken, hatte ich noch nie eine so ungünstige Situation in der Bundesrepublik vorgefunden wie das letzte Mal. Auf der einen Seite nicht nur Wiedergutmachungsmüdigkeit, sondern Wiedergutmachungswiderstand, falsche historische und rechtliche Konzeptionen, entwickelt von Féaux, und darüber hinaus eine Stimmung der Verzweifelung bei unseren Freunden; wir seien am Ende des Weges angelangt, und Uneinigkeit im eigenen Lager, Opposition unserer Düsseldorfer 'Freunde'."*[83] In diesen Ausführungen werden die wichtigsten Opponenten von Grossmanns Tätigkeit genannt: zum einen der auf Regierungsseite für die Wiedergutmachung zuständige Ministerialdirektor im Bundesfinanzministerium Ernst Féaux de la Croix,[84] ein ehemaliger Nazi-Jurist,[85] der noch in den achtziger Jahren in fast euphemistischer Weise die Täter-Opfer-Rolle verzerrte und dessen mit antisemitischem Vokabular angefüllte "Darstellung" der Geschichte des Bundesentschädigungswerkes offiziell vom Bundesfinanzminister herausgegeben wurde.[86] Mit den Düsseldorfer "Freunden" hingegen war der »Zentralrat der Juden in Deutschland«, vor allem sein Generalsekretär Hendrik G. van Dam[87] gemeint. So hieß es bereits vierzehn Tage zuvor in einem Schreiben an Nahum Goldmann: *„Dr. H.G. van Dam: Seine Stellung zu einer Public-relation-Arbeit, wie ich Sie ausübe, ist Ihnen ja bekannt. Er sagte, ich hätte die Arbeit sehr gut gemacht, aber er wende sich gegen die Methode, sozusagen ohne seine Genehmigung diese Arbeit in Deutschland zu tun. (Frau van Dum [sic!] bekam darob am letzten Abend einen hysterischen Anfall. 'Wenn Sie in Deutschland sind, steht jeden Tag etwas über Wiedergutmachung in der Zeitung und die Leute sprechen darüber...)"*.[88] In diesen Ausführungen wird nicht nur ein unterschiedliches Verständnis von Öffentlichkeitsarbeit deutlich, sondern auch diametral gegenüberstehende Ansichten zum öffentlichen Auftreten von Juden im Nachkriegsdeutschland, wo für viele Überlebende statt der einstmals angestrebten deutsch-jüdische Symbiose,[89] augenscheinlich eher eine

---

83   HIA, Box 9; Brief an Nahum Goldmann am 29. Juni 1964, S. 1.

84   Siehe auch den Spiegel-Bericht: Sehnsucht nach Globke, S. 35 und Grossmanns Leserbrief zu diesem Artikel; Grossmann, Ehrenschuld, S. 8 f.

85   Siehe auch Pross, Kleinkrieg, S. 46 f.

86   Féaux de la Croix/Rumpf. Siehe auch Pross, Kleinkrieg, S. 44 ff.

87   Dam, Hendrik George van; geb. 1906 in Berlin, gest. 1973 in Düsseldorf, Jurist, Promotion 1934 in der Schweiz; 1950-1973 Generalsekretär des Zentralrates der Juden in Deutschland, den er maßgeblich als Interessenvertretung der Gemeinden aufbaute; Presser, S. 99.

88   HIA, Box 9; Brief an Nahum Goldmann am 18. Juni 1964, S. 2; Hervorhebung im Original.

89   Benz, Emanzipation, S. 8 ff.; Schoeps, Emanzipation, S. 97 ff.; Schoeps, Tragik, S. 15 ff.

deutsch-jüdische Psychose[90] entstanden war. Während die in der Bundes-republik lebenden jüdischen Bürger eher eine unauffällige, im Hintergrund bleibende, keine aufsehenerregende Haltung bevorzugten,[91] war es für die aus dem Ausland kommenden Juden wichtig, Aufsehen zu erregen, um ihre Ziele zu transportieren und zu verwirklichen. Dieser Zwiespalt und die unterschied-lichen Erfahrungen im Nachkriegsdeutschland, wobei es einen Unterschied machte, ob man nur kurz bei einem mehrwöchigen Aufenthalt mit einigen hö-herrangigen Beamten und Politikern allgemeine Fragen und Probleme disku-tierte, oder im Alltagsleben[92] gegen die vielen kleinen in der Bürokratie ver-bliebenen oder wiederaufgenommenen Nazis[93] seine individuelle Wiedergut-machung erkämpfen mußte, verstärkten die gegenseitige Antipathie zwischen Grossmann und Hendrik van Dam. Aber auch dessen Überzeugung, mit dem Wiederaufbau eines organisierten Gemeindelebens habe in der Bundesrepublik Deutschland ein Prozeß der Normalisierung im deutsch-jüdischen Verhältnis begonnen,[94] wurde von Grossmann nicht geteilt. Noch Ende der sechziger Jah-re kritisierte er in einem vertraulichen Brief an Ludwig Wronkow, den Karika-turisten des »Aufbau«, den er schon aus dessen Berliner Zeit beim Mosse-Ver-lag kannte, nachdrücklich diese, für ihn allzu rasche Normalisierung: *„Warum gibt es Juden aus Deutschland, die noch heute 'teutsch'*[sic;L.M.] *sind, mit Orden und Ehrenzeichen, aber wenig Verständnis für das jüdische Schicksal, das Schicksal ihres Volkes haben?"*[95] Grossmann verkannte, im Gegensatz zur brillanten Analyse von Alexander und Margarete Mitscherlich, daß die restau-rative bundesdeutsche Nachkriegsgesellschaft ihre *„Vergangenheit besser im Ritterkreuzträger als im deutschen Emigranten"* wiedererkennen wollte.[96]

Die Breitenwirkung von Grossmanns unermüdlichen Aktivitäten zeigte sich besonders deutlich bei der politischen Diskussion um das sogenannte Wieder-gutmachungs-Schlußgesetz im Januar 1963.[97] Zahlreiche Berichte und Kurz-meldungen, die zustimmendes Verständnis für die Forderung Grossmanns nach einem Bundesentschädigungs-Schlußgesetz zugunsten der Verfolgten des NS-

---

90   So Hendrik van Dam, Symbiose, S. 4.

91   Siehe auch Schoeps, Last, S. 41 ff.; Schoeps, Tragik, S. 15 ff.

92   Siehe auch Koszyk, S. 121 f., wonach die Meinung der Exilierten in der bundesdeutschen Nachkriegsgesellschaft nicht gefragt war.

93   Siehe dazu auch Bleek, S. 67 f.

94   Dam, Symbiose, S. 3. Siehe auch Schoeps, Last, S. 41 ff.; Schoeps, Umgang, S. 15 ff.

95   Brief an Ludwig Wronkow am 3. Feb. 1969; Wiederabgedruckt in: Wronkow, S. 118 f.

96   Mitscherlich/Mitscherlich, S. 68.

97   Rauhreif auf dem Schlussgesetz. Noch keine Aeusserung des neuen Finanzministers. In: Aufbau, 29. Jg., Nr. 3, 18. Jan. 1963, New York, S. 31-32; Eine offiziöse Stimme zum Schlussgesetz. In: Ebd., Nr. 8, 22. Feb. 1963, S. 31-32.

Regimes erkennen ließen, erschienen außer in den überregionalen Blättern[98] sogar in der Provinzpresse[99] der Bundesrepublik. Vorausgegangen war ein Vortrag von Kurt Grossmann an der Freiburger Universität. Auf Einladung der Deutsch-Israelischen Studiengruppe und der Christlich-Jüdischen Arbeitsgemeinschaft hatte er dort am 8. Januar 1963 zum »Stand der Wiedergutmachung« referiert.[100]

Kennzeichnend für die schleppende Bearbeitung der vorliegenden Schadensansprüche war die Behandlung der Akte von Kurt Grossmann. Im Juli 1951 war der Antrag auf Wiedergutmachung von Grossmann beim »United Restitution Office« (URO) in New York gestellt und im September 1951 beim zuständigen Entschädigungsamt Berlin als Eingang registriert worden. Im Juli 1952 war die Akte noch immer im "Bearbeitungsvorgang".[101] Die von Grossmann immer wieder angemahnte raschere Bearbeitung[102] der Entschädigungsfälle war notwendig, damit die Restitutionsleistungen die Opfer überhaupt noch erreichten.[103] Vor allem, da mit wachsendem zeitlichen Abstand in den späten fünfziger und sechziger Jahren[104] eine "Wiedergutmachungsmüdigkeit" einsetzte, eine *„Nacht des Vergessens"*,[105] wie Kurt Grossmann es nannte, in der

---

98 Siehe die Meldungen am 10. Jan. 1963: Grossmann über die Wiedergutmachung. In: Stuttgarter Zeitung; Wiedergutmachung lückenhaft. In: Die Welt, Hamburg; 4,5 Milliarden als Basis für Wiedergutmachung gefordert. In: Süddeutsche Zeitung, München.

99 Siehe die Meldungen am 10. Jan. 1963: Ehrenschuld des deutschen Volkes. In: Freiburger Rundschau; Für Wiedergutmachungs-Schlußgesetz. In: Badische Zeitung, Freiburg i.B.; Großmann fordert Schlußgesetz. In: Mannheimer Morgen.

100 Siehe die Ankündigung im Freiburger Veranstaltungskalender. In: Badische Zeitung, Nr. 6, Di. 8. Jan. 1963, Freiburg i.B., S. 10.

101 HIA, Box 4; siehe die Kopie des Briefes der URO Berlin an das Entschädigungsamt Berlin vom 8. Juli 1952.

102 Bilanz einer Deutschlandreise besonderer Art II. Über 800.000 Wiedergutmachungs-Fälle warten noch auf die Erledigung. In: Süddeutsche Zeitung, 12. Jg., Nr. 91, Mo. 16. Apr. 1956, München, S. 5; Der moralische Puls schlägt schwächer. Bei der Wiedergutmachung sind die bürokratischen Hürden verschieden hoch. In: Telegraf, 11. Jg., Nr. 104, Fr. 4. Mai 1956, Berlin, S. 11.

103 Sie sterben, ehe die Entschädigung sie erreicht. Die Wiedergutmachung schreitet zu langsam voran. In: Süddeutsche Zeitung, 10. Jg., Nr. 162, Sa./So. 17./18. Juli 1954, München, S. 4.

104 Der lange Weg des Rechtes. Lücken des Bundesentschädigungs-Gesetzes. In: Frankfurter Rundschau, 10. Jg., Nr. 186, Fr. 13. Aug. 1954, S. 6; Bilanz einer Deutschlandreise besonderer Art. Wiedergutmachung im Gestrüpp der Paragraphen. Es fehlt oft an Verständnis. In: Süddeutsche Zeitung, 12. Jg., Nr. 90, Sa./So. 14./15. Apr. 1956, München, S. 5; Wie steht es mit der Wiedergutmachung? Gelöste und ungelöste Probleme. In: Rheinischer Merkur, 16. Jg., Nr. 13, 24. März 1961, Köln, S. 11.

105 Die Nacht des Vergessens lauert. In der Wiedergutmachung haben Recht und Moral noch

viele Opfer mit ihren psycho-sozialen und materiellen Problemen allein blieben.[106]

Im Herbst 1967 war Grossmann wieder für mehrere Wochen in Deutschland und in der Woche vom 24. bis 30. November 1967 auch in West-Berlin. In dieser Zeit hielt er in seiner alten Heimatstadt mehrere Vorträge, u.a. vor Beamten des Innensenats und mehreren Abiturientenklassen in Berlin-Neukölln. Die Vorträge vor jungen Beamten des Berliner Senats hatten eine gewisse Tradition und waren im Jahre 1959 auf Anregung des damaligen Berliner Innensenators Joachim Lipschitz initiiert worden.[107] Außerdem sprach Kurt Grossmann auf Vorschlag seines alten Freundes Ministerialrat a.D. Curt Radlauer am 27. November 1967 vor der Berliner Sektion der »Deutschen Liga für Menschenrechte« über das Thema »Die Polizei im demokratischen Staat«. Radlauer hatte diese heikle Problematik unter dem Arbeitstitel »Schutz der Meinungsfreiheit auch durch die Polizei in den USA« angeregt und dabei besonders die tagespolitische Relevanz von Demonstrations- und Meinungsfreiheit, speziell im unruhigen West-Berlin des Jahres 1967, und des reaktionären Verhaltens bei Teilen der Berliner Polizei als Hintergrund gesehen.[108]

Im Jahre 1970 hielt sich Grossmann zweimal für mehrere Wochen in Europa auf, wobei er jedes Mal aufgrund offizieller Einladungen in die Bundesrepublik kam, um danach noch einige Tage privat in der Schweiz zu verbringen. Das erste Mal war er auf Einladung von »Inter Nationes« vom 15. bis 21. September 1970 in Bonn. Während dieser Besuchswoche traf er unter anderem den damaligen Bundeskanzler Willy Brandt, Bundesarbeitsminister Walter Arendt[109] und den langjährigen Vorsitzenden des Wiedergutmachungsausschusses im Deutschen Bundestag, den SPD-Politiker Martin Hirsch.[110] Außer-

nicht gesiegt. In: Telegraf am Sonntag, 11. Jg., Nr. 101, So. 29. Apr. 1956, Berlin, S. 44.

106 Siehe auch: Vergessene Helden aus dunkler Zeit. Das Bundesentschädigungsgesetz und das Gewissen. In: Rheinischer Merkur, 17. Jg., Nr. 28, 13. Juli 1962, Köln, S. 11; Zweimal die Existenz verloren. Verfolgte warten auf Entschädigungsschlußgesetz. In: Ebd., Nr. 45, 9. Nov. 1962, S. 13.

107 HIA, Box 7; Brief an den Berliner Innensenator Wolfgang Büsch vom 11. Sep. 1967.

108 HIA, Box 10; Brief von Herrn Katzner vom 9. Okt. 1967; HIA, Box 12, Brief von Curt Radlauer vom 11. Okt. 1967.

109 Arendt, Walter; geb. 1925 in Heessen/Westf., Gewerkschafter, 1946 in SPD, langjährige Tätigkeit in der IG Bergbau und Energie, 1964-69 Gewerkschaftsvorsitzender, 1969-76 Bundesarbeitsminister; Krause, S. 20 f.

110 Hirsch, Martin; geb. 1913 Breslau; Rechtsanwalt u. Politiker, seit 1945 in SPD, 1954-61 MdL in Bayern, 1961-71 MdB, ab 1971 Bundesverfassungsrichter.

dem kam es in Düsseldorf zu einer Zusammenkunft mit Dr. Hendrik van Dam, dem Generalsekretär des Zentralrates der Juden in Deutschland.[111]

Das zweite Mal war Grossmann vom 14. bis 20. Dezember 1970 in Berlin. Hierbei handelte es sich um die Teilnahme am offiziellen »Besuch ehemaliger Berliner Mitbürger, die sich auf Einladung des Regierenden Bürgermeisters von Berlin« eine Woche im Westteil der geteilten Metropole aufhielten.[112] Neben einem Empfang der Eingeladenen durch den Regierenden Bürgermeister Klaus Schütz war der Höhepunkt dieser Besuchsreise eine Feierstunde am 20. Dezember 1970 im Jüdischen Gemeindehaus. Anläßlich des 25. Jahrestages der Wiederbegründung der Jüdischen Gemeinde zu Berlin nach dem Zusammenbruch des nationalsozialistischen Gewaltregimes wurde während eines Festaktes die von Prof. Herbert A. Strauss und Kurt R. Grossmann herausgegebene Festschrift »Gegenwart im Rückblick. Festgabe für die Jüdische Gemeinde zu Berlin, 25 Jahre nach dem Neubeginn«[113] der Gemeinde überreicht.

Im Dezember 1969 wandte sich das »Berlin Festschrift Committee« mit den beiden künftigen Herausgebern Prof. Herbert A. Strauss und Grossmann an der Spitze an potentielle Beiträger für den geplanten Sammelband zum 25. Jahrestag der Neugründung der Jüdischen Gemeinde zu Berlin (West).[114] Dem für die Zusammenstellung der Festschrift zuständigen »Editorial Committee« gehörten außerdem noch Ernst Ludwig Ehrlich[115] (Basel) und die ebenfalls in New York lebenden Hans Erich Fabian, Adolf Leschnitzer[116] und Hanns G.

---

111 HIA, Box 3; siehe das vom »Inter Nationes, Besucherdienst« erstellte »Programm für den Besuch in Bonn vom 15.-21.9.70 von Herrn Kurt Grossmann, USA«.

112 Ebd.; siehe »Programm für den Besuch ehemaliger Berliner Mitbürger, die sich auf Einladung des Regierenden Bürgermeisters von Berlin in der Zeit vom 14. bis 20. Dezember 1970 in Berlin aufhalten«.

113 Heidelberg 1970; L. Stiehm Vlg, 374 S.

114 Zur Teilung der Berliner Gemeinde im Jahre 1953 in zwei Gemeinden im West- und Ostteil der früheren Reichshauptstadt siehe Mertens, Minorität, S. 126 ff.

115 Ehrlich, Dr. phil. Ernst Ludwig; geb. 1921 Berlin; Verbandsfunktionär, 1940-42 Studium an der Hochschule für die Wissenschaft des Judentums in Berlin, 1942-43 Zwangsarbeit, 1943 illegale Emigration in die Schweiz, 1958-61 Generalsekretär der »Christlich-Jüdischen Arbeitsgemeinschaft« in der Schweiz, ab 1961 Europa-Dir. von B'nai B'rith; Biogr. Hdb., Bd. I, S. 146 f.

116 Leschnitzer, Dr. phil. Adolf; geb. 1899 Posen; Hochschullehrer u. Verbandsfunktionär, 1925-33 Gymnasiallehrer in Berlin, 1933-39 Ltr. der Schulabteilung der »Reichsvertretung«, 1939 Emigration nach Großbritannien u. 1940 in die USA, 1940-52 Ltr. einer privaten Sprachschule für Immigranten, 1946-61 Prof. City College New York, 1956 Mitgründer des LBI; Biogr. Hdb., Bd. I, S. 434.

Reissner[117] an.[118] In dem ursprünglich nur von Fabian, Grossmann, Reissner und Strauss unterzeichneten Aufruf eines »Initiativkomitees« sind die Beweggründe für das Engagement aufgeführt. Zum 25. Jahrestag der Wiederbegründung der Jüdischen Gemeinde zu Berlin wollten die überlebenden Mitglieder der früheren Jüdischen Gemeinde, die durch die Verfolgungen der NS-Zeit über die ganze Welt zerstreut lebten, *„ihrer Verbundenheit mit der Tradition durch ein würdiges Symbol"* Ausdruck verleihen.[119] Die dafür vom »Initiativkomitee« vorgeschlagene Veröffentlichung einer Festschrift sollte durch ein Redaktionskomitee aus *„maßgeblichen ehemaligen Berlinern"* vorbereitet werden und die Beiträge sollten die Rolle Berlins und der Jüdischen Gemeinde in Vergangenheit und Gegenwart behandeln. Die Überreichung der Festschrift anläßlich der Feier des 25. Jahrestages der Gemeindeneugründung war geplant *„als dokumentarisches Zeichen der über Zeit und Raum hinauswirkenden Rolle Berlins und seiner Jüdischen Gemeinde in der Welt."*[120] Das stolze Ergebnis dieser Bemühungen war schließlich der von Prof. Dr. Herbert A. Strauss und Kurt Grossmann herausgegebene Sammelband.

---

117 Reissner, Dr. phil. Hanns; geb. 1902 Berlin, gest. 1977 Philadelphia; Schriftsteller u. Hochschullehrer, 1926-29 Bankangestellter, 1933-38 Privatsekretär, 1939 Emigration nach Indien, 1948 in die USA, 1966-75 Prof. Queens College New York; Biogr. Hdb., Bd. II, S. 959.

118 DLAM, Slg. Pinthus; siehe Briefkopf des Rundschreibens vom Dezember 1969.

119 Ebd.; Text der Verlautbarung des »Initiativkomitee für eine Festschrift zum 25. Jahrestag der Jüdischen Gemeinde zu Berlin«; undatiert (Herbst 1969).

120 Ebd.

10. Die Diskussion um den Verbleib der Juden in Deutschland

Als wichtigste Gründe für eine Rückkehr von Juden nach Deutschland listet der in Kanada lebende Rabbiner Gunther Plaut,[1] der selbst in den dreißiger Jahren aus Deutschland emigriert ist, folgende Motive auf:[2]

- Ungewohnte klimatische Bedingungen in Israel;
- Sich unwohl fühlen in einem noch immer pionierhaften Staat (Israel);
- Schwierigkeiten, eine adäquate berufliche Stellung zu finden;
- Die trotz der Shoa enge Verbundenheit mit deutscher Sprache und Kultur.

Da besonders die beiden letztgenannten Punkte bei Grossmann sehr stark ausgeprägt waren (erinnert sei u.a. an die im »Personal History Statement« festgehaltenen Eingewöhnungsprobleme), schuf die emotionale Verbundenheit mit der deutschen Kultur eine lebenslange Verbindung zu Deutschland,[3] die sich auch in einer wesentlich größeren Zahl von Veröffentlichungen in Deutsch als in Englisch bemerkbar machte. Wie Brigitte Seebacher-Brandt konstatiert, wäre Prag infolge seiner deutschen Atmosphäre und der jahrhundertelangen engen kulturellen Verbundenheit mit dem deutschsprachigen Kulturraum für die deutschen Flüchtlinge emotional kein richtiges Exil[4] gewesen und so hatten sich auch die meisten SPD-Parteiführer behaglich in der "Goldenen Stadt" eingerichtet.[5] Erst später, in anderen Zufluchtsstaaten, mit Fehlen der deutschen Umgangssprachmöglichkeiten, ohne die vertraute kulturelle Integration,[6] wäre für diese Emigranten erst das Exil bewußt eingetreten. Vor allem auf Grossmann selbst traf daher die Frage zu, die er in einem Rundbrief an die

---

1   Plaut, Dr. iur. W. Gunther; geb. 1912 Münster; 1930-33 Jurastudium, 1933 Beginn des Referendariats, daraus aber entlassen, 1934 Promotion, 1935 Emigration in die USA, mit Stipendium Theologiestudium am Hebrew Union College Cincinnati, 1939 Rabbinerexamen, 1943-46 Militärrabbi der US-Armee, 1961-78 Rabbiner in Toronto; Biogr. Hdb., Bd. I, S. 564.

2   Plaut, S. 306 f.

3   Siehe auch Stephan, Heimat, S. 165 ff.

4   Hyrslová, S. 33; Lacina, S. 250; Vgl. auch Kühn, Widerstand, S. 137.

5   Siehe Seebacher-Brandt, S. 90 f. u. S. 165. Siehe auch Grossmann, Emigration, S. 48 zu den geselligen Zusammenkünften in der Emigrantenszene.

6   Siehe dazu auch Reinfrank, S. 147 ff.

drei befreundeten Schriftsteller[7] Kurt Kersten, Karl O. Paetel und Kurt Pinthus aufwarf: *„Warum beschäftigen sie sich immer noch mit Deutschland?"*[8] Die von Grossmann als Mutmaßungen angeführten Gründe scheinen auch seine eigenen persönlichen Motive wiederzugeben: *„Hat dies mit der Sprache zu tun?"*[9] Befindet man sich in einer *„inneren Emigration"* oder sind materielle Gründe ausschlaggebend? Oder lebt man lediglich *„physisch in den Vereinigten Staaten, aber nicht geistig?"*[10] In einem Lebensrückblick, ein Jahr vor seinem Tod, beklagte Grossmann, daß die in den Vereinigten Staaten lebenden Juden aus Deutschland weder Sinn für ihre eigene geschichtliche Perspektive hätten, noch irgendwelche Konsequenzen aus der Geschichte ihres eigenen Volkes zögen. *„Die Juden aus Deutschland aber haben, um es gerade heraus zu formulieren, nach der Katastrophe a) sich hauptsächlich für die Wiedergutmachung interessiert und b) für eine sentimentale Geschichtsschreibung der Jahre vor Hitler."*[11] Dieses so harsche wie pointierte Urteil scheint aus einer Altersresignation über das Desinteresse der anderen Emigranten erwachsen zu sein, denen Kurt Grossmann, auch in den späten New Yorker Jahren, immer in einer Außenseiterposition gegenüberstand[12] - auch wenn ihm diese Rolle manchmal gut gefiel. In seinem Brief an Norbert Goldenberg, den Präsidenten des New Yorker »New World Clubs«, einem Zusammenschluß der deutschsprachigen Emigranten, dessen offizielles Organ der »Aufbau« war, beklagte er die einengende Zentriertheit des Selbstverständnisses auf die Shoa. Zugleich aber betonte auch Grossmann, daß eine deutsch-jüdische Versöhnung, für die er so nachdrücklich eintrat, nur dann möglich sei, *„ wenn die moralischen, die legalen und materiellen Probleme respektiert und gelöst werden. "*[13]

Darüber hinaus war Kurt Grossmann, um auf die Kategorien von Rabbiner Plaut zurückzukommen, kein Zionist. Seine wenigen Berichte über Israel haben hingegen fast sentimentale Züge, da sehr häufig die deutschen Wurzeln des Jüdischen Staates betont werden, sei es beim Siedlungsbau[14] oder bei der Präsentation eines neuen großen israelischen Schiffes, dessen Kapitän - wie

---

7   Siehe Mertz, S. 215 ff. für das gesamtgesellschaftliche Klima der frühen fünfziger Jahre gegenüber linksliberalen Emigranten.

8   DLAM, Slg. Pinthus; Rundbrief an Kersten, Paetel und Pinthus am 9. Feb. 1962.

9   Siehe Maimann, S. 32 f., die den Verlust der Muttersprache als *„Kulturschock"* bezeichnet.

10   DLAM, Slg. Pinthus; Rundbrief an Kurt Kersten, Karl O. Paetel und Kurt Pinthus am 9. Feb. 1962. Siehe Luckmann, S. 232, die von *„Loyalität gegenüber dem Gastland"* spricht.

11   HIA, Box 9; Brief an Norbert Goldenberg am 19. Apr. 1971, S. 1.

12   Diese Einschätzung wurde von Prof. Herbert A. Strauss und Henry Marx bestätigt.

13   HIA, Box 9; Brief an Norbert Goldenberg am 19. Apr. 1971, S. 2.

14   Mittelstandssiedlungen in Israel. Das Werk deutscher Juden. In: Aufbau, 22. Jg., Nr. 4, 27. Jan. 1956, New York, S. 8.

Kurt Grossmann - aus Berlin stammte.[15] Aber auch in den Artikeln über die deutsch-israelische Aussöhnung kommt eine prodeutsche Komponente deutlich zum Tragen, wenn etwa individuelle Hilfen von Deutschen für Nazi-Opfer[16] oder die Erfahrungen des Chefredakteurs der Hamburger »Die Welt«, Rudolf Küstermeier, in Israel[17] herausgehoben geschildert werden. Auf Grossmann traf daher in besonderer Weise der Ausspruch des Essayisten Alfred Polgar zu: *„Die Fremde ist nicht Heimat geworden. Aber die Heimat Fremde."*[18]

Ungeachtet seines starken Eintretens für das demokratische Nachkriegsdeutschland und die jüdischen Restitutionsbelange verschloß Kurt Grossmann manchmal die Augen vor der Realität. Gemäß dem Grundsatz "es kann nicht sein, was nicht sein darf" schrieb er im März 1957 einen mehrseitigen, ungedruckt gebliebenen Leserbrief an den Herausgeber der »New York Times«.[19] Darin beschwerte er sich über einen kurz zuvor, Ende Februar 1957, in der Zeitung erschienenen Bericht zur Situation der Juden in der Bundesrepublik Deutschland.[20] Grossmann empörte sich, daß der Korrespondent ein Ansteigen der jüdischen Bevölkerung[21] konstatierte und eine fast enthusiastische Stimmung in der Bevölkerung über diese Rückkehr[22] der Juden erkannt haben wollte. Diese sehr optimistische Sichtweise der Bundesbürger war sicherlich einer klaren Fehleinschätzung des New Yorker Journalisten geschuldet und gab infolge einiger weniger, selektiver Gesprächspartner nur ein bedingt zutreffendes Bild der gesamten Bevölkerungsmeinung wider; so hatte beispielsweise Karl Marx, der Chefredakteur der »Allgemeinen Wochenzeitung der Juden in Deutschland«, die Interviewfragen sehr optimistisch beantwortet. Doch das Faktum ansteigender Gemeindegrößen und die Tendenz zahlreicher Juden[23]

---

15   Besuch auf der "Israel". Der Kapitän ein Berliner. In: Aufbau, 21. Jg., Nr. 45, 11. Nov. 1955, New York, S. 11.

16   Ein Deutscher ehrt die Bergen-Belsen Opfer in Israel. In: Aufbau, 21. Jg., Nr. 19, 13. Mai 1955, New York, S. 3.

17   Ein deutscher Journalist in Israel. Interview mit Rudi Kuestermeier. In: Aufbau, 17. Jg., Nr. 9, 2. März 1951, New York, S. 5.

18   Polgar, S. 110.

19   LBI, Box 7; Brief an den Editor der New York Times am 3. März 1957.

20   Olsen, Arthur J.: Re-Entry of Jews rises in Germany. Population Today is Placed at 45,000. Warm Welcome is accorded to Them. In: New York Times, 106. Jg., Nr. 36195, Do. 28. Feb. 1957, S. 7.

21   Allein die Zahl der registrierten Gemeindemitglieder stieg von 17.427 (1952) auf 23.070 (1959) an; Maor, Anhang IV, S. 236.

22   Siehe auch: Jews go to Germany. Sixty a Month Are Returning, Many From Israel. In: New York Times, 106. Jg., Nr. 36124, Mi. 19. Dez. 1956, S. 11.

23   Siehe auch Richarz, S. 22; Wolffsohn, Schuld, S. 149.

nach Deutschland zurückzukehren, konnten auch von Kurt Grossmann nicht wegdiskutiert werden; insbesondere da es auch in seinem Freundeskreis zahlreiche Rückkehrer gab.[24] Angesichts der Rückkehr mancher alter Weggefährten nach Deutschland, wie etwa von Paul Walter Jacob,[25] hatte Grossmann[26] bereits im April 1950 diesen Schritt für sich selbst ausgeschlossen: *„Deutschland müßte politisch anders geartet sein, wenn ich jemals eine Rückkehr in Erwägung ziehen würde."*[27] Geradezu grotesk und ein deutliches Zeugnis seiner mangelhaften Wahrnehmung der Jüdischen Gemeinden in der Bundesrepublik Deutschland als eigenständige Institutionen[28] war in dem Leserbrief die Behauptung, die Nennung des Durchschnittsalters mit 46 Jahren sei mißverständlich. Seiner Meinung waren die Jüdischen Gemeinden so klein, daß bereits ein bis zwei neugeborene Babys eine starke Reduktion des Durchschnittsalters bewirken würden![29] Wie dies bei der von Grossmann selbst angeführten Gesamtzahl von 16.892 Juden in der Bundesrepublik Deutschland möglich sein sollte, blieb jedoch sein (mathematisches) Geheimnis.

Eher verständlich wird diese eigenartige Sichtweise der Entwicklung des deutschen Judentums durch Grossmanns Verständnis, daß Deutschland kein Immigrationsland sei, speziell nicht für Juden.[30] Dieser Gedanke wurde ein Jahr zuvor, im September 1956, auch in einem Artikel in der »Allgemeinen Wochenzeitung der Juden« vertreten.[31] Der Verfasser, Hendrik van Dam, der

---

24   Siehe die öffentliche Ankündigung ihrer Rückkehr durch Jola und Erna Lang; abgedruckt im Innenumschlag von Lehrstücke in Solidarität.

25   Jacob, Paul Walter; geb. 1905 Duisburg, gest. 1977 Schwäbisch Hall; Theaterdirektor u. Schriftsteller, 1929-33 Theaterdirektor in Koblenz, Lübeck u. Wuppertal, 1933 Emigration nach Frankreich, 1934 nach Luxemburg, 1936 in die Tschechoslowakei, 1936-38 am Deutschen Theater in Prag tätig, 1938 Emigration nach Argentinien u. 1940-50 Dir. der »Freien Deutschen Bühne«, des einzigen deutschsprachigen Theaters in Südamerika mit festem Sitz, 1950 Rückkehr in die Bundesrepublik, 1950-62 Leiter der Städtischen Bühnen Dortmund; Biogr. Hdb., Bd. II, S. 556 f.

26   Zur Ambivalenz seiner Haltung siehe auch Vogel, S. 26, der das Wirken Grossmanns für die *„neue deutsche Entwicklung"* würdigt.

27   HIA, Box 10; Brief an Walter Jacob am 4. Apr. 1950. Zur damaligen innenpolitischen Situation der Bundesrepublik siehe auch Mertz, S. 210 ff.

28   Siehe auch Berkenhoff, S. 15 u. S. 13.

29   LBI, Box 7; Brief an den Editor der New York Times am 3. März 1957.

30   Zu dieser Auffassung siehe auch: The Germans and the Jews. In: Congress Weekly, 19. Jg., Nr. 22, 11. Aug. 1952, New York, S. 4-6; Rückkehr nach Deutschland? In: Aufbau, 25. Jg., Nr. 2, 9. Jan. 1959, New York, S. 1-2; Die Juden in Deutschland. Sind nach Auschwitz jüdische Gemeinden noch lebensfähig? In: Rheinischer Merkur, 24. Jg., Nr. 5, 31. Jan. 1969, Köln, S. 15. Siehe auch Richarz, S. 14.

31   Dam, Deutschland, S. 2.

Generalsekretär des »Zentralrates der Juden in Deutschland«, betonte allerdings - im Gegensatz zu Grossmann -, daß es begründete Ausnahmen von dieser Regel geben sollte. Seine eigenen, diesbezüglich eher singulären Erfahrungen referierend, war Kurt Grossmann jedoch der festen Überzeugung, daß diese Immigranten Deutschland nur als Transitland zur Weiterwanderung benutzen würden.[32] Diese Meinung scheint von der bei vielen jüdischen Emigranten[33] vorhandenen Haltung geprägt gewesen zu sein, daß Deutschland nach der Shoa kein Boden mehr für jüdisches Leben sei.[34] Die als »Liquidationsgemeinden« nach 1945 wiedergegründeten Kultusgemeinden[35] entwickelten sich jedoch zu neuen Zentren jüdischen Lebens, auch wenn manche Mitglieder in den fünfziger und sechziger Jahren sprichwörtlich "auf gepackten Koffern" saßen,[36] um bei einem Erstarken des Neonazismus[37] jederzeit ausreisen zu können.

Die distanzierte Haltung Grossmanns gegenüber dem Verbleiben von Juden in Deutschland wird auch deutlich in einer Notiz aus dem Jahre 1960 für einen Rundfunkbeitrag über das Leo-Baeck-Institute in New York. Für ihn stellte sich dabei die Frage, ob das *„Leo-Baeck Institut quasi die Geschichtsschreibung eines aus Deutschland ausgewanderten Judentums deswegen übernommen hat, weil eine Rückkehr und eine Neuentstehung eines solchen nicht mehr möglich sei."*[38] Im Gegensatz zu manchen fundamentalistischen internationalen jüdischen Organisationen, die jeden Kontakt mit den in Deutschland noch lebenden Juden strikt ablehnten,[39] blieb Grossmann im ständigen Dialog mit den Vertretern der jüdischen Institutionen und Gemeinden, auch wenn dieser mitunter in einen argumentativen Disput ausartete.

---

32   LBI, Box 7; Brief an den Editor der New York Times am 3. März 1957.

33   Siehe auch die Aussagen von Rabbiner Joachim Prinz in: Jewish Life in Berlin Held to Lack a Future. In: New York Times, 105. Jg., Nr. 35974, So. 22. Juli 1956, S. 3.

34   Siehe auch: "Respekt für Juden in Deutschland". In: Allgemeine Wochenzeitung der Juden in Deutschland, 7. Jg., Nr. 37, 19. Dez. 1952, Düsseldorf, S. 7.

35   Zur Zahl der überlebenden Juden in den vier Besatzungszonen siehe: What happened to the German Jews? A Balance Sheet. In: Kurt R. Grossmann (Hg.): Ten Years. American Federation of Jews from Central Europe, Inc. 1941-1951. New York 1952, S. 41-49; S. 48 f.

36   Richarz, S. 15.

37   Siehe auch Bodemann, S. 58 f.

38   HIA, Box 6; Memo an David Berger am 29. Jan. 1960. Zur deutsch-jüdischen Geschichtsforschung durch das LBI siehe auch den Aufsatz von Christhard Hoffmann.

39   Richarz, S. 14; Bodemann, S. 58 f.

11. Sein individueller Einsatz für die Wiedergutmachung

Während seiner Deutschlandaufenthalte versuchte Kurt Grossmann, möglichst viele Medienvertreter wie Radiojournalisten oder Zeitungsreporter zu kontaktieren, um über diese Multiplikatoren die Sichtweisen, Forderungen, Sorgen und Befürchtungen der »Jewish Agency« sowie der »Claims Conference« im Wiedergutmachungsprozeß entsprechend weit zu verbreiten.[1] Wie er selbst eingestand, fuhr er bei diesen Gesprächen mit Pressevertretern im Frühjahr 1952 *„schweres Geschütz"* auf, um die scheinbar vor dem Scheitern stehenden Wiedergutmachungsverhandlungen zu retten. Gegen seine persönliche Überzeugung argumentierend, vertrat er in den Gesprächen mit den Medienvertretern die Auffassung, ein Scheitern der Verhandlungen könne bedeuten, *„daß die letzten Juden Deutschland verlassen. Die moralische Wirkung für Deutschland in der Welt würde katastrophal sein."*[2] Diese dramatische Beurteilung, die bei allen um eine Aussöhnung redlich bemühten Deutschen Betroffenheit auslösen mußte, war indes nur die offiziell-institutionelle Meinung Kurt Grossmanns, die auch eher dem Wunschdenken mancher Verbandsoffizieller in den USA entsprach.[3] Seine persönliche Überzeugung hatte er bereits im Sommer 1950 in einem privaten Brief dargelegt: *„Was die Frage der Aussöhnung mit dem Weltjudentum anbelangt, so glaube ich, man sollte der Auffassung von Dr. Alfred Wiener zustimmen, nämlich, mit den anständigen Deutschen, ob sie viele oder wenige sind, ob sie die Majorität oder Minderheit darstellen, den Versuch zu machen. Ich sehe, daß die Kirchen sich mit diesen Problemen auf ihren Tagungen befassen, und das ist durchaus ermutigend. Ich glaube auch, daß viele Juden das Problem leider nur gefühlsmäßig betrachten und von derartigen Ereignissen kaum etwas wissen und unglücklicherweise auch nichts wissen wollen. Ich habe immer die Auffassung vertreten, daß wir mit den anständigen demokratischen Deutschen gemeinsam gegen die Totengräber Deutschlands kämpfen müssen und wiewohl ich antisemitische Vorgänge mit mehr Besorgnis ansehe als Sie, ändert dies an meinem grundsätzlichen Standpunkt nichts."*[4] Daß seine Stellungnahmen und Meinungsäußerungen

---

1   LBI, Box 14; siehe dazu auch den Brief an Erich Lüth am 7. Juni 1952.

2   LBI, Box 15; Brief an Nahum Goldmann vom 7. Mai 1952.

3   Siehe auch die Äußerungen von Rabbiner Joachim Prinz in: Jewish Life..., S. 3.

4   LBI, Box 13; Brief an Guido Senzig vom 20. Aug. 1950.

weite Beachtung fanden und in den politischen Kreisen der jungen Bundesrepublik ihre Wirkung hatten, zeigen die zahlreichen Antworten in der Privatkorrespondenz. So schrieb ihm beispielsweise der damalige Bundesjustizminister Thomas Dehler[5] nach der Lektüre eines Zeitungsartikels spontan, daß er und seine Frau *„Ihre deutschen Eindrücke mit großem Interesse gelesen"* hätten.[6]

Anläßlich seiner Deutschlandreise im Januar 1956 erhielt Grossmann von einem Bekannten seine Kritik an der zu langsamen Wiedergutmachung[7] bestätigt: *„Die Entschädigungsämter arbeiten in einem ganz anderen Tempo als das Bundesverteidigungsministerium. Für die Aufstellung der neuen Wehrmacht sind Gelder genügend vorhanden, aber die Durchführung des Entschädigungsgesetzes läßt in einzelnen Fällen angeblich aus finanziellen Gründen lange auf sich warten."*[8] Für seine Kritik an der zu bedächtig erfolgenden Bearbeitung und der schonungslosen Aufzeigung der damit verbundenen Gefahren gebühre Grossmann daher *„der Dank nicht nur der Entschädigungsberechtigten, sondern aller jener Deutschen, denen die Entschädigung der Opfer der nationalsozialistischen Verfolgungen eine Selbstverständlichkeit und eine Ehrenpflicht zugleich ist."*[9] Aber auch in die tagespolitischen Diskussionen, wie etwa eine umstrittene Rede des damaligen Bundesfinanzministers Fritz Schäffer[10] zur Entschädigungsproblematik,[11] griff Kurt Grossmann ein und verteidigte den Standpunkt der Opfer energisch.[12]

5　　Dehler, Dr. iur. Thomas; geb. 1897 Lichtenfels/Oberfr., 1967 Streitberg; Mitglied der DDP, 1946-56 FDP-Vorsitzender in Bayern, 1949-67 MdB, 1949-53 Bundesjustizminister, dann Fraktionsvorsitzender im Bundestag u. 1954-57 FDP-Parteivorsitzender; Bolz, S. 51 ff.

6　　LBI, Box 20; Brief von Thomas Dehler vom 24. Sep. 1952.

7　　Siehe auch die Meldung: Delays by Germans on Indemnity cited. In: New York Times, 105. Jg., Nr. 35791, Sa. 21. Jan. 1956, S. 3.

8　　LBI, Box 5; Brief von Guido Senzig vom 14. Jan. 1956.

9　　Ebd.; Brief an Guido Senzig vom 14. Jan. 1956.

10　Schäffer, Fritz; geb. 1888 München, gest. 1967 Berchtesgaden; 1920-33 MdL im Bayer. Landtag für die BVP, Mai-Sep. 1945 als Ministerpräsident eingesetzt, 1949-61 CSU-MdB, 1949-57 Bundesminister für Finanzen u. 1957-61 für Justiz; Woller, S. 166 f.

11　Was der Bonner Finanzminister gesagt hat. Amtliche deutsche Erklärung zur Schaeffer-Rede. In: Aufbau, 23. Jg., Nr. 27, 5. Juli 1957, New York, S. 2, 4; Schaeffers Wiedergutmachungs-Rede im Lichte der deutschen öffentlichen Meinung. In: Ebd., Nr. 34, 23. Aug. 1957, S. 15.

12　Schäffer und Wiedergutmachung. Ein Diskussionsbeitrag zu einem brennenden Problem. In: Frankfurter Neue Presse, Do. 1. Aug. 1957, S. 4; Echo auf die Schäffer-Rede. Heftige Proteste von vielen Seiten. In: Aufbau, 24. Jg., Nr. 1, 3. Jan. 1958, New York, S. 1.

In einem persönlichen Brief an seine Frau Elsa im Herbst 1957 sind seine aktuellen Deutschland-Erfahrungen[13] bezüglich der Wiedergutmachung kurz und prägnant zusammengefaßt:[14] so beklagte Grossmann, daß *„in München nach wie vor große Fehlerquellen in der Behandlung der Entschädigungsgesetzgebung vorhanden sind."*[15] In Niedersachsen habe sich hingegen die Situation seit seinem Besuch im Vorjahr *„sehr gebessert";* obgleich noch Gegensätze in der Behandlung von Anträgen zwischen den Ämtern in Hannover und Hildesheim gegeben waren. Über seinen Aufenthalt in Berlin hatte Grossmann sich bereits einige Tage zuvor sehr zufriedenstellend geäußert. Die Betreuung der Delegation (neben ihm waren dies noch Ernst Katzenstein und Nehemiah Robinson) durch den Berliner Senat war äußerst zuvorkommend und umwerbend gewesen und neben dem herzlichen Empfang hatte ein Auto mit Chauffeur während des Aufenthaltes zur Verfügung gestanden.[16]

Von Ende April bis Ende Juni 1964 war Kurt Grossmann zum zehnten Mal seit Kriegsende in Deutschland.[17] In dieser Zeit hielt er erneut zahlreiche Vorträge und führte darüber hinaus wieder zahllose Gespräche mit Politikern und Journalisten.[18] Von zentraler Bedeutung bei diesen Unterredungen und Diskussionen war die Schlußgesetzgebung der Wiedergutmachung.[19] Die publizistische Unterstützung seines unermüdlichen Einsatzes für die Opfer des NS-Regimes erledigte er dabei in gewohnter Manier.[20] Einer der wichtigsten und verständnisvollsten Gesprächspartner, nicht nur während dieses Deutschland-Besuches, war der SPD-Bundestagsabgeordnete und Vorsitzende des Wiedergutmachungsausschusses Martin Hirsch. Mit ihm hielt Grossmann während

---

13 Ausführlich dargestellt in: Lebt der Geist der Wiedergutmachung noch? Eindrücke von einer Deutschlandreise. In: Aufbau, 23. Jg., Nr. 48, 29. Nov. 1957, New York, S. 16.

14 Siehe dazu auch: Der Stand der Entschädigung in Zahlen. In: Aufbau, 23. Jg., Nr. 46, 15. Nov. 1957, New York, S. 17.

15 LBI, Box 7; Brief an Elsa Grossmann am 28. Okt. 1957.

16 Ebd.; Brief an Elsa Grossmann am 19. Okt. 1957.

17 LBI, Box 26; Brief an Bundespräsident Heinrich Lübke am 20. Mai 1964.

18 Ebd.; siehe die Korrespondenz passim.

19 Schlussgesetzdebatte im Bundestag. In: Aufbau, 29. Jg., Nr. 48, 29. Nov. 1963, New York, S. 27-28.; Bundesschlussgesetzgebungs-Vorschläge. Ein wichtiges Memorandum bayerischer Anwälte. In: Ebd., 30. Jg., Nr. 4, 24. Jan. 1964, S. 15; Das nächste Kapitel der Wiedergutmachungs-Endphase. In: Ebd., 30. Jg., Nr. 35, 28. Aug. 1964, S. 33-34.

20 Siehe u.a.: Ein befremdender Kabinettsbeschluss. In: Aufbau, 30. Jg., Nr. 16, 17. Apr. 1964, New York, S. 23; Der runde Tisch ist leer. Vertrauenskrise in der Debatte um die Wiedergutmachung. In: Rheinischer Merkur, 19. Jg., Nr. 22, 29. Mai 1964, Köln, S. 3; Der Bundeskanzler muß handeln. Wiedergutmachungskrise 1964. In: Sozialdemokratischer Pressedienst, 1. Juni 1964.

seines Aufenthaltes brieflichen Kontakt und diskutierte die tagespolitischen Fragen.[21] Der spätere Bundesverfassungsrichter[22] Hirsch setzte sich immer wieder aufopferungsvoll für die jüdischen Verfolgten des NS-Regimes ein.[23] Neben seiner parlamentarischen Arbeit für die Entschädigung der Opfer erreichte er auch privat in einzelnen Fällen kleinere Spenden aus dem Notfonds des Bundespräsidenten.[24] Bei der Suche nach Angehörigen von NS-Opfern, die sich direkt an ihn gewandt hatten, nahm Hirsch die Hilfe von Grossmann in Anspruch,[25] der auch sofort eine entsprechende Suchmeldung im »Aufbau« lancierte.[26]

Der in der Wiedergutmachungsproblematik stark engagierte SPD-Politiker Adolf Arndt[27] beklagte sich im Frühsommer 1964 bei Grossmann über die stockenden Verhandlungen in der Endphase der Entschädigungsgesetzgebung[28]: „*Jetzt rächt es sich, daß die seit je unzulängliche Wiedergutmachung viel zu sehr gelobt wurde und daß Adenauer als Erfinder(!) und Vater der Wiedergutmachung gepriesen ist, obwohl er nie mehr im Sinn hatte als einen Schlüssel zum weißen Haus.*"[29] Sicherlich beinhaltete diese Aussage auch eine

---

21   LBI, Box 26; siehe die Briefe an Martin Hirsch am 8. u. 29. Mai 1964 und die Briefe von Martin Hirsch vom 25. Apr., 11. u. 27. Mai sowie vom 6. Juli 1964.

22   Martin Hirsch wird Bundesverfassungsrichter. In: Aufbau, 37. Jg., Nr. 50, 10. Dez. 1971, New York, S. 26.

23   Siehe die Berichte: "Für eine schnelle und gerechte Wiedergutmachung". Eine Unterhaltung mit dem Ausschussvorsitzenden Martin Hirsch. In: Aufbau, 28. Jg., Nr. 39, 28. Sep. 1962, New York, S. 27; Martin Hirsch: Vorkämpfer für gerechte und schnelle Wiedergutmachung. In: Ebd., 32. Jg., Nr. 12, 25. März 1966, S. 11; Einlösung der Ehrenschuld. Vortrag von Martin Hirsch beim "Aufbau" in New York. In: Ebd., Nr. 16, 22. Apr. 1966, S. 24; Gespräch mit Martin Hirsch in Bonn. Gibt es noch Wiedergutmachungsprobleme? In: Ebd., 33. Jg., Nr. 38, 22. Sep. 1967, S. 27; Wiedergutmachungswerk nicht beendet...! Gespräch mit Martin Hirsch. In: Ebd., 35. Jg., Nr. 4, 24. Jan. 1969, S. 21.

24   LBI, Box 28; siehe Brief von Martin Hirsch vom 7. Mai 1969, wonach dieser aufgrund einer materiellen Notfallschilderung im »Aufbau« tätig geworden war.

25   Ebd.; Brief von Martin Hirsch vom 9. Mai 1969.

26   Ebd.; Brief an Martin Hirsch am 21. Mai 1969.

27   Arndt, Dr. iur. Adolf; geb. 1904 Königsberg, gest. 1974 Kassel; studierte Jura u. Volkswirtschaft, 1949-64 Geschäftsführer der SPD-Bundestagsfraktion, Mitglied des SPD-Parteivorstandes, 1963 Berliner Senator für Kunst und Wissenschaft; Müller, Arndt, S. 21 f.

28   Die Wiedergutmachungskrise: Wiedergutmachung-echter Rechtsanspruch. In: das beste aus gestern und heute, Jg. 1964, H. 6, München, S. 144-158; Die Endphase des Entschädigungswerkes. Rückblick, Tatsachen und Folgen. In: Gewerkschaftliche Monatshefte, 15. Jg. (1964), H. 9, Köln, S. 537-543; Der Wettlauf mit der Zeit. Um die Verabschiedung des Bundesentschädigungs-Schlussgesetzes. In: Aufbau, 30. Jg., Nr. 49, 4. Dez. 1964, S. 29-30.

29   LBI, Box 26; Postkarte von Adolf Arndt vom 29. Mai 1964; Hervorhebung im Original.

verblümte, parteipolitisch motivierte Kritik an dem auf Ausgleich und Verständigung zielenden Wirken Grossmanns, der in seinen zahlreichen Artikeln den ersten Bundeskanzler der Bundesrepublik Deutschland durchaus positiv gesehen[30] und eher selten Befremden bekundet hatte.[31] Arndt kannte Grossmann im übrigen seit dessen Deutschlandaufenthalt im Jahre 1952 persönlich.[32] Er gehörte in den darauffolgenden Jahren zu seinen bevorzugten Gesprächspartnern. Wie Hans-Erich Fabian in seiner Würdigung schrieb, sei das Entschädigungswerk nur durch die tatkräftige Unterstützung der bundesdeutschen Sozialdemokratie erreicht worden und die Erlangung dieser breiten Zustimmung sei größtenteils Grossmanns Verdienst gewesen.[33] Neben Martin Hirsch war in diesem Zusammenhang Gerhard Jahn[34] ein weiterer wichtiger Ansprechpartner.[35] Der Präsident der »Conference on Jewish Material Claims against Germany«, Goldmann, antwortete Grossmann auf den Bericht[36] über seine Tätigkeit in der Bundesrepublik: *„ Wir alle hatten den Eindruck, daß Sie gut gearbeitet haben und es Ihnen gelungen war, das Interesse für die Rückerstattungsgesetzgebung in der Presse und in anderen Kreisen wiederzubeleben. "*[37] Bezüglich seines eigenen Gespräches mit Bundeskanzler Ludwig Erhard eine Woche zuvor konnte er außerdem mitteilen, daß der Fonds für das Bundesrückerstattungsgesetz von 400 auf nun 800 Millionen DM verdoppelt würde; dies war sicherlich auch ein Verdienst seiner mühevollen Feldarbeit Grossmanns.[38]

---

30 Siehe: "Unsere Pflicht". Adenauers Kampf für den Israel-Vertrag. In: Aufbau, 19. Jg., Nr. 11, 13. März 1953, New York, S. 1-2; Der Bundeskanzler greift ein. Ein interessanter Brief Adenauers an Dr. Nahum Goldmann. In: Ebd., 21. Jg., Nr. 8, 25. Feb. 1955, S. 20; Konrad Adenauer und die Wiedergutmachung. In: Ebd., 29. Jg., Nr. 42, 18. Okt. 1963, S. 19.

31 Ein befremdender Kabinettsbeschluss. In: Aufbau, 30. Jg., Nr. 16, 17. Apr. 1964, New York, S. 23; Enttäuschungen in Bonn. In: Ebd., 29. Jg., Nr. 26, 28. Juni 1963, S. 30.

32 LBI, Box 39; siehe den Brief an Adolf Arndt am 30. Okt. 1952.

33 Fabian, memoriam, S. 4.

34 Jahn, Gerhard; geb. 1927 Kassel; Rechtsanwalt, seit 1957 MdB, 1960-61 Vorsitzender des Wiedergutmachungsausschusses, 1967-69 Parlamentarischer Staatssekretär, 1969-74 Bundesjustizminister; Fischer, Jahn, S. 103 f.

35 Siehe passim (in HIA u. LBI) die entsprechende Korrespondenz mit Gerhard Jahn sowohl während seiner Zeit als Staatssekretär im Auswärtigen Amt bzw. als Bundesjustizminister.

36 HIA, Box 3; Bericht vom 18. Juni 1964.

37 HIA, Box 9; Brief von Nahum Goldmann vom 25. Juni 1964, S. 1.

38 Vgl. auch die rechtsextremen Hetzartikel gegen die Wiedergutmachung: Bonn hat mehr Verständnis für Nazis als für ihre Opfer. Skandalöse Entgleisungen Grossmanns. In: Deutsche National- und Soldatenzeitung, 17. Dez. 1965; Grossmann ohne Gnade. Der Wiedergutmachungslobbyist rechnet ab. In: Ebd., 14. Jan. 1966.

Exemplarisch für seine umfassende Aufklärungsarbeit in den Vereinigten
Staaten, wo allwöchentlich mehrere Tausend ehemals Verfolgter im »Aufbau«
aus der persönlichen Betroffenheit heraus die Entwicklung der Wiedergutmachung in der Bundesrepublik verfolgten, ist die Berichterstattung im Sommer 1965. Detailliert und informativ zugleich schilderte Grossmann zuerst die
Bundestagsdebatte,[39] die Verzögerung durch die Anrufung des Vermittlungs-
ausschusses durch den Bundesrat[40] und dessen genauere Hintergründe.[41] Nach
der Einigung im Ausschuß[42] wurde auch die Verabschiedung des Gesetzes mit
seiner Bedeutung für die Betroffenen gewürdigt.[43] Bei juristischen Detail-
fragen im Zusammenhang mit der Auslegung des »Bundesentschädigungsgesetzes« wandte sich er an Hans-Erich Fabian, der als in Deutschland aus-
gebildeter Jurist und mit der Wiedergutmachung befaßter Rechtsberater der
»United Restitution Organization« (URO) überaus sachkundig war.[44] Durch
seine wöchentlichen Berichte in den fünfziger und frühen sechziger Jahren war
er einer der wichtigsten, zumindest aber der bekannteste Mitarbeiter des »Aufbau«. Wie Alfred Prager,[45] der damalige Vorsitzende des »New World Club«,
schrieb, stammte auch die Idee zur Sonderseite »Die Wiedergutmachung« als
vierzehntägige Beilage des »Aufbau« *„von Kurt R. Grossmann, unserem
regelmässigen Mitarbeiter, dem unermüdlichen Streiter für die Verfolgten.“*[46]
Die erste Nummer der »Wiedergutmachung« erschien am 1. September 1957
und bis zum 10. Dezember 1971, der letzten Nummer, in der er vertreten war,[47]
folgten 358 Ausgaben dieser Informationsquelle für die NS-Opfer.

---

39   "Die Zeit ist über sie hinweggegangen". Bundestagsdebatte über das Schlussgesetz. In:
      Aufbau, 31. Jg., Nr. 24, 11. Juni 1965, New York, S. 35.

40   Bundesrat macht Schwierigkeiten. Schlussgesetz geht an den Vermittlungsausschuss. In:
      Aufbau, 31. Jg., Nr. 25, 18. Juni 1965, New York, S. 1, 4.

41   Der tiefere Sinn des Bundesratbeschlusses. In: Aufbau, 31. Jg., Nr. 27, 2. Juli 1965, New
      York, S. 27-28.

42   Schlussgesetz vor der Verabschiedung. Einigung im Ausschuss. In: Aufbau, 31. Jg., Nr. 28,
      9. Juli 1965, New York, S. 1-2.

43   Schlussgesetz "mit Mehrheit" vom Bundesrat verabschiedet. Materielle und moralische
      Implikationen. In: Aufbau, 31. Jg., Nr. 29, 16. Juli 1965, New York, S. 25.

44   LBI, Box 63; Brief an Hans-Erich Fabian am 26. Juli 1966.

45   Prager, Dr. iur. Alfred; geb. 1902 Neustadt/Thür.; 1926 Promotion, 1927-30 im preuß.
      Justizministerium tätig, 1930-33 Rechtsanwalt, Mitglied in SPD, Mai 1933 Emigration in
      die USA, erneutes Jurastudium, ab 1938 Rechtsanwalt in New York, ab 1941 Vize- bzw.
      Präsident des »New World Club«; Biogr. Hdb., Bd. I, S. 574.

46   Prager, S. 35.

47   Martin Hirsch wird Bundesverfassungsrichter. In: Aufbau, 37. Jg., Nr. 50, 10. Dez. 1971,
      New York, S. 26.

Kurt Grossmann war nicht nur in die Öffentlichkeitsarbeit für Nahum Goldmann und die Tätigkeit der »Jewish Agency« in Deutschland involviert, sondern führte außerdem, ganz seinem Wesen entsprechend, in den USA zahlreiche Hintergrundgespräche mit einflußreichen Besuchern aus der Bundesrepublik Deutschland.[48] Diese Gäste, wie etwa den Berliner Propst Heinrich Grüber[49] oder offizielle Repräsentanten bundesdeutscher Einrichtungen in den USA,[50] porträtierte Grossmann darüberhinaus häufig in seinen Artikeln im damals noch einflußreichen »Aufbau«. Die damit verbundene freiwillige und meist sehr wohlwollende Publicity förderte dabei wesentlich die Gesprächsatmosphäre, da die Porträtierten sich der Werbewirksamkeit für die eigene Person bewußt waren, wobei umgekehrt dadurch auch die jüdischen Anliegen auf gewogenere Gäste trafen. Die meisten Besucher waren Grossmann noch Jahre später freundschaftlich verbunden. Während des New York-Aufenthaltes von Erich Mende wurde beispielsweise im Gebäude der »Jewish Agency« intensiv über die Schlußakte der Wiedergutmachung diskutiert und dem als FDP-Parteivorsitzenden einflußreichen Gast die Intentionen der »Jewish Agency« nahegebracht.[51] Nach seiner Rückkehr in die Bundesrepublik im Frühjahr 1962 bedankte sich Erich Mende nochmals für die Einladung zum Besuch des New Yorker Theodor-Herzl-Instituts und betonte, daß die dort geführten Gespräche zu den *„bleibendsten Eindrücken"* seines zurückliegenden USA-Besuches zählen würden.[52] Sein Ansehen und Einfluß bei den Gesprächspartnern dokumentiert auch ein Brief des damaligen Bundesarbeitsministers Walter Arendt an ihn, der auch im »Aufbau« abgedruckt wurde.[53]

Der stellvertretende Vorsitzende des Bundestagsausschusses für Fragen der Wiedergutmachung, CDU-MdB Prof. Dr. Franz Böhm, bedankte sich nach seinem USA-Besuch[54] im Frühjahr 1956 bei Grossmann für die *„wahrhaft freundschaftliche Betreuung"*[55] während seines New York-Aufenthaltes, der

---

48 LBI, Box 18; siehe Brief an Nahum Goldmann am 7. Juni 1962 zum bevorstehenden Besuch von Propst Heinrich Grüber in New York.

49 Der Mann, der den Hass durchkreuzte. Propst Heinrich Grüber ist in New York. In: Aufbau, 28. Jg., Nr. 40, 5. Okt. 1962, New York, S. 32.

50 Die Bundesrepublik und die UN. Gespräch mit Dr. Heinrich Knappstein. In: Aufbau, 28. Jg., Nr. 23, 8. Juni 1962, New York, S. 5.

51 LBI, Box 18; Brief an Nahum Goldmann am 26. März 1962.

52 LBI, Box 23; Brief von Erich Mende vom 12. Apr. 1962.

53 Aufbau, 36. Jg., Nr. 49, 20. Dez. 1970, S. 20.

54 Willkommen, Franz Böhm! In: Aufbau, 22. Jg., Nr. 13, 30. März 1956, New York, S. 4.

55 LBI, Box 33; Brief von Franz Böhm vom 21. Apr. 1956. In dem Brief vom 27. März 1956 hatte er sich zuvor schon ausdrücklich für die Einladung bedankt. Siehe auch den Brief von Issac Toubin an Grossmann vom 27. Apr. 1956, der sich für die gelungene Arrangierung der

durch die Verleihung des Stephen-Wise-Preises an den ehemaligen deutschen Delegationsleiter bei den Wassenaarer Verhandlungen zum deutsch-israelischen Wiedergutmachungsabkommen gekrönt wurde.[56] In seinem Dankesschreiben erbat der Politiker außerdem noch die genauen Namen und Adressen von zahlreichen Personen, mit denen Grossmann ihn während des US-Aufenthaltes bekannt gemacht hatte.

Martin Hirsch, der damalige Vorsitzende des Bundesausschusses für Wiedergutmachung, traf anläßlich seines USA-Aufenthaltes im Spätsommer 1962 mit Grossmann in dessen New Yorker Wohnung zusammen.[57] Die Einladung zum Dinner, an dem u.a. auch Konsul Walter Oppenheim teilnahm, intensivierte nachhaltig die bereits bestehenden Kontakte,[58] wie es auch Hirsch in dem Dankesbrief nach seiner Rückkehr nach Bonn ausdrückte: *„Ich verdanke es nicht zuletzt Ihnen, daß die Tage dort, wie ich meine, für den besonderen Zweck unserer Reise wirklich sinnvoll gewesen sind."*[59] Hirschs begrenzten Einfluß als Mitglied der Oppositionspartei anerkennend, schrieb ihm Grossmann anläßlich der Schlußdebatten im Deutschen Bundestag[60] über das Bundesentschädigungsgesetz (BEG) im Juni 1965: *„In jedem Falle haben Sie, lieber Martin Hirsch, versucht, ein gerechteres Gesetz zur Verabschiedung zu bringen, und die Verfolgten haben allen Anlass, Ihnen für Ihren guten Willen, wenn er sich auch nicht immer in die Tat umsetzen ließ, dankbar zu sein."*[61] Diesen Dank drückte Grossmann selbst in mehreren Artikeln im »Aufbau« aus, die zum einen den Stand der Wiedergutmachung behandelten und zum anderen den unermüdlichen Mitstreiter würdigten.[62] Hirsch war neben seiner Tätigkeit als Anwalt in Marktredwitz außerdem noch als Berufungshauptkläger in der Entnazifizierungskammer Hof tätig.[63]

Böhm-Reise bedankte.

56   Für entsprechende publizistische Breitenwirkung sorgte Grossmann persönlich: Ein Kämpfer gegen das Unrecht. Stephen S. Wise-Preis für Franz Boehm. Hohe jüdische Ehrung wird Frankfurter Gelehrten in den USA zuteil. In: Frankfurter Neue Presse, 11. Jg., Sa. 17. März 1956, S. 6.

57   HIA, Box 9; siehe den Brief an Martin Hirsch am 11. Sep. 1962.

58   Ebd.; siehe den Briefwechsel mit Martin Hirsch im Dez. 1961/Jan. 1962.

59   Ebd.; Brief von Martin Hirsch vom 30. Okt. 1962.

60   Siehe auch Endgültige Fassung des Schlussgesetzes - ein Wettlauf mit der Zeit. In: Aufbau, 31. Jg., Nr. 21, 21. Mai 1965, New York, S. 2; "Die Zeit ist über sie hinweggegangen". Bundestagsdebatte über das Schlussgesetz. In: Ebd., Nr. 24, 11. Juni 1965, S. 35.

61   HIA, Box 9; Brief an Martin Hirsch am 5. Juni 1965, S. 2.

62   Siehe oben die Anmerkungen 180 u. 181.

63   HIA, Box 9; Brief von Martin Hirsch vom 28. Dez. 1971. Die biographischen Angaben

Rechtsanwalt Robert Kempner, der damals in seiner Frankfurter Kanzlei tätig war, schrieb im Mai 1964 an Grossmann und wies ihn auf seinen gerade in »Der Spiegel« veröffentlichten Beitrag zur Sühne von NS-Verbrechen[64] hin. Zugleich bat er ihn, sofort eine Zuschrift an die Redaktion des Nachrichtenmagazins zu senden. Der Leserbrief sollte als lobende Quintessenz betonen, *„daß endlich mal einer dieses heiße Eisen aufgegriffen hat".*[65] Sofort nach Eintreffen der Kempner-Bitte machte sich Grossmann unverzüglich an das Abfassen einer entsprechenden Zuschrift.[66] Mehrmals Kempner expressis verbis zitierend legte er seine Meinung dar. Daß die Zuschrift schließlich nicht in »Der Spiegel« abgedruckt wurde, kann u.a. auch an ihrer Länge (eine ganze einzeilig getippte Seite) gelegen haben.

Den SPD-Ministerpräsidenten von Nordrhein-Westfalen, Heinz Kühn,[67] kannte Grossmann aus dessen Emigrationszeit in Prag 1934-36. Da Kühn damals ebenso wie Willy Brandt noch nicht der SPD angehörte, sondern der SAP, einer linken Splittergruppe, die sich im Herbst 1931 von der SPD abgespalten hatte,[68] wurde er während seines Prag-Aufenthaltes von der »Demokratischen Flüchtfürsorge« unterstützt.[69] Sehr enttäuscht war Grossmann allerdings, als Kühn im November 1967 nicht persönlich an einer Gedenkstunde der »Gesellschaft für christlich-jüdische Zusammenarbeit« in Bonn teilnahm.[70] Kühn erwiderte in seiner Antwort im Januar 1968, daß ihm aufgrund der zahlreichen terminlichen Verpflichtungen als Ministerpräsident[71] gar keine Zeit verbleibe, um *„meinen alten Freunden zu sagen, daß ich an sie denke."*[72]

---

sandte er auf Bitten Grossmanns, der ein Portrait erstellen wollte; dies war beim Eintreffen des Briefes bereits erschienen: Martin Hirsch wird Bundesverfassungsrichter. In: Aufbau, 37. Jg., Nr. 50, 10. Dez. 1971, New York, S. 26.

64 Kempner, Todesurteile, S. 33 ff.

65 LBI, Box 25; Brief von Robert Kempner vom 11. Apr. 1964.

66 Ebd.; Brief an »Der Spiegel« am 18. Apr. 1964.

67 Kühn, Heinz; geb. 1912 Köln, gest. 1992 Köln; Tätigkeit in der Sozialistischen Arbeiterjugend (SAJ), Vorsitzender des SAJ-Bezirks Oberrhein, Emigration 1934-36 in Prag, 1936-45 in Belgien, nach der deutschen Besetzung im Untergrund, ab 1946 als Journalist in Köln u. in SPD, ab 1948-54 sowie ab 1962 MdL, 1953-63 MdB, 1962-73 SPD-Landesvorsitzender u. 1966-78 Ministerpräsident in NRW; Plum-Grossmann, S. 122 f. Vgl. Foitzik, S. 292, wonach Kühn 1930 in SPD ging, aber 1933 Mitglied der SAP wurde.

68 Siehe dazu Fabian, S. 568 f.

69 Kühn, Widerstand, S. 131.

70 LBI, Box 27; Briefe an Heinz Kühn am 18. Nov. u. 22. Dez. 1967.

71 Siehe auch seine Autobiographie: Kühn, Aufbau, S. 188 ff.

72 LBI, Box 27; Brief von Heinz Kühn vom 12. Jan. 1968.

11.1 Joachim Lipschitz

Ein besonders herzliches Verhältnis[73] verband Grossmann mit dem jungen Berliner Innensenator Joachim Lipschitz und seiner Frau. Dieser war, nachdem er während des Rußlandfeldzuges einen Arm verloren hatte, aus der Wehrmacht entlassen worden, da er als sogenannter "Halbjude" nun als "wehrunwürdig" galt, und hatte das Dritte Reich nur in der Illegalität überlebt.[74]

Ein persönliches Gespräch in Berlin mit Kurt Grossmann über Wiedergutmachungsfragen kommentierte der Innensenator so: Die Begegnung habe *„ wieder einmal - wie nicht anders zu erwarten war - völlige Übereinstimmung der Auffassungen erbracht."*[75] Anläßlich eines USA-Besuches von Joachim Lipschitz im Frühjahr 1958 sorgte Grossmann mit seinen Artikeln im »Aufbau« für eine entspannte und freundliche Gesprächsatmosphäre.[76] In schwierigen Wiedergutmachungsfällen, die von den Betroffenen immer wieder persönlich an Grossmann herangetragen wurden,[77] da er durch seine wöchentlichen Kolumnen im »Aufbau« einen hohen Bekanntheitsgrad als Kenner der Materie erreicht hatte, wandte sich Kurt Grossmann, wenn die Fälle das Berliner Entschädigungsamt betrafen, häufig direkt an Lipschitz.[78] Dieser nahm sich der geschilderten Probleme an und erteilte auch schon mal eine Weisung an untergegebene Beamten, einen Vorgang erneut zu überprüfen bzw. eine Bearbeitung zügiger abzuwickeln, als dies auf dem normalen Dienstweg wohl

---

73   LBI, passim; siehe auch die zahlreichen privaten Briefe an Joachim Lipschitz etwa am 5. Mai 1958, 19. Juni 1958, 24. Sep. 1958, 16. Okt. 1958, 3. Feb. 1959, 15. u. 17. Okt. 1960, 31. Aug. 1961, 20. Okt. 1961, 11. Nov. 1961 und ein Telegramm am 13. Aug. 1959 sowie die Briefe von Joachim Lipschitz vom 22. Apr. 1958, 27. Mai 1958, 10. Juli 1958, 6. Okt. 1958, 24. Jan. 1959, 5., 11. u. 28. Okt. 1960, 3. Nov. 1960, 5. Juni 1961, 17. Juli 1961 u. 7. Nov. 1961.

74   Joachim Lipschitz [Nachruf]. In: Aufbau, 27. Jg., Nr. 50, 15. Dez. 1961, New York, S. 5 f.

75   LBI, Box 18; Brief von Joachim Lipschitz vom 28. Nov. 1961.

76   Die ausgestreckte Hand. Anmerkungen zum Besuche des Berliner Senators Joachim Lipschitz. In: Aufbau, 24. Jg., Nr. 18, 2. Mai 1958, New York, S. 6. Siehe auch: Wächst der Antisemitismus in Deutschland? Senator Lipschitz in der New School for Social Research. In: Ebd., 24. Jg., Nr. 16, 18. Apr. 1958, S. 2.

77   LBI, Box 5; siehe den Briefwechsel mit Elisabeth Grayson (geb. Goldberg) in den Jahren 1955/56. Brief von Luise Bode vom 7. Dez. 1954; Brief an Luise Bode am 28. Dez. 1954. Brief von Joseph Boehm vom 10. Sep. 1955; Brief an Joseph Boehm am 28. Sep. 1955. Siehe auch den Brief von Isidor Jacobwitz vom 23. Apr. 1955, der ihm aufgrund der Aufbau-Artikel aus Chile schrieb.

78   LBI, Box 18, 31 u. 44; siehe die Briefe an Joachim Lipschitz am 24. Juni 1955, 3. Dez. 1955, 9. u. 18. Apr. 1956, 10. u. 19. Juni 1958, 9. Juli 1958, 5. Sep. 1958, 27. Okt. 1958, 17. Nov. 1958, 3. Feb. 1959 u. 12. Juli 1960.

geschehen wäre.[79] Diese Bemühungen um Grossmanns "Schützlinge" (Lipschitz) geschahen aus dem Verständnis um die Notlage[80] vieler NS-Opfer heraus,[81] die ansonsten allzu häufig in den Mühlen der Bürokratie langsam zerrieben wurden.[82] Durch die Fürsprache bei seinem Freund Lipschitz wurde z.B. die zeitweilige Beschäftigung einer mittellosen NS-Verfolgten[83] in der Registratur des Berliner Entschädigungsamtes in eine Dauerstellung umgewandelt. Die betroffene Frau hatte sich um diese Entfristung der Arbeitstelle zuvor mehrfach vergebens bemüht.[84] Sie bedankte sich nicht nur überschwenglich, sondern sah darüber hinaus ihre Tätigkeit im doppelten Sinne als *„schöne Arbeit, im Sinne der Wiedergutmachung"* und war froh, so ihren Lebensunterhalt selbst sichern zu können.[85] Frühere Schützlinge aus der Prager Zeit, die dort von der »Demokratischen Flüchtlingsfürsorge« unterstützt worden waren, wandten sich in ihrem Kampf gegen die scheinbar übermächtige Entschädigungsbürokratie hilfesuchend an Grossmann, denn »Der Kleinkrieg gegen die Opfer« (so der Untertitel der informativen Studie von Christian Pross)[86] erforderte seine weitere publizistische Unterstützung.[87] Außerdem half

---

79   LBI, Box 18; siehe die u.a. Antwortschreiben von Joachim Lipschitz vom 18. u. 27. Juli 1955, 28. Dez. 1955, 28. Apr. 1956, 27. Mai 1958, 12. u. 25. Juni 1958, 14. Juli 1958, 17. Nov. 1958, 6. März 1959 u. 6. Apr. 1959.

80   Zum diffizilen Problem der Gutachterwahl bei der Diagnose von Schäden, vor allem bei denen psychischer Art, siehe ausführlich Pross, S. 137 ff.

81   LBI, Box 8; siehe auch den Dankesbrief von Gerard Wilk vom 1. Sep. 1958.

82   Siehe dazu ausführlich Pross, passim.

83   LBI, Box 8; Brief von Margarete Herrmann vom 15. Mai 1958.

84   Ebd.; Brief von Margarete Herrmann vom 21. Juli u. 10. Sep. 1958.

85   Ebd.; Brief von Margarete Herrmann vom 15. Juli 1958.

86   Pross, Christian: Wiedergutmachung. Der Kleinkrieg gegen die Opfer. Hrsg. vom Hamburger Institut für Sozialforschung. Frankfurt/M. 1988.

87   Siehe die entsprechenden Zeitungsartikel u.a.: Die Nacht des Vergessens lauert. In der Wiedergutmachung haben Recht und Moral noch nicht gesiegt. In: Telegraf am Sonntag, 11. Jg., Nr. 101, So. 29. Apr. 1956, Berlin, S. 44; Der moralische Puls schlägt schwächer. Bei der Wiedergutmachung sind die bürokratischen Hürden verschieden hoch. In: Telegraf, 11. Jg., Nr. 104, Fr. 4. Mai 1956, Berlin, S. 11. Reihenfolge der Entschädigungsanträge in Berlin. In: Aufbau, 21. Jg., Nr. 50, 16. Dez. 1955, New York, S. 9; Geht es mit der Entschädigung wirklich vorwärts? Die Antwort der Statistik. In: Ebd., 23. Jg., Nr. 13, 29. März 1957, S. 11; Entschädigung für ausländische KZ-Häftlinge. In: Ebd., Nr. 33, 16. Aug. 1957, S. 19; Eine "verabscheuungswürdige Misshandlung" ohne Sühne. Im juristischen Gestrüpp des BEG. In: Ebd., Nr. 38, 20. Sep. 1957, S. 29-30; Wie gross ist die Ablehnungsquote für die Entschädigungsanträge? In: Ebd., 24. Jg., Nr. 22, 30. Mai 1958, S. 18.

Beachtenswert sind die exemplarischen Fallbeispiele: Tragische Entschädigungs-Fälle. In: Aufbau, 24. Jg., Nr. 12, 21. März 1958, New York, S. 20; Tragische Entschädigungsfälle II.

er mit Ratschlägen, Hinweisen oder Bestätigungsschreiben[88] über Lebensverhältnisse, Parteizugehörigkeiten, Berufstätigkeiten und Verdienstmöglichkeiten in der Emigration, die dann von den Betroffenen den Behörden vorgelegt werden konnten.[89] Zum besseren Verständnis des bürokratischen Verfahrens und der administrativen Notwendigkeit der zahlreichen Formulare mit den spezifischen Angaben bei den amerikanischen Betroffenen trugen Grossmanns Berichte über seine Besuche in den Landes-Entschädigungsämtern im »Aufbau« bei,[90] während die Artikel in den deutschen Tageszeitungen eher die raschere Bearbeitung der Entschädigungsanträge anmahnten.[91] Den politisch Verantwortlichen in der Bundesrepublik Deutschland hielt er hingegen mit den Statistiken der noch unerledigten Fälle den Spiegel vor, damit deren Worten auch endlich Taten folgten.[92]

Ein Vollinvalide wartet. In: Ebd., Nr. 14, 4. Apr. 1958, S. 15-16; Tragische Entschädigungsfälle III. Seit 11 Jahren nervenkrank. In: Ebd., Nr. 20, 16. Mai 1958, S. 19.

88 LBI, Box 20; siehe auch den Brief von Otto Wollenberg vom 10. Dez. 1962. Für weitere Hilfeleistungen siehe auch die entsprechenden Briefe in Box 27 sowie die Korrespondenz mit dem Direktor des Berliner Entschädigungsamtes, Dr. Lehmann (Box 28).

89 LBI, Box 4; Brief von Erich Wollenberg vom 17. Aug. 1957.

90 Wie das Bundes-Entschädigungsgesetz durchgeführt wird. Eine Umfrage bei den Landes-Entschädigungsämtern I. In: Aufbau, 22. Jg., Nr. 49, 7. Dez. 1956, New York, S. 22; Wie das Bundes-Entschädigungsgesetz durchgeführt wird. Eine Umfrage bei den Landes-Entschädigungsämtern II. In: Ebd., Nr. 50, 14. Dez. 1956, S. 10; Wie das Bundes-Entschädigungsgesetz durchgeführt wird. Eine Umfrage bei den Landes-Entschädigungsämtern III und IV. In: Ebd., Nr. 51, 21. Dez. 1956, S. 22; Wie das Bundes-Entschädigungsgesetz durchgeführt wird. Eine Umfrage bei den Landes-Entschädigungsämtern V. In: Ebd., Nr. 52, 28. Dez. 1956, S. 20; Wie das Bundes-Entschädigungsgesetz durchgeführt wird VI. In: Ebd., 23. Jg., Nr. 1, 4. Jan. 1957, S. 18. Siehe auch: Aber X. hat seine Wiedergutmachung schon erhalten! In: Ebd., Nr. 42, 18. Okt. 1957, S. 18.

91 Sie sterben, ehe die Entschädigung sie erreicht. Die Wiedergutmachung schreitet zu langsam voran. In: Süddeutsche Zeitung, 10. Jg., Nr. 162, Sa./So. 17./18. Juli 1954, München, S. 4; Bilanz einer Deutschlandreise besonderer Art. Wiedergutmachung im Gestrüpp der Paragraphen. Es fehlt oft an Verständnis. In: Ebd., 12. Jg., Nr. 90, Sa./So. 14./15. Apr. 1956, S. 5; Bilanz einer Deutschlandreise besonderer Art II. Über 800.000 WiedergutmachungsFälle warten noch auf die Erledigung. In: Ebd., Nr. 91, Mo. 16. Apr. 1956, S. 5; Bundesversicherungsanstalt Berlin arbeitet zu langsam. In: Aufbau, 22. Jg., Nr. 19, 11. Mai 1956, New York, S. 9.

92 Der lange Weg des Rechtes. Lücken des Bundesentschädigungs-Gesetzes. In: Frankfurter Rundschau, 10. Jg., Nr. 186, Fr. 13. Aug. 1954, S. 6; Mehr als 905.000 unerledigte Entschädigungsanträge. In: Aufbau, 22. Jg., Nr. 45, 9. Nov. 1956, New York, S. 11; Geht es mit der Entschädigung wirklich vorwärts? Niedersachsens Innenminister nimmt Stellung. In: Ebd., 23. Jg., Nr. 23, 7. Juni 1957, S. 20; Die neueste Statistik. Noch 1.212.817 Anträge unbearbeitet. In: Ebd., Nr. 24, 14. Juni 1957, S. 8; Haben wir Grund zu Besorgnissen? Das

Den damaligen Einfluß von Kurt Grossmann auf die Berliner Senatsverwaltung in Entschädigungsfällen dokumentiert der unbekannte Verfasser einer Aktennotiz: *„Aber ich würde sehr viel davon halten, wenn Sie sich mit Grossmann in Verbindung setzen würden. Ich habe erlebt, daß dann der Senator für Inneres geradezu springt ... und in diesem Falle wirklich Anlaß bestände, daß die Brüder in der Gesundheitsabteilung, die eine Abteilung ganz besonderer Art ist, von Grossmann auf den Trab gebracht werden."*[93] Der überraschende Tod des jungen Berliner Innensenators Lipschitz schmerzte Grossmann tief.[94]

Ein Kommentar zur Frage der Wiedergutmachungsverhandlungen von Kurt Grossmann wurde von der Chefredaktion der »Westfälischen Rundschau« im Frühjahr 1952 sehr positiv aufgenommen. Man lud ihn sogar zu einer Diskussion nach Dortmund ein: *„Darüber hinaus stellen wir Ihnen die 'Westfälische Rundschau' für eine Äusserung zu dem Thema jederzeit zur Verfügung. Als eine der grössten Tageszeitungen Westdeutschlands sind wir gerne bereit, das Gewicht unserer Stimme für eine Verständigung mit Israel in die Waagschale zu werfen und wären Ihnen sehr dankbar, wenn Sie als ein Publizist, der auch in Dortmund noch nicht vergessen ist, selbst das Wort ergreifen würden."*[95] Der letzte Satz über den noch nicht vergessenen Publizisten bezog sich auf die freie Mitarbeit von Grossmann beim damaligen »Dortmunder Generalanzeiger«,[96] einer SPD-Parteizeitung vor 1933.

Auf seinen u.a. in der sozialdemokratischen West-Berliner Tageszeitung »Telegraf« publizierten Artikel »Die Mauer«[97] erhielt Kurt Grossmann im Herbst 1961 von einer langjährigen Mitarbeiterin der »Women's International League for Peace and Freedom« eine positive Zuschrift. Neben einem Lob für den engagierten Artikel betonte die Verfasserin, daß sein Name in der ehema-

---

Resultat einer "Aufbau"-Umfrage bei Wiedergutmachungsanwälten. In: Ebd., 24. Jg., Nr. 44, 31. Okt. 1958, S. 18; Appell an Adenauer für beschleunigte Entschädigungszahlungen. Claims Conference verabschiedet 10 Millionen Dollar-Budget. In: Ebd., 25. Jg., Nr. 4, 23. Jan. 1959, S. 5; Was ist mit der Wiedergutmachung? Probleme einer Grundverpflichtung des neuen Deutschland. In: Rheinischer Merkur, 13. Jg., Nr. 6, 7. Feb. 1958, Köln, S. 4; Wie steht es mit der Wiedergutmachung? Gelöste und ungelöste Probleme. In: Ebd., 16. Jg., Nr. 13, 24. März 1961, S. 11.

93   LBI, Box 7; Aktennotiz R. an M. vom 23. Juli 1957.

94   LBI, Box 22; siehe auch den Brief an Arno Scholz, den Herausgeber des »Telegraf« Berlin, am 13. Dez. 1961.

95   LBI, Box 20; Brief von H. Wunderlich, Chefredaktion der Westfälischen Rundschau in Dortmund, vom 23. Mai 1952.

96   Der heutige Name lautet: »Westfälische Rundschau«. Nur der Untertitel (»Generalanzeiger«) erinnert an den Vorläufer der zum Essener WAZ-Konzern gehörenden Zeitung.

97   Die Mauer. In: Telegraf am Sonntag, 16. Jg., Nr. 235, So. 8. Okt. 1961, Berlin, S. 44.

16*

ligen Reichshauptstadt noch immer *„den guten Klang aus der Zeit des Berliner Friedens-Kartells und der alten Liga für Menschenrechte"* habe.[98]

Seine Aufgabe der Medieninformation in Wiedergutmachungsfragen aus jüdischer Sicht und der Sensibilisierung der Journalisten für die Leiden und Schäden der NS-Opfer stieß in den fünfziger Jahren nicht bei allen Pressevertretern auf ungeteilte Zustimmung.[99] Dies lag an der grundsätzlichen Skepsis bzw. Ablehnung der Wiedergutmachung durch die rechten Kreise in Politik und Wirtschaft, welche die entsprechenden Zahlungen als eine ökonomische Schwächung der Bundesrepublik drastischen Ausmasses darzustellen versuchten. Grossmann war von der Massivität dieser Ressentiments im Deutschen Bundestag und in der »Frankfurter Allgemeinen Zeitung« (FAZ) tief betroffen und meinte im Januar 1955, diese Aversion sei *„etwas, was mich sehr beeindruckt."*[100] Er versuchte, durch verstärkte Pressearbeit mit anderen, der Wiedergutmachung wohlgesonneren Zeitungen dieser Antipathie entgegenzuwirken.[101] Zu beachten ist auch, daß, bevor die Bundesrepublik Deutschland sich mit der unangenehmen und ungeliebten Problematik der Wiedergutmachung auseinandersetzte, bereits viele belastete frühere Beamte aus der NS-Zeit wieder in den Staatsdienst eingestellt oder mit staatlichen Pensionen in Rente geschickt worden waren, während die NS-Opfer noch auf die Anerkennung ihre Rechte warten mußten.[102]

Konstruktive Kritik an Grossmanns Tätigkeit wurde gelegentlich auch aus seinem Freundeskreis geäußert, wie etwa von Norbert Wollheim, der durch seinen Entschädigungskampf gegen die I.G. Farben[103] Bekanntheit erlangte.[104]

---

98   Brief von Klara Swarzenski-Solbrig vom 30. Okt. 1961.

99   Siehe auch Liebhart, S. 185 ff. u. S. 198 ff.

100   LBI, Box 5; Brief an Rudolf Küstermeier am 23. Jan. 1955. Siehe auch seinen Leserbrief: Restitution by Bonn Urged. Need Stressed for Early Liquidation of Jewish Claims on Germany. In: New York Times, 104. Jg., Nr. 35425, Do. 20. Jan. 1955, S. 30.

101   Der lange Weg des Rechtes. Lücken des Bundesentschädigungs-Gesetzes. In: Frankfurter Rundschau, 10. Jg., Nr. 186, Fr. 13. Aug. 1954, S. 6; Der moralische Puls schlägt schwächer. Bei der Wiedergutmachung sind die bürokratischen Hürden verschieden hoch. In: Telegraf, 11. Jg., Nr. 104, Fr. 4. Mai 1956, Berlin, S. 11.

Siehe außerdem: Die Westmächte drängen Bonn. Zur rascheren Wiedergutmachung. In: Aufbau, 21. Jg., Nr. 1, 7. Jan. 1955, New York, S. 6; Bessere Chancen für die Wiedergutmachung? Eine Debatte über Beamten-Herzen. In: Ebd., Nr. 4, 28. Jan. 1955, S. 20;

102   Benz, Opfer, S. 37; Pross, Gutachterfehde, S. 138.

103   Siehe ausführlich Benz, Wollheim, S. 128 ff.; Ferencz, S. 62 ff.

104   Eine Lex Wollheim? In: Aufbau, 21. Jg., Nr. 50, 16. Dez. 1955, New York, S. 9; Der Fall Wollheim und die Hausse der I.G. Farben Liquis. In: Ebd., 22. Jg., Nr. 13, 30. März 1956, S. 9; I.G. Farben gegen Wollheim. Schwierige Einigungsverhandlungen. In: Ebd., Nr. 39,

Zu dem in Flushing, einer New Yorker Vorstadt, lebenden Ehepaar Wollheim bestanden über viele Jahre enge freundliche Kontakte, man sah sich häufig privat, so daß der überlieferte Briefwechsel mehr Termine und Verabredungen enthält und weniger Inhaltliches behandelt.[105] Lediglich einmal äußerte Norbert Wollheim Kritik und Bedenken in einem Brief, als er im Sommer 1964 einen Artikel[106] über dessen Besuch im ehemaligen Konzentrationslager Bergen-Belsen[107] scharf kritisierte: besonders das *„Junktim von Blut und Geld"* - die Ansicht Grossmanns, im Angesicht der Massengräber würden sich Entschädigungsverhandlungen leichter führen lassen - hatte ihn sehr verärgert.[108]

11.2 Kontakte zur SPD

Seit Anfang der sechziger Jahre schrieb Kurt Grossmann fast wöchentlich eine Kolumne für die sozialdemokratische Wochenzeitung »Vorwärts«. Diese behandelte tagespolitisch aktuelle Fragen des amerikanischen Alltags. Die Artikel, deren Länge auf drei Schreibmaschinenseiten begrenzt war, wurden durch ein pauschales Honorar von je 100 DM abgegolten. Seit 1968 erschienen regelmäßige Kolumnen von ihm außerdem noch in der Berner »Tagwacht« und der deutschsprachigen Tel Aviver Tageszeitung »Jedioth Chadashoth«.[109]

Im Frühjahr 1950 wandte sich Kurt Grossmann an Fritz Heine,[110] den er aus den gemeinsamen Prager Jahren kannte, und bat um die Zusendung mög-

---

28. Sep. 1956, S. 22; I.G. Farben G.-V. für die Wollheim-Einigung. In: Ebd., 23. Jg., Nr. 15, 12. Apr. 1957, S. 10; "Ich sage vor keinem deutschen Gericht mehr aus". Norbert Wollheim der "voreingenommene Zeuge". In: Ebd., 32. Jg., Nr. 50, 16. Dez. 1966, S. 8.

105   LBI; siehe passim die Korrespondenz mit Norbert Wollheim.

106   Wenn Steine reden... In: Aufbau, 30. Jg., Nr. 27, 3. Juli 1964, New York, S. 26.

107   Das norddeutsche bei Hannover gelegene Konzentrationslager war bereits zweimal zuvor Gegenstand von Berichten gewesen: Wallfahrt deutscher Jugend nach Bergen Belsen. In: Aufbau, 23. Jg., Nr. 13, 29. März 1957, New York, S. 1, 7; Gräber-Konflikt in Bergen-Belsen. In: Ebd., 25. Jg., Nr. 6, 6. Feb. 1959, S. 21.

108   LBI, Box 24; Brief von Norbert Wollheim vom 28. Juli 1964.

109   HIA, Box 14; Brief an den Chefredakteur des Vorwärts, Gerhard Gründler, am 25. Jan. 1972.

110   Heine, Fritz; geb. 1904 Hannover; Verleger u. Parteifunktionär, 1919-20 Handelshochschule, 1922 in SPD, 1925 Sekretär des SPD-Parteivorstands in Berlin, 1933 Emigration in die Tschechoslowakei, 1937 nach Frankreich, 1941 nach Großbritannien, Sekretär für Propagandafragen der Sopade, 1946 Rückkehr nach Deutschland u. als Mitglied des Parteivorstands bis 1957 für das SPD-Pressewesen zuständig, 1958-74 Geschäftsführer des SPD-

lichst aller neuerscheinenden Publikationen der SPD. Dies geschah zum einen aus alter Verbundenheit mit der Partei, zum anderen jedoch aus aktuellem Anlaß. Die großen Befürchtungen der amerikanischen Presse über die allgemeine politische Entwicklung in der Bundesrepublik Deutschland machten es nach Ansicht Grossmanns notwendig, *„zu zeigen, daß eine potentielle Kraft da ist, die leider nicht in genügendem Maße ermutigt wird."*[111] Darüber hinaus wollte er möglichst viele Unterlagen über Ostdeutschland[112] erhalten, da die dort fehlende Pressefreiheit es ihm unmöglich machte, Informationen in der gleichen Weise zu erhalten wie aus Westdeutschland. Da er aber über die Probleme wie Militarisierung, Nationalismus, Denazifizierung, die ja auch in Ostdeutschland existent seien, hinreichend informiert sein wollte, bat Grossmann um die regelmäßige Zusendung entsprechender Materialien.[113] Heinz Putzrath vom Referat »Auslandspresse und Informationen« beim SPD-Parteivorstand, an den das Schreiben weitergeleitet worden war, mußte diesen Wunsch jedoch aus Kostengründen ablehnen.[114]

Auch den damaligen Parteivorsitzenden der SPD, Erich Ollenhauer,[115] kannte Kurt Grossmann aus der gemeinsamen Prager Emigrationszeit und bei seinen regelmäßigen Deutschlandaufenthalten, wie im Februar 1953, hatte er mit ihm persönlichen Kontakt. Ollenhauer unterstützte dabei nachdrücklich die Wiedergutmachungsverhandlungen, auch wenn die SPD in allen anderen tagespolitischen Fragen der CDU-Regierung diametral gegenüberstand.[116] Kurz vor

---

Presseverbunds Konzentration GmbH; Biogr. Hdb., Bd. I, S. 280 f.

111   LBI, Box 13; Brief an Fritz Heine am 20. Apr. 1950.

112   Grossmann verwandte in seinen Briefen nie die offizielle Selbstbezeichnung »Deutsche Demokratische Republik« oder das gebräuchlichere Kürzel DDR. Neben den damit verbundenen politischen Implikationen scheint vor allem eine geographische Sichtweise dafür verantwortlich gewesen zu sein. Evident wird dies auch in einem Schreiben nach »Hamburg, Westdeutschland«. Der Adressat, Ernst Cramer, wies darauf hin, daß die von Grossmann vorgenommene Übersetzung von »West Germany« als »Westdeutschland« in der Anschrift zwar formal korrekt sei, aber als Norddeutscher verbinde er mit »Westdeutschland« eher das Rheinland, denn Hamburg: LBI, Box 24; Brief von Ernst Cramer, Redakteur von »Die Welt«, vom 3. Jan. 1963.

113   LBI, Box 13; Brief an Fritz Heine am 20. Apr. 1950. Siehe auch den fast gleichlautenden Brief vom gleichen Tage an Walter Karsch, Redakteur beim Tagesspiegel, Berlin.

114   HIA, Box 12; Brief von Heinz Putzrath vom 9. Juni 1950.

115   Ollenhauer, Erich; geb. 1901 Magdeburg, gest. 1963 Bonn; 1915-18 kaufmänn. Lehre, 1928-33 Vorsitzender der Sozialist. Arbeiterjugend, 1933-46 Mitglied der Sopade, 1949-63 MdB, 1952-63 SPD-Parteivorsitzender; Biogr. Hdb., Bd. I, S. 540 f. Siehe ausführlich die Biographie von Brigitte Seebacher-Brandt.

116   Payment to Israel by Bonn assured. Jewish Agency told Socialists have agreed on Ratification at earliest Opportunity. In: New York Times, 102. Jg., Nr. 34714, 8. Feb. 1953, S. 9.

dem Tode des SPD-Vorsitzenden im Dezember 1963 hatte Grossmann noch mehrmals an Ollenhauer geschrieben[117] und diesem, neben der Gratulation zur Wahl zum Vorsitzenden der »Sozialistischen Internationale«, auch seine persönliche Besorgnis über den Gesundheitszustand Ollenhauers ausgedrückt und ihm geraten, mit *„einem mäßigeren Tempo"* an den Schreibtisch zurückzukehren.[118] Doch dazu kam es nicht mehr, da der langjährige Vorsitzende der SPD am 14. Dezember 1963 verstarb. Zum Nachfolger als Parteivorsitzender wurde im Frühjahr 1964 der frühere Regierende Bürgermeister von Berlin, Willy Brandt,[119] gewählt. Da dieser Grossmann seit den gemeinsamen Aktivitäten in der Emigration persönlich bekannt war[120] und sein Herz immer noch sozialdemokratisch schlug, gratulierte er dem neuen Parteivorsitzenden besonders herzlich. Brandt bedankte sich für die Glückwünsche und hoffte, das in ihn *„gesetzte Vertrauen"* in der Zukunft auch rechtfertigen zu können.[121]

11.3 Bekanntschaft und Kontakte zu Willy Brandt

Den jungen Brandt[122] hatte Grossmann im Jahre 1934 in Prag kennengelernt.[123] Im Sommer 1959 sandte er einen Teil seines Materials[124] über Carl von Ossietzky an Leo Lania,[125] als dieser an einem Buch über Willy Brandt arbeitete.[126] Über diese Hilfestellung hinaus wollte Grossmann dem Buchautor mitteilen, *„was Willy Brandt in den Jahren 1934 bis 1939 für unsere Flücht-*

---

117 LBI, Box 25; Briefe an Erich Ollenhauer am 8. Sep., 15. Okt. u. 10. Dez. 1963.

118 Ebd.; Brief an Erich Ollenhauer am 15. Okt. 1963.

119 Brandt, Willy; geb. 1913 Lübeck, gest. 1992; 1930 in SPD, 1931 in SAP, 1933 Emigration nach Norwegen, 1940 nach Schweden, 1945 Rückkehr nach Deutschland, 1950-66 Mitglied des Berliner Abgeordnetenhauses, 1957-66 Reg. Bürgermeister, 1964-87 SPD-Parteivorsitzender der SPD, 1966-69 Bundesaußenminister, 1969-74 Bundeskanzler.

120 Grossmann, Emigration, S. 231; Ders., Ossietzky, S. 394; Lania, S. 79. Vgl. auch Brandt, Draussen, S. 66; Brandt, Erinnerungen, S. 113.

121 LBI, Box 25; Brief von Willy Brandt vom 6. März 1964.

122 Siehe Brandt, Erinnerungen, S. 515 ff.

123 LBI, Box 22; Brief an Leo Lania am 21. Aug. 1959.

124 Ebd.; siehe die Anfrage von Leo Lania vom 14. Aug. 1959 sowie dessen Dankesschreiben für das übersandte Material vom 28. Aug. 1959.

125 Lania, Leo (urspr. Lazar, Herman); geb. 1896 Charkov, gest. 1961 München; ab 1920 Journalist in Berlin, 1933 Emigration nach Frankreich, 1940 in die USA, nach 1950 Rückkehr in die Bundesrepublik; Biogr. Hdb., Bd. I, S. 419.

126 Leo Lania: Willy Brandt. Mein Weg nach Berlin. München 1960.

lingsfürsorge getan hat. Er war damals unser Verbindungsmann für Norwegen und hat besonders bei den Verhandlungen, Flüchtlinge in N. in Sicherheit zu bringen, die 1938 (Mai) begannen und immer wichtiger wurden, eine konstruktive Rolle gespielt."[127] Wie konstruktiv und wie wichtig die Aufgaben von Brandt waren, sagt Grossmann allerdings nicht. Daß der spätere Bundeskanzler, schon aus reinen Altersgründen, eine eher subalterne Rolle gespielt hatte, verschwieg er.[128] Denn der Hauptkontakt für Grossmann in Norwegen war, unter Berücksichtigung der umfangreichen Korrespondenz, Walter Fischer. In Norwegen lebten im Januar 1940 ca. 2.000 Emigranten, die von den einheimischen Hilfsorganisationen »Justisfond« und »Nansenhilfe« unterstützt wurden.[129] Ein großer Teil dieser Flüchtlinge war zuvor in der Tschechoslowakei gewesen und von dort aufgrund der sich verändernden politischen Lage evakuiert und nach Norwegen transferiert worden.[130] Doch auch hier waren die Flüchtlinge letztendlich schutzlos, da die deutsche Wehrmacht im April 1940 in Norwegen einmarschierte und das Königreich bis 1945 unter deutscher Okkupation verblieb. Wie Altbundeskanzler Willy Brandt selbst in seinem Aufsatz zu einer Ossietzky-Würdigung schrieb, war sein erster Beitrag zur Friedensnobelpreis-Kampagne für Carl von Ossietzky,[131] sich mit den Formalitäten des Osloer Nobel-Komitees vertraut zu machen.[132] Brandt berichtet im weiteren: *„Aus Prag beteiligte sich Kurt Großmann"* an diesen Bemühungen.[133]

Im Frühjahr 1954 bedankte sich Willy Brandt, der damals Mitglied des Berliner Abgeordnetenhauses war, bei Kurt Grossmann *„für die Mühe, die Sie sich während meines New York Aufenthaltes um mich gemacht haben."*[134] Außerdem bat er für eine geplante Biographie[135] noch um Hinweise über das Verhältnis von Ernst Reuter zu den jüdischen Organisationen nach 1945. In

---

127   LBI, Box 22; Brief an Leo Lania am 21. Aug. 1959. Siehe auch Brandts eigene, überaus knappe Darstellung dazu in Brandt, Erinnerungen, S. 122.

128   Siehe auch Brandts eigene, marginalisierende Darstellungen in Brandt, Draussen passim und Lorenz, S. 222, Anm. 40.

129   LBI, Box 1; Brief von Walter Fischer vom 9. Jan. 1940. Siehe auch Grossmann, Emigration, S. 148.

130   Ebd.; Briefe von Walter Fischer vom 9. u. 20. Jan., 10. Feb. 1939; Brief an Günter Nelke am 10. Feb. 1939 und Briefe an Walter Fischer 7. u. 12. Dez 1938, 23. u. 31. Jan. 1939 u. 14. Feb. 1939. Siehe auch Lorenz, S. 222.

131   Siehe auch Brandt, Erinnerungen, S. 104 f.

132   Brandt, Kampagne, S. 23.

133   Ebd., S. 27.

134   LBI, Box 21; Brief von Willy Brandt vom 1. Apr. 1954.

135   siehe: Brandt, Willy/Löwenthal, Richard: Ernst Reuter. Ein Leben für die Freiheit. Eine politische Biographie. München 1967.

seinem Antwortschreiben konnte Grossmann anhand mehrerer Briefe die verschiedenen Kontakte belegen und auch auf eine Begegnung Reuters mit Nahum Goldmann hinweisen.[136] Im Sommer 1960 bedankte sich Willy Brandt für die Übersendung mehrerer Artikel und meinte, Grossmanns Ansicht, daß militärische Antworten auf die aktuellen politischen Fragen nicht ausreichten, wolle er bei der Vorbereitung des nächsten Wahlkampfes "entscheidendes Gewicht" beimessen.[137] Die guten Kontakte[138] Grossmanns zum Regierenden Bürgermeister von Berlin[139] wurden gelegentlich auch von jüdischen Interessenvertretern genutzt.[140] So bat Benjamin Ferencz, der Rechtsvertreter der B'nai B'rith-Loge[141] und frühere Nürnberger Mitarbeiter Kempners, im November 1957 um "Amtshilfe". In seinem Schreiben berichtete er über den gescheiterten Grundstücksverkauf des Logenbesitzes in der Berliner Kleiststraße und bat um Intervention gemäß der beigefügten Instruktionen, denn der bereits vom West-Berliner Senat bestätigte Verkauf war dann plötzlich vom Vermögensausschuß des Berliner Abgeordnetenhauses mit angeblich zu hohen Instandhaltungskosten für die Gebäude abgelehnt worden.[142] Weitgehend den Sachinformationen von Ferencz zur Problematik folgend, dessen zweimalige (positive) Erwähnung Konrad Adenauers allerdings fortlassend[143] und in einem wesentlich persönlicher gehaltenen Ton schrieb Kurt Grossmann bereits vier Tage später an Willy Brandt.[144] Dieser antwortete zwei Wochen später und bestätigte, daß der Senat den Grundstückserwerb bereits beschlossen habe; die Bedenken des Vermögensausschusses würden aber noch von der Verwaltung überprüft. Brandt bat Grossmann, der Hauptloge des B'nai Brith eine *„entsprechende Mitteilung"* zukommen zu lassen, *„damit der dort offensichtlich entstandene ungünstige Einruck [Eindruck; L.M.] wieder beseitigt wird."*[145] Da die Bedenken des Vermögensausschusses auch mehr als ein Jahr später

---

136 LBI, Box 21; Brief an Willy Brandt am 4. Mai 1954.

137 LBI, Box 19; Brief von Willy Brandt vom 14. Juli 1960.

138 Ebd.; siehe die Einladung von Willy Brandt für ein persönliches Gespräch im Nov. 1960, die vom Innensenator übermittelt wurde; Brief von Joachim Lipschitz vom 3. Nov. 1960.

139 LBI, Box 18; siehe auch den Brief an Willy Brandt am 18. Okt. 1957.

140 LBI, Box 21; zur aktiven und überaus engagierten Tätigkeit im Hintergrund siehe auch die Korrespondenz bezüglich der Wiedergutmachungszahlung von mehreren Millionen DM an die Claims Conference für enteigneten und nun nach der Shoa eigentümerlosen Grundbesitz durch den Berliner Senat.

141 Siehe auch Grusd, S. 91 u. S. 99.

142 LBI, Box 18; Brief von Benjamin Ferencz vom 11. Nov. 1957.

143 Nach Ferencz fand der Verkauf die Zustimmung des Bundeskanzlers.

144 LBI, Box 18; Brief an Willy Brandt am 15. Nov. 1957.

145 Ebd.; Brief von Willy Brandt vom 27. Nov. 1957.

noch nicht ausgeräumt waren, setzte sich Grossmann, anläßlich des New York-Besuches von Brandt im Februar 1959, erneut persönlich in dieser Angelegenheit ein. Der Berliner Bürgermeister versprach, sich um die baldige Lösung dieser Angelegenheit zu kümmern.[146]

Im Oktober 1957 machte Grossmann Willy Brandt auf den bevorstehenden 85. Geburtstag[147] von Otto Lehmann-Rußbüldt aufmerksam.[148] Da dieser bereits bei einer früheren Gelegenheit mit dem Bundesverdienstkreuz ausgezeichnet worden war, wollte man nun eine Schule in West-Berlin mit dem Namen des Jubilars auszeichnen.[149] Im Vorfeld des 80. Geburtstages von Otto Lehmann-Rußbüldt[150] im Januar 1953 hatte Kurt Grossmann im Dezember 1952 unter den alten Berliner Freunden des Jubilars, die nun in den USA lebten, gesammelt.[151] Diese Sammlung, die zugleich den alten Kämpfer bei seinen fortdauernden pazifistischen Aktivitäten unterstützen sollte, erbrachte 140 Dollar, so daß ein Betrag von umgerechnet 586 DM überwiesen werden konnte.[152] Zu den spendenfreudigen Gratulanten gehörten u.a. Roger Baldwin, Prof. Albert Einstein, Manfred George, Julius Emil Gumbel, Robert Kempner, Konrad Reissner, Hans Simons, Gerard Wilk und Milly Zirker.[153] Da der als einer der ersten angesprochene Chefredakteur des »Aufbau«, Manfred George, nicht so eng mit dem Jubilar bekannt war wie Grossmann,[154] fragte er bei diesem bezüglich der Höhe der gewünschten Gratifikation nach.[155] Grossmann antwortete am nächsten Tag mit der ihm eigenen Zurückhaltung in finanziellen Fragen: *„Ich selbst habe mich mit $ 20.00 eingesetzt und glaube, daß der alte Lehmann $ 25.00 bis 50.00 wert erscheint."*[156] Manfred George, ganz im amerikanischen Wirtschaftsleben eingebunden und mit der Gepflogenheit des "matching

---

146		Ebd.; siehe das vertrauliche Memo an Saul Kagan, Claims Conference, vom 12. Feb. 1959 über das Gespräch mit Willy Brandt am Vortag.

147		Siehe auch: Ein Unermüdlicher. Otto Lehmann-Russbüldt 85 Jahre. In: Aufbau, 24. Jg., Nr. 1, 3. Jan. 1958, New York, S. 4.

148		LBI, Box 7; Brief an Willy Brandt am 18. Okt. 1957.

149		Ebd.; Brief des Referenten des Regierenden Bürgermeisters von Berlin vom 4. Dez. 1957.

150		Siehe auch die spätere Würdigung des Lebenswerkes zu dessen 85. Geburtstag: Ein Unermüdlicher. Otto Lehmann-Russbüldt 85 Jahre. In: Aufbau, 24. Jg., Nr. 1, 3. Jan. 1958, New York, S. 4.

151		LBI, Box 14; siehe auch die entsprechenden Anschreiben vom 4. u. 5. Dez. 1952.

152		Ebd.; Brief an Otto Lehmann-Rußbüldt am 30. Dez. 1952.

153		Ebd.; siehe das Gratulationsschreiben vom 22. Dez. 1952.

154		Ebd.; Brief von Manfred George vom 2. Dez. 1952.

155		Ebd.; Brief von Manfred George vom 24. Nov. 1952.

156		Ebd.; Brief an Manfred George am 25. Nov. 1952.

grants"[157] vertraut, erwiderte: *„Ich bin bereit, 25 $ zu geben, aber nur, wenn Deine Sammlung sagen wir einmal $ 500, oder aber mindestens $ 350 erreicht."*[158]

Es war Grossmann, auf dessen Initiative der damalige Berliner Bürgermeister Brandt anläßlich seines New York-Besuches im Jahre 1961 zu einem Vortrag in das »Theodor Herzl Institute« eingeladen wurde. Zum ersten Mal seit Ende des zweiten Weltkrieges sprach dort eine führende politische Persönlichkeit aus der Bundesrepublik vor einem jüdischen, speziell zionistisch ausgerichteten Publikum.[159] Als der damalige Bundesaußenminister Willy Brandt im Januar 1968 in Luxemburg eine Ausstellung über "Exil-Literatur 1933-1945" eröffnete,[160] sandte er Grossmann bereits am nächsten Tag eine Manuskriptkopie seiner dort gehaltenen Rede nach New York: *„Es hatten sich dort viele Freunde des Widerstandes und aus der Emigration zusammen gefunden. Sie fehlten uns dabei. Ich möchte Ihnen wenigstens den Text meiner Ansprache übersenden."*[161] Grossmann gab das Manuskript sofort an den damaligen Herausgeber des »Aufbau«, Hans Steinitz, weiter,[162] der die Rede bereits eine Woche später auf der ersten Seite abdruckte.[163]

In einem Brief an Willy Brandt, den noch amtierenden Bundesaußenminister und zukünftigen Bundeskanzler, meinte Kurt Grossmann im Herbst 1969, die Wahlen zum 6. Deutschen Bundestag seien in den Vereinigten Staaten mit außerordentlichem Interesse verfolgt worden. Das Wahlergebnis mit dem deutlichen Scheitern der rechtsextremen NPD an der Fünfprozenthürde[164] veranlaßte ihn zu der Feststellung: *„Die Niederlage der NPD erachte ich als das erste sichtbare Zeichen einer Gesundung des deutschen Volkes."*[165] Verständlich wird diese Aussage unter Berücksichtigung der NPD-Erfolge bei den

---

157 Eine philantrophische Organisation gibt dabei eine bestimmte Summe für den gewünschten Zweck, wenn der Antragsteller einen zuvor festgesetzten Betrag selbst aufbringt.

158 LBI, Box 14; Brief von Manfred George vom 2. Dez. 1952. Ungeachtet des nur halb so hohen Endbetrages gab George die 25 Dollar.

159 HIA, Box 3; siehe den Brief von Emil Lehman, »Theodor Herzl Institute«, an Elsa Grossmann vom 15. März 1972 und das beigefügte Redemanuskript Lehmans von seiner Ansprache bei der Gedenkfeier; hier S. 3.

160 Siehe auch Gasper, S. 7.

161 LBI, Box 27; Brief von Willy Brandt vom 18. Jan. 1968.

162 Ebd.; siehe den Brief an Willy Brandt am 25. Jan. 1968.

163 Brandt, Willy: "Was uns das andere Deutschland auftrug...". Ehrung der Exil-Literatur. In: Aufbau, 34. Jg., Nr. 4, 26. Jan. 1968, New York, S. 1.

164 Ritter/Niehuss, S. 68.

165 LBI, Box 27; Brief an Willy Brandt am 29. Sep. 1969.

Landtagswahlen Mitte der sechziger Jahre,[166] die auch einen Rechtsruck auf Bundesebene befürchten ließen.[167]

In mehreren persönlichen Gesprächen mit Rüdiger von Wechmar, den er seit 1958 kannte,[168] als dieser zum Pressesprecher des deutschen Generalkonsulates in New York ernannt wurde,[169] hatte Grossmann im Sommer 1970 die Möglichkeiten und Wege einer Nominierung von Willy Brandt für den Friedensnobelpreis erörtert. Doch bereits wenige Monate später, im November 1970, teilte von Wechmar mit, daß er die Idee der Nobelpreis-Initiative *„mit der erforderlichen Behutsamkeit und Diskretion"* im Palais Schaumburg, dem damaligen Sitz des Bundeskanzlers, vorgetragen und dabei *„den definitiven Eindruck gewonnen"* habe, daß dieses Vorhaben Brandt nicht recht sei und dieser Grossmann deshalb bitte, *„diese Anregung - zumindest vorläufig - nicht weiterzuverfolgen."*[170] Die Zurückhaltung des SPD-Vorsitzenden war jedoch nur temporär und wurde vermutlich von Beratern und Parteifreunden aus politisch-taktischen Gründen zerstreut. Denn bereits drei Monate später, im Februar 1971, teilte von Wechmar - nach Rücksprache mit dem SPD-Fraktionsvorsitzenden Herbert Wehner - mit, daß die Bibliothek des Deutschen Bundestages, *„entgegen der Annahme des Bundeskanzlers"*, nicht über Handbücher anderer europäischer Parlamente verfügte, so daß die gewünschte Hilfestellung bei der Adressenbeschaffung von Bonn aus nicht möglich war.[171] Da das Vorschlagsrecht an das norwegische Preiskomitee auf einen eng begrenzten Personenkreis eingeschränkt war, mußten zuerst Kontakte zu den Vorschlagsberechtigten hergestellt werden. Schon die Adressen dieser Honoratioren zu eruieren, war nicht einfach. Kurt Grossmann, der sich bei Prof. Berendsohn[172] eingehend über die Modalitäten und die zuständigen Personen erkundigt hatte,[173] benötigte daher

---

166 Siehe Ritter/Niehuss, S. 138 ff. Die NPD gelangte 1966 in Bayern und Hessen, 1967 in Bremen, Niedersachsen, Rheinland-Pfalz und Schleswig-Holstein sowie 1968 in Baden-Württemberg in die Landesparlamente.

167 Siehe auch Benz, Opfer, S. 31.

168 LBI, Box 34; siehe auch den Brief von Rüdiger Frhr. von Wechmar vom 28. Okt. 1959 und die Antwort an Rüdiger Frhr. von Wechmar am 7. Dez. 1959.

169 LBI, Box 8; siehe die Einladungen zu verschiedenen Dinnerparties im September 1958.

170 HIA, Box 14; siehe auch den Brief von Rüdiger Frhr. von Wechmar vom 23. Nov. 1970.

171 Ebd.; Brief von Rüdiger Frhr. von Wechmar vom 15. Feb. 1971.

172 Berendsohn, Dr. phil. Walter; geb. 1884 Hamburg; Hochschullehrer, 1914-19 Kriegsteilnehmer, 1926 in SPD, 1920 Privatdozent u. 1926 Prof. für Literatur Univ. Hamburg, 1933 aus Staatsdienst entlassen u. Emigration nach Dänemark, 1943 nach Schweden, 1943-70 Archivar in der Nobel-Bibliothek Stockholm, gilt als "Nestor" der Forschungen zur deutschen Exil-Literatur; Biogr. Hdb., Bd. II, S. 83.

173 HIA, Box 14; Brief an Rüdiger Frhr. von Wechmar am 18. Jan. 1971.

die von Rüdiger von Wechmar bereits zugesagte materielle und personelle Unterstützung für die weiteren Schritte.[174] Grossmann hatte für den benötigten "kleinen technischen Apparat" bereits konkrete Vorstellungen, die wie bei ihm üblich sehr großzügig kalkuliert waren.[175] Doch seine Unterstützungszusage mußte von Wechmar nach einem weiteren Gespräch mit dem Bundeskanzler endgültig zurückziehen, da Brandt sich selbst, seine Mitarbeiter und den engeren Freundeskreis aus einer Vorbereitung, selbst in technischer Hinsicht, heraushalten wollte.[176] Überdies hatten zwischenzeitlich sowohl skandinavische Parlamentarier als auch die FDP-Bundestagsabgeordnete und Staatssekretärin im Auswärtigen Amt, Hildegard Hamm-Brücher, den Bundeskanzler bereits öffentlich vorgeschlagen. Grossmann wollte daher, soweit es in seinen Möglichkeiten stand, auf eigene Kosten entsprechende Artikel in der Presse publizieren und alle ihm persönlich bekannten vorschlagsberechtigten Personen bitten, *„meinen Kandidaten"* vorzuschlagen.[177] Dieses Engagement für Brandt veranlaßte den stellvertreten Chefredakteur der »Süddeutschen Zeitung«, Immanuel Birnbaum, der Grossmann schon seit der Weimarer Zeit kannte, zu der Feststellung: *„Die Aktivität, die Sie nicht nur bei solcher Gelegenheit entfalten, nötigt Ihren alten Freunden und Bekannten immer neue Achtung ab."*[178]

Wie er von Wechmar gegenüber ausdrücklich betont hatte, setzte Grossmann sich in der Angelegenheit Friedensnobelpreis nicht ein, um Ehrenzeichen oder Orden zu erringen, sondern er wollte nur fortsetzen, was er nach dem zweiten Weltkrieg mit der Pakethilfsaktion für Antimilitaristen begonnen habe:[179] seinen Einsatz für das "andere Deutschland".[180] Die traumatische Erfahrung der braunen Diktatur zeigt sich hier, fast vierzig Jahre nach der sogenannten "Machtergreifung" der Nationalsozialisten, immer noch deutlich. Der konstante Wille, an dieses vergessene "andere Deutschland"[181] zu erinnern

---

174 Ebd.; Brief an Rüdiger Frhr. von Wechmar am 6. März 1971 (einen Durchschlag des Schreibens sandte er an Willy Brandt).

175 Ebd.; »Project Oslo, Tentative Budget« vom 22. März 1971. So hatte er u.a. für die Transkription und Vervielfältigung von Briefen 1.000 $, für Telefon- und Portogebühren 1.000 $ sowie 5.000 $ für eine zehnmonatige Sekretariatshilfe angesetzt.

176 Ebd.; Brief von Rüdiger Frhr. von Wechmar vom 30. März 1971.

177 HIA, Box 7; Brief an Willy Brandt am 5. Apr. 1971.

178 HIA, Box 13; Brief von Immanuel Birnbaum vom 15. Juli 1971, S. 2.

179 HIA, Box 14; Brief an Rüdiger Frhr. von Wechmar am 6. März 1971 (einen Durchschlag des Schreibens sandte er an Willy Brandt).

180 Ebd.; Brief an Rüdiger Frhr. von Wechmar am 18. Jan. 1971. Siehe auch ausführlich Koebner, S. 217 ff.

181 Siehe auch die Artikel: Der Glaube an das andere Deutschland. In: Fränkische Presse, 21. Jg., Nr. 110, Do. 13. Mai 1965, Bayreuth, S. 13; Peace Movements in Germany. In:

sowie der emotionale Wunsch, die Bundesrepublik Deutschland[182] unter Bundeskanzler Brandt möge an diese progressiven Ideale[183] anknüpfen, belegen die tiefe demokratisch-republikanische Verwurzelung Grossmanns im linksliberalen Milieu des Weimarer Staates. Dabei betonte der säkularisierte, eher areligiöse Publizist in seinen Reminiszenzen häufig auch die jüdische Komponente,[184] die für ihn vor 1945, d.h. vor der Shoa, keine Bedeutung gespielt hatte. Grossmann sah in den Ostverträgen Willy Brandts[185] die Fortführung und Erfüllung[186] der von ihm auf anderer Ebene begonnenen Aussöhnung mit Polen.[187] Daher versuchte er, die deutsch-polnische Verständigung der Bonner Regierung auch publizistisch zu unterstützen.[188]

Kennzeichnend für Grossmanns unermüdliches Engagement in Wiedergutmachungsfragen ist, daß er beispielsweise in der Frage der ausstehenden Entschädigung der österreichischen Nazi-Opfer[189] auch den deutschen Bundes-

---

South Atlantic Quarterly, Bd. 49 (1950), Durham/N.C., S. 292-302; "Landesverrat" als politische Waffe der zwanziger Jahre. In: Vorwärts, Nr. 48, 28. Nov. 1962, Bonn, S. 8.

182 Zur Bedeutung dieses "anderen Deutschlands" für die linksintellektuelle Protestbewegung der späten sechziger Jahren siehe Krohn, Entdeckung, S. 16 ff.

183 Siehe auch: Das veränderte Gesicht Deutschlands. Grad seiner demokratischen Verwurzelung. In: Tribüne, 6. Jg. (1967), H. 21, Frankfurt/M., S. 2357-2364; Albert Einstein: Fünfzig Jahre Kampf für Frieden und Freiheit. In: Deutsche Rundschau, 87. Jg. (1961), H. 8, Baden-Baden, S. 737-743.

184 Deutsche Juden auf der Linken. Ihre politische Aktivität in der Weimarer Republik. In: Gegenwart im Rückblick. Festgabe für die Jüdische Gemeinde zu Berlin, 25 Jahre nach dem Neubeginn. Hrsg. von Herbert A. Strauss und Kurt R. Grossmann. Heidelberg 1970, S. 86-105; Zionists and Non-Zionists under Nazi Rule in the 1930s. In: Herzl Year Book, 4. Jg. (1962), New York, S. 329-344.

185 Erst die Aussöhnung im Osten sichert den Frieden in Europa. Willy Brandt und der Nobelpreis. In: Vorwärts, Nr. 45, 4. Nov. 1971, Bonn, S. 17; HIA, Box 7; siehe auch den Brief an Willy Brandt am 9. Okt. 1970.

186 Willy Brandt und der Friedens-Nobelpreis. Erinnerung und Erfüllung. In: Die Mahnung, 18. Jg., Nr. 24, 15. Dez. 1971, Berlin, S. 1-2.

187 Für die deutsch-polnische Verständigung. In: Die Menschenrechte, 4. Jg., Nr. 6, 1. Juni 1929, Berlin, S. 10-11; A Chapter in Polish-German Understanding: The German League for Human Rights. In: The Polish Review, Bd. 15 (1970), H. 3, New York, S. 32-47. Siehe auch Schumann, S. 1224.

188 Die Geschichte der deutsch-polnischen Verständigung. In: Die Neue Gesellschaft, 18. Jg. (1971), H. 1, Bonn, S. 28-35; Erst die Aussöhnung im Osten sichert den Frieden in Europa. Willy Brandt und der Nobelpreis. In: Vorwärts, Nr. 45, 4. Nov. 1971, Bonn, S. 17; Hailing German-Polish Pact. In: New York Times, 120. Jg., Nr. 41257, Fr. 8. Jan. 1971, S. 30; Willy Brandt - Mann des Jahres. In: Tagwacht, Nr. 3, Mi. 6. Jan. 1971, Bern, S. 2.

189 Siehe.: Vom gar nicht gold'nen Wiener Herzen. Die österreichische Wiedergutmachungs-

kanzler Willy Brandt um Unterstützung bat.[190] Dieser sagte nicht nur seine Hilfe zu, sondern beauftragte außerdem Rüdiger von Wechmar, bei dessen vorangehendem Wien-Besuch, den österreichischen Bundeskanzler Bruno Kreisky bereits über die beabsichtigte Erörterung dieser Angelegenheit zu informieren.[191] Die persönliche Bekanntschaft von Kurt Grossmann mit Simon Wiesenthal,[192] dem Leiter des Wiener »Dokumentationszentrums des Bundes jüdischer Verfolgter des Naziregimes«, entstand Mitte der sechziger Jahre beim gemeinsamen Kampf für eine Entschädigung der österreichischen NS-Opfer durch den Staat Österreich. Grossmann, der zwei Jahrzehnte lang durch zahlreiche Artikel im »Aufbau« die Verzögerungen und Regierungsausflüchte bei den österreichischen Wiedergutmachungsverhandlungen kritisiert hatte,[193] wirkte außerdem als Berater der Opfer-Vereinigung ACOA (»American Council for Equal Compensation of Nazi Victims from Austria«).[194] Daher war die Bitte an Willy Brandt nur eine konsequente Fortführung seines Einsatzes für die österreichischen "Stiefkinder" der Wiedergutmachung.[195] Für seinen hart-

---

Tragödie. In: Aufbau, 27. Jg., Nr. 5, 3. Feb. 1961, New York, S. 25; Oesterreichs Zwischenzeitgesetz. Zur Problematik des österreichischen Wiedergutmachungsdilemmas. In: Ebd., 35. Jg., Nr. 46, 14. Nov. 1969, S. 23.

190   HIA, Box 14; Brief an Rüdiger Frhr. von Wechmar am 6. März 1971 (einen Durchschlag des Schreibens sandte er an Willy Brandt); siehe auch den Brief an Willy Brandt am 5. Apr. 1971, in dem er ein stärkeres Engagement der Bonner Regierung forderte.

191   Ebd.; Brief von Rüdiger Frhr. von Wechmar vom 30. März 1971.

192   Alleingänger Simon Wiesenthal. "Nicht Rache, sondern Gerechtigkeit". In: Aufbau, 33. Jg., Nr. 14, 7. Apr. 1967, New York, S. 7-8.

193   Siehe u.a.: Antwort vom Ballhausplatz. Wiedergutmachung in Österreich. In: Aufbau, 19. Jg., Nr. 32, 7. Aug. 1953, New York, S. 11; Keine Diskriminierung in österreichischer Wiedergutmachung. In: Ebd., Nr. 40, 2. Okt. 1953, S. 18; Abbruch der österr.-jüdischen Verhandlungen. In: Ebd., Nr. 45, 6. Nov. 1953, S. 3; Steckengeblieben. Der Stand der österreichisch-jüdischen Verhandlungen. In: Ebd., 20. Jg., Nr. 9, 26. Feb. 1954, S. 1-2; Was nun, Herr Raab? Zum bevorstehenden Besuch des österreichischen Kanzlers in USA. In: Ebd., Nr. 44, 29. Okt. 1954, S. 2; Ausflüchte. Kanzler Raabs Geheimabmachungen mit Nazis. Die Wahrheit über den österreichischen Wiedergutmachungs-Skandal. In: Ebd., Nr. 49, 3. Dez. 1954, S. 7; Fortsetzung der österreichisch-jüdischen Verhandlungen. In: Ebd., 21. Jg., Nr. 26, 1. Juli 1955, S. 7; Das Wiener Entschädigungs-Abkommen. Zehn Jahre lang jährlich 2,2 Millionen Dollar für österreichische Verfolgte bereitgestellt. In: Ebd., Nr. 29, 22. Juli 1955, S. 1; Ein unzulängliches Gesetz. Oesterreichisches Parlament verabschiedet unzulängliches Wiedergutmachungsgesetz - Protest der Naziopfer gegen die neuesten österreichischen Beschlüsse. In: Ebd., 24. Jg., Nr. 27, 4. Juli 1958, S. 5; Die österreichischen Naziopfer bringen sich in Erinnerung. In: Ebd., 34. Jg., Nr. 15, 12. Apr. 1968, S. 4.

194   LBI, Box 36; siehe passim die Korrespondenz.

195   Skandal in Oesterreich. Stiefkinder der Wiedergutmachung. In: Aufbau, 32. Jg., Nr. 4, 28.

näckigen Einsatz für die Entschädigung der österreichischen NS-Opfer ist die
Korrespondenz mit US-Senator Jacob Javits[196] und mit Felix Harding,[197] dem
Ehrenpräsidenten der ACOA, aufschlußreich.

Für den Herbst 1971 wollte Kurt Grossmann eine Gedenkfeier mit an-
schließender Konferenz zu Ehren Albert Einsteins in dessen Geburtsstadt Ulm
organisieren.[198] Als Festredner für diese Veranstaltung wollte er unbedingt
Willy Brandt gewinnen. Daher bat Grossmann auch Rüdiger von Wechmar,
seinen Einfluß beim Bundeskanzler diesbezüglich einzusetzen.[199] Doch dieser
wollte, aus innenpolitischen Gründen, in "diesem" Jahr der Einladung "noch"
nicht folgen. Der plötzliche Tod Grossmanns im Frühjahr 1972 verhinderte die
Verwirklichung der hartnäckig betriebenen Ehrung[200] des großen Pazifisten[201]
und Physikers in Ulm. Grossmann fühlte sich dabei insbesondere der Leiterin
der örtlichen Volkshochschule, Inge Aicher-Scholl, verbunden.[202] Die jüngere
Schwester des bekannten Geschwisterpaares aus dem deutschen Widerstand
hatte die Benennung der Bildungseinrichtung nach Albert Einstein initiiert.[203]

Einer seiner letzten Artikel, der kurz vor seinem Tode erschien, war zu Ehren des gerade zuvor mit dem Nobelpreis ausgezeichneten Willy Brandt, doch
der Obertitel der Eloge „Erst die Aussöhnung im Osten sichert den Frieden in
Europa"[204] war zugleich programmatisch für sein eigenes Leben und die in
den frühen zwanziger Jahren begonnenen Kontakte zu Polen während seiner
Danziger Zeit. Offensichtlich schloß sich hier für Grossmann, nach dem Nobelpreis für Carl von Ossietzky für dessen Eintreten für Menschen- und Presse-

Jan. 1966, New York, S. 1, 25; Die Stiefkinder der Wiedergutmachung. Gerechtigkeit für die
Naziverfolgten aus Österreich in letzter Stunde. In: Ebd., Nr. 30, 29. Juli 1966, S. 29;
Naziopfer aus Österreich. Stiefkinder der Wiedergutmachung. In: Die Mahnung, 14. Jg.,
Nr. 7, 1. Apr. 1967, Berlin, S. 3.

196   HIA, Box 10; siehe passim den Briefwechsel aus den Jahren 1967-70.

197   HIA, Box 9; siehe passim den Briefwechsel aus den Jahren 1967-70.

198   Zu seinem Engagement in Ulm siehe auch: Das Haus zu Ehren Einsteins. Ulm hat eine neue
      Attraktion. In: Aufbau, 35. Jg., Nr. 52, 26. Dez. 1969, New York, S. 28.

199   HIA, Box 14; Brief an Rüdiger Frhr. von Wechmar am 6. März 1971.

200   HIA, Box 7; siehe auch den Brief an Willy Brandt am 5. Apr. 1971.

201   Albert Einstein als Pazifist und Menschenrechtler. In: Telegraf, 9. Jg., Sonderausgabe Juli
      1955, Berlin, S. 6; Albert Einsteins Kampf für Frieden. Erstes Buch aus Nachlass-Schriften.
      In: Aufbau, 27. Jg., Nr. 22, 2. Juni 1961, New York, S. 17.

202   HIA, Box 6; siehe den Briefwechsel mit Inge Aicher-Scholl in den Jahren 1957-1971.

203   LBI, Box 27; Brief von Inge Aicher-Scholl vom 18. Mai 1967.

204   Erst die Aussöhnung im Osten sichert den Frieden in Europa. Willy Brandt und der Nobel-
      preis. In: Vorwärts, Nr. 45, 4. Nov. 1971, Bonn, S. 17.

rechte, wiederum ein Kreis, der ihn stark berührte: zum einen wegen der erfolgreichen Aussöhnungspolitik und zum anderen wegen der persönlichen Freundschaft zum Bundeskanzler Willy Brandt, auf die er besonders stolz war.

11.4 Engagement gegen die Berliner Mauer

Der Bau der Berliner Mauer[205] am 13. August 1961 empörte Kurt Grossmann wie Millionen andere Bürger in aller Welt. Allerdings blieb er, im Gegensatz zu vielen Politikern, nicht untätig. In mehreren Zeitungsartikeln äußerte er seine verbale Verbitterung.[206] Darüber hinaus bot er in Briefen an den Regierenden Bürgermeister Willy Brandt und an Ernst Lemmer,[207] dem ihm seit langem persönlich gut bekannten[208] Bundesminister für gesamtdeutsche Fragen,[209] seine aktive Mitarbeit an allen politischen und propagandistischen Aktionen an, die zur Beseitigung dieses Schandmals führen könnten. Seinen Vorschlag, nach Berlin zu kommen, die Verletzung der Menschenrechte in einem detaillierten Bericht festzuhalten und eine Pressekonferenz abzuhalten, stimmte Lemmer sofort zu. Die Kosten für die Flugreise, die Vervielfältigung und spätere Verteilung[210] des erstellten Berichts wurden vom Bundesministerium für

---

205 Zu den außenpolitischen und volkswirtschaftlichen Hintergründen dieser Sicherungsmaßnahme ("antifaschistischer Schutzwall") der DDR-Staatsgrenze siehe Weber, S. 95 ff.

206 Die Mauer. In: Telegraf am Sonntag, 16. Jg., Nr. 235, So. 8. Okt. 1961, Berlin, S. 44; Die Mauer und die Menschenrechte. Betrachtungen an der Berliner Sektorengrenze. Der SED-Staat bricht seine eigene Verfassung. In: Süddeutsche Zeitung, 18. Jg., Nr. 69, Mi. 21. März 1962, München, S. 6.

207 Lemmer, Ernst; geb. 1898 Remscheid, gest. 1970 Berlin; Journalist u. Politiker, Kriegsfreiwilliger im 1. Weltkrieg, 1922 Generalsekretär der Hirsch-Dunckerschen Gewerkschaften, 1924-33 MdR für DDP, ab 1933 Korrespondent für ausländische Zeitungen, 1945 Mitgründer der CDU in SBZ, ab 1950 Mitglied des Berliner Abgeordnetenhauses, 1956 Bundespostminister, 1957-62 Bundesminister für gesamtdeutsche Aufgaben; Lesche, S. 127 f.

208 Grossmann kannte Lemmer von dessen Tätigkeit als Chefredakteur der Berliner Tageszeitung »Der Kurier«; LBI, Box 51; Brief an Ernst Lemmer am 18. Juni 1956.

209 LBI, Box 26; siehe die Briefe an Ernst Lemmer am 15. Sep. u. 23. Sep., 13. Okt., 2. Nov. 1961 u. 22. Okt. 1962 sowie die Briefe von Ernst Lemmer vom 18., 20. u. 27. Sep. 1961 sowie vom 17. Jan., 6. Apr., 21. Juni u. 29. Okt. 1962.

210 Ebd.; siehe die Briefe an Dr. von Minden am 6. Dez. 1961 u. 2. Jan. 1961 sowie den Brief von Dr. von Minden vom 18. Dez. 1961 und den Brief von Dr. Plück vom 2. Feb. 1962. Der Bericht wurde an alle Bundestagsfraktionen, zahlreiche andere gesellschaftliche Institutionen und Persönlichkeiten verteilt. Allein die Ständige Vertretung der Bundesrepublik Deutschland bei der UNO in New York erhielt über fünfzig Berichte zugestellt.

gesamtdeutsche Fragen übernommen.[211] Die Reise war von Grossmann auch mit Willy Brandt und Egon Bahr abgesprochen worden, die damit „sehr einverstanden" waren.[212] Neben der Erstellung eines ausführlichen Berichts[213] über die Verletzung der Menschenrechte hielt Grossmann am 28. November 1961 eine internationale Pressekonferenz ab, die ein weltweites Medienecho auslöste und die fast in die "Normalität" abgleitende Berichterstattung aus der Frontstadt des kalten Krieges für kurze Zeit von Neuem entfachte.[214] Nachdem ein Jahr nach der Errichtung der Mauer noch immer keinerlei Fortschritt in der Entwicklung der Entfernung des Bauwerks zu erkennen war, schlug er Willy Brandt in einem Memorandum die Einrichtung einer unabhängigen Kommission vor, die aus mehreren prominenten Personen gebildet werden sollte, um die durch den Mauerbau verletzten Menschenrechte in Ost und auch West zu untersuchen.[215] Brandt dankte für die Anregung, wollte aber, wegen zahlreicher anderer Vorschläge, erst abwarten, ob ein geplantes Podiumsgespräch von zwanzig international renommierten Juristen aus mehreren Staaten nicht auch eventuell zu einer Komiteebildung führen würde.[216]

Die bei den Vereinten Nationen in New York akkreditierten Journalisten wurden vom »Rotary Club« im Sommer 1962 zu einem Ausflug in die nähere Umgebung eingeladen, um auch die amerikanischen Kleinstädte kennenzulernen, die für die USA viel typischer waren und sind als die großen politischen Machtzentren New York und Washington. Die Exkursion im Juni 1962 führte nach Olean, einer Kleinstadt, die im Nordwesten des US-Bundesstaates New York nahe dem Erie-See gelegen ist. Kurt Grossmann nahm an dieser Reise als freier Mitarbeiter für den »Vorwärts« teil. Er war außerdem einer von vier Diskutanten bei der Podiumsdiskussion über die Berlin-Frage im Olean Rotary Club am 12. Juni 1962, die ein Jahr nach dem Mauerbau noch immer von großer tagespolitischer Aktualität war. Ein indischer Reporter und ein Journalist aus Ghana waren in der Diskussionsrunde nur internationale Staffage am Rande eines erbitterten Meinungsstreits, der zwischen Grossmann und seinem

---

211   Ebd.; siehe die entsprechende Anfrage im Brief an Ernst Lemmer am 23. Sep. 1961 sowie dessen grundsätzlich zustimmende Antwort vom 27. Sep. 1961. Die endgültige Bestätigung kam durch ein Telegramm von Staatssekretär Thedieck vom 31. Okt. 1961.

212   Ebd.; Brief an Ernst Lemmer am 13. Okt. 1961.

213   Ebd.; siehe den deutsch und englisch abgefaßten »Bericht über die durch die Errichtung der Mauer am 13. August 1961 in Berlin verletzten Menschenrechte«.

214   Sellenthin, H. G.: Die Abstraktion der Mauer. Mit Kurt R. Grossmann durch Berlin. In: Berliner Stimme, Nr. 48, Sa. 2. Dez. 1961, S. 6; Ein Anwalt der Menschen. Kurt R. Grossmann sah sich die Mauer in Berlin an. In: Telegraf, Nr. 278, Mi. 29. Nov. 1961, S. 7.

215   LBI, Box 26; Brief an Willy Brandt am 10. Okt. 1962.

216   Ebd.; Brief von Willy Brandt vom 6. Nov. 1962.

Kontrahenten Gennadi A. Shiskin von der sowjetischen Nachrichtenagentur TASS über die Berliner Mauer entbrannte.[217]

11.5 Rechtskandidaten

Seit Mitte der fünfziger Jahre setzte sich Grossmann auch nachdrücklich in der Wiedergutmachungsfrage der kleinen Gruppe von Rechtskandidaten ein. Dieser weniger als 100 Personen zählende Kreis von Jura-Studenten hatte zwar das erste juristische Staatsexamen an den Universitäten noch ablegen können, war aber von den Nationalsozialisten nicht mehr zum Referendardienst und dem zweiten juristischen Staatsexamen zugelassen worden. Dies war insofern bedeutsam, da eine Berufskarriere im Staatsdienst, etwa als Richter oder Staatsanwalt, nur mit einem erfolgreich bestandenen zweiten Staatsexamen möglich war; auch in der Bundesrepublik gilt dies unverändert fort. Die Gruppe der Rechtskandidaten waren anfänglich von der Wiedergutmachung nationalsozialistischen Unrechts für Angehörige des öffentlichen Dienstes ausgeschlossen worden, da die Betreffenden nie den Status von Rechtsreferendaren und damit von (zumindest zeitweilig) im Staatsdienst Tätigen erlangt hatten. Diese Erklärung für den Entschädigungsausschluß erschien nur vordergründig plausibel, denn die rund 100 betroffenen Rechtskandidaten[218] waren aufgrund der antijüdischen Gesetzgebung des Dritten Reiches vom Referendardienst ausgeschlossen worden[219] und hatten nicht etwa freiwillig auf die Absolvierung desselben verzichtet. Im Gegensatz dazu wurde allen jüdischen Rechtsreferendaren, die den Vorbereitungsdienst noch hatten aufnehmen können, dann aber auf Grund der entsprechenden Gesetze des Dritten Reiches nicht mehr in den Staatsdienst hatten eintreten dürfen, die Benachteiligung zugebilligt und eine Entschädigung wegen Schädigung im beruflichen Fortkommen zuerkannt. Deshalb wur-

---

217 Russian, German Differ on 'Wall'. Visiting Journalists. In: Buffalo Courier Express, 13. Juni 1962; 'Unclosed Chapter' of War II, Tass Aide says of Berlin. In: Buffalo Evening News, 13. Juni 1962, S. 49.

218 Auch Rabbiner W. Gunther Plaut hatte nach dem Jurastudium auf die Karriere in der Jurisprudenz verzichten müssen und sich stattdessen in der kanadischen Emigration der theologischen Laufbahn zugewandt: Siehe den Brief von W. Gunther Plaut vom 5. Okt. 1956; LBI, Box 18. Siehe auch die Autobiographie von Plaut, S. 36 ff.

219 LBI, Box 18; So hatte beispielsweise einer der Beschwerdeführer am 10. Juni 1933 die erste juristische Staatsprüfung erfolgreich bestanden. Die Ernennung zum Referendar war aber vom Oberlandesgerichtspräsidenten in Frankfurt/M. am 23. Juni 1933 mit der Begründung, der Bewerber sei „nichtarischer Abstammung", abgelehnt worden; siehe die Urteilsbegründung des Bundesverfassungsgerichtes vom 12. Jan. 1965, S. 4..

de durch die intendierte Ausgrenzung von der Wiedergutmachungsberechtigung für den öffentlichen Dienst die Diskriminierung der Rechtsreferendare wiederholt und nachträglich legalisiert. Für Grossmann war bei diesem Personenkreis überdies das *„Element der Diskriminierung"* viel stärker zum Ausdruck gekommen als etwa bei den schon im Staatsdienst Tätigen.[220] Daher setzte er sich engagiert für die Betroffenen ein[221] und auch der entsprechende spätere Antrag der SPD[222] im Deutschen Bundestag für einen Gesetzeszusatz war von ihm mitinitiiert und lobbyistisch massiv unterstützt worden,[223] so daß wohlgesinnte Beobachter bereits von einer *„Lex Grossmann"* sprachen.[224] Die SPD-Bundestagsfraktion hatte im Oktober 1956 beantragt, im § 5 Abs. 2 des Wiedergutmachungsgesetzes den folgenden Satz anzufügen: *„Einer Entlassung steht die Nichtübernahme in den Vorbereitungsdienst gleich, wenn durch Ablegung einer Prüfung die Voraussetzungen für die Übernahme in den Vorbereitungsdienst gegeben waren und diese Übernahme in der Regel sonst geschah."*[225] Da aber die von den Sozialdemokraten betriebene Erweiterung[226] des Kreises der Entschädigungsberechtigen im Parlament keine Mehrheit fand, klagten die benachteiligten früheren Rechtskandidaten durch mehrere Instanzen[227] und schließlich vor dem Bundesverfassungsgericht. Der Zweite Senat

---

220   LBI, Box 18; siehe seine Stellungnahme am 2. Apr. 1957.

221   Ebd.; siehe auch die umfangreiche Korrespondenz mit den zwei in New York lebenden Beschwerdeführern Herbert Fay und Margaret Meyer seit dem August 1955.

222   Ebd.; siehe auch die Briefe von Erich Ollenhauer vom 22. Dez. 1956 sowie von Fritz Heine vom 17. Nov. 1956, 27. Nov. 1956, 10. Dez. 1956 u. 3. Jan. 1957.

223   LBI, Box 18; siehe die um Unterstützung werbenden Briefe an den CDU-MdB Prof. Franz Böhm am 29. Okt. 1956, nach der Einbringung des SPD-Antrages im Bundestag, und am 18. März 1957, vor dessen Erörterung im Parlament. Außerdem die Briefe an die beiden Bundestagsabgeordneten Heinrich Höfler (CDU) und Heinrich Krone (CDU) am 29. Okt. 1956. Siehe die Unterstützung signalisierende Antwort von Franz Böhm vom 6. Dez. 1956.

224   So Ernst Katzenstein in einem Brief an Saul Kagan von der Claims Conference; (LBI, Box 18; Brief von Ernst Katzenstein an Saul Kagan vom 30. Nov. 1956).

225   Deutscher Bundestag, 2. Wahlperiode, Drucksache 2735 vom 3. Okt. 1956, Antrag der Fraktion der SPD: Entwurf eines Fünften Gesetzes zur Änderung des Gesetzes zur Regelung der Wiedergutmachung nationalsozialistischen Unrechts für Angehörige des öffentlichen Dienstes, Art. 1, 3.

226   LBI, Box 20; Brief des SPD-Abgeordneten u. späteren Bundesjustizministers Gerhard Jahn vom 14. Jan. 1962, der sich für die Übersendung des Grossmann-Kommentars (Das Gewissen und das Bundes-Entschädigungsgesetz [Leserbrief]. In: Aufbau, 28. Jg., Nr. 29, 20. Juli 1962, New York, S. 30) bedankte und dem Tenor *„aus vollem Herzen"* zustimmte. Als Vorsitzender des Wiedergutmachungsausschusses des Deutschen Bundestages habe er in den Gesprächen bezüglich einer Novellierung des Bundesentschädigungsgesetzes zahlreiche Ausreden gehört, die *„ebenso vielfältig wie wenig überzeugend"* gewesen seien.

227   LBI, Box 18; Prozeßbevollmächtigter in drei Klagen von Rechtskandidaten vor dem Land-

der höchsten bundesdeutschen Judikative gab der Klage im Januar 1965 statt, da die unterschiedliche Regelung der Wiedergutmachungspraxis von Rechtskandidaten und Rechtsreferendaren nicht mit Artikel 3 (Gleichheit vor dem Gesetz) des Grundgesetzes der Bundesrepublik Deutschland vereinbar sei. In der Urteilsbegründung hieß es u.a.: *„Die die Ansprüche auf Wiedergutmachung begründenden Sachverhalte liegen also für die geprüften Kandidaten und die entlassenen Referendare völlig gleich, sofern man davon absieht, daß die geprüften Kandidaten aus Verfolgungsgründen nicht in den öffentlichen Dienst, nämlich den Vorbereitungsdienst, übernommen, die Referendare aber aus Verfolgungsgründen aus ihm entlassen wurden."*[228] Diese positive Entscheidung, nach zehnjährigem Bemühen um die Anerkennung, erläuterte Kurt Grossmann den Lesern des »Aufbau« in einer längeren Kolumne.[229]

---

gericht Stuttgart im Oktober 1956 war Robert Kempner. Siehe auch die vom Landesverwaltungsgericht Düsseldorf abgewiesene Klage von Margaret Meyer vom 28. Sep. 1955.

228 Ebd.; siehe die Urteilsbegründung des Bundesverfassungsgerichtes (Az.: 2 BvR 454/62, 2 BvR 470/62) vom 12. Jan. 1965, S. 10.

229 Auch Rechtskandidaten sind Referendare. In: Aufbau, 31. Jg., Nr. 22, 28. Mai 1965, New York, S. 29-30.

12. Wirken für die deutsch-jüdische Aussöhnung

12.1 Die Holthusen-Affäre

Als in der deutschsprachigen Emigration in den Vereinigten Staaten von Amerika bekannt wurde, daß der im Frühjahr 1960 zum Programmdirektor des sich im Aufbau befindlichen New Yorker Goethe-Hauses berufene Hans Egon Holthusen ein ehemaliger SS-Führer war, gehörte Grossmann zum Kreise der entschiedensten Protestler. Neben dem mißlungenen Versuch, über das amerikanische Berlin Document Center weitere Informationen zur NS-Vergangenheit und der Parteikarriere des Schriftstellers Holthusen zu erlangen,[1] drückte er seine Ablehnung in einem Leserbrief und der Mitinitiierung einer brieflichen Protestkampagne aus.[2] Darüber hinaus protestierte er nachdrücklich beim Bundesaußenminister. In der Berliner Zeitschrift der Vereinigung von NS-Opfern, »Die Mahnung«, hatte Grossmann im April 1961 unter der Überschrift »Antideutsche Gefühle in USA« noch davon gesprochen, daß es *„gewiß ein unglücklicher Griff"* gewesen sei, einen freiwilligen SS-Mann auf diesen Posten zu berufen.[3] In der eskalierenden Korrespondenz mit dem Auswärtigen Amt, als der vorgesetzten Dienststelle der Goethe-Häuser, zeigten sich deutlich die Ängste, Befürchtungen und das Unverständnis deutscher Juden, die Hitler und die Shoa überlebt hatten, daß in ihrer neuen Heimatstadt New York ein ehemaliger SS-Offizier das andere, demokratische Deutschland repräsentieren sollte.[4] Ein Jahr später, 1962, verfaßte er außerdem, gemeinsam mit Hermann Kesten,[5] eine »Erklärung«[6] zum Fall Holthusen, in der es u.a. heißt, daß es

---

1 LBI, Box 21; siehe die Ablehnung von Auskünften an Privatpersonen durch den amerikanischen Direktor des Berlin Document Center in seinem Brief vom 31. März 1960.

2 Ebd.; siehe das hektographierte Protestschreiben, daß von ihm an über neunzig Personen in den USA und Deutschland gesandt worden war. Außerdem bat er in einem Brief am 23. Okt. 1961 den amerikanischen Hochkommissar John Mc Cloy um dessen Intervention.

3 Antideutsche Gefühle in USA. In: Die Mahnung, 8. Jg., Nr. 7, 1. Apr. 1961, Berlin, S. 3.

4 LBI, Box 21; siehe passim die gesamte Korrespondenz mit dem Auswärtigen Amt.

5 Kesten, Hermann; geb. 1900 Galizien, gest. 1996 Basel; Schriftsteller, nach dem Studium freier Schriftsteller, 1929-33 Cheflektor im Kiepenheuer Vlg. Berlin, 1933 Emigration nach Frankreich, 1940 in die USA, 1949 Rückkehr nach Europa, lebte in Rom u. Basel, 1972-76 Präsident des deutschen PEN-Zentrums, 1974 mit dem Georg-Büchner-Preis ausgezeichnet, schrieb über 30 Bücher, die in viele Sprachen übersetzt wurden; Biogr. Hdb., Bd. II, S. 617.

gerade im Interesse des neuen Deutschland nicht tragbar sei, wenn ein früherer SS-Angehöriger auf so einer herausgehobenen Position verbleibe. Im Begleitschreiben der Erklärung wird betont, man wolle keinem souveränen Staat die Auswahl seiner Beamten vorschreiben (dies war ein beliebtes Verteidigungsargument des Auswärtigen Amtes gewesen), doch in einer Stadt, in der mehrere Tausend Nazi-Opfer lebten, sei jemand wie Holthusen *"unerträglich"*. Kurt Grossmann betonte in einem weiteren Memorandum, daß er zu jenen gehöre,[7] die frühzeitig für die deutsch-jüdische Aussöhnung eingetreten seien, da er Gerechtigkeit und aktives Eintreten für die Menschenrechte als "unteilbar" ansehe. Daher ginge es im Fall Holthusen auch gar nicht darum, ob dieser ein "grosser" oder ein "kleiner" Nazi gewesen sei, *„ sondern ob das neue Deutschland durch Persönlichkeiten draussen vertreten werden kann, die moralisch belastet sind."*[8] Auch der Bundesaußenminister mußte sich von Grossmann im Januar 1962 fragen lassen, ob *„ es zuviel verlangt sei, daß in einer Stadt, wo Tausende von Verfolgten leben, nur Deutsche ihr Land repräsentieren sollten, bei denen Mißverständnisse über ihre anti-totalitäre Haltung nicht möglich sind"*?[9] Der zuständige Ministerialdirektor im Auswärtigen Amt, Dr. Sattler, hatte diesen Standpunkt bereits in einem früheren Antwortschreiben anerkannt und seinerseits konzediert, daß *„ deswegen manche Leute das Goethe-Haus meiden werden."*[10] Ungeachtet dieser deutlich erkannten ad-absurdum-Führung der eigentlichen außenpolitischen Aufgabe der Goethe-Häuser, nämlich für die Bundesrepublik Deutschland positiv im Ausland zu werben,[11] war für die unsensibel reagierenden Beamten im Auswärtigen Amt die "formale Belastung" von Holthusen kein Grund, ihn von seiner Funktion zu entbinden[12] und auf eine Position in einem anderen Staat zu delegieren. Die

---

6   LBI, Box 23; siehe undatierte [1962] Erklärung und das Begleitschreiben.

7   So hatte er im Januar 1955, als G.F. Duckwitz zum Botschafter der Bundesrepublik im Königreich Dänemark ernannt wurde, in einem »Aufbau«-Artikel besonders betont, daß dieser während der deutschen Besatzung Dänemarks durch Nichtausführung von Befehlen vielen dänischen Juden die Deportation erspart und damit das Leben gerettet hatte. Daher habe der Name Duckwitz in Dänemark einen sehr guten Ruf und er sei ein würdiger Vertreter für das neue, demokratische Deutschland; siehe: G.F. Duckwitz - deutscher Botschafter in Dänemark. In: Aufbau, 21. Jg., Nr. 3, 21. Jan. 1955, New York, S. 1.

8   LBI, Box 21; Memorandum: »Man schreibt vor allem mit seinem Charakter. Eine grundsätzliche Auseinandersetzung zur Angelegenheit Hans Egon Holthusen«, undatiert (1962).

9   Ebd.; Brief an Ministerialdirektor Dieter Sattler am 3. Jan. 1962.

10   Ebd.; Brief von Ministerialdirektor Dieter Sattler vom 16. Dez. 1961.

11   Siehe auch seine spätere positive Darstellung: Deutsche Werke für Amerikaner. Das Goethe-Haus in New York. Eine Bibliothek mit 11.000 Bänden. In: Frankfurter Neue Presse, 16. Jg., Nr. 66, Sa. 18. März 1961, S. 6.

12   LBI, Box 21; siehe Brief von Ministerialdirektor Dieter Sattler vom 22. Juli 1963.

Redaktion der Zeitung »Die Kultur«, die als eine der wenigen den Fall Holthusen aufgriff,[13] hatte Grossmann gegenüber bereits im Frühjahr 1962 illusionslos erklärt, daß er sachlich zweifellos recht habe, doch hätten ihm seine gelegentlichen Deutschlandbesuche nicht bewußt gemacht, wie grundlegend sich in den zurückliegenden zwei bis drei Jahren die moralische Position verändert habe: *„Halbkompromittierte wie Holthusen gibt es an jeder Strassenecke, in jedem Amt, in jeder Redaktion, und sie sind wieder sehr selbstbewußt geworden.“*[14] Man schlug Grossmann daher vor, die amerikanische Öffentlichkeit zu mobilisieren, denn dann *„würden die grossen Herren vom Bonner Außenamt ganz anders reagieren, als wenn ein einzelner jüdischer Emigrant bei Ihnen vorspricht.“*[15] Für die Beamten im Auswärtigen Amt war indes klar, daß, falls Holthusen von sich aus von seinem Posten zurücktreten sollte, nur ein bekannter Publizist mit untadeliger Vergangenheit als Nachfolger in Frage kommen könne.[16] Allein vom *„Standpunkt der antitotalitären Vergangenheit“*[17] her und weniger aus Kenntnis ihrer individuellen administrativen Eignung für diese Verwaltungsaufgabe, hatte Grossmann von sich aus bereits zwei Wochen zuvor fünf Personen vorgeschlagen, die seiner Meinung nach die notwendige Reputation hatten: den Journalisten Walter Kröpelin vom Bayerischen Rundfunk, die Schriftsteller Wolfgang Koeppen,[18] Paul Schallück und Heinrich Böll sowie Erich Lüth. Den Letztgenannten, einen langjährigen persönlichen Freund,[19] der damals Direktor der Pressestelle der Hansestadt Hamburg war, empfahl er besonders, da dieser bei seinem USA-Besuch[20] im Jahre 1956 *„hier in allen Kreisen einen großen Eindruck gemacht“* habe;[21] doch Holthuen harrte noch mehr als drei Jahre auf seinem Posten aus. Wie wenig Holthusen kulturpolitisch für den sensiblen New Yorker Posten geeignet war[22] und wie

---

13   Siehe: Von 1941 bis 1961, S. 2.

14   LBI, Box 21; Zit. in Brief von Hans Dollinger vom 1. März 1962.

15   Ebd.; Brief von Hans Dollinger vom 1. März 1962.

16   Ebd.; siehe Brief von Ministerialdirektor Dieter Sattler vom 16. Dez. 1961.

17   Ebd.; Brief an Ministerialdirektor Dieter Sattler am 6. Dez. 1961.

18   Koeppen, Wolfgang; geb. 1906 Greifswald, gest. 1996 München; ab 1931 Feuilleton-Redakteur beim »Berliner Börsen-Courier«. Aus dieser Zeit rührte ihre Bekanntschaft.

19   Siehe auch seinen Bericht: Bei Erich Lueth[!] in Hamburg. In: Aufbau, 18. Jg., Nr. 37, 12. Sep. 1952, New York, S. 13-14.

20   Gruss an Erich Lüth. In: Aufbau, 22. Jg., Nr. 3, 20. Jan. 1956, New York, S. 3.

21   LBI, Box 21; Brief an Ministerialdirektor Dieter Sattler am 6. Dez. 1961.

22   So hatte er u.a. in seiner im Jahre 1949 erschienenen Schrift »Die Welt ohne Transzendenz« den besonders in Emigrantenkreisen hochgeschätzten Thomas Mann der *„intellektuellen Falschmünzerei“* beschuldigt und sogar gemutmaßt, dieser habe aus einer *„patriotischen Zwangsneurose“* gehandelt.

gering er sich nur von seiner eigenen, dunklen Vergangenheit entfernt hatte,[23] dokumentierte er im Oktober 1964 in seinem Erfahrungsbericht über das New Yorker Goethe-Haus: *„Denn wenn es irgendwo in Amerika Reserven, Vorbehalte, wenn es faustdicke Vorurteile und wohlbegründete, oft unversöhnliche Feindseligkeit gegen Deutschland gibt, dann gibt es sie in der in der 'liberalen', insbesondere der jüdischen Intelligenz von New York."*[24] Nur jemand, der offensichtlich aus einem reaktionär-faschistoiden Weltbild heraus die Shoa als einen "Betriebsunfall der Geschichte" betrachtete, konnte seine Verwunderung darüber ausdrücken, daß es Reserven und Vorbehalte gegenüber Deutschland gab. Die hier diskriminierend besonders herausgehobene "jüdische Intelligenz" wurde so, in bewußter Umkehrung der Täter-Opfer-Rolle, von einem geistigen Mittäter[25] auf die Anklagebank gesetzt und für die noch vorhandenen Schwierigkeiten im deutsch-amerikanischen Verhältnis verantwortlich gemacht. Zu Peter Stadelmeyer, dem Nachfolger Holthusens als Programmdirektor des Goethe-Hauses, hatte Grossmann von Beginn an ein unverkrampfteres, beinahe herzliches Verhältnis.[26] Bereits von seinem Ansprechpartner in der Washingtoner Botschaft der Bundesrepublik Deutschland war ihm der Nachfolger als *„ein guter Griff"* avisiert worden.[27] Grossmann entgegnete postwendend: *„Nachdem Holthusen nun fort ist, bin ich an dem Goethe-Haus als eine Brücke Amerikas zu Deutschland interessiert, auch bereit, dort eventuell einmal zu sprechen."*[28] Im Mai 1969 schließlich hielt er einen viel beachteten Vortrag zum Thema »Der Auszug des Geistes«.[29]

---

23   Seine Unbelehrbarkeit hatte Holthusen im Jahre 1951 publizistisch dokumentiert, als er über die aus der Emigration rückkehrenden Schriftsteller und Künstler urteilte, sie seien nur zurückgekommen, da sie *„den sehr aufnahmefähigen deutschen Büchermarkt und die stoffgierigen deutschen Bühnen wieder zu erobern trachteten"*; Holthusen, Mensch, S. 142.

24   Hans E. Holthusen: 1014 Fifth Avenue. Als Leiter des New Yorker Goethe-Hauses: ein Erfahrungsbericht. In: Frankfurter Allgemeine Zeitung, Nr. 248, Sa. 24. Okt. 1964, Beilage »Bilder und Zeiten«, o.S. (2).

25   Wie gering der persönliche Schuldanteil und die individuelle Verantwortung auch gewesen sein mag, so steht zweifelsfrei fest, daß die SS eine verbrecherische Organisation gewesen war und eine Mitgliedschaft in ihr freiwillig erfolgte.

26   LBI, Box 24; siehe die Briefe von Peter Stadelmeyer vom 24. Feb., 15. März u. 6. Apr. 1965 sowie die Briefe an Peter Stadelmeyer am 8. u. 25. März 1965.

27   LBI, Box 25; Brief von Botschaftsrat Hanns-Erich Haack vom 14. Okt. 1964.

28   Ebd.; Brief an Hanns-Erich Haack am 23. Okt. 1964. Themen für den angesprochenen Vortrag dann bereits wenige Monate später in der Korrespondenz mit Stadelmeyer diskutiert.

29   Vortrag K. R. Grossmann. In: Aufbau, 35. Jg., Nr. 21, 23. Mai 1969, New York, S. 2.

12.2 Unbewältigte Vergangenheit

Als sich im Spätherbst 1966 eine Große Koalition unter Hans-Georg Kiesinger abzeichnete, setzte nicht nur in der Bundesrepublik Deutschland eine erbitterte Diskussion um die NS-Vergangenheit des CDU-Politikers ein.[30] Pointiert hatte sich u.a. Marion Gräfin Dönhoff in einem Artikel in der Wochenzeitung »Die Zeit« geäußert.[31] In seinem privaten Briefwechsel mit dem deutschen Botschafter in den USA, Heinrich Knappstein,[32] betonte Kurt Grossmann, daß Frau Dönhoff den *„neuralgischen Punkt"* einer Kanzlerschaft Kiesingers berührt habe. Er sei daher sehr *„besorgt um Deutschland und seine Zukunft".*[33] Ebenso wie der Herausgeber des »Aufbau«, Hans Steinitz,[34] glaubte Grossmann, daß *„im Interesse der demokratischen Entwicklung der Bundesrepublik an der Spitze ein Mann stehen müßte, dessen Vergangenheit nicht zu diskutieren ist."*[35] Botschafter Knappstein kam zu der realistischen wie auch deprimierenden Erkenntnis, daß es sicherlich besser gewesen wäre, wenn eine Person ohne braune Vergangenheit für die Position des Regierungschefs gefunden worden wäre. Man könne aber nicht deshalb einen Hinterbänkler zum Bundeskanzler machen, nur weil er aufgrund seiner Jugend nicht in der NSDAP gewesen sei.[36] Die von Dönhoff formulierten Einwände über die formale Belastung Kiesingers hielt der Washingtoner Botschafter für *„pharisäisch und opportunistisch".*[37] Wie Heinrich Knappstein selbst konzedierte, fügte er seinem Brief abschließend als boshafte Bemerkung hinzu, es wäre doch zu erwägen, ob nicht Herr von Thadden von der NPD als Bundeskanzler infrage käme. Er sei nie Nazi gewesen, unbelastet, und keine Zeitung, kein Rundfunksender könne ihn als "Ex-Nazi" bezeichnen.[38] Am Beispiel dieses rechtsextremen NPD-Demagogen wollte Knappstein dabei jedoch nur die Relativität "formaler Mitgliedschaft" im Dritten Reich verdeutlichen, die ihn zu dem scharf-

---

30 Siehe auch seinen Leserbrief: Kiesingers's Record. In: New York Times, 116. Jg., Nr. 39741, Mo. 14. Nov. 1966, S. 40.

31 Dönhoff, Marion Gräfin: Kein Parteigenosse als Kanzler! In: Die Zeit, 21. Jg., Nr. 47, 18. Nov. 1966, Hamburg, S. 2.

32 Siehe auch: Die Bundesrepublik und die UN. Gespräch mit Dr. Heinrich Knappstein. In: Aufbau, 28. Jg., Nr. 23, 8. Juni 1962, New York, S. 5.

33 HIA, Box 8; Brief an Heinrich Knappstein am 28. Nov. 1966.

34 Steinitz, Hans: Nach Hessen: Bayern. Nach Kiesinger: Wer? In: Aufbau, 32. Jg., Nr. 47, 25. Nov. 1966, New York, S. 3.

35 HIA, Box 8; Brief an Heinrich Knappstein am 28. Nov. 1966.

36 Ebd.; Brief von Heinrich Knappstein vom 29. Nov. 1966, S. 1.

37 Ebd, S. 2.

38 Ebd, S. 3.

sinnigen Resümee kommen ließ, *„daß der Schönheitsfehler, den Kiesinger an sich hat, ein Teil des deutschen Schicksals ist. Man muß halt mit ihm leben, ebenso wie das ganze deutsche Volk mit dem Flecken seiner Vergangenheit leben muß."*[39]

Eine andere Episode zur Frage der Vergangenheitsbewältigung, die charakteristisch für Grossmanns offene und zupackende Art war, ist der Briefwechsel mit Gustaf Gründgens. Nach dessen erfolgreichem New York-Gastspiel im Winter 1960/61 wandte er sich an den ihm persönlich unbekannten Schauspieler und teilte diesem mit, daß dessen Rolle in der NS- Zeit in New York *„in vielen Kreisen heiß diskutiert"* werde.[40] Darum wollte er von Gründgens selbst wissen, wie er sein Verhalten im Dritten Reich bewerte. Grossmann, der den Schauspieler bereits in Berlin *„mit großem Genuß erlebt"* hatte, wandte sich dabei *„ausschließlich an den Menschen Gründgens."*[41] In seiner ausführlichen Erwiderung ging Gustaf Gründgens auf die verschiedenen Fragen und Vorhaltungen, wie etwa die Ernennung zum Staatsrat, dezidiert ein und versuchte ein differenziertes Bild seines Wirkens in den Jahren nach 1933 zu zeichnen, das mit dem Resümee schloß: *„Ich hoffe, in dieser Zeit das Menschenmögliche getan zu haben, und bin mir dabei durchaus bewußt, wie wenig das gewesen ist."*[42]

39		Ebd., S. 2.

40		Brief an Gustaf Gründgens am 14. Feb. 1961; abgedruckt in Gründgens, S. 85-87; hier S. 86.

41		Ebd., S. 85.

42		Brief von Gustaf Gründgens vom 17. Apr. 1961; abgedruckt in Gründgens, S. 87-88; hier S. 88.

13. Unbesungene Helden

Nachdem er die Idee für ein entsprechendes Buch aufgrund von vielen einzelnen Berichten Überlebender während seiner ersten Aufenthalte im Nachkriegsdeutschland schon mehrere Jahre gedanklich vorbereitet hatte, wandte sich Kurt Grossmann Anfang 1956 über die Printmedien an die Bevölkerung und bat um die Schilderung entsprechender Hilfen. Die Aufrufe[1] im West-Berliner »Telegraf«, der Münchner »Süddeutschen Zeitung« und dem New Yorker »Aufbau« brachten weit mehr als hundert Antworten[2] ein. Wie er selbst im Vorwort der späteren Buchpublikation »Die unbesungenen Helden. Menschen in Deutschlands dunklen Tagen«[3] im Jahre 1957 konzedierte, hätten viel mehr Schicksale und weit mehr Helfer eine Erwähnung verdient gehabt. Eine zweite, erweiterte Buchauflage erfolgte vier Jahre später, im Jahre 1961. Das Buch »Die unbesungenen Helden« widmete Grossmann bezeichnenderweise seiner Frau Elsa, seiner *„Weggefährtin und Mitkämpferin“*.[4] Zahlreichen Helfern konnte er außerdem durch spätere Zeitschriftenaufsätze[5] und Zeitungsartikel[6]

---

1   Als die SS das Ghetto schloß. In: Telegraf, 11. Jg., Nr. 33, Mi. 8. Feb. 1956, Berlin, S. 6; Janina und "ihre" Kinder. Gedanken zur "Woche der Brüderlichkeit". Material zu einem Buch "Unbesungene Helden" gesucht. In: Ebd., Nr. 45, Mi. 22. Feb. 1956, S. 5; Unbesungene Helden. In: Süddeutsche Zeitung, 12. Jg., Nr. 48, Sa./So. 25./26. Feb. 1956, München, S. 13.

2   LBI, Box 6; siehe passim.

3   Berlin 1957; Arani Vlg., 388 S.; 2. veränd. u. erg. Aufl.: Berlin 1961; 416 S.; Zeugnisse der Menschlichkeit aus Deutschlands dunklen Tagen [Teilausgabe der »Unbesungenen Helden«]. (Die Stundenbücher, Bd. 40). Hamburg 1964.

4   Siehe die Widmung auf dem Deckblatt. Zur wichtigen, aber meist unbeachteten Rolle der Frauen im Exil siehe auch Backhaus-Lautenschläger sowie Quack.

5   Die unbesungenen Helden. In: Tribüne, 1. Jg. (1962), H. 4, Frankfurt/M., S. 406-411; Die unbesungenen Helden II. Teil. In: Ebd., 2. Jg. (1963), H. 6, S. 662-667.

6   Unbesungene Helden: Janina. In: Aufbau, 17. Jg., Nr. 4, 26. Jan. 1951, New York, S. 11; Unbesungene Helden II: Towaritsch. In: Ebd., Nr. 7, 16. Feb. 1951, S. 3; Unbesungene Helden III: Mieze. In: Ebd., Nr. 7, 16. Feb. 1951, S. 3; Unbesungene Helden IV: John. In: Ebd., Nr. 11, 16. März 1951, S. 32; Tod einer unbesungenen Heldin [Nachruf]. In: Ebd., 23. Jg., Nr. 8, 22. Feb. 1957, S. 19; Zeugnisse der Menschlichkeit. Warum ich "Die unbesungenen Helden" schrieb. In: Telegraf am Sonntag, 16. Jg., Nr. 128, So. 4. Juni 1961, Berlin, S. 23; Unbesungene Helden. In: Allgemeine Wochenzeitung der Juden in Deutschland, 19. Jg., Nr. 19, 1. Mai 1964, Bonn, S. 14.

noch ein literarisches Denkmal setzen. Zugleich berichtete er mit Stolz über die Ehrungen und Auszeichnungen von "Unbesungenen Helden".[7] Darüber hinaus kämpfte er aber auch für deren Berücksichtigung bei der Entschädigung und gegen deren materielle Notlagen im Alter.[8]

Oskar Schindler, der seit dem Jahre 1994 und den Hollywood-Spielfilm »Schindlers Liste« von Stephen Spielberg in aller Munde ist, war einer dieser "unbesungenen Helden",[9] denen Kurt Grossmann bereits im Jahre 1957 ein literarisches Denkmal setzte und den er auch ausführlich im »Aufbau« würdigte.[10] Eine andere Heldin, die er immer wieder besonders herausstellte,[11] war die katholische Sozialarbeiterin Gertrud Luckner,[12] die für ihre illegal geleistete Hilfe für verfolgte Juden selbst im KZ Ravensbrück inhaftiert wurde. Frau Luckner, deren Einsatz in der Zeit des Nationalsozialismus von Grossmann mehrfach im »Aufbau« gewürdigt wurde,[13] war Anfang der sechziger Jahre beim »Deutschen Caritasverband« in der Verfolgtenfürsorge tätig. Ein Grund für die stille Bewunderung ihrer Leistungen waren sicherlich die verwandten Motivationen[14] der beiden Persönlichkeiten.

---

7   Ehrung der "unbesungenen Helden". In: Aufbau, 25. Jg., Nr. 12, 20. März 1959, S. 30; Berlin ehrt "unbesungene" Helden. In: Ebd., 26. Jg., Nr. 24, 10. Juni 1960, S. 34; Berlin ehrte die unbesungenen Helden. In: Ebd., 36. Jg., Nr. 50, 11. Dez. 1970, S. 18. Die unbesungenen Helden. Berliner Senat und Jüdische Gemeinde ehrten Helfer der Verfolgten. In: Allgemeine Wochenzeitung der Juden in Deutschland, 14. Jg., Nr. 14, Di. 3. Juli 1959, Düsseldorf, S. 4.

8   Die "Unbesungenen Helden" und das Entschädigungsrecht. In: Aufbau, 34. Jg., Nr. 30, 26. Juli 1968, New York, S. 33-34; Erneuter Hilferuf für eine "unbesungene Heldin". In: Ebd., 36. Jg., Nr. 26, 26. Juni 1970, S. 3.

9   Die unbesungenen Helden. Berlin 1961; 2. veränd. u. erg. Aufl., S. 147-160.

10   Retter von 1100 Juden. Begegnung mit Oskar Schindler. In: Aufbau, 23. Jg., Nr. 28, 12. Juli 1957, New York, S. 1-2.; Retter von 1100 Juden. Oscar Schindler von dankbaren "Kindern" begrüsst. In: Ebd., 38. Jg., Nr. 2, 14. Jan. 1972, S. 9.

11   Gertrud Luckner. In: Rheinischer Merkur, 13. Jg., Nr. 18, 2. Mai 1958, Köln, S. 3. Siehe auch Grossmann, Helden, S. 100-102.

12   Luckner, Gertrud; geb. 1901 in Liverpool, seit 1938 über 30 Jahre in Freiburg/Br. in der Caritaszentrale tätig, leitete sie das Referat Verfolgtenfürsorge, verhalf zahlreichen Juden zur Flucht u. betreute viele andere in den Sammellagern, 1943 von der Gestapo verhaftet, war sie bis zum Kriegsende im KZ Ravensbrück inhaftiert. Die israelische Regierung verlieh ihr den Ehrentitel »Botschafterin der Menschlichkeit«. Im Jahre 1961 wurde anläßlich ihres 60. Geburtstages in Israel ein Gertrud-Luckner-Wald gepflanzt.

13   Bei Gertrud Luckner. In: Aufbau, 18. Jg., Nr. 39, 26. Sep. 1952, New York, S. 9-10; Gertrud Luckner. In: Ebd., 36. Jg., Nr. 39, 25. Sep. 1970, S. 4.

14   Siehe auch: "Mein Auftraggeber ist mein Gewissen". Zum Vortrag Gertrud Luckners vor den Lesern des "Aufbau" am 5. November. In: Aufbau, 30. Jg., Nr. 44, 30. Okt. 1964, New York, S. 23.

Im November 1967 wurden in Bonn mehrere "unbesungene Helden" von der Bundesregierung in einer Feierstunde geehrt. Unter den anwesenden Ehrengästen waren u.a. Bundesminister Prof. Carlo Schmid sowie die Botschafter Israels und der USA.[15] Die Auszeichnung durfte Kurt Grossmann dabei persönlich vornehmen. In der israelischen Gedenkstätte Yad Vashem wurden zu Ehren der "unbesungenen Helden" zahlreiche Bäume gepflanzt. Bis Herbst 1976 ehrte die Stadt Berlin insgesamt 687 "unbesungene Helden". Den Bedürftigen unter ihnen wurde außerdem ein monatlicher Ehrensold von 150 DM gezahlt.[16]

Das Buch "Unbesungene Helden" wurde überdies von den Kultusministerien der Bundesländern Baden-Württemberg, Bayern, Berlin, Bremen, Hamburg, Nordrhein-Westfalen und Rheinland-Pfalz als Unterrichtsstoff empfohlen und den Volks- und Schulbibliotheken zur Anschaffung vorgeschlagen;[17] es erreichte dadurch eine Gesamtauflage von fast 10.000 Exemplaren.

Der aufgrund seines jahrelangen unermüdliches Engagements für den christlich-jüdischen Dialog bekannte Publizist und Historiker Günther B. Ginzel begann im Jahre 1990 in Nordrhein-Westfalen in einem Forschungsprojekt weitere "unbesungene Helden" zu erfassen.[18] »Mut zur Menschlichkeit«[19] betitelte er seine Untersuchungsergebnisse dieser Hilfen für NS-Verfolgte. Nach der Wende in der DDR begann auch Ostdeutschland die Suche nach »Unbesungenen Helden«. Die vom Jüdischen Kulturverein in Ost-Berlin initiierte »Aktion Rettung« versuchte die unbekannten Helfer aus der NS-Zeit ausfindig zu machen. Irene Runge, früheres Vorstandsmitglied der Ost-Berliner Jüdischen Gemeinde, war die Initiatorin dieses Projektes, dessen erste Ergebnisse in einem Sammelband mit neun Gesprächsprotokollen veröffentlicht wurden.[20]

---

15   "Sie haben sich um dieses Land verdient gemacht". Bonn ehrt die unbesungenen Helden. In: Aufbau, 33. Jg., Nr. 48, 1. Dez. 1967, New York, S. 7.

16   Pfuhl, S. 3.

17   Siehe Buchnotiz. In: In: Aufbau, 24. Jg., Nr. 49, 5. Dez. 1958, New York, S. 25.

18   Siehe auch den Aufruf: Forschungsprojekt "Unbesungene Helden". In: Aufbau, 56. Jg., Nr. 4, 16. Feb. 1990, New York, S. 20. Dieser Aufruf wurde auch in mehreren rheinischen Tageszeitungen abgedruckt.

19   Ginzel, Günther B.: Mut zur Menschlichkeit. Hilfe für Verfolgte während der NS-Zeit. Pulheim 1993.

20   Irene Runge: Onkel Max ist jüdisch. Neun Gespräche mit Deutschen, die Juden halfen. Berlin 1991.

14. Die Kontakte zum »Rheinischen Merkur« und die Angst der Linken

Der »Rheinische Merkur« war in den fünfziger Jahren stark katholisch geprägt und stand der Politik von Bundeskanzler Konrad Adenauer sehr nahe.[1] Die Redakteure der Wochenzeitung gehörten daher stets zu den wenigen Journalisten, die zu den berühmten Rhöndorfer Teegesprächen[2] eingeladen wurden.[3] Ungeachtet dieser politischen und religiösen Determinanten hatte Kurt Grossmann als Jude und früheres SPD-Mitglied (von 1920-33 und seit den 1950er Jahren als Sympathisant) eine sehr positive Meinung über den »Rheinischen Merkur«: *„Meine Verbindung zu diesem Blatt ist ganz zufällig gekommen, denn meine Beziehungen zu einem katholischen Blatt sind sicherlich nicht zu enge. Ich habe aber gerade in dem Redaktionsstab dieses Blattes echte tolerante Männer kennengelernt. Keiner meiner Artikel wurde irgendwie abgeändert, und ich habe immer das sagen können, was ich wollte. Das ist so wertvoll und wichtig, daß ich wünschte, andere Redaktionen nähmen sich ein Beispiel daran.“*[4]

Im Frühjahr 1960 lehnte jedoch der Chefredakteur Otto Roegele das Manuskript "Die Wahrheit über den Fall Oberländer" ab.[5] Aufgrund zahlreicher strafrechtlich zu wertender schwerer Vorwürfe Kurt Grossmanns gegenüber Theodor Oberländer, die dieser aufgrund des ostdeutschen "Anklagematerials" erhob, fürchtete der Chefredakteur, daß *„so sicher wie das Amen in der Kirche“* nicht nur eine Prozeßklage des Bundesvertriebenenministers[6] erfolgen

---

1 HIA, Box 12; der Chefredakteur des »Vorwärts« bezeichnete ihn in einem Brief sogar als *„die halb-offizielle Zeitung der CDU“*; Brief von Jesco von Puttkamer vom 30. Apr. 1965.

2 Siehe Adenauer, Teegespräche passim.

3 LBI, Box 20; siehe auch den Hinweis im Memo an Nahum Goldmann am 3. Juni 1952.

4 LBI, Box 22; Brief an Adolph Reifferscheidt am 30. Okt. 1959; der Hinweis auf das positive Beispiel für die anderen Redaktionen schloß sicherlich im Umkehrschluß eine Rüge für Manfred George mit ein, der aus Platzmangel ständig die Manuskripte Grossmanns kürzte.

5 Ebd.; siehe auch die Ablehnung desselben Manuskriptes, mit einer fast identischen Begründung, durch die »Stuttgarter Zeitung« im Brief von Robert Haerdter vom 5. Mai 1960.

6 Oberländer, Theodor; geb. 1905; trat 1933 in die NSDAP ein, ab 1934 Prof. für Landwirtschaftspolitik in Königsberg, erhielt 1940 eine Professur in Prag u. nahm als Ostexperte am Einsatz deutscher Spezialtruppen in Rußland teil, formell 1943 aus der Wehrmacht entlassen, war er danach im Stab der sog. Wlassow-Armee tätig. Nach 1945 zuerst Mitglied der

würde, sondern außerdem eine sofortige "Einstweilige Verfügung" gegen die
Zeitung erwirkt werden könnte. Da aber nach Ansicht von Roegele die
Mehrzahl der erhobenen Vorwürfe nicht sofort zu belegen seien und auch der
Verfasser als Zeuge aufgrund der geographischen Entfernung nicht direkt ge-
hört werden könne, käme eine Veröffentlichung des Artikels einer „Art juristi-
schen Harakiris" gleich.[7] Im übrigen würde ja in Bonn durch die Staatsan-
waltschaft und einen parlamentarischen Untersuchungsausschuß bereits gegen
Oberländer ermittelt.

Diese publizistischen und persönlichen Kontakte zum »Rheinischen Merkur« wurden Kurt Grossmann jedoch auch übelgenommen bzw. aus der politischen "Lagermentalität" der fünfziger Jahre heraus falsch verstanden. Der Düsseldorfer Regierungspräsident Kurt Baurichter[8] schrieb im Sommer 1964 an
den „lieben Freund Grossmann" und meinte einen wohlwollenden Ratschlag
erteilen zu müssen: „Im übrigen war ich manchmal etwas verwundert, in
welchen Zeitungen, z.B. 'Rheinischer Merkur', ich Artikel von Ihnen fand. Sie
werden die Dinge nicht so übersehen, aber es ist ähnlich, als wenn Sie vor
1933 in der 'Kreuz-Zeitung', bestenfalls in der 'Germania' geschrieben hätten."[9] Diese anmaßende und nicht nur den Empfänger beleidigende Kritik wies
Grossmann energisch zurück, denn ungeachtet des dezidiert katholisch-
konservativen Charakters der Wochenzeitung »Rheinischer Merkur« war ein
Vergleich mit der monarchisch-antisemitischen »Kreuzzeitung« und der natio-
nalistisch-restaurativen »Germania« ehrabschneidend und wohl allzu sehr
durch die parteipolitisch verzerrte Optik des Düsseldorfer Regierungspräsiden-
ten verursacht. Darüberhinaus blieb Baurichter eine Erklärung schuldig, warum
er die Artikel von Grossmann überhaupt in dieser Zeitung finden konnte, denn
wenn es seiner Meinung nach ehrenrührig war für sie zu schreiben, so war es

---

FDP, 1950 Mitgründer der bayerischen BHE [Block der Heimatvertriebenen und Entrechte-
ten], ab 1951 Bayer. Staatssekretär für Flüchtlingswesen, ab Okt. 1953 im 2. Kabinett Adenauers Bundesvertriebenenminister, trat 1956 in CDU über. Im Jahre 1959 wurde ihm in
einer SED-Kampagne vorgeworfen, an Einsätzen von Todeskommandos an der Ostfront beteiligt gewesen zu sein. O. bestritt die Vorwürfe energisch, trat aber im Mai 1960 von seinem Ministeramt zurück. Im April 1961 stellte die Bonner Staatsanwaltschaft die Ermittlungen ein, da die Vorwürfe haltlos waren. Die im Schauprozeß im April 1960 vom Ost-Berliner Gericht in Abwesenheit des "Angeklagten" verhängte lebenslange Zuchthausstrafe wurde 1993 vom Landgericht Berlin als "rechtsstaatswidrig" aufgehoben; Kallina, S. 16;
Vollnhals, S. 151 f. Siehe auch die Dokumentation in Ruhl, S. 331 u. S. 356 ff.

7   LBI, Box 22; Brief von Otto Roegele vom 5. Mai 1960.

8   Baurichter, Kurt; geb. 1902, gest. 1974, in SPD seit 1920, Persönlicher Referent von Carl
Severing bzw. Joseph Wirth, nach 1933 zeitweilig inhaftiert, 1947-67 Regierungspräsident
in Düsseldorf.

9   LBI, Box 25; Brief von Kurt Baurichter vom 1. Juli 1964.

die Lektüre dieser Zeitung sicherlich nicht weniger. Grossmann wies in seiner Antwort die Kritik scharf zurück und betonte erneut, der »Rheinische Merkur« habe alle *„Artikel gedruckt, wie ich es geschrieben habe. Es ist eine der wenigen Zeitungen, die sich wirklich für die Wiedergutmachung einsetzt. "*[10] Diese Auffassung bekräftigte er einen Monat später in einem »Aufbau«-Artikel mit dem Titel "Das nächste Kapitel der Wiedergutmachungsendphase",[11] wo er den »Rheinischen Merkur« ausdrücklich als eine der wenigen deutschen Zeitungen erwähnte, die gegen die um sich greifende Wiedergutmachungsmüdigkeit in der Bundesrepublik ankämpfen würden.

Die hohe Meinung über die Wochenzeitung und die guten Kontakte zu ihrer Redaktion blieben, ungeachtet derartiger Anfeindungen, weiter bestehen. Da ein Bericht von Grossmann über seine Reise in die Tschechoslowakei im Sommer 1967 (»Wiedersehen mit der Tschechoslowakei nach dreißig Jahren«) bereits als Auszug im »Rheinischen Merkur« erschienen war,[12] lehnte die Redaktion der »Frankfurter Hefte« den Abdruck des wesentlich längeren Gesamtberichts strikt ab.[13] Zwar versuchte Grossmann mit dem Hinweis auf die interessanten Passagen im ungedruckten Teil des Manuskriptes zu retten, was noch zu retten war;[14] doch dies mißlang. Vor allem die politisch motivierte Ablehnungsentscheidung der »Frankfurter Hefte« war unumstößlich: *„Nun ist leider der 'Rheinische Merkur' eine jener Zeitschriften, die uns immer feindlich gesinnt waren, verständlich bei einer radikal rechten katholischen Zeitschrift. Es ist völlig ausgeschlossen, daß wir ihn* [den Artikel; L.M.] *nachdrucken. (Es sollte Ihnen ja schon bei der Wahl des Haupttitels durch die dortige Redaktion ein wenig bang geworden sein. Da ist nichts mehr von Zurückhaltung oder gar Neutralität zu spüren.) "*[15] In seiner Replik betonte Grossmann zum wiederholten Male, den wortwörtlichen, unzensierten Abdruck seiner Artikel in der Wochenzeitung und vertrat die Auffassung, mehr könne ein Journalist nicht verlangen. Da er *„gewiß ein prononcierter Linker"* sei, gab er dem jungen Journalistenkollegen, mit einem Schuß Altersweisheit, zu bedenken: *„ Wenn es sich also um ein 'rechtes Blatt' handelt, dann haben meine Artikel vielleicht gut getan, zumindest aber haben die Leser des 'Rheinischen Merkur' einen anderen*

---

10   Ebd.; Brief an Kurt Baurichter am 18. Juli 1964.

11   In: Aufbau, 30. Jg., Nr. 35, 28. Aug. 1964, New York, S. 33-34.

12   Macht verdirbt den Menschen. Besuch in der Tschechoslowakei nach 30 Jahren. In: Rheinischer Merkur, 22. Jg., Nr. 41, 13. Okt. 1967, Köln, S. 16.

13   LBI, Box 27; Brief von Hubert Habicht vom 13. Okt. 1967.

14   Ebd.; Brief an Hubert Habicht am 20. Okt. 1967.

15   Ebd.; Brief von Hubert Habicht vom 23. Okt. 1967. Der angesprochene Haupttitel lautete »Macht verdirbt den Menschen«.

18*

*Standpunkt vorgesetzt bekommen. Also hat der Rh. Merkur den Grundsatz
aufrechterhalten, daß Demokratie Diskussion ist.*
*Das Dritte ist: In einem Punkte ist der Rheinische Merkur mit Ihnen einig, sich
der Gefahr eines neuen Rechtsextremismus entgegenzuwerfen. Man muß ja immer das Gemeinsame betonen und das Trennende zurückstellen, denn Deutschland ist noch lange nicht aus den 'woods' heraus.* "[16] In diesem Statement hatte
Grossmann nicht nur nachdrücklich eine Lanze für Pluralismus und Meinungsfreiheit gebrochen, sondern, angesichts der gegebenen politischen Lage
mit dem dramatischen Aufkommen der NPD,[17] auch auf die aktuelle Latenz
des Neonazismus in der Bundesrepublik hingewiesen.

Nachdem Kurt Grossmann, der schon über eine Dekade freier Mitarbeiter der
sozialdemokratischen Parteizeitung »Vorwärts« war,[18] im April 1962 in den
»Blätter für deutsche und internationale Politik« den Aufsatz »"Antideutsche
Welle" oder Ernüchterung in USA?«[19] publiziert hatte, wurde er vom
Auslandsreferat des SPD-Parteivorstandes nachdrücklich darauf aufmerksam
gemacht, *„daß diese Zeitschrift das Organ der kommunistischen Tarnorgani-
sation 'Deutsche Friedensunion' ist. Ohne Ihnen vorschreiben zu wollen, in
welchen Zeitungen oder Zeitschriften Sie schreiben, kann ich mir denken, daß
Sie kein Interesse daran haben, als Mitarbeiter eines solchen Blattes in Erscheinung zu treten."*[20] In seiner Entgegnung meinte Grossmann, er halte es
mit Voltaire und wolle seine Meinung sagen, wo auch immer, solange die
jeweilige Zeitung oder Zeitschrift diese nicht abändere. Denn *„ich gehöre zu
den altmodischen Menschen, die glauben, wir sollten bei Artikeln nicht fragen,
wo er erscheint, sondern was er enthält."*[21] Dieses unmißverständliche und
eindeutige Credo für die Meinungsfreiheit erklärt auch das breite Spektrum der
Publikationen, in denen die zahlreichen Artikel und Aufsätze von Grossmann
erschienen sind: von der konservativen Tageszeitung »Die Welt«, über die
liberalen Blätter »Süddeutsche Zeitung« und »Frankfurter Rundschau«, bis hin
zum sozialdemokratischen »Vorwärts«. Oder vom katholischen »Rheinischen
Merkur« über die gewerkschaftliche »Welt der Arbeit«, den linksstehenden
»Blätter für deutsche und internationale Politik«, bis zu den jüdischen
Wochenzeitungen »Aufbau« und »Allgemeine Wochenzeitung der Juden«.

---

16 Ebd.; Brief an Hubert Habicht am 28. Dez. 1967.

17 Fetscher, S. 15 ff.

18 Sein erster Artikel nach dem zweiten Weltkrieg erschien im Herbst 1951: Carl von
    Ossietzky und der Nobelpreis. In: Neuer Vorwärts, 23. Nov. 1951.

19 In: Blätter für deutsche und internationale Politik, 7. Jg., H. 4, Köln, S. 286-295.

20 LBI, Box 23; Brief von Hans-Eberhard Dingels vom 16. Mai 1962.

21 Ebd.; Brief an Hans-Eberhard Dingels am 23. Mai 1962.

Im Oktober 1971 wurde Grossmann von Robert Kempner auf eine Artikel-serie des rechtsextremen britischen Journalisten David Irving in der »Welt am Sonntag« aufmerksam gemacht,[22] in der dieser bekannte revisionistische, d.h. rechtsradikale Thesen verbreitete. Kempner bat den alten Freund und Kampf-gefährten, eine entsprechende Erwiderung zu verfassen. Grossmann formulierte sofort nach Erhalt der Mitteilung einen Protestbrief an den Chefredakteur der »Welt am Sonntag«, Warnfried Encke,[23] der auszugsweise in der Ausgabe vom 7. November 1971 abgedruckt wurde.[24] Diese pointierte Stellungnahme, die Encke, der sehr wohl um die Gefahr möglicher Fehlinterpretationen der Irving-Thesen bei einem Teil der Leserschaft wußte,[25] *„sehr berührt"* hatte, löste aber auch zahlreiche Leserbriefe aus, die Irvings Positionen verteidigten. Einigen dieser "Ewiggestrigen" und "hoffnungslosen Fälle", wie Grossmann es for-mulierte, schrieb er ungeachtet dessen - nach Zusendung der Leserbrief-zuschriften durch die Welt-Redaktion - noch privat energische Philippikas, in der Hoffnung, zumindest vereinzelt doch noch Denkanstöße auszulösen.[26]

---

22   HIA, Box 10; Brief von Robert Kempner vom 18. Okt. 1971.

23   HIA, Box 14; Brief an Warnfried Encke am 23. Okt. 1971.

24   Anklage gegen Kriegsverbrecher [Leserbrief]. In: Welt am Sonntag, Nr. 45, 7. Nov. 1971, Bonn, S. 46.

25   HIA, Box 14; Brief von Warnfried Encke vom 10. Nov. 1971.

26   Ebd.; siehe passim die Zuschriften, die ihm von der Leserbrief-Redaktion der »Welt« zuge-sandt wurden sowie die verschiedenen Antwortschreiben Grossmanns darauf.

15. Resümee

Eine Bewertung der Lebensleistung von Kurt Grossmann ergibt ein klares Urteil. Ungeachtet aller persönlichen Eitelkeiten und charakterlichen Defizite ist das lebenslange Engagement für Menschenrechte und Pazifismus sowie der unermüdliche Einsatz für Flüchtlinge und Opfer totalitärer Strukturen zu würdigen. Wie bei vielen anderen Berufsfunktionären, ist auch bei ihm die Neigung zu konstatieren, die eigene Bedeutung und den persönlichen Einfluß herausstellen. Es bleibt jedoch festzuhalten, daß er ungeachtet dessen in seinem Leben in verschiedenen Funktionen mehreren tausend Menschen Hilfe geleistet hat. So war Grossmann für viele die einzige Hoffnung sowohl beim nackten Überlebenskampf in der Emigration als auch im Ringen mit einer übermächtigen Bürokratie in Wiedergutmachungsfragen. Die Rolle als "Ombudsmann" (Kempner) und die damit verbundenen Kontroversen schienen ihm zur zweiten Identität geworden zu sein.

Für den privaten Bereich ist hingegen ein schmerzlicher Zwiespalt erkennbar. Während sich die fast 50jährige Ehe mit Elsa Grossmann als überaus harmonisch und vertrauensvoll darstellt, war die Beziehung zu seinem einstmals fast abgöttisch geliebten Sohn Walter Gilbert immer mehr durch Dissenz und Enttäuschungen als durch Harmonie und Freude charakterisiert. Vielleicht waren es enttäuschte Hoffnungen und Wünsche über die berufliche und private Entwicklung des einzigen Kindes, die zu diesem Zwiespalt führten. Vor allem aber waren diese Konfrontationen schmerzliche Einschnitte in ein ansonsten glückliches und anregendes Privatleben.

Standen in den Jahren als Generalsekretär der »Deutschen Liga für Menschenrechte« zumeist juristische Hilfen und praktische Ratschläge im Vordergrund des Wirkens von Kurt Grossmann, so traten sowohl in den Prager Jahren als auch in der Pariser Zeit die existentielle Unterstützung und die Entwicklung neuer Lebensperspektiven in der Emigration in den Mittelpunkt seiner Aktivitäten. Das "Grossmann-Comité" (Sternfeld) war für mehrere hundert Flüchtlinge der einzige Rettungsanker im Exil. Dies gilt für die pekuniären Unterstützungen im Alltag ebenso wie für die Auswanderungs- und Umschulungshilfen beim Aufbau einer neuen Existenz.

Die politisch-gesellschaftlichen Vorstellungen der frühen vierziger Jahre in den USA für ein künftiges Deutschland bzw. konföderiertes Europa blieben unrealisierte theoretische Überlegungen und forcierten die nominelle Integration in die amerikanische Gesellschaft. Das umfassende Interesse an Deutschland und seiner politisch-gesellschaftlichen Entwicklung blieb jedoch ungebrochen bestehen. Die gemeinsam mit Veit Valentin initiierte Unterstützungsaktion half hunderten von deutschen "Antimilitaristen" sowohl materiell als auch ideell in den ersten schweren Nachkriegsjahren. Noch deutlicher wird diese persönliche Ambivalenz der Identitätsfindung, welche die Emigration auf die physische Existenz in den USA beschränkte, während intellektuell längst eine geistige Rückkehr stattgefunden hatte, in der Frage des Verbleibs von Juden in Deutschland. Obgleich Grossmann sich persönlich energisch dagegen aussprach, unterstützte er zugleich die "uneinsichtigten" Glaubensgenossen auf verschiedenen Ebenen. Die seit Anfang der vierziger Jahre zu konstatierende Hinwendung zum Judentum geschah nur auf der politischen (World Jewish Congress) und gesellschaftlichen (»Aufbau«/New World Club) Ebene, nicht aber im religiösen Bereich, da Kurt Grossmann nie einer Religionsgemeinde angehörte. Die amerikanische Staatsbürgerschaft nahm er im Laufe des 27jährigen Besitzes eher konstruktiv-kritisch wahr. Ob die negativen Erfahrungen der McCarthy-Ära oder die dominanten und emotional prägenden deutschen Wurzeln diese Distanziertheit zum "American Way of Life" begründeten, läßt sich nicht beantworten. Die mehrmonatigen Deutschlandbesuche waren nie bloße Dienstreisen, sondern auch immer verklärte temporäre Rückkehren in die alte Heimat. Besonders die Aufenthalte in seiner Geburtsstadt Berlin waren regelmäßig von einer Vielzahl von Kontakten mit alten Freunden und Kampfgefährten aus der Weimarer Zeit angefüllt. Diese selektiven Erinnerungen an die "gute alte Zeit" waren, ebenso wie die lebenslange Beschäftigung mit Carl von Ossietzky, ein romantisierendes Kennzeichen der fünfziger und sechziger Jahre, in denen aber eine vollständige Rückkehr nicht mehr in Erwägung gezogen wurde.

Das Buchprojekt der »Unbesungenen Helden« und die daraus entstandene Ehrung sowie teilweise materielle Unterstützung dieser vergessenen Helfer durch den West-Berliner Senat im restaurativen Klima der Bundesrepublik Deutschland war eine vielfach unbeachtet gebliebene Leistung Grossmanns. Dies gilt auch für die Beurteilung seiner Public Relations/Lobbyistentätigkeit in der Wiedergutmachungsfrage. Die Bedeutung dieser in der frühen Bundesrepublik vollkommen neuen, gänzlich unbekannten medialen Agitationsform und politischen Einflußnahme auf den legislativen Entscheidungsprozeß kann in der Retrospektive nicht mehr genau gemessen werden. Aber die Vielzahl von Gesprächsterminen mit Politikern und Journalisten lassen sowohl seine enorme Beachtung durch die politisch Handelnden als auch seine große Bedeutung für die journalistisch Beobachtenden erkennen. Die starke Medienwahrnehmung der Stellungnahmen, Kommentare und Vorträge Kurt Grossmanns beeinflußten und unterstützten dabei die Verhandlungen und Beratungen in der Entschädigungsproblematik nicht unwesentlich. Vor allem die Suggestion der Politiker, aber auch die Sensibilisierung der interessierten Öffentlichkeit durch die zahlreichen Zeitungsartikel und öffentlichen Vorträge dürfen in ihrer Bedeutung für den gesellschaftlichen Meinungsbildungsprozeß nicht unterschätzt werden.

Die neue Ostpolitik der sozial-liberalen Bundesregierung unter dem ihm langjährig persönlich bekannten Willy Brandt war für Kurt Grossmann letztendlich der positive Schlußpunkt seines eigenen Lebenskreises, dessen politisch-gesellschaftliche Anfänge im Danzig der frühen zwanziger Jahre begonnen hatte und durch deutsch-polnische Verständigungskonferenzen intensiviert worden waren. Nach dem innenpolitischen Abschluß der Wiedergutmachung war damit auch die Aussöhnung mit dem östlichen Nachbarn eingeleitet. Für den, wenige Wochen nach seinem überraschenden Tod, anstehenden 75. Geburtstag waren Ehrungen und Auszeichnungen durch die Bundesregierung und die »Internationale Liga für Menschenrechte« geplant, die das Lebenswerk dieses unermüdlichen Kämpfers für Humanität und Gerechtigkeit krönen sollten.

Literatur

Für die im Text zitierten Veröffentlichungen von Kurt R. Grossmann siehe im Anhang die gesonderte Auswahlbibliographie seiner Schriften.

Gespräche mit Freunden und Bekannten:

Dr. Robert Kempner am 27. Januar 1993 in Königstein/Ts.

Henry Marx am 13. Oktober 1992 in New York.

Günter Nelke am 14. Dezember 1992 in Bonn.

Prof. Dr. Herbert A. Strauss am 19. Oktober 1992 in New York.

Abosch, Heinz: Von der Volksfront zu den Moskauer Prozessen. In: Stalin und die Intellektuellen und andere Themen. Hrsg. von Thomas Koebner et al. (Exilforschung, Bd. 1). München 1983, S. 27-44.

Adenauer, Konrad: Teegespräche 1950-1958. Hrsg. von Rudolf Morsey/Hans-Peter Schwarz. Berlin 1984-86.

Ahlers, Mulan: "Die Emigranten kämpfen mit Shanghai wie Jacob mit dem Engel". In: Fluchtpunkte des Exils und andere Themen. Hrsg. von Thomas Koebner et al. (Exilforschung, Bd. 5). München 1987, S. 111-122.

Albrechtovà, Gertruda: Die Tschechoslowakei als *Asyl* der deutschen antifaschistischen Literatur. Phil. Diss. Prag 1960.

Albrechtovà, Gertruda: Über die *Solidarität* der Kommunistischen Partei der Tschechoslowakei für deutsche antifaschistische Emigranten während der Zeit der Nazidiktatur in Deutschland. In: Wissenschaftliche Zeitschrift der Ernst-Moritz-Arndt-Universität Greifswald, Gesellschafts- und sprachwissenschaftliche Reihe, 14. Jg. (1965), H. 2/3, Greifswald, S. 347-353.

Amann, Klaus: Die "American Guild for German Cultural Freedom" und die "Deutsche Akademie" im Exil (1935-1940). In: Eine schwierige Heimkehr. Österreichische Literatur im Exil 1938-1945. Hrsg. von Johann Holzner/Sigurd Paul Scheich/Wolfgang Wiesmüller. (Innsbrucker Beiträge zur Kulturwissenschaft, Bd. 40). Innsbruck 1991, S. 181-204.

Aufbau-Redaktion: Kurt R. Grossmann [Nachruf]. In: Aufbau, 38. Jg., Nr. 10, 10. März 1972, New York, S. 28.

Aus New York. In: Semana Israelita, 27. Jg., Nr. 2179, 5. Aug. 1966, Buenos Aires, S. 4.

Backhaus-Lautenschläger, Christine: ...Und standen ihre Frau. Das Schicksal deutschsprachiger Emigrantinnen in den USA nach 1933. Pfaffenweiler 1991.

Bahne, Siegfried: Die KPD und das Ende von Weimar. Das Scheitern einer Politik 1932-1935. Frankfurt/M.-New York 1976.

Bahr, Ehrhard: Paul Tillich und das Problem einer deutschen Exilregierung in den Vereinigten Staaten. In: Gedanken an Deutschland im Exil und andere Themen. Hrsg. von Thomas Koebner et al. (Exilforschung, Bd. 3). München 1985, S. 31-42.

Baring, Arnulf: Im Anfang war Adenauer. Die Entstehung der Kanzlerdemokratie. München 1984, 3. Aufl.

Barth, Max: *Flüchtling* Kurt Großmann. In: Volksstimme. Ostschweizerische Arbeiterzeitung, 34. Jg., Nr. 124, Mo. 30. Mai 1938, St. Gallen, o.S. (2).

Barth, Max: Der *Fall* Kurt Großmann. In: Volksstimme. Ostschweizerische Arbeiterzeitung, 34. Jg., Nr. 144, Do. 23. Juni 1938, St. Gallen, o.S.

Becher, Peter: Kurt R. Grossmann und die Demokatische Flüchtlingsfürsorge. In: Drehscheibe Prag. Zur deutschen Emigration in der Tschechoslowakei 1933-1939. Hrsg. von Peter Becher/ Peter Heumos. (Veröffentlichungen des Collegium Carolinum, Bd. 75). München 1992, S. 53-63.

Beck, Miroslav/*Vesely*, Jiri (Leiter eines Autorenkollektivs): Exil und Asyl. Antifaschistische deutsche Literatur in der Tschechoslowakei 1933-1938. Berlin (Ost) 1981.

Bemmann, Helga: Kurt Tucholsky. Ein Lebensbild. Berlin (Ost) 1990.

Bennet, James: The Last of Frankfurt-on-the-Hudson. A Staunch, Aging Few Remain as a Once Vibrant Haven Fades. In: New York Times, 141. Jg., Nr. 49071, Do. 27. Aug. 1992, S. B1, B6.

Benz, Wolfgang: Von der *Emanzipation* zur Emigration. In: Wolfgang Benz/Marion Neiss (Hg.): Deutsch-jüdisches Exil: das Ende der Assimilation? Identitätsprobleme deutscher Juden in der Emigration. Berlin 1994, S. 7-13.

Benz, Wolfgang: Erzwungenes *Ideal* oder zweitbeste Lösung? Die Prägung der Bundesrepublik durch die Alliierten. In: Ders.: Zwischen Hitler und Adenauer. Studien zur deutschen Nachkriegsgesellschaft. Frankfurt/M. 1991, S. 203-213.

Benz, Wolfgang: Die *Opfer* und die Täter - Rechtsextremismus in der Bundesrepublik. In: Aus Politik und Zeitgeschichte, 30. Jg., B 27, 5. Juli 1980, Bonn, S. 29-45.

Benz, Wolfgang (Hg.): *Pazifismus* in Deutschland. Dokumente zur Friedensbewegung 1890-1939. Frankfurt/M. 1988.

Benz, Wolfgang: *Verfassungspläne* und Demokratiekonzepte im Widerstand, im Exil und unter alliierter Herrschaft. In: Ders.: Zwischen Hitler und Adenauer. Studien zur deutschen Nachkriegsgesellschaft. Frankfurt/M. 1991, S. 24-38.

Benz, Wolfgang: Der *Wollheim*-Prozeß. Entschädigung für Zwangsarbeit in Auschwitz. In: Ders.: Zwischen Hitler und Adenauer. Studien zur deutschen Nachkriegsgesellschaft. Frankfurt/M. 1991, S. 128-154.

Bering, Dietz: Kampf um Namen. Bernhard Weiß gegen Joseph Goebbels. Stuttgart 1991.

Berkenhoff, Georg: Hitlers Schatten weicht nicht. Fühlen sich die deutschen Juden wieder zu Hause? In: Die Zeit, 9. Jg., Nr. 7, 18. Feb. 1954, Hamburg, S. 15; Nr. 8, 25. Feb. 1954, S. 13.

Beteiligung von Juden an freideutschen Bewegungen unerwünscht. In: Aufbau, 10. Jg., Nr. 25, 23. Juni 1944, New York, S. 6.

Betz, Albrecht: Exil und Engagement. Deutsche Schriftsteller im Frankreich der dreißiger Jahre. München 1986.

*Biogr*aphisches *Handb*uch der deutschsprachigen Emigration nach 1933. International Biographical Dictionary of Central European Emigrés 1933-1945, *Bd. I*: Politik, Wirtschaft, Öffentliches Leben. Hrsg. vom Institut für Zeitgeschichte München und von der Research Foundation for Jewish Immigration, Inc. New York unter der Gesamtleitung von Werner Röder/Herbert A. Strauss. München-New York-London-Paris 1980.

*Biogr*aphisches *Handb*uch der deutschsprachigen Emigration nach 1933. International Biographical Dictionary of Central European Emigrés 1933-1945, *Bd. II*: The Arts, Sciences, and Literature. Hrsg. vom Institut für Zeitgeschichte München und von der Research Foundation for Jewish Immigration, Inc. New York unter der Gesamtleitung von Werner Röder/Herbert A. Strauss. München-New York-London-Paris 1983.

*Biogr*aphisches *Wörterb*uch zur deutschen Geschichte. Begründet von Hellmuth Rössler/Günther Franz. Bearbeitet von Karl Bosl/Günther Franz/Hanns Hubert Hofmann, 1. Bd.: A-H, 2. Bd.: I-R, 3. Bd.: S-Z. München 1973-75, 2. völlig neubearb. u. stark erw. Aufl.

Bleek, Wilhelm: Verwaltung und öffentlicher Dienst. In: Die Bundesrepublik Deutschland, Bd. 1: Politik. Hrsg. von Wolfgang Benz. Frankfurt/M. 1983, S. 6391.

Bodemann, Y. Michal: Staat und Ethnizität. Der Aufbau der jüdischen Gemeinden im Kalten Krieg. In: Jüdisches Leben in Deutschland seit 1945. Hrsg. von Micha Brumlik et al. Frankfurt/M. 1988, S. 49-69.

Bolz, Rüdiger: Thomas Dehler. In: Ulrike Nikel (Hg.): Politiker der Bundesrepublik Deutschland. Persönlichkeiten des politischen Lebens seit 1949 von A bis Z. Düsseldorf 1985, S. 51-54.

Bonn Seeks to Punish Editor's Slur of Israel. In: New York Times, 118. Jg., Nr. 40544, Sa. 25. Jan. 1969, S. 16.

Brandt, Willy: "Was uns das andere *Deutschland* auftrug...". Ehrung der Exil-Literatur. In: Aufbau, 34. Jg, Nr. 4, 26. Jan. 1968, New York, S. 1.

Brandt, Willy: *Draussen*. Schriften während der Emigration. Hrsg. von Günther Struve. München 1966.

Brandt, Willy: *Erinnerungen*. Frankfurt/M. 1989, 3. erw. Aufl.

Brandt, Willy: Eine *Kampagne* für den Friedenspreis gegen Hitler. In: Helmut Donat/Adolf Wild (Hg.): Carl von Ossietzky. Republikaner ohne Republik. Bremen 1986, S. 23-37.

Brandt, Willy/*Löwenthal*, Richard: Ernst Reuter. Ein Leben für die Freiheit. Eine politische Biographie. München 1967.

Brann, Henry Walter: Kurt Grossmann und das Judentum [Leserbrief]. In: Aufbau, 38. Jg., Nr. 12, 24. März 1972, New York, S. 13.

Brecht, Bertolt: Svendborger Gedichte, VI: Über die Bezeichnung Emigranten. In: Ders.: Gesammelte Werke, Bd. 9. Frankfurt/M. 1967, S. 718.

Briegleb, Klaus/*Uka*, Walter: Zwanzig Jahre nach unserer Abreise... In: Stalin und die Intellektuellen und andere Themen. Hrsg. von Thomas Koebner et al. (Exilforschung, Bd. 1). München 1983, S. 203-244.

Brinson, Charmian/*Malet*, Marian (Hg.): Rettet Ossietzky! Dokumente aus dem Nachlaß von Rudolf Olden. Oldenburg 1990.

Bruer, Wolf S.: "Junge Juden zur Bundeswehr?" Bericht über eine Podiums-Diskussion in München zum Thema. In: Semit, 1. Jg. (1989), Nr. 3, Dreieich, S. 12-13.

Buch, Günther: Namen und Daten wichtiger Personen der DDR. Berlin-Bonn 1982, 3. überarb. u. erw. Aufl.

Buschfort, Wolfgang: Das Ostbüro der SPD. Von der Gründung bis zur Berlin-Krise. (Schriftenreihe der Vierteljahrshefte für Zeitgeschichte, Bd. 63). München 1991.

Carl-von-Ossietzky-Medaille für Carola Stern. In: Der Tagesspiegel, 28. Jg., Nr. 8282, Sa. 9. Dez. 1972, Berlin (West), S. 10.

Changes in Average Family Income. In: New York Times, 98. Jg., Nr. 33223, So. 9. Jan. 1949, Sec. IV, S. 5.

Chickering, Roger: We men who feel most German. A cultural study of the Pan-German-League 1886-1914. Boston-London 1984.

Clark, Ronald W.: Einstein. The Life and Times. New York-Cleveland 1971.

Council for a Democratic Germany. In: Aufbau, 10. Jg., Nr. 18, 5. Mai 1944, New York, S. 7.

Council for Democratic Germany. Formed by Refugee Leaders Here. In: New York Times, 93. Jg., Nr. 31511, Mi. 3. Mai 1944, S. 10.

Dam, Hendrik van: Zurück nach *Deutschland*. In: Allgemeine Wochenzeitung der Juden, 11. Jg., Nr. 24, 21. Sep. 1956, Bonn, S. 2.

Dam, Hendrik G. van: *Symbiose* oder Psychose? In: Jüdischer Presse Dienst, Nr. 10/Juli 1966, Düsseldorf, S. 2-4.

Das amerikanische Echo. In: Aufbau, 10. Jg., Nr. 18, 5. Mai 1944, New York, S. 7.

Deak, Istvan: Weimar Germany's Left-Wing Intellectuals. A Political History of the Weltbühne and Its Circle. Berkeley-Los Angeles 1968.

Delarue, Jacques: Geschichte der Gestapo. Königstein/Ts. 1979.

Delays by Germans on Indemnity cited. In: New York Times, 105. Jg., Nr. 35791, Sa. 21. Jan. 1956, S. 3.

Deutsche Intellektuelle im Exil. Ihre Akademie und die »American Guild for German Cultural Freedom«. Eine Ausstellung des Deutschen Exilarchivs 1933-1945 der Deutschen Bibliothek, Frankfurt am Main. München u.a. 1993.

Die Heimat nie vergessen. Akten der Valentin-Paketaktion 1946/48 jetzt im Stadtarchiv. In: Frankfurter Rundschau, 23. Jg., Nr. 215, Sa. 16. Sep. 1967, S. 10.

Die erste Albert Einstein-Schallplatte. In: Alarm, 5. Jg., Nr. 5, 2. Feb. 1933, Berlin, o.S. (3).

Dönhoff, Marion Gräfin: Kein Parteigenosse als Kanzler! In: Die Zeit, 21. Jg., Nr. 47, 18. Nov. 1966, Hamburg, S. 2.

Doering, Lutz: Bar Mitzwa. In: Neues Lexikon des Judentums. Hrsg. von Julius H. Schoeps. Gütersloh-München 1991, S. 61.

Dokumente der Zeitgeschichte. In: Aufbau, 33. Jg., Nr. 41, 13. Okt. 1967, New York, S. 6.

Dyck, Richard [van]: Streiter für das Recht - Helfer der Leidenden. Kurt R. Grossmann zu seinem 60. Geburtstag am 21. Mai. In: Aufbau, 23. Jg., Nr. 20, 17. Mai 1957, New York, S. 12.

Eberle, Mathias: Der Weltkrieg und die Künstler der Weimarer Republik. Stuttgart-Zürich 1989.

Ein Leben für die Gerechtigkeit. Kurt R. Grossmann wird 70 Jahre alt. In: Vorwärts, Nr. 20, 18. Mai 1967, Bonn, S. 10.

Elfe, Wolfgang D.: Das Emergency Rescue Committee. In: Deutsche Exilliteratur seit 1933, Bd. 1: Kalifornien, Teil 1. Hrsg. von John M. Spalek/Joseph Strelka. Bern-München 1976, S. 214-219.

Excerpts of Jackson's War Guilt Summary. In: New York Times, 95. Jg., Nr. 32326, Sa. 27. Juli 1946, S. 5.

Fabian, H(ans) E(rich): Kurt R. *Grossmann* 70 Jahre. In: Neue Welt, 20. Jg. (Mai 1967), Nr. 9/10, Wien, S. 6.

Fabian, Hans Erich: In *memoriam* K.R.G. In: Aufbau, 39. Jg., Nr. 10, 9. März 1973, New York, S. 4.

Fabian, Walter: Sozialistische Arbeiterpartei (*SAP*). In: Lexikon des Sozialismus. Hrsg. von Thomas Meyer et al. Köln 1986, S. 568-569.

Fabian, Ruth/*Coulmas*, Corinna: Die deutsche Emigration in Frankreich nach 1933. München-New York-London-Paris 1978.

Falter, Jürgen W.: Hitlers Wähler. München 1991.

Fariello, Griffin: Red Scare. Memories of the American Inquisition. An oral History. New York 1995.

Féaux de la Croix, Ernst/*Rumpf*, Helmut: Der Werdegang des Entschädigungsrechts. In: Die Wiedergutmachung nationalsozialistischen Unrechts durch die Bundesrepublik Deutschland. Hrsg. vom Bundesminister der Finanzen in Zusammenarbeit mit Walter Schwarz, Bd. III. München 1985.

Feilchenfeldt, Konrad: Amerikanismus und Rußlandsehnsucht. Von der Regionalität des "Anderen Deutschland". In: Leben im Exil. Probleme der Integration deutscher Flüchtlinge im Ausland 1933-1945. Hrsg. von Wolfgang Frühwald/Wolfgang Schieder. (Historische Perspektiven, Bd. 18). Hamburg 1981, S. 77-87.

Ferencz, Benjamin B.: Lohn des Grauens. Die verweigerte Entschädigung für jüdische Zwangsarbeiter. Ein Kapitel deutscher Nachkriegsgeschichte. Frankfurt/M.-New York 1981.

Fetscher, Iring: Rechtes und rechtsradikales Denken in der Bundesrepublik. In: Rechtsradikalismus. Hrsg. von Iring Fetscher. Frankfurt/M. 1967, S. 11-29.

Fischer, Alexander: Anfänge der *Wiederbewaffnung* in der SBZ/DDR (1945/46-1955/56). In: Wiederbewaffnung in Deutschland nach 1945. Hrsg. von Alexander Fischer. (Schriftenreihe der Gesellschaft für Deutschlandforschung, Bd. 12). Berlin 1986, S. 11-30.

Fischer, Ilse: Gerhard *Jahn*. In: Ulrike Nikel (Hg.): Politiker der Bundesrepublik Deutschland. Persönlichkeiten des politischen Lebens seit 1949 von A bis Z. Düsseldorf 1985, S. 103-104.

Foitzik, Jan: Zwischen den Fronten. Zur Politik, Organisation und Funktion linker politischer Kleinorganisationen im Widerstand 1933 bis 1939/40 unter besonderer Berücksichtigung des Exils. (Forschungsinstitut der Friedrich-Ebert-Stiftung, Reihe Politik- und Gesellschaftsgeschichte, Bd. 16). Bonn 1986.

Friedrich, Jörg: Die kalte Amnestie. NS-Täter in der Bundesrepublik. Frankfurt/M. 1984.

Fritsch, Werner: Deutsche Liga für Menschenrechte (DLM) 1922-1933. In: Lexikon zur Parteiengeschichte. Die bürgerlichen und kleinbürgerlichen Parteien und Verbände in Deutschland (1789-1945), Bd. 1. Hrsg. von Dieter Fricke et al. Köln 1983, S. 749-759.

Für Carl von Ossietzky! Erklärung. In: Alarm, 4. Jg., Nr. 19, 12. Mai 1932, Berlin, o.S. (6) [wiederabgedruckt in ebd.: Nr. 21, 26. Mai 1932, Berlin, o.S. (6)].

Gallasch, Walter: Fort aus dem Land! Die Geschichte der Hitler-Flüchtlinge 1933-1945. In: Nürnberger Nachrichten, 26. Jg., Nr. 67, Sa./So. 21./22. März 1970, Beilage »Wochen-Magazin«, S. 5.

Gasper, Willi: Erinnerung ans Exil. Willy Brandt in Luxemburg. In: Vorwärts, Nr. 4, 25. Jan. 1968, Bonn, S. 7.

Geburtstagsfeier Kurt R. Grossmanns. In: Aufbau, 23. Jg., Nr. 21, 24. Mai 1957, New York, S. 29.

Georg, Manfred: Der Krantz-Prozeß und seine *Lehren*. In: Die Menschenrechte, 3. Jg., Nr. 3, 31. März 1928, Berlin, S. 1-5.

George, Manfred: *Exit* Auerbach. In: Aufbau, 18. Jg., Nr. 34, 22. Aug. 1952, New York, S. 1-2, 4.

George, Manfred: *Refugees* in Prague, 1933-1938. In: The Jews of Czechoslovakia. Historical Studies and Surveys, Bd. II. Editor: The Society for the History of Czechoslovak Jews. Philadelphia-New York 1971, S. 582588.

George, Manfred: *Tatsachenbericht* über die deutsche Frage. In: Aufbau, 10. Jg., Nr. 19, 12. Mai 1944, New York, S. 1-2.

Gilbert, Ursula Susanna: Hellmut von Gerlach (1866-1935). Stationen eines deutschen Liberalen vom Kaiserreich zum »Dritten Reich«. (Europäische Hochschulschriften, Reihe III: Geschichte, Bd. 218). Frankfurt/M.-Bern-New York 1984.

Ginzel, Günther B.: Mut zur Menschlichkeit. Hilfe für Verfolgte während der NS-Zeit. Pulheim 1993.

Goebbels, Joseph: Vom Kaiserhof zur Reichskanzlei. München 1937.

Goldmann, Nahum: *Mein Leben* als deutscher Jude. München-Wien 1980, erw. u. erg. Neufassung.

Goldmann, Nahum: Mein *Leben*. USA - Europa - Israel. 2. Band der Autobiographie. München-Wien 1981.

Graml, Hermann: Die Außenpolitik. In: Die Bundesrepublik Deutschland, Bd. 1: Politik. Hrsg. von Wolfgang Benz. Frankfurt/M. 1983, S. 331-377.

Greuner, Ruth: *Gegenspieler*. Profile linksbürgerlicher Publizisten aus Kaiserreich und Weimarer Republik. Berlin (Ost) 1969.

Greuner, Ruth: *Wandlungen* eines Aufrechten. Lebensbild Hellmut von Gerlachs. Berlin (Ost) 1965.

Gries, Sabine: Rassegesetze. In: Neues Lexikon des Judentums. Hrsg. von Julius H. Schoeps. Gütersloh-München 1991, S. 382.

Groh, Dieter/*Brandt*, Peter: "Vaterlandslose Gesellen". Sozialdemokratie und Nation 1860-1990. München 1992.

Gross, Babette: Willi *Münzenberg*. Eine politische Biographie. Stuttgart 1967.

Gross, Babette L.: Die *Volksfrontpolitik* in den dreißiger Jahren. Ein Beitrag zum Verständnis der kommunistischen Taktik. In: Aus Politik und Zeitgeschichte, 12. Jg., B 43, 24. Okt. 1962, Bonn, S. 521-548.

Gründgens, Gustaf: Briefe, Aufsätze, Reden. Hrsg. von Rolf Badenhausen/Peter Gründgens-Gorski. Hamburg 1968, 2. Aufl.

Grusd, Edward E.: B'nai B'rith. The Story of a Covenant. New York 1966.

Guggisberg, Hans R.: Geschichte der USA. Bd. II: Die Weltmacht. Stuttgart-Berlin-Köln-Mainz 1979, 2. verb. Aufl.

Gumbel, Emil Julius: Vom *Fememord* zur Reichskanzlei. Heidelberg 1962.

Gumbel, Emil Julius: *Verschwörer*. Zur Geschichte und Soziologie der deutschen nationalistischen Geheimbünde 1918-1924. Frankfurt/M. 1984 [Neuauflage].

Gumbel, Emil Julius *et al.*: Germany Rearming Questioned [Leserbrief]. In: New York Times, 101. Jg., Nr. 34503, Sa. 12. Juli 1952, S. 12.

Hecker, Axel: Dokumentation. Pazifismus zwischen den Weltkriegen in Deutschland. In: Pazifismus zwischen den Weltkriegen. Deutsche Schriftsteller und Künstler gegen Krieg und Militarismus 1918-1933. Hrsg. von Dietrich Harth/Dietrich Schubert/Ronald Michael Schmidt. Heidelberg 1985, S. 25-30.

Herbstrith, Bernhard M.: Daten zur Geschichte der Bundesrepublik Deutschland. Düsseldorf 1984.

Herzig, Arno: Wolff, Jeanette. In: Neues Lexikon des Judentums. Hrsg. von Julius H. Schoeps. Gütersloh-München 1991, S. 486.

Heumos, Peter: Soziale *Aspekte* der Emigration aus der Tschechoslowakei 1938-1945. In: Drehscheibe Prag. Zur deutschen Emigration in der Tschechoslowakei 1933-1939. Hrsg. von Peter Becher/Peter Heumos. (Veröffentlichungen des Collegium Carolinum, Bd. 75). München 1992, S. 181-197.

Heumos, Peter: Die *Emigration* aus der Tschechoslowakei nach Westeuropa und dem Nahen Osten 1938-1945. Politisch-soziale Struktur, Organisation und Asylbedingungen der tschechischen, jüdischen, deutschen und slowakischen Flüchtlinge während des Nationalsozialismus. Darstellung und Dokumentation. (Veröffentlichungen des Collegium Carolinum, Bd. 63). München 1989.

Hild-Berg, Anette: Toni Sender (1888-1964). Ein Leben im Namen der Freiheit und der sozialen Gerechtigkeit. Köln 1994.

Hiller, Kurt: Leben gegen die Zeit, Bd. 1: Logos. Reinbek bei Hamburg 1969.

Hirsch, Martin: Anlaß, Verlauf und Ergebnisse der Verjährungsdebatte im Deutschen Bundestag. In: Jürgen Weber/Peter Steinbach (Hg.): Vergangenheitsbewältigung durch Strafverfahren? NS-Prozesse in der Bundesrepublik Deutschland. München 1984, S. 40-50.

Hofer, Walther: Die *Entfesselung* des Zweiten Weltkrieges. Darstellung und Dokumente. Düsseldorf 1984.

Hofer, Walther (Hg.): Der *Nationalsozialismus*. Dokumente 1933-1945. Frankfurt/M. 1957.

Hoffmann, Christhard: Deutsch-jüdische Geschichtswissenschaft in der Emigration: das Leo-Baeck-Institut. In: Die Emigration der Wissenschaften nach 1933. Disziplingeschichtliche Studien. Hrsg. von Herbert A. Strauss et al. München-London-New York-Paris 1991, S. 257-279.

Hogan, Michael J.: The Marshall Plan. America, Britain, and the reconstruction of Western Europe, 1947-1952. Cambridge/Mass. 1987.

Holl, Karl: *Pazifismus* in Deutschland. Frankfurt/M. 1988.

Holl, Karl: [*Rezension*: Drehscheibe Prag]. In: Aspekte der künstlerischen inneren Emigration 1933 bis 1945. Hrsg. von Claus-Dieter Krohn et al. (Exilforschung, Bd. 12). München 1994, S. 226-228.

Holthusen, Hans E.: 1014 Fifth Avenue. Als *Leiter* des New Yorker Goethe-Hauses: ein Erfahrungsbericht. In: Frankfurter Allgemeine Zeitung, Nr. 248, Sa. 24. Okt. 1964, Beilage »Bilder und Zeiten, «o.S. (2).

Holthusen, Hans Egon: Der unbehauste *Mensch*. Motive und Probleme der modernen Literatur. München 1951.

Holthusen, Hans Egon: Die *Welt* ohne Transzendenz. Eine Studie zu Thomas Manns "Dr. Faustus" und seinen Nebenschriften. Hamburg 1949.

Huhn, Rudolf: Die Wiedergutmachungsverhandlungen in Wassenaar. In: Wiedergutmachung in der Bundesrepublik Deutschland. Hrsg. von Ludolf Herbst/Constantin Goschler. München 1989, S. 139-160.

Hyrslová, Kveta: Die CSR als Asylland. Historisch-politische Voraussetzungen. In: Drehscheibe Prag. Zur deutschen Emigration in der Tschechoslowakei 1933-1939. Hrsg. von Peter Becher/ Peter Heumos. (Veröffentlichungen des Collegium Carolinum, Bd. 75). München 1992, S. 31-40.

Imprisoned Nazis to be Freed soon. Weizsaecker's Release Set for December Under New Behavior Benefits. In: New York Times, 99. Jg., Nr. 33814, Mi. 23. Aug. 1950, S. 33.

Jacobmeyer, Wolfgang: Vom Zwangsarbeiter zum Heimatlosen Ausländer. Die Displaced Persons in Westdeutschland 1945-1951. (Kritische Studien zur Geschichtswissenschaft, Bd. 65). Göttingen 1985.

Jacoby, Henry: Davongekommen. 10 Jahre Exil 1936-1946. Erlebnisse und Begegnungen. Frankfurt/M. 1982.

Jansen, Christian: Emil Julius Gumbel. Porträt eines Zivilisten. Heidelberg 1991.

Janson, Donald: Police Assaults on 21 Newsmen in Chicago are Denounced by Officials and Papers. In: New York Times, 97. Jg., Nr. 40394, Mi. 28. Aug. 1968, S. 36.

Jasper, Willi: Hotel Lutetia. Ein deutsches Exil in Paris. München-Wien 1994.

Jesse, Eckhard: Philosemitismus, Antisemitismus und Anti-Antisemitismus. Vergangenheitsbewältigung und Tabus. In: Die Schatten der Vergangenheit. Impulse zur Historisierung des Nationalsozialismus. Hrsg. von Uwe Backes/Eckhard Jesse/Rainer Zitelmann. Frankfurt/M.- Berlin 1990, S. 543-567,

Jewish Life in Berlin Held to Lack a Future. In: New York Times, 105. Jg., Nr. 35974, So. 22. Juli 1956, S. 3.

Jews go to Germany. Sixty a Month Are Returning, Many From Israel. In: New York Times, 106. Jg., Nr. 36124, Mi. 19. Dez. 1956, S. 11.

Kalbe, Ernstgert: Freiheit für Dimitroff. Der internationale Kampf gegen die provokatorische Reichstagsbrandstiftung und den Leipziger Prozeß. Berlin (Ost) 1963.

Kallina, Bernd: Von Kommunisten verfolgt - jetzt voll rehabilitiert. Theodor Oberländer vollendet 90. Lebensjahr. In: Das Parlament, Nr. 18/19, 28. Apr./5. Mai 1995, Bonn, S. 16.

Kabel, Rudolf: Die Militarisierung der Sowjetischen Besatzungszone Deutschlands. Bericht und Dokumentation. Bonn-Berlin 1966.

Kempner, Robert: *Ankläger* einer Epoche. Lebenserinnerungen. Frankfurt/M.-Berlin 1983.

Kempner, Robert: Kurt R. *Grossmann* verstorben. In: Die Mahnung, 19. Jg., Nr. 6, 15. März 1972, Berlin, S. 3.

Kempner, Robert: Ein unbesungener *Held*. Kurt Grossmann. Der bedeutende Pazifist wird 70 Jahre alt. In: Rheinischer Merkur, 22. Jg., Nr. 20, 19. Mai 1967, Köln, S. 9.

Kempner, Robert: Ein energischer *Kämpfer*. In: Vorwärts, Nr. 11, 9. März 1972, Bonn, S. 9.

Kempner, Robert: SS im *Kreuzverhör*. Die Elite, die Europa in Scherben brach. (Schriften der Hamburger Stiftung für Sozialgeschichte des 20. Jahrhunderts, Bd. 4). Nördlingen 1987, erw. Neuauflage.

Kempner, Robert: *Ombudsman* der Flüchtlinge. Persönliche Erinnerung an Kurt R. Grossmann. In: Aufbau, 38. Jg., Nr. 12, 24. März 1972, New York, S. 20.

Kempner, Robert: NS-*Todesurteile* blieben ungesühnt. In: Der Spiegel, 18. Jg., Nr. 16, 15. Apr. 1964, Hamburg, S. 33-35.

Kerber, Harald: Paul Tillich - ein Theologe im Exil. In: Das jüdische Exil und andere Themen. Hrsg. von Thomas Koebner et al. (Exilforschung, Bd. 4). München 1986, S. 130-143.

K. Grossmann verzichtet auf Posten in der "Liga". In: New Yorker Staatszeitung und Herold, 112. Jg., Do. 12. Sep. 1946, S. 10.

Kifner, John: A Militant Leader, Fiery Politician and Founder of Anti-Arab Crusade. In: New York Times, 140. Jg., Nr. 48412, Mi. 7. Nov. 1990, S. B12.

Knütter, Hans-Helmuth: Die Juden und die deutsche Linke in der Weimarer Republik 1918-1933. Düsseldorf 1971.

Koebner, Thomas: Das "andere Deutschland". Zur Nationalcharakteristik im Exil. In: Die Erfahrung der Fremde. Kolloquium des Schwerpunktprogramms "Exilforschung" der Deutschen Forschungsgemeinschaft. Hrsg. von Manfred Briegel/Wolfgang Frühwald. Weinheim 1988, S. 217-238.

Kopelew, Lew: Zur Situation der deutschen Emigranten in der Sowjetunion, Aus einem Gespräch. In: Stalin und die Intellektuellen und andere Themen. Hrsg. von Thomas Koebner et al. (Exilforschung, Bd. 1). München 1983, S. 159-164.

Koshar, Rudy: Social Life, Local Politics, and Nazism. Marburg 1880-1935. Chapel Hill-London 1986.

Koszyk, Kurt: Die Rolle der Remigranten. In: Zeitzeuge AUFBAU. Texte aus sechs Jahrzehnten. Hrsg. von Will Schaber. Gerlingen 1994, S. 119-123.

Krause, Gisela M.: Walter Arendt. In: Ulrike Nikel (Hg.): Politiker der Bundesrepublik Deutschland. Persönlichkeiten des politischen Lebens seit 1949 von A bis Z. Düsseldorf 1985, S. 20-21.

Krausnick, Helmut: Hitlers Einsatzgruppen. Die Truppen des Weltanschauungskrieges 1938-1942. Frankfurt/M. 1985.

Krauss, Marita: Eroberer oder Rückkehrer? Deutsche Emigranten in der amerikanischen Armee. In: Exil, 13. Jg. (1993), H. 1, Frankfurt/M., S. 70-85.

Krohn, Claus-Dieter: Der Fall *Bergstraesser* in Amerika. In: Das jüdische Exil und andere Themen. Hrsg. von Thomas Koebner et al. (Exilforschung, Bd. 4). München 1986, S. 254-275.

Krohn, Claus-Dieter: Der *Council* for a Democratic Germany. In: Ursula Langkau-Alex/Thomas M. Ruprecht (Hg.): Was soll aus Deutschland werden? Der Council for a Democratic Germany in New York 1944-1945. Aufsätze und Dokumente. (Quellen und Studien zur Sozialgeschichte, Bd. 15). Frankfurt/M.-New York 1995, S. 17-48.

Krohn, Claus-Dieter: Zerstörten deutsche *Emigranten* die Kultur der Vereinigten Staaten? In: 1999, 4. Jg. (1989), H. 1, Hamburg, S. 106-115.

Krohn, Claus-Dieter: Die *Entdeckung* des "anderen Deutschland" in der intellektuellen Protestbewegung der 1960er Jahre in der Bundesrepublik und den Vereinigten Staaten. In: Kulturtransfer im Exil. Hrsg. von Claus-Dieter Krohn et al. (Exilforschung, Bd. 13). München 1995, S. 16-51.

Krohn, Claus-Dieter: "*Nobody* has a right to come into the United States". Die amerikanischen Behörden und das Flüchtlingsproblem nach 1933. In: Gedanken an Deutschland im Exil und andere Themen. Hrsg. von Thomas Koebner et al. (Exilforschung, Bd. 3). München 1985, S. 127-142.

Kuczynski, Jürgen: Memoiren. Die Erziehung des J.K. zum Kommunisten und Wissenschaftler. Berlin (Ost)-Weimar 1973.

Kühn, Heinz: *Aufbau* und Bewährung. Die Jahre 1945-1978. Hamburg 1981.

Kühn, Heinz: *Widerstand* und Emigration Die Jahre 1928-1945. Hamburg 1980.

Kurt Grossmann - 65 Jahre. In: Semana Israelita, 23. Jg., Nr. 1992, 28. Dez. 1962, Buenos Aires, S. 5.

Kurt Grossmann gestorben. In: Süddeutsche Zeitung, 28. Jg., Nr. 56, Mi. 8. März 1972, München, S. 6.

Kurt Grossmann wurde 70. In: Semana Israelita, 28. Jg., Nr. 2223, 23. Juni 1967, Buenos Aires, S. 4.

Kurz, Thomas: Arbeitermörder und Putschisten, der Berliner "Blutmai" von 1929 als Kristallisationspunkt des Verhältnisses von KPD und SPD vor der Katastrophe. In: Internationale wissenschaftliche Korrespondenz zur Geschichte der deutschen Arbeiterbewegung, 22. Jg. (1986), H. 3, Berlin (West), S. 297-317.

Lacina, Evelyn: Emigration 1933-1945. Sozialhistorische Darstellung der deutschsprachigen Emigration und einiger ihrer Asylländer aufgrund ausgewählter zeitgenössischer Selbstzeugnisse. (Beiträge zur Wirtschaftsgeschichte, Bd. 14). Stuttgart 1982.

Langkau-Alex, Ursula/*Ruprecht*, Thomas M. (Hg.): Was soll aus Deutschland werden? Der Council for a Democratic Germany in New York 1944-1945. Aufsätze und Dokumente. (Quellen und Studien zur Sozialgeschichte, Bd. 15). Frankfurt/M.-New York 1995.

Lania, Leo: Willy Brandt. Mein Weg nach Berlin. München 1960.

Lehrstücke in Solidarität. Briefe und Biographien deutscher Sozialisten 1945-1949. Hrsg. von Helga Grebing. (Quellen und Darstellungen zur Zeitgeschichte, Bd. 23). Stuttgart 1983.

Leonhard, Wolfgang: Die Revolution entlässt ihre Kinder. Köln-Berlin 1955.

Lesche, Klaus: Ernst Lemmer. In: Ulrike Nikel (Hg.): Politiker der Bundesrepublik Deutschland. Persönlichkeiten des politischen Lebens seit 1949 von A bis Z. Düsseldorf 1985, S. 127-128.

Levitt, Cyril: Wise, Stephen S. In: Neues Lexikon des Judentums. Hrsg. von Julius H. Schoeps. Gütersloh-München 1991, S. 484.

Lexikon der Frau in zwei Bänden. Zürich 1954.

Liebhart, Ernst H.: Nationalismus in der Tagespresse 1949-1966. Studien zur Anwendung quantifizierender Inhaltsanalyse. (Kölner Beiträge zur Sozialforschung und angewandten Soziologie, Bd. 12). Meisenheim am Glan 1971.

Loewy, Ernst: Exil und Rundfunk. Ein Überblick. In: Leben im Exil. Probleme der Integration deutscher Flüchtlinge im Ausland 1933-1945. Hrsg. von Wolfgang Frühwald/Wolfgang Schieder. (Historische Perspektiven, Bd. 18). Hamburg 1981, S. 145-159.

Lorenz, Einhart: "Hier oben in Skandinavien ist die Lage ja einigermaßen verschieden...". Zur Sozialistischen Arbeiterpartei Deutschlands (SAP) im skandinavischen Exil. In: Klaus Schönhoven/Dietrich Staritz (Hg.): Sozialismus und Kommunismus im Wandel. Hermann Weber zum 65. Geburtstag. Köln 1993, S. 216-235.

Lowenstein, Steven M.: Frankfurt on the Hudson, the German-Jewish Community of Washington Heights. Detroit 1989.

Luckmann, Benita: Exil oder Emigration. Aspekte der Amerikanisierung an der "New School for Social Research" in New York. In: Leben im Exil. Probleme der Integration deutscher Flüchtlinge im Ausland 1933-1945. Hrsg. von Wolfgang Frühwald/Wolfgang Schieder. (Historische Perspektiven, Bd. 18). Hamburg 1981, S. 227-234.

Maas, Lieselotte: *Handbuch* der deutschen Exilpresse 1933-1945. Hrsg. von Eberhard Lämmert. (Sonderveröffentlichungen der Deutschen Bibliothek, Nr. 3). München-Wien 1978.

Maas, Lieselotte: Die »Neue *Weltbühne*« und der »*Aufbau*«. Zwei Beispiele für Grenzen und Möglichkeiten journalistischer Arbeit im Exil. In: Stalin und die Intellektuellen und andere Themen. Hrsg. von Thomas Koebner et al. (Exilforschung, Bd. 1). München 1983, S. 245-282.

Maimann, Helene: Sprachlosigkeit. Ein zentrales Phänomen der Exilerfahrung. In: Leben im Exil. Probleme der Integration deutscher Flüchtlinge im Ausland 1933-1945. Hrsg. von Wolfgang Frühwald/Wolfgang Schieder. (Historische Perspektiven, Bd. 18). Hamburg 1981, S. 31-38.

Maor, Harry: Über den Wiederaufbau der Jüdischen Gemeinden in Deutschland seit 1945. Diss. Mainz 1961.

Mayenburg, Ruth von: Hotel Lux. Das Absteigequartier der Weltrevolution. München 1991.

Mc Quiston, John T.: Kahane is killed after giving Talk in New York Hotel. In: New York Times, 140. Jg., Nr. 48411, Di. 6. Nov. 1990, S. A1, B13.

Meinecke, Georg: Die Humanität ist so unteilbar wie die Gerechtigkeit. In: Vorwärts, Nr. 50, 7. Dez. 1972, Bonn, S. 13.

Meldungen aus dem Reich 1938-1945. Die geheimen Lageberichte des Sicherheitsdienstes der SS. Hrsg. u. eingel. von Heinz Boberach. Herrsching 1984.

Mergui, Raphael/*Simonnot*, Philippe: Israel's Ayatollahs. Meir Kahane and the Far Right in Israel. London 1987.

Mertens, Lothar: *Alija*. Die Emigration der sowjetischen Juden. Bochum 1991.

Mertens, Lothar: *Endlösung* der Judenfrage. In: Neues Lexikon des Judentums. Hrsg. von Julius H. Schoeps. Gütersloh-München 1991, S. 135-136.

Mertens, Lothar: Die Jüdischen *Gemeinden* in der DDR. In: Andreas Nachama/Julius H. Schoeps (Hg.): Aufbau nach dem Untergang. Deutsch-Jüdische Geschichte nach 1945. In memoriam Heinz Galinski. Berlin 1992, S. 285-295.

Mertens, Lothar: *Grossmann*, Kurt. In: Neues Lexikon des Judentums. Hrsg. von Julius H. Schoeps. Gütersloh-München 1991, S. 175-176.

Mertens, Lothar: Ein *Leben* für Menschenrechte und die Wiedergutmachung. Zum 30. Todestag von Kurt Richard Grossmann. In: Tribüne, 31. Jg. (1992), H. 121, Frankfurt/M., S. 69-73.

Mertens, Lothar: Schwindende *Minorität*. Das Judentum in der DDR. In: Siegfried Theodor Arndt et al.: Juden in der DDR. Geschichte - Probleme - Perspektiven. (Arbeitsmaterialien zur Geistesgeschichte, Bd. 4). Köln 1988, S. 125-159.

Mertens, Lothar: *Reichspogromnacht*. In: Neues Lexikon des Judentums. Hrsg. von Julius H. Schoeps. Gütersloh-München 1991, S. 385-386.

Mertens, Lothar/*Jasper*, Willi: Wannseekonferenz. In: Neues Lexikon des Judentums. Hrsg. von Julius H. Schoeps. Gütersloh-München 1991, S. 473.

Mertz, Peter: Und das wurde nicht ihr Staat. Erfahrungen emigrierter Schriftsteller mit Westdeutschland. München 1985.

Meyer, Georg: Innenpolitische Voraussetzungen der westdeutschen Wiederbewaffnung. In: Wiederbewaffnung in Deutschland nach 1945. Hrsg. von Alexander Fischer. (Schriftenreihe der Gesellschaft für Deutschlandforschung, Bd. 12). Berlin 1986, S. 31-44.

Miller, Susanne: Die SPD vor und nach Godesberg. (Kleine Geschichte der SPD, Bd. 2). Bonn 1978, 3. erw. Aufl.

Mitscherlich, Alexander/*Mitscherlich*, Margarete: Die Unfähigkeit zu trauern. Grundlagen kollektiven Verhaltens. München 1968.

Möller, Horst: Exodus der Kultur. Schriftsteller, Wissenschaftler und Künstler in der Emigration nach 1933. München 1984.

Mühlen, Patrik von zur: Fluchtziel *Lateinamerika*. Die deutsche Emigration 1933-1945: politische Aktivitäten und soziokulturelle Integration. Bonn 1988.

Mühlen, Patrik von zur: Fluchtweg *Spanien*-Portugal. Die deutsche Emigration und der Exodus aus Europa 1933-1945. Bonn 1992.

Müller, Marlene: Adolf *Arndt*. In: Ulrike Nikel (Hg.): Politiker der Bundesrepublik Deutschland. Persönlichkeiten des politischen Lebens seit 1949 von A bis Z. Düsseldorf 1985, S. 21-22.

Müller, Werner: *Lohnkampf*, Massenstreik, Sowjetmacht. Ziele und Grenzen der "Revolutionären Gewerkschafts-Opposition" (RGO) in Deutschland 1928 bis 1933. Köln 1988.

Müssener, Helmut: Exil in Schweden. Politische und kulturelle Emigration nach 1933. München 1974.

Nicht nur Frieden in Gänsefüßchen. Kurt R. Grossmann gab Veit-Valentin-Briefwechsel an Stadtarchiv. Dokumente zur Zeitgeschichte. In: Frankfurter Allgemeine Zeitung, Nr. 218, Mi. 20. Sep. 1967, S. 19.

Neumark, Fritz: Zuflucht am Bosporus. Deutsche Gelehrte, Politiker und Künstler in der Emigration 1933-1953. Frankfurt/M. 1980.

Olsen, Arthur J.: Re-Entry of Jews rises in Germany. Population Today is Placed at 45,000. Warm Welcome is accorded to Them. In: New York Times, 106. Jg., Nr. 36195, Do. 28. Feb. 1957, S. 7.

Oppenheimer, John F. (Chefred.): Lexikon des Judentums. Gütersloh-München 1971.

Ossietzky, Carl von: Sämtliche *Schriften*, Bd. VII: Briefe und Lebensdokumente. Hrsg. von Bärbel Boldt et al. Reinbek bei Hamburg 1994.

Paetel, Karl O.: Reise ohne Uhrzeit. Autobiographie. Hrsg. u. bearb. von Wolfgang D. Elfe/John M. Spalek. London-Worms 1982.

Palmier, Jean-Michel: Einige Bemerkungen zu den Propagandamethoden Willi Münzenbergs. In: Tania Schlie/Simone Roche (Hg.): Willi Münzenberg (1889-1940). Ein deutscher Kommunist im Spannungsfeld zwischen Stalinismus und Antifaschismus. Frankfurt/M. u.a. 1995, S. 35-58.

Pauck, Wilhelm/*Pauck*, Marion: Paul Tillich. His Life & Thought. New York-London 1976.

Payment to Israel by Bonn assured. Jewish Agency Told Socialists Have Agreed on Ratification at Earliest Opportunity. In: New York Times, 102. Jg., Nr. 34714, So. 8. Feb. 1953, S. 9.

Pazifistische Sektabende. In: Berliner Nachrichten, 8. Jg., Nr. 44, 1926, S. 2.

Perels, Joachim: Kapitalismus und politische Demokratie. Privatrechtsystem und Gesellschaftsstruktur in der Weimarer Republik. Frankfurt/M. 1973.

Peterson, Walter F.: Zwischen *Mißtrauen* und Interesse. Regierungsstellen in Washington und die deutsche politische Emigration 1939-1945. In: Die Erfahrung der Fremde. Kolloquium des Schwerpunktprogramms "Exilforschung" der Deutschen Forschungsgemeinschaft. Hrsg. von Manfred Briegel/Wolfgang Frühwald. Weinheim 1988, S. 45-59.

Peterson, Walter F.: Das *Umfeld*: Die Vereinigten Staaten und die deutschen Emigranten. In: Ursula Langkau-Alex/Thomas M. Ruprecht (Hg.): Was soll aus Deutschland werden? Der Council for a Democratic Germany in New York 1944-1945. Aufsätze und Dokumente. (Quellen und Studien zur Sozialgeschichte, Bd. 15). Frankfurt/M.-New York 1995, S. 49-73.

Petzina, Dietmar/*Abelshauser*, Werner/*Faust*, Anselm: Sozialgeschichtliches Arbeitsbuch, Bd. III: Materialien zur Statistik des Deutschen Reiches 1914-1945. München 1978.

Pfuhl, Walter: Wie Berliner jüdische Mitbürger vor der Gestapo verbargen. In: Die Welt, Nr. 263, Mi. 10. Nov. 1976, Bonn, S. 3.

Plaut, W. Gunther: Unfinished Business. An Autobiography. Toronto 1981.

Plum-Grossmann, Günter: Heinz Kühn. In: Ulrike Nikel (Hg.): Politiker der Bundesrepublik Deutschland. Persönlichkeiten des politischen Lebens seit 1949 von A bis Z. Düsseldorf 1985, S. 122-123.

Polgar, Alfred: Der Emigrant und die Heimat [Auszug]. In: Henning Müller (Hg.): Exil-Asyl. Tatort Deutschland. Texte von 1933 bis heute - eine literarische Anthologie. Gerlingen 1994, S. 109-110.

Prager, Alfred: Eine Zwischenbilanz. In: Aufbau, 31. Jg., Nr. 24, (Die Wiedergutmachung, Nr. 202), 11. Juni 1965, New York, S. 35.

Presser, Ellen: Dam, Hendrik van. In: Neues Lexikon des Judentums. Hrsg. von Julius H. Schoeps. Gütersloh-München 1991, S. 99.

Pross, Christian: Die *Gutachterfehde* - Emigrantenärzte in der Wiedergutmachung. In: Vertreibung der Wissenschaften und andere Themen. Hrsg. von Thomas Koebner et al. (Exilforschung, Bd. 6). München 1988, S. 137-151.

Pross, Christian: Wiedergutmachung. Der *Kleinkrieg* gegen die Opfer. Hrsg. vom Hamburger Institut für Sozialforschung. Frankfurt/M. 1988.

Pross, Helge: Die geistige *Enthauptung* Deutschlands. Verluste durch Emigration. In: Universitätstage 1966: Nationalsozialismus und die deutsche Universität. Veröffentlichung der Freien Universität Berlin. Berlin 1966, S. 143-155.

Quack, Sibylle: Zuflucht Amerika. Zur Sozialgeschichte der Emigration deutsch-jüdischer Frauen in die USA 1933-1945. (Politik- und Gesellschaftsgeschichte, Bd. 40). Bonn 1995.

Radkau, Joachim: Die deutsche *Emigration* in den USA. Ihr Einfluß auf die amerikanische Europapolitik 1933-1945. Düsseldorf 1971.

Radkau, Joachim: George W. *Hallgarten*. In: Deutsche Historiker, Bd. VI. Hrsg. von Hans-Ulrich Wehler. Göttingen 1980, S. 103-118.

Radkau, Joachim: Der *Historiker*, die Erinnerung und das Exil. Hallgartens Odyssee und Kucynskis Prädestination. In: Erinnerungen ans Exil - Kritische Lektüre der Autobiographien nach 1933 und andere Themen. Hrsg. von Thomas Koebner et al. (Exilforschung, Bd. 2). München 1984, S. 86-103.

Radkau, Joachim: Die *"Weltbühne"* als falscher Prophet? Prognostische Versuche gegenüber dem Nationalsozialismus. In: Weimars Ende. Prognose und Diagnosen in der deutschen Literatur und politischen Publizistik 1930-1933. Hrsg. von Thomas Koebner. Frankfurt/M. 1982, S. 57-79.

Rauschning, Hermann: Die Abwanderung der Deutschen aus Westpreußen und Posen nach dem Ersten Weltkrieg. Ein Beitrag zur Geschichte der deutsch-polnischen Beziehungen 1919-1929. Die Entdeutschung Westpreußens und Posens. Im Nachdruck hrsg. von Wolfgang Kessler. Essen 1988.

Reinfrank, Arno: Doch die Sprache blieb. Die literarische Emigrantenszene in England. In: Zeitzeuge AUFBAU. Texte aus sechs Jahrzehnten. Hrsg. von Will Schaber. Gerlingen 1994, S. 147-154.

Release is Ordered for von Weizsaecker. In: New York Times, 100. Jg., Nr. 33867, So. 15. Okt. 1950, S. 12.

Richarz, Monika: Juden in der Bundesrepublik Deutschland und in der Deutschen Demokratischen Republik seit 1945. In: Jüdisches Leben in Deutschland seit 1945. Hrsg. von Micha Brumlik et al. Frankfurt/M. 1988, S. 13-30.

Ritter, Gerhard A./*Niehuss*, Merith: Wahlen in der Bundesrepublik Deutschland. Bundestags- und Landtagswahlen 1946-1987. München 1987.

Ripkens, Werner: Galinski, Heinz. In: Neues Lexikon des Judentums. Hrsg. von Julius H. Schoeps. Gütersloh-München 1992, S. 161.

Röder, Werner: *Drehscheibe* - Kampfposten - Fluchtposten. Deutsche Emigranten in der Tschechoslowakei. In: Drehscheibe Prag. Zur deutschen Emigration in der Tschechoslowakei 1933-1939. Hrsg. von Peter Becher/Peter Heumos. (Veröffentlichungen des Collegium Carolinum, Bd. 75). München 1992, S. 15-29.

Röder, Werner: Die deutschen sozialistischen *Exilgruppen* in Großbritannien 1940-1945. Ein Beitrag zur Geschichte des Widerstandes gegen den Nationalsozialismus. (Schriftenreihe des Forschungsinstituts der Friedrich-Ebert-Stiftung, Bd. 58). Bonn-Bad Godesberg 1973, 2. verb. Aufl.

Ruhl, Klaus-Jörg (Hg.): "Mein Gott, was soll aus Deutschland werden?". Die Adenauer-Ära 1949-1963. München 1985.

Runge, Irene: Onkel Max ist jüdisch. Neun Gespräche mit Deutschen, die Juden halfen. Berlin 1991.

Ruprecht, Thomas M.: Felix Boenheim (1890-1960): Humanist, Citoyen und Leibarzt seiner Majestät des Volkes. In: MENORA. Jahrbuch für deutsch-jüdische Geschichte, 3. Jg (1992), München-Zürich, S. 265-301.

Schaber, Will: Emigrations-*Chronist* Kurt R. Grossmann. In: Aufbau, 34. Jg., Nr. 43, 25. Okt. 1968, New York, S. 11.

Schaber, Will: Kurt R. *Grossmann* - 70 Jahre. In: Aufbau, 33. Jg., Nr. 20, 19. Mai 1967, New York, S. 6.

Scheer, Friedrich-Karl: Die Deutsche Friedensgesellschaft (1892-1933). Organisation, Ideologie, politische Ziele. Ein Beitrag zur Geschichte des Pazifismus in Deutschland. Frankfurt/M. 1981.

Schmeichel-Falkenberg, Beate: "Ich bin aus dem Judentum ausgetreten und ich weiß, daß man das gar nicht kann." Kurt Tucholsky und das Judentum. In: Wolfgang Benz/Marion Neiss (Hg.): Deutsch-jüdisches Exil: das Ende der Assimilation? Identitätsprobleme deutscher Juden in der Emigration. Berlin 1994, S. 79-94.

Schneider, Hansjörg: *Exil* in der Tschechoslowakei. In: Exil in der Tschechoslowakei, in Großbritannien, Skandinavien und Palästina. (Kunst und Literatur im antifaschistischen Exil 1933-1945, Bd. 5). Leipzig 1987.

Schneider, Sigrid: Johannes *Steel*: "The Future of Europe". Analysen und Konzepte eines populären Journalisten in den USA. In: Thomas Koebner/Gerd Sautermeister/Sigrid Schneider (Hg.): Deutschland nach Hitler. Zukunftspläne im Exil und aus der Besatzungszeit 1939-1949. Opladen 1987, S. 72-78.

Schoeps, Julius H.: Die Mißglückte *Emanzipation*. Zur Tragödie des deutsch-jüdischen Verhältnisses. In: Jüdisches Leben - Religion und Alltag. Bd. 2: Aspekte der Vergangenheit. Gütersloh 1988, S. 97-103.

Schoeps, Julius H.: Die *Last* der Geschichte. Zur Situation der Juden in der Bundesrepublik heute. In: Semit, 1. Jg. (1989), H. 2, Dreieich, S. 41-45.

Schoeps, Julius H.: Wir sind und werden Deutsche sein... Zur *Tragik* des jüdisch-deutschen Verhältnisses. In: Ders.: Über Juden und Deutsche. Historisch-Politische Betrachtungen. Stuttgart-Bonn 1986, S. 15-20.

Schoeps, Julius H.: Der *Umgang* mit dem Judesein. Zur Debatte um ein schwieriges Identitätsproblem. In: Menora. Jahrbuch für deutsch-jüdische Geschichte, Bd. 5 (1994). Hrsg. von Julius H. Schoeps et al. München-Zürich 1994, S. 15-22.

Schulte, Franz Gerrit: Der Publizist Hellmut von Gerlach (1866-1935). Welt und Werk eines Demokraten und Pazifisten. (Kommunikation und Politik, Bd. 19). München-New York-London-Paris 1988.

Schumann, Rosemarie: Initiativen deutscher Pazifisten gegen die reaktionäre Polenpolitik in der Weimarer Republik. In: Zeitschrift für Geschichtswissenschaft, 22. Jg. (1974), H. 11, Berlin (Ost), S. 1223-1232.

Schwabe, Klaus: German Policy Responses to the Marshall Plan. In: The Marshall Plan and Germany. West German Development within the Framework of the European Recovery Program. Edited by Charles S. Maier/Günter Bischof. New York-Oxford 1991, S. 225-281.

Schwartz, Thomas Alan: America's *Germany*. John J. Mc Cloy and the Federal Republic of Germany. Cambridge/Mass.-London 1991.

Schwartz, Thomas: European *Integration* and the 'Special Relationship': Implementing the Marshall Plan in the Federal Republic. In: The Marshall Plan and Germany. West German Development within the Framework of the European Recovery Program. Edited by Charles S. Maier/Günter Bischof. New York-Oxford 1991, S. 171-215.

Schwarz, Walter: Die Wiedergutmachung nationalsozialistischen Unrechts durch die Bundesrepublik Deutschland. Ein Überblick. In: Wiedergutmachung in der Bundesrepublik Deutschland. Hrsg. von Ludolf Herbst/Constantin Goschler. München 1989, S. 33-54.

Seebacher-Brandt, Brigitte: Ollenhauer. Biedermann und Patriot. Berlin 1984.

Sehnsucht nach Globke. Wiedergutmachung. In: Der Spiegel, 18. Jg., Nr. 25, 17. Juni 1964, Hamburg, S. 35.

Sentences of 3 Nazis cut. Von Weizsaecker's 7 Years Reduced to 5 Two Freed. In: New York Times, 99. Jg., Nr. 33613, Fr. 3. Feb. 1950, S. 4.

Sietz, Henning: Das Geheimnis des AUFBAU. In: Semit, 3. Jg. (1991), Nr. 1, Dreieich, S. 41-43.

Sontheimer, Kurt: Antidemokratisches Denken in der Weimarer Republik. Die politischen Ideen des deutschen Nationalismus zwischen 1918 und 1933. München 1983, 2. Aufl.

Steininger, Rolf: Eine vertane Chance. Die Stalin-Note vom 10. März 1952 und die Wiederver-einigung. Eine Studie auf der Grundlage unveröffentlichter britischer und amerikanischer Akten. Berlin-Bonn 1985.

Steinitz, Hans: Der "Aufbau". Eine Berliner Zeitung für Deutsche in den USA. Berlin 1989.

Stephan, Alexander: Die deutsche *Exilliteratur* 1933-1945. Eine Einführung. München 1979.

Stephan, Thomas: "Ohne alte *Heimat* und ohne Zugang zur neuen!" Das "Pariser Tageblatt" und seine Palästina-Berichterstattung im Jahr 1935. In: Wolfgang Benz/Marion Neiss (Hg.): Deutsch-jüdisches Exil: das Ende der Assimilation? Identitätsprobleme deutscher Juden in der Emigration. Berlin 1994, S. 165-181.

Sternfeld, Wilhelm/*Tiedemann*, Eva (Hg:): Deutsche Exil-Literatur 1933-1945. Eine Bio-Biblio-graphie. Heidelberg 1970.

Stiefel, Ernst C./*Mecklenburg*, Frank: Deutsche Juristen im amerikanischen Exil (1933-1950). Tübingen 1991.

Stöver, Bernd: Volksgemeinschaft im Dritten Reich. Die Konsensbereitschaft der Deutschen aus der Sicht sozialistischer Exilberichte. Düsseldorf 1993.

Strauss, Herbert A.: Zur sozialen und organisatorischen *Akkulturation* deutsch-jüdischer Ein-wanderer der NS-Zeit in den USA. In: Leben im Exil. Probleme der Integration deutscher Flüchtlinge im Ausland 1933-1945. Hrsg. von Wolfgang Frühwald/Wolfgang Schieder. (Historische Perspektiven, Bd. 18). Hamburg 1981, S. 235-259.

Strauss, Herbert A.: Jüdische *Emigrantenverbände* in den USA. Perioden ihrer Akkulturation. In: Die Erfahrung der Fremde. Kolloquium des Schwerpunktprogramms "Exilforschung" der Deutschen Forschungsgemeinschaft. Hrsg. von Manfred Briegel/Wolfgang Frühwald. Wein-heim 1988, S. 121-140.

Striefler, Christian: Kampf um die Macht. Kommunisten und Nationalsozialisten am Ende der Weimarer Republik. Berlin 1993.

Suhr, Elke: Carl von Ossietzky. Eine Biographie. Köln 1988.

Täglich 1000 Unterschriften für Carl von Ossietzky! Und trotzdem schweigen die maßgebenden Stellen. In: Alarm, 4. Jg., Nr. 22, 2. Juni 1932, Berlin, o.S. (5).

Tetzlaff, Walter: 2000 Kurzbiographien bedeutender deutscher Juden des 20. Jahrhunderts. Lindhorst 1982.

Trapp, Frithjof: Einleitung. In: Ders./Knut Bergmann/Bettina Herre: Carl von Ossietzky und das politische Exil. Die Arbeit des "Freundeskreises Carl von Ossietzky" in den Jahren 1933-1936. Hamburg 1988, S. XIII-XXIX.

Trapp, Frithjof/*Bergmann*, Knut/*Herre*, Bettina: Carl von Ossietzky und das politische Exil. Die Arbeit des "Freundeskreises Carl von Ossietzky" in den Jahren 1933-1936. Hamburg 1988.

Trommler, Frank: Verfall Weimars oder Verfall der Kultur? Zum Krisengefühl der Intelligenz um 1930. In: Weimars Ende. Prognose und Diagnosen in der deutschen Literatur und politischen Publizistik 1930-1933. Hrsg. von Thomas Koebner. Frankfurt/M. 1982, S. 34-53.

Tucholsky, Kurt: Ich kann nicht schreiben, ohne zu lügen.*Briefe* 1913 bis 1935. Hrsg. von Fritz J. Raddatz. Reinbek bei Hamburg 1989.

Tucholsky, Kurt: *Gesammelte Werke*. Ausgewählte Briefe 1913-1935. Hrsg. von Mary Gerold-Tucholsky/Fritz J. Raddatz. Reinbek bei Hamburg 1962.

Unity in Dispersion. A History of the World Jewish Congress. Hg.: World Jewish Congress. New York 1948.

Urofsky, Melvin I.: A Voice That Spoke for Justice. The Life and Times of Stephen S. Wise. Albany/N.Y. 1982.

Vietor-Engländer, Deborah: "Ihr wißt, wenn Deutschlands Lob erklingt/Nicht nur, was ihr von ihm empfingt/Auch was ihr ihm gegeben habt." Alfred Kerrs Einstellung zum Judentum vor und im Exil. In: Wolfgang Benz/Marion Neiss (Hg.): Deutsch-jüdisches Exil: das Ende der Assimilation? Identitätsprobleme deutscher Juden in der Emigration. Berlin 1994, S. 67-77.

Vogel, Rolf (Hg.): Der deutsch-israelische Dialog. Dokumentation eines erregenden Kapitels deutscher Außenpolitik, Teil I: Politik, Bd. 1. München-New York-London-Paris 1987.

Voigt, Klaus: Europäische *Föderation* und neuer Völkerbund. Die Diskussion im deutschen Exil zur Gestaltung der internationalen Beziehungen nach dem Krieg. In: Thomas Koebner/Gerd Sautermeister/Sigrid Schneider (Hg.): Deutschland nach Hitler. Zukunftspläne im Exil und aus der Besatzungszeit 1939-1949. Opladen 1987, S. 104-122.

Voigt, Klaus (Hg.): *Friedenssicherung* und europäische Einigung. Ideen des deutschen Exils 1939-1945. Frankfurt/M. 1988.

Vollnhals, Clemens: Theodor Oberländer. In: Ulrike Nikel (Hg.): Politiker der Bundesrepublik Deutschland. Persönlichkeiten des politischen Lebens seit 1949 von A bis Z. Düsseldorf 1985, S. 151-152.

Vom Auslande gekauft. Die Geldquellen der "Deutschen Liga für Menschenrechte". In: Der Tag, Nr. 244, Di. 12. Okt. 1926, Berlin, o.S. (10).

Von 1941 bis 1961 oder im Zeichen Goethes. In: Die Kultur, 9. Jg., Nr. 160, Feb. 1961, München, S. 2.

Vorholt, Udo: Die Gruppe Neu Beginnen im Exil. Richard Löwenthals Bewertung der Politik der Sowjetunion in den dreißiger/vierziger Jahren. In: Zeitschrift für Geschichtswissenschaft, 41. Jg. (1993), Berlin, H. 3, S. 204-220.

Walk, Joseph (Hg.): Das Sonderrecht für die Juden im NS-Staat: Eine Sammlung der gesetzlichen Maßnahmen und Richtlinien. Inhalt und Bedeutung. Heidelberg-Karlsruhe 1981.

Walter, Hans-Albert: Wirre Emigrations-Geschichte. Kurt R. Grossmanns Buch über die Hitler-Flüchtlinge. In: Die Zeit, 25. Jg., Nr. 38, 18. Sep. 1970, Hamburg, S. 23.

Weber, Hermann: DDR. Grundriß der Geschichte 1945-1990. Hannover 1991, Neuauflage.

Wette, Wolfram: Sozialdemokratie und Pazifismus in der Weimarer Republik. In: Archiv für Sozialgeschichte, Bd. 26 (1986), Bonn, S. 281-300.

Who's Who of American Women. A Biographical Dictionary of Notable Living American Women, Vol. I (1958/59). Chicago 1958.

Wiedergutmachung in der Bundesrepublik Deutschland. Hrsg. von Ludolf Herbst/Constantin Goschler. München 1989.

Wise, Stephen: Challenging Years. New York 1949.

Wistrich, Robert: Wer war wer im Dritten Reich? Ein biographisches Lexikon. Anhänger, Mitläufer, Gegner aus Politik, Wirtschaft und Militär, Kunst und Wissenschaft. Frankfurt/M. 1987.

Wolffsohn, Michael: Keine *Angst* vor Deutschland! Frankfurt/M.-Berlin 1992, aktual. u. erw. Neuausgabe.

Wolffsohn, Michael: Ewige *Schuld*? 40 Jahre deutsch-israelische Beziehungen. München-Zürich 1988.

Wolffsohn, Michael: *Spanien*, Deutschland und die "Jüdische Weltmacht". Über Moral, Realpolitik und Vergangenheitsbewältigung. München 1991.

Wollenberg, Jörg (Hg.): "Niemand war dabei und keiner hat's gewußt". Die deutsche Öffentlichkeit und die Judenverfolgung 1933-1945. München-Zürich 1989.

Woller, Hans: Fritz Schäffer. In: Ulrike Nikel (Hg.): Politiker der Bundesrepublik Deutschland. Persönlichkeiten des politischen Lebens seit 1949 von A bis Z. Düsseldorf 1985, S. 166-167.

Wronkow, Ludwig: Berlin-New York. Journalist und Karikaturist bei Mosse und beim "Aufbau". Eine illustrierte Lebensgeschichte. Bearbeitet von Michael Groth/Barbara Posthoff. Hrsg. von Hans Bohrmann. (Dortmunder Beiträge zur Zeitungsforschung, Bd. 46). München-New York-London-Paris 1989.

Wyman, David S.: Das unerwünschte *Volk*. Amerika und die Vernichtung der europäischen Juden. Frankfurt/M. 1989.

Wyman, David S.: Paper *Walls*. America and the Refugee Crisis 1938-1941. Amherst/Mass. 1968.

Zühlsdorff, Volkmar: Die Deutsche Akademie der Künste und Wissenschaften im Exil und die American Guild for German Cultural Freedom. In: Der Freie Beruf, 16. Jg. (1988), H. 3, Düsseldorf, S. 10-13.

Zum Gedenken an Kurt R. Grossmann. In: Aufbau, 38. Jg., Nr. 27, 7. Juli 1972, New York, S. 28.

Personenregister

Anlage 1

Entwurf

DAS ANDERE DEUTSCHLAND SPRICHT

Die Unterzeichneten, welche alle in Deutschland gelebt und gewirkt haben, fühlen die Pflicht, angesichts der jetzt abrollenden grauenvollen Verbrechen des Nationalsozialismus ihre Stimme als Repräsentanten des Anderen Deutschlands zu erheben.

Wir, die wir schon seit Beginn der Hitlerherrschaft als unversöhnliche Gegner des Regimes verfolgt wurden und nicht aufgehört haben, die Völker der Welt vor den Gefahren zu warnen, die die menschliche Zivilisation erwarten musste, erklären erneut:

Die deutsche Kultur wird durch die blutige Kette Hitlerscher Untaten auf das Tiefste geschändet.

Wir vereinen uns mit allen, die willens sind, gegen den durch Hitler manifestierten Barbarismus zu kämpfen.

Es gilt, alle menschlichen Güter, die freien Individuen das Dasein lebenswert gemacht haben, mit der äussersten Anstrengung zu retten.

Wir sehen es als unsere sittliche Pflicht an, alle Kräfte des Anderen Deutschlands zusammenzuführen, um dem einzigen Ziele zu dienen:

VERNICHTUNG DES HITLERSYSTEMS.

Allen für Demokratie, Freiheit und Menschenrechte kämpfenden Ländern rufen wir zu:

HANDELT, EHE ES ZU SPÄT IST!

SEID WACHSAM! SEID BEREIT!

Jeder menschliche Fortschritt, jede Zivilisation sind von Hitlers Kriegsmaschine bedroht. In dieser Stunde soll und muss die Welt wissen, dass ein Anderes Deutschland lebt, das bereit ist, sich mit allen Kulturvölkern zu vereinigen, die sich der bisher furchtbarsten Bedrohung der menschlichen Zivilisation entgegensetzen wollen.

(Quelle: Archiv des LBI, New York, Grossmann-Collection, Box 11).

Anlage 2

Anlage 2

Lieber Herr Dietz,

Ihr Schreiben vom 1. August 1946, welches ich Ihnen schon kurz bestätigte, erreichte mich vor wenigen Tagen. Sie können sich denken, daß der Inhalt für mich eine große Überraschung war; nicht nur die Tatsache, von alten, bewährten Freunden nach so langer Zeit und so furchtbaren Geschehnissen zu hören, aber auch zu erfahren, daß Sie bei der Neugründung der Deutschen Liga für Menschenrechte am 27. Februar 1946 beschlossen haben, mich (gemäß Paragraph 1 und 6) zur Leitung dieser Organisation hauptamtlich zu berufen, sofern ich 'damit einverstanden bin' und noch 'unter den Lebenden' weile. Dieser Akt ist in der Tat außerordentlich ehrend für mich und ich weiß ihn wohl zu schätzen.

Ich erinnere mich deutlich, wie ich am 27. Februar 1933 in Berlin unter dem Druck der explosiven politischen Ereignisse das Büro der Deutschen Liga für Menschenrechte verließ, um nie mehr dorthin zurückzukehren. Nach dreizehn - am 27. Februar 1946 - versammeln Sie sich in Wuppertal-Elberfeld und reservieren mir meine Position, die ich aufzugeben gezwungen war. Ich brauche Ihnen nicht zu sagen, daß diese Treue über dreizehn Jahre dunkler deutscher Nacht verdienen würde, Ihnen die Antwort zu geben, die Sie von mir erwarten. Ich kann sie nicht geben, aber ich fühle mich angesichts Ihres noblen Angebots verpflichtet, Ihnen meine Gründe darzulegen.

Ich bin amerikanischer Staatsbürger.

Ich habe in den Vereinigten Staaten meine neue Heimat gefunden. Es würde von mir charakterlos sein, dieser großen demokratischen Republik Ergebenheit und Treue der Verfassung geschworen zu haben, um nun als 'Deutscher' in mein Geburtsland zurückzugehen. Dieses Land ist tolerant. Keiner braucht hier seine kulturelle Vergangenheit aufzugeben, aber das Minimum, das von jedem, der hier eingebürgert wird, erwartet wird ist, daß diejenigen, die den Bürgereid schwören, es mit diesem Eide ernst nehmen. Ich tue es! Dieses Land hat mich 1939 nach mehr als sechs Jahren Flüchtlingsleben als Immigranten mit Recht auf Arbeit, auf freie Meinungsäußerung, Schutz meiner persönlichen Freiheit etc. aufgenommen, hat meinem Sohne die entscheidende Erziehung und Bildung und uns allen die Staatsbürgerschaft gegeben. Wir fühlen uns unserer neuen Heimat, die ihre Söhne über die sieben

Meere gesandt hat, um unser aller Feind Faschismus, Nazismus und Diktatur mit Blut und materiellen Opfern zu bekämpfen, verpflichtet und verbunden.

Ich bin Jude.

Ich bin Jude. Sie wissen als einer der wenigen Deutschen, die fortschrittlichen Ideen ergeben sind, daß Millionen meiner Glaubens- und Rassegenossen ermordet worden sind. Wiewohl ich weit davon entfernt bin, den Antisemitismus als eine hundertprozentige deutsche Krankheit zu betrachten, verbietet menschliche Würde als Jude, selbst eine deutsche fortschrittliche, demokratische Organisation, zu leiten, auch wenn ich mit deren Zielen und Aufgaben im Wesentlichen sympathisiere. Die Tragödie Deutschlands ist, daß es sich seit Jahrzehnten, ja Jahrhunderten nicht von den Kräften zu befreien wußte, die es trotz der Warnungen und Beschwörungen von Gruppen wie zum Beispiel der Deutschen Liga für Menschenrechte, immer wieder in den Abgrund stürtzten [sic]. Ich würde mich nicht fürchten, die Sisyphus-Arbeit mitzumachen, die notwendig sein wird, Deutschland in die Familie der Völker einzugliedern. Aber die einfache Tatsachem daß Deutschland ein wesentlicher Teil seiner Bevölkerung mit der Ermordung von sechs Millionen Juden verbunden ist, verbietet es mir, nach Ihrem Programm 'die deutsche kulturelle Einheit zu retten'. Ich glaube, daß all die Gruppen wie die Ihre, mit lobenswerten Zielen und mit dem Wunsche nach internationaler Verständigung in die Hirne der Deutschen einhämmern müßten, daß sie mitverantwortlich gewesen sind für jene grausamen Geschehnisse, die für Generationen als Makel eines ganzen Volkes fortleben werden.

Der Abgrund ist zu groß

Ich möchte ferner darlegen, daß der Abgrund über die dreizehn Jahre deutscher Nacht an sich nicht mit einem Schlage überbrückbar ist. Ich gehöre nicht zu jenen, die Deutschland oder das deutsche Volk als einen hoffnungslosen Fall ansehen. Die Menschheitsgeschichte hat immer wieder bewiesen, daß Völker sich von ihrem kulturellen Tiefstand erholt haben und in späteren Geschichtsabschnitten der menschlichen Zivilisation erneut dienen konnten. Ich hoffe im Interesse des Friedens und des Fortschrittes, daß jene Kräfte, die Sie repräsentieren, im Verein mit den Batallionen der sozialistischen, demokratischen Arbeiterbewegung eines Tages auch in Deutschland herrschen mögen. Ich gehöre zu denen, die gezwungen waren, einen Tag nach dem Reichstagsbrand von Deutschland zu fliehen. Fünf und einhalb Jahre habe ich in der Tschechoslowakei gelebt, ein Jahr in Frankreich und sieben in den Vereinigten Staaten von Amerika. Ich habe in diesen mehr als dreizehn Jahren neue Menschen getroffen, neue Eindrücke empfangen, ich habe gelernt, neue Probleme besser zu sehen, und ich fühle mich daher nicht berechtigt, heute die Leitung einer Organisation zu übernehmen, die zum Beispiel nach Paragraph 5 als Mitglieder nur 'deutsche Männer und deutsche Frauen' aufnimmt. Das Prinzip der Deutschen Liga für Menschenrechte war immer, jeden in Deutschland Lebenden, gleichgültig welcher Nationalität oder Rasse, der sich zu unseren Prinzipien bekannte, als Mitglied aufzunehmen. Dieser praktische Internationalismus ist eine der vielen Voraussetzungen für jene erstrebenswerte Form, alle Völker in eine durch Gesetz gebundene Weltorganisation zusammenzuführen. Jede nationalistische Doktrin kann nur wieder zur Erweckung jener Kräfte führen, die Deutschland in den Abgrund getrieben haben.

Ich glaube weiter, daß es unerläßlich ist, wenn man für die Erringung und Wahrung der Menschenrechte kämpfen will, zuerst die Opfer der von den deutschen Machthabern verletzten Menschenrechte zu ehren; die Solidarität mit den Völkern auszusprechen, die von dem deutschen Moloch Militarismus unterdrückt und drangsaliert wurden, der jüdischen Minderheit mit Sympathie und dem Willen zur Wiedergutmachung zu gedenken und sich mit denen eins zu erklären, die den Kampf gegen die Gewalthaber in den dreizehn Jahren weiter führten. In dieser Verbundung war es für mich eine Genugtuung zu erfahren, daß auch ein Teil der Mitglieder der Deutschen Liga für Menschenrechte illegal im Rheinland, Westfalen, Hamburg, Berlin, Dresden usw. tätig war. Sie würden mich zu Dank verpflichten, wenn Sie mir über diesen Abschnitt genauere Einzelheiten mitteilen würden.- Ich danke Ihnen, lieber Herr Dietz, für alle anderen Mitteilungen, die Sie gemacht haben und für die Grüße, die Sir mir von unseren Freunden übersenden und die ich herzlichst erwidere. Sie können versichert sein, daß all das Material, das Sie mir schicken, von mir mit Aufmerksamkeit und Interesse gelesen wird.

Ich bitte Sie, diesen Brief nicht mißzuverstehen: ich bin weiter an Deutschland lebhaft interessiert; aber Interesse an dem zentralen Problem Europa bedeutet nicht Aufgeben dessen, was ich nach gewissenhafter Selbstprüfung als richtig erkannt habe. Mit freundschaftlicher Begrüßung auch von meiner Familie und in der Hoffnung, von Ihnen wieder zu hören, bin ich

Ihr
Kurt R. Grossmann

(Quelle: Brief an Heinrich Dietz am 9. September 1946; Deutsches Exilarchiv 1933-1945, NL Sternfeld, Eb 75/177; auch abgedruckt in seinem Beitrag: *Die Brücke über den Abgrund*. In: Ich lebe nicht in der Bundesrepublik. Hrsg. von Hermann Kesten. München 1964, S. 63-68).

20*

Auswahlbibliographie der Publikationen von Kurt R. Grossmann

Vorbemerkung

Da die Recherche zur Veröffentlichungen der Zeitungsartikel nur durch Rekonstruktion der ungefähren Publikationsdaten der in den HIA, Box 15-35 lagernden Zeitungsausschnitte, anhand der entsprechenden Korrespondenz und der noch vorhandenen Überweisungsschecks für die Honorare möglich war, erhebt die Aufstellung keinerlei Anspruch auf Vollständigkeit. Sie soll lediglich das Spektrum der publizierten Titel und einen Überblick über das Gesamtwerk vermitteln. Die Schreibweise folgt den Überschriften im Original, auch wenn dadurch manchmal Unregelmäßigkeiten entstehen (z.B. "Oesterreich" statt "Österreich" oder "ss" statt "ß"). Leserbriefe und kürzere, nur mit dem Namen des Verstorbenen, betitelte Nachrufe wurden besonders gekennzeichnet. Längere Gedenkartikel enthalten hingegen im Titel bereits die entsprechenden Hinweise "gestorben" oder "Gedenken an" und wurden deshalb nicht mehr besonders gekennzeichnet. In vielen Überschriften verwendete Kurt Grossmann das Kürzel BEG (Bundesentschädigungsgesetz) für die Wiedergutmachungsgesetzgebung, daß hier so übernommen wurde.

Seit Mitte der 1920er Jahre und Februar 1933, vor der Flucht in die Tschechoslowakei, erschienen mehrere Hundert Zeitungsartikel von Grossmann. Freiberuflich verfaßte er regelmäßig Artikel und Kommentare in den Berliner Zeitungen »8-UhrAbendblatt«, »Berliner Tageblatt und Handelszeitung«, »Die Welt am Montag«, »Vossische Zeitung« sowie dem »Hamburger Echo«. Außerdem war er regelmäßiger Kolumnist in den sozialdemokratischen Parteizeitungen »Berliner Volkszeitung«, »Generalanzeiger« (Dortmund), »Leipziger Volkszeitung« und »Vorwärts«. Aufsätze und kritische Glossen von ihm erschienen periodisch in den Zeitschriften und Wochenzeitungen »Das Tagebuch«, »Die Weltbühne« und »Alarm. Kampfblatt gegen die Feinde der Republik« sowie in »Die Menschenrechte«, dem Organ der »Deutschen Liga für Menschenrechte«.

Kurt Grossmann benutzte in der Emigration in den dreißiger Jahren die folgenden Pseudonyme: »Hermann Walter«, »Felix Burger«, »Kurt Randloff« (jedoch nicht das privat verwendete »Kay Gilbert«). Auch diese unter Pseudonym publizierten Schriften und Artikel sind in der Bibliographie enthalten. Welche Publikationen unter den betreffenden Pseudonymen erschienen sind, ist in Lieselotte Maas (Handbuch der deutschen Exilpresse 1933-1945. München-Wien 1978) verzeichnet.

Nach 1945 schrieb Kurt Grossmann für die »Allgemeine jüdische Wochenzeitung« (Düsseldorf), »Allgemeine Sonntagszeitung« (Würzburg), »Aufbau« (New York), »Augsburger Allgemeine«, »Boletin Informativo« (Santiago de Chile), »Fränkische Presse« (Bayreuth), »Fränkische Tagespost« (Nürnberg), »Frankfurter Neue Presse«, »Frankfurter Rundschau«, »Das Freie Wort« (Düsseldorf), »Die Freiheit« (Mainz), »Hamburger Echo«, »Israelitisches Wochenblatt« (Basel), »Jedioth Chadashoth« (Tel Aviv), »Jüdische Rundschau« (Basel), »Kölner Stadt-Anzeiger«, »Der Kurier« (Berlin), »Mannheimer Morgen«, »Die Neue Zeitung« (Berlin-Frankfurt/M.-München), »New Yorker Staatszeitung und Herold«, »Rheinischer Merkur« (Köln), »Schwäbische Landeszeitung« (Augsburg), »Stuttgarter Zeitung«, »Süddeutsche Zeitung« (München), »Tagwacht« (Bern), »Telegraf« (Berlin), »Vorwärts« (Bonn), »Die Welt« (Hamburg), »Welt der Arbeit« (Köln), »Westdeutsche Allgemeine Zeitung« (Essen) und »Westfälische Rundschau« (Dortmund).

Die Auswahlbibliographie der Veröffentlichungen Kurt Grossmanns wurde durch Recherchen in folgenden Bibliotheken und Archiven: Hoover Institution Library, Green Library (Stanford University), Doe Library (University of California, Berkeley), Northern Regional Library Facility (University of California, Richmond), New York Public Library/Jewish Division, Bobst Library (New York University), Butler Library (Columbia University, New York), British Library (London), Universitätsbibliothek Bochum, Bibliothek des Instituts für Zeitgeschichte (München), Deutsches Literaturarchiv (Marbach), Deutsches Exilarchiv/Deutsche Bibliothek (Frankfurt/M.), Internationaal Instituut voor Sociale Geschiedenis (Amsterdam), Sammlung Deutsche Exil-Literatur/Deutsche Bücherei (Leipzig), Staatsbibliothek Preußischer Kulturbesitz (Berlin), Bibliothek des Instituts für Auslandsbeziehungen (Stuttgart), Schweizerische Landesbibliothek (Bern) und Bibliothek des Leo-Baeck-Institutes (New York) und unter Benutzung folgender Bibliographien erstellt:

After Hitler. Germany, 1945-1963. The Wiener Library, Catalogue Series, Nr. 4. London 1963.

Bibliographie der deutschen Zeitschriften-Literatur mit Einschluß von Sammelwerken, Bd. 58-73 (1926-1933), Osnabrück 1926-1933.

Bibliographie der deutschen Zeitschriften-Literatur mit Einschluß von Sammelwerken, Bd. 99-128 (1949-1964), Osnabrück 1949-1964.

Book Review Digest, Vol. 41 (1945)-Vol. 68 (1972). New York 1945 ff.

Book Review Index. A Master Cumulation 1965-1984. Detroit 1985.

British Library General Catalogue of Printed Books to 1975, Bd. 133. London-München-New York-Paris 1982.

Combined Retrospective Index to Book Reviews in Scholarly Journals, 1886-1974. Wood-bridge/Ct. 1982.

Deutsche Exil-Literatur 1933-1945. Eine Bio-Bibliographie. Hrsg. von Wilhelm Sternfeld/Eva Tiedemann. Heidelberg-Darmstadt 1962.

Deutsche Exil-Literatur 1933-1945. Eine Bio-Bibliographie. Hrsg. von Wilhelm Sternfeld/Eva Tiedemann. Heidelberg 1970, 2. verb. u. stark erw. Aufl.

Dictionary Catalog of the Research Liberaries 1911-1971, Bd. 326. New York Public Library 1979.

Essay and General Literature Index 1941 ff. New York 1948 ff.

Exil-Literatur 1933-1945. Eine Ausstellung aus Beständen der Deutschen Bibliothek, Frankfurt am Main (Sammlung Exil-Literatur). Frankfurt/M. 1967, 3. erw. u. verb. Aufl.

From Weimar to Hitler. Germany, 1918-1939. The Wiener Library, Catalogue Series, Nr. 2. London 1964, 2. rev. u. erw. Aufl.

Gesamtverzeichnis des deutschsprachigen Schrifttums (GV) 1911-1965, Bd. 47. Hrsg. von Reinhard Oberschelp. München u.a. 1977.

Index to Jewish Periodicals. An Author and Subject Index to Selected American and Anglo-Jewish Journals of General and Scholarly Interest. Miriam Leikind (ed.), Vol. 1 (1963/ 64)-Vol. 10 (1972/73). Cleveland-Cleveland Height/Ohio 1964-1974.

Index to Little Magazines 1940 ff. New York 1967 ff.

Internationale Bibliographie der Zeitschriftenliteratur aus allen Gebieten des Wissens, 1.-9. Jg. (1964-1973), Osnabrück 1964-1973.

International Index to Periodicals, Vol. 9 ff. (1940 ff.). New York 1943 ff.

Maas, Lieselotte: Handbuch der deutschen Exilpresse 1933-1945. Hrsg. von Eberhard Lämmert. (Sonderveröffentlichungen der Deutschen Bibliothek, Nr. 3). München-Wien 1978.

National Library Service Cumulative Book Review Index 1905-1974. Princeton 1975.

National Union Catalog, Pre-1956 Imprints, Bd. 220. London 1972.

New York Times Book Review Index 1896-1970. New York 1973.

Persecution and Resistance under the Nazis. The Wiener Library, Catalogue Series, Nr. 7. London 1978.

Reader's Guide to Periodical Literature, Vol. 12 ff. (1939 ff.). New York 1941 ff.

Reshimat Ma'amarim be-madae ha-yahadut. Index of Articles on Jewish Studies by Issacher Joel, Vol. 1 (1966)-Vol. 7 (1972). Jerusalem 1969-1972.

The Times Literary Supplement Index 1940-1980. London 1982.

1. Bücher und Broschüren

The Jewish Refugee (zus. mit Arieh Tartakower). New York 1944; Institute of Jewish Affairs, 676 S.   *19*

The Jewish DP Problem. It's Origin, Scope and Liquidation. Introd. by Abraham S. Hyman. New York 1951; Institute of Jewish Affairs, 43 S.   *20*

Germany's moral debt. The German-Israel agreement. Prefaced by Earl G. Harrison. Washington/D.C. 1954; Public affairs press, 71 S.   *21*

Die unbesungenen Helden. Menschen in Deutschlands dunklen Tagen. Berlin 1957; Arani Vlg, 388 S.   *22*

Germany and Israel: six Years Luxemburg agreement. (Herzl Institute Pamphlet, Nr. 11). New York 1958; Theodor Herzl Institute, 31 S.   *23*

Study on the Opinion of German Newspapers Concerning the Treatment of the Restitution Question. O.O. [New York] 1958; 15 S.   *24*

The Ghosts of Yesterday Return. An Appraisal on Anti-Semitism in West Germany. Hg.: American Jewish Congress. New York 1959.   *25*

Die unbesungenen Helden. Menschen in Deutschlands dunklen Tagen. 2. veränd. u. erg. Aufl., Berlin 1961; Arani Vlg, 416 S.   *26*

Ossietzky, ein deutscher Patriot. München 1963; Kindler Vlg., 580 S.   *27*

Zeugnisse der Menschlichkeit aus Deutschlands dunklen Tagen [Teilausgabe der »Unbesungenen Helden«]. (Die Stundenbücher, Bd. 40). Hamburg 1964; FurcheVlg., 173 S.   *28*

Die Ehrenschuld. Kurzgeschichte der Wiedergutmachung. Frankfurt/M.-Berlin 1967; Ullstein Vlg., 212 S.   *29*

Emigration. Geschichte der Hitler-Flüchtlinge 1933-1945. Frankfurt/M. 1969; Europäische Verlagsanstalt, 411 S.   *30*

Ossietzky, ein deutscher Patriot. (Mit einem Nachwort von Dieter Hildebrandt). Frankfurt/M. 1973; Suhrkamp-Taschenbuch, 464 S.   *31*

Die unbesungenen Helden. Menschen in Deutschlands dunklen Tagen. Frankfurt-Berlin-Wien 1984; Ullstein-Taschenbuch, 416 S.   *32*

2. Herausgebene Bücher

Ten Years. American Federation of Jews from Central Europe, Inc. 1941-1951. New York 1952; American Federation of Jews from Central Europe, 85 S.   *33*

Michael Wurmbrand. The Man and his Work. Introduction by Nahum Goldmann. New York 1956; Philosophical Library, 127 S.   *34*

Der Friede. Idee und Verwirklichung - The Search for Peace. Festgabe für Adolf Leschnitzer (Hrsg. zus. mit Erich Fromm und Hans Herzfeld). Heidelberg 1961; Lambert Schneider, 435 S.   *35*

Die Wiedergutmachung am Kreuzweg. Zur Information fuer Journalisten, Politiker und Interessierte. Redigiert von Kurt R. Grossmann. Als Manuskript veroeffentlicht von der Conference on Jewish Material Claims Against Germany. New York-Frankfurt/M. 1964; 68 S.   *36*

3. Beiträge in Sammelbänden/Zeitschriftenaufsätze

Der erste Rückzug des Reichsgerichts im Falle Roettcher. In: Die Menschenrechte, 3. Jg., Nr. 1, 31. Jan. 1928, Berlin, S. 6. *60*

Geschäftsbericht der Deutschen Liga für Menschenrechte für das Halbjahr vom 1. Juli bis 31. Dezember 1927. In: Die Menschenrechte, 3. Jg., Nr. 1, 31. Jan. 1928, Berlin, S. 10-13. *61*

Der deutsche Faschismus. In: Das Blaubuch, Jg. 1928, H. 1, Wien, S. 27-30. *62*

Menschenrechte und Pressefreiheit. In: Die Menschenrechte, 3. Jg., Nr. 2, 29. Feb. 1928, Berlin, S. 3-4. *63*

Vorwort. In: Der Justizmord an Jakubowski. Hrsg. im Auftrag der Liga für Menschenrechte von Rudolf Olden/Josef Bornstein. Berlin o.J. [1928], S. 3. *64*

Der Landesverratsprozeß gegen Pazifisten. In: Die Menschenrechte, 3. Jg., Nr. 3, 31. März 1928, Berlin, S. 7-8. *65*

Die Vorgeschichte der Wiederaufrollung des Falles Jakubowski. In: Die Justiz, 3. Jg. (1928), H. 4, Berlin, S. 406-408. *66*

Menschen, die wir ins Verderben treiben. In: Deutsche Republik, 2. Jg., Nr. 41, 13. Juli 1928, Berlin-Frankfurt/M., S. 1325-1328. *67*

Ein Kamerad ging von uns [Nachruf]. In: Die Menschenrechte, 3. Jg., Nr. 6/7, 15. Sep. 1928, Berlin, S. 8. *68*

Das Jugendgefängnis. In: Die Menschenrechte, 3. Jg., Nr. 9/10, 31. Dez. 1928, Berlin, S. 11-12. *69*

Geschäftsbericht für die Zeit vom 1. Januar 1928 bis zum 31. Dezember 1928. In: Die Menschenrechte, 4. Jg., Nr. 1, 16. Jan. 1929, Berlin, S. 2-9. *70*

Lenin und die Menschenrechte. In: Das Neue Rußland, 6. Jg. (1929), Berlin, S. 53. *71*

Ein Kriegsverbrecher. In: Das Tagebuch, 10. Jg. (1929), H. 2, Berlin, S. 76. *72*

Deutscher Strafvollzug. In: Die Weltbühne, 25. Jg., Nr. 19, 7. Mai 1929, Berlin, S. 697-698. *73*

Für die deutsch-polnische Verständigung. In: Die Menschenrechte, 4. Jg., Nr. 6, 1. Juni 1929, Berlin, S. 10-11. *74*

Schulz und Müller. In: Das Tagebuch, 10. Jg. (1929), H. 27, Berlin, S. 1128. *75*

Um die Reform des Strafvollzugs. In: Die Menschenrechte, 4. Jg., Nr. 7/8, 25. Juli 1929, Berlin, S. 27-29. *76*

Zwangsarbeiter. In: Das Tagebuch, 10. Jg. (1929), H. 35, Berlin, S. 1452-1453. *77*

Ein Erfolg der Liga. In: Die Menschenrechte, 4. Jg., Nr. 9/10, 1. Okt. 1929, Berlin, S. 23. *78*

Mooney-Billings. In: Die Weltbühne, 25. Jg., Nr. 49, 3. Dez. 1929, Berlin, S. 828-829. *79*

Indizien. In: Die Weltbühne, 26. Jg., Nr. 1, 31. Dez. 1929[!], Berlin, S. 13-15. *80*

Geschäftsbericht der Deutschen Liga für Menschenrechte e.V. für die Zeit vom 1. Januar 1929 bis 31. Dezember 1929. In: Die Menschenrechte, 5. Jg., Nr. 1/2, Feb. 1930, Berlin, S. 2-13. *81*

"Amnestie". In: Die Menschenrechte, 5. Jg., Nr. 1/2, Feb. 1930, Berlin, S. 19. *82*

Völkerversöhnung und deutsch-französischer Schüleraustausch. In: Die Friedenswarte, 30. Jg. (1930), H. 2, Berlin, S. 42-44. *83*

Die Lex Besedovskij. In: Die Menschenrechte, 5. Jg., Nr. 3, 25. März 1930, Berlin, S. 9-10. *84*

Die Kriegsverbrecher. In: Die Menschenrechte, 5. Jg., Nr. 4, 20. Mai 1930, Berlin, S. 3-5. *85*

Fritz Kleist. In: Die Menschenrechte, 5. Jg., Nr. 4, 20. Mai 1930, Berlin, S. 8-9. *86*

Der Amsterdamer Weltkongreß gegen den imperialistischen Krieg. In: Die Friedenswarte, 32. Jg. (1932), H. 10, Schweidnitz, S. 302-304.   *111*

Wiederaufnahmeprozeß Bullerjahn am 3. November. Acht Jahre Kampf eines Unschuldigen. In: Alarm, 4. Jg., Nr. 42, 3. Nov. 1932, Berlin, o.S. (2).   *112*

"Wenn schon...". In: Die Weltbühne, 28. Jg., Nr. 47, 22. Nov. 1932, Berlin, S. 778-779.   *113*

Für das Recht. In: Alarm, 4. Jg., Nr. 49, 22. Dez. 1932, Berlin, o.S. (4).   *114*

Der Fall Gontard. In: Deutsche Republik, 7. Jg., Nr. 13, 25. Dez. 1932, Berlin-Frankfurt/M., S. 401-405.   *115*

Der Fall Anna Siemsen. In: Alarm, 5. Jg., Nr. 5, 2. Feb. 1933, Berlin, o.S. (4).   *116*

Antworten. In: Die Weltbühne, 29. Jg., Nr. 6, 7. Feb. 1933, Berlin, S. 230.   *117*

Der Fall Anna Siemsen. In: Die Frau im Staat, 15. Jg. (1933), H. 3, Frankfurt/M., S. 7-8.   *118*

Der Landesretter. In: Die neue Weltbühne, II.[29.] Jg., Nr. 15, 13. Apr. 1933, Prag-Wien-Zürich, S. 463-464.   *119*

"Helft den Flüchtlingen!" In: Aufruf, 3. Jg., Nr. 7, 1. Mai 1933, Prag, S. 21.   *120*

Vom politischen Mord zur Staatsmacht. In: Die neue Weltbühne, II.[29.] Jg., Nr. 20, 18. Mai 1933, Prag-Wien-Zürich, S. 608-611.   *121*

Danzig im Aufbruch. In: Die neue Weltbühne, II.[29.] Jg., Nr. 21, 25. Mai 1933, Prag-Wien-Zürich, S. 634-637.   *122*

Die Lösung des Emigrantenproblems. In: Aufruf, 3. Jg., Nr. 12/13, 15. Juli 1933, Prag, S. 26-28.   *123*

"Das Problem der Staatenlosen...". In: Freie Presse, 1. Jg., Nr. 8, 2. Sep. 1933, Amsterdam, S. 2.   *124*

Hilfe den Heimatlosen! In: Die neue Weltbühne, II.[29.] Jg., Nr. 36, 7. Sep. 1933, Prag-Zürich, S. 1131.   *125*

Ist der deutsche Anwalt frei? In: Die neue Weltbühne, II.[29.] Jg., Nr. 37, 14. Sep. 1933, Prag-Zürich, S. 1161-1162.   *126*

Vier Forderungen. In: Die neue Weltbühne, II.[29.] Jg., Nr. 41, 12. Okt. 1933, Prag-Zürich, S. 1293.   *127*

Dreißig Emigranten helfen sich selbst. In: Die neue Weltbühne, II.[29.] Jg., Nr. 51, 21. Dez. 1933, Prag-Zürich, S. 1596-1598.   *128*

Emigranten in Westeuropa. In: Die neue Weltbühne, III.[30.] Jg., Nr. 6, 8. Feb. 1934, Prag-Zürich, S. 181-182.   *129*

Flüchtlingsfürsorge vor dem Zusammenbruch. In: Aufruf, 4. Jg., Nr. 10, 15. Feb. 1934, Prag, S. 280-281.   *130*

Hilfe für die Emigranten. In: Die neue Weltbühne, III.[30.] Jg., Nr. 14, 5. Apr. 1934, Prag-Zürich, S. 433-435.   *131*

Msec. In: Aufruf, 4. Jg., Nr. 15, 1. Mai 1934, Prag, S. 420.   *132*

Totenliste des Dritten Reichs. In: Die neue Weltbühne, III.[30.] Jg., Nr. 18, 3. Mai 1934, Prag-Zürich, S. 568.   *133*

Für Ossietzky und Mühsam! In: Aufruf, 4. Jg., Nr. 16, 15. Mai 1934, Prag, S. 448-449.   *134*

Generalstabschef Beck. In: Die neue Weltbühne, 31. Jg., Nr. 41, 10. Okt. 1935, Prag-Zürich-Paris, S. 1302.   *156*

Abschied vom Flüchtlingskommissar. In: Die neue Weltbühne, 31. Jg., Nr. 47, 21. Nov. 1935, Prag-Zürich-Paris, S. 1494-1495.   *157*

Eine Minderheit. In: Die neue Weltbühne, 31. Jg., Nr. 48, 28. Nov. 1935, Prag-Zürich-Paris, S. 1525-1526.   *158*

Deutsche Wirtschaft. In: Die neue Weltbühne, 31. Jg., Nr. 51, 19. Dez. 1935, Prag-Zürich-Paris, S. 1621-1622.   *159*

Der olympische Gedanke. In: Die neue Weltbühne, 32. Jg., Nr. 1, 2. Jan. 1936, Prag-Zürich-Paris, S. 25-26.   *160*

Hitler-Deutschlands Wille zum Krieg. In: Aktion, 3. Jg. (1935/36), Nr. 62, 20. Jan. 1936, Porto Alegre, S. 1-2.   *161*

Gemeinsame Gefangenenhilfe. In: Die neue Weltbühne, 32. Jg., Nr. 6, 6. Feb. 1936, Prag-Zürich-Paris, S. 186-187.   *162*

Der olympische Gedanke. In: Aktion, 3. Jg. (1935/36), Nr. 64, 10. Feb. 1936, Porto Alegre, S. 1.   *163*

Schmitts Völkerrecht. In: Die neue Weltbühne, 32. Jg., Nr. 9, 27. Feb. 1936, Prag-Zürich-Paris, S. 272-274.   *164*

Carl Schmitt - Nationalsozialismus und Völkerrecht. In: Europa, 2. Jg., Nr. 9, 29. Feb. 1936, Paris, S. 9.   *165*

Eiserne Statistik. In: Die neue Weltbühne, 32. Jg., Nr. 13, 26. März 1936, Prag-Zürich-Paris, S. 410-411.   *166*

Fatalist Gerlach. In: Die neue Weltbühne, 32. Jg., Nr. 14, 2. Apr. 1936, Prag-Zürich-Paris, S. 441-442.   *167*

Kindesraub. In: Die neue Weltbühne, 32. Jg., Nr. 16, 16. Apr. 1936, Prag-Zürich-Paris, S. 505-506.   *168*

Blut und Eisen in Zahlen. In: Aktion, 3. Jg. (1935/36), Nr. 72, 14. Mai 1936, Porto Alegre, S. 1.   *169*

Neill Malcolm. In: Die neue Weltbühne, 32. Jg., Nr. 22, 28. Mai 1936, Prag-Zürich-Paris, S. 695-696.   *170*

Die Rechtslage der deutschen Emigranten in den verschiedenen Ländern. In: Deutsche Informationen, 1. Jg., Nr. 46, 23. Juni 1936, Paris, S. 4.   *171*

Situation juridique des émigrés allemands dans les divers pays. In: Nouvelles d'Allemagne, Nr. 46, 23. Juni 1936, Paris, S. 4.   *172*

Emigranten-"Recht". In: Sozialistische Warte, 11. Jg., H. 12, 15. Juli 1936, Paris, S. 291.   *173*

Das Genfer Statut. In: Die neue Weltbühne, 32. Jg., Nr. 29, 16. Juli 1936, Prag-Zürich-Paris, S. 892-896.   *174*

Herrenkriegsrecht. In: Die neue Weltbühne, 32. Jg., Nr. 39, 24. Sep. 1936, Prag-Zürich-Paris, S. 1223-1225.   *175*

Helmut Kionka. In: Die neue Weltbühne, 32. Jg., Nr. 41, 8. Okt. 1936, Prag-Zürich-Paris, S. 1302-1303.   *176*

Refugees: Burden or Asset? In: The Nation, Bd. 155, H. 26, 26. Dez. 1942, New York, S. 708-710. *198*

Peace and the German problem. In: New Europe, Feb. 1943, New York, S. 9-12. *199*

Unrecognized Allies. In: The Nation, Bd. 157, H. 24, 11. Dez. 1943, New York, S. 691-692. *200*

German Political Emigration's True Task. In: New Europe, Dez. 1943, New York, S. 21-22. *201*

Judicial Evasions of the Peace Treaty 1918-1932. In: South Atlantic Quarterly, Bd. 43 (1944), H. 1, Durham/N.C., S. 81-97. *202*

Rescue is still possible. In: Bulletin of the Czechoslovak Jewish Representative Committee, o.J. [1944], H. 12, New York, S. 16-17. *203*

The German Exiles and the "German Problem" (zus. mit Hans Jacob). In: Journal of Central European Affairs, Bd. 4 (1944/45), H. 2, Boulder/Col., S. 165-185. *204*

The Nazis and the Right of Asylum. In: Chicago Jewish Forum, 3. Jg. (1944/1945), H. 2, Chicago, S. 85-91. *205*

The Career of Otto Strasser. In: Jewish Frontier, 16. Jg. (1949), H. 6, New York, S. 20-25. *206*

Jewish Migration Today. In: Jewish Spectator, 14. Jg. (1949), H. 12, New York, S. 22-26. *207*

Peace Movements in Germany. In: South Atlantic Quarterly, Bd. 49 (1950), H. 3, Durham/N.C., S. 292-302. *208*

Civilians in a Future War. In: Jewish Affairs. Facts and Views, 4. Jg. (1950), H. 6/7, London, S. 7. *209*

The Jews and Germany - A Re-Appraisal. In: Chicago Jewish Forum, 9. Jg. (1950/1951), H. 3, Chicago, S. 199-203. *210*

The Neo-Nazis. In: Jewish Frontier, 18. Jg. (1951), H. 6 (194), New York, S. 19-22. *211*

Henri Dunant and the Jews. In: Chicago Jewish Forum, 10. Jg. (1951/1952), H. 2, Chicago, S. 98-100. *212*

What happened to the German Jews? A Balance Sheet. In: Ders.: (Hg.): Ten Years. American Federation of Jews from Central Europe, Inc. 1941-1951. New York 1952, S. 41-49. *213*

The political, social and economic Development of Eastern Germany during 1950. In: Political Science Quarterly, Bd. 67 (1952), H. 1, New York, S. 96-120. *214*

Against Rearming Germany [Leserbrief zus. mit Emil J. Gumbel et al.]. In: The Progressive, 16. Jg. (1952), H. 10, Madison/Wis., S. 34. *215*

Das Leben der deutschen jüdischen Flüchtlinge in den Vereinigten Staaten. In: Frankfurter Hefte, 8. Jg. (1953), H. 1, Frankfurt/M., S. 60-64. *216*

Die jüdischen Auslandsorganisationen und ihre Arbeit in Deutschland. In: Die Juden in Deutschland 1950/51 - 5712. Ein Almanach. Hrsg. von Heinz Ganther. Frankfurt/M.-München 1953, S. 91-120. *217*

Vorurteil und Diskriminierung. In: Deutsche Rundschau, 79. Jg. (1953), H. 1, Baden-Baden, S. 40-47. *218*

The Meaning of the German Elections. In: Jewish Frontier, 20. Jg. (1953), H. 12 (223), New York, S. 15-17. *219*

Nochmals Kongreß Freies Wort 1933. In: Die Menschenrechte, 29. Jg. (1954), (N.F. 3), H. 2, Berlin, S. 6. *220*

Antideutsche Gefühle in USA? In: Bergbau und Wirtschaft, 14. Jg. (1961), H. 4, Bochum, S. 163-165. *243*

Albert Einstein: Fünfzig Jahre Kampf für Frieden und Freiheit. In: Deutsche Rundschau, 87. Jg. (1961), H. 8, Baden-Baden, S. 737-743. *244*

Have the Germans paid their debt to the Jews? In: Congress Bulletin, 15. Jg., Nr. 7, Sep. 1961, Montreal, S. 3. *245*

Does German Jewry have a Future? A gloomy Prediction for the Jews of West Germany. In: Jewish Digest, 7. Jg.(1961/1962), H. 6, Houston, S. 35-38. *246*

Zionists and Non-Zionists under Nazi Rule in the 1930s. In: Herzl Year Book, 4. Jg. (1962), New York, S. 329-344. *247*

"Antideutsche Welle" oder Ernüchterung in USA? In: Blätter für deutsche und internationale Politik, 7. Jg. (1962), H. 4, Köln, S. 286-295. *248*

Die unbesungenen Helden. In: Tribüne, 1. Jg. (1962), H. 4, Frankfurt/M., S. 406-411. *249*

Refugees, DP's, and Migrants (from Countries of Persecution to Safety). In: Institute of Jewish Affairs, New York (Hg.): The Institute anniversary volume 1941-1961. New York 1962, S. 118-154. *250*

Ein Mensch allein. Zum 25. Todestag von Carl von Ossietzky. In: Blätter für deutsche und internationale Politik, 8. Jg. (1963), H. 5, Köln, S. 369-376. *251*

Sind die Deutschen Patrioten? In: Deutsche Rundschau, 89. Jg. (1963), H. 5, Baden-Baden, S. 17-22. *252*

Die letzte Phase. Von der "Machtergreifung" bis zur Gegenwart. In: Judenfeindschaft. Darstellung und Analysen. Hrsg. von Karl Thieme. (Bücher des Wissens, Bd. 524). Frankfurt/M. 1963, S. 258-288 u. S. 310-316 [Anm.] *253*

Die unbesungenen Helden II. Teil. In: Tribüne, 2. Jg. (1963), H. 6, Frankfurt/M., S. 662-667. *254*

Der Mann, der den Haß durchkreuzte. In: Die Friedensrundschau,17. Jg. (1963), H. 12, Hamburg, S. 8-10. *255*

Macht und Geist. Eine Betrachtung. In: Deutsche Studien, 2. Jg. (1964), H. 5, Lüneburg, S. 74-79. *256*

Die Wiedergutmachungskrise: Wiedergutmachung - echter Rechtsanspruch. In: das beste aus gestern und heute, Jg. 1964, H. 6, München, S. 144-158. *257*

Die Brücke über den Abgrund. In: Ich lebe nicht in der Bundesrepublik. Hrsg. von Hermann Kesten. München 1964, S. 63-68. *258*

Die Endphase des Entschädigungswerkes. Rückblick, Tatsachen und Folgen. In: Gewerkschaftliche Monatshefte, 15. Jg. (1964), H. 9, Köln, S. 537-543. *259*

Gibt es eine Ossietzky-Renaissance? Gedanken zum 75. Geburtstag von Carl von Ossietzky am 3. Oktober. In: Die Feder, 12. Jg. (1964), H. 10, Stuttgart, S. 6. *260*

Ist eine General-Amnestie für NS-Verbrecher vertretbar? In: Vorgänge, 3. Jg. (1964), H. 7-8, München, S. 285-286. *261*

Carl von Ossietzky. In: Handbuch der deutschen Gegenwartsliteratur. Hrsg. von Hermann Kunisch. München 1965, S. 449-450. *262*

Denk ich an Deutschland in der Nacht... In: Freiheit und Recht, 11. Jg. (1965), Nr. 11, Berlin (West), S. 16-17. *263*

German-Israel Agreement (Luxembourg Agreement). In: Encyclopedia of Zionism and Israel. Edited by Raphael Patai. New York 1971, S. 379-381.   *285*

Germany, Zionism in. In: Encyclopedia of Zionism and Israel. Edited by Raphael Patai. New York 1971, S. 386-392.   *286*

Ich suche einen Job. In: Aufbau. Reconstruction. Dokumente einer Kultur im Exil. Hrsg. von Will Schaber. New York-Köln 1972, S. 125-129.   *287*

Die Exilsituation in der Tschechoslowakei. In: Manfred Durzak (Hg.): Die deutsche Exilliteratur 1933-1945. Stuttgart 1973, S. 65-72.   *288*

War Refugee Board. In: Encyclopaedia Judaica, Bd. 16. Jerusalem 1982, korr. Aufl., S. 332.   *289*

German-Israel Agreement (mit N. Sagi). In: New Encyclopedia of Zionism and Israel. Geoffrey Wigoder (Editor in chief). Madison/N.J.-London 1994, S. 468-470.   *290*

Germany, Zionism in after 1945. In: New Encyclopedia of Zionism and Israel. Geoffrey Wigoder (Editor in chief). Madison/N.J.-London 1994, S. 484.   *291*

4. Artikel in Wochen- und Tageszeitungen

Das unerfüllte Londoner Abkommen. In: Das Andere Deutschland, 9. Jg., Nr. 2, 12. Jan. 1929, Hagen/West.-Berlin, o.S. (5).   *292*

Danzig, die Brücke für die deutsch-polnische Verständigung. In: Das Andere Deutschland, 9. Jg., Nr. 16, 20. Apr. 1929, Hagen/West.-Berlin, o.S. (5).   *293*

Deutsch-polnische Verständigungsaktion. In: Das Andere Deutschland, 9. Jg., Nr. 18, 4. Mai 1929, Hagen/West.-Berlin, o.S. (8).   *294*

Oberstaatsanwalt Müllers Rolle im Jakubowski-Drama. Der Mann, der Jakubowskis Hinrichtung wollte. In: 8 Uhr-Abendblatt, 82. Jg., Nr. 118, Fr. 24. Mai 1929, Berlin, o.S. (12).   *295*

Ein Vatermörder? In: Die Welt am Montag, 35. Jg., Nr. 21, 27. Mai 1929, Berlin, o.S.(2).   *296*

Gdingen - die Konkurrenz für Danzig? In: Die Welt am Montag, 35. Jg., Nr. 33, 19. Aug. 1929, Berlin, o.S.(5).   *297*

Der Fall Nowakowski. In: Die Welt am Montag, 35. Jg., Nr. 52, 30. Dez. 1929, Berlin, o.S.(4). *298*

Eigenartige Fürsorge. In: Die Welt am Montag, 36. Jg., Nr. 2, 13. Jan. 1930, Berlin, o.S.(6).   *299*

Die theoretischen Grundsätze für den modernen Strafvollzug. In: Das Andere Deutschland, 10. Jg., Nr. 7, 15. Feb. 1930, Hagen/West.-Berlin, o.S. (8).   *300*

Die deutsche Frau ohne Heimatrecht. In: Die Welt am Montag, 36. Jg., Nr. 7, 17. Feb. 1930, Berlin, o.S.(2).   *301*

Mooney und Billings. Zwei Opfer der deutschen Sabotagepolitik in Amerika seit 14 Jahren unschuldig im Zuchthaus. In: Das Andere Deutschland, 10. Jg., Nr. 20, 17. Mai 1930, Hagen/West.-Berlin, o.S. (3).   *302*

Deutsch-polnische Kundgebung zu den Grenzzwischenfällen. In: Das Andere Deutschland, 10. Jg., Nr. 28, 12. Juli 1930, Hagen/West.-Berlin, o.S. (1).   *303*

Deutsch-Französisches Manifest zur Rheinlandräumung. In: Das Andere Deutschland, 10. Jg., Nr. 28, 12. Juli 1930, Hagen/West.-Berlin, o.S. (2).   *304*

Konzentrationslager und Erziehungszweck. Eine besondere Lagerordnung aus Dachau. In: Neuer Vorwärts, Nr. 116, 1. Sep. 1935, Beilage, Karlsbad, o.S. [4]. *328*

Menschen zwischen den Grenzen. Das Problem der Staatenlosen. In: Neuer Vorwärts, Nr. 129, 1. Dez. 1935, Beilage, Karlsbad, o.S. [4]. *329*

Neue Sympathie-Kundgebungen [Leserbrief]. In: Pariser Tageszeitung, 1. Jg., Nr. 5, Di. 16. Juni 1936, S. 1. *330*

Organisiert die Flüchtlingsfürsorge! In: Pariser Tageszeitung, 1. Jg., Nr. 14, Do. 25. Juni 1936, S. 1. *331*

Die Saat des Hasses. Eine Blütenlese aus Schülbüchern des Dritten Reiches. In: Pariser Tageszeitung, 1. Jg., Nr. 29, Fr. 10. Juli 1936, S. 1. *332*

Der Strafvollzug im Dritten Reich. In: Pariser Tageszeitung, 1. Jg., Nr. 79, Sa. 29. Aug. 1936, S. 4. *333*

Das Fechenbach-Buch. Denkmal für einen meuchlings Ermordeten. In: Pariser Tageszeitung, 1. Jg., Nr. 97, Mi. 16. Sep. 1936, S. 2. *334*

"Ich bin entlarvt!". In: Deutsche Volkszeitung, 1. Jg., Nr. 30, 11. Okt. 1936, Prag-Paris-Basel, S. 4. *335*

Ein Kamerad berichtet von Ossietzky. In: Pariser Tageszeitung, 1. Jg., Nr. 189, Do. 17. Dez. 1936, S. 4. *336*

Der Jugendstrafvollzug im Dritten Reich. In: Neuer Vorwärts, Nr. 206, 23. Mai 1937, Beilage, Karlsbad, o.S. [2]. *337*

Staatsbürger fremder Zunge. "Nationale Minderheiten in Mitteleuropa". In: Pariser Tageszeitung, 2. Jg., Nr. 362, Mi. 9. Juni 1937, S. 4. *338*

"Wir kehren heim". Unter dieser Parole der Zukunft erleben die Emigranten von Mschec die Gegenwart. In: Pariser Tageszeitung, 2. Jg., Nr. 376, Mi. 23. Juni 1937, S. 6. *339*

Die Himmelblauen. In: Pariser Tageszeitung, 2. Jg., Nr. 409, Di. 27. Juli 1937, S. 1. *340*

Die braune Propaganda - eine Kriegswaffe. In: Neuer Vorwärts, Nr. 222, 12. Sep. 1937, Beilage, Karlsbad, o.S. [1-3]. *341*

Carl von Ossietzky 50 Jahre. In: Neuer Vorwärts, Nr. 226, 10. Okt. 1937, Karlsbad, o.S. [3]. *342*

Der Kampf um das Asylrecht. Die Entscheidung in Genf vertagt. In: Neuer Vorwärts, Nr. 229, 31. Okt. 1937, Beilage, Karlsbad, o.S. [1]. *343*

Terror-Bekämpfung. Zur internationalen Konvention. In: Deutsche Freiheit, 2. Jg., Nr. 1, 7. Dez. 1937, Paris, S. 1, 3. *344*

Genf: Hic rhodos, hic salta! In: Deutsche Freiheit, 2. Jg., Nr. 5, 4. Feb. 1938, Paris, S. 6. *345*

Signal zur Sammlung. In: Deutsche Freiheit, 2. Jg., Nr. 8, 25. Feb. 1938, Paris, S. 6. *346*

Der Fall Kurt Großmann. In: Volksstimme. Ostschweizerische Arbeiterzeitung, 34. Jg., Nr. 144, Do. 23. Juni 1938, St. Gallen, o.S. *347*

Ein internationaler Flüchtlingsrapport. In: Deutsche Freiheit, 2. Jg., Nr. 34, 26. Aug. 1938, Paris, S. 4. *348*

Die strategische Bedeutung der Tschechoslowakei. In: Pariser Tageszeitung, 3. Jg., Nr. 774, Sa. 27. Aug. 1938, S. 1. *349*

Die polnische Sphinx. In: Deutsche Freiheit, 2. Jg., Nr. 35, 2. Sep. 1938, Paris, S. 4. *350*

Appell. In: Deutsches Volksecho, 1. Jg., Nr. 23, 9. Okt. 1938, Paris-Zürich, S. 6. *351*

Appell. In: Deutsche Volkszeitung, 3. Jg., Nr. 41, 9. Okt. 1938, Paris-Prag-Kopenhagen, S. 4. *352*

Die Flüchtlinge in Prag. In: Pariser Tageszeitung, 4. Jg., Nr. 945, Do. 16. März 1939, S. 2. *353*

Refugees in Peril. Czecho-Slovakia: German political Fugitives. In: Manchester Guardian, Nr. 28865, Mo. 27. März 1939, S. 11. *354*

Der Vertrag mit dem Augenzwinkern. Deutschland und Polen. In: Berner Tagwacht, 47. Jg., Nr. 118, Di. 23. Mai 1939, S. 1. *355*

England hilft deutschen Flüchtlingen. In: Pariser Tageszeitung, 4. Jg., Nr. 1057, Mi. 26. Juli 1939, S. 3. *356*

Es ging Danzig gar nicht so schlecht! Wie es um Danzig wirklich bestellt war: niemand hat den deutschen Charakter der Stadt je angetastet! Die Wahrheit über die Westernplatte. In: Neue Volks-Zeitung, 8. Jg., Nr. 37, 16. Sep. 1939, New York, S. 7. *357*

Unsere Refugees in den alliierten Ländern während des Krieges. In: Aufbau, 5. Jg., Nr. 18, 1. Okt. 1939, New York, S. 15. *358*

In letzter Minute. Die Flüchtlingskonferenz in Washington. In: Aufbau, 5. Jg., Nr. 19, 15. Okt. 1939, New York, S. 10. *359*

Die Lage der Emigranten in Frankreich. In: Aufbau, 5. Jg., Nr. 21, 15. Nov. 1939, New York, S. 9. *360*

Oesterreichische Flüchtlinge in Frankreich und England. In: Aufbau, 5. Jg., Nr. 22, 29. Nov. 1939, New York, S. 4. *361*

Emigration in Südafrika. In: Aufbau, 5. Jg., Nr. 23, 8. Dez. 1939, New York, S. 6. *362*

Das ist Gildemeester [Leserbrief]. In: Aufbau, 5. Jg., Nr. 26, 29. Dez. 1939, New York, S. 13. *363*

Der Stab mit den zwei Enden [Leserbrief]. In: Aufbau, 6. Jg., Nr. 2, 12. Jan. 1940, New York, S. 11. *364*

In memoriam Marie Schmolka. In: Aufbau, 6. Jg., Nr. 15, 12. Apr. 1940, New York, S. 8. *365*

Es ist alles schon da gewesen. Ben Akiba und die Alien-Bills. In: Aufbau, 6. Jg., Nr. 16, 19. Apr. 1940, New York, S. 7. *366*

Immigration und Arbeitslosigkeit. In: Aufbau, 6. Jg., Nr. 20, 17. Mai 1940, New York, S. 7. *367*

Selbstkontrolle [Leserbrief]. In: Aufbau, 6. Jg., Nr. 25, 21. Juni 1940, New York, S. 10. *368*

Zwei Kronzeugen für das Asylrecht. In: Aufbau, 6. Jg., Nr. 26, 28. Juni 1940, New York, S. 3. *369*

Das Condor-Syndikat in Südamerika. In: Aufbau, 6. Jg., Nr. 27, 5. Juli 1940, New York, S. 2. *370*

Zu Muenzenbergs Tod [Leserbrief]. In: Aufbau, 6. Jg., Nr. 49, 6. Dez. 1940, New York, S. 10. *371*

Hunderttausend warten auf Dich! Kundgebung für die in Frankreich Internierten. In: Aufbau, 6. Jg., Nr. 51, 20. Dez. 1940, New York, S. 3. *372*

Kleines Erlebnis. In: Aufbau, 7. Jg., Nr. 2, 10. Jan. 1941, New York, S. 24. *373*

Frankreichs Appell und Hulls Antwort. Wanderung und Immigration. In: Aufbau, 7. Jg., Nr. 3, 17. Jan. 1941, New York, S. 8. *374*

Der Kampf um den Schiffsplatz. In: Aufbau, 7. Jg., Nr. 8, 21. Feb. 1941, New York, S. 7. *375*

Zur Fahrkarten-Frage. In: Aufbau, Nr. 10, 7. März 1941, New York, S. 8. *376*

Die Verantwortung Aller. Passagegelder. Die Frage des Schiffsplatzes. In: Aufbau, 7. Jg., Nr. 11, 14. März 1941, New York, S. 6. *377*

Um den Schiffsverkehr Lissabon-New York. In: Aufbau, 7. Jg., Nr. 12, 21. März 1941, New York, S. 7.   *378*

Flüchtlinge - wichtiges Kampfpotential. In: Aufbau, 7. Jg., Nr. 15, 11. Apr. 1941, New York, S. 4.   *379*

Kinder unter der Erde. In: Aufbau, 7. Jg., Nr. 17, 25. Apr. 1941, New York, S. 7.   *380*

Empfang bei der Landung. In: Aufbau, 7. Jg., Nr. 33, 15. Aug. 1941, New York, S. 3.   *381*

Das Problem der Schiffahrtskarten. Es ist hohe Zeit, endlich dem Wucher zu steuern. In: Aufbau, 7. Jg., Nr. 37, 12. Sep. 1941, New York, S. 2.   *382*

Das Problem Cuba. In: Aufbau, 7. Jg., Nr. 40, 3. Okt. 1941, New York, S. 7-8.   *383*

Die Visapolitik Washingtons. In: Aufbau, 7. Jg., Nr. 41, 10. Okt. 1941, New York, S. 6.   *384*

Die Massen-Transmigration nach Cuba. In: Aufbau, 7. Jg., Nr. 43, 24. Okt. 1941, New York, S. 2.   *385*

Wer ist Arnold Bergstraesser? [Leserbrief]. In: Aufbau, 8. Jg., Nr. 4, 23. Jan. 1942, New York, S. 5.   *386*

Wer kann noch nach U.S.A. einreisen? In: Aufbau, 8. Jg., Nr. 5, 30. Jan. 1942, New York, S. 5. *387*

Die Durchführung der neuen Einwanderungs-Bestimmungen. Das Committee of Review arbeitet. In: Aufbau, 8. Jg., Nr. 8, 20. Feb. 1942, New York, S. 4.   *388*

Die Frage der annullierten Fahrkarten. In: Aufbau, 8. Jg., Nr. 14, 3. Apr. 1942, New York, S. 6.   *389*

Antwort an Friedrich [Leserbrief]. In: Aufbau, 8. Jg., Nr. 27, 3. Juli 1942, New York, S. 15-16. *390*

Zwei Verräter. In: Aufbau, 8. Jg., Nr. 29, 17. Juli 1942, New York, S. 8.   *391*

Die letzten 17 Monate. Ein umfassender Bericht des American Joint Distribution Committee. In: Aufbau, 8. Jg., Nr. 34, 21. Aug. 1942, New York, S. 6.   *392*

Dank vom Hause Petain. In: Aufbau, 8. Jg., Nr. 37, 11. Sep. 1942, New York, S. 7.   *393*

Moritz Deutsch - 60 Jahre alt. In: Aufbau, 8. Jg., Nr. 38, 18. Sep. 1942, New York, S. 8.   *394*

Asylrecht und Arbeitsrecht. In: Aufbau, 8. Jg., Nr. 39, 25. Sep. 1942, New York, S. 4.   *395*

Enemy Aliens im Dienste der U.S.A. In: Aufbau, 8. Jg., Nr. 44, 30. Okt. 1942, New York, S. 1. *396*

Wird Cuba wieder Visen geben? Vorsicht ist geboten. In: Aufbau, 8. Jg., Nr. 45, 6. Nov. 1942, New York, S. 5.   *397*

Schweiz - Spanien - Afrika. Die Hilfsaktionen gehen weiter. In: Aufbau, 8. Jg., Nr. 48, 27. Nov. 1942, New York, S. 1.   *398*

Quotenjahr 1942 I. In: Aufbau, 8. Jg., Nr. 52, 25. Dez. 1942, New York, S. 6.   *399*

Quotenjahr 1942 II. In: Aufbau, 9. Jg., Nr. 1, 1. Jan. 1943, New York, S. 5.   *400*

Ein Leben im Kampf. Otto Lehmann-Russbueldt 70 Jahre. In: Aufbau, 9. Jg., Nr. 1, 1. Jan. 1943, New York, S. 6.   *401*

Werden die Flüchtlinge in Nordafrika frei? 15.000 Spanier und 12.000 Juden warten auf ihre Erlösung. In: Aufbau, 9. Jg., Nr. 4, 22. Jan. 1943, New York, S. 3.   *402*

Die Faschistische Bewegung in U.S.A. I.: Vor Pearl Harbor. In: Aufbau, 9. Jg., Nr. 4, 22. Jan. 1943, New York, S. 5, 26.   *403*

Die Faschistische Bewegung in U.S.A. II.: Nach Pearl Harbor. In: Aufbau, 9. Jg., Nr. 5, 29. Jan. 1943, New York, S. 5-6.   *404*

Report on the Displaced Persons. In: Congress Weekly, 15. Jg., Nr. 6, 13. Feb. 1948, New York, S. 5-7. *429*

Forgotten People. In: Congress Weekly, 15. Jg., Nr. 8, 27. Feb. 1948, New York, S. 13-15. *430*

Walter Hammer - 60 Jahre. In: Aufbau, 14. Jg., Nr. 20, 14. Mai 1948, New York, S. 9. *431*

Das Internationale Rote Kreuz und die Juden. Unterlassungssünden der Vergangenheit und Forderungen für die Zukunft. In: Aufbau, 14. Jg., Nr. 24, 11. Juni 1948, New York, S. 5. *432*

Ost und West. Der jüdische Weltkongress tagt. In: Aufbau, 14. Jg., Nr. 29, 16. Juli 1948, New York, S. 15-16. *433*

Emigranten in Deutschland [Leserbrief]. In: Aufbau, 14. Jg., Nr. 34, 20. Aug. 1948, New York, S. 19. *434*

Willy Freund [Nachruf]. In: Aufbau, 14. Jg., Nr. 36, 3. Sep. 1948, New York, S. 5. *435*

Begegnung in Deutschland [Leserbrief]. In: Aufbau, 14. Jg., Nr. 37, 10. Sep. 1948, New York, S. 23. *436*

Germany Revisited. In: Congress Weekly, 15. Jg., Nr. 24, 17. Sep. 1948, New York, S. 6-8. *437*

"Nationalistic and Reactionary Germany Might Try it a Third Time". Ex-Refugee Returns to Find Intensified Racial Bias. In: South African Jewish Times, Fr. 12. Nov. 1948, Johannesburg, S. 5. *438*

Der Fall Shanghai. In: Aufbau, 14. Jg., Nr. 48, 26. Nov. 1948, New York, S. 3-4. *439*

Jews in Danger Zones. In: Congress Weekly, 16. Jg., Nr. 4, 24. Jan. 1949, New York, S. 5-6. *440*

Entry Limited. In: Congress Weekly, 16. Jg., Nr. 6, 7. Feb. 1949, New York, S. 11-12. *441*

Why Israel can grow. In: Congress Weekly, 16. Jg., Nr. 8, 21. Feb. 1949, New York, S. 10-11. *442*

Jews in Danger Zones: Can Israel Take Them In? A Summary of Needs - and Possibilities. In: South African Jewish Times, Fr. 11. März 1949, Johannesburg, S. 5. *443*

Shielding Victims of War. In: Congress Weekly, 16. Jg., Nr. 17, 9. Mai 1949, New York, S. 5-6. *444*

Citizen Freda Utley [Leserbrief]. In: Aufbau, 15. Jg., Nr. 37, 16. Sep. 1949, New York, S. 11. *445*

What about German "Democracy"? In: Congress Weekly, 16. Jg., Nr. 25, 10. Okt. 1949, New York, S. 7-10. *446*

Der "deutsche Dreyfus" [Leserbrief]. In: Aufbau, 15. Jg., Nr. 49, 9. Dez. 1949, New York, S. 11. *447*

The Illegal Alien Bugaboo. In: Congress Weekly, 17. Jg., Nr. 4, 23. Jan. 1950, New York, S. 7-8. *448*

Ossietzky - Betrüger Wannow auch ein "Opfer des Faschismus?" Der gestohlene Nobel-Preis. In: Aufbau, 16. Jg., Nr. 10, 10. März 1950, New York, S. 5. *449*

Wer schrieb an Stalin? [Leserbrief]. In: Aufbau, 16. Jg., Nr. 11, 17. März 1950, New York, S. 13-14. *450*

Probleme der deutschen Quote. In: Aufbau, 16. Jg., Nr. 12, 24. März 1950, New York, S. 1-2. *451*

Berufsmässige Enthüller [Leserbrief]. In: Aufbau, 16. Jg., Nr. 14, 7. Apr. 1950, New York, S. 32. *452*

Ende der IRO. In: Aufbau, 16. Jg., Nr. 28, 14. Juli 1950, New York, S. 1, 26. *453*

New Yorks soziale Institutionen I: Das Institut für Krüppels und Invaliden. In: Aufbau, 17. Jg., Nr. 23, 8. Juni 1951, New York, S. 27.   *479*

Die imponierende Bilanz der UN-Kinderhilfe. Fünf Jahre segensreicher Tätigkeit in allen Erdteilen. In: Die Neue Zeitung, 7. Jg., Nr. 135, Di. 12. Juni 1951, Frankfurt/M., S. 5.   *480*

Gedankenfreiheit und Präventiv-Gesetzgebung. In: Aufbau, 17. Jg., Nr. 24, 15. Juni 1951, New York, S. 4.   *481*

New Yorks soziale Institutionen II: Das National Information Bureau. In: Aufbau, 17. Jg., Nr. 25, 22. Juni 1951, New York, S. 27, 31.   *482*

New Yorks soziale Institutionen III: 75 Jahre Legal Aid Society. In: Aufbau, 17. Jg., Nr. 28, 13. Juli 1951, New York, S. 27-28.   *483*

New Yorks soziale Institutionen IV: Bienenhaus 1674 Broadway. In: Aufbau, 17. Jg., Nr. 31, 3. Aug. 1951, New York, S. 10.   *484*

Rückerstattung "loyal" oder aufrichtig? In: Das freie Wort, 2. Jg., Nr. 33, 17. Aug. 1951, Düsseldorf, S. 8.   *485*

46 Millionen Tote, Statistik mit einem Loch. In: Aufbau, 17. Jg., Nr. 33, 17. Aug. 1951, New York, S. 3.   *486*

Erinnerungen an Bernhard Weiss. In: Aufbau, 17. Jg., Nr. 33, 17. Aug. 1951, New York, S. 5-6.   *487*

Erinnerung an einen Polizeipräsidenten. In: Stuttgarter Zeitung, 7. Jg., Nr. 191, Sa. 18. Aug. 1951, S. 5.   *488*

Die Bestimmungen über den Landesverrat. In: Stuttgarter Zeitung, 7. Jg., Nr. 200, Mi. 29. Aug. 1951, S. 3.   *489*

New Yorks soziale Institutionen V: Das Haus des Lichts. In: Aufbau, 17. Jg., Nr. 35, 31. Aug. 1951, New York, S. 5.   *490*

VI. American Arbitration Association. New Yorks soziale Institutionen. In: Aufbau, 17. Jg., Nr. 37, 14. Sep. 1951, New York, S. 4.   *491*

Keine Vergeltung - aber Gerechtigkeit. Antwort und Dank an Erich Lueth[!]. In: Das freie Wort, 2. Jg., Nr. 39, 28. Sep. 1951, Düsseldorf, S. 3.   *492*

"Landesverrats"-Lehren der Vergangenheit. In: Neuer Vorwärts, 4. Jg., Nr. 40, 5. Okt. 1951, Hannover, S. 5.   *493*

"Wohin mit den Flüchtlingen?" Ein Brief der Königin Juliana - Die ganze internationale Flüchtlingsfürsorge in Gefahr. In: Aufbau, 17. Jg., Nr. 40, 5. Okt. 1951, New York, S. 9.   *494*

Lehren aus der Vergangenheit. Gefahren der neuen Bestimmungen über Landesverrat in der Bundesrepublik In: Das freie Wort, 2. Jg., Nr. 40, 5. Okt. 1951, Düsseldorf, S. 7.   *495*

Bilanz einer Zerstörung. Judenschicksal in Deutschland. In: Aufbau, 17. Jg., Nr. 41, 12. Okt. 1951, New York, S. 3-4.   *496*

Die Vernichtung des deutschen Judentums. In: Das freie Wort, 2. Jg., Nr. 42, 19. Okt. 1951, Düsseldorf, S. 6.   *497*

Die Antwort der Juden an Adenauer. Ein Nachwort zur New Yorker Wiedergutmachungskonferenz. In: Allgemeine Wochenzeitung der Juden in Deutschland, 6. Jg., Nr. 31, 31. Okt. 1951, Düsseldorf, S. 5.   *498*

Priorität der Ansprüche Israels anerkannt. New Yorker Konferenz jüdischer Organisationenüber deutsche Wiedergutmachung. In: Allgemeine Wochenzeitung der Juden in Deutschland, 6. Jg., Nr. 30, 2. Nov. 1951, Düsseldorf, S. 1.   *499*

Drei Jahre unschuldig in Ellis Island. Der Fall der "Kriegsbraut" Ellen Knauff. In: Aufbau, 17. Jg., Nr. 45, 9. Nov. 1951, New York, S. 1-2.   *500*

Bilanz der Zerstörung des deutschen Judentums. In: Stuttgarter Zeitung, 7. Jg., Nr. 265, Di. 13. Nov. 1951, S. 3.   *501*

Unverwendete Millionen. Die Hoffnung von Millionen wurde auf der Wanderungskonferenz in Neapel zerstört. In: Aufbau, 17. Jg., Nr. 46, 16. Nov. 1951, New York, S. 1, 4.   *502*

Carl von Ossietzky und der Nobelpreis.In: Neuer Vorwärts, 4. Jg., Nr. 47, 23. Nov. 1951, Hannover, S. 3.   *503*

Ein Pionier seiner Rasse. "Trotz allem können wir hoffen" - ist die Bilanz des Negerjournalisten Ted Poston in der Diskriminierungs-Frage. In: Aufbau, 17. Jg., Nr. 47, 23. Nov. 1951, New York, S. 3-4.   *504*

For Care of Refugees. One Permanent Agency, It Is Felt, Should Be Eastablished [Leserbrief]. In: New York Times, 101. Jg., Nr. 34274, Mo. 26. Nov. 1951, S. 24.   *505*

Neue Krisen in der Flüchtlingsfrage. Die "gefährdeten" Gebiete. Israels Restriktionen. Torschlusspanik in Brüssel. In: Aufbau, 17. Jg., Nr. 48, 30. Nov. 1951, New York, S. 5.   *506*

Das psychologische X im Falle Auerbach [Leserbrief]. In: Aufbau, 17. Jg., Nr. 49, 7. Dez. 1951, New York, S. 7, 10.   *507*

Wir sind alle Brüder. Henri Dunant - Vorkämpfer der Menschlichkeit. In: Das freie Wort, 2. Jg., Nr. 49, 8. Dez. 1951, Düsseldorf, S. 8.   *508*

Henri Dunant. Der Vater des Roten Kreuzes. In: Stuttgarter Zeitung, 7. Jg., Nr. 287, Sa. 8. Dez. 1951, S. 3.   *509*

Neue Flüchtlings-Organisation gegründet. In: Aufbau, 17. Jg., Nr. 50, 14. Dez. 1951, New York, S. 1.   *510*

"Man darf nie einem Volk die Zukunft versperren." Interview über "Juden und Deutsche" mit Landesrabbiner Wilhelm Weinberg. In: Aufbau, 17. Jg., Nr. 50, 14. Dez. 1951, New York, S. 1-2.   *511*

Max Immanuel [Nachruf]. In: Aufbau, 17. Jg., Nr. 50, 14. Dez. 1951, New York, S. 13.   *512*

Märtyrer der Friedensidee. Die Verleihung des Nobelpreises an Carl von Ossietzky - Hitlers moralische Niederlage. In: Das freie Wort, 2. Jg., Nr. 50, 15. Dez. 1951, Düsseldorf, S. 6.   *513*

Personalwechsel im State Department. In: Aufbau, 17. Jg., Nr. 51, 21. Dez. 1951, New York, S. 4, 9.   *514*

Plumpe Propaganda aus Ost-Deutschland. In: Aufbau, 17. Jg., Nr. 52, 28. Dez. 1951, New York, S. 1, 6.   *515*

Wehe dem, der lügt! Die Probleme des Lügendetektors. In: Aufbau, 18. Jg., Nr. 1, 4. Jan. 1952, New York, S. 9.   *516*

Der Fall Wollheim [Leserbrief]. In: Aufbau, 18. Jg., Nr. 2, 11. Jan. 1952, New York, S. 13.   *517*

"Die Juden in Deutschland werden verschwinden". Interview mit Sam Haber, Joint-Direktor in Deutschland. In: Aufbau, 18. Jg., Nr. 3, 18. Jan. 1952, New York, S. 9-10.   *518*

Ein neuer McCarran Act? Deportation ohne Verhör geplant. In: Aufbau, 18. Jg., Nr. 4, 25. Jan. 1952, New York, S. 1, 4. *519*

Der Freiheit eine Gasse! In: Aufbau, 18. Jg., Nr. 4, 25. Jan. 1952, New York, S. 4. *520*

Der Mann, der eine Million New Yorker um den Schlaf bringt. Barry Gray und sein Free Speech Forum. In: Aufbau, 18. Jg., Nr. 4, 25. Jan. 1952, New York, S. 5-6. *521*

Der Kampf um das neue Immigrationsgesetz im entscheidenden Stadium. Der fortschrittliche Lehman-Entwurf und die Vorschläge der Reaktion. In: Aufbau, 18. Jg., Nr. 6, 8. Feb. 1952, New York, S. 2. *522*

Ein Sendbote aus Berlin. Gespräch mit Heinz Galinski. In: Aufbau, 18. Jg., Nr. 6, 8. Feb. 1952, New York, S. 3. *523*

Der Unterhändler. In: Aufbau, 18. Jg., Nr. 6, 8. Feb. 1952, New York, S. 4. *524*

Wahrheit tut weh. In: Aufbau, 18. Jg., Nr. 7, 15. Feb. 1952, New York, S. 2. *525*

Ein Immigrant revolutioniert den Flugzeugbau. Wettlauf mit der russischen Überlegenheit. In: Aufbau, 18. Jg., Nr. 7, 15. Feb. 1952, New York, S. 4. *526*

Im Gestrüpp des McCarran-Gesetzes. In: Aufbau, 18. Jg., Nr. 8, 22. Feb. 1952, New York, S. 3. *527*

"Quick" gegen Kempner. In: Aufbau, 18. Jg., Nr. 8, 22. Feb. 1952, New York, S. 5. *528*

Der Glaube versetzt Berge. Geschichte eines blinden Musikers. In: Aufbau, 18. Jg., Nr. 9, 29. Feb. 1952, New York, S. 5. *529*

Hamsun und Ossietzky. In: Aufbau, 18. Jg., Nr. 9, 29. Feb. 1952, New York, S. 10. *530*

Knut Hamsun und Carl von Ossietzky. In: Das freie Wort, 3. Jg., Nr. 10, 8. März 1952, Düsseldorf, S. 12. *531*

The Perpetual Refugee Problem. In: Congress Weekly, 19. Jg., Nr. 10, 10. März 1952, New York, S. 9-11. *532*

Exodus XXI, 24. Oder: Die Bank des armen Mannes. In: Aufbau, 18. Jg., Nr. 11, 14. März 1952, New York, S. 6. *533*

Auf welchen materiellen Grundlagen fussen die Brüsseler Verhandlungen? In: New Yorker Staatszeitung und Herold, 118. Jg., Nr. 67, Di. 18. März 1952, S. 2. *534*

Kempner gegen "Quick". Die Wahrheit über Weizsäcker. In: Aufbau, 18. Jg., Nr. 12, 21. März 1952, New York, S. 5. *535*

Jüdische Forschung in Not. Jerusalem blickt auf die Juden in der Welt. In: Aufbau, 18. Jg., Nr. 12, 21. März 1952, New York, S. 14. *536*

Die materiellen Verluste der Juden. In: Die Neue Zeitung, 8. Jg., Nr. 72, Di. 25. März 1952, Frankfurt/M., S. 6. *537*

USA-Meinung über Reparationsverhandlungen. In: Allgemeine Wochenzeitung der Juden in Deutschland, 6. Jg., Nr. 51, 28. März 1952, Düsseldorf, S. 3. *538*

Ein Fall Stahlberg? Anklagen gegen einen deutschen Generalkonsul. In: Aufbau, 18. Jg., Nr. 14, 4. Apr. 1952, New York, S. 1-2. *539*

100 Jahre Mount Sinai Hospital: I. Das Hospital. In: Aufbau, 18. Jg., Nr. 14, 4. Apr. 1952, New York, S. 13. *540*

100 Jahre Mount Sinai Hospital: II. Die Menschen. In: Aufbau, 18. Jg., Nr. 15, 11. Apr. 1952, New York, S. 19. *541*

Die Wiener-Bücherei. In: Stuttgarter Zeitung, 8. Jg., Nr. 184, Sa. 9. Aug. 1952, S. 7.   *563*

The Germans and the Jews. In: Congress Weekly, 19. Jg., Nr. 22, 11. Aug. 1952, New York, S. 4-6.
          564

"Wir werden weiter marschieren". Gespräch mit Oberstaatsanwalt Gerhard Kramer. In: Aufbau, 18. Jg., Nr. 33, 15. Aug. 1952, New York, S. 8.   *565*

Debatte um die Konferenz von Yalta[!]. In: Allgemeine Wochenzeitung der Juden in Deutschland, 7. Jg., Nr. 19, 15. Aug. 1952, Düsseldorf, S. 2.   *566*

Israel in New York. In: Allgemeine Wochenzeitung der Juden in Deutschland, 7. Jg., Nr. 19, 15. Aug. 1952, Düsseldorf, S. 6.   *567*

Post mortem Philipp Auerbach. In: New Yorker Staatszeitung und Herold, 118. Jg., Nr. 200, Mi. 20. Aug. 1952, New York, S. 3.   *568*

Der "Stahlhelm" fordert zur Aufstellung von Femeverbänden auf. Kriegsverbrecher Albert Kesselring Vorsitzender des "Stahlhelms". In: Aufbau, 18. Jg., Nr. 34, 22. Aug. 1952, New York, S. 3.   *569*

Der Selbstmord Auerbachs im Spiegel der US-Meinung. In: Allgemeine Wochenzeitung der Juden in Deutschland, 7. Jg., Nr. 21, 29. Aug. 1952, Düsseldorf, S. 2.   *570*

Konfusion oder Böswilligkeit. Konflikte um die Rassen-Erklärungen des Mc Carran Act. In: Aufbau, 18. Jg., Nr. 35, 29. Aug. 1952, New York, S. 5-6.   *571*

Die Stimmen der Neger. In: Stuttgarter Zeitung, 8. Jg., Nr. 205, Mi. 3. Sep. 1952, S. 3.   *572*

Vom Anwalt zum Schriftsteller. In: Aufbau, 18. Jg., Nr. 36, 5. Sep. 1952, New York, S. 14.   *573*

89 Millionen Kirchgänger und 285.000 Kirchen. In: Allgemeine Wochenzeitung der Juden in Deutschland, 7. Jg., Nr. 22, 5. Sep. 1952, Düsseldorf, S. 2.   *574*

Das Abkommen Deutschland-Israel ist der erste wichtige Schritt. In: New Yorker Staatszeitung und Herold, 118. Jg., Nr. 219, Do. 11. Sep. 1952, New York, S. 3.   *575*

Der erste wichtige Schritt. Gedanken zum Wiedergutmachungs-Abkommen mit Israel. In: Stuttgarter Zeitung, 8. Jg., Nr. 212, Do. 11. Sep. 1952, S. 3.   *576*

Bei Erich Lueth[!] in Hamburg. In: Aufbau, 18. Jg., Nr. 37, 12. Sep. 1952, New York, S. 13-14.   *577*

Ein Emigrant revolutioniert den Flugzeugbau. In: Allgemeine Wochenzeitung der Juden in Deutschland, 7. Jg., Nr. 23, 12. Sep. 1952, Düsseldorf, S. 2.   *578*

Hanns Erich Fabian 50 Jahre. In: Aufbau, 18. Jg., Nr. 38, 19. Sep. 1952, New York, S. 21, 23. *579*

Der MacIver-Bericht. Spannungen innerhalb der jüdischen Organisationen Amerikas. In: Allgemeine Wochenzeitung der Juden in Deutschland, 7. Jg., Nr. 25, 26. Sep. 1952, Düsseldorf, S. 5.   *580*

Starkes Echo in New York. Nach der Unterzeichnung der Luxemburger Abkommen. In: Allgemeine Wochenzeitung der Juden in Deutschland, 7. Jg., Nr. 25, 26. Sep. 1952, Düsseldorf, S. 7.   *581*

Das neue US-Einwanderungsgesetz. Diskussionen um rassische und ethnische Klassifizierung. Präsident Truman setzt Sonderausschuß ein. In: Allgemeine Wochenzeitung der Juden in Deutschland, 7. Jg., Nr. 25, 26. Sep. 1952, Düsseldorf, S. 7.   *582*

Um die Rassenerklärung des Mc Carran Act. State Department gegen Diskriminierung. In: Aufbau, 18. Jg., Nr. 39, 26. Sep. 1952, New York, S. 1, 4.   *583*

Bei Gertrud Luckner. In: Aufbau, 18. Jg., Nr. 39, 26. Sep. 1952, New York, S. 9-10. *584*

Wiedergutmachungsabkommmen von der Claims Conference in New York ratifiziert. In: Allgemeine Wochenzeitung der Juden in Deutschland, 7. Jg., Nr. 26, 3. Okt. 1952, Düsseldorf, S. 1. *585*

Der Tod von David K. Niles. In: Allgemeine Wochenzeitung der Juden in Deutschland, 7. Jg., Nr. 27, 10. Okt. 1952, Düsseldorf, S. 2. *586*

Begegnung mit Dr. Gertrud Luckner. In: Argentinisches Tageblatt, 64. Jg., So. 12. Okt. 1952, Buenos Aires. *587*

Amerika investiert in Israel. In: Allgemeine Wochenzeitung der Juden in Deutschland, 7. Jg., Nr. 28, 17. Okt. 1952, Düsseldorf, S. 2. *588*

Londoner Treffen der Juden aus Deutschland. In: Aufbau, 18. Jg., Nr. 42, 17. Okt. 1952, New York, S. 11. *589*

Jüdische soziale Arbeit in den USA. In: Allgemeine Wochenzeitung der Juden in Deutschland, 7. Jg., Nr. 29, 24. Okt. 1952, Düsseldorf, S. 2. *590*

Bei Erich Lüth in Hamburg. In: Argentinisches Tageblatt, 64. Jg., Do. 30. Okt. 1952, Buenos Aires. *591*

Die Lage der Juden in Südamerika. In: Allgemeine Wochenzeitung der Juden in Deutschland, 7. Jg., Nr. 30, 31. Okt. 1952, Düsseldorf, S. 2. *592*

Der Pendel schwingt zu Stevenson. Eine Betrachtung zu den bevorstehenden amerikanischen Präsidentschaftswahlen. In: Allgemeine Wochenzeitung der Juden in Deutschland, 7. Jg., Nr. 30, 31. Okt. 1952, Düsseldorf, S. 5. *593*

Marie-Luise Gumbel gestorben. In: Aufbau, 18. Jg., Nr. 45, 7. Nov. 1952, New York, S. 10. *594*

Werden die Verhandlungen mit Oesterreich beginnen? In: Aufbau, 18. Jg., Nr. 45, 7. Nov. 1952, New York, S. 22. *595*

Die stockende Flüchtlingsbewegung. Auflösung der IRO: ein fataler Beschluß - Nachfolgeorganisationen werden der Aufgabe nicht gerecht. In: Allgemeine Wochenzeitung der Juden in Deutschland, 7. Jg., Nr. 31, 7. Nov. 1952, Düsseldorf, S. 5. *596*

Arabische Manöver in Bonn. Boykott gegen Westdeutschland wegen des Israel-Vertrags? In: Aufbau, 18. Jg., Nr. 47, 21. Nov. 1952, New York, S. 4. *597*

Ehrliches Mitgefühl in Amerika. In: Allgemeine Wochenzeitung der Juden in Deutschland, 7. Jg., Nr. 33, 21. Nov. 1952, Düsseldorf, S. 2. *598*

Korea und die Genfer Konvention. Ein Beitrag zur UN-Debatte. In: Telegraf, 7. Jg., Nr. 276, Do. 27. Nov. 1952, Berlin, S. 3. *599*

Die Tragödie Abraham Feller. In: Allgemeine Wochenzeitung der Juden in Deutschland, 7. Jg., Nr. 34, 28. Nov. 1952, Düsseldorf, S. 2-3. *600*

Republikaner und Zionisten. Abba Hillel Silvers zukünftige Rolle. In: Aufbau, 18. Jg., Nr. 48, 28. Nov. 1952, New York, S. 3. *601*

Dass wir nicht vergessen mögen. In: Aufbau, 18. Jg., Nr. 48, 28. Nov. 1952, New York, S. 6. *602*

Der Hetzer. Willi [sic] Eichmann - ein Drahtzieher der arabischen Proteste. In: Aufbau, 18. Jg., Nr. 48, 28. Nov. 1952, New York, S. 32. *603*

Brücke zwischen Truman und Eisenhower. In: Allgemeine Wochenzeitung der Juden in Deutschland, 7. Jg., Nr. 35, 5. Dez. 1952, Düsseldorf, S. 2. *604*

Gefahr einer Massenflucht. Die Konsequenzen der Prager Prozesse. In: Aufbau, 18. Jg., Nr. 49, 5. Dez. 1952, New York, S. 1-2. *605*

Vereint oder getrennt marschieren? Spaltung im Jüdischen Organisationsleben. In: Aufbau, 18. Jg., Nr. 49, 5. Dez. 1952, New York, S. 9. *606*

Korea und die Genfer Konventionen. In: Stuttgarter Zeitung, 8. Jg., Nr. 285, Sa. 6. Dez. 1952, S. 28. *607*

Die Konsequenzen des Prager Prozesses. In: Allgemeine Wochenzeitung der Juden in Deutschland, 7. Jg., Nr. 36, 12. Dez. 1952, Düsseldorf, S. 7. *608*

Die Ereignisse in Tunesien und die Lage der Juden. In: Aufbau, 18. Jg., Nr. 51, 19. Dez. 1952, New York, S. 3. *609*

"Respekt für Juden in Deutschland". In: Allgemeine Wochenzeitung der Juden in Deutschland, 7. Jg., Nr. 37, 19. Dez. 1952, Düsseldorf, S. 7. *610*

Die Rosenbergs. In: Aufbau, 18. Jg., Nr. 52, 26. Dez. 1952, New York, S. 3. *611*

Verfallende Häuser - verfallende Werte. Interview mit dem Bürgermeister von Berlin-Kreuzberg. In: Aufbau, 18. Jg., Nr. 52, 26. Dez. 1952, New York, S. 18. *612*

Die Tunesien-Krise und die Lage der Juden. In: Allgemeine Wochenzeitung der Juden in Deutschland, 7. Jg., Nr. 39, 2. Jan. 1953, Düsseldorf, S. 5. *613*

Otto Lehmann-Russbueldt - 80 Jahre. In: Aufbau, 19. Jg., Nr. 1, 2. Jan. 1953, New York, S. 9-10. *614*

Ostdeutschland gegen Wiedergutmachung. In: Aufbau, 19. Jg., Nr. 1, 2. Jan. 1953, New York, S. 23. *615*

Ehepaar Rosenberg in der Todeszelle. Nach dem 12. Januar sollen die amerikanischen Atomspione hingerichtet werden. In: Süddeutsche Zeitung, 9. Jg., Nr. 2, Sa./So. 3./4. Jan. 1953, München, S. 3. *616*

Um die Hinrichtung der Rosenbergs. In: Frankfurter Rundschau, 9. Jg., Nr. 5, Mi. 7. Jan. 1953, S. 2. *617*

Um die Hinrichtung der Rosenbergs. In: Allgemeine Wochenzeitung der Juden in Deutschland, 7. Jg., Nr. 40, 9. Jan. 1953, Düsseldorf, S. 4. *618*

Normalisierung eine Zeitfrage. Interview mit Dr. Giora Josephthal über die deutschen Lieferungen an Israel und das Verhältnis Deutschland-Israel. In: Allgemeine Wochenzeitung der Juden in Deutschland, 7. Jg., Nr. 41, 16. Jan. 1953, Düsseldorf, S. 5. *619*

Das viel umstrittene McCarran-Einwanderungsgesetz. In: Allgemeine Wochenzeitung der Juden in Deutschland, 7. Jg., Nr. 41, 16. Jan. 1953, Düsseldorf, S. 7. *620*

Good by[!], Mr. Truman! In: Allgemeine Wochenzeitung der Juden in Deutschland, 7. Jg., Nr. 42, 23. Jan. 1953, Düsseldorf, S. 2. *621*

Laßt Euch Euren Sieg nicht nehmen. In: Frankfurter Rundschau, 9. Jg., Nr. 21, Mo. 26. Jan. 1953, S. 2. *622*

Deutschlands feierliche Verpflichtung. In: Telegraf, 8. Jg., Nr. 23, Mi. 28. Jan. 1953, Berlin, S. 3. *623*

Was ist Ihre Meinung? In: Allgemeine Wochenzeitung der Juden in Deutschland, 7. Jg., Nr. 43, 30. Jan. 1953, Düsseldorf, S. 2. *624*

22*

Eisenhower und das McCarran-Einwanderungsgesetz. USA-Präsident will wenigstens zehn Punkte revidiert wissen. In: Allgemeine Wochenzeitung der Juden in Deutschland, 8. Jg., Nr. 5, 8. Mai 1953, Düsseldorf, S. 7.   *645*

Die individuelle Wiedergutmachung. In: Allgemeine Wochenzeitung der Juden in Deutschland, 8. Jg., Nr. 6, 15. Mai 1953, Düsseldorf, S. 5.   *646*

Eine längst verdiente Ehrung. In: Aufbau, 19. Jg., Nr. 21, 22. Mai 1953, New York, S. 3.   *647*

Vor der Ueberweisung des Bundesentschädigungsgesetzes an den Bundestag. In: Aufbau, 19. Jg., Nr. 21, 22. Mai 1953, New York, S. 24.   *648*

Bundes-Entschädigungsgesetz verzögert. In: Aufbau, 19. Jg., Nr. 22, 29. Mai 1953, New York, S. 1.   *649*

Ehrung zweier Großen des Judentums. In: Allgemeine Wochenzeitung der Juden in Deutschland, 8. Jg., Nr. 9, 5. Juni 1953, Düsseldorf, S. 5.   *650*

Ein Schritt vorwärts. Bundes-Entschädigungsgesetz vom Bundeskabinett verabschiedet - Wettlauf mit der Zeit. In: Aufbau, 19. Jg., Nr. 23, 5. Juni 1953, New York, S. 1, 4.   *651*

Nahum Goldmanns grosses Programm. In: Aufbau, 19. Jg., Nr. 23, 5. Juni 1953, New York, S. 14.   *652*

Adenauer-Koalition uneinig über das Bundes-Entschädigungsgesetz - Seebohms Angriff. In: Aufbau, 19. Jg., Nr. 24, 12. Juni 1953, New York, S. 31.   *653*

I.G. Farben schuldig. Ein entscheidendes Urteil: Entschädigungspflicht für Zwangsarbeiter. In: Aufbau, 19. Jg., Nr. 25, 19. Juni 1953, New York, S. 1-2.   *654*

Die Zukunft von Berlin. Interview mit Ferdinand Friedensburg. In: Aufbau, 19. Jg., Nr. 25, 19. Juni 1953, New York, S. 9.   *655*

Wendepunkt in den West-Ost-Beziehungen? Konsequenzen des Korea-Waffenstillstandes. In: Allgemeine Wochenzeitung der Juden in Deutschland, 8. Jg., Nr. 11, 19. Juni 1953, Düsseldorf, S. 5.   *656*

Die grosse Debatte um die Wiedergutmachung. In: Aufbau, 19. Jg., Nr. 26, 26. Juni 1953, New York, S. 1-2.   *657*

Günstige Wendung in Bonn - Enttäuschung in Wien. In: Aufbau, 19. Jg., Nr. 27, 3. Juli 1953, New York, S. 24.   *658*

Wiedergutmachung neugeregelt: Die Abstimmung des Bundestags. In: Aufbau, 19. Jg., Nr. 28, 10. Juli 1953, New York, S. 1.   *659*

Fehlschlag in Wien? In: Aufbau, 19. Jg., Nr. 28, 10. Juli 1953, New York, S. 1, 26.   *660*

Der Inhalt des Gesetzes. In: Aufbau, 19. Jg., Nr. 28, 10. Juli 1953, New York, S. 1, 30.   *661*

Weitere Mitteilungen über den Inhalt des neuen Wiedergutmachungsgesetzes. In: Aufbau, 19. Jg., Nr. 29, 17. Juli 1953, New York, S. 25.   *662*

Die Wiener Verhandlungen. In: Aufbau, 19. Jg., Nr. 29, 17. Juli 1953, New York, S. 25.   *663*

Wiedergutmachung gefährdet. Ein Paragraph stellt alles in Frage. In: Aufbau, 19. Jg., Nr. 30, 24. Juli 1953, New York, S. 1-2.   *664*

Oesterreichische Quertreibereien. In: Aufbau, 19. Jg., Nr. 30, 24. Juli 1953, New York, S. 2.   *665*

Wiedergutmachung durch Kompromiss gelöst. In: Aufbau, 19. Jg., Nr. 31, 31. Juli 1953, New York, S. 1-2.   *666*

Die Kompromissfassung des Bundesentschädigungsgesetzes angenommen. In: Aufbau, 19. Jg., Nr. 32, 7. Aug. 1953, New York, S. 1. **667**

Die neue Einwanderung. In: Aufbau, 19. Jg., Nr. 32, 7. Aug. 1953, New York, S. 1, 6. **668**

Antwort vom Ballhausplatz. Wiedergutmachung in Österreich. In: Aufbau, 19. Jg., Nr. 32, 7. Aug. 1953, New York, S. 11. **669**

Rückfall in Streichers Gedankenwelt. Heimtückischer Kampf gegen die Rückerstattung. In: Aufbau, 19. Jg., Nr. 33, 14. Aug. 1953, New York, S. 22-23. **670**

Welche Chancen haben die Sozialdemokraten? In: Aufbau, 19. Jg., Nr. 36, 4. Sep. 1953, New York, S. 2. **671**

Deutsche Wahlnachlese. In: Aufbau, 19. Jg., Nr. 39, 25. Sep. 1953, New York, S. 4. **672**

Der Flüchtling in der Nachkriegswelt. Eine von den United Nationsangeregte Studie. In: Aufbau, 19. Jg., Nr. 40, 2. Okt. 1953, New York, S. 4. **673**

Keine Diskriminierung in österreichischer Wiedergutmachung. In: Aufbau, 19. Jg., Nr. 40, 2. Okt. 1953, New York, S. 18. **674**

Drohendes Fiasko des Flüchtlingsgesetzes. In: Aufbau, 19. Jg., Nr. 41, 9. Okt. 1953, New York, S. 1-2. **675**

What were the Jewish Losses? In: Congress Weekly, 20. Jg., Nr. 26, 12. Okt. 1953, New York, S. 9-11. **676**

Demokrat ging - Republikaner kam. Warum Arbeitsminister Durkin das USA-Kabinett verließ. In: Der Kurier, 9. Jg., Nr. 240, Mi. 14. Okt. 1953, Berlin, S. 6. **677**

Wer wird New Yorks Bürgermeister? In: Der Kurier, 9. Jg., Nr. 242, Fr. 16. Okt. 1953, Berlin, S. 5. **678**

Kein Wiedergutmachungs-Wille in Oesterreich? In: Aufbau, 19. Jg., Nr. 44, 30. Okt. 1953, New York, S. 5. **679**

Bundesentschädigungsgesetz für Berlin nicht verabschiedet. In: Aufbau, 19. Jg., Nr. 44, 30. Okt. 1953, New York, S. 5. **680**

Abbruch der österr.-jüdischen Verhandlungen. In: Aufbau, 19. Jg., Nr. 45, 6. Nov. 1953, New York, S. 3. **681**

Intransigente Haltung des Ministers Kamitz. Kompromiss in Wien. Neue jüdische Vorschläge. In: Aufbau, 19. Jg., Nr. 46, 13. Nov. 1953, New York, S. 6. **682**

Scheidungen in Nazideutschland können angefochten werden. Und wie man daraus Vorteil zieht. In: Aufbau, 19. Jg., Nr. 46, 13. Nov. 1953, New York, S. 6. **683**

Still Uprooted. In: Congress Weekly, 20. Jg., Nr. 31, 16. Nov. 1953, New York, S. 12-14. **684**

Bröckelt Eisenhowers Popularität ab? Innenpolitische Schlacht in den USA entbrannt - Für und Wider der Meinungen. In: Der Kurier, 9. Jg., Nr. 269, Di. 17. Nov. 1953, Berlin, S. 6. **685**

Attentat auf die Geschichte. Unabsehbare Folgen möglich. In: Aufbau, 19. Jg., Nr. 47, 20. Nov. 1953, New York, S. 1-2. **686**

Neue Verzoegerung in Wien. In: Aufbau, 19. Jg., Nr. 47, 20. Nov. 1953, New York, S. 7. **687**

Goldmann konferiert mit Adenauer. In: Aufbau, 19. Jg., Nr. 47, 20. Nov. 1953, New York, S. 7. **688**

Oesterreich bricht Verhandlungen ab. Wiedergutmachung "vertagt". In: Aufbau, 19. Jg., Nr. 48, 27. Nov. 1953, New York, S. 1-2. **689**

German's Report on Israel. In: Congress Weekly, 20. Jg., Nr. 36, 21. Dez. 1953, New York, S. 13.   *690*

Bruch zwischen Oesterreich und jüdischen Weltorganisationen. Eine scharfe Erklärung Dr. Goldmanns in London. In: Aufbau, 19. Jg., Nr. 52, 25. Dez. 1953, New York, S. 1-2.   *691*

Hermann Hammerschlag - 75 Jahre. In: Aufbau, 19. Jg., Nr. 52, 25. Dez. 1953, New York, S. 14.   *692*

Der Kampf um Oesterreichs Wiedergutmachung hat erst begonnen... In: Aufbau, 20. Jg., Nr. 1, 1. Jan. 1954, New York, S. 1-2.   *693*

Warnung an illegale Rückkehrer. In: Aufbau, 20. Jg., Nr. 1, 1. Jan. 1954, New York, S. 8.   *694*

Ostzone lehnt offiziell Wiedergutmachung ab. In: Aufbau, 20. Jg., Nr. 1, 1. Jan. 1954, New York, S. 11.   *695*

Was die Israel Mission in Deutschland kaufte. In: Aufbau, 20. Jg., Nr. 1, 1. Jan. 1954, New York, S. 28.   *696*

Walter Roth - 80 Jahre. In: Aufbau, 20. Jg., Nr. 2, 8. Jan. 1954, New York, S. 4.   *697*

Helfer in der Not. Friedrich Bill - 60 Jahre. In: Aufbau, 20. Jg., Nr. 2, 8. Jan. 1954, New York, S. 7.   *698*

State Department und Wiener Verhandlungen. In: Aufbau, 20. Jg., Nr. 2, 8. Jan. 1954, New York, S. 9.   *699*

Deutsche Gerichtsbarkeit erweitert. In: Aufbau, 20. Jg., Nr. 2, 8. Jan. 1954, New York, S. 9.   *700*

General von Schoenaich. Vom General zum Pazifisten [Nachruf]. In: Aufbau, 20. Jg., Nr. 3, 15. Jan. 1954, New York, S. 2.   *701*

Lügen über die Wiedergutmachung. Ostdeutsche und österreichische Probleme auf der Berliner Konferenz. In: Aufbau, 20. Jg., Nr. 4, 22. Jan. 1954, New York, S. 1, 4.   *702*

Forderungen an Oesterreich. In: Aufbau, 20. Jg., Nr. 5, 29. Jan. 1954, New York, S. 3.   *703*

Um den JRSO-Konflikt. In: Aufbau, 20. Jg., Nr. 5, 29. Jan. 1954, New York, S. 21.   *704*

Um den JRSO-Konflikt II. In: Aufbau, 20. Jg., Nr. 6, 5. Feb. 1954, New York, S. 7.   *705*

Berliner Konferenz darf die Naziopfer nicht vergessen. In: Aufbau, 20. Jg., Nr. 6, 5. Feb. 1954, New York, S. 7.   *706*

$ 92.800.000 für Wiedergutmachung im neuen deutschen Budget. In: Aufbau, 20. Jg., Nr. 6, 5. Feb. 1954, New York, S. 7.   *707*

George Landauer [Nachruf]. In: Aufbau, 20. Jg., Nr. 7, 12. Feb. 1954, New York, S. 5.   *708*

Ist die Eisenhower-Verwaltung fremdenfeindlich? In: Aufbau, 20. Jg., Nr. 8, 19. Feb. 1954, New York, S. 5.   *709*

Wiedereröffnung der Oesterreich-Jüdischen Verhandlungen? In: Aufbau, 20. Jg., Nr. 8, 19. Feb. 1954, New York, S. 9.   *710*

Steckengeblieben. Der Stand der österreichisch-jüdischen Verhandlungen. In: Aufbau, 20. Jg., Nr. 9, 26. Feb. 1954, New York, S. 1-2.   *711*

Wanderung 1953. In: Aufbau, 20. Jg., Nr. 9, 26. Feb. 1954, New York, S. 2.   *712*

Zionismus - wohin? In: Aufbau, 20. Jg., Nr. 9, 26. Feb. 1954, New York, S. 31.   *713*

Adressat: Wien, Ballhausplatz. In: Aufbau, 20. Jg., Nr. 10, 5. März 1954, New York, S. 23.   *714*

Schreckensurteile in Rumänien. In: Aufbau, 20. Jg., Nr. 20, 14. Mai 1954, New York, S. 1-2.   *738*

Krise USA-Israel. In: Aufbau, 20. Jg., Nr. 20, 14. Mai 1954, New York, S. 1, 4.   *739*

Freilassung der Gefangenen von Bagdad. In: Aufbau, 20. Jg., Nr. 20, 14. Mai 1954, New York, S. 2.   *740*

Judenpass [Leserbrief]. In: Aufbau, 20. Jg., Nr. 20, 14. Mai 1954, New York, S. 24.   *741*

Byroade dementiert. In: Aufbau, 20. Jg., Nr. 21, 21. Mai 1954, New York, S. 3.   *742*

Wiederaufnahme der österreichisch-jüdischen Verhandlungen. In: Aufbau, 20. Jg., Nr. 21, 21. Mai 1954, New York, S. 8.   *743*

Weitere Verurteilungen in Rumänien. In: Aufbau, 20. Jg., Nr. 21, 21. Mai 1954, New York, S. 17.   *744*

Fall Pfeiffer - ein Sieg der Moral. In: Aufbau, 20. Jg., Nr. 22, 28. Mai 1954, New York, S. 3-4. *745*

Religion und Verfassung. Verankerung des christlichen Prinzips? In: Aufbau, 20. Jg., Nr. 22, 28. Mai 1954, New York, S. 3, 29.   *746*

Der Patriot Foerster. In: Aufbau, 20. Jg., Nr. 22, 28. Mai 1954, New York, S. 19.   *747*

Carlo Schmid und Königsberg [Leserbrief]. In: Aufbau, 20. Jg., Nr. 23, 4. Juni 1954, New York, S. 17.   *748*

Jüdische Bedenken gegen Kalenderreform vor den U.N. In: Aufbau, 20. Jg., Nr. 23, 4. Juni 1954, New York, S. 22.   *749*

Die fehlenden Bestimmungen. In: Aufbau, 20. Jg., Nr. 23, 4. Juni 1954, New York, S. 29.   *750*

Oesterreich-jüdische Verhandlungen. In: Aufbau, 20. Jg., Nr. 23, 4. Juni 1954, New York, S. 29.   *751*

Joint verlegt Zentrale nach Frankfurt. In: Aufbau, 20. Jg., Nr. 23, 4. Juni 1954, New York, S. 35.   *752*

Beruf: Ex-Kommunist. In: Aufbau, 20. Jg., Nr. 24, 11. Juni 1954, New York, S. 1, 4.   *753*

Philosoph, Pädagoge, Pazifist. Ein Abend für F.W. Foerster. In: Aufbau, 20. Jg., Nr. 24, 11. Juni 1954, New York, S. 3.   *754*

Endlich beschleunigte Wiedergutmachung. Alle Parteien in Bonn fordern sofortige Durchführung. In: Aufbau, 20. Jg., Nr. 25, 18. Juni 1954, New York, S. 1.   *755*

Wien gibt nach. Oesterreich erhöht das Angebot in der Wiedergutmachungs-Frage. In: Aufbau, 20. Jg., Nr. 27, 2. Juli 1954, New York, S. 1.   *756*

Arisiertes Eigentum wird den Nazis zurückgegeben. Zwei unverständliche Gesetzesakte des österreichischen Parlaments. In: Aufbau, 20. Jg., Nr. 27, 2. Juli 1954, New York, S. 9.   *757*

Verhandlungen in Wien vor dem Abbruch. In: Aufbau, 20. Jg., Nr. 28, 9. Juli 1954, New York, S. 1.   *758*

Manöver gegen Otto Kuester. In: Aufbau, 20. Jg., Nr. 28, 9. Juli 1954, New York, S. 3.   *759*

Hoffnungen, die sich nicht erfüllten. In: dpa-Brief/Ausland, 16. Juli 1954, Hamburg, S. 3.   *760*

Zerstörte Hoffnungen. Tragödien der Wiedergutmachung. In: Aufbau, 20. Jg., Nr. 29, 16. Juli 1954, New York, S. 1-2.   *761*

Wieder aufgeflogen! In: Aufbau, 20. Jg., Nr. 29, 16. Juli 1954, New York, S. 7-8.   *762*

Sie sterben, ehe die Entschädigung sie erreicht. Die Wiedergutmachung schreitet zu langsam voran. In: Süddeutsche Zeitung, 10. Jg., Nr. 162, Sa./So. 17./18. Juli 1954, München, S. 4. *763*

Teilweise Einigung in Berlin. In: Aufbau, 20. Jg., Nr. 43, 22. Okt. 1954, New York, S. 21.   *787*

Toter Jakubowski steht auf. In: Telegraf, 9. Jg., Nr. 251, Do. 28. Okt. 1954, Berlin, S. 3.   *788*

Was nun, Herr Raab? Zum bevorstehenden Besuch des österreichischen Kanzlers in USA. In: Aufbau, 20. Jg., Nr. 44, 29. Okt. 1954, New York, S. 2.   *789*

Sturm auf das Bundes-Entschädigungsgesetz. Begegnung des deutschen Kanzlers mit Dr. Goldmann. In: Aufbau, 20. Jg., Nr. 45, 5. Nov. 1954, New York, S. 16.   *790*

Der Pariser Vertrag. In: Aufbau, 20. Jg., Nr. 45, 5. Nov. 1954, New York, S. 16.   *791*

Reichsversicherungsrenten auch nach Israel gezahlt. In: Aufbau, 20. Jg., Nr. 45, 5. Nov. 1954, New York, S. 16.   *792*

Deutsche "Anleihe" an Israel? Eine interessante Begegnung Adenauer-Goldmann. In: Aufbau, 20. Jg., Nr. 45, 5. Nov. 1954, New York, S. 28.   *793*

JRSO-Gelder für deutsche Juden. In: Aufbau, 20. Jg., Nr. 46, 12. Nov. 1954, New York, S. 1-2.*794*

Gebrochenes Versprechen der Wiener Regierung? In: Aufbau, 20. Jg., Nr. 46, 12. Nov. 1954, New York, S. 1.   *795*

Normalisierung der Beziehungen Deutschland-Israel? In: Aufbau, 20. Jg., Nr. 46, 12. Nov. 1954, New York, S. 4.   *796*

Keine Hoffnung auf Einigung in den oesterreichisch-jüdischen Wiedergutmachungs-Verhandlungen. In: Aufbau, 20. Jg., Nr. 47, 19. Nov. 1954, New York, S. 17.   *797*

Das Unrecht an Oesterreichs Juden. In: Aufbau, 20. Jg., Nr. 48, 26. Nov. 1954, New York, S. 5.   *798*

Ausflüchte. Kanzler Raabs Geheimabmachungen mit Nazis. Die Wahrheit über den österreichischen Wiedergutmachungs-Skandal. In: Aufbau, 20. Jg., Nr. 49, 3. Dez. 1954, New York, S. 7.   *799*

Kanzler Raabs Geheim-Verhandlungen. Dementis und Tatsachen. In: Aufbau, 20. Jg., Nr. 50, 10. Dez. 1954, New York, S. 1, 4.   *800*

Wien ist bestürzt über den Empfang Raabs in USA. In: Aufbau, 20. Jg., Nr. 51, 17. Dez. 1954, New York, S. 1.   *801*

Radikalen Bruch mit der Entschädigungspolitik. Alle Parteien im deutschen Bundestag befürworten. In: Aufbau, 20. Jg., Nr. 51, 17. Dez. 1954, New York, S. 1-2.   *802*

Retter der Verfolgten. Begegnung mit Aage Bertelsen. In: Aufbau, 20. Jg., Nr. 52, 24. Dez. 1954, New York, S. 3.   *803*

Ein skandalöser Beschluss in Bayern. Wiedergutmachungsgesetz sollte annulliert werden. In: Aufbau, 20. Jg., Nr. 52, 24. Dez. 1954, New York, S. 6.   *804*

Kommt der Fall I.G. Farben nunmehr zur Entscheidung? In: Aufbau, 20. Jg., Nr. 52, 24. Dez. 1954, New York, S. 6.   *805*

China ohne Juden. In: Aufbau, 20. Jg., Nr. 53, 31. Dez. 1954, New York, S. 2.   *806*

Individuelle Wiedergutmachung - eine "Dauersorge". In: Aufbau, 20. Jg., Nr. 53, 31. Dez. 1954, New York, S. 17.   *807*

Restitution is Indivisible. In: Congress Weekly, 22. Jg., Nr. 1, 3. Jan. 1955, New York, S. 10-11.   *808*

Hat Herr Raab so schnell vergessen? Ein böswilliger Artikel. In: Aufbau, 21. Jg., Nr. 1, 7. Jan. 1955, New York, S. 4.   *809*

Nüchterne Zahlen. In: Aufbau, 21. Jg., Nr. 1, 7. Jan. 1955, New York, S. 6. *810*

Die Westmächte drängen Bonn. Zur rascheren Wiedergutmachung. In: Aufbau, 21. Jg., Nr. 1, 7. Jan. 1955, New York, S. 6. *811*

Jakobowski[sic] steht auf. In: Aufbau, 21. Jg., Nr. 2, 14. Jan. 1955, New York, S. 6. *812*

Ueber 45 Millionen Dollar für 1955 bei Claims Conference beantragt. In: Aufbau, 21. Jg., Nr. 2, 14. Jan. 1955, New York, S. 9. *813*

Restitution by Bonn Urged. Need Stressed for Early Liquidation of Jewish Claims on Germany [Leserbrief]. In: New York Times, 104. Jg., Nr. 35425, Do. 20. Jan. 1955, S. 30. *814*

G.F. Duckwitz - deutscher Botschafter in Dänemark. In: Aufbau, 21. Jg., Nr. 3, 21. Jan. 1955, New York, S. 1. *815*

Erinnerung an Ernst von Salomon. In: Aufbau, 21. Jg., Nr. 3, 21. Jan. 1955, New York, S. 7, 17. *816*

Wiedergutmachungsskandal um Lotte Lehmann. In: Aufbau, 21. Jg., Nr. 3, 21. Jan. 1955, New York, S. 9. *817*

JRSO empfängt jüdisches erbloses Eigentum in U.S.A. In: Aufbau, 21. Jg., Nr. 3, 21. Jan. 1955, New York, S. 9. *818*

Bessere Chancen für die Wiedergutmachung? Eine Debatte über Beamten-Herzen. In: Aufbau, 21. Jg., Nr. 4, 28. Jan. 1955, New York, S. 20. *819*

Lotte Lehmann [Leserbrief]. In: Aufbau, 21. Jg., Nr. 4, 28. Jan. 1955, New York, S. 25. *820*

Amerikanische Gewerkschaftsführer für Wiedergutmachungerfüllung Oesterreichs. In: Aufbau, 21. Jg., Nr. 5, 4. Feb. 1955, New York, S. 19. *821*

Oesterreichs Kabinett berät jüdische Forderungen. In: Aufbau, 21. Jg., Nr. 5, 4. Feb. 1955, New York, S. 19. *822*

Zeit und Geld. In: Aufbau, 21. Jg., Nr. 6, 11. Feb. 1955, New York, S. 4. *823*

Oesterreichische Kabinettsentscheidung. Ein Schritt vorwärts oder nur ein neues Manöver? In: Aufbau, 21. Jg., Nr. 6, 11. Feb. 1955, New York, S. 18. *824*

Claims Conference drängt auf Erfüllung der Entschädigungs-Gesetzgebung. In: Aufbau, 21. Jg., Nr. 6, 11. Feb. 1955, New York, S. 19. *825*

Wiener Komödie. In: Aufbau, 21. Jg., Nr. 7, 18. Feb. 1955, New York, S. 17. *826*

Wie stehen Sie zu den Juden? Eine Umfrage über Antisemitismus in Deutschland. In: Aufbau, 21. Jg., Nr. 8, 25. Feb. 1955, New York, S. 3. *827*

Der Bundeskanzler greift ein. Ein interessanter Brief Adenauers an Dr. Nahum Goldmann. In: Aufbau, 21. Jg., Nr. 8, 25. Feb. 1955, New York, S. 20. *828*

"4 Elementare Verpflichtungen versäumt". Die Wiedergutmachung im neuen Deutschen Bundestag. In: Aufbau, 21. Jg., Nr. 8, 25. Feb. 1955, New York, S. 22. *829*

Wie verteilt die Claims Conference ihre Gelder? In: Aufbau, 21. Jg., Nr. 9, 4. März 1955, New York, S. 5. *830*

Deutsche Jahreslieferungen nach Israel. In: Aufbau, 21. Jg., Nr. 9, 4. März 1955, New York, S. 5. *831*

I.G. Farben sagt der Bundesregierung den Kampf an. Bundestags-Ausschuss für Entschädigungen. In: Aufbau, 21. Jg., Nr. 9, 4. März 1955, New York, S. 8. *832*

Vorschüsse auf Forderungen gegen das Reich. In: Aufbau, 21. Jg., Nr. 10, 11. März 1955, New York, S. 23. *833*

I.G. Farben-Entscheidung am 15. März. In: Aufbau, 21. Jg., Nr. 10, 11. März 1955, New York, S. 23. *834*

Besinnung in Wien. Raab verspricht Entschädigungen. In: Aufbau, 21. Jg., Nr. 11, 18. März 1955, New York, S. 1. *835*

Moritz Goldstein - 75 Jahre. In: Aufbau, 21. Jg., Nr. 11, 18. März 1955, New York, S. 6. *836*

Claims Conference verteilt 10 Millionen Dollar. In: Aufbau, 21. Jg., Nr. 11, 18. März 1955, New York, S. 18. *837*

The Refugee Plight Today. In: Congress Weekly, 22. Jg., Nr. 12, 21. März 1955, New York, S. 7-9. *838*

Haben deutsche Juden Hitler geholfen? Alte Verleumdungen neu aufgewärmt. In: Aufbau, 21. Jg., Nr. 12, 25. März 1955, New York, S. 3, 6. *839*

I.G. Farben-Entscheidung auf unbestimmte Zeit vertagt. Das Oberlandesgericht weicht aus. In: Aufbau, 21. Jg., Nr. 12, 25. März 1955, New York, S. 18. *840*

3. Durchführungsverordnung zum Entschädigungsgesetz vor der Verkündigung. In: Aufbau, 21. Jg., Nr. 12, 25. März 1955, New York, S. 18. *841*

Oesterreichische Wiedergutmachungs-Verhandlungen am 15. Mai? In: Aufbau, 21. Jg., Nr. 12, 25. März 1955, New York, S. 19. *842*

Die Einwanderung 1933-1955. In: Aufbau, 21. Jg., Nr. 14, 8. Apr. 1955, New York, S. 15. *843*

Neue Justiz-Fronde in Deutschland. Bundestagsdebatte enthüllt aufsehenerregende Urteile. In: Aufbau, 21. Jg., Nr. 14, 8. Apr. 1955, New York, S. 15. *844*

Endlich. In: Aufbau, 21. Jg., Nr. 14, 8. Apr. 1955, New York, S. 16. *845*

Wieder Verhandlungen im Mai. In: Aufbau, 21. Jg., Nr. 14, 8. Apr. 1955, New York, S. 16. *846*

Einwanderung 1933-1955, II. In: Aufbau, 21. Jg., Nr. 15, 15. Apr. 1955, New York, S. 12. *847*

Die Sabotage des "Refugee Relief Act". In: Aufbau, 21. Jg., Nr. 16, 22. Apr. 1955, New York, S. 7. *848*

Der Pazifist. Nachklänge zu Einsteins Tod. In: Aufbau, 21. Jg., Nr. 17, 29. Apr. 1955, New York, S. 36. *849*

Kronzeuge aus dem Grabe. Der Prozess Peters wird zum achten Mal verhandelt. In: Aufbau, 21. Jg., Nr. 18, 6. Mai 1955, New York, S. 1-2. *850*

Vor den österreichisch-jüdischen Verhandlungen. In: Aufbau, 21. Jg., Nr. 18, 6. Mai 1955, New York, S. 5. *851*

Vor zehn Jahren. In: Aufbau, 21. Jg., Nr. 19, 13. Mai 1955, New York, S. 2. *852*

Warum erhielt Franz Böhm den Stephen-Wise-Preis? In: Aufbau, 21. Jg., Nr. 19, 13. Mai 1955, New York, S. 3. *853*

Ein Deutscher ehrt die Bergen-Belsen Opfer in Israel. In: Aufbau, 21. Jg., Nr. 19, 13. Mai 1955, New York, S. 3. *854*

Einstein-Gedenkfeier in Carnegie Hall. In: Aufbau, 21. Jg., Nr. 20, 20. Mai 1955, New York, S. 5. *855*

Die nobelste Pflicht. In: Aufbau, 21. Jg., Nr. 20, 20. Mai 1955, New York, S. 25. *856*

Wer hört, muss fühlen. Das Rundfunkurteil von München. In: Aufbau, 21. Jg., Nr. 32, 12. Aug. 1955, New York, S. 20. *881*

Wiedergutmachungs-Verbesserungen geplant. In: Aufbau, 21. Jg., Nr. 33, 19. Aug. 1955, New York, S. 10. *882*

Eine freche "Anklage". Verspäteter Zeitzünder gegen Deutschland-Israel-Vertrag. In: Aufbau, 21. Jg., Nr. 34, 26. Aug. 1955, New York, S. 10. *883*

Dulles' Friedensangebot. In: Aufbau, 21. Jg., Nr. 35, 2. Sep. 1955, New York, S. 1-2. *884*

Entschädigungsstichtag für Danziger: 1. Januar 1936. In: Aufbau, 21. Jg., Nr. 37, 16. Sep. 1955, New York, S. 10. *885*

Die Jüdische Gemeinde in Fürth. In: Aufbau, 21. Jg., Nr. 37, 16. Sep. 1955, New York, S. 23. *886*

Konferenz Brentano-Goldmann. In: Aufbau, 21. Jg., Nr. 39, 30. Sep. 1955, New York, S. 3. *887*

Sabotage der Wiedergutmachung. Zwei empörende Fälle aus der Praxis deutscher Behörden. In: Aufbau, 21. Jg., Nr. 39, 30. Sep. 1955, New York, S. 5. *888*

Der Sonntag gehört dem Glauben. Die Stärkung der religiösen Kräfte in den USA. In: Telegraf, 10. Jg., Nr. 240, Fr. 14. Okt. 1955, Berlin, S. 6. *889*

Ein unabänderlicher Kontrakt. Vorschläge zur besseren Durchführung des Entschädigungsgesetzes. In: Aufbau, 21. Jg., Nr. 41, 14. Okt. 1955, New York, S. 7. *890*

Reform der Wiedergutmachung. Das Bonner Kabinett billigt die Novelle zum Entschädigungsgesetz. In: Aufbau, 21. Jg., Nr. 42, 21. Okt. 1955, New York, S. 1. *891*

Frühere Nazis in Oesterreich werden entschädigt. In: Aufbau, 21. Jg., Nr. 42, 21. Okt. 1955, New York, S. 11. *892*

Ein Verbrecher an der Menschlichkeit kehrt heim. Ein Opfer Carl Claubergs erzählt über seine entsetzlichen Experimente. In: Aufbau, 21. Jg., Nr. 43, 28. Okt. 1955, New York, S. 1. *893*

Israels Flagge über dem Weltmeer. Nach 7 Jahren hat der jüdische Staat die zweitgrösste Handelsflotte des Vorderostens. In: Aufbau, 21. Jg., Nr. 43, 28. Okt. 1955, New York, S. 7. *894*

Friedensnobelpreis für das Flüchtlingskommissariat der UN. In: Aufbau, 21. Jg., Nr. 45, 11. Nov. 1955, New York, S. 9. *895*

Besuch auf der "Israel". Der Kapitän ein Berliner. In: Aufbau, 21. Jg., Nr. 45, 11. Nov. 1955, New York, S. 11. *896*

Bundesrat will Entschädigungsnovelle verschlechtern. Finanzmanöver oder Wiedergutmachungsfeindschaft? In: Aufbau, 21. Jg., Nr. 46, 18. Nov. 1955, New York, S. 3. *897*

Bundesentschädigungsnovelle soll am 7. Januar dem Bundestag zugehen. In: Aufbau, 21. Jg., Nr. 47, 25. Nov. 1955, New York, S. 1. *898*

Zwei waren nicht dabei. In: Aufbau, 21. Jg., Nr. 48, 2. Dez. 1955, New York, S. 7. *899*

Mr. Edens Vorschlag [Leserbrief]. In: Aufbau, 21. Jg., Nr. 48, 2. Dez. 1955, New York, S. 11. *900*

"Zurechnungsfähigkeit" bezweifelt. In: Aufbau, 21. Jg., Nr. 48, 2. Dez. 1955, New York, S. 25. *901*

Katten und Nehlhans nicht dabei. Jüdische Gemeinde wartet auf ihre Heimkehrer. In: Telegraf, 10. Jg., Nr. 284, Di. 6. Dez. 1955, Berlin, S. 9. *902*

Mizrachi interveniert für Fritz Katten. In: Aufbau, 21. Jg., Nr. 49, 9. Dez. 1955, New York, S. 8. *903*

Entschädigung für Kriegsverluste soll auch auf Neubürger ausgedehnt werden. In: Aufbau, 21. Jg., Nr. 49, 9. Dez. 1955, New York, S. 9. *904*

Der Fall Wollheim und die Hausse der I.G. Farben Liquis. In: Aufbau, 22. Jg., Nr. 13, 30. März 1956, New York, S. 9.   *928*

Globke im Feuer. In: Aufbau, 22. Jg., Nr. 14, 6. Apr. 1956, New York, S. 5.   *929*

Bonn und Jerusalem. Warum hat noch immer keine Aufnahme der diplomatischen Beziehungen stattgefunden? In: Aufbau, 22. Jg., Nr. 15, 13. Apr. 1956, New York, S. 5.   *930*

Der Stand der Entschädigungsgesetzgebung am 31. Dezember 55. In: Aufbau, 22. Jg., Nr. 15, 13. Apr. 1956, New York, S. 9.   *931*

Benjamin B. Ferencz heimgekehrt. In: Aufbau, 22. Jg., Nr. 15, 13. Apr. 1956, New York, S. 12.   *932*

Eugene M. Kulischer [Nachruf]. In: Aufbau, 22. Jg., Nr. 15, 13. Apr. 1956, New York, S. 19.   *933*

Bilanz einer Deutschlandreise besonderer Art. Wiedergutmachung im Gestrüpp der Paragraphen. Es fehlt oft an Verständnis. In: Süddeutsche Zeitung, 12. Jg., Nr. 90, Sa./So. 14./15. Apr. 1956, München, S. 5.   *934*

Bilanz einer Deutschlandreise besonderer Art II. Über 800.000 Wiedergutmachungs-Fälle warten noch auf die Erledigung. In: Süddeutsche Zeitung, 12. Jg., Nr. 91, Mo. 16. Apr. 1956, München, S. 5.   *935*

Stephen S. Wise-Preis für Franz Böhm. New School für Social Research verleiht ihm das Ehren-doktorat. In: Aufbau, 22. Jg., Nr. 16, 20. Apr. 1956, New York, S. 5.   *936*

Entschädigungsnovelle vor dem Abschluss. In: Aufbau, 22. Jg., Nr. 16, 20. Apr. 1956, New York, S. 17.   *937*

Bonn und Jerusalem. In: Aufbau, 22. Jg., Nr. 17, 27. Apr. 1956, New York, S. 8.   *938*

Ohrenstein-Urteil aufgehoben. In: Aufbau, 22. Jg., Nr. 17, 27. Apr. 1956, New York, S. 8.   *939*

Die Nacht des Vergessens lauert. In der Wiedergutmachung haben Recht und Moral noch nicht gesiegt. In: Telegraf am Sonntag, 11. Jg., Nr. 101, So. 29. Apr. 1956, Berlin, S. 44.   *940*

Höhere Pensionen für Ex-Nazis. In: Aufbau, 22. Jg., Nr. 18, 4. Mai 1956, New York, S. 20.   *941*

Die Auflösung von Föhrenwald. In: Aufbau, 22. Jg., Nr. 18, 4. Mai 1956, New York, S. 20.   *942*

Endkampf um die Freigabe des deutschen Vermögens. Ungerechte Entscheidungen befürchtet. In: Aufbau, 22. Jg., Nr. 18, 4. Mai 1956, New York, S. 23.   *943*

Der moralische Puls schlägt schwächer. Bei der Wiedergutmachung sind die bürokratischen Hürden verschieden hoch. In: Telegraf, 11. Jg., Nr. 104, Fr. 4. Mai 1956, Berlin, S. 11.   *944*

Ein Schritt vorwärts in der Wiedergutmachung. Das dritte Massegesetz. In: Aufbau, 22. Jg., Nr. 19, 11. Mai 1956, New York, S. 1.   *945*

Deutschland und die Wiedergutmachung, Ergebnisse einer Studienreise I. In: Aufbau, 22. Jg., Nr. 19, 11. Mai 1956, New York, S. 7.   *946*

Bundesversicherungsanstalt Berlin arbeitet zu langsam. In: Aufbau, 22. Jg., Nr. 19, 11. Mai 1956, New York, S. 9.   *947*

Deutsche beschlagnahmte Vermögen [Leserbrief]. In: Aufbau, 22. Jg., Nr. 19, 11. Mai 1956, New York, S. 9.   *948*

Germany and Restitution. In: Congress Weekly, 20. Jg., Nr. 17, 17. Mai 1956, New York, S. 5-7.   *949*

Deutschland und Wiedergutmachung, Ergebnisse einer Studienfahrt II. In: Aufbau, 22. Jg., Nr. 20, 18. Mai 1956, New York, S. 24.   *950*

Fritz Katten befreit. In: Aufbau, 22. Jg., Nr. 28, 13. Juli 1956, New York, S. 19.   *975*

David W. Petegorsky [Nachruf]. In: Aufbau, 22. Jg., Nr. 29, 20. Juli 1956, New York, S. 8.   *976*

Erfolgreiche Kritik am Entschädigungsgesetz. In: Aufbau, 22. Jg., Nr. 29, 20. Juli 1956, New York, S. 14.   *977*

Das dritte Masse-Gesetz im ersten Durchgang vom Bundesrat angenommen. In: Aufbau, 22. Jg., Nr. 29, 20. Juli 1956, New York, S. 16.   *978*

Professor Domagks Nobelpreis mit Hindernissen [Leserbrief]. In: Aufbau, 22. Jg., Nr. 30, 27. Juli 1956, New York, S. 8.   *979*

Der Retter der Wormser Synagoge. Dr. Illerts Kampf und Sieg. In: Aufbau, 22. Jg., Nr. 30, 27. Juli 1956, New York, S. 25.   *980*

Acht Staaten fordern Entschädigung. In: Aufbau, 22. Jg., Nr. 30, 27. Juli 1956, New York, S. 27.   *981*

Die Wirtschaftslage der Juden in Deutschland. In: Aufbau, 22. Jg., Nr. 35, 31. Aug. 1956, New York, S. 25.   *982*

Bearbeitungs-Reihenfolge in Berlin. In: Aufbau, 22. Jg., Nr. 35, 31. Aug. 1956, New York, S. 39.   *983*

Goldmann bei Adenauer. In: Aufbau, 22. Jg., Nr. 35, 31. Aug. 1956, New York, S. 44.   *984*

Was das "Dritte Massegesetz" bringt. Der Schluss-Stein im Bau der Wiedergutmachung. In: Aufbau, 22. Jg., Nr. 36, 7. Sep. 1956, New York, S. 21.   *985*

Sozialfürsorge und Wiedergutmachung. In: Aufbau, 22. Jg., Nr. 36, 7. Sep. 1956, New York, S. 22.   *986*

Emil Graf Wedel - 70 Jahre. In: Aufbau, 22. Jg., Nr. 37, 14. Sep. 1956, New York, S. 13.   *987*

Selbstbekenntnisse des Herrn von Leers. In: Aufbau, 22. Jg., Nr. 38, 21. Sep. 1956, New York, S. 4.   *988*

Giora Josephsthal. Generalsekretär der Mapai. In: Aufbau, 22. Jg., Nr. 38, 21. Sep. 1956, New York, S. 9.   *989*

Ueber 700 Millionen DM für Wiedergutmachung im neuen deutschen Budget. In: Aufbau, 22. Jg., Nr. 38, 21. Sep. 1956, New York, S. 18.   *990*

Antimilitarismus in Deutschland. In: Aufbau, 22. Jg., Nr. 39, 28. Sep. 1956, New York, S. 1, 4.*991*

I.G. Farben gegen Wollheim. Schwierige Einigungsverhandlungen. In: Aufbau, 22. Jg., Nr. 39, 28. Sep. 1956, New York, S. 22.   *992*

Geltungsbereich für das Dritte Masse-Gesetz. In: Aufbau, 22. Jg., Nr. 39, 28. Sep. 1956, New York, S. 22.   *993*

Nahum Goldmann berichtet über Israel, Afrika und Russland. In: Aufbau, 22. Jg., Nr. 41, 12. Okt. 1956, New York, S. 3-4.   *994*

Margot Falk [Nachruf]. In: Aufbau, 22. Jg., Nr. 42, 19. Okt. 1956, New York, S. 11.   *995*

"Theodor Herzl" vom Stapel gelaufen. In: Aufbau, 22. Jg., Nr. 42, 19. Okt. 1956, New York, S. 16.   *996*

Für die unbekannten jüdischen Märtyrer. In: Aufbau, 22. Jg., Nr. 42, 19. Okt. 1956, New York, S. 19.   *997*

Nichteinberufene Referendare sollen entschädigt werden. In: Aufbau, 22. Jg., Nr. 42, 19. Okt. 1956, New York, S. 21.   *998*

Jüdische Gemeinde Frankfurt erhält 3,2 Millionen D-Mark. In: Aufbau, 22. Jg., Nr. 43, 26. Okt.
1956, New York, S. 3.   *999*

Bonns neuer Verteidigungsminister. In: Aufbau, 22. Jg., Nr. 43, 26. Okt. 1956, New York,
S. 4.   *1000*

Ein gutes Wort. In: Aufbau, 22. Jg., Nr. 43, 26. Okt. 1956, New York, S. 9.   *1001*

Wichtige Aenderungen des Dritten Masse-Gesetzes? Zwei Durchführungsverordnungen für das
BEG fertiggestellt. In: Aufbau, 22. Jg., Nr. 44, 2. Nov. 1956, New York, S. 6.   *1002*

Mehr als 905.000 unerledigte Entschädigungsanträge. In: Aufbau, 22. Jg., Nr. 45, 9. Nov. 1956,
New York, S. 11.   *1003*

Bonn und Nahost-Konflikt. Die Bedeutung des Luxemburger Abkommens. In: Aufbau, 22. Jg.,
Nr. 46, 16. Nov. 1956, New York, S. 3.   *1004*

Ganz besonderes Publikum für "Anne Frank". In: Aufbau, 22. Jg., Nr. 46, 16. Nov. 1956, New
York, S. 5.   *1005*

"Hass hilft keinem, trifft nur den Hassenden". Eine Leo Baeck-Gedenkstunde. In: Aufbau, 22. Jg.,
Nr. 47, 23. Nov. 1956, New York, S. 4.   *1006*

Deutsch-Israelisches Abkommen weiter in Kraft trotz der "Winke" des State Departments. In:
Aufbau, 22. Jg., Nr. 48, 30. Nov. 1956, New York, S. 1.   *1007*

Direkte Friedensverhandlungen zwischen Israel und den arabischen Staaten sind einzig konstruktive Lösung. In: Aufbau, 22. Jg., Nr. 48, 30. Nov. 1956, New York, S. 2.   *1008*

Die Juden in der neuen Krise. In: Aufbau, 22. Jg., Nr. 48, 30. Nov. 1956, New York, S. 6.   *1009*

Wie das Bundes-Entschädigungsgesetz durchgeführt wird. Eine Umfrage bei den Landes-Entschädigungsämtern I. In: Aufbau, 22. Jg., Nr. 49, 7. Dez. 1956, New York, S. 22.   *1010*

Wie das Bundes-Entschädigungsgesetz durchgeführt wird. Eine Umfrage bei den Landes-Entschädigungsämtern II. In: Aufbau, 22. Jg., Nr. 50, 14. Dez. 1956, New York, S. 10.   *1011*

Vom Willen zur "grosszügigen Wiedergutmachung" durchdrungen. Regierungsdirektor Hess über
das Entschädigungs-Gesetz. In: Aufbau, 22. Jg., Nr. 50, 14. Dez. 1956, New York,
S. 10, 20.   *1012*

Wie das Bundes-Entschädigungsgesetz durchgeführt wird. Eine Umfrage bei den Landes-Entschädigungsämtern III und IV. In: Aufbau, 22. Jg., Nr. 51, 21. Dez. 1956, New York,
S. 22.   *1013*

Unteilbare Menschlichkeit. Neue Flüchtlingstragödien. In: Aufbau, 22. Jg., Nr. 52, 28. Dez. 1956,
New York, S. 5.   *1014*

Wie das Bundes-Entschädigungsgesetz durchgeführt wird. Eine Umfrage bei den Landes-Entschädigungsämtern V. In: Aufbau, 22. Jg., Nr. 52, 28. Dez. 1956, New York, S. 20.   *1015*

Wie das Bundes-Entschädigungsgesetz durchgeführt wird VI. In: Aufbau, 23. Jg., Nr. 1, 4. Jan.
1957, New York, S. 18.   *1016*

Wiedergutmachung im Bundeshaushalt 1957. In: Aufbau, 23. Jg., Nr. 1, 4. Jan. 1957, New York,
S. 18.   *1017*

Nahum Goldmann bei Bundeskanzler Raab. In: Aufbau, 23. Jg., Nr. 1, 4. Jan. 1957, New York,
S. 18.   *1018*

Deutsche Stimmen zur Entwicklung Israels. In: Aufbau, 23. Jg., Nr. 2, 11. Jan. 1957, New York,
S. 4.   *1019*

23*

Schleswig-Holsteins Antwort. In: Aufbau, 23. Jg., Nr. 2, 11. Jan. 1957, New York, S. 19.   *1020*

Robert Sommer - 70 Jahre. In: Aufbau, 23. Jg., Nr. 3, 18. Jan. 1957, New York, S. 16.   *1021*

Tagung der Claims Conference in New York. Eine imponierende Leistung - vor neuen Aufgaben. In: Aufbau, 23. Jg., Nr. 3, 18. Jan. 1957, New York, S. 17.   *1022*

Appell an Bundeskanzler Adenauer. Beschleunigung von Entschädigungszahlungen - Mehr als zehn Millionen Dollar Claims Conference Budget. In: Aufbau, 23. Jg., Nr. 4, 25. Jan. 1957, New York, S. 20.   *1023*

Berlin, Höchstrenten. In: Aufbau, 23. Jg., Nr. 4, 25. Jan. 1957, New York, S. 20.   *1024*

I.G. Farben zahlt 30 Millionen DM an frühere Sklavenarbeiter. In: Aufbau, 23. Jg., Nr. 6, 8. Feb. 1957, New York, S. 1.   *1025*

Erich Ollenhauer und Israel. In: Aufbau, 23. Jg., Nr. 7, 15. Feb. 1957, New York, S. 5.   *1026*

Wieder Justizfronde? In: Aufbau, 23. Jg., Nr. 8, 22. Feb. 1957, New York, S. 9.   *1027*

Siegfried Marck [Nachruf]. In: Aufbau, 23. Jg., Nr. 8, 22. Feb. 1957, New York, S. 12.   *1028*

Tod einer unbesungenen Heldin [Nachruf]. In: Aufbau, 23. Jg., Nr. 8, 22. Feb. 1957, New York, S. 19.   *1029*

Ist Neurose ein entschädigungsfähiger Gesundheitsschaden? Ein Gutachten von prinzipieller Bedeutung. In: Aufbau, 23. Jg., Nr. 8, 22. Feb. 1957, New York, S. 20.   *1030*

Bonn hält zu Jerusalem. In: Aufbau, 23. Jg., Nr. 9, 1. März 1957, New York, S. 1-2.   *1031*

Nach Theresienstadt eingewiesen oder deportiert? In: Aufbau, 23. Jg., Nr. 9, 1. März 1957, New York, S. 22.   *1032*

Ausserordentliche Generalversammlung der I.G.-Farben. In: Aufbau, 23. Jg., Nr. 9, 1. März 1957, New York, S. 22.   *1033*

Ostdeutschland gegen westdeutsche Lieferungen an Israel. In: Aufbau, 23. Jg., Nr. 10, 8. März 1957, New York, S. 18.   *1034*

Selbstbesinnung in Oesterreich? In: Aufbau, 23. Jg., Nr. 10, 8. März 1957, New York, S. 20.   *1035*

Will Oesterreich alle Nazis amnestieren? In: Aufbau, 23. Jg., Nr. 11, 15. März 1957, New York, S. 13.   *1036*

Wallfahrt deutscher Jugend nach Bergen Belsen. In: Aufbau, 23. Jg., Nr. 13, 29. März 1957, New York, S. 1, 7.   *1037*

Terroristen am Werk [Leserbrief]. In: Aufbau, 23. Jg., Nr. 13, 29. März 1957, New York, S. 10.   *1038*

Geht es mit der Entschädigung wirklich vorwärts? Die Antwort der Statistik. In: Aufbau, 23. Jg., Nr. 13, 29. März 1957, New York, S. 11.   *1039*

Um die Rückgabe des deutschen Eigentums. Ein neuer Gesetzesvorschlag, der die Neu-Amerikaner begünstigt. In: Aufbau, 23. Jg., Nr. 14, 5. Apr. 1957, New York, S. 5.   *1040*

Keine Entschädigung für Naziopfer ausserhalb Deutschlands. In: Aufbau, 23. Jg., Nr. 14, 5. Apr. 1957, New York, S. 13.   *1041*

Ein notwendiger Schritt. In: Aufbau, 23. Jg., Nr. 15, 12. Apr. 1957, New York, S. 9.   *1042*

I.G. Farben G.-V. für die Wollheim-Einigung. In: Aufbau, 23. Jg., Nr. 15, 12. Apr. 1957, New York, S. 10.   *1043*

Drittes Massegesetz einstimmig vom Bundestag angenommen. In: Aufbau, 23. Jg., Nr. 15, 12. Apr. 1957, New York, S. 10. *1044*

Keine Pensionen für Gestapo-Beamte. In: Aufbau, 23. Jg., Nr. 15, 12. Apr. 1957, New York, S. 11. *1045*

I.G. Farben Aufrufsgesetz angenommen. In: Aufbau, 23. Jg., Nr. 16, 19. Apr. 1957, New York, S. 12. *1046*

Erste oesterreichische Massnahme für erbloses jüdisches Gut. In: Aufbau, 23. Jg., Nr. 16, 19. Apr. 1957, New York, S. 12. *1047*

Endkampf um die Freigabe deutschen Vermögens. Vier Gruppen vor dem Senat. In: Aufbau, 23. Jg., Nr. 16, 19. Apr. 1957, New York, S. 12. *1048*

"Weltjudentum kann zahlen". Seltsame Entscheidung eines Linzer Gerichtes. In: Aufbau, 23. Jg., Nr. 16, 19. Apr. 1957, New York, S. 25. *1049*

Ibrahim Izzats trauriges Ende. In: Aufbau, 23. Jg., Nr. 17, 26. Apr. 1957, New York, S. 4. *1050*

Geteilte Gerechtigkeit. Ist die Lage der Flüchtlinge in Aegypten kein Notstand? In: Aufbau, 23. Jg., Nr. 18, 3. Mai 1957, New York, S. 1, 4. *1051*

Nassers Buch von einem Nazi geschrieben. In: Aufbau, 23. Jg., Nr. 18, 3. Mai 1957, New York, S. 6. *1052*

Verzögerung in der Wiedergutmachung. In: Aufbau, 23. Jg., Nr. 19, 10. Mai 1957, New York, S. 1. *1053*

Herschel Gruenspan lebt! Sensationelle Enthüllungen über das verhängnisvolle Attentat in Paris gegen Ernst von Rath. In: Aufbau, 23. Jg., Nr. 19, 10. Mai 1957, New York, S. 1, 5-6. *1054*

Dr. Goldmann konferiert mit Adenauer und Brentano. In: Aufbau, 23. Jg., Nr. 19, 10. Mai 1957, New York, S. 4. *1055*

Grösstes Passagierschiff an Israel übergeben. In: Aufbau, 23. Jg., Nr. 19, 10. Mai 1957, New York, S. 11. *1056*

Akute Probleme. Bundes-Rückerstattungs-Gesetz und Verlängerung der Anmeldefrist unter BEG. In: Aufbau, 23. Jg., Nr. 20, 17. Mai 1957, New York, S. 23. *1057*

The Return of Hitler's "Wolves". In: Congress Weekly, 24. Jg., Nr. 18, 20. Mai 1957, New York, S. 5-7. *1058*

Come-Back of Hitler's "Wolves". In: World Jewish Affairs, News and Feature Service, Nr. 353, 22. Mai 1957, London, S. 1-3. *1059*

Drei Botschafter des guten Willens. Vor überfülltem Auditorium sprachen ersten Autoritäten der Wiedergutmachung aus Bonn und den Ländern. In: Aufbau, 23. Jg., Nr. 21, 24. Mai 1957, New York, S. 32. *1060*

Der Wettlauf mit dem Tode. So wirkte der Engel von Budapest. Ein Mensch im Inferno des 20. Jahrhunderts. 32 Häuser: das Ghetto der Humanität. In: Telegraf, 12. Jg., Nr. 122, So. 26. Mai 1957, Berlin, S. 33. *1061*

Bemerkungen zur Geschichte von Joel Brand [Leserbrief]. In: Aufbau, 23. Jg., Nr. 22, 31. Mai 1957, New York, S. 23-24. *1062*

Der Prozeß des für tot erklärten Gutmann. In: Aufbau, 23. Jg., Nr. 22, 31. Mai 1957, New York, S. 29-30. *1063*

Münchner Krise um Ohrenstein. In: Aufbau, 23. Jg., Nr. 22, 31. Mai 1957, New York, S. 31. *1064*

Geht es mit der Entschädigung wirklich vorwärts? Niedersachsens Innenminister nimmt Stellung. In: Aufbau, 23. Jg., Nr. 23, 7. Juni 1957, New York, S. 20. *1065*

Der Skandal in der Münchener Jüdischen Gemeinde. In: Aufbau, 23. Jg., Nr. 24, 14. Juni 1957, New York, S. 7. *1066*

Die neueste Statistik. Noch 1.212.817 Anträge unbearbeitet. In: Aufbau, 23. Jg., Nr. 24, 14. Juni 1957, New York, S. 8. *1067*

Deutsch-israelische Annäherung wächst. Die ersten deutschen Gesellschaftsreisen nach Israel. In: Aufbau, 23. Jg., Nr. 25, 21. Juni 1957, New York, S. 1. *1068*

Gerichtliches Eingreifen in Münchner Gemeindekrise. In: Aufbau, 23. Jg., Nr. 25, 21. Juni 1957, New York, S. 7. *1069*

I.G. Farben-Sklavenarbeiter können ihre Ansprüche anmelden. Der Inhalt des Abkommens mit der Claims Conference. In: Aufbau, 23. Jg., Nr. 25, 21. Juni 1957, New York, S. 20. *1070*

Was die neueste Entschädigungsstatistik sagt. In: dpa-Brief/Inland, 24. Juni 1957, Hamburg, S. 3-4. *1071*

Bonner Finanzminister will Wiedergutmachung torpedieren! Eine befremdende Rede in Frankfurt. In: Aufbau, 23. Jg., Nr. 26, 28. Juni 1957, New York, S. 1. *1072*

Auch oesterreichische Opfer sollen entschädigt werden. In: Aufbau, 23. Jg., Nr. 26, 28. Juni 1957, New York, S. 15. *1073*

Rehabilitierungs-Anleihen für Naziopfer in Israel. In: Aufbau, 23. Jg., Nr. 26, 28. Juni 1957, New York, S. 16. *1074*

Kommt Ludwig Gutmann doch zu seinem Recht? In: Aufbau, 23. Jg., Nr. 26, 28. Juni 1957, New York, S. 16. *1075*

Israel - heisses Eisen für Bonn. Diplomaten des A.A. hintertreiben beharrlich Aufnahme von Beziehungen. In: Aufbau, 23. Jg., Nr. 27, 5. Juli 1957, New York, S. 1. *1076*

Was der Bonner Finanzminister gesagt hat. Amtliche deutsche Erklärung zur Schaeffer-Rede. In: Aufbau, 23. Jg., Nr. 27, 5. Juli 1957, New York, S. 2, 4. *1077*

Retter von 1100 Juden. Begegnung mit Oskar Schindler. In: Aufbau, 23. Jg., Nr. 28, 12. Juli 1957, New York, S. 1-2. *1078*

Deportation oder Einweisung? Professor Franz Böhm erläutert die bedeutsame Streitfrage. In: Aufbau, 23. Jg., Nr. 30, 26. Juli 1957, New York, S. 7. *1079*

Schäffer und Wiedergutmachung. Ein Diskussionsbeitrag zu einem brennenden Problem. In: Frankfurter Neue Presse, 12. Jg., Do. 1. Aug. 1957, S. 4. *1080*

Ein abgelehntes Gnadengesuch [Leserbrief]. In: Aufbau, 23. Jg., Nr. 32, 9. Aug. 1957, New York, S. 12-13. *1081*

Der irdischen Strafe entronnen. Zum Tode Claubergs. In: Aufbau, 23. Jg., Nr. 33, 16. Aug. 1957, New York, S. 7. *1082*

Entschädigung für ausländische KZ-Häftlinge. In: Aufbau, 23. Jg., Nr. 33, 16. Aug. 1957, New York, S. 19. *1083*

Ein dürftiges Einwanderungsgesetz. In: Aufbau, 23. Jg., Nr. 34, 23. Aug. 1957, New York, S. 4. *1084*

Einschränkung der Pressefreiheit? [Leserbrief]. In: Aufbau, 23. Jg., Nr. 34, 23. Aug. 1957, New York, S. 7. *1085*

Schaeffers Wiedergutmachungs-Rede im Lichte der deutschen öffentlichen Meinung. In: Aufbau, 23. Jg., Nr. 34, 23. Aug. 1957, New York, S. 15.   *1086*

Immer noch Sacco und Vanzetti. In: Aufbau, 23. Jg., Nr. 35, 30. Aug. 1957, New York, S. 22.*1087*

Eine "verabscheuungswürdige Misshandlung" ohne Sühne. Im juristischen Gestrüpp des BEG. In: Aufbau, 23. Jg., Nr. 38, (Die Wiedergutmachung, Nr. 2), 20. Sep. 1957, New York, S. 29-30.   *1088*

Aber X. hat seine Wiedergutmachung schon erhalten! In: Aufbau, 23. Jg., Nr. 42, (Die Wiedergutmachung, Nr. 4), 18. Okt. 1957, New York, S. 18.   *1089*

Five Years after Luxemburg. In: Congress Weekly, 24. Jg., Nr. 25, 21. Okt. 1957, New York, S. 8-11.   *1090*

Der Stand der Entschädigung in Zahlen. In: Aufbau, 23. Jg., Nr. 46, (Die Wiedergutmachung, Nr. 6), 15. Nov. 1957, New York, S. 17.   *1091*

Die Wiedergutmachung ist nicht tot. Die Bedeutung der Etzel-Erklärung. In: Aufbau, 23. Jg., Nr. 46, 15. Nov. 1957, New York, S. 19.   *1092*

Die Geschichte von Hermann Krumey. In: Aufbau, 23. Jg., Nr. 47, 22. Nov. 1957, New York, S. 5.   *1093*

Finanzminister Etzel hielt Wort. In: Aufbau, 23. Jg., Nr. 48, 29. Nov. 1957, New York, S. 4. *1094*

Lebt der Geist der Wiedergutmachung noch? Eindrücke von einer Deutschlandreise. In: Aufbau, 23. Jg., Nr. 48, 29. Nov. 1957, New York, S. 16.   *1095*

M.B. Weismandl [Nachruf]. In: Aufbau, 23. Jg., Nr. 50, 13. Dez. 1957, New York, S. 8.   *1096*

Brief an einen Freund. Soll ich meinen Gesundheitsschaden anmelden? In: Aufbau, 23. Jg., Nr. 50, (Die Wiedergutmachung, Nr. 8), 13. Dez. 1957, New York, S. 20.   *1097*

Wer ist Franz Etzel? Deutschlands neuer Finanzminister. In: Aufbau, 23. Jg., Nr. 50, (Die Wiedergutmachung, Nr. 8), 13. Dez. 1957, New York, S. 20.   *1098*

Joseph Klibansky gestorben. In: Aufbau, 23. Jg., Nr. 51, 20. Dez. 1957, New York, S. 4.   *1099*

Die Oesterreicher - Stiefkinder der Wiedergutmachung. Ein wichtiger Informations-Dienst. In: Aufbau, 23. Jg., Nr. 51, 20. Dez. 1957, New York, S. 5.   *1100*

Schäffers befremdliche Warnungen. In: Aufbau, 23. Jg., Nr. 52, 27. Dez. 1957, New York, S. 19.   *1101*

Echo auf die Schäffer-Rede. Heftige Proteste von vielen Seiten. In: Aufbau, 24. Jg., Nr. 1, 3. Jan. 1958, New York, S. 1.   *1102*

Ein Unermüdlicher. Otto Lehmann-Russbüldt 85 Jahre. In: Aufbau, 24. Jg., Nr. 1, 3. Jan. 1958, New York, S. 4.   *1103*

Robert Sommer [Nachruf]. In: Aufbau, 24. Jg., Nr. 2, 10. Jan. 1958, New York, S. 24.   *1104*

Denkschrift Franz Böhms. In: Aufbau, 24. Jg., Nr. 3, 17. Jan. 1958, New York, S. 1-2.   *1105*

Die neueste Entschädigungsstatistik. Antragsteller und Ansprüche. In: Aufbau, 24. Jg., Nr. 4, (Die Wiedergutmachung, Nr. 11), 24. Jan. 1958, New York, S. 18.   *1106*

Erich Schatzki - 60 Jahre. In: Aufbau, 24. Jg., Nr. 4, 24. Jan. 1958, New York, S. 21.   *1107*

Was ist mit der Wiedergutmachung? Probleme einer Grundverpflichtung des neuen Deutschland. In: Rheinischer Merkur, 13. Jg., Nr. 6, 7. Feb. 1958, Köln, S. 4.   *1108*

Von der Arbeit der Claims Conference. Tätigkeitsbericht 1956 und 1957. In: Aufbau, 24. Jg., Nr. 6, (Die Wiedergutmachung, Nr. 12), 7. Feb. 1958, New York, S. 15.   *1109*

Um das "Ansehen des neuen Deutschland". Ein Urteil des Bundesverfassungsgerichts im Streit Lueths gegen Harlan. In: Aufbau, 24. Jg., Nr. 7, 14. Feb. 1958, New York, S. 5-6. *1110*

ORT blickt in die Zukunft. Unterhaltung mit dem neuen Generalsekretär Max Braude. In: Aufbau, 24. Jg., Nr. 7, 14. Feb. 1958, New York, S. 22. *1111*

Pläne zur Finanzierung des Lastenausgleichs. Aber keine zur Vorfinanzierung der Entschädigungszahlungen. In: Aufbau, 24. Jg., Nr. 8, (Die Wiedergutmachung, Nr. 13), 21. Feb. 1958, New York, S. 17. *1112*

Rechte der Vertriebenen [Leserbrief]. In: Aufbau, 24. Jg., Nr. 8, (Die Wiedergutmachung, Nr. 13), 21. Feb. 1958, New York, S. 18. *1113*

Ist die Wiedergutmachung tot? Eindrücke von einer Reise durch die Bundesrepublik. In: Frankfurter Neue Presse, 13. Jg., Nr. 47, Di. 25. Feb. 1958, S. 4. *1114*

Heraus aus der Krise. In: Aufbau, 24. Jg., Nr. 9, 28. Feb. 1958, New York, S. 4. *1115*

Willy Brandt half Ossietzky [Leserbrief]. In: Aufbau, 24. Jg., Nr. 10, 7. März 1958, New York, S. 6. *1116*

Frenzel - Nachfolger Greves. In: Aufbau, 24. Jg., Nr. 10, 7. März 1958, New York, S. 9. *1117*

Ernst Katzenstein - 60 Jahre. In: Aufbau, 24. Jg., Nr. 12, 21. März 1958, New York, S. 16. *1118*

Tragische Entschädigungs-Fälle. In: Aufbau, 24. Jg., Nr. 12, (Die Wiedergutmachung, Nr. 15), 21. März 1958, New York, S. 20. *1119*

Bundesjustizminister Schäffer erläutert seine Haltung. In: Aufbau, 24. Jg., Nr. 13, 28. März 1958, New York, S. 5. *1120*

Totalschätzungen für Entschädigungen verfrüht. Finanzminister Etzels erste Etatsrede. In: Aufbau, 24. Jg., Nr. 13, 28. März 1958, New York, S. 5. *1121*

Claims Conference interveniert wegen Verfolgtenrenten. In: Aufbau, 24. Jg., Nr. 13, 28. März 1958, New York, S. 5. *1122*

Tragische Entschädigungsfälle II. Ein Vollinvalide wartet. In: Aufbau, 24. Jg., Nr. 14, (Die Wiedergutmachung, Nr. 16), 4. Apr. 1958, New York, S. 15-16. *1123*

I.G. Farben-Abkommen in Kraft. Zahl der Ansprüche reduziert. In: Aufbau, 24. Jg., Nr. 15, 11. Apr. 1958, New York, S. 5. *1124*

Wächst der Antisemitismus in Deutschland? Senator Lipschitz in der New School for Social Research. In: Aufbau, 24. Jg., Nr. 16, 18. Apr. 1958, New York, S. 2. *1125*

Ein Erforscher der Gotik. Paul Frankl - 80 Jahre. In: Aufbau, 24. Jg., Nr. 17, 25. Apr. 1958, New York, S. 11. *1126*

Die ausgestreckte Hand. Anmerkungen zum Besuche des Berliner Senators Joachim Lipschitz. In: Aufbau, 24. Jg., Nr. 18, 2. Mai 1958, New York, S. 6. *1127*

Gertrud Luckner. In: Rheinischer Merkur, 13. Jg., Nr. 18, 2. Mai 1958, Köln, S. 3. *1128*

Ein neues grosses Unrecht. U.S.-Sozialversicherung führt zur Rentenablehnung. In: Aufbau, 24. Jg., Nr. 18, (Die Wiedergutmachung, Nr. 18), 2. Mai 1958, New York, S. 15. *1129*

Ein Besucher aus Oesterreich. In: Aufbau, 24. Jg., Nr. 20, 16. Mai 1958, New York, S. 3. *1130*

Tragische Entschädigungsfälle III. Seit 11 Jahren nervenkrank. In: Aufbau, 24. Jg., Nr. 20, (Die Wiedergutmachung, Nr. 19), 16. Mai 1958, New York, S. 19. *1131*

Walter Hammer - 70 Jahre. In: Aufbau, 24. Jg., Nr. 21, 23. Mai 1958, New York, S. 3. *1132*

Bonner Kredite für den Nahen Osten. In: Aufbau, 24. Jg., Nr. 22, 30. Mai 1958, New York, S. 2. *1133*

Wie gross ist die Ablehnungsquote für die Entschädigungsanträge? In: Aufbau, 24. Jg., Nr. 22, (Die Wiedergutmachung, Nr. 20), 30. Mai 1958, New York, S. 18. *1134*

460 Park Avenue, 17. Stock. Im deutschen Generalkonsulat in New York. In: Aufbau, 24. Jg., Nr. 22, (Die Wiedergutmachung, Nr. 20), 30. Mai 1958, New York, S. 18. *1135*

Mann, Masaryk und Ossietzky [Leserbrief]. In: Aufbau, 24. Jg., Nr. 23, 6. Juni 1958, New York, S. 16. *1136*

Die Dolchstosslegende um Dr. Sorge. In: Aufbau, 24. Jg., Nr. 24, 13. Juni 1958, New York, S. 6. *1137*

Georg Weis - 60 Jahre. In: Aufbau, 24. Jg., Nr. 26, 27. Juni 1958, New York, S. 18. *1138*

Das andere Deutschland. Anmerkungen zum Besuch des Bundespräsidenten in Amerika. In Frankfurter Neue Presse, 13. Jg., Di. 1. Juli 1958, S. 4. *1139*

Theodor Heuss ist Bonns bester Botschafter. Echo auf den Besuch des Bundespräsidenten in den Vereinigten Staaten. In: Süddeutsche Zeitung, 14. Jg., Nr. 157, Mi. 2. Juli 1958, München, S. 6. *1140*

Ein unzulängliches Gesetz. Oesterreichisches Parlament verabschiedet unzulängliches Wiedergutmachungsgesetz - Protest der Naziopfer gegen die neuesten österreichischen Beschlüsse. In: Aufbau, 24. Jg., Nr. 27, 4. Juli 1958, New York, S. 5. *1141*

Wolf Blattberg [Nachruf]. In: Aufbau, 24. Jg., Nr. 27, 4. Juli 1958, New York, S. 14. *1142*

Schwierigkeiten der Wiedergutmachung. Erwiderung an einen "leitenden Beamten". In: Aufbau, 24. Jg., Nr. 28, (Die Wiedergutmachung, Nr. 23), 11. Juli 1958, New York, S. 15-16. *1143*

Anti-Jewish Trends in Germany. In: Congress Weekly, 25. Jg., Nr. 12, 21. Juli 1958, New York, S. 5-7. *1144*

Deutschland und Israel. Sechs Jahre nach Unterzeichnung des Luxemburger Vertrages. In: Aufbau, 24. Jg., Nr. 30, (Die Wiedergutmachung, Nr. 24), 25. Juli 1958, New York, S. 36. *1145*

Eine Analyse der letzten deutschen Entschädigungs-Statistik. In: Aufbau, 24. Jg., Nr. 32, (Die Wiedergutmachung, Nr. 25), 8. Aug. 1958, New York, S. 14. *1146*

Die "Wiener Library". Ein Zentrum der Information. In: Aufbau, 24. Jg., Nr. 34, (Die Wiedergutmachung, Nr. 26), 22. Aug. 1958, New York, S. 16. *1147*

Lebensretter in Not. In: Aufbau, 24. Jg., Nr. 34, (Die Wiedergutmachung, Nr. 26), 22. Aug. 1958, New York, S. 16. *1148*

Es ist alles schon einmal dagewesen. Ein geschichtlicher Rückblick. In: Aufbau, 24. Jg., Nr. 38, (Die Wiedergutmachung, Nr. 28), 19. Sep. 1958, New York, S. 15. *1149*

"Loyale" Erwerber jüdischen Eigentums verlangen Entschädigung. In: Aufbau, 24. Jg., Nr. 38, (Die Wiedergutmachung, Nr. 28), 19. Sep. 1958, New York, S. 16. *1150*

Die Furcht vor der Zahl. Der wirkliche Stand der Wiedergutmachung. In: Aufbau, 24. Jg., Nr. 40, (Die Wiedergutmachung, Nr. 29), 3. Okt. 1958, New York, S. 13-14. *1151*

15 Millionen Mark weniger. Rückgang der Entschädigungen. In: Aufbau, 24. Jg., Nr. 41, 10. Okt. 1958, New York, S. 1, 6. *1152*

"In der Stunde der Dunkelheit". Papst Pius XII., die Juden und Hitler. In: Rheinischer Merkur, 13. Jg., Nr. 44, 31. Okt. 1958, Köln, S. 17. *1153*

Haben wir Grund zu Besorgnissen? Das Resultat einer "Aufbau"-Umfrage bei Wiedergut-machungsanwälten. In: Aufbau, 24. Jg., Nr. 44, (Die Wiedergutmachung, Nr. 31), 31. Okt. 1958, New York, S. 18.   *1154*

Ein dynamisches jüdisches Geisteszentrum. Von der Arbeit des Theodor Herzl-Instituts. In: Aufbau, 24. Jg., Nr. 44, 31. Okt. 1958, New York, S. 28.   *1155*

Die Furcht vor der Zahl. Der wirkliche Stand der Wiedergutmachung in Deutschland. In: Frankfurter Neue Presse, 13. Jg., Nr. 254, Sa. 1. Nov. 1958, S. 20.   *1156*

Pasternak - Ossietzky - Domagk [Leserbrief]. In: Aufbau, 24. Jg., Nr. 45, 7. Nov. 1958, New York, S. 4.   *1157*

Vergangenheit als Aufgabe der Gegenwart. Die Verfolgung jüdischer Mitbürger erinnert an die Pflicht zur Wiedergutmachung. In: Süddeutsche Zeitung, 14. Jg., Nr. 269, Mo. 10. Nov. 1958, München, S. 6.   *1158*

Ein historischer Tag. In: Aufbau, 24. Jg., Nr. 46, 14. Nov. 1958, New York, S. 1-2.   *1159*

Oesterreicher gedenken des 9. November. In: Aufbau, 24. Jg., Nr. 46, 14. Nov. 1958, New York, S. 2.   *1160*

Hoch klingt das Lied vom braven Mann. In: Aufbau, 24. Jg., Nr. 48, 28. Nov. 1958, New York, S. 5.   *1161*

Amerika ist viel teurer. In: Aufbau, 24. Jg., Nr. 52, (Die Wiedergutmachung, Nr. 35), 26. Dez. 1958, New York, S. 17.   *1162*

Rückkehr nach Deutschland? In: Aufbau, 25. Jg., Nr. 2, 9. Jan. 1959, New York, S. 1-2.   *1163*

Der Stand der Entschädigungszahlungen (BEG) per 30. September 1958. In: Aufbau, 25. Jg., Nr. 2, (Die Wiedergutmachung, Nr. 36), 9. Jan. 1959, New York, S. 25.   *1164*

Bonn - Kairo - Jerusalem. In: Aufbau, 25. Jg., Nr. 3, 16. Jan. 1959, New York, S. 4.   *1165*

Appell an Adenauer für beschleunigte Entschädigungszahlungen. Claims Conference verabschiedet 10 Millionen Dollar-Budget. In: Aufbau, 25. Jg., Nr. 4, 23. Jan. 1959, New York, S. 5.   *1166*

Auswechselbare moralische Entrüstung [Leserbrief]. In: Aufbau, 25. Jg., Nr. 4, 23. Jan. 1959, New York, S. 32.   *1167*

Von den Juden in Berlin. Vortrag Heinz Galinskis in New York. In: Aufbau, 25. Jg., Nr. 5, 30. Jan. 1959, New York, S. 6, 8.   *1168*

Adolf Leschnitzer - 60 Jahre. In: Aufbau, 25. Jg., Nr. 5, 30. Jan. 1959, New York, S. 10.   *1169*

Gräber-Konflikt in Bergen-Belsen. In: Aufbau, 25. Jg., Nr. 6, 6. Feb. 1959, New York, S. 21.   *1170*

Antisemitism in Germany. Factors Contributing to Recent Upsurge Are Discussed [Leserbrief]. In: New York Times, 108. Jg., Nr. 36910, Fr. 13. Feb. 1959, S. 26.   *1171*

The Problem of Remembering. In: Congress Bi-Weekly, 26. Jg., Nr. 5, 2. März 1959, New York, S. 9-11.   *1172*

Wie hoch sind die jüdischen Verluste? Wissenschaftliche Zeugnisse gegen Nieland und andere. In: Rheinischer Merkur, 14. Jg., Nr. 10, 6. März 1959, Köln, S. 3.   *1173*

Um die "gerechte, liberale und schnelle" Beendigung des Entschädigungswerkes. In: Die Mahnung, 6. Jg., Nr. 8, 15. März 1959, Berlin-Frankfurt/M., S. 1-2.   *1174*

Eine grauenvolle Bilanz. Dokumente über die Vernichtung der Juden durch die Machthaber des Dritten Reiches. In: Süddeutsche Zeitung, 15. Jg., Nr. 65, Di. 17. März 1959, München, S. 7.   *1175*

Dreissig Silberlinge. Wiedergutmachung im Television. In: Aufbau, 25. Jg., Nr. 12, (Die Wiedergutmachung, Nr. 41), 20. März 1959, New York, S. 30.   *1176*

Ehrung der "unbesungenen Helden". In: Aufbau, 25. Jg., Nr. 12, (Die Wiedergutmachung, Nr. 41), 20. März 1959, New York, S. 30.   *1177*

Ein falsches Geschichts-Urteil. Stuttgarter Gericht bezeichnet Ungarns Judenpolitik während des Krieges als souveränen Akt. In: Süddeutsche Zeitung, 15. Jg., Nr. 77, Di. 31. März 1959, München, S. 6.   *1178*

Die Entstehung des Israel-Vertrages [Leserbrief]. In: Aufbau, 25. Jg., Nr. 14, 3. Apr. 1959, New York, S. 14.   *1179*

Um eine "gerechte, liberale und schnelle" Beendigung der Wiedergutmachung I. In: Aufbau, 25. Jg., Nr. 14, (Die Wiedergutmachung, Nr. 42), 3. Apr. 1959, New York, S. 29-30.   *1180*

Deutschlands moralische und materielle Wiedergutmachungs-Probleme. Gespräch mit Dr. Friedrich Janz. In: Aufbau, 25. Jg., Nr. 15, 10. Apr. 1959, New York, S. 8.   *1181*

Um eine gerechte und schnelle Wiedergutmachung II. Was kann und muss geschehen? In: Aufbau, 25. Jg., Nr. 16, (Die Wiedergutmachung, Nr. 43), 17. Apr. 1959, New York, S. 28.   *1182*

1100 Millionen DM blieben. In: Aufbau, 25. Jg., Nr. 18, (Die Wiedergutmachung, Nr. 44), 1. Mai 1959, New York, S. 18.   *1183*

Bekenntnisse eines Unholds. Aufzeichnungen des Kommandanten in Auschwitz. In: Aufbau, 25. Jg., Nr. 20, 15. Mai 1959, New York, S. 8.   *1184*

Pionier der Luftschiffahrt. Erinnerung an Robert Sommer. Ein Frankfurter starb in den Vereinigten Staaten. In: Frankfurter Neue Presse, 14. Jg., Nr. 111, Fr. 15. Mai 1959, S. 6.   *1185*

Wird Entschädigungsprogramm fristgemäss abgewickelt? In: Aufbau, 25. Jg., Nr. 26, 26. Juni 1959, New York, S. 34.   *1186*

Wie hoch sind die wirklichen jüdischen Verluste? In: Israelitisches Wochenblatt, 59. Jg., Nr. 28, 10. Juli 1959, Zürich, S. 3-4.   *1187*

Tutti fratelli - Wir sind alle Brüder. In: Die Mahnung, 1. Jg., Nr. 4, 15. Juli 1959, Berlin, S. 3.*1188*

Ein der Sache ergebener Mann, Oberstaatsanwalt Schüle, Ludwigsburg. In: Allgemeine Wochenzeitung der Juden in Deutschland, 14. Jg., Nr. 16, 17. Juli 1959, Düsseldorf, S. 4.*1189*

Kein Naziverbrecher darf sich verstecken. Oberstaatsanwalt Schüle - auch ein Vollstrecker der Wiedergutmachung. In: Aufbau, 25. Jg., Nr. 30, (Die Wiedergutmachung, Nr. 50), 24. Juli 1959, New York, S. 28-29.   *1190*

Wiedergutmachungsprobleme. Innere und äußere Schwierigkeiten des Entschädigungswerkes. In: Die Mahnung, 1. Jg., Nr. 6, 15. Aug. 1959, Berlin, S. 1-2.   *1191*

Der Kruschtschew[!]-Besuch und die Juden. In: Allgemeine Wochenzeitung der Juden in Deutschland, 14. Jg., Nr. 23, 4. Sep. 1959, Düsseldorf, S. 2.   *1192*

Ist das Eisen der Wiedergutmachung wirklich so heiss? In: Aufbau, 25. Jg., Nr. 36, (Die Wiedergutmachung, Nr. 53), 4. Sep. 1959, New York, S. 18.   *1193*

Der Mann mit dem Gewissen. Raphael Lemkin gestorben. In: Allgemeine Wochenzeitung der Juden in Deutschland, 14. Jg., Nr. 25, 18. Sep. 1959, Düsseldorf, S. 4.   *1194*

Ernst Singer [Nachruf]. In: Aufbau, 25. Jg., Nr. 38, 18. Sep. 1959, New York, S. 28.   *1195*

Rote Gefahr braune Vergangenheit. Erkenntnisse bei der Begegnung mit jungen Menschen in Deutschland. In: Rheinischer Merkur, 14. Jg., Nr. 38, 18. Sep. 1959, Köln, S. 4.   *1196*

"Mr. OSE" - 70 Jahre. In: Aufbau, 25. Jg., Nr. 39, 25. Sep. 1959, New York, S. 12.   *1197*

Ist das Eisen der Wiedergutmachung wirklich so heiß? Die überflüssigen Sorgen der "Deutschen Soldaten-Zeitung". In: Die Mahnung, 1. Jg., Nr. 9, 1. Okt. 1959, Berlin, S. 1-2.   *1198*

Positiv erledigte Fälle werden weniger. Eine statistische Analyse per 30.6.1959. In: Die Mahnung, 1. Jg., Nr. 9, 1. Okt. 1959, Berlin, S. 5.   *1199*

Die Wiedergutmachung für Naziopfer in Europa. In: Aufbau, 25. Jg., Nr. 41, 9. Okt. 1959, New York, S. 1-2.   *1200*

Robert Kempner - 60 Jahre. In: Aufbau, 25. Jg., Nr. 42, 16. Okt. 1959, New York, S. 5.   *1201*

Ilse Blumenthal-Weiss - 60 Jahre. In: Aufbau, 25. Jg., Nr. 42, 16. Okt. 1959, New York, S. 22.   *1202*

Light and Shadows in Germany. In: Congress Bi-Weekly, 26. Jg., Nr. 15, 19. Okt. 1959, New York, S. 7-9.   *1203*

Abnahme der positiv erledigten Fälle. In: Aufbau, 25. Jg., Nr. 44, (Die Wiedergutmachung, Nr. 57), 30. Okt. 1959, New York, S. 29.   *1204*

Ehrung John Otto Reinemanns. In: Aufbau, 25. Jg., Nr. 44, 30. Okt. 1959, New York, S. 35.   *1205*

Probleme der Angestellten in den Entschädigungsämtern. In: Aufbau, 25. Jg., Nr. 47, 20. Okt. 1959, New York, S. 27.   *1206*

Jüdisches Leben konzentriert sich an der New Yorker Ostseite. In: Allgemeine Wochenzeitung der Juden in Deutschland, 14. Jg., Nr. 32, 6. Nov. 1959, Düsseldorf, S. 3.   *1207*

Nach 20 Jahren vereint. Mark Sterns seltsame Geschichte. In: Aufbau, 25. Jg., Nr. 49, 4. Dez. 1959, New York, S. 9.   *1208*

Zahlenakrobatik? In: Allgemeine Wochenzeitung der Juden in Deutschland, 14. Jg., Nr. 37, 11. Dez. 1959, Düsseldorf, S. 5.   *1209*

Kann das Entschädigungsprogramm bis zum 31. März 1963 beendet sein? In: Die Mahnung, 1. Jg., Nr. 14, 15. Dez. 1959, Berlin, S. 4-5.   *1210*

Ohne Dokumente keine Geschichtsschreibung. Sie sind aber auch notwendig für das Entschädigungswerk. In: Aufbau, 25. Jg., Nr. 52, (Die Wiedergutmachung, Nr. 61), 25. Dez. 1959, New York, S. 29.   *1211*

Gibt es ein deutsches Dilemma? In: Die Mahnung, 2. Jg., Nr. 1, 1. Jan. 1960, Berlin, S. 2.   *1212*

Krupp und die Zwangsarbeiter. In: Aufbau, 26. Jg., Nr. 1, 1. Jan. 1960, New York, S. 5.   *1213*

Anti-Semitism in Germany. Urgency Seen for Measures to Aid Democratic Forces [Leserbrief]. In: New York Times, 109. Jg., Nr. 37233, Sa. 2. Jan. 1960, S. 12.   *1214*

Von draußen gesehen. In: Telegraf, 15. Jg., Nr. 4, Mi. 6. Jan. 1960, Berlin, S. 2.   *1215*

Entschädigungszahlungen um 100 Millionen DM gestiegen. Eine Analyse der Entschädigungsstatistik per 30.9.59. In: Aufbau, 26. Jg., Nr. 2, (Die Wiedergutmachung, Nr. 62), 8. Jan. 1960, New York, S. 26.   *1216*

Analyse der Entschädigungsstatistik. In: Die Mahnung, 2. Jg., Nr. 2, 15. Jan. 1960, Berlin, S. 4-5.   *1217*

Fünf Jahre nachher. Ein Bericht der "Conference on Jewish Material Claims Against Germany". In: Aufbau, 26. Jg., Nr. 4, (Die Wiedergutmachung, Nr. 63), 22. Jan. 1960, New York, S. 29.*1218*

Herbert W. B. Skinner [Nachruf]. In: Aufbau, 26. Jg., Nr. 5, 29. Jan. 1960, New York, S. 6. *1219*

Das Riesenwerk der Wiedergutmachung. Können die noch nicht erledigten Anträge auf Entschädigung bis zum Jahre 1963 bearbeitet werden? In: Süddeutsche Zeitung, 16. Jg., Nr. 26, Sa./So. 30./31. Jan. 1960, München. *1220*

Köln von draußen gesehen. In: Die Mahnung, 2. Jg., Nr. 3, 1. Feb. 1960, Berlin, S. 2. *1221*

Philip Friedman [Nachruf]. In: Aufbau, 26. Jg., Nr. 7, 12. Feb. 1960, New York, S. 12. *1222*

Die Wahrheit ist unbequem. In: Westfälische Rundschau, 15. Jg., Nr. 39, Di. 16. Feb. 1960, Dortmund, S. 2. *1223*

Entschädigung, eine Frage des Rechts. Interview mit Dr. Herman Muller. In: Aufbau, 26. Jg., Nr. 8, (Die Wiedergutmachung, Nr. 65), 19. Feb. 1960, New York, S. 29. *1224*

In falscher Richtung. In: Israelitisches Wochenblatt, 60. Jg., Nr. 8, 19. Feb. 1960, Zürich, S. 1-2. *1225*

In falscher Richtung. In: Die Mahnung, 2. Jg., Nr. 5, 1. März 1960, Berlin, S. 1-2. *1226*

Unterdrückung von Schriften. Eine Verfolgungsmaßnahme - unabhängig vom Wohnsitz des Autors. In: Aufbau, 26. Jg., Nr. 10, 4. März 1960, New York, S. 22. *1227*

Um die Abschaffung der Todesstrafe in U.S.A. Völlig ungleiche Gesetzgebung in den Einzelstaaten. In: Aufbau, 26. Jg., Nr. 11, 11. März 1960, New York, S. 3, 8. *1228*

Die Henker sind nicht arbeitslos. Seit Jahrhunderten tobt der Kampf gegen die Todesstrafe - 49 Menschen wurden 1959 in den USA hingerichtet. In: Telegraf am Sonntag, 15. Jg., Nr. 62, So. 13. März 1960, Berlin, S. 25. *1229*

Fünfzehn Jahre nach Auschwitz. Javits und Goldmann auf einer Gedenkfeier der Auschwitz-Opfer. In: Aufbau, 26. Jg., Nr. 13, 25. März 1960, New York, S. 1-2. *1230*

15 Jahre nach Auschwitz. Gedenkfeier der Auschwitz-Opfer in New York. In: Allgemeine Wochenzeitung der Juden in Deutschland, 15. Jg., Nr. 1, 1. Apr. 1960, Düsseldorf, S. 5. *1231*

Auschwitz-Häftlinge blicken zurück. Tausend Überlebende versammeln sich in New York zu einer Gedächtniskundgebung. In: Süddeutsche Zeitung, 16. Jg., Nr. 84, Do. 7. Apr. 1960, München, S. 7. *1232*

Geringer Rückgang der Entschädigungszahlen. Eine Analyse der Entschädigungsstatistik per 31. Dezember 1959. In: Aufbau, 26. Jg., Nr. 16, (Die Wiedergutmachung, Nr. 69), 15. Apr. 1960, New York, S. 28. *1233*

Eines Volkes Erinnerung ist seine Geschichte. In: Aufbau, 26. Jg., Nr. 18, 29. Apr. 1960, New York, S. 111-112[!]. *1234*

Staaten mit und ohne Todesstrafe. In: Süddeutsche Zeitung, 16. Jg., Nr. 106, Di. 3. Mai 1960, München, S. 20. *1235*

Deutsch-holländisches Abkommen unterzeichnet. In: Aufbau, 26. Jg., Nr. 20, (Die Wiedergutmachung, Nr. 71), 13. Mai 1960, New York, S. 29. *1236*

Nach 16 Jahren gefasst. Hitlers "Grossinquisitor" wird in Israel abgeurteilt werden. In: Aufbau, 26. Jg., Nr. 22, 27. Mai 1960, New York, S. 1, 4. *1237*

Der Fall Hermann Krumey. Eine seltsame Entscheidung. In: Aufbau, 26. Jg., Nr. 22, (Die Wiedergutmachung, Nr. 72), 27. Mai 1960, New York, S. 33-34. *1238*

Verändertes Rechnungsjahr und die Entschädigungs-Leistungen. In: Aufbau, 26. Jg., Nr. 24, (Die Wiedergutmachung, Nr. 73), 10. Juni 1960, New York, S. 34. *1239*

Berlin ehrt "unbesungene" Helden. In: Aufbau, 26. Jg., Nr. 24, (Die Wiedergutmachung, Nr. 73), 10. Juni 1960, New York, S. 34.   *1240*

Roosevelt und der Fall Eichmann [Leserbrief]. In: Aufbau, 26. Jg., Nr. 26, 24. Juni 1960, New York, S. 16.   *1241*

Ein peinlicher Spionage-Fall. Der Generalsekretär der Deutschen Liga für Menschenrechte verurteilt. In: Aufbau, 26. Jg., Nr. 28, 8. Juli 1960, New York, S. 7-8.   *1242*

Stiefkinder der Gesellschaft und der Gerichte. Die vergessenen Zigeuner eine polnische Anklage. In: Aufbau, 26. Jg., Nr. 28, (Die Wiedergutmachung, Nr. 75), 8. Juli 1960, New York, S. 32.   *1243*

Ein deutscher Wiedergutmachungskonsul in New York. Interview mit Dr. Walter Oppenheim. In: Aufbau, 26. Jg., Nr. 30, (Die Wiedergutmachung, Nr. 76), 22. Juli 1960, New York, S. 29.   *1244*

Bayern noch immer Entschädigungs-Notgebiet. In: Aufbau, 26. Jg., Nr. 34, (Die Wiedergutmachung, Nr. 78), 19. Aug. 1960, New York, S. 26.   *1245*

Gerhard Jacoby [Nachruf]. In: Aufbau, 26. Jg., Nr. 35, 26. Aug. 1960, New York, S. 10.   *1246*

Die statistische Seite des BEG. In: Aufbau, 26. Jg., Nr. 36, (Die Wiedergutmachung, Nr. 79), 2. Sep. 1960, New York, S. 26.   *1247*

Nicht das wieviel sondern das wofür? In: Aufbau, 26. Jg., Nr. 40, (Die Wiedergutmachung, Nr. 81), 30. Sep. 1960, New York, S. 30.   *1248*

Eine Produktions-Analyse der Entschädigungsämter. In: Aufbau, 26. Jg., Nr. 44, (Die Wiedergutmachung, Nr. 83), 28. Okt. 1960, New York, S. 25-26.   *1249*

Auswechselbare Gerechtigkeit In: Aufbau, 26. Jg., Nr. 44, (Die Wiedergutmachung, Nr. 83), 28. Okt. 1960, New York, S. 26.   *1250*

Christian Geissler und die Zeit-"Anfrage". Eindrücke von einer Studienreise durch die Bundesrepublik. In: Aufbau, 26. Jg., Nr. 46, (Die Wiedergutmachung, Nr. 84), 11. Nov. 1960, New York, S. 20.   *1251*

Spionage-Affäre Frenzel. In: Aufbau, 26. Jg., Nr. 47, 18. Nov. 1960, New York, S. 5-6.   *1252*

Kempten und der "Aufbau". In: Aufbau, 26. Jg., Nr. 48, 25. Nov. 1960, New York, S. 3.   *1253*

"Alle schimpfen auf die Nazis...". Eindrücke von einer Studienreise durch die Bundesrepublik. In: Aufbau, 26. Jg., Nr. 48, (Die Wiedergutmachung, Nr. 85), 25. Nov. 1960, New York, S. 30.   *1254*

Der Deutsche und die Wiedergutmachung. Eindrücke von einer Studienreise durch Deutschland. In: Aufbau, 26. Jg., Nr. 50, (Die Wiedergutmachung, Nr. 86), 9. Dez. 1960, New York, S. 25-26.   *1255*

"Synagoga" in Recklinghausen. In: New Yorker Staatszeitung und Herold, 126. Jg., Nr. 296, Sa. 10. Dez. 1960, S. 7.   *1256*

Er wusste viel und sprach nie darüber. Zum Tode von Joseph Löwenherz. In: Aufbau, 26. Jg., Nr. 52, 23. Dez. 1960, New York, S. 19.   *1257*

Eindrücke von einer Studienreise durch Deutschland. Zur Frage der Meinungsfreiheit. In: Aufbau, 26. Jg., Nr. 52, (Die Wiedergutmachung, Nr. 87), 23. Dez. 1960, New York, S. 24.   *1258*

Hildegard knickste und verteidigte die Jugend. Sechs Silhouetten von Besuchen in Deutschland. In: Kölner Stadt-Anzeiger, Nr. 304, Fr. 30. Dez. 1960, S. 3.   *1259*

Deutsche Reiseberichte [Leserbrief]. In: Aufbau, 26. Jg., Nr. 53, 30. Dez. 1960, New York, S. 17. *1260*

Der Deutsche und die Wiedergutmachung. In: Die Mahnung, 3. Jg., Nr. 1, 1. Jan. 1961, Berlin, S. 3. *1261*

Die Verjährungsfrist muß fallen. In: Jedioth Chadashoth, Nr. 7036, Mo. 2. Jan. 1961, Tel Aviv, S. 7. *1262*

Der Fall der Ravensbrücker "Versuchskaninchen". Sie warten und warten auf Wiedergutmachung. In: Aufbau, 27. Jg., Nr. 3, (Die Wiedergutmachung, Nr. 89), 20. Jan. 1961, New York, S. 25. *1263*

Deutsche - Demokraten - Nazi. Eindrücke eines jüdischen Menschen von einer Studienreise durch die Bundesrepublik. In: Rheinischer Merkur, 16. Jg., Nr. 6, 3. Feb. 1961, Köln, S. 4. *1264*

Vom gar nicht gold'nen Wiener Herzen. Die österreichische Wiedergutmachungs-Tragödie. In: Aufbau, 27. Jg., Nr. 5, (Die Wiedergutmachung, Nr. 90), 3. Feb. 1961, New York, S. 25. *1265*

Streifzüge durch Westdeutschland... Am Rande der großen Politik. In: Süddeutsche Zeitung, 17. Jg., Nr. 34, Do. 9. Feb. 1961, München, S. 6. *1266*

Albert Einsteins Glaubensbekenntnis aus dem Jahre 1928 wiederaufgefunden. In: Allgemeine Wochenzeitung der Juden in Deutschland, 15. Jg., Nr. 49, 3. März 1961, Düsseldorf, S. 20. *1267*

Ernst H. Weismann 60 Jahre. In: Aufbau, 27. Jg., Nr. 9, 3. März 1961, New York, S. 34. *1268*

Geht es mit der Wiedergutmachung vorwärts? Eine Analyse und Betrachtung. In: Die Mahnung, 3. Jg., Nr. 6, 15. März 1961, Berlin, S. 1-2. *1269*

Deutsche Werke für Amerikaner. Das Goethe-Haus in New York. Eine Bibliothek mit 11.000 Bänden. In: Frankfurter Neue Presse, 16. Jg., Nr. 66, Sa. 18. März 1961, S. 6. *1270*

Wie steht es mit der Wiedergutmachung? Gelöste und ungelöste Probleme. In: Rheinischer Merkur, 16. Jg., Nr. 13, 24. März 1961, Köln, S. 11. *1271*

Albert Einsteins Glaubensbekenntnis. Eine Schallplatte aus dem Jahre 1928. In: Aufbau, 27. Jg., Nr. 12, 24. März 1961, New York, S. 20. *1272*

Was macht man mit elf Milliarden Schilling? In: Aufbau, 27. Jg., Nr. 13, (Die Wiedergutmachung, Nr. 94), 31. März 1961, New York, S. 25. *1273*

Geschichten aus dem Wiener Wald. In: Aufbau, 27. Jg., Nr. 13, (Die Wiedergutmachung, Nr. 94), 31. März 1961, New York, S. 26. *1274*

Antideutsche Gefühle in USA. In: Die Mahnung, 3. Jg., Nr. 7, 1. Apr. 1961, Berlin, S. 3. *1275*

Ein Zeichner der Zeit. Zum Tode von William Sharp. In: Aufbau, 27. Jg., Nr. 14, 7. Apr. 1961, New York, S. 10. *1276*

Adenauer und Kennedy. In: Vorwärts, Nr. 15, 12. Apr. 1961, Bonn, S. 1-2. *1277*

Propaganda allein genügt nicht. Deutsche Vergangenheit steht auf - Wiederaufleben des Mc Carthysmus? In: Vorwärts, Nr. 16, 19. Apr. 1961, Bonn, S. 10. *1278*

So erlebte ich Deutschland. Die Vergangenheit ist noch nicht bewältigt. In: Telegraf am Sonntag, 16. Jg., Nr. 95, So. 23. Apr. 1961, Berlin, S. 39. *1279*

Das kubanische Debakel. Kennedy, der Geheimdienst und die Versäumnisse der Vergangenheit. In: Vorwärts, Nr. 18, 3. Mai 1961, Bonn, S. 9. *1280*

Isaac Schwarzbart [Nachruf]. In: Aufbau, 27. Jg., Nr. 18, 5. Mai 1961, New York, S. 7. *1281*

Die ersten hundert Tage. Kennedy hat mit der Innenpolitik mehr Glück als mit der Diplomatie. In: Vorwärts, Nr. 19, 10. Mai 1961, Bonn, S. 10. *1282*

Denies German Aide in N.Y. Has Altered Pro-Nazi Views [Leserbrief]. In: National Jewish Post and Opinion, 16. Jg., Fr. 12. Mai 1961, Indianapolis, S. 15. *1283*

Zu jung zu sterben. Mr. Smith und Mr. Cumm glauben nicht an Gagarins Weltraumfahrt. In: Vorwärts, Nr. 20, 17. Mai 1961, Bonn, S. 11. *1284*

Aerzte und Verfolgte. Die Problematik der Begutachtung. In: Aufbau, 27. Jg., Nr. 21, (Die Wiedergutmachung, Nr. 98), 26. Mai 1961, New York, S. 29-30. *1285*

Gott hat zweierlei Kinder. Die Barrikaden der Rassenvorurteile sind noch immer nicht gestürmt. In: Vorwärts, Nr. 22, 31. Mai 1961, Bonn, S. 9. *1286*

Zeugnisse der Menschlichkeit. Warum ich "Die unbesungenen Helden" schrieb. In: Telegraf am Sonntag, 16. Jg., Nr. 128, So. 4. Juni 1961, Berlin, S. 23. *1287*

Mr. Kennedy kehrt heim. In: Vorwärts, Nr. 24, 14. Juni 1961, Bonn, S. 1-2. *1288*

Der Verfolgte, der nicht vorschriftsmäßig starb. In: Die Mahnung, 3. Jg., Nr. 12, 15. Juni 1961, Berlin, S. 5. *1289*

Albert Einstein: 50 Jahre Kampf für Frieden und Freiheit. Erstes Buch aus Nachlaßschriften erscheint in den USA. In: Allgemeine Wochenzeitung der Juden in Deutschland, 16. Jg., Nr. 12, 16. Juni 1961, Düsseldorf, S. 7. *1290*

Babbitts und andere Amerikaner. Egoisten, Kommunisten und nicht zuletzt - die Deutschen. In: Vorwärts, Nr. 25, 21. Juni 1961, Bonn, S. 9. *1291*

Der statistische Stand der Entschädigung (31. März 1961). In: Aufbau, 27. Jg., Nr. 25, (Die Wiedergutmachung, Nr. 100), 23. Juni 1961, New York, S. 30. *1292*

Robert Perlen [Nachruf]. In: Aufbau, 27. Jg., Nr. 25, 23. Juni 1961, New York, S. 30. *1293*

Amerikanische Debatte um Berlin. In: Vorwärts, Nr. 26, 28. Juni 1961, Bonn, S. 2. *1294*

100 Wiedergutmachung-Beilagen. In: Aufbau, 27. Jg., Nr. 27, (Die Wiedergutmachung, Nr. 101), 7. Juli 1961, New York, S. 29-30. *1295*

Lebewohl - aber nicht den Waffen. Beängstigende Pläne und widersprüchliche Meinungen zum Berlin-Problem. In: Vorwärts, Nr. 28, 12. Juli 1961, Bonn, S. 10. *1296*

ORT hilft den unentwickelten Ländern. Gespräch mit Professor William Haber. In: Aufbau, 27. Jg., Nr. 28, 14. Juli 1961, New York, S. 8. *1297*

Elan auf falschen Gleisen. Von der Haltung der Deutschen wird auch die Stimmung im Westen abhängen. In: Vorwärts, Nr. 29, 19. Juli 1961, Bonn, S. 9. *1298*

Ritual-Denkmal in Lienz 1960 erneuert. In: Aufbau, 27. Jg., Nr. 30, 28. Juli 1961, New York, S. 16. *1299*

Ferien - aber nicht von der Krise. Besinnung und Besinnlichkeit tut in diesen Wochen not. In: Vorwärts, Nr. 31, 2. Aug. 1961, Bonn, S. 10. *1300*

Altersversorgung durch Wiedergutmachung. In: Aufbau, 27. Jg., Nr. 31, (Die Wiedergutmachung, Nr. 103), 4. Aug. 1961, New York, S. 30. *1301*

Die Marinesoldaten landen nicht. Die Geschichte vom Funken, der ein Pulverfaß in die Luft jagen kann. In: Vorwärts, Nr. 34, 23. Aug. 1961, Bonn, S. 9. *1302*

Berlin und andere Sorgen. In: Vorwärts, Nr. 36, 6. Sep. 1961, Bonn, S. 2. *1303*

Statistik ist interpretierbar. In: Aufbau, 27. Jg., Nr. 37, (Die Wiedergutmachung, Nr. 106), 15. Sep. 1961, New York, S. 17.   *1304*

Walter Friedländer 70 Jahre. In: Aufbau, 27. Jg., Nr. 38, 22. Sep. 1961, New York, S. 23.   *1305*

Hammarskjölds Tod bedeutet neue Krise. In: Vorwärts, Nr. 39, 27. Sep. 1961, Bonn, S. 2.   *1306*

Eichmann-Prozess und die politische Pädagogik. In: Aufbau, 27. Jg., Nr. 39, 29. Sep. 1961, New York, S. 21.   *1307*

Moralische Implikationen der Wiedergutmachung [Leserbrief]. In: Aufbau, 27. Jg., Nr. 39, (Die Wiedergutmachung, Nr. 107), 29. Sep. 1961, New York, S. 26.   *1308*

Statistik ist interpretierbar. Was bedeutet "positive Erledigung"? In: Jedioth Chadashoth, Nr. 7261, So. 1. Okt. 1961, Tel Aviv, S. 7.   *1309*

Kennedys Dilemma. In: Vorwärts, Nr. 40, 4. Okt. 1961, Bonn, S. 1.   *1310*

Die Mauer. In: Telegraf am Sonntag, 16. Jg., Nr. 235, So. 8. Okt. 1961, Berlin, S. 44.   *1311*

Zu ernst für Generale. Amerika diskutiert die Rolle des Offiziers in der Politik. In: Vorwärts, Nr. 41, 11. Okt. 1961, Bonn, S. 10.   *1312*

Tag der Hoffnungen und Sorgen. Viermal ging es in New York um Berlin. In: Vorwärts, Nr. 42, 18. Okt. 1961, Bonn, S. 2.   *1313*

Luftschutz - ganz intim. Worüber man in den Staaten diskutiert. In: Vorwärts, Nr. 43, 25. Okt. 1961, Bonn, S. 2.   *1314*

Ein Gast aus Frankreich. Daniel Mayer in New York. In: Aufbau, 27. Jg., Nr. 43, 27. Okt. 1961, New York, S. 9.   *1315*

Ein Naziopfer wird rehabilitiert. In: Aufbau, 27. Jg., Nr. 43, (Die Wiedergutmachung, Nr. 109), 27. Okt. 1961, New York, S. 16.   *1316*

Zwischen Wolke und Wahlkampf. In: Vorwärts, Nr. 45, 8. Nov. 1961, Bonn, S. 9.   *1317*

Immer wieder: Die Gesundheitsschäden. Tragische Beispiele bestehender Unzulänglichkeiten. In: Aufbau, 27. Jg., Nr. 45, (Die Wiedergutmachung, Nr. 110), 10. Nov. 1961, New York, S. 25.   *1318*

Das amerikanische Dilemma. Zwischen NATO-Politik und Sympathieverlust in Afro-Asien. In: Vorwärts, Nr. 47, 22. Nov. 1961, Bonn, S. 2.   *1319*

Entschädigung für Ravensbrücker "Versuchskaninchen". In: Aufbau, 27. Jg., Nr. 47, (Die Wiedergutmachung, Nr. 111), 24. Nov. 1961, New York, S. 29.   *1320*

Der Deutsche Bundestag und die Wiedergutmachung. In: Aufbau, 27. Jg., Nr. 47, (Die Wiedergutmachung, Nr. 111), 24. Nov. 1961, New York, S. 29-30.   *1321*

Das Interview und die Wirklichkeit. In: Vorwärts, Nr. 49, 6. Dez. 1961, Bonn, S. 2.   *1322*

Brief aus Berlin [Leserbrief]. In: Aufbau, 27. Jg., Nr. 49, 8. Dez. 1961, New York, S. 19-20.   *1323*

Entschädigungsprobleme in Montreal. In: Aufbau, 27. Jg., Nr. 49, (Die Wiedergutmachung, Nr. 112), 8. Dez. 1961, New York, S. 30.   *1324*

Von rechts nach links. Erinnerungen an Helmuth[!] von Gerlach. In: Die Mahnung, 3. Jg., Nr. 24, 15. Dez. 1961, Berlin, S. 3.   *1325*

Joachim Lipschitz [Nachruf]. In: Aufbau, 27. Jg., Nr. 50, 15. Dez. 1961, New York, S. 5-6.   *1326*

Von der Mauer zum Kurfürstendamm. Eindrücke von einer Reise nach Berlin. In: Frankfurter Neue Presse, 16. Jg., Nr. 297, Fr. 22. Dez. 1961, S. 5.   *1327*

Von der Bernauer Straße zum Kurfürstendamm. Eindrücke von einer Reise nach Berlin. In: Die Mahnung, 4. Jg., Nr. 1, 1. Jan. 1962, Berlin, S. 3.   *1328*

Entschädigungs-Leistungen. Eine Zahlenanalyse per 30. September. In: Aufbau, 28. Jg., Nr. 5, (Die Wiedergutmachung, Nr. 116), 2. Feb. 1962, New York, S. 21.   *1329*

Die Krise der Vereinten Nationen. In: Vorwärts, Nr. 1, 3. Jan. 1962, Bonn, S. 1.   *1330*

Kennedys Botschaft an die Nation. Einigkeit in der Außenpolitik - Schwierigkeiten in der Innenpolitik. In: Vorwärts, Nr. 3, 17. Jan. 1962, Bonn, S. 2.   *1331*

Kennedys graue Haare mehren sich. Es ist gefährlich, Präsident der USA zu sein. In: Vorwärts, Nr. 3, 17. Jan. 1962, Bonn, S. 8.   *1332*

Unbehagen, Hoffnung und Rätselraten. In: Vorwärts, Nr. 4, 24. Jan. 1962, Bonn, S. 2.   *1333*

Symptome der Annäherung. Kennedy sucht modus vivendi. In: Vorwärts, Nr. 6, 7. Feb. 1962, Bonn, S. 1.   *1334*

"Optiker Deutsch" [Nachruf]. In: Aufbau, 28. Jg., Nr. 6, 9. Feb. 1962, New York, S. 15.   *1335*

Seltsame Entschädigungsfälle. Bundesgericht und rechtmässiger Widerstand. In: Aufbau, 28. Jg., Nr. 7, (Die Wiedergutmachung, Nr. 117), 16. Feb. 1962, New York, S. 26.   *1336*

Tschechoslowakische Juden schreiben ihre Geschichte. Oskar Rabinowicz und Kurt Wehle berichten. In: Aufbau, 28. Jg., Nr. 7, (Die Wiedergutmachung, Nr. 117), 16. Feb. 1962, New York, S. 26.   *1337*

Keine neue Dolchstoßlegende. Es gibt keine "antideutsche Kampagne" in den Staaten. In: Vorwärts, Nr. 8, 21. Feb. 1962, Bonn, S. 10.   *1338*

Kreuzzug gegen den Liberalismus. Das "arme amerikanische Volk" soll gerettet werden. In: Vorwärts, Nr. 9, 28. Feb. 1962, Bonn, S. 8.   *1339*

Die Mauer und die Menschenrechte. Betrachtungen an der Berliner Sektorengrenze. Der SED-Staat bricht seine eigene Verfassung. In: Süddeutsche Zeitung, 18. Jg., Nr. 69, Mi. 21. März 1962, München, S. 6.   *1340*

Kirche contra Mc Carthy. Die Vereinigten Staaten erleben innenpolitischen Machtkampf. In: Vorwärts, Nr. 12, 21. März 1962, Bonn, S. 8.   *1341*

Keine Deutschenhetze in den USA [Leserbrief]. In: Die Welt, Sa. 31. März 1962, Hamburg. *1342*

Keine antideutsche Welle. In: Vorwärts, Nr. 14, 4. Apr. 1962, Bonn, S. 2.   *1343*

Forderungen der Claims-Conference für das Wiedergutmachungs-Schlussgesetz. In: Aufbau, 28. Jg., Nr. 14, 6. Apr. 1962, New York, S. 19.   *1344*

Alfred Adler [Nachruf]. In: Aufbau, 28. Jg., Nr. 14, 6. Apr. 1962, New York, S. 36.   *1345*

Das Recht soll "gleicher" werden. Nachteile für Städter und Farbige sollen abgebaut werden. In: Vorwärts, Nr. 15, 11. Apr. 1962, Bonn, S. 12.   *1346*

Ein aufrechter Mann [Nachruf]. In: Aufbau, 28. Jg., Nr. 15, 13. Apr. 1962, New York, S. 8. *1347*

Gibt es eine Deutschenhetze in den USA? In: Die Mahnung, 4. Jg., Nr. 8, 15. Apr. 1962, Berlin, S. 3.   *1348*

Mansfield in schlechter Gesellschaft. Frontalangriff gegen die Vereinten Nationen. In: Vorwärts, Nr. 16, 18. Apr. 1962, Bonn, S. 9.   *1349*

Kennedy hat gewonnen. In: Vorwärts, Nr. 17, 26. Apr. 1962, Bonn, S. 2.   *1350*

Ein Tag wie jeder andere. Ein Nichtgewerkschafter macht Gewerkschaftspolitik. In: Vorwärts, Nr. 17, 26. Apr. 1962, Bonn, S. 11.   *1351*

Es war kein glücklicher Tag. In den Staaten wächst das atomare Unbehagen. In: Vorwärts, Nr. 19, 9. Mai 1962, Bonn, S. 10.   *1352*

"Was hat Papa denn angestellt?" Das neue Gesicht Washingtons - Intellekt und Toleranz in einem kulturellen Zentrum. In: Vorwärts, Nr. 20, 16. Mai 1962, Bonn, S. 10.   *1353*

Keine Deutschenhetze in den USA. In: Telegraf, 17. Jg., Nr. 115, Sa. 19. Mai 1962, Berlin, S. 6.   *1354*

Die Durchführung des Bundes-Rückerstattungsgesetzes. In: Aufbau, 28. Jg., Nr. 21, (Die Wiedergutmachung, Nr. 124), 25. Mai 1962, New York, S. 33-34.   *1355*

Kennedy bleibt hart. In: Vorwärts, Nr. 22, 30. Mai 1962, Bonn, S. 2.   *1356*

Der neue Mann Bonns für Washington. Botschafter Knappstein tritt die Nachfolge von Prof. Grewe an. In: Telegraf, 17. Jg., Nr. 129, Mi. 6. Juni 1962, Berlin, S. 2.   *1357*

Unsere Aufgabe in der UNO. Gespräch mit Heinrich Knappstein. In: Frankfurter Neue Presse, 17. Jg., Nr. 130, Mi. 6. Juni 1962, S. 12.   *1358*

Die Bundesrepublik und die UN. Gespräch mit Dr. Heinrich Knappstein. In: Aufbau, 28. Jg., Nr. 23, 8. Juni 1962, New York, S. 5.   *1359*

Um die Döblinger Rothschild-Gärten. In: Aufbau, 28. Jg., Nr. 23, (Die Wiedergutmachung, Nr. 125), 8. Juni 1962, New York, S. 33.   *1360*

Nixon kämpft um seine Zukunft. Vorentscheidung für 1968 bei den Wahlen in Kalifornien. In: Vorwärts, Nr. 25, 20. Juni 1962, Bonn, S. 9.   *1361*

Judenverfolgung in Italien. Problematik der Veranlassung. In: Aufbau, 28. Jg., Nr. 27, (Die Wiedergutmachung, Nr. 127), 6. Juli 1962, New York, S. 27.   *1362*

Die Zeit der Autarkie ist nun vorbei. Die amerikanische Wirtschaft soll gesünder werden - Unruhe unter den Arbeitnehmern. In: Vorwärts, Nr. 28, 11. Juli 1962, Bonn, S. 9.   *1363*

Vergessene Helden aus dunkler Zeit. Das Bundesentschädigungsgesetz und das Gewissen. In: Rheinischer Merkur, 17. Jg., Nr. 28, 13. Juli 1962, Köln, S. 11.   *1364*

825.000 Ansprüche noch unerledigt. In: Aufbau, 28. Jg., Nr. 29, (Die Wiedergutmachung, Nr. 128), 20. Juli 1962, New York, S. 29.   *1365*

Das Gewissen und das Bundes-Entschädigungsgesetz[Leserbrief]. In: Aufbau, 28. Jg., Nr. 29, (Die Wiedergutmachung, Nr. 128), 20. Juli 1962, New York, S. 30.   *1366*

Ein neuer Kongreß, bitte. Kennedy hat mit seinem Parlament ständig Ärger. In: Vorwärts, Nr. 30, 25. Juli 1962, Bonn, S. 9.   *1367*

Ein Dornenstrauß von Problemen. Das Auslandshilfeprogramm ist durch und Wahlen stehen vor der Tür. In: Vorwärts, Nr. 32, 8. Aug. 1962, Bonn, S. 9.   *1368*

O Susanna, geh'nicht nach Albany. Die farbigen Amerikaner kämpfen mit schärferen Waffen. In: Vorwärts, Nr. 33, 15. Aug. 1962, Bonn, S. 11.   *1369*

Minimum-Anerkennung für Maximum-Leiden. In: Aufbau, 28. Jg., Nr. 33, (Die Wiedergutmachung, Nr. 130), 17. Aug. 1962, New York, S. 29-30.   *1370*

Es ist Halbzeit, Mr. President. John F. Kennedy und sein Programm (I). In: Vorwärts, Nr. 34, 22. Aug. 1962, Bonn, S. 4.   *1371*

Der Deutschland-Israel Vertrag zehn Jahre alt. Interview mit seinem "Architekten" Dr. Nahum Goldmann. In: Aufbau, 28. Jg., Nr. 35, (Die Wiedergutmachung, Nr. 131), 24. Aug. 1962, New York, S. 25-26.   *1372*

Es ist Halbzeit, Mr. President. John F. Kennedy und sein Programm (II). Weder hart noch weich. In: Vorwärts, Nr. 35, 29. Aug. 1962, Bonn, S. 4. *1373*

Keiner fiebert vor der Wahl. Es fehlt an zündenden Parolen für November. In: Vorwärts, Nr. 35, 29. Aug. 1962, Bonn, S. 9. *1374*

Das Gewissen und das Bundesentschädigungsgesetz. Ein Appell für die vergessenen unbesungenen Helden. In: Die Mahnung, 4. Jg., Nr. 17, 1. Sep. 1962, Berlin, S. 3. *1375*

Es ist Halbzeit, Mr. President. John F. Kennedy und sein Programm (III). Chaos oder Planung? In: Vorwärts, Nr. 36, 5. Sep. 1962, Bonn, S. 4. *1376*

Zehn Jahre Israel-Vertrag. In: Semana Israelita, 23. Jg., Nr. 1976, 7. Sep. 1962, Buenos Aires, S. 12. *1377*

Beweis des guten Willens. Seit zehn Jahren Deutschland-Israel-Vertrag. In: Telegraf am Sonntag, 17. Jg., Nr. 210, So. 9. Sep. 1962, Berlin, S. 9. *1378*

Es ist Halbzeit, Mr. President. John F. Kennedy und sein Programm (IV). In: Vorwärts, Nr. 37, 12. Sep. 1962, Bonn, S. 4. *1379*

Hitzköpfe fordern eine Invasion. Die Monroe-Doktrin trifft auf den Fall Kuba kaum zu. In: Vorwärts, Nr. 38, 19. Sep. 1962, Bonn, S. 9. *1380*

Ziffern und Tatsachen zur Durchführung des Deutschland-Israel Abkommens. In: Aufbau, 28. Jg., Nr. 38, (Die Wiedergutmachung, Nr. 132), 21. Sep. 1962, New York, S. 27-28. *1381*

Hans Erich Fabian 60 Jahre. In: Aufbau, 28. Jg., Nr. 38, (Die Wiedergutmachung, Nr. 132), 21. Sep. 1962, New York, S. 28. *1382*

"Für eine schnelle und gerechte Wiedergutmachung". Eine Unterhaltung mit dem Ausschussvorsitzenden Martin Hirsch. In: Aufbau, 28. Jg., Nr. 39, (Die Wiedergutmachung, Nr. 133), 28. Sep. 1962, New York, S. 27. *1383*

Zehn Jahre nach Unterzeichnung des Deutschland-Israel-Vertrages. Interview mit seinem "Architekten" Dr. Nahum Goldmann. In: Die Mahnung, 4. Jg., Nr. 19, 1. Okt. 1962, Berlin, S. 2. *1384*

Der Mann, der den Hass durchkreuzte. Propst Heinrich Grüber ist in New York. In: Aufbau, 28. Jg., Nr. 40, 5. Okt. 1962, New York, S. 32. *1385*

Beziehungen - wenn auch keine diplomatischen. Israel-Deutschland. Brückenbauer Felix E. Shinnar kehrt heim. In: Aufbau, 28. Jg., Nr. 41, (Die Wiedergutmachung, Nr. 134), 12. Okt. 1962, New York, S. 25. *1386*

Her mit einem Herbert H. Lehman. Zwischen Syracuse und Buffalo im Wahlfieber. In: Vorwärts, Nr. 42, 17. Okt. 1962, Bonn, S. 10. *1387*

Siegfried Kroll - 60 Jahre. In: Aufbau, 28. Jg., Nr. 43, 26. Okt. 1962, New York, S. 30. *1388*

Ten Years of German Reparations. In: Congress Bi-Weekly, 29. Jg., Nr. 14, 29. Okt. 1962, New York, S. 5-6. *1389*

Die Wiedergutmachung ist nicht beendet. In: Aufbau, 28. Jg., Nr. 45, (Die Wiedergutmachung, Nr. 136), 9. Nov. 1962, New York, S. 30. *1390*

Zweimal die Existenz verloren. Verfolgte warten auf Entschädigungsschlußgesetz. In: Rheinischer Merkur, 17. Jg., Nr. 45, 9. Nov. 1962, Köln, S. 13. *1391*

Konservative weggeschwemmt. Kennedy ging aus den Wahlen gestärkt hervor. In: Vorwärts, Nr. 46, 14. Nov. 1962, Bonn, S. 9. *1392*

Keine Hilfe für die Helfer. Die Bundesländer sind dem Beispiel des Berliner Senats noch nicht gefolgt. In: Süddeutsche Zeitung, 18. Jg., Nr. 273, Mi. 14. Nov. 1962, München, S. 7.   *1393*

"Landesverrat" als politische Waffe der zwanziger Jahre. In: Vorwärts, Nr. 48, 28. Nov. 1962, Bonn, S. 8.   *1394*

Die "häßlichen Amerikaner" und wir. Das deutsch-amerikanische Verhältnis muß ehrlicher werden. In: Vorwärts, Nr. 2, 9. Jan. 1963, Bonn, S. 4.   *1395*

Gewisses Maß an Optimismus. Dabei gibt es genügend ungelöste Probleme für Kennedy. In: Vorwärts, Nr. 3, 16. Jan. 1963, Bonn, S. 10.   *1396*

Rauhreif auf dem Schlussgesetz. Noch keine Aeusserung des neuen Finanzministers. In: Aufbau, 29. Jg., Nr. 3, (Die Wiedergutmachung, Nr. 141), 18. Jan. 1963, New York, S. 31-32.   *1397*

Angst vor der Maschine. Rationalisierungsstreik der Drucker. In: Vorwärts, Nr. 5, 30. Jan. 1963, Bonn, S. 9.   *1398*

Geliebter, gehaßter Stevenson. Kampagne gegen den "Sauerteig im US-Kuchen". In: Vorwärts, Nr. 6, 6. Feb. 1963, Bonn, S. 10.   *1399*

Wiedergutmachung [Leserbrief]. In: Die Welt, Nr. 35, Mo. 11. Feb. 1963, Hamburg, S. 5.   *1400*

Eine offiziöse Stimme zum Schlussgesetz. In: Aufbau, 29. Jg., Nr. 8, (Die Wiedergutmachung, Nr. 143), 22. Feb. 1963, New York, S. 31-32.   *1401*

Amerika hat eigene Sorgen. Randnotizen einer Vortragsreise durch die Bundesrepublik. In: Telegraf, 18. Jg., Nr. 48, Di. 26. Feb. 1963, Berlin, S. 10.   *1402*

Der Wahlkampf hat begonnen. Die Republikaner greifen Kennedys Außenpolitik an. In: Vorwärts, Nr. 9, 27. Feb. 1963, Bonn, S. 9.   *1403*

Kaufen Roboter Autos? Gewerkschaften haben Sorgen. In: Vorwärts, Nr. 11, 13. März 1963, Bonn, S. 9.   *1404*

Jetzt rühren sich die Bürger. In Mississippi und im Senat: Für die Bürgerrechte der Farbigen. In: Vorwärts, Nr. 12, 20. März 1963, Bonn, S. 9.   *1405*

Der Stand der Entschädigung in Zahlen. In: Aufbau, 29. Jg., Nr. 14, (Die Wiedergutmachung, Nr. 146), 5. Apr. 1963, New York, S. 35.   *1406*

Abgekühltes Verhältnis. Keine Freude an Adenauer-Besuch. In: Vorwärts, Nr. 15, 10. Apr. 1963, Bonn, S. 10.   *1407*

Durchbruch der Vernunft. Oppenheimer ist rehabilitiert. In: Vorwärts, Nr. 17, 24. Apr. 1963, Bonn, S. 10.   *1408*

Der Läufer mit der Fackel. Zum 25. Todestag von Carl von Ossietzky am 4. Mai. In: Telegraf, 18. Jg., Nr. 101, Mi. 1. Mai 1963, Berlin, S. 22.   *1409*

Das kubanische Debakel. Kennedy, der Geheimdienst und die Versäumnisse der Vergangenheit. In: Vorwärts, Nr. 18, 3. Mai 1963, Bonn, S. 9.   *1410*

Das österreichische Wiedergutmachungs-Dilemma. In: Aufbau, 29. Jg., Nr. 18, (Die Wiedergutmachung, Nr. 148), 3. Mai 1963, New York, S. 27.   *1411*

Ein deutscher Patriot. In: Westfälische Rundschau, 18. Jg., Sa./So. 4./5. Mai 1963, Beilage Rundschau-Wochenend, Dortmund, S. 1.   *1412*

Die ersten hundert Tage. Kennedy hat mit der Innenpolitik mehr Glück als mit der Diplomatie. In: Vorwärts, Nr. 19, 10. Mai 1963, Bonn, S. 10.   *1413*

"Happy" bringt Rockefeller kaum Glück. Für Romney und Goldwater steigen die Chancen. In: Vorwärts, Nr. 22, 29. Mai 1963, Bonn, S. 10. *1414*

Georg Manasse - 70 Jahre. In: Aufbau, 29. Jg., Nr. 22, 31. Mai 1963, New York, S. 27. *1415*

Die Getreidespeicher laufen über. Die Plage des Lebensmittelüberschusses. In: Vorwärts, Nr. 23, 5. Juni 1963, Bonn, S. 10. *1416*

Die missverstandene Ehrenschuld. Enttäuschungen und Verschleppungen in der Wiedergutmachung. In: Aufbau, 29. Jg., Nr. 24, (Die Wiedergutmachung, Nr. 151), 14. Juni 1963, New York, S. 35. *1417*

Ein Kämpfer für die Freiheit. Walter Hammer - 75 Jahre. In: Aufbau, 29. Jg., Nr. 25, 21. Juni 1963, New York, S. 10. *1418*

Revolution ohne Waffen. Die USA am Kreuzweg. In: Vorwärts, Nr. 26, 26. Juni 1963, Bonn, S. 9. *1419*

Enttäuschungen in Bonn. In: Aufbau, 29. Jg., Nr. 26, (Die Wiedergutmachung, Nr. 152), 28. Juni 1963, New York, S. 30. *1420*

Heldinnen der Emigration. In: Die Frau in der Gemeinschaft, Nr. 24, Juni/Juli 1963, Düsseldorf, S. 3-4, 6-7. *1421*

Verpflichtet, vorauszuschauen... USA-Reaktion auf Kennedys Deutschland-Besuch. In: Vorwärts, Nr. 27, 3. Juli 1963, Bonn, S. 2. *1422*

Kampf um Kennedys Omnibus. Heiß diskutiert: Religionsentscheid und Negerrechtsvorlage. In: Vorwärts, Nr. 27, 3. Juli 1963, Bonn, S. 9. *1423*

Mißverstandene Ehrenschuld. In: Semana Israelita, 24. Jg., Nr. 2019, 5. Juli 1963, Buenos Aires, S. 3. *1424*

Der Sieg des Rechts. In: Semana Israelita, 24. Jg., Nr. 2020, 12. Juli 1963, Buenos Aires, S. 3. *1425*

Hannah Arendt und die Wiedergutmachung. In: Die Mahnung, 5. Jg., Nr. 14, 15. Juli 1963, Berlin, S. 6. *1426*

Kein jüdischer Widerstand im Dritten Reich? Gegen den Versuch, die Ermordeten schuldig zu sprechen. In: Rheinischer Merkur, 18. Jg., Nr. 29, 19. Juli 1963, Köln, S. 3. *1427*

Erobern die UN die USA? Goldwaters Chancen, Präsidentschaftskandidat zu werden, steigen. In: Vorwärts, Nr. 30, 24. Juli 1963, Bonn, S. 10. *1428*

Befriedigung und Skepsis. In: Vorwärts, Nr. 31, 31. Juli 1963, Bonn, S. 1. *1429*

Aber es gab auch ein anderes Gesicht. Millionäre als Künder des sozialen und humanen Fortschritts. In: Vorwärts, Nr. 33, 14. Aug. 1963, Bonn, S. 10. *1430*

Nachdenken über Bonn. Nicht glücklich über die Miliz. In: Vorwärts, Nr. 34, 21. Aug. 1963, Bonn, S. 9. *1431*

Die übersehene Ursache. Verfälschungen und Gehässigkeiten um die Wiedergutmachung. In: Aufbau, 29. Jg., Nr. 34, (Die Wiedergutmachung, Nr. 156), 23. Aug. 1963, New York, S. 23-24. *1432*

Heute marschieren Amerikas Neger. Der 28. August kann eine Wende bedeuten. In: Vorwärts, Nr. 35, 28. Aug. 1963, Bonn, S. 14. *1433*

Die mißverstandene Bewältigung der Vergangenheit. In: Die Mahnung, 5. Jg., Nr. 16/17, 1. Sep. 1963, Berlin, S. 5. *1434*

Demonstration für das Menschenrecht. 250000 marschierten in Washington für die Beendigung der Rassentrennung. In: Vorwärts, Nr. 36, 4. Sep. 1963, Bonn, S. 2.   *1435*

Die übersehene Ursache. Verfälschungen und Gehässigkeiten um die Wiedergutmachung II. In: Aufbau, 29. Jg., Nr. 36, (Die Wiedergutmachung, Nr. 157), 6. Sep. 1963, New York, S. 27-28.   *1436*

Kein jüdischer Widerstand? Gegen den Versuch, die Ermordeten schuldig zu sprechen. In: Semana Israelita, 24. Jg., Nr. 2030, 17. Sep. 1963, Buenos Aires, S. 1, 24.   *1437*

Die Schule begann wieder. Fortschritt in der Rassenfrage. In: Vorwärts, Nr. 38, 18. Sep. 1963, Bonn, S. 11.   *1438*

Zukunft und Gegenwart des Entschädigungsprogramms. In: Aufbau, 29. Jg., Nr. 38, (Die Wiedergutmachung, Nr. 158), 20. Sep. 1963, New York, S. 19-20.   *1439*

Die übersehene Ursache. In: Semana Israelita, 24. Jg., Nr. 2031, 27. Sep. 1963, Buenos Aires, S. 1, 3.   *1440*

Führende Deutsche zur Wiedergutmachung. Bemerkenswerte Ergebnisse einer Umfrage in der Bundesrepublik. In: Aufbau, 29. Jg., Nr. 41, (Die Wiedergutmachung, Nr. 159), 11. Okt. 1963, New York, S. 25.   *1441*

Josef Wamers gestorben. In: Aufbau, 29. Jg., Nr. 41, 11. Okt. 1963, New York, S. 26.   *1442*

Wenn Texas "Nein" sagt... Kennedy ist noch nicht wiedergewählt. In: Vorwärts, Nr. 42, 16. Okt. 1963, Bonn, S. 9.   *1443*

Konrad Adenauer und die Wiedergutmachung. In: Aufbau, 29. Jg., Nr. 42, (Die Wiedergutmachung, Nr. 160), 18. Okt. 1963, New York, S. 19.   *1444*

Verfolgten-Organisationen werden gehört. In: Aufbau, 29. Jg., Nr. 42, (Die Wiedergutmachung, Nr. 160), 18. Okt. 1963, New York, S. 19.   *1445*

Ratschläge für Kennedy. Gottlob hört der Präsident nicht hin. In: Vorwärts, Nr. 44, 30. Okt. 1963, Bonn, S. 10.   *1446*

Nach fünfundzwanzig Jahren. In: Semana Israelita, 24. Jg., Nr. 2036, 1. Nov. 1963, Buenos Aires, S. 1.   *1447*

Freiheit des Reisens ist unteilbar. Das State Department und die Reise nach Kuba. In: Vorwärts, Nr. 45, 6. Nov. 1963, Bonn, S. 11.   *1448*

Vor 25 Jahren: Die "Reichskristallnacht". Grünspans Tat diente als Vorwand für die Ausschreitungen vom 8./9. November 1938. In: Süddeutsche Zeitung, 19. Jg., Nr. 267, Do. 7. Nov. 1963, München, S. 6.   *1449*

Schlussgesetze gehen zum Bundestag. In: Aufbau, 29. Jg., Nr. 46, (Die Wiedergutmachung, Nr. 162), 15. Nov. 1963, New York, S. 17-18.   *1450*

Bundeskanzler Ludwig Erhard und die jüngste Vergangenheit. In: Die Mahnung, 5. Jg., Nr. 22, 15. Nov. 1963, Berlin, S. 3.   *1451*

Erhard und die Vergangenheit. In: Semana Israelita, 24. Jg., Nr. 2038, 15. Nov. 1963, Buenos Aires, S. 8.   *1452*

Wasser im Wein des Bürgerrechts. Amerikas Mitte rückt zusammen - Javits gegen Goldwater. In: Vorwärts, Nr. 47, 20. Nov. 1963, Bonn, S. 10.   *1453*

Das Leben geht weiter mit Lyndon B. Johnson. In: Vorwärts, Nr. 48, 27. Nov. 1963, Bonn, S. 3.   *1454*

Die Stunde der Wahrheit. Gewerkschaften endlich für die Bürgerrechte der Neger. In: Vorwärts, Nr. 48, 27. Nov. 1963, Bonn, S. 9.   *1455*

Schlussgesetzdebatte im Bundestag. In: Aufbau, 29. Jg., Nr. 48, (Die Wiedergutmachung, Nr. 163), 29. Nov. 1963, New York, S. 27-28.   *1456*

Johnson hieß die Welt wieder hoffen. Amerika hat sich mit einer geistigen Krise auseinanderzusetzen. In: Vorwärts, Nr. 49, 4. Dez. 1963, Bonn, S. 14.   *1457*

Kampf dem Haß. In: Vorwärts, Nr. 52, 25. Dez. 1963, Bonn, S. 40.   *1458*

Johnsons zwölf Probleme. Und dann noch ein Wahljahr. In: Vorwärts, Nr. 52, 25. Dez. 1963, Bonn, S. 42.   *1459*

Ludwig Erhard zur "vergangenen Barbarei". In: Aufbau, 29. Jg., Nr. 52, (Die Wiedergutmachung, Nr. 165), 27. Dez. 1963, New York, S. 23-24.   *1460*

Die Maschinerie, die den Krieg verhindert. Die längste Sitzungsperiode des Weltparlaments bestätigte die Wichtigkeit der UN. In: Vorwärts, Nr. 2, 8. Jan. 1964, Bonn, S. 42. *1461*

Amerikanische Pied Noirs am Kanal. In 30 Tagen wird über Hoheitsrechte verhandelt. In: Vorwärts, Nr. 4, 22. Jan. 1964, Bonn, S. 10.   *1462*

Bundesschlussgesetzgebungs-Vorschläge. Ein wichtiges Memorandum bayerischer Anwälte. In: Aufbau, 30. Jg., Nr. 4, (Die Wiedergutmachung, Nr. 167), 24. Jan. 1964, New York, S. 15.   *1463*

Abschied von Nehemiah Robinson. In: Aufbau, 30. Jg., Nr. 4, (Die Wiedergutmachung, Nr. 167), 24. Jan. 1964, New York, S. 16.   *1464*

Abschied von Nehemiah Robinson. In: Semana Israelita, 25. Jg., Nr. 2049, 31. Jan. 1964, Buenos Aires, S. 5.   *1465*

Abschied von Nehemiah Robinson. Ein Nachruf auf "Mr. Wiedergutmachung". In: Die Mahnung, 11. Jg., Nr. 3, 1. Feb. 1964, Berlin, S. 6.   *1466*

Acht Republikaner "for President". Demoskopen sagen, daß L. B. Johnson sowieso siegt. In: Vorwärts, Nr. 6, 5. Feb. 1964, Bonn, S. 2.   *1467*

Friedrich Janz [Nachruf]. In: Aufbau, 30. Jg., Nr. 6, (Die Wiedergutmachung, Nr. 168), 7. Feb. 1964, New York, S. 24.   *1468*

Vernichtung der ungarischen Juden. In: Semana Israelita, 25. Jg., Nr. 2050, 7. Feb. 1964, Buenos Aires, S. 3.   *1469*

Die Vernichtung des ungarischen Judentums. In: Die Mahnung, 11. Jg., Nr. 4, 15. Feb. 1964, Berlin, S. 6.   *1470*

Politik "wie gehabt". Johnson hat Rückschläge zu verzeichnen, aber mit Bonn viel Freud'. In: Vorwärts, Nr. 8, 19. Feb. 1964, Bonn, S. 4.   *1471*

Vom "finanziellen Volumen". In: Aufbau, 30. Jg., Nr. 8, (Die Wiedergutmachung, Nr. 169), 21. Feb. 1964, New York, S. 23.   *1472*

Tatsachen, die welche sind [Leserbrief]. In: Vorwärts, Nr. 9, 26. Feb. 1964, Bonn, S. 7.   *1473*

Noch einmal: Wiedergutmachung [Leserbrief]. In: Die Zeit, 19. Jg., 4. März 1964, Hamburg. *1474*

Amerikas Gesicht ändert sich. Neueinteilung der Wahlkreise. In: Vorwärts, Nr. 10, 4. März 1964, Bonn, S. 17.   *1475*

Nicht Wohlwollen unser Recht! Es geht um das Wiedergutmachungsprinzip. In: Aufbau, 30. Jg., Nr. 10, (Die Wiedergutmachung, Nr. 170), 6. März 1964, New York, S. 29.   *1476*

Poison in Germany's Bloodstream. In: Congress Bi-Weekly, 31. Jg., Nr. 5, 9. März 1964, New York, S. 5-7. *1477*

100 Tage Johnson. In: Vorwärts, Nr. 11, 11. März 1964, Bonn, S. 9. *1478*

Das Recht der Verfolgten. In: Semana Israelita, 25. Jg., Nr. 2055, 13. März 1964, Buenos Aires, S. 1. *1479*

Johnsons Gegner scheinen entdeckt. Cabot Lodge gewann überraschend die neu-englischen Vorwahlen. In: Vorwärts, Nr. 12, 18. März 1964, Bonn, S. 1. *1480*

Aerztliche "Vorwegnahme". In: Aufbau, 30. Jg., Nr. 12, (Die Wiedergutmachung, Nr. 171), 20. März 1964, New York, S. 29-30. *1481*

Wiedergutmachung - von draußen gesehen. In: Die Mahnung, 11. Jg., Nr. 8, 15. Apr. 1964, Berlin, S. 1-2. *1482*

Ein befremdender Kabinettsbeschluss. In: Aufbau, 30. Jg., Nr. 16, (Die Wiedergutmachung, Nr. 173), 17. Apr. 1964, New York, S. 23. *1483*

Unbesungene Helden. In: Allgemeine Wochenzeitung der Juden in Deutschland, 19. Jg., Nr. 19, 1. Mai 1964, Düsseldorf, S. 14. *1484*

Justiz im Zwielicht? In: Aufbau, 30. Jg., Nr. 19, (Die Wiedergutmachung, Nr. 174), 8. Mai 1964, New York, S. 30. *1485*

Das Recht, das mit uns geboren. Irrungen und Verwirrung um das Wiedergutmachungsprinzip. In: Die Mahnung, 11. Jg., Nr. 10, 15. Mai 1964, Berlin, S. 4. *1486*

Die Verfolgten haben das Wort. In: Aufbau, 30. Jg., Nr. 21, (Die Wiedergutmachung, Nr. 175), 22. Mai 1964, New York, S. 29. *1487*

Unerwarteter Schritt Bonns. In: Semana Israelita, 25. Jg., Nr. 2065, 22. Mai 1964, Buenos Aires, S. 1. *1488*

Der runde Tisch ist leer. Vertrauenskrise in der Debatte um die Wiedergutmachung. In: Rheinischer Merkur, 19. Jg., Nr. 22, 29. Mai 1964, Köln, S. 3. *1489*

Der Bundeskanzler muß handeln! Wiedergutmachungskrise 1964. In: Sozialdemokratischer Pressedienst, 19. Jg., Nr. 101, 1. Juni 1964, Bonn, S. 1-4. *1490*

Entschädigung für Nutzniesser der Naziverfolgung. In: Aufbau, 30. Jg., Nr. 25, (Die Wiedergutmachung, Nr. 177), 19. Juni 1964, New York, S. 29-30. *1491*

Eine neue Magna Charta. In dieser Woche wird das Bürgerrecht Gesetz. In: Vorwärts, Nr. 27, 1. Juli 1964, Bonn, S. 2. *1492*

Appell an Kanzler Erhard. In: Semana Israelita, 25. Jg., Nr. 2071, 3. Juli 1964, Buenos Aires, S. 1. *1493*

Wenn Steine reden... In: Aufbau, 30. Jg., Nr. 27, (Die Wiedergutmachung, Nr. 178), 3. Juli 1964, New York, S. 26. *1494*

Kein guter Schlußstrich [Leserbrief]. In: Frankfurter Allgemeine Zeitung, Nr. 155, Mi. 8. Juli 1964, S. 8. *1495*

Das Dilemma der Republikaner. In dieser Woche fällt eine wichtige Entscheidung. In: Vorwärts, Nr. 29, 15. Juli 1964, Bonn, S. 9. *1496*

Wenn Steine reden... Bergen-Belsen und die Wiedergutmachung. In: Die Mahnung, 11. Jg., Nr. 14, 15. Juli 1964, Berlin, S. 2. *1497*

Bergen Belsen und Wiedergutmachung. Wenn Steine reden... In: Semana Israelita, 25. Jg., Nr. 2073, 17. Juli 1964, Buenos Aires, S. 8.   *1498*

Goldwater macht Fehler. Nichts Konstruktives in seinem Programm. In: Vorwärts, Nr. 31, 29. Juli 1964, Bonn, S. 7.   *1499*

Entschädigung für die Nutzniesser. In: Semana Israelita, 25. Jg., Nr. 2075, 31. Juli 1964, Buenos Aires, S. 1.   *1500*

Ehrenschuld [Leserbrief]. In: Der Spiegel, 18. Jg., Nr. 32, 3. Aug. 1964, Hamburg, S. 8-9.   *1501*

Die Wahrheit über Harlem. Soziale Spannungen im Vordergrund. In: Vorwärts, Nr. 33, 12. Aug. 1964, Bonn, S. 9.   *1502*

Goldwater ist am Ende. In Hershey versüßt und in Tonkin verbraten. In: Vorwärts, Nr. 34, 19. Aug. 1964, Bonn, S. 2.   *1503*

Das nächste Kapitel der Wiedergutmachungs-Endphase. In: Aufbau, 30. Jg., Nr. 35, (Die Wiedergutmachung, Nr. 182), 28. Aug. 1964, New York, S. 33-34.   *1504*

Zuversichtliche US-Demokraten. Einheitliche Front gegen Goldwater. In: Vorwärts, Nr. 36, 2. Sep. 1964, Bonn, S. 2.   *1505*

Die vergessenen Helden. Plädoyer eines Juden für die Retter der Juden. In: Die Zeit, 19. Jg., Nr. 37, 11. Sep. 1964, Hamburg, S. 7.   *1506*

Was Johnsons Sieg erschwert. Meinungsumfragen und Gefühle in den USA. In: Vorwärts, Nr. 38, 16. Sep. 1964, Bonn, S. 11.   *1507*

Ein glücklicher Zufall. In: Aufbau, 30. Jg., Nr. 38, (Die Wiedergutmachung, Nr. 183), 18. Sep. 1964, New York, S. 26.   *1508*

Saul Sokal gestorben. In: Aufbau, 30. Jg., Nr. 39, 25. Sep. 1964, New York, S. 4.   *1509*

Arthur Cohn - 80 Jahre. In: Aufbau, 30. Jg., Nr. 39, 25. Sep. 1964, New York, S. 4.   *1510*

Die weißen Geschworenen sagten "unschuldig!". Keine Sühne für ein Verbrechen an Negern. In: Vorwärts, Nr. 40, 30. Sep. 1964, Bonn, S. 9.   *1511*

Gibt es eine Ossietzky-Renaissance? Gedanken zum 3. Okt. 1964. In: Die Mahnung, 11. Jg., Nr. 19, 1. Okt. 1964, Berlin, S. 4.   *1512*

Zahlen geben Auskunft. In: Aufbau, 30. Jg., Nr. 40, (Die Wiedergutmachung, Nr. 184), 2. Okt. 1964, New York, S. 23.   *1513*

Das nächste Kapitel. In: Semana Israelita, 25. Jg., Nr. 2085, 9. Okt. 1964, Buenos Aires, S. 12.   *1514*

Ossietzky Renaissance. In: Aufbau, 30. Jg., Nr. 41, 9. Okt. 1964, New York, S. 6.   *1515*

Der Wettlauf mit der Zeit. Um die Verabschiedung des Bundesentschädigungs-Schlußgesetzes. In: Semana Israelita, 25. Jg., Nr. 2086, 16. Okt. 1964, Buenos Aires, S. 8.   *1516*

"Mein Auftraggeber ist mein Gewissen". Zum Vortrag Gertrud Luckners vor den Lesern des "Aufbau" am 5. November. In: Aufbau, 30. Jg., Nr. 44, 30. Okt. 1964, New York, S. 23. *1517*

Das Resultat steht schon fest. In: Vorwärts, Nr. 45, 4. Nov. 1964, Bonn, S. 1.   *1518*

Für ein besseres Amerika. In: Vorwärts, Nr. 46, 11. Nov. 1964, Bonn, S. 3.   *1519*

Prozeß der Reinigung. Die Diskussion bei Amerikas Republikanern. In: Vorwärts, Nr. 47, 18. Nov. 1964, Bonn, S. 2.   *1520*

Trial of War Criminals. Decision Not to Extend Statue of Limitations Is Protested [Leserbrief]. In: New York Times, 114. Jg., Nr. 39017, Fr. 20. Nov. 1964, S. 36.   *1521*

Der Wettlauf mit der Zeit. Um die Verabschiedung des Bundesentschädigungs-Schlussgesetzes. In: Aufbau, 30. Jg., Nr. 49, (Die Wiedergutmachung, Nr. 188), 4. Dez. 1964, New York, S. 29-30. *1522*

Gibt es eine Ossietzky-Renaissance? Erinnerung an die Vergangenheit und Erlebnisse in der Gegenwart. In: Sozialdemokratischer Pressedienst, 19. Jg., Nr. 237, 11. Dez. 1964, Bonn, S. 5-6. *1523*

Ernst Mosevius - 70 Jahre. In: Aufbau, 30. Jg., Nr. 51, 18. Dez. 1964, New York, S. 10. *1524*

Mißtrauen läßt sich nicht leugnen. Das amerikanische Deutschlandbild. In: Vorwärts, Nr. 1, 6. Jan. 1965, Bonn, S. 10. *1525*

Verjährungsfrist - die Bundesrepublik an einem moralischen Kreuzweg. In: Aufbau, 31. Jg., Nr. 2, 8. Jan. 1965, New York, S. 5, 19. *1526*

Schatten auf Wiedergutmachungswerk. In: Semana Israelita, 26. Jg., Nr. 2098, 8. Jan. 1965, Buenos Aires, S. 3. *1527*

Johnson vor einem schweren Jahr. Amerikanischer Rückzug aus dem Süden Vietnams? In: Vorwärts, Nr. 2, 13. Jan. 1965, Bonn, S. 11. *1528*

Langsam und immer langsamer. Ein skandalöser Fall. In: Aufbau, 31. Jg., Nr. 3, (Die Wiedergutmachung, Nr. 191), 15. Jan. 1965, New York, S. 25. *1529*

Schatten fallen auf das Wiedergutmachungswerk. In: Die Mahnung, 12. Jg., Nr. 2, 15. Jan. 1965, Berlin, S. 1-2. *1530*

Was New York nicht will. Deutschland-Initiative muß gründlich vorbereitet werden. In: Vorwärts, Nr. 4, 27. Jan. 1965, Bonn, S. 10. *1531*

Zwiespalt. In: Vorwärts, Nr. 4, 27. Jan. 1965, Bonn, S. 16. *1532*

Ein moralischer Kreuzungspunkt. In: Semana Israelita, 26. Jg., Nr. 2102, 5. Feb. 1965, Buenos Aires, S. 8. *1533*

Um Knappsteins Skalp. Die BILD-Zeitung und Bonns USA-Botschafter. In: Vorwärts, Nr. 6, 10. Feb. 1965, Bonn, S. 8. *1534*

Germany's Moral Crossroads. In: Congress Bi-Weekly, 32. Jg., Nr. 4, 15. Feb. 1965, New York, S. 5-7. *1535*

Ist dieser Krieg notwendig? Johnson und Kossygin gleichermaßen in einer Zwickmühle. In: Vorwärts, Nr. 7, 17. Feb. 1965, Bonn, S. 2. *1536*

Die überholte Hallstein-Doktrin [Leserbrief]. In: Aufbau, 31. Jg., Nr. 10, 5. März 1965, New York, S. 9. *1537*

Hat der dritte Weltkrieg schon begonnen? Auch in den USA wächst die Besorgnis. In: Vorwärts, Nr. 10, 10. März 1965, Bonn, S. 2. *1538*

Die Gerechtigkeit ist unteilbar. Heute debattiert der Bundestag über die Verjährung. In: Frankfurter Neue Presse, 20. Jg., Nr. 58, Mi. 10. März 1965, S. 9. *1539*

Der runde Tisch ist leer geblieben. Hemmnisse der Wiedergutmachung. In: Rheinischer Merkur, 20. Jg., Nr. 11, 11. März 1965, Köln, S. 2. *1540*

Sabotage im Süden. Hindernisse für die Wahlregistrierung. In: Vorwärts, Nr. 11, 17. März 1965, Bonn, S. 10. *1541*

USA in der Klemme. Jeweils drei Probleme der Innen- und Außenpolitik. In: Vorwärts, Nr. 12, 24. März 1965, Bonn, S. 9. *1542*

Der Boden des Fasses ist sichtbar. Die restliche Ansprüche. In: Aufbau, 31. Jg., Nr. 13, (Die Wiedergutmachung, Nr. 195), 26. März 1965, New York, S. 29-30.   *1543*

Wehret dem Selbstmord der Demokratie. Kurt R. Grossmann schreibt an Münchener Staatsanwalt. Plädoyer gegen die "Deutsche National-Zeitung". In: Telegraf am Sonntag, 20. Jg., Nr. 74, So. 28. März 1965, Berlin, S. 9.   *1544*

Ermittlungsverfahren gegen "Soldatenzeitung". In: Aufbau, 31. Jg., Nr. 14, 2. Apr. 1965, New York, S. 3.   *1545*

$ 1.76 Monatsrente für zwei Naziopfer! Irrwege der Entschädigungsjurisprudenz. In: Aufbau, 31. Jg., Nr. 15, (Die Wiedergutmachung, Nr. 197), 9. Apr. 1965, New York, S. 33.   *1546*

Ku Klux Klan. Die Geschichte des Geheimbundes. In: Vorwärts, Nr. 15, 14. Apr. 1965, Bonn, S. 3.   *1547*

Der russisch-deutsche Krieg. In: Semana Israelita, 26. Jg., Nr. 2112, 15. Apr. 1965, Buenos Aires, S. 7.   *1548*

Fidel Castro behauptet sich. In: Vorwärts, Nr. 16, 21. Apr. 1965, Bonn, S. 9.   *1549*

Die Ehrenschuld muss getilgt werden. Warum Massenversammlungen am 2. Mai? In: Aufbau, 31. Jg., Nr. 17, (Die Wiedergutmachung, Nr. 198), 23. Apr. 1965, New York, S. 25-26.   *1550*

Der dornige Weg. Vor dem Austausch von Botschaftern zwischen der Bundesrepublik und Israel. In: Rheinischer Merkur, 20. Jg., Nr. 18, 30. Apr. 1965, Köln, S. 5.   *1551*

Das Wort ist frei. Ed Murrow stürzte Mc Carthy. In: Vorwärts, Nr. 19, 12. Mai 1965, Bonn, S. 8.   *1552*

Der Glaube an das andere Deutschland. Nach zwanzig Jahren. Der langsame Weg zurück. In: Fränkische Presse, 21. Jg., Nr. 110, Do. 13. Mai 1965, Bayreuth, S. 13.   *1553*

Endgültige Fassung des Schlussgesetzes - ein Wettlauf mit der Zeit. In: Aufbau, 31. Jg., Nr. 21, 21. Mai 1965, New York, S. 2.   *1554*

Der dornige Weg der deutsch-israelischen Beziehungen. In: Aufbau, 31. Jg., Nr. 21, 21. Mai 1965, New York, S. 5-6.   *1555*

Auch Rechtskandidaten sind Referendare. In: Aufbau, 31. Jg., Nr. 22, (Die Wiedergutmachung, Nr. 201), 28. Mai 1965, New York, S. 29-30.   *1556*

Präsident des kleinen Krieges. Lyndon B. Johnson stößt auf Kritik. In: Vorwärts, Nr. 22, 2. Juni 1965, Bonn, S. 10.   *1557*

Nur ein Fehler? In: Vorwärts, Nr. 22, 2. Juni 1965, Bonn, S. 10.   *1558*

Das letzte Kapitel der Wiedergutmachung. In: Aufbau, 31. Jg., Nr. 23, 4. Juni 1965, New York, S. 1.   *1559*

Experimente in USA. Republikaner schöpfen wieder neue Hoffnungen. In: Vorwärts, Nr. 23, 9. Juni 1965, Bonn, S. 10.   *1560*

"Die Zeit ist über sie hinweggegangen". Bundestagsdebatte über das Schlussgesetz. In: Aufbau, 31. Jg., Nr. 24, (Die Wiedergutmachung, Nr. 202), 11. Juni 1965, New York, S. 35.   *1561*

Das Schluß-Gesetz angenommen. In: Semana Israelita, 26. Jg., Nr. 2120, 11. Juni 1965, Buenos Aires, S. 3.   *1562*

The Thorny Road to Reconciliation. In: Congress Bi-Weekly, 32. Jg., Nr. 11, 14. Juni 1965, New York, S. 5-7.   *1563*

Bundesrat macht Schwierigkeiten. Schlussgesetz geht an den Vermittlungsausschuss. In: Aufbau, 31. Jg., Nr. 25, 18. Juni 1965, New York, S. 1, 4. *1564*

Zwei Bewerber. In: Vorwärts, Nr. 25, 23. Juni 1965, Bonn, S. 16. *1565*

"Mr. Joint" ist tot [Nachruf]. In: Aufbau, 31. Jg., Nr. 26, 25. Juni 1965, New York, S. 21. *1566*

Ein Mordverdächtiger aus der Untersuchungshaft entlassen. Seltsame Rolle des Bundesministers Hans Lenz. In: Aufbau, 31. Jg., Nr. 26, (Die Wiedergutmachung, Nr. 203), 2. Juli 1965, New York, S. 5, 10. *1567*

Der tiefere Sinn des Bundesratbeschlusses. In: Aufbau, 31. Jg., Nr. 27, (Die Wiedergutmachung, Nr. 203), 2. Juli 1965, New York, S. 27-28. *1568*

20 Jahre Hoffnung. UN-Feiern im Schatten der Krisen. In: Vorwärts, Nr. 27, 7. Juli 1965, Bonn, S. 10. *1569*

Schlussgesetz vor der Verabschiedung. Einigung im Ausschuss. In: Aufbau, 31. Jg., Nr. 28, 9. Juli 1965, New York, S. 1-2. *1570*

Johnson in der Zwangsjacke. Vietnam-Konflikt wird zur Weltkrise. In: Vorwärts, Nr. 28, 14. Juli 1965, Bonn, S. 2. *1571*

Schlussgesetz "mit Mehrheit" vom Bundesrat verabschiedet. Materielle und moralische Implikationen. In: Aufbau, 31. Jg., Nr. 29, (Die Wiedergutmachung, Nr. 204), 16. Juli 1965, New York, S. 25. *1572*

Opfertod. In: Vorwärts, Nr. 29, 21. Juli 1965, Bonn, S. 9. *1573*

Abschied von der Claims Conference. In: Aufbau, 31. Jg., Nr. 31, (Die Wiedergutmachung, Nr. 205), 30. Juli 1965, New York, S. 25-26. *1574*

Mordverdächtiger wurde entlassen. Bundesminister spielte merkwürdige Rolle. In: Semana Israelita, 26. Jg., Nr. 2128, 6. Aug. 1965, Buenos Aires, S. 8. *1575*

Harry Truman war gerührt. "Große Gesellschaft" macht große Fortschritte. In: Vorwärts, Nr. 32, 11. Aug. 1965, Bonn, S. 13. *1576*

Die letzte Phase. In: Semana Israelita, 26. Jg., Nr. 2129, 13. Aug. 1965, Buenos Aires, S. 8. *1577*

Kampf der Entrechteten. Los Angeles ist kein Rassenkrawall mehr. In: Vorwärts, Nr. 33, 18. Aug. 1965, Bonn, S. 1. *1578*

Joachim G. Leithäuser [Nachruf]. In: Aufbau, 31. Jg., Nr. 34, 20. Aug. 1965, New York, S. 9. *1579*

Die Adler und die Tauben. Die USA wollen in Süd-Vietnam bleiben. In: Vorwärts, Nr. 34, 25. Aug. 1965, Bonn, S. 10. *1580*

Randbemerkungen zum Wiedergutmachungswerk. In: Aufbau, 31. Jg., Nr. 35, (Die Wiedergutmachung, Nr. 207), 27. Aug. 1965, New York, S. 25-26. *1581*

Noch wer dagegen? Johnson will alle Amerikaner überzeugen. In: Vorwärts, Nr. 35, 1. Sep. 1965, Bonn, S. 12. *1582*

Johnson hat überlebt. Aber der Kongreß ist nicht willfährig. In: Vorwärts, Nr. 36, 8. Sep. 1965, Bonn, S. 13. *1583*

Das Gewissen entscheidet. In: Aufbau, 31. Jg., Nr. 37, (Die Wiedergutmachung, Nr. 208), 10. Sep. 1965, New York, S. 29. *1584*

Haß und Hoffnung. Zwischenlösung in Santo Domingo. In: Vorwärts, Nr. 37, 15. Sep. 1965, Bonn, S. 12. *1585*

Botschafter Pauls und die Juden. In: Die Mahnung, 12. Jg., Nr. 18, 15. Sep. 1965, Berlin, S. 6. *1586*

Die UNO holt auf. Sensationen sind nicht zu erwarten. In: Vorwärts, Nr. 40, 6. Okt. 1965, Bonn, S. 9.   *1587*

Entschädigungswerk in Zahlen. In: Aufbau, 31. Jg., Nr. 41, (Die Wiedergutmachung, Nr. 210), 8. Okt. 1965, New York, S. 25.   *1588*

Zwei Operationen. Johnsons Galle und die Regierung. In: Vorwärts, Nr. 41, 13. Okt. 1965, Bonn, S. 2.   *1589*

Die Entschädigung in Zahlen. In: Die Mahnung, 12. Jg., Nr. 20, 15. Okt. 1965, Berlin, S. 2.   *1590*

Der Präsident begriff. Neuer USA-Kurs in Lateinamerika. In: Vorwärts, Nr. 42, 20. Okt. 1965, Bonn, S. 10.   *1591*

Zum Tode von Marcel Schulte. In: Aufbau, 31. Jg., Nr. 44, 29. Okt. 1965, New York, S. 7.   *1592*

Regierungsdirektor Zorn zum Bundesentschädigungs-Schlußgesetz. In: Aufbau, 31. Jg., Nr. 44, (Die Wiedergutmachung, Nr. 211), 29. Okt. 1965, New York, S. 25.   *1593*

Der neue Deutsche Bundestag und die Wiedergutmachung. In: Aufbau, 31. Jg., Nr. 45, (Die Wiedergutmachung, Nr. 212), 5. Nov. 1965, New York, S. 25.   *1594*

Ein Republikaner hat die Nase vorn. Lindsay siegte in New York. In: Vorwärts, Nr. 45, 10. Nov. 1965, Bonn, S. 9.   *1595*

Was ist gefährdet? Was ist gesichert? In: Aufbau, 31. Jg., Nr. 48, 26. Nov. 1965, New York, S. 1.   *1596*

Krise der Wiedergutmachung. In: Aufbau, 31. Jg., Nr. 48, 26. Nov. 1965, New York, S. 1-2.   *1597*

Die Vorbereitungen für die Ausführung des Bundesentschädigungs-Schlussgesetzes.In: Aufbau, 31. Jg., Nr. 49, (Die Wiedergutmachung, Nr. 214), 3. Dez. 1965, New York, S. 23.   *1598*

Kein Mikrophon für Deutschlands Stimme. Die Bundesrepublik und die UN. In: Vorwärts, Nr. 49, 8. Dez. 1965, Bonn, S. 23.   *1599*

Wall des Schweigens. Bedenkliches Verhalten des Deutschen Bundestages. In: Aufbau, 31. Jg., Nr. 50, (Die Wiedergutmachung, Nr. 214), 10. Dez. 1965, New York, S. 6.   *1600*

Berlin, gründlich verändert. Anstatt Jude sagt man Verfolgter - Die Jugend hofft. In: Aufbau, 31. Jg., Nr. 50, 10. Dez. 1965, New York, S. 28.   *1601*

Das Gewissen hat nicht entschieden... In: Aufbau, 31. Jg., Nr. 51, (Die Wiedergutmachung, Nr. 215), 17. Dez. 1965, New York, S. 17.   *1602*

Die vergessene Ehrenschuld. In: Semana Israelita, 26. Jg., Nr. 2148, 24. Dez. 1965, Buenos Aires, S. 1.   *1603*

Scherbenhaufen der Wiedergutmachung. In: Aufbau, 31. Jg., Nr. 53, (Die Wiedergutmachung, Nr. 216), 31. Dez. 1965, New York, S. 21-22.   *1604*

Die vergessene Ehrenschuld. In: Die Mahnung, 13. Jg., Nr. 1, 1. Jan. 1966, Berlin, S. 3.   *1605*

Amerikas asiatische Krankheit. Der Vietnamkrieg kostet täglich 66 Millionen DM. In: Vorwärts, Nr. 1/2, 5. Jan. 1966, Bonn, S. 9.   *1606*

M[anfred].G[eorge].: Kämpfer in der politischen Arena [Nachruf]. In: Aufbau, 32. Jg., Nr. 1, 7. Jan. 1966, New York, S. 7.   *1607*

Um das Haushaltssicherungsgesetz. In: Aufbau, 32. Jg., Nr. 2, (Die Wiedergutmachung, Nr. 217), 14. Jan. 1966, New York, S. 22.   *1608*

Zum Nachteil verändert? Ein Beobachter aus Amerika berichtet von einer Reise durch die Bundesrepublik. In: Rheinischer Merkur, 21. Jg., Nr. 4, 21. Jan. 1966, Köln, S. 14.   *1609*

Skandal in Oesterreich. Stiefkinder der Wiedergutmachung. In: Aufbau, 32. Jg., Nr. 4, 28. Jan. 1966, New York, S. 1, 25. *1610*

Mariechen... In: Aufbau, 32. Jg., Nr. 4, (Die Wiedergutmachung, Nr. 218), 28. Jan. 1966, New York, S. 26. *1611*

Frißt der Krieg Lyndon Johnsons "Great Society"? In: Vorwärts, Nr. 6, 2. Feb. 1966, Bonn, S. 11. *1612*

Die USA und der "kleine Krieg". Immer mehr Kritik an Johnsons Vietnam-Linie. In: Vorwärts, Nr. 7, 9. Feb. 1966, Bonn, S. 11. *1613*

Erhöhung der laufenden Entschädigungsrenten. In: Aufbau, 32. Jg., Nr. 6, (Die Wiedergutmachung, Nr. 219), 11. Feb. 1966, New York, S. 25. *1614*

Deutsche Stimmen zum Haushaltssicherungsgesetz. In: Aufbau, 32. Jg., Nr. 6, (Die Wiedergutmachung, Nr. 219), 11. Feb. 1966, New York, S. 25-26. *1615*

Honolulu und die Folgen. Johnsons Vietnam-Politik im Kreuzverhör des Senats. In: Vorwärts, Nr. 8, 16. Feb. 1966, Bonn, S. 10. *1616*

Die deutsche Kleinstadt - heute. In: Aufbau, 32. Jg., Nr. 8, 25. Feb. 1966, New York, S. 30. *1617*

Wiedergutmachung erhöht Kapitalzins. In: Semana Israelita, 27. Jg., Nr. 2157, 25. Feb. 1966, Buenos Aires, S. 1. *1618*

Friedrich Wilhelm Foerster und die Deutschen. Patriot, Pädagoge, und Prophet - Der Kaiser und die "Oberlehrer" waren seine Gegner. In: Aufbau, 32. Jg., Nr. 8, (Der Zeitgeist, Nr. 239), 25. Feb. 1966, New York, S. 41-42. *1619*

Rechtsversorgung und Widersprüche. In: Aufbau, 32. Jg., Nr. 8, (Die Wiedergutmachung, Nr. 220), 25. Feb. 1966, New York, S. 45. *1620*

Stiefkinder der Wiedergutmachung. In: Aufbau, 32. Jg., Nr. 8, (Die Wiedergutmachung, Nr. 220), 25. Feb. 1966, New York, S. 45. *1621*

Die Kreise stimmen nicht. Amerikas Wahlbezirke werden neu eingeteilt. In: Vorwärts, Nr. 10, 2. März 1966, Bonn, S. 10. *1622*

Von Gerlach zum Gedenken. In: Semana Israelita, 27. Jg., Nr. 2158, 4. März 1966, Buenos Aires, S. 4. *1623*

Noch einmal: Stiefkinder der Wiedergutmachung. In: Aufbau, 32. Jg., Nr. 10, (Die Wiedergutmachung, Nr. 221), 11. März 1966, New York, S. 25. *1624*

"Rheinmetall" und die Sklavenarbeiter. In: Aufbau, 32. Jg., Nr. 10, (Die Wiedergutmachung, Nr. 221), 11. März 1966, New York, S. 25-26. *1625*

Leben lassen. Die USA diskutieren ihre Asien-Politik. In: Vorwärts, Nr. 13, 23. März 1966, Bonn, S. 12. *1626*

Martin Hirsch: Vorkämpfer für gerechte und schnelle Wiedergutmachung. In: Aufbau, 32. Jg., Nr. 12, 25. März 1966, New York, S. 11. *1627*

Siegmund Weltlinger - 80 Jahre. In: Aufbau, 32. Jg., Nr. 12, 25. März 1966, New York, S. 18. *1628*

Werden die Rententabellen korrigiert? Haushaltsrede und Wiedergutmachung. In: Aufbau, 32. Jg., Nr. 12, (Die Wiedergutmachung, Nr. 222), 25. März 1966, New York, S. 29. *1629*

Zeitungen sterben. Zweitausend müßten auf die Straße. In: Vorwärts, Nr. 14, 30. März 1966, Bonn, S. 10. *1630*

Die Demokratie den Demokraten. Lehren aus der Geschichte (I). In: Telegraf, 21. Jg., Nr. 79, So. 3. Apr. 1966, Berlin, S. 12.   *1631*

Rententabellen und Bundesfinanzministerium. In: Aufbau, 32. Jg., Nr. 14, (Die Wiedergutmachung, Nr. 223), 8. Apr. 1966, New York, S. 26.   *1632*

Ein Blick zurück ohne Zorn. Lehren aus der Geschichte (II). In: Telegraf, 21. Jg., Nr. 83, Fr. 8. Apr. 1966, Berlin, S. 13.   *1633*

Der Senator, der Sergeant und der Gefreite. In: Semana Israelita, 27. Jg., Nr. 2162, 10. Apr. 1966, Buenos Aires, S. 8.   *1634*

Am Anfang einer nationalistischen Welle. Lehren aus der Geschichte (III). In: Telegraf, 21. Jg., Nr. 84, So. 10. Apr. 1966, Berlin, S. 7.   *1635*

Gegen Extreme von rechts oder links. Lehren und Konsequenzen. In: Telegraf, 21. Jg., Nr. 89, So. 17. Apr. 1966, Berlin, S. 7.   *1636*

Langsam lernt Johnson. Den Kritikern dauert der Kurswechsel zu lange. In: Vorwärts, Nr. 17, 20. Apr. 1966, Bonn, S. 9.   *1637*

Einlösung der Ehrenschuld. Vortrag von Martin Hirsch beim "Aufbau" in New York. In: Aufbau, 32. Jg., Nr. 16, (Die Wiedergutmachung, Nr. 224), 22. Apr. 1966, New York, S. 24.   *1638*

Schon ein Wohlfahrtsstaat? Lyndon B. Johnson auf Roosevelts Spuren. In: Vorwärts, Nr. 18, 27. Apr. 1966, Bonn, S. 10.   *1639*

Amerika paßt sich noch nicht an. Die Außenpolitik bleibt hart umstritten. In: Vorwärts, Nr. 19, 4. Mai 1966, Bonn, S. 9.   *1640*

Fritz Küster [Nachruf]. In: Aufbau, 32. Jg., Nr. 18, 6. Mai 1966, New York, S. 6.   *1641*

Deutsche leisten freiwillige Wiedergutmachung. In: Aufbau, 32. Jg., Nr. 18, (Die Wiedergutmachung, Nr. 225), 6. Mai 1966, New York, S. 30.   *1642*

Die Geduldsprobe. In: Aufbau, 32. Jg., Nr. 20, (Die Wiedergutmachung, Nr. 226), 20. Mai 1966, New York, S. 29-30.   *1643*

Rheinmetall besinnt sich. In: Aufbau, 32. Jg., Nr. 20, (Die Wiedergutmachung, Nr. 226), 20. Mai 1966, New York, S. 30.   *1644*

Braver Mann Motzko. In: Aufbau, 32. Jg., Nr. 21, 27. Mai 1966, New York, S. 22.   *1645*

Das Entschädigungswerk in Zahlen. In: Aufbau, 32. Jg., Nr. 22, (Die Wiedergutmachung, Nr. 227), 3. Juni 1966, New York, S. 29-30.   *1646*

"Angeklagter" in einem Diktaturstaat. In: Aufbau, 32. Jg., Nr. 23, 10. Juni 1966, New York, S. 18.   *1647*

Professoren contra Präsident Johnson. In: Vorwärts, Nr. 25, 15. Juni 1966, Bonn, S. 9.   *1648*

Abschied von Arieh Kubovy. In: Aufbau, 32. Jg., Nr. 24, 17. Juni 1966, New York, S. 4.   *1649*

Rentenerhöhungen und die vier Kategorien. In: Aufbau, 32. Jg., Nr. 25, (Die Wiedergutmachung, Nr. 228), 24. Juni 1966, New York, S. 27.   *1650*

Amerikas heimlicher Außenminister. Senator Fulbright steht gegen Johnson auf. In: Vorwärts, Nr. 27, 29. Juni 1966, Bonn, S. 12.   *1651*

Starke und die "Welt" [Leserbrief]. In: Aufbau, 32. Jg., Nr. 26, 1. Juli 1966, New York, S. 9. *1652*

Brief aus den USA. In: Semana Israelita, 27. Jg., Nr. 2174, 1. Juli 1966, Buenos Aires, S. 8. *1653*

Das vergessene deutsche Wunder. In: Die Mahnung, 13. Jg., Nr. 13, 1. Juli 1966, Berlin, S. 1-2.   *1654*

Harte Männer und harte Worte. Außenpolitischer Kleinkrieg in Amerikas Gewerkschaftsbund. In: Vorwärts, Nr. 28, 6. Juli 1966, Bonn, S. 11. *1655*

Die schwarze Macht. Merediths Marsch nach Jackson erschüttert Südstaaten. In: Vorwärts, Nr. 29, 13. Juli 1966, Bonn, S. 11. *1656*

Eine Annonce in der N. Y. Times. In: Semana Israelita, 27. Jg., Nr. 2177, 22. Juli 1966, Buenos Aires, S. 8. *1657*

Weder Krieg noch Frieden. Die US-Aktion in Vietnam beschäftigt die Gerichte. In: Vorwärts, Nr. 31, 27. Juli 1966, Bonn, S. 10. *1658*

Die Stiefkinder der Wiedergutmachung. Gerechtigkeit für die Naziverfolgten aus Österreich in letzter Stunde. In: Aufbau, 32. Jg., Nr. 30, (Die Wiedergutmachung, Nr. 231), 29. Juli 1966, New York, S. 29. *1659*

Kriegstanz auf Schwertes Schneide. Amerikas kleiner Krieg wird immer gefährlicher. In: Vorwärts, Nr. 32, 3. Aug. 1966, Bonn, S. 11. *1660*

Verfolgte Wissenschaftler [Leserbrief]. In: Die Welt, Mi. 10. Aug. 1966, Hamburg. *1661*

Rechtsdrall in den USA. Johnsons Widersacher: links Bobby, rechts Barry. In: Vorwärts, Nr. 34, 17. Aug. 1966, Bonn, S. 9. *1662*

Wie rot ist zu rot? Kampf in USA-Gewerkschaften um Meanys Antikommunismus. In: Vorwärts, Nr. 38, 14. Sep. 1966, Bonn, S. 10. *1663*

US-Wahlkampf mit heißen Themen. Unlösbare Probleme der Innen- und Außenpolitik. In: Vorwärts, Nr. 39, 21. Sep. 1966, Bonn, S. 10. *1664*

Eine wichtige Entscheidung für Naziopfer aus Oesterreich. In: Aufbau, 32. Jg., Nr. 38, (Die Wiedergutmachung, Nr. 235), 23. Sep. 1966, New York, S. 21. *1665*

Waren die Rosenbergs unschuldig? In: Die Neue Welt, 19. Jg., Nr. 19/20, Okt. 1966, Wien, S. 6. *1666*

Historiker, Richter, Ankläger antworten. Die Lehren des Prozesses von Nürnberg. In: Aufbau, 32. Jg., Nr. 40, 7. Okt. 1966, New York, S. 13-14. *1667*

Oesterreich - Vertreibungsgebiet? In: Aufbau, 32. Jg., Nr. 40, (Die Wiedergutmachung, Nr. 236), 7. Okt. 1966, New York, S. 25-26. *1668*

Richard van Dyck [Nachruf]. In: Aufbau, 32. Jg., Nr. 41, 14. Okt. 1966, New York, S. 3-4. *1669*

Ungerechtigkeiten oder Unebenheiten? Um die Durchführung des BEG-Schlussgesetzes. In: Aufbau, 32. Jg., Nr. 42, (Die Wiedergutmachung, Nr. 237), 21. Okt. 1966, New York, S. 25. *1670*

Der umstrittene Warren-Bericht. In: Boletin Informativo, Nov. 1966, Santiago de Chile, S. 8. *1671*

Johnson droht ein Ruck nach rechts. Ungewisser Kampf zwischen Liberalen und Rechten. In: Vorwärts, Nr. 45, 2. Nov. 1966, Bonn, S. 10. *1672*

Die neuen Rätsel von Dallas. Ungelöste Fragen um den Kennedy-Mord. In: Vorwärts, Nr. 46, 9. Nov. 1966, Bonn, S. 9. *1673*

Gerhart Seger - 70 Jahre. In: Aufbau, 32. Jg., Nr. 45, 11. Nov. 1966, New York, S. 4. *1674*

Kiesingers's Record [Leserbrief]. In: New York Times, 116. Jg., Nr. 39741, Mo. 14. Nov. 1966, S. 40. *1675*

Warnschuß für Johnson. Rechtsruck mit mildernden Umständen. In: Vorwärts, Nr. 47, 16. Nov. 1966, Bonn, S. 9. *1676*

Kämpfer gegen die Kräfte des Bösen. Gerhart H. Seger wurde 70. In: Berliner Stimme, 16. Jg., Nr. 47, 19. Nov. 1966, S. 7. *1677*

Rückschlag für Gewerkschaften in den US-Wahlen. In: Vorwärts, Nr. 49, 30. Nov. 1966, Bonn, S. 10. *1678*

Chinesisches Dominospiel am East River. Peking kommt nicht in die Vereinten Nationen. In: Vorwärts, Nr. 50, 7. Dez. 1966, Bonn, S. 12. *1679*

Problem Georgia. In: Vorwärts, Nr. 50, 7. Dez. 1966, Bonn, S. 12. *1680*

Romney, Nixon und andere. Das Kandidatenrennen bei den USA-Republikanern. In: Vorwärts, Nr. 51, 14. Dez. 1966, Bonn, S. 10. *1681*

Norbert Wollheim, der "voreingenommene Jude". In: Die Mahnung, 13. Jg., Nr. 24, 15. Dez. 1966, Berlin, S. 4. *1682*

"Ich sage vor keinem deutschen Gericht mehr aus". Norbert Wollheim der "voreingenommene Zeuge". In: Aufbau, 32. Jg., Nr. 50, 16. Dez. 1966, New York, S. 8. *1683*

Naziopfer aus Österreich - Stiefkinder der Wiedergutmachung. In: Die Neue Welt, 20. Jg., Nr. 1/2, Jan. 1967, Wien, S. 2. *1684*

Unmoralisch, bis das Gesetz siegt. Filmzensur in den USA - ihre Entwicklung und ihre Tendenzen. In: Vorwärts, Nr. 1, 5. Jan. 1967, Bonn, S. 19. *1685*

Grenzen der Wiedergutmachung in Ostdeutschland. In: Aufbau, 33. Jg., Nr. 2, (Die Wiedergutmachung, Nr. 243), 13. Jan. 1967, New York, S. 29. *1686*

Der Präsident wurde deutlich. In: Vorwärts, Nr. 3, 19. Jan. 1967, Bonn, S. 9. *1687*

Abschied von einem Freunde [Nachruf]. In: Aufbau, 33. Jg., Nr. 4, 27. Jan. 1967, New York, S. 4. *1688*

Grenzen der Wiedergutmachung in Ostdeutschland II. In: Aufbau, 33. Jg., Nr. 4, (Die Wiedergutmachung, Nr. 244), 27. Jan. 1967, New York, S. 26. *1689*

Ist das deutsche Wiedergutmachungswerk gefährdet? In: Die Mahnung, 14. Jg., Nr. 3, 1. Feb. 1967, Berlin, S. 6. *1690*

Jackies Zeilenhandel. Streit um den "Tod eines Präsidenten". In: Vorwärts, Nr. 5, 2. Feb. 1967, Bonn, S. 8. *1691*

Barry, komm bald wieder. Johnsons neue Gegner sind gefährlicher als Goldwater. In: Vorwärts, Nr. 5, 2. Feb. 1967, Bonn, S. 10. *1692*

Wiedergutmachung gefährdet? Die finanziellen und politischen Schwierigkeiten. In: Rheinischer Merkur, 22. Jg., Nr. 5, 3. Feb. 1967, Köln, S. 9. *1693*

Entdeckt Amerika den Frieden? Möglichkeiten für Vietnam erregen die Kommentatoren. In: Vorwärts, Nr. 7, 16. Feb. 1967, Bonn, S. 9. *1694*

Lyndon und der junge Mann. Präsident Johnson wehrt sich gegen einen Kennedy. In: Vorwärts, Nr. 12, 23. März 1967, Bonn, S. 10. *1695*

Naziopfer aus Österreich. Stiefkinder der Wiedergutmachung. In: Die Mahnung, 14. Jg., Nr. 7, 1. Apr. 1967, Berlin, S. 3. *1696*

Der Senator nahm auch Geschenke an. In: Vorwärts, Nr. 14, 6. Apr. 1967, Bonn, S. 9. *1697*

Alleingänger Simon Wiesenthal. "Nicht Rache, sondern Gerechtigkeit". In: Aufbau, 33. Jg., Nr. 14, 7. Apr. 1967, New York, S. 7-8. *1698*

Kein Witz mehr. In: Vorwärts, Nr. 15, 13. Apr. 1967, Bonn, S. 10. *1699*

"Aktion Sühnezeichen". Erlebnisberichte junger Deutscher. In: Aufbau, 33. Jg., Nr. 15, 14. Apr. 1967, New York, S. 8. *1700*

Johnson's Sorgen: Die Roosevelt Allianz löst sich langsam auf. In: Vorwärts, Nr. 16, 20. Apr. 1967, Bonn, S. 7. *1701*

"Aktion Sühnezeichen". Erlebnisberichte junger Deutscher II. In: Aufbau, 33. Jg., Nr. 16, 21. Apr. 1967, New York, S. 26. *1702*

Proteste und Generale. Johnson, Westmoreland und der Krieg in Asien. In: Vorwärts, Nr. 18, 4. Mai 1967, Bonn, S. 9. *1703*

Konrad Adenauer und die Wiedergutmachung. In: Aufbau, 33. Jg., Nr. 18, (Die Wiedergutmachung, Nr. 261), 5. Mai 1967, New York, S. 33-34. *1704*

Heinz Kurt Fabian - 60 Jahre. In: Aufbau, 33. Jg., Nr. 20, 19. Mai 1967, New York, S. 4. *1705*

Dem dritten Weltkrieg entgegen? Luci Johnsons "kleine Mönche" und U ThantsWarnungen. In: Vorwärts, Nr. 21, 25. Mai 1967, Bonn, S. 10. *1706*

Warten auf Johnson. In: Vorwärts, Nr. 22, 1. Juni 1967, Bonn, S. 3. *1707*

Sklavenarbeiter müssen entschädigt werden. In: Aufbau, 33. Jg., Nr. 22, (Die Wiedergutmachung, Nr. 253), 2. Juni 1967, New York, S. 29. *1708*

Ein Akt verspäteter moralischer Wiedergutmachung. In: Aufbau, 33. Jg., Nr. 22, (Die Wiedergutmachung, Nr. 253), 2. Juni 1967, New York, S. 30. *1709*

Irrige Rechtsprechung leistet Zutreiberdienste für kommunistische Länder. In: Aufbau, 33. Jg., Nr. 24, 16. Juni 1967, New York, S. 41. *1710*

Hat man in Prag München vergessen? In: Aufbau, 33. Jg., Nr. 31, 4. Aug. 1967, New York, S. 8. *1711*

Was sie in Prag vergassen. In: Semana Israelita, 28. Jg., Nr. 2232, 25. Aug. 1967, Buenos Aires, S. 8. *1712*

Gespräch mit Martin Hirsch in Bonn. Gibt es noch Wiedergutmachungsprobleme? In: Aufbau, 33. Jg., Nr. 38, (Die Wiedergutmachung, Nr. 261), 22. Sep. 1967, New York, S. 27. *1713*

Hans Erich Fabian - 65 Jahre. In: Aufbau, 33. Jg., Nr. 38, (Die Wiedergutmachung, Nr. 261), 22. Sep. 1967, New York, S. 27. *1714*

Liga für Menschenrechte [Leserbrief]. In: Frankfurter Allgemeine Zeitung, Nr. 224, Mi. 27. Sep. 1967, S. 24. *1715*

Das Pentagon regiert die Stunde. Findet Präsident Johnson doch noch einen Ausweg? In: Vorwärts, Nr. 39, 28. Sep. 1967, Bonn, S. 9. *1716*

Das Volk verläßt den Präsidenten. In: Vorwärts, Nr. 41, 12. Okt. 1967, Bonn, S. 10. *1717*

Macht verdirbt den Menschen. Besuch in der Tschechoslowakei nach 30 Jahren. In: Rheinischer Merkur, 22. Jg., Nr. 41, 13. Okt. 1967, Köln, S. 16. *1718*

Damit wir nicht vergessen. In: Aufbau, 33. Jg., Nr. 43, 27. Okt. 1967, New York, S. 6. *1719*

Der Kampf um die Rententabellen. In: Aufbau, 33. Jg., Nr. 43,(Die Wiedergutmachung, Nr. 263), 27. Okt. 1967, New York, S. 23-24. *1720*

Johnson sucht einen Ausweg für Nahost. In: Vorwärts, Nr. 45, 9. Nov. 1967, Bonn, S. 9. *1721*

Deutsche Verfolgtenverbände fordern Korrektur der Rentenberechnung. In: Aufbau, 33. Jg., Nr. 45, (Die Wiedergutmachung, Nr. 264), 10. Nov. 1967, New York, S. 23. *1722*

Ein Schritt voran in Amerika. Zwei Bürgermeisterwahlen mit farbigem Ergebnis. In: Vorwärts,
Nr. 47, 23. Nov. 1967, Bonn, S. 17.   *1723*

Sidney Mendel gestorben. In: Aufbau, 33. Jg., Nr. 47, 24. Nov. 1967, New York, S. 4.   *1724*

"Reichsdeutscher oder Oesterreicher?". Die Problematik der Rechtsungleichheit. In: Aufbau,
33. Jg., Nr. 47, (Die Wiedergutmachung, Nr. 265), 24. Nov. 1967, New York, S. 31-32. *1725*

Noch Chancen, LBJ? Johnsons Ansehen sinkt - die ersten Gegner kommen. In: Vorwärts, Nr. 48,
30. Nov. 1967, Bonn, S. 10.   *1726*

Streitbar auf amerikanisch. Die US-Gesellschaft ist der Jugend unheimlich. In: Vorwärts,
Nr. 51/52, 21. Dez. 1967, Bonn, S. 20.   *1727*

Die Frage der Lokalität. In: Aufbau, 33. Jg., Nr. 51, 22. Dez. 1967, New York, S. 6.   *1728*

Vergebene Sünden [Leserbrief]. In: Aufbau, 33. Jg., Nr. 52, 22. Dez. 1967, New York, S. 12. *1729*

In Berlin geht das Entschädigungswerk dem Ende entgegen. Unterredung mit Dr. Curt Lehmann.
In: Aufbau, 33. Jg., Nr. 51, (Die Wiedergutmachung, Nr. 267), 22. Dez. 1967, New York,
S. 29.   *1730*

Auch Washington trägt große Schuld. Enthüllungen über die Rettungsversuche der Juden. In:
Boletin Informativo, Jan. 1968, Santiago de Chile, S. 7.   *1731*

Von Rusk zu Rogers. In: Tagwacht, 76. Jg., Nr. 10, Di. 14. Jan. 1968, Bern, S. 3.   *1732*

Ein kleiner Krieg ist angeklagt. Prozeß gegen einen Kinderarzt auf dem Hintergrund Vietnams. In:
Vorwärts, Nr. 3, 18. Jan. 1968, Bonn, S. 10.   *1733*

Amerikas schwere Schuld. Washingtons Flüchtlingspolitik im Zweiten Weltkrieg. In: Aufbau,
34. Jg., Nr. 3, 19. Jan. 1968, New York, S. 6.   *1734*

Aus unseren Kreisen. Dr. Richard Dann gestorben. In: Aufbau, 34. Jg., Nr. 3, 19. Jan. 1968, New
York, S. 24.   *1735*

Die Lage des Präsidenten. Lyndon B. Johnsons Botschaft über die Lage der Nation. In: Vorwärts,
Nr. 4, 25. Jan. 1968, Bonn, S. 10.   *1736*

Erich Schatzki - 70 Jahre. In: Aufbau, 34. Jg., Nr. 4, 26. Jan. 1968, New York, S. 6.   *1737*

Johnsons Faust im Pentagon. Clark Clifford hat Verdienste als Wahlmanager und "Falke". In:
Vorwärts, Nr. 5, 1. Feb. 1968, Bonn, S. 10.   *1738*

Amerikas schwere Schuld. In: Semana Israelita, 29. Jg., Nr. 2254, 2. Feb. 1968, Buenos Aires,
S. 3.   *1739*

Wiedergutmachungs-Sorgen und -Neuigkeiten. In: Aufbau, 34. Jg., Nr. 6, (Die Wiedergutmachung,
Nr. 270), 9. Feb. 1968, New York, S. 25.   *1740*

Schock aus Asien. Wie die USA auf Vietnam reagieren. In: Vorwärts, Nr. 7, 15. Feb. 1968, Bonn,
S. 9.   *1741*

Illusionen: Das Land verläßt die Regierung. In: Vorwärts, Nr. 7, 15. Feb. 1968, Bonn, S. 9. *1742*

In den USA steigt die nationalistische Welle. Konflikt Rusk-Fulbright um die US-Weltpolitik. In:
Vorwärts, Nr. 9, 29. Feb. 1968, Bonn, S. 7.   *1743*

George Wallace wäre gern Präsident. Rechtsaußen aus Alabama meldet seine Kandidatur an. In:
Vorwärts, Nr. 9, 29. Feb 1968, Bonn, S. 8.   *1744*

Jahreswende - Schicksalswende. In: Boletin Informativo, Feb. 1968, Santiago de Chile, S. 13. *1745*

Der Kandidat des Gewissens. Senator Eugene J. Mc Carthy steht gegen Johnson auf. In: Vorwärts,
Nr. 10, 7. März 1968, Bonn, S. 9.   *1746*

Dialoge herstellen [Leserbrief]. In: Vorwärts, Nr. 10, 7. März 1968, Bonn, S. 4.   *1747*

Zweimal Amerika. Die USA zerfallen in zwei Gesellschaften. In: Vorwärts, Nr. 11, 14. März 1968, Bonn, S. 12.   *1748*

Während Millionen starben. Enthüllungen über die Rettungsversuche der Juden. In: Vorwärts, Nr. 11, 14. März 1968, Bonn, S. 18.   *1749*

Richard Nixons letzter Versuch. Eugene Mc Carthys Erfolg macht auch Kennedy mobil. In: Vorwärts, Nr. 12, 18.[!] März 1968, Bonn, S. 9.   *1750*

Wieder mal ein Kennedy? Mc Carthys Anhang läuft nicht zu Bobby über. In: Vorwärts, Nr. 13, 28. März 1968, Bonn, S. 25.   *1751*

Taten der Güte in dunklen Tagen. In: Aufbau, 34. Jg., Nr. 13, 29. März 1968, New York, S. 12.   *1752*

Das Volk läuft Johnson weg. Der Parteiapparat stützt den Präsidenten. In: Vorwärts, Nr. 14, 4. Apr. 1968, Bonn, S. 10.   *1753*

Wem nützt der Abgang Johnsons? Das große Rätselraten und eine Vorwahl. In: Vorwärts, Nr. 15, 11. Apr. 1968, Bonn, S. 10.   *1754*

Die österreichischen Naziopfer bringen sich in Erinnerung. In: Aufbau, 34. Jg., Nr. 15, 12. Apr. 1968, New York, S. 4.   *1755*

Im Hintergrund Rockefeller. Das Panorama des Wahlkampfes wird bunter. In: Vorwärts, Nr. 17, 25. Apr. 1968, Bonn, S. 10.   *1756*

Der Mord an Martin Luther King, eine amerikanische Tragödie. In: Boletin Informativo, Mai 1968, Santiago de Chile, S. 19.   *1757*

Carl von Ossietzky und die Gegenwart. Zum 30. Todestag des Friedensnobelpreisträgers - Ein Fackelträger der Demokratie. In: Augsburger Allgemeine Zeitung, Nr. 102, Fr. 3. Mai 1968, S. 22.   *1758*

Offenes Rennen. Humphrey und Rockefeller bieten Alternativen an. In: Vorwärts, Nr. 19, 9. Mai 1968, Bonn, S. 10.   *1759*

"Wahren Sie die Würde des deutschen Volkes!" Gruss an Armin T. Wegner. In: Aufbau, 34. Jg., Nr. 19, 10. Mai 1968, New York, S. 10.   *1760*

Carl von Ossietzky und die Gegenwart. Zum 30. Todestag des Friedensnobelpreisträgers. In: Die Mahnung, 15. Jg., Nr. 10, 15. Mai 1968, Berlin, S. 3.   *1761*

Was ist Bobbys Sieg wert? Auf dem Weg zur Nominierung stehen noch hohe Hürden. In: Vorwärts, Nr. 20, 16. Mai 1968, Bonn, S. 9.   *1762*

Vortrag Professor Venzlaffs in New York. In: Aufbau, 34. Jg., Nr. 20, (Die Wiedergutmachung, Nr. 276), 17. Mai 1968, New York, S. 25.   *1763*

Die Armut erobert Washington. Flecken auf Amerikas Schild. In: Vorwärts, Nr. 21, 23. Mai 1968, Bonn, S. 9.   *1764*

Monumentale Aufgaben - Ungenügende Lösungsversuche. Humphrey und Rockefeller - erklärte Präsidentschaftskandidaten. Arthur Goldberg scheidet aus. In: Boletin Informativo, Juni 1968, Santiago de Chile, S. 17-18.   *1765*

Carl von Ossietzky und die Gegenwart. Zum 30. Todestag des Friedensnobelpreisträgers. In: Die Neue Welt, 21. Jg., Nr. 11/12, Juni 1968, Wien, S. 23.   *1766*

Das österreichische Wiedergutmachungsdilemma. In: Die Neue Welt, 21. Jg., Nr. 11/12, Juni 1968, Wien, S. 28. *1767*

Entscheidung in den Bergen. Kennedy verlor in Oregon. In: Vorwärts, Nr. 23, 6. Juni 1968, Bonn, S. 10. *1768*

Das Ende einer Hoffnung. Der Mord an Robert Kennedy weckt Befürchtungen. In: Vorwärts, Nr. 24, 13. Juni 1968, Bonn, S. 3. *1769*

Ein grosser Zeichner. Zum Tode Julius Krolls. In: Aufbau, 34. Jg., Nr. 24, 14. Juni 1968, New York, S. 4. *1770*

Geht das Entschädigungswerk zu Ende? In: Aufbau, 34. Jg., Nr. 24, (Die Wiedergutmachung, Nr. 278), 14. Juni 1968, New York, S. 41. *1771*

Kennedy hätte siegen können. Die Demokraten sammeln sich nun wieder um Humphrey. In: Vorwärts, Nr. 25, 20. Juni 1968, Bonn, S. 10. *1772*

Bahn frei für Nixon. Außenseiter ohne Chance. In: Vorwärts, Nr. 26, 27. Juni 1968, Bonn, S. 9. *1773*

Bob Kennedy ist nicht mehr... In: Boletin Informativo, Juli 1968, Santiago de Chile, S. 15. *1774*

Carl von Ossietzky und die Gegenwart. Zum 30. Todestag des Friedensnobelpreisträgers. In: Boletin Informativo, Juli 1968, Santiago de Chile, S. 19. *1775*

Liberale Hoffnungen. Mc Carthy hat noch Aussichten, doch Humphrey hat den Apparat. In: Vorwärts, Nr. 27, 4. Juli 1968, Bonn, S. 10. *1776*

L.B.J. ist keine lahme Ente. Im Clinch mit dem Senat um das Oberste Gericht. In: Vorwärts, Nr. 30, 25. Juli 1968, Bonn, S. 10. *1777*

Fanny Wurmbrand - 80 Jahre. In: Aufbau, 34. Jg., Nr. 30, 26. Juli 1968, New York, S. 4. *1778*

Die "Unbesungenen Helden" und das Entschädigungsrecht. In: Aufbau, 34. Jg., Nr. 30, (Die Wiedergutmachung, Nr. 281), 26. Juli 1968, New York, S. 33-34. *1779*

Vietnam lähmt Amerika. Die Vereinigten Staaten sind tief in der Sackgasse. In: Vorwärts, Nr. 31, 1. Aug. 1968, Bonn, S. 10. *1780*

Leider keine Sensation in Miami Beach. Schon der erste Wahlgang begrub liberale Hoffnungen. In: Vorwärts, Nr. 33, 15. Aug. 1968, Bonn, S. 9. *1781*

Der neue Nixon ist ein Märchen. Agnew ist für Humphrey ein Geschenk des Himmels. In: Vorwärts, Nr. 34, 22. Aug. 1968, Bonn, S. 10. *1782*

Schicksalsstunde für amerikanische Demokraten. In: Tagwacht, 76. Jg., Nr. 197, Fr. 23. Aug. 1968, Bern, S. 9. *1783*

Hoch klingt das Lied vom braven Mann. Eberhard Helmrichs Alleinkampf gegen den Naziterror. In: Aufbau, 34. Jg., Nr. 34, 23. Aug. 1968, New York, S. 5-6. *1784*

Gelähmt. In: Vorwärts, Nr. 35, 29. Aug. 1968, Bonn, S. 5. *1785*

USA und CSSR. In: Tagwacht, 76. Jg., Nr. 204, Sa./So. 31. Aug./1. Sep. 1968, Bern, S. 1. *1786*

Parteitag der Spaltung? In: Tagwacht, 76. Jg., Nr. 206, Di. 3. Sep. 1968, Bern, S. 2. *1787*

Hubert Humphrey muß die Gegensätze heilen. Konvent in Chicago ein "Parteitag der Kontroverse". In: Vorwärts, Nr. 36, 5. Sep. 1968, Bonn, S. 10. *1788*

Demokraten brauchen ein Wunder. In: Tagwacht, 76. Jg., Nr. 211, Mo. 9. Sep. 1968, Bern, S. 1. *1789*

Auf dem Mond wäre genügend Platz, aber ... Nixon und die drohende Bevökerungsexplosion. In: Jedioth Chadashoth, Nr. 9475, Do. 12. Sep. 1968, Tel Aviv, S. 3. *1790*

Wahlkampf-Schatten. Humphrey will geschichtliche Traditionen durchbrechen. In: Vorwärts, Nr. 37, 12. Sep. 1968, Bonn, S. 10. *1791*

Ein grosser Friedenskämpfer. Zum Tode von Hein Herbers. In: Aufbau, 34. Jg., Nr. 37, 13. Sep. 1968, New York, S. 4. *1792*

Vera Bud [Nachruf]. In: Aufbau, 34. Jg., Nr. 37, 13. Sep. 1968, New York, S. 4. *1793*

Die deutsch-jüdische Symbiose. Symbol ihrer Entstehung und ihres Untergangs - Das Schicksal Siegmund Steins. In: Rheinischer Merkur, 23. Jg., Nr. 37, 13. Sep. 1968, Köln, S. 15-16. *1794*

Die Gefahr von rechts... In: Tagwacht, 76. Jg., Nr. 216, Sa./So. 14./15. Sep. 1968, Bern, S. 2. *1795*

Hat Nixon schon gewonnen? In: Tagwacht, 76. Jg., Nr. 222, Sa./So. 21./22. Sep. 1968, Bern, S. 2. *1796*

Die Antragsfrist Dezember 1969. Nur Bremen wird sie erfüllen. In: Aufbau, 34. Jg., Nr. 39, (Die Wiedergutmachung, Nr. 285), 27. Sep. 1968, New York, S. 25. *1797*

USA, Innenpolitik schwächt außenpolitische Potenz. In: Tagwacht, 76. Jg., Nr. 228, Sa./So. 28./29. Sep. 1968, Bern, S. 2. *1798*

Brennendes wird nicht diskutiert. 23. Vollversammlung der Vereinten Nationen beginnt. In: Vorwärts, Nr. 40, 3. Okt. 1968, Bonn, S. 10. *1799*

Humphreys mißlungener Versuch. In: Tagwacht, 76. Jg., Nr. 234, Sa./So. 5./6. Okt. 1968, Bern, S. 1. *1800*

Das amerikanische Dilemma. Edmund Muskie versöhnt die Demokraten. In: Vorwärts, Nr. 41, 10. Okt. 1968, Bonn, S. 10. *1801*

Zur Vaterschaft der Wiedergutmachungsseite [Leserbrief]. In: Aufbau, 34. Jg., Nr. 41, 11. Okt. 1968, New York, S. 10. *1802*

Rusk gegen Gromyko. In: Tagwacht, 76. Jg., Nr. 240, Sa./So. 12./13. Okt. 1968, Bern, S. 5. *1803*

Die "Tauben" und das kleinere Übel. Für Humphrey und Nixon ist noch alles "drin". In: Vorwärts, Nr. 43, 24. Okt. 1968, Bonn, S. 9. *1804*

Das Dilemma Nordamerikas [span.]. In: Boletin Informativo, Nov. 1968, Santiago de Chile. *1805*

Schafft Nixon eine Koalition? In: Tagwacht, 76. Jg., Nr. 265, Mo. 11. Nov. 1968, Bern, S. 5. *1806*

Was bedeutet der Sieg Nixons? In: Jedioth Chadashoth, Nr. 9528, Do. 14. Nov. 1968, Tel Aviv, S. 3. *1807*

Nixon braucht die Demokraten. Ist der republikanische Sieg ein Pyrrhussieg? In: Vorwärts, Nr. 46, 14. Nov. 1968, Bonn, S. 9. *1808*

Düstere Zukunft der USA. In: Tagwacht, 76. Jg., Nr. 272, Di. 19. Nov. 1968, Bern, S. 1. *1809*

Das Gewissen der USA. In: Tagwacht, 76. Jg., Nr. 284, Di. 3. Dez. 1968, Bern, S. 12. *1810*

Eine neue Nahostpolitik. In: Tagwacht, 76. Jg., Nr. 285, Mi. 4. Dez. 1968, Bern, S. 3. *1811*

America the Beautiful? In: Jedioth Chadashoth, Nr. 9546, Do. 5. Dez. 1968, Tel Aviv, S. 3. *1812*

Nixon sucht neue Gesichter. In: Tagwacht, 76. Jg., Nr. 288, Sa./So. 7./8. Dez. 1968, Bern, S. 16. *1813*

Kein gutes Omen für Entspannung. Henry Kissinger als Berater Richard Nixons. In: Vorwärts, Nr. 50, 12. Dez. 1968, Bonn, S. 9. *1814*

Nixons Kabinett. Das "liberale Establishment" fehlt. In: Vorwärts, Nr. 51/52, 19. Dez. 1968, Bonn, S. 10. *1815*

Zum Tode von Walter Baum. In: Aufbau, 34. Jg., Nr. 51, 20. Dez. 1968, New York, S. 4. *1816*

1968 - ein aussenpolitischer Rückblick. In: Tagwacht, 76. Jg., Nr. 303, Do. 26. Dez. 1968, Bern, S. 3. *1817*

Eine Wende muß kommen. Die Vereinigten Staaten dürften ihre Rolle als Weltpolizist mit 600 verschiedenen Basen überprüfen. In: Vorwärts, Nr. 1, 2. Jan. 1969, Bonn, S. 9. *1818*

Ein Geheimbericht für Johnson. Beängstigendes Ansteigen der Kriminalität. In: Jedioth Chadashoth, Nr. 9571, Fr. 3. Jan. 1969, Tel Aviv, S. 3. *1819*

Unwiderstehlicher Zwang? In: Tagwacht, 77. Jg., Nr. 5, Mi. 8. Jan. 1969, Bern, S. 3. *1820*

Statistische und personelle Elemente in den letzten Phasen des Entschädigungswerkes. In: Die Neue Welt, 21. Jg., Nr. 1/2, Jan. 1969, Wien, S. 7. *1821*

Nixon und die UN. Hauptaufgaben liegen in der "dritten Welt". In: Vorwärts, Nr. 2, 9. Jan. 1969, Bonn, S. 10. *1822*

Die letzte Phase der Entschädigung. Statistische und personelle Elemente. In: Aufbau, 35. Jg., Nr. 4, (Die Wiedergutmachung, Nr. 292), 10. Jan. 1969, New York, S. 21. *1823*

Die Sühne für zwei Morde, die Geschichte machten. In: Jedioth Chadashoth, Nr. 9577, Fr. 10. Jan. 1969, Tel Aviv, S. 3. *1824*

Politikum. In: Vorwärts, Nr. 3, 16. Jan. 1969, Bonn, S. 10. *1825*

L.B. Johnson nahm Abschied. In: Tagwacht, 77. Jg., Nr. 15, Mo. 20. Jan. 1969, Bern, S. 3. *1826*

Schuldilemma. Auch in Amerika streitet man für Reformen. In: Vorwärts, Nr. 4, 23. Jan. 1969, Bonn, S. 8. *1827*

Ihre Ära ist zu Ende. Die Geschichte wird über die Leistung von Johnson und Rusk entscheiden. In: Vorwärts, Nr. 4, 23. Jan. 1969, Bonn, S. 9. *1828*

Wiedergutmachungswerk nicht beendet...! Gespräch mit Martin Hirsch. In: Aufbau, 35. Jg., Nr. 4, (Die Wiedergutmachung, Nr. 293), 24. Jan. 1969, New York, S. 21. *1829*

Der einsame Nixon. In: Tagwacht, 77. Jg., Nr. 20, Sa./So. 25./26. Jan. 1969, Bern, S. 2. *1830*

Wiedergutmachungsleistungen werden auf über 62 Mrd. DM ansteigen. In: Jedioth Chadashoth, Nr. 9592, Mo. 27. Jan. 1969, Tel Aviv, S. 2. *1831*

Zum siebzigsten Geburtstag von Adolf Leschnitzer. In: Aufbau, 35. Jg., Nr. 5, 31. Jan. 1969, New York, S. 4. *1832*

Die Juden in Deutschland. Sind nach Auschwitz jüdische Gemeinden noch lebensfähig? In: Rheinischer Merkur, 24. Jg., Nr. 5, 31. Jan. 1969, Köln, S. 15. *1833*

Friedrich Bill - 75 Jahre. In: Aufbau, 35. Jg., Nr. 6, 7. Feb. 1969, New York, S. 2. *1834*

Schleusen des Extremismus. Der Kampf zwischen amerikanischen Juden und Negern. In: Vorwärts, Nr. 7, 13. Feb. 1969, Bonn, S. 10. *1835*

Die Verjährungsfrist muß fallen. In: Die Mahnung, 16. Jg., Nr. 4, 15. Feb. 1969, Berlin, S. 4. *1836*

Nixons Europareise. In: Tagwacht, 77. Jg., Nr. 43, Fr. 21. Feb. 1969, Bern, S. 3. *1837*

Piratenkrieg in der Luft. In: Tagwacht, 77. Jg., Nr. 44, Sa./So. 22./23. Feb. 1969, Bern, S. 2. *1838*

Mord darf nicht verjähren. In: Süddeutsche Zeitung, 25. Jg., Nr. 46, Sa./So. 23. Feb. 1969, München, S. 8. *1839*

Nach Nixons Rückkehr. In: Tagwacht, 77. Jg., Nr. 58, Di. 11. März 1969, Bern, S. 3.   *1840*

Nixons Flitterwochen sind vorüber. In: Tagwacht, 77. Jg., Nr. 62, Sa./So. 15./16. März 1969, Bern, S. 3.   *1841*

Hunger in den USA. In: Tagwacht, 77. Jg., Nr. 63, Mo. 17. März 1969, Bern, S. 3.   *1842*

Ein Mörder ist ein Mörder. Nach der Ermordung Martin Luther Kings ein seltsamer Prozeß in Memphis (Tennessee). In: Vorwärts, Nr. 12, 20. März 1969, Bonn, S. 8.   *1843*

Republikaner: Lindsay und Nixon haben ihre spezifischen Sorgen. In: Vorwärts, Nr. 13, 27. März 1969, Bonn, S. 10.   *1844*

Drei entscheidende Beschlüsse. In: Jedioth Chadashoth, Nr. 9644, Fr. 28. März 1969, Tel Aviv, S. 3.   *1845*

Die Propagandaschlacht in den USA ist noch nicht gewonnen. In: Jedioth Chadashoth, Nr. 9648, 2. Apr. 1969, Tel Aviv, S. 3.   *1846*

Ende des Vietnamkrieges in Sicht? In: Tagwacht, 77. Jg., Nr. 84, Sa./So. 12./13. Apr. 1969, Bern, S. 2.   *1847*

USA: Sogar Gott muß bezahlen. Was denkt das Ausland von der Schweiz? In: Tagwacht, 77. Jg., Nr. 87, Mi. 16. Apr. 1969, Bern, S. 5.   *1848*

Die Verjährungsfrist muß fallen. In: Stuttgarter Zeitung, Nr. 88, Do. 17. Apr. 1969, S. 17.   *1849*

Nixon zögert - Spannung wächst. In: Tagwacht, 77. Jg., Nr. 92, Di. 22. Apr. 1969, Bern, S. 3. *1850*

Präsident Nixon und die Rebellen. In: Jedioth Chadashoth, Nr. 9665, Fr. 25. Apr. 1969, Tel Aviv, S. 3.   *1851*

Vier Fragen an die Entschädigungsbehörden. Um die Endphase der Wiedergutmachung I. In: Aufbau, 35. Jg., Nr. 17, (Die Wiedergutmachung, Nr. 297), 25. Apr. 1969, New York, S. 25.   *1852*

"Gewehre in ihren Händen". Die wachsenden Studentenunruhen in den USA. In: Tagwacht, 77. Jg., Nr. 98, Di. 29. Apr. 1969, Bern, S. 3.   *1853*

Das Wiedergutmachungswerk ist nicht beendet...! Gespräch mit Martin Hirsch. In: Die Neue Welt, 21. Jg., Nr. 9/10, Mai 1969, Wien, S. 12.   *1854*

Wiedergutmachungsfragen. Vier Fragen an die Entschädigungsbehörden. Um die Endphase der Wiedergutmachung. In: Die Neue Welt, 21. Jg., Nr. 9/10, Mai 1969, Wien, S. 21.   *1855*

Die Krankheiten der amerikanischen Gesellschaft. In: Jedioth Chadashoth, Nr. 9671, Fr. 2. Mai 1969, Tel Aviv, S. 3.   *1856*

Sühne oder Rache für den Mord an Robert F. Kennedy. In: Jedioth Chadashoth, Nr. 9671, Fr. 2. Mai 1969, Tel Aviv, S. 10.   *1857*

Rache für Bob? Sirhan Sirhan erwartet ein Todesurteil. In: Vorwärts, Nr. 19, 8. Mai 1969, Bonn, S. 8.   *1858*

Vier Fragen an die Entschädigungsbehörden. Um die Endphase der Wiedergutmachung II. In: Aufbau, 35. Jg., Nr. 19, (Die Wiedergutmachung, Nr. 298), 9. Mai 1969, New York, S. 23-24.   *1859*

Mit Riesenschritten dem Bürgerkrieg entgegen? Die wachsenden Studentenunruhen in ganz Amerika. In: Jedioth Chadashoth, Nr. 9677, Fr. 9. Mai 1969, Tel Aviv, S. 3.   *1860*

Die Gefahren der Reaktion in den Vereinigten Staaten. In: Jedioth Chadashoth, Nr. 9681, Mi. 14. Mai 1969, Tel Aviv, S. 3.   *1861*

Unruhe in Cornell. Amerikanische Studenten demonstrieren bewaffnet. In: Vorwärts, Nr. 20, 15. Mai 1969, Bonn, S. 10. *1862*

Der umstrittene Richter und Jude Abe Fortas. In: Jedioth Chadashoth, Nr. 9682, Do. 15. Mai 1969, Tel Aviv, S. 2. *1863*

Hartwig Eberhard Helmrich gestorben. In: Aufbau, 35. Jg., Nr. 20, 16. Mai 1969, New York, S. 4. *1864*

Doch einseitiger Truppenrückzug? In: Tagwacht, 77. Jg., Nr. 115, Di. 20. Mai 1969, Bern, S. 2. *1865*

Nixons Vietnam-Initiative. Die Wirkung auf die Geschehnisse in Südostasien bleibt abzuwarten. In: Vorwärts, Nr. 21, 22. Mai 1969, Bonn, S. 9. *1866*

Brandt und Ehmke zur neuen Debatte über die Aufhebung der Verjährungsfrist. In: Aufbau, 35. Jg., Nr. 21, 23. Mai 1969, New York, S. 6. *1867*

Wiedergutmachungsfragen. Vier Fragen an die Entschädigungsämter (II). In: Die Neue Welt, 21. Jg., Nr. 11/12, Juni 1969, Wien, S. 6. *1868*

Hass und Furcht siegten. In: Tagwacht, 77. Jg., Nr. 125, Mo. 2. Juni 1969, Bern, S. 3. *1869*

USA - das Land unlösbarer Widersprüche. In: Jedioth Chadashoth, Nr. 9700, Fr. 6. Juni 1969, Tel Aviv, S. 3. *1870*

Vier Fragen an die Entschädigungsbehörden. Um die Endphase der Wiedergutmachung III. In: Aufbau, 35. Jg., Nr. 23, (Die Wiedergutmachung, Nr. 300), 6. Juni 1969, New York, S. 23-24. *1871*

Pentagon-Gefangener. Präsident Nixon wird die konservative Maschinerie zum Verhängnis. In: Vorwärts, Nr. 24, 12. Juni 1969, Bonn, S. 10. *1872*

Pentagon im Trommelfeuer der Kritik. In: Jedioth Chadashoth, Nr. 9706, Fr. 13. Juni 1969, Tel Aviv, S. 3. *1873*

Verzweifelung statt Hoffnung. In: Tagwacht, 77. Jg., Nr. 138, Di. 17. Juni 1969, Bern, S. 3. *1874*

Vier Fragen an die Entschädigungsbehörden. Um die Endphase der Wiedergutmachung IV. In: Aufbau, 35. Jg., Nr. 25, (Die Wiedergutmachung, Nr. 301), 20. Juni 1969, New York, S. 22. *1875*

Moralischer Wandel in den USA. In: Tagwacht, 77. Jg., Nr. 143, Mo. 23. Juni 1969, Bern, S. 3. *1876*

Clark Clifford und Richard Nixon. In: Tagwacht, 77. Jg., Nr. 145, Mi. 25. Juni 1969, Bern, S. 2. *1877*

Wiedergutmachungsfragen. Vier Fragen an die Entschädigungsämter (III). In: Die Neue Welt, 21. Jg., Nr. 13/14, Juli 1969, Wien, S. 7. *1878*

Mr. Melvin Laird. Die Debatte um das ABM-System spitzt sich zu. In: Vorwärts, Nr. 27, 3. Juli 1969, Bonn, S. 9. *1879*

Der moralische Wandel in den USA. In: Jedioth Chadashoth, Nr. 9724, Fr. 4. Juli 1969, Tel Aviv, S. 3. *1880*

Gerechtigkeit ist unteilbar. In: Aufbau, 35. Jg., Nr. 27, (Der Zeitgeist, Nr. 319), 4. Juli 1969, New York, S. 15-16. *1881*

Vier Fragen an die Entschädigungsbehörden. Um die Endphase der Wiedergutmachung V. In: Aufbau, 35. Jg., Nr. 27, (Die Wiedergutmachung, Nr. 302), 4. Juli 1969, New York, S. 22. *1882*

Nixon bezahlt seine Schulden. In: Tagwacht, 77. Jg., Nr. 155, 7. Juli 1969, Bern, S. 3. *1883*

Charleston, South Carolina, oder: USA - heute. In: Jedioth Chadashoth, Nr. 9730, Fr. 11. Juli 1969, Tel Aviv, S. 3. *1884*

Nixon und die Neger. In: Tagwacht, 77. Jg., Nr. 160, Sa./So. 12./13. Juli 1969, Bern, S. 3. *1885*

Teure Krankheit. Der Gang zum Arzt ist in den USA "eine Reise wert". In: Vorwärts, Nr. 29, 17. Juli 1969, Bonn, S. 10. *1886*

Vier Fragen an die Entschädigungsbehörden. Um die Endphase der Wiedergutmachung VI. In: Aufbau, 35. Jg., Nr. 29, (Die Wiedergutmachung, Nr. 303), 18. Juli 1969, New York, S. 21. *1887*

Der Auszug der Intelligenz. Intellektuelle in der Emigration. Wie Alvin Johnson eine amerikanische Exil-Universität gründete. In: Rheinischer Merkur, 24. Jg., Nr. 29, 18. Juli 1969, Köln, S. 15. *1888*

Im Wartesaal der Emigration. Auszug der Intelligenz II. Als das geistige Deutschland ausgetrieben wurde, suchten und fanden Tausende von Intellektuellen im Ausland neue Wirkungsstätten. In: Rheinischer Merkur, 24. Jg., Nr. 30, 25. Juli 1969, Köln, S. 15. *1889*

USA: die Armen warten... Nixon und die drohende Bevölkerungsexplosion In: Tagwacht, 77. Jg., Nr. 173, Mo. 28. Juli 1969, Bern, S. 3. *1890*

Nixons Reise im Schatten des Monderfolges. In: Tagwacht, 77. Jg., Nr. 174, Di. 29. Juli 1969, Bern, S. 3. *1891*

Kein glückliches Jahr für Fortschrittliche. In: Tagwacht, 77. Jg., Nr. 177, Fr. 1. Aug. 1969, Bern, S. 3. *1892*

Die Kontakte des Pentagon. In: Jedioth Chadashoth, Nr. 9752, Mi. 6. Aug. 1969, Tel Aviv, S. 3. *1893*

Halbzeit 1969: Nixon als "Bürgerpräsident". In: Jedioth Chadashoth, Nr. 9754, Fr. 8. Aug. 1969, Tel Aviv, S. 3. *1894*

Problematik der Nach-Auschwitz-Periode. In: Aufbau, 35. Jg., Nr. 32, (Der Zeitgeist, Nr. 321), 8. Aug. 1969, New York, S. 13-14. *1895*

Krankheit - ein Luxus in USA. In: Jedioth Chadashoth, Nr. 9755, So. 10. Aug. 1969, Tel Aviv, S. 3. *1896*

Für sein Land. Hans Staudinger zum 80. Geburtstag. In: Vorwärts, Nr. 33, 14. Aug. 1969, Bonn, S. 15. *1897*

Verletztes Völkerrecht. Die Problematik der geplanten endgültigen KZ-Liste. In: Aufbau, 35. Jg., Nr. 33, (Die Wiedergutmachung, Nr. 305), 15. Aug. 1969, New York, S. 20, 23. *1898*

Nixon fest im Sattel? In: Tagwacht, 77. Jg., Nr. 191, Mo. 18. Aug. 1969, Bern, S. 3. *1899*

Wie stark ist Nixon? Eine Untersuchung der innenpolitischen Stellung des Präsidenten. In: Vorwärts, Nr. 34, 21. Aug. 1969, Bonn, S. 2. *1900*

Nixon fest im Sattel...? In: Jedioth Chadashoth, Nr. 9766, Fr. 22. Aug. 1969, Tel Aviv, S. 3. *1901*

Hartwig Eberhard Helmrich - ein "unbesungener Held". In: Jedioth Chadashoth, Nr. 9766, Fr. 22. Aug. 1969, Tel Aviv, S. 6. *1902*

Köpfe zu aktuellen USA-Problemen. In: Tagwacht, 77. Jg., Nr. 197, Mo. 25. Aug. 1969, Bern, S. 3. *1903*

"Chaplain" Joseph S. Shubow [Nachruf]. In: Aufbau, 35. Jg., Nr. 35, 29. Aug. 1969, New York, S. 4. *1904*

Hans Staudinger - Der Mann und der Mensch. Zu seinem 80. Geburtstag. In: Die Mahnung, 16. Jg., Nr. 16/17, 1. Sep. 1969, Berlin, S. 6. *1905*

Mit kalkuliertem Risiko. Die permanente Vietnam-Diskussion in den Vereinigten Staaten. In: Vorwärts, Nr. 36, 4. Sep. 1969, Bonn, S. 11. *1906*

"Frieden mit bewußtem Risiko". In: Jedioth Chadashoth, Nr. 9778, Fr. 5. Sep. 1969, Tel Aviv, S. 3. *1907*

Edward Kennedys Rückzugsgefechte. In: Tagwacht, 77. Jg., Nr. 214, Sa./So. 13./14. Sep. 1969, Bern, S. 3. *1908*

Mit der Rechten ist es immer va banque. In: Jedioth Chadashoth, Nr. 9786, Di. 16. Sep. 1969, Tel Aviv, S. 3. *1909*

Edward Kennedy vor dem Ende seiner politischen Karriere? In: Jedioth Chadashoth, Nr. 9789, Fr. 19. Sep. 1969, Tel Aviv, S. 3. *1910*

Maine: das andere Amerika. In: Jedioth Chadashoth, Nr. 9790, So. 21. Sep. 1969, Tel Aviv, S. 3. *1911*

Die UNO in der Sackgasse. In: Vorwärts, Nr. 39, 25. Sep. 1969, Bonn, S. 19. *1912*

Die UNO in der Sackgasse. In: Jedioth Chadashoth, Nr. 9800, Fr. 3. Okt. 1969, Tel Aviv, S. 3. *1913*

Der Chicagoer Konspirationsprozess. In: Tagwacht, 77. Jg., Nr. 234, Di. 7. Okt. 1969, Bern, S. 3. *1914*

Vietnam und kein Ende. 45.000 Tote und 30 Milliarden Dollar sind den Amerikanern zuviel. In: Vorwärts, Nr. 41, 9. Okt. 1969, Bonn, S. 11. *1915*

Zur Problematik der KZ-Liste. Eine gerechte Entscheidung ist notwendig. In: Aufbau, 35. Jg., Nr. 41, (Die Wiedergutmachung, Nr. 308), 10. Okt. 1969, New York, S. 21. *1916*

USA-Probleme in ihrer Beurteilung. Ein Minister a.D. - Ein Senator - Ein Wissenschaftler. In: Jedioth Chadashoth, Nr. 9806, Fr. 10. Okt. 1969, Tel Aviv, S. 3. *1917*

Wer wird Bürgermeister von Neuyork?[!] In: Tagwacht, 77. Jg., Nr. 237, Fr. 10. Okt. 1969, Bern, S. 5. *1918*

Robert M. W. Kempner - Der 70jährige Aktivist. In: Die Mahnung, 16. Jg., Nr. 20, 15. Okt. 1969, Berlin, S. 3. *1919*

Der zweitschwerste Posten. John V. Lindsay kämpft hart um seine Wiederwahl als Bürgermeister von New York. In: Vorwärts, Nr. 42, 16. Okt. 1969, Bonn, S. 9. *1920*

Robert M. W. Kempner, der 70jährige Aktivist. In: Jedioth Chadashoth, Nr. 9812, Fr. 17. Okt. 1969, Tel Aviv, S. 3. *1921*

Ein Minister a.D., ein Senator, ein Wissenschaftler - USA Probleme in ihrer Beurteilung. In: Jedioth Chadashoth, Nr. 9813, So. 19. Okt. 1969, Tel Aviv, S. 3. *1922*

Die Philadelphia Formel. In: Jedioth Chadashoth, Nr. 9816, Mi. 22. Okt. 1969, Tel Aviv, S. 3.*1923*

Hoffnungen und Befürchtungen - Washington. In: Vorwärts, Nr. 43, 23. Okt. 1969, Bonn, S. 9. *1924*

Dramatisches Ringen um das New Yorker Bürgermeisteramt. In: Jedioth Chadashoth, Nr. 9824, Fr. 31. Okt. 1969, Tel Aviv, S. 3. *1925*

Die Problematik der KZ-Liste. Die neue Bundesregierung muß eine moralisch gerechte Entscheidung fällen. In: Jedioth Chadashoth, Nr. 9824, Fr. 31. Okt. 1969, Tel Aviv, S. 9. *1926*

Zur KZ-Liste der alten Regierung. Eine gerechte Entscheidung ist notwendig. In: Die Mahnung, 16. Jg., Nr. 21, 1. Nov. 1969, Berlin, S. 3. *1927*

Nixon und das amerikanische Dilemma. In: Tagwacht, 77. Jg., Nr. 264, Di. 11. Nov. 1969, Bern, S. 3. *1928*

Oesterreichs Zwischenzeitgesetz. Zur Problematik des österreichischen Wiedergutmachungsdilemmas. In: Aufbau, 35. Jg., Nr. 46, (Die Wiedergutmachung, Nr. 310), 14. Nov. 1969, New York, S. 23. *1929*

"Sex und das ungeborene Kind". Die eigentliche "Erbsünde". In: Jedioth Chadashoth, Nr. 9842, Fr. 21. Nov. 1969, Tel Aviv, S. 9. *1930*

Ein Exempel wird statuiert. Black-Panther-Führer Bobby Seale wird wegen Beleidigung des Gerichts vier Jahre eingesperrt. In: Vorwärts, Nr. 48, 27. Nov. 1969, Bonn, S. 10. *1931*

Nach dem Moratorium - Demonstrationen. In: Tagwacht, 77. Jg., Nr. 278, Do. 27. Nov. 1969, Bern, S. 3. *1932*

"America, the beautiful" in schwerer Krise. In: Jedioth Chadashoth, Nr. 9854, Fr. 5. Dez. 1969, Tel Aviv, S. 3. *1933*

Die moralische Krise in den USA. In: Tagwacht, 77. Jg., Nr. 287, Mo. 8. Dez. 1969, Bern, S. 3. *1934*

Die moralische Krise. In: Jedioth Chadashoth, Nr. 9860, Fr. 12. Dez. 1969, Tel Aviv, S. 3. *1935*

Das Einstein-Haus in Ulm. In: Jedioth Chadashoth, Nr. 9866, Fr. 19. Dez. 1969, Tel Aviv, S. 10. *1936*

Rück- und Ausblick an der Jahreswende. In: Tagwacht, 77. Jg., Nr. 301, Mi. 24. Dez. 1969, Bern, S. 5. *1937*

Gefährdete Krankenkassenbeitrags-Zuschüsse. In: Aufbau, 35. Jg., Nr. 52, (Die Wiedergutmachung, Nr. 313), 26. Dez. 1969, New York, S. 23. *1938*

Das Haus zu Ehren Einsteins. Ulm hat eine neue Attraktion. In: Aufbau, 35. Jg., Nr. 52, 26. Dez. 1969, New York, S. 28. *1939*

Nixons Amerika: Die Vereinigten Staaten an der Jahreswende. In: Vorwärts, Nr. 1, 1. Jan. 1970, Bonn, S. 10. *1940*

Malaise in den USA. Amerika an der Jahreswende. In: Jedioth Chadashoth, Nr. 9878, Fr. 2. Jan. 1970, Tel Aviv, S. 3. *1941*

Die 24. UN-Vollversammlung und der Kongreß. In: Vorwärts, Nr. 2, 8. Jan. 1970, Bonn, S. 9.*1942*

Die größere Gefahr kommt von innen... In: Jedioth Chadashoth, Nr. 9884, Fr. 9. Jan. 1970, Tel Aviv, S. 3. *1943*

Antisemitismus ohne Juden, das polnische Phänomen. In: Jedioth Chadashoth, Nr. 9886, Mo. 12. Jan. 1970, Tel Aviv, S. 3. *1944*

Im Bett erschossen. Sind die Black Panthers eine Staatsgefahr? In: Vorwärts, Nr. 3, 15. Jan. 1970, Bonn, S. 9. *1945*

Der Wahlkampf hat schon wieder begonnen. In: Jedioth Chadashoth, Nr. 9889,Do. 15. Jan. 1970, Tel Aviv, S. 3. *1946*

Meier Teich 80jährig. In: Aufbau, 36. Jg., Nr. 3, (Die Wiedergutmachung, Nr. 314), 16. Jan. 1970, New York, S. 18. *1947*

Ändern die USA ihre Richtung? In: Tagwacht, 78. Jg., Nr. 15, Di. 20. Jan. 1970, Bern, S. 2. *1948*

Hat Ted Kennedy noch eine Chance? In: Jedioth Chadashoth, Nr. 9896, Fr. 23. Jan. 1970, Tel Aviv, S. 3. *1949*

Meinungswandel in den USA. Ist das soziale Gewissen der Amerikaner besser als sein Ruf? In: Vorwärts, Nr. 5, 29. Jan. 1970, Bonn, S. 10. *1950*

Sind die Schwarzen Panther eine Staatsgefahr? In: Jedioth Chadashoth, Nr. 9913, Do. 5. Feb. 1970, Tel Aviv, S. 3. *1951*

Nixon auf Zick-Zack-Kurs. In: Tagwacht, 78. Jg., Nr. 32, Mo. 9. Feb. 1970, Bern, S. 2. *1952*

Die Demokraten haben schwere Sorgen. In: Jedioth Chadashoth, Nr. 9920, Fr. 20. Feb. 1970, Tel Aviv, S. 3. *1953*

Einäugige Justitia in den USA. In: Tagwacht, 78. Jg., Nr. 33, Di. 10. Feb. 1970, Bern, S. 2. *1954*

Eine notwendige Zwischenbilanz. In: Jedioth Chadashoth, Nr. 9916, Mo. 16. Feb. 1970, Tel Aviv, S. 2. *1955*

USA-Demokraten haben Sorgen. In: Tagwacht, 78. Jg., Nr. 41, Do. 19. Feb. 1970, Bern, S. 2. *1956*

Die Prozess-Farce von Chicago. In: Tagwacht, 78. Jg., Nr. 44, Mo. 23. Feb. 1970, Bern, S. 2. *1957*

Drama des Chicagoer Aufruhrprozesses. In: Jedioth Chadashoth, Nr. 9926, Fr. 27. Feb. 1970, Tel Aviv, S. 3. *1958*

Eine notwendige Wiedergutmachungsbilanz. In: Die Mahnung, 17. Jg., Nr. 5, 1. März 1970, Berlin, S. 1, 4. *1959*

Nachwort zum Chicago-Prozess. USA-Krisen-Tagebuch. In: Tagwacht, 78. Jg., Nr. 52, Mi. 4. März 1970, Bern, S. 2. *1960*

Die Demokraten haben schwere Sorgen. Die Partei ist gespalten, eine dominierende Persönlichkeit fehlt. Und Präsident Nixon ist populärer denn je. In: Vorwärts, Nr. 10, 5. März 1970, Bonn, S. 10. *1961*

Vertagung der Integration. USA-Krisen-Tagebuch. In: Tagwacht, 78. Jg., Nr. 53, Do. 5. März 1970, Bern, S. 2. *1962*

Eine notwendige Wiedergutmachungsbilanz. In: Aufbau, 36. Jg., Nr. 10, (Die Wiedergutmachung, Nr. 317), 6. März 1970, New York, S. 21. *1963*

Erbe von John L. Lewis wankt. USA: Nach dem Mord an Yablonsky. In: Tagwacht, 78. Jg., Nr. 66, Fr. 20. März 1970, Bern, S. 2. *1964*

Der Bombenwahnsinn in den USA. In: Tagwacht, 78. Jg., Nr. 73, Di. 31. März 1970, Bern, S. 2. *1965*

Streik gegen die USA-Regierung. In: Tagwacht, 78. Jg., Nr. 75, Do. 2. Apr. 1970, Bern, S. 2. *1966*

Nur ein Tag in den USA... In: Tagwacht, 78. Jg., Nr. 78, Mo. 6. Apr. 1970, Bern, S. 2. *1967*

Krieg in Vietnam und Gesetz. Massachussetts, USA. In: Tagwacht, 78. Jg., Nr. 83, Sa./So. 11./12. Apr. 1970, Bern, S. 2. *1968*

Abschied von Franz Schoenberner. In: Aufbau, 36. Jg., Nr. 16, 17. Apr. 1970, New York, S. 4. *1969*

Krieg ohne Gesetz. Erklärt US-Bundesgericht den Vietnam-Krieg für verfassungswidrig? In: Vorwärts, Nr. 17, 23. Apr. 1970, Bonn, S. 10.   *1970*

Ein Tag in New York. In: Jedioth Chadashoth, Nr. 9973, Fr. 24. Apr. 1970, Tel Aviv, S. 7.   *1971*

Der Bombenwahnsinn in den Vereinigten Staaten. In: Jedioth Chadashoth, Nr. 9974, So. 26. Apr. 1970, Tel Aviv, S. 3.   *1972*

Nach Nixons Vietnam-Rede. In: Tagwacht, 78. Jg., Nr. 96 Mo. 27. Apr. 1970, Bern, S. 2.   *1973*

Gute Erde und der gesunde Menschenverstand. In: Tagwacht, 78. Jg., Nr. 105, Fr. 8. Mai 1970, Bern, S. 2.   *1974*

Philip Friedman zum Gedenken. In: Aufbau, 36. Jg., Nr. 19, 8. Mai 1970, New York, S. 36.   *1975*

Die gute Erde und der gesunde Menschenverstand. In: Jedioth Chadashoth, Nr. 9984, Fr. 8. Mai 1970, Tel Aviv, S. 3.   *1976*

Amerika und Nixons Krieg. In: Tagwacht, 78. Jg., Nr. 107, Mo. 11. Mai 1970, Bern, S. 2.   *1977*

Nixons Operation Sieg. In: Jedioth Chadashoth, Nr. 9991, So. 17. Mai 1970, Tel Aviv, S. 3.   *1978*

Ein Volk - gespalten. USA nach Kambodscha und Kent. In: Tagwacht, 78. Jg., Nr. 114, Mi. 20. Mai 1970, Bern, S. 2.   *1979*

Wenn ich ein Neger wäre. In: Tagwacht, 78. Jg., Nr. 118, Mo. 25. Mai 1970, Bern, S. 1.   *1980*

Wiederholt sich 1929? In: Tagwacht, 78. Jg., Nr. 124, Mo. 1. Juni 1970, Bern, S. 2.   *1981*

Die Wirtschaftsgewaltigen haben Mißtrauen gegen Nixon. In: Jedioth Chadashoth, Nr. 10007, So. 7. Juni 1970, Tel Aviv, S. 3.   *1982*

Wallace siegt in Alabama. In: Tagwacht, 78. Jg., Nr. 131, Di. 9. Juni 1970, Bern, S. 2.   *1983*

Die Verfassungskrise. In: Jedioth Chadashoth, Nr. 10014, Mo. 15. Juni 1970, Tel Aviv, S. 3.   *1984*

Der Präsident im Elfenbeinturm. In: Tagwacht, 78. Jg., Nr. 136, Mo. 15. Juni 1970, Bern, S. 2.   *1985*

George Wallace siegt in Alabama. Im Vorfeld der Novemberwahlen 1970. In: Jedioth Chadashoth, Nr. 10018, Fr. 19. Juni 1970, Tel Aviv, S. 3.   *1986*

Was Nixon schwächt. Rassist Wallace wieder auf dem Sprungbrett zur Macht. In: Vorwärts, Nr. 26, 25. Juni 1970, Bonn, S. 10.   *1987*

Newark hat anders entschieden. In: Tagwacht, 78. Jg., Nr. 146, Fr. 26. Juni 1970, Bern, S. 2.   *1988*

Erneuter Hilferuf für eine "unbesungene Heldin". In: Aufbau, 36. Jg., Nr. 26, 26. Juni 1970, New York, S. 3.   *1989*

Nixon im Kreuzfeuer der Kritik. In: Jedioth Chadashoth, Nr. 10027, Di. 30. Juni 1970, Tel Aviv, S. 3.   *1990*

Reduzierung des Wahlalters. Neuyorker[!] Ausscheidungswahlen mit einigen Überraschungen. In: Tagwacht, 78. Jg., Nr. 149, Di. 30. Juni 1970, Bern, S. 2.   *1991*

Cui bono: Mr. Nixon? In: Jedioth Chadashoth, Nr. 10030, Fr. 3. Juli 1970, Tel Aviv, S. 3.   *1992*

New Yorker Ausscheidungswahlen mit einigen Überraschungen. In: Jedioth Chadashoth, Nr. 10033, Di. 7. Juli 1970, Tel Aviv, S. 3.   *1993*

Schlappe Nixons im "Angelhaken" und daheim. In: Vorwärts, Nr. 28, 9. Juli 1970, Bonn, S. 11.   *1994*

Nixon auf der politischen Talbahn? In: Jedioth Chadashoth, Nr. 10036, Fr. 10. Juli 1970, Tel Aviv, S. 3.   *1995*

Ist der Kennedy-Mythos zu Ende? In: Tagwacht, 78. Jg., Nr. 160, Mo. 13. Juli 1970, Bern, S. 2. *1996*

Teds Leiden. Wird für Edward Kennedy 1976 ein historisches Jahr? In: Vorwärts, Nr. 29, 16. Juli 1970, Bonn, S. 10. *1997*

Gefahr der Konfrontation. Naher Osten. In: Tagwacht, 78. Jg., Nr. 165, Mo. 20. Juli 1970, Bern, S. 2. *1998*

Ist der Kennedy-Mythos zu Ende? In: Jedioth Chadashoth, Nr. 10048, Fr. 24. Juli 1970, Tel Aviv, S. 3. *1999*

1972: Chance für Demokraten? In: Tagwacht, 78. Jg., Nr. 170, Fr. 24. Juli 1970, Bern, S. 2. *2000*

Die Rententabellen werden revidiert. In: Aufbau, 36. Jg., Nr. 31, (Die Wiedergutmachung, Nr. 326), 31. Juli 1970, New York, S. 17. *2001*

Die Revision der Entschädigungs-Rententabellen. In: Jedioth Chadashoth, Nr. 10056, Mo. 3. Aug. 1970, Tel Aviv, S. 3. *2002*

Einäugige Justiz in USA. In: Tagwacht, 78. Jg., Nr. 183, Sa./So. 8./9. Aug. 1970, Bern, S. 1-2. *2003*

Der Moskau-Vertrag und die USA. In: Tagwacht, 78. Jg., Nr. 187, Do. 13. Aug. 1970, Bern, S. 2. *2004*

25 Jahre UNO. Versuch einer Bilanz. In: Jedioth Chadashoth, Nr. 10072, Fr. 21. Aug. 1970, Tel Aviv, S. 3. *2005*

Nixon und der Kongress. In: Tagwacht, 78. Jg., Nr. 194, Fr. 21. Aug. 1970, Bern, S. 2. *2006*

Rufmord an Martin Luther King. In: Tagwacht, 78. Jg., Nr. 196, Mo. 24. Aug. 1970, Bern, S. 2. *2007*

Die Studenten als Last. In: Tagwacht, 78. Jg., Nr. 201, Sa./So. 29./30. Aug. 1970, Bern, S. 1. *2008*

Martin Luther King, zum zweiten Mal ermordet. In: Jedioth Chadashoth, Nr. 10079, So. 30. Aug. 1970, Tel Aviv, S. 3. *2009*

Das Leben - kein Traum. Schlecht organisierte US-Studentenbewegung ohne Einfluß auf Nixon. In: Vorwärts, Nr. 36, 3. Sep. 1970, Bonn, S. 10. *2010*

Vietnamkrieg beenden? USA-Senat. In: Tagwacht, 78. Jg., Nr. 205, Do. 3. Sep. 1970, Bern, S. 2. *2011*

Amerikas Studenten sind eine politische Belastung. In: Jedioth Chadashoth, Nr. 10086, Mo. 7. Sep. 1970, Tel Aviv, S. 3. *2012*

Werner Marx - 60jährig. In: Aufbau, 36. Jg., Nr. 37, 11. Sep. 1970, New York, S. 4. *2013*

Die Korrektur der Entschädigungs-Rententabellen. In: Die Mahnung, 17. Jg., Nr. 18, 15. Sep. 1970, Berlin, S. 1, 6. *2014*

Bevölkerungsumschichtung. In: Tagwacht, 78. Jg., Nr. 220, Mo. 21. Sep. 1970, Bern, S. 2. *2015*

Gertrud Luckner. In: Aufbau, 36. Jg., Nr. 39, 25. Sep. 1970, New York, S. 4. *2016*

Nixon in der Offensive. In: Tagwacht, 78. Jg., Nr. 225, Sa./So. 26./27. Sep. 1970, Bern, S. 2. *2017*

Konfrontation im Nahen Osten. In: Tagwacht, 78. Jg., Nr. 226, Mo. 28. Sep. 1970, Bern, S. 2. *2018*

Die Korrektur der Entschädigungs-Rententabellen. In: Die Mahnung, 17. Jg., Nr. 19, 1. Okt. 1970, Berlin, S. 4. *2019*

Das demographische Gesicht der Vereinigten Staaten hat sich verändert. In: Jedioth Chadashoth, Nr. 10116, Fr. 14. Okt. 1970, Tel Aviv, S. 7. *2020*

"Friedenspräsident Nixon". Die Unruhen an den Universitäten ein konservatives Wahlargument. In: Tagwacht, 78. Jg., Nr. 244, Mo. 19. Okt. 1970, Bern, S. 2.   *2021*

Ruck nach Rechts. Amerika auf dem Wege zum "Ordnungsstaat". In: Jedioth Chadashoth, Nr. 10120, Mi. 21. Okt. 1970, Tel Aviv, S. 2-3.   *2022*

Sieg der Elefanten? Im US-Wahlkampf sehen sich Demokraten in die Defensive gedrängt. In: Vorwärts, Nr. 43, 22. Okt. 1970, Bonn, S. 12.   *2023*

Der tote Tucholsky lebt. In: Jedioth Chadashoth, Nr. 10122, Fr. 23. Okt. 1970, Tel Aviv, S. 4.*2024*

Von Juden kein Wort [Leserbrief]. In: Die Zeit, 25. Jg., Nr. 43, 23. Okt. 1970, Hamburg, S. 23.   *2025*

Amerika im Zeichen der Gewalt. In: Tagwacht, 78. Jg., Nr. 252, Mi. 28. Okt. 1970, Bern, S. 2.   *2026*

Viermillionenmal Tucholsky. Das Tucholsky-Archiv: Spiegel einer phänomenalen Renaissance. In: Aufbau, 36. Jg., Nr. 44, (Der Zeitgeist, Nr. 325), 30. Okt. 1970, New York, S. 17.   *2027*

Amerika steuert in die schwerste innere Krise. In: Jedioth Chadashoth, Nr. 10129, So. 1. Nov. 1970, Tel Aviv, S. 3.   *2028*

Epoche der Furcht in USA. In: Jedioth Chadashoth, Nr. 10131, Di. 3. Nov. 1970, Tel Aviv, S. 3.   *2029*

Ehmke über Wiedergutmachung. Bonner Minister verspricht Fortsetzung der bisherigen Politik. In: Aufbau, 36. Jg., Nr. 45, (Die Wiedergutmachung, Nr. 332), 6. Nov. 1970, New York, S. 20.   *2030*

Analyse der 1970er Wahlen. In: Tagwacht, 78. Jg., Nr. 262, Mo. 9. Nov. 1970, Bern, S. 2.   *2031*

Die Demokraten behaupten ihre Kongreßmehrheit. Analyse der 1970er Wahlen. In: Jedioth Chadashoth, Nr. 10138, Mi. 11. Nov. 1970, Tel Aviv, S. 3.   *2032*

US-Demokraten hoffen wieder. Die amerikanischen Zwischenwahlen beweisen: Parolen von "law and order" allein genügen nicht. In: Vorwärts, Nr. 46, 12. Nov. 1970, Bonn, S. 10.   *2033*

Korrumpiertes Establishment. In: Tagwacht, 78. Jg., Nr. 277, Do. 26. Nov. 1970, Bern, S. 2.   *2034*

Gesetz und Ordnung contra Establishment. In: Jedioth Chadashoth, Nr. 10152, Fr. 27. Nov. 1970, Tel Aviv, S. 3.   *2035*

Chinas "Sieg" in der Uno. In: Tagwacht, 78. Jg., Nr. 281, Di. 1. Dez. 1970, Bern, S. 2.   *2036*

Krankenkassenbeitrags-Zuschüsse werden gezahlt. Ein Brief des deutschen Arbeitsministers. In: Aufbau, 36. Jg., Nr. 49, (Die Wiedergutmachung, Nr. 334), 4. Dez. 1970, New York, S. 20.   *2037*

Die Entlassung des Innenministers. In: Tagwacht, 78. Jg., Nr. 286, Mo. 7. Dez. 1970, Bern, S. 2.   *2038*

Berlin ehrte die unbesungenen Helden. In: Aufbau, 36. Jg., Nr. 50, 11. Dez. 1970, New York, S. 18.   *2039*

Das reichste Land der Welt kann nicht alle seine Einwohner ernähren. In: Jedioth Chadashoth, Nr. 10171, So. 20. Dez. 1970, Tel Aviv, S. 3.   *2040*

Mörder "aus Angst"! Zu dem Freispruch des SS-Obersturmführers Lucas. In: Aufbau, 36. Jg., Nr. 52, 25. Dez. 1970, New York, S. 7.   *2041*

Richard Nixon und die Presse. In: Tagwacht, 78. Jg., Nr. 303, Di. 29. Dez. 1970, Bern, S. 2.   *2042*

Willy Brandt - Mann des Jahres. In: Tagwacht, 79. Jg., Nr. 3, Mi. 6. Jan. 1971, Bern, S. 2.   *2043*

Amnestie für Deserteure? In: Jedioth Chadashoth, Nr. 10187, Do. 7. Jan. 1971, Tel Aviv, S. 3.   *2044*

Hailing German-Polish Pact [Leserbrief]. In: New York Times, 120. Jg., Nr. 41257, Fr. 8. Jan. 1971, S. 30.   *2045*

Nahum Goldmann und der Zionismus. Anmerkungen zu einem "Rechenschaftsbericht". In: Rheinischer Merkur, 26. Jg., Nr. 2, Fr. 8. Jan. 1971, Köln, S. 29.   *2046*

Nixon - nach zwei Jahren. In: Tagwacht, 79. Jg., Nr. 8, Di. 12. Jan. 1971, Bern, S. 2.   *2047*

Anklage gegen Westmoreland? In: Tagwacht, 79. Jg., Nr. 13, Mo. 18. Jan. 1971, Bern, S. 2.   *2048*

Nixon - nach zwei Jahren. In: Vorwärts, Nr. 3, 21. Jan. 1971, Bonn, S. 2.   *2049*

Nixon - nach zwei Jahren. In: Jedioth Chadashoth, Nr. 10200, Fr. 22. Jan. 1971, Tel Aviv, S. 3.   *2050*

Nürnberg und Vietnam. Amerikanische Tragödie. In: Jedioth Chadashoth, Nr. 10201, So. 24. Jan. 1971, Tel Aviv, S. 3.   *2051*

Der Wahlkampf für 1972 hat begonnen. In: Jedioth Chadashoth, Nr. 10212, Fr. 5. Feb. 1971, Tel Aviv, S. 3.   *2052*

Katholische Verschwörung an der Ostküste. In: Jedioth Chadashoth, Nr. 10218, Fr. 12. Feb. 1971, Tel Aviv, S. 3.   *2053*

Der "grosse Bruder" wacht... In: Tagwacht, 79. Jg., Nr. 38, Di. 16. Feb. 1971, Bern, S. 2.   *2054*

Der "Große Bruder" wacht... In: Jedioth Chadashoth, Nr. 10224, Fr. 19. Feb. 1971, Tel Aviv, S. 3.   *2055*

Die Augen des Großen Bruders. In: Vorwärts, Nr. 9, 25. Feb. 1971, Bonn, S. 10.   *2056*

Noch einmal: Die Krankenkassen-Beitragszuschüsse. In: Aufbau, 37. Jg., Nr. 9, (Die Wiedergutmachung, Nr. 340), 26. Feb. 1971, New York, S. 32.   *2057*

Spielt Nixon in Laos zu hoch? Laos-Invasion. In: Tagwacht, 79. Jg., Nr. 55, Mo. 8. März 1971, Bern, S. 2.   *2058*

Das Weiße Haus spielt "russisches Roulette". In: Jedioth Chadashoth, Nr. 10242, Fr. 12. März 1971, Tel Aviv, S. 3.   *2059*

Eine Hoffnung für den Süden. In: Tagwacht, 79. Jg., Nr. 67, Mo. 22. März 1971, Bern, S. 2.   *2060*

Die Justiz - vor Gericht. In: Jedioth Chadashoth, Nr. 10254, Fr. 26. März 1971, Tel Aviv, S. 3.   *2061*

Nixon nach zwei Jahren. In: Boletin Informativo, März 1971, Santiago de Chile, S. 19.   *2062*

My Lai und das Gewissen der USA. In: Tagwacht, 79. Jg., Nr. 78, Sa./So. 3./4. Apr. 1971, Bern, S. 2.   *2063*

Leutnant Calley ist nur ein Sündenbock. In: Jedioth Chadashoth, Nr. 10266, Fr. 9. Apr. 1971, Tel Aviv, S. 3.   *2064*

Vietnam - Nixons Pferdefuss. In: Tagwacht, 79. Jg., Nr. 93, Fr. 23. Apr. 1971, Bern, S. 2.   *2065*

Nixon wirbt um die Sympathie des Volkes. In: Jedioth Chadashoth, Nr. 10277, Fr. 23. Apr. 1971, Tel Aviv, S. 3.   *2066*

Der Mann, der zu lange blieb. Die turbulente Kontroverse um die FBI. In: Tagwacht, 79. Jg., Nr. 98, Do. 29. Apr. 1971, Bern, S. 2.   *2067*

Der neue deutsche Botschafter in Israel. In: Boletin Informativo, Mai 1971, Santiago de Chile, S. 13. *2068*

Vietnam-Veteranen schlagen Alarm - Nixon bleibt harthörig. In: Jedioth Chadashoth, Nr. 10288, Fr. 7. Mai 1971, Tel Aviv, S. 3. *2069*

Die Protestbewegung lebt weiter. In: Tagwacht, 79. Jg., Nr. 107, Mo. 10. Mai 1971, Bern, S. 2. *2070*

Der neue deutsche Botschafter. In: Jedioth Chadashoth, Nr. 10291, Mo. 10. Mai 1971, Tel Aviv, S. 2. *2071*

Ilse Koch's Guilt [Leserbrief]. In: New York Times, 120. Jg., Nr. 41386, Mo. 17. Mai 1971, S. 34. *2072*

Die Nixon-Strategie für 1972. In: Tagwacht, 79. Jg., Nr. 117, Sa./So. 22./23. Mai 1971, Bern, S. 2. *2073*

Ist das Entschädigungswerk nun zu Ende? In: Jedioth Chadashoth, Nr. 10300, So. 23. Mai 1971, Tel Aviv, S. 3. *2074*

648 zum Tode Verurteilte warten. In: Tagwacht, 79. Jg., Nr. 121, Do. 27. Mai 1971, Bern, S. 2. *2075*

Ist das Entschädigungswerk nun am Ende? In: Die Mahnung, 18. Jg., Nr. 11, 1. Juni 1971, Berlin, S. 6. *2076*

Schüsse aus dem Dunkeln. In: Tagwacht, 79. Jg., Nr. 125, Mi. 2. Juni 1971, Bern, S. 2. *2077*

Schüsse aus dem Dunkel. In: Jedioth Chadashoth, Nr. 10312, Fr. 4. Juni 1971, Tel Aviv, S. 3. *2078*

Erinnerungstag 1971! In: Jedioth Chadashoth, Nr. 10318, Fr. 11. Juni 1971, Tel Aviv, S. 3. *2079*

Mc Closkey - Opponent Nixons. Ein zweites "Johnson-Wunder". In: Tagwacht, 79. Jg., Nr. 135, Mo. 14. Juni 1971, Bern, S. 2. *2080*

Washington and Weimar [Leserbrief]. In: International Herald Tribune, Di. 22. Juni 1971, Paris, S. 6. *2081*

Es begann schon bei Truman... In: Tagwacht, 79. Jg., Nr. 142, Di. 22. Juni 1971, Bern, S. 2. *2082*

Wiederholt sich das Johnson Wunder? Pete McCloskey - der republikanische McCarthy? In: Jedioth Chadashoth, Nr. 10330, Fr. 25. Juni 1971, Tel Aviv, S. 3. *2083*

Weimar und Washington... Pflicht zum Landesverrat in den USA? In: Tagwacht, 79. Jg., Nr. 146, Sa./So. 26./27. Juni 1971, Bern, S. 1-2. *2084*

"Krieg" mit andern Mitteln. Anmerkungen zum bevorstehenden China-Besuch Nixons. In: Tagwacht, 79. Jg., Nr. 171, Mo. 26. Juli 1971, Bern, S. 2. *2085*

648 Menschen warten in der Todeszelle. In: Jedioth Chadashoth, Nr. 10336, Fr. 2. Juli 1971, Tel Aviv, S. 3. *2086*

Wegweisende Selbstkritik? In: Tagwacht, 79. Jg., Nr. 153, Mo. 5. Juli 1971, Bern, S. 2. *2087*

Das nennt sich Beschleunigung? In: Jedioth Chadashoth, Nr. 10338, Mo. 5. Juli 1971, Tel Aviv, S. 2. *2088*

Nixon auf der politischen Talbahn? In: Jedioth Chadashoth, Nr. 10342, Fr. 10. Juli 1971, Tel Aviv, S. 3. *2089*

Justizminister und Verfassung. In: Tagwacht, 79. Jg., Nr. 159, Mo. 12. Juli 1971, Bern, S. 2. *2090*

Es ist etwas faul im Staate Mitchells In: Jedioth Chadashoth, Nr. 10348, Mi. 14. Juli 1971, Tel Aviv, S. 3. *2091*

Falke und Taube zugleich. Mc Closkey: Für Nixon ein neuer Rivale. In: Vorwärts, Nr. 29, 15. Juli 1971, Bonn, S. 10. *2092*

"Ein neuer Tag" im USA-Süden. In: Tagwacht, 79. Jg., Nr. 175, Fr. 30. Juli 1971, Bern, S. 2. *2093*

Apollo 15 für die USA zu teuer? In: Tagwacht, 79. Jg., Nr. 181, Fr. 6. Aug. 1971, Bern, S. 2. *2094*

Paul Grüninger in St. Gallen: Ein Aufruf zur Hilfe. In: Aufbau, 37. Jg., Nr. 33, 13. Aug. 1971, New York, S. 7. *2095*

Mit Milliarden-Defizit in den Weltraum. In: Jedioth Chadashoth, Nr. 10376, Mi. 18. Aug. 1971, Tel Aviv, S. 3. *2096*

Die Berrigen-Brüder und der Held. In: Tagwacht, 79. Jg., Nr. 197, Mi. 25. Aug. 1971, Bern, S. 2. *2097*

Gewerkschafter gegen Nixon. In: Tagwacht, 79. Jg., Nr. 200, Sa./So. 28./29. Aug. 1971, Bern, S. 2. *2098*

Die Berrigen-Brüder und der Nautilus-Held Anderson. In: Jedioth Chadashoth, Nr. 10385, So. 29. Aug. 1971, Tel Aviv, S. 3. *2099*

Die Folgen der Mörderkugel von Memphis. In: Jedioth Chadashoth, Nr. 10387, Di. 31. Aug. 1971, Tel Aviv, S. 3. *2100*

Nixons Dilemma. In: Jedioth Chadashoth, Nr. 10390, Fr. 3. Sep. 1971, Tel Aviv, S. 3. *2101*

Die böse Saat von Memphis. In: Tagwacht, 79. Jg., Nr. 206, Sa./So. 4./5. Sep. 1971, Bern, S. 2. *2102*

Ist das Entschädigungswerk nun am Ende? In: Aufbau, 37. Jg., Nr. 37, (Die Wiedergutmachung, Nr. 352), 10. Sep. 1971, New York, S. 26. *2103*

Hat John V. Lindsay eine Chance? In: Jedioth Chadashoth, Nr. 10396, Fr. 10. Sep. 1971, Tel Aviv, S. 3. *2104*

Wahlparole "Gesetz und Ordnung" - und die Wirklichkeit. In: Jedioth Chadashoth, Nr. 10402, Fr. 17. Sep. 1971, Tel Aviv, S. 3. *2105*

Ist das Entschädigungswerk nun am Ende? II. In: Aufbau, 37. Jg., Nr. 38, (Die Wiedergutmachung, Nr. 353), 17. Sep. 1971, New York, S. 41. *2106*

Wahlparole "Gesetz und Ordnung". In: Tagwacht, 79. Jg., Nr. 218, Sa./So. 18./19. Sep. 1971, Bern, S. 2. *2107*

Attica: Symptom einer Krankheit. In: Tagwacht, 79. Jg., Nr. 223, Fr. 24. Sep. 1971, Bern, S. 2. *2108*

Kommen wir um den dritten Weltkrieg herum? In: Jedioth Chadashoth, Nr. 10408, Mo. 27. Sep. 1971, Tel Aviv, S. 3. *2109*

Ohne dritten Weltkrieg. In: Tagwacht, 79. Jg., Nr. 226, Di. 28. Sep. 1971, Bern, S. 1-2. *2110*

Die Priorität der moralischen Werte. In: Die Mahnung, 18. Jg., Nr. 19, 1. Okt. 1971, Berlin, S. 3. *2111*

Wolken am deutschen Himmel? In: Tagwacht, 79. Jg., Nr. 229, Fr. 1. Okt. 1971, Bern, S. 2. *2112*

Die Priorität der moralischen Werte. In: Jedioth Chadashoth, Nr. 10412, So. 3. Okt. 1971, Tel Aviv, S. 4. *2113*

Über den Vereinten Nationen kreist der Pleitegeier. In: Jedioth Chadashoth, Nr. 10421, Fr. 15. Okt. 1971, Tel Aviv, S. 3. *2114*

Nicht geeinte Nationen... In: Tagwacht, 79. Jg., Nr. 243, Mo. 18. Okt. 1971, Bern, S. 1-2. *2115*

Kriminalität und Drogen in den USA [span.]. In: Boletin Informativo, Okt. 1971, Santiago de Chile, S. 9.   *2116*

Wirtschaftliche Probleme in USA. In: Tagwacht, 79. Jg., Nr. 246, Do. 21. Okt. 1971, Bern, S. 2.   *2117*

Oberstes Bundesgericht im Geiste Nixons! In: Tagwacht, 79. Jg., Nr. 252, Do. 28. Okt. 1971, Bern, S. 2.   *2118*

Die USA im Zeichen der dirigierten Wirtschaft. In: Jedioth Chadashoth, Nr. 10433, Fr. 29. Okt. 1971, Tel Aviv, S. 3.   *2119*

Wirtschaft, Außen- und Innenpolitik [span.]. In: Boletin Informativo, Nov. 1971, Santiago de Chile.   *2120*

Die Niederlage der USA in der Uno. In: Tagwacht, 79. Jg., Nr. 255, Mo. 1. Nov. 1971, Bern, S. 2.   *2121*

Erst die Aussöhnung im Osten sichert den Frieden in Europa. Willy Brandt und der Nobelpreis. In: Vorwärts, Nr. 45, 4. Nov. 1971, Bonn, S. 17.   *2122*

Anklage gegen Kriegsverbrecher [Leserbrief]. In: Welt am Sonntag, Nr. 45, 7. Nov. 1971, Bonn, S. 46.   *2123*

Statt Auslandshilfe - Welt-Solidarität. In: Jedioth Chadashoth, Nr. 10444, Fr. 12. Nov. 1971, Tel Aviv, S. 3.   *2124*

Statt Auslandshilfe Solidarität? In: Tagwacht, 79. Jg., Nr. 265, Fr. 12. Nov. 1971, Bern, S. 2. *2125*

Expräsident Johnson erhebt wieder seine Stimme. Ernüchterung über Nixon. In: Jedioth Chadashoth, Nr. 10454, Mi. 24. Nov. 1971, Tel Aviv, S. 3.   *2126*

Internationale Solidarität. Statt Auslandshilfe. In: Boletin Informativo, Dez. 1971, Santiago de Chile, S. 19.   *2127*

Pro und Contra Joachim Prinz [Leserbrief]. In: Aufbau, 37. Jg., Nr. 49, 3. Dez. 1971, New York, S. 6.   *2128*

Das finanzielle und politische Dilemma. Andrang demokratischer Präsidentschaftskandidaten. In: Tagwacht, 79. Jg., Nr. 285, Mo. 6. Dez. 1971, Bern, S. 2.   *2129*

Martin Hirsch wird Bundesverfassungsrichter. In: Aufbau, 37. Jg., Nr. 50, (Die Wiedergutmachung, Nr. 359), 10. Dez. 1971, New York, S. 26.   *2130*

Willy Brandt und der Friedens-Nobelpreis. Erinnerung und Erfüllung. In: Die Mahnung, 18. Jg., Nr. 24, 15. Dez. 1971, Berlin, S. 1-2.   *2131*

Die USA und Weimar, eine mißglückte Professoren-Konferenz. In: Jedioth Chadashoth, Nr. 10473, Do. 16. Dez. 1971, Tel Aviv, S. 9.   *2132*

"Zensierte Gedankenfreiheit" für Ossietzky [Leserbrief]. In: Frankfurter Allgemeine Zeitung, Nr. 291, Do. 16. Dez. 1971, S. 9.   *2133*

Nixon führt im Gallup-Poll. In: Jedioth Chadashoth, Nr. 10482, Mo. 27. Dez. 1971, Tel Aviv, S. 3.   *2134*

Realistische Ernüchterung. In: Jedioth Chadashoth, Nr. 10486, Fr. 31. Dez. 1971, Tel Aviv, S. 3.   *2135*

Arroganz der Macht und Frieden. In: Tagwacht, 80. Jg., Nr. 3, Mi. 5. Jan. 1972, Bern, S. 2. *2136*

Martin Hirsch wird Bundesverfassungsrichter. In: Jedioth Chadashoth, Nr. 10494, Mo. 10. Jan. 1972, Tel Aviv, S. 3.   *2137*

Die Hüte fliegen in den Ring. In: Jedioth Chadashoth, Nr. 10498, Fr. 14. Jan. 1972, Tel Aviv, S. 3.   *2138*

Retter von 1100 Juden. Oscar Schindler von dankbaren "Kindern" begrüsst. In: Aufbau, 38. Jg., Nr. 2, 14. Jan. 1972, New York, S. 9.   *2139*

Die Anderson Enthüllungen. In: Jedioth Chadashoth, Nr. 10504, Fr. 21. Jan. 1972, Tel Aviv, S. 3.   *2140*

Ist Richard Nixon seines Sieges im November sicher? In: Jedioth Chadashoth, Nr. 10510, Fr. 28. Jan. 1972, Tel Aviv, S. 3.   *2141*

Oscar Schindlers dankbare Kinder. In: Jedioth Chadashoth, Nr. 10510, Fr. 28. Jan. 1972, Tel Aviv, S. 7.   *2142*

Sittliche Verpflichtung über Bürokratismus. In: Die Mahnung, 19. Jg., Nr. 4, 15. Feb. 1972, Berlin, S. 6.   *2143*

Freund der Verfolgten in schwerer Not. Der Fall Otto Ernst Fritsch. In: Aufbau, 38. Jg., Nr. 8, 25. Feb. 1972, New York, S. 5.   *2144*

5. Rezensionen

Hitler speaks - The Voice of Destruction by Hermann Rauschning. In: Jewish Frontier, 7. Jg. (1940), H. 4 (64), New York, S. 30-31.   *2145*

Geschichtsbuch über die Hitlersche "Neue Ordnung". In: Aufbau, 8. Jg., Nr. 15, 10. Apr. 1942, New York, S. 13.   *2146*

Kriegsschauplatz Inner-Deutschland. In: Aufbau, 8. Jg., Nr. 28, 10. Juli 1942, New York, S. 4. *2147*

Geschichte der Barbarei. Das polnische Schwarzbuch. In: Aufbau, 8. Jg., Nr. 43, 23. Okt. 1942, New York, S. 4.   *2148*

Otto Lehmann-Russbueldt: Wann ist der Krieg aus? In: Aufbau, 8. Jg., Nr. 46, 13. Nov. 1942, New York, S. 9.   *2149*

Strategie für einen dauernden Frieden. In: Aufbau, 9. Jg., Nr. 32, 6. Aug. 1943, New York, S. 16.   *2150*

Ellen Knauff berichtet. In: Aufbau, 18. Jg., Nr. 19, 9. Mai 1952, New York, S. 12.   *2151*

Strategie für einen dauernden Frieden. In: Aufbau, 9. Jg., Nr. 32, 6. Aug. 1943, New York, S. 16.   *2152*

Von jüdischer Wanderung. In: Aufbau, 15. Jg., Nr. 38, 23. Sep. 1949, New York, S. 18.   *2153*

The Jewish Yearbook of International Law. In: Jewish Social Studies, 12. Jg. (1950), H. 4, New York, S. 399-400.   *2154*

Generäle der Politik. In: Aufbau, 17. Jg., Nr. 19, 11. Mai 1951, New York, S. 7.   *2155*

Die Juden in der Sowjetunion. In: Aufbau, 17. Jg., Nr. 38, 21. Sep. 1951, New York, S. 5.   *2156*

Die Wahrheit über Theresienstadt. In: Aufbau, 19. Jg., Nr. 37, 11. Sep. 1953, New York, S. 4. *2157*

Geschichte der Endlösung. In: Aufbau, 19. Jg., Nr. 43, 23. Okt. 1953, New York, S. 2.   *2158*

Darstellung des Bundesentschädigungsgesetzes. In: Aufbau, 19. Jg., Nr. 44, 30. Okt. 1953, New York, S. 30.   *2159*

Zwei Jüdische Almanache in Deutschland erschienen. In: Aufbau, 19. Jg., Nr. 51, 18. Dez. 1953, New York, S. 3. *2160*

Darstellung des Bundes-Entschädigungsgesetzes. In: Aufbau, 19. Jg., Nr. 51, 18. Dez. 1953, New York, S. 16. *2161*

Wie wurde Nachkriegs-Deutschland regiert. In: Aufbau, 20. Jg., Nr. 1, 1. Jan. 1954, New York, S. 20. *2162*

Die Vergangenheit warnt... In: Aufbau, 20. Jg., Nr. 30, 23. Juli 1954, New York, S. 8, 25. *2163*

Die wichtigsten Ereignisse im jüdischen Leben 1953. In: Aufbau, 20. Jg., Nr. 39, 24. Sep. 1954, New York, S. 22. *2164*

Ein Panorama der jüdischen Leistung. Das erste grosse jüdische "Wer ist's?" In: Aufbau, 21. Jg., Nr. 9, 4. März 1955, New York, S. 10. *2165*

Sündenböcke der Revolution. In: Aufbau, 21. Jg., Nr. 12, 25. März 1955, New York, S. 10. *2166*

Lasst uns nicht vergessen! In: Aufbau, 21. Jg., Nr. 24, 17. Juni 1955, New York, S. 35. *2167*

Zehn Jahre nach Hitler. In: Aufbau, 22. Jg., Nr. 23, 8. Juni 1956, New York, S. 9. *2168*

Frühgeschichte des Antisemitismus. In: Aufbau, 22. Jg., Nr. 26, 29. Juni 1956, New York, S. 8. *2169*

Deutsche Ausgabe von Reitlingers "Endlösung". In: Aufbau, 22. Jg., Nr. 26, 29. Juni 1956, New York, S. 8, 10. *2170*

"Drei Brüder waren wir". In: Aufbau, 22. Jg., Nr. 51, 21. Dez. 1956, New York, S. 12. *2171*

Die Geschichte der SS. Erfolg der Erinnerungs-Literatur. In: Aufbau, 23. Jg., Nr. 23, 7. Juni 1957, New York, S. 11. *2172*

"Haben sich die Deutschen gewandelt?" In: Aufbau, 25. Jg., Nr. 12, 20. März 1959, New York, S. 23. *2173*

Bücher über Juden und Judentum auf der Best-Sellerliste. In: Aufbau, 26. Jg., Nr. 25, (Der Zeitgeist, Nr. 126), 17. Juni 1960, New York, S. 36. *2174*

Unheimliche Kräfte. In: Aufbau, 26. Jg., Nr. 38, 16. Sep. 1960, New York, S. 16. *2175*

Wegweiser durch die jüdische Geschichte unter der Naziherrschaft. In: Die Mahnung, 3. Jg., Nr. 3, 1. Feb. 1961, Berlin, S. 5. *2176*

Ein monumentales Werk. Wegweiser durch die jüdische Geschichte unter der Herrschaft der Nazis. In: Aufbau, 27. Jg., Nr. 8, 24. Feb. 1961, New York, S. 9. *2177*

Albert Einsteins Kampf für Frieden. Erstes Buch aus Nachlass-Schriften. In: Aufbau, 27. Jg., Nr. 22, (Der Zeitgeist, Nr. 147), 2. Juni 1961, New York, S. 17. *2178*

Ungeschriebene Weltgeschichte. Der "missverstandene" Hitler. In: Aufbau, 28. Jg., Nr. 43, 26. Okt. 1962, New York, S. 22. *2179*

Mißbrauchte Staatsnot - Gebeugtes Recht. In: Deutsche Rundschau, 88. Jg. (1962),H. 12, Baden-Baden, S. 1104-1105. *2180*

Alexander Werth: "Russland im Krieg". Ein Standardwerk. In: Aufbau, 31. Jg., Nr. 23, (Der Zeitgeist, Nr. 230), 4. Juni 1965, New York, S. 15. *2181*

Die Nazis ergreifen die Macht. Das Beispiel einer deutschen Stadt. In: Semana Israelita, 26. Jg., Nr. 2131, 27. Aug. 1965, Buenos Aires, S. 8. *2182*

Oesterreicher gegen Hitler. In: Aufbau, 32. Jg., Nr. 11, 18. März 1966, New York, S. 20. *2183*

"Diary of a Nightmare". In: Aufbau, 32. Jg., Nr. 17, 29. Apr. 1966, New York, S. 12. *2184*

Die Todesfabrik. In: Aufbau, 32. Jg., Nr. 28, 15. Juli 1966, New York, S. 28. *2185*

Illusionen über das Halt der "Endlösung". In: Aufbau, 32. Jg., Nr. 45, 11. Nov. 1966, New York, S. 23. *2186*

Die Geschichte der Juden. Vom Makkabäeraufstand bis zum "Dritten Reich". In: Rheinischer Merkur, 21. Jg., Nr. 46, 11. Nov. 1966, Köln, S. 36. *2187*

Gibt es zwei Deutschlands? In: Aufbau, 32. Jg., Nr. 48, 2. Dez 1966, New York, S. 22. *2188*

Wohin treibt die Bundesrepublik? In: Aufbau, 32. Jg., Nr. 49, 9. Dez 1966, New York, S. 26. *2189*

Die Expropriation der Juden im Dritten Reich. In: Aufbau, 33. Jg., Nr. 6, 10. Feb. 1967, New York, S. 26. *2190*

Als Mitleid ein Verbrechen war. In: Aufbau, 33. Jg., Nr. 9, 3. März 1967, New York, S. 12. *2191*

Sie gingen nicht wie Schafe zur Schlachtbank. In: Aufbau, 33. Jg., Nr. 12, 24. März 1967, New York, S. 24. *2192*

Internationaler Faschismus 1920 bis 1945. In: Aufbau, 33. Jg., Nr. 15, 14. Apr. 1967, New York, S. 21. *2193*

Vor der Katastrophe. In: Aufbau, 33. Jg., Nr. 28, 14. Juli 1967, New York, S. 15. *2194*

Deutschland und Israel. In: Aufbau, 33. Jg., Nr. 45, 10. Nov. 1967, New York, S. 23. *2195*

"Sire, geben Sie Gedankenfreiheit!" In: Aufbau, 33. Jg., Nr. 52, 29. Dez. 1967, New York, S. 18. *2196*

Deutschlands Juden in der deutschen Politik. In: Aufbau, 34. Jg., Nr. 10, 8. März 1968, New York, S. 13. *2197*

Während Millionen starben. Enthüllungen über die Rettungsversuche der Juden. In: Vorwärts, Nr. 11, 14. März 1968, Bonn, S. 18. *2198*

Gerechtigkeit in Jerusalem. Bericht des Anklägers im Eichmann-Prozeß. In: Rheinischer Merkur, 23. Jg., Nr. 11, 15. März 1968, Köln, S. 26. *2199*

Gefahr von rechts? In: Aufbau, 34. Jg., Nr. 17, 26. Apr. 1968, New York, S. 21. *2200*

Nahost-Krieg, ein Jahr später. In: Aufbau, 34. Jg., Nr. 25, 21. Juni 1968, New York, S. 30. *2201*

Die ihrem Gewissen gehorchten. In: Aufbau, 34. Jg., Nr. 28, 12. Juli 1968, New York, S. 21. *2202*

Einladung nach Israel. In: Aufbau, 34. Jg., Nr. 34, 23. Aug. 1968, New York, S. 14. *2203*

Leben und Tod von Siegmund Stein. In: Aufbau, 34. Jg., Nr. 38, 20. Sep. 1968, New York, S. 30. *2204*

Der Weg nach Israel. Dokumentation über die deutsch-jüdische Zusammenarbeit. In: Rheinischer Merkur, 23. Jg., Nr. 47, 22. Nov. 1968, Köln, S. 44. *2205*

Geschichtsschreibung der israelischen Extremisten. In: Aufbau, 34. Jg., Nr. 51, 20. Dez. 1968, New York, S. 19. *2206*

Ein Kind der jüdischen Tragödie. In: Aufbau, 35. Jg., Nr. 1, 3. Jan. 1969, New York, S. 18. *2207*

"While Six Million Died" in deutscher Fassung. In: Aufbau, 35. Jg., Nr. 9, 28. März 1969, New York, S. 17. *2208*

Ein unvollkommenes "Braunbuch". In: Aufbau, 35. Jg., Nr. 14, 4. Apr. 1969, New York, S. 21. *2209*

Letzte Botschaften vor dem Opfertod. In: Aufbau, 35. Jg., Nr. 22, 30. Mai 1969, New York, S. 14. *2210*

Abwehrkampf des "C.V." vor 1933. In: Aufbau, 35. Jg., Nr. 27, 4. Juli 1969, New York, S. 24. *2211*

Standardwerk über Hitlers Totenkopfverbände. In: Aufbau, 35. Jg., Nr. 22, 29. Mai 1969, New York, S. 16. *2212*

Ist Assimilation die Antwort? In: Aufbau, 37. Jg., Nr. 5, 29. Jan. 1971, New York, S. 15. *2213*

Verzeihung für die Mörder? In: Aufbau, 37. Jg., Nr. 18, 30. Apr. 1971, New York, S. 28. *2214*

Ein Mann ohnegleichen. In: Vorwärts, Nr. 21, 20. Mai 1971, Bonn, S. 18. *2215*

Zweimal Theresienstadt. In: Aufbau, 37. Jg., Nr. 47, 19. Nov. 1971, New York, S. 17. *2216*

Klassisches Werk über das Deutschland-Israel Abkommen. In: Aufbau, 37. Jg., Nr. 48, (Die Wiedergutmachung, Nr. 358), 26. Nov. 1971, New York, S. 22. *2217*

Personenregister

Sachwortregister

Zeitschriftenregister

Exilzeitungsregister